本书受"西安交通大学人文社会科学学术著作出版基金"和
"中央高校基本科研业务费专项资金"资助

反洗钱与银行外汇展业管理

张成虎　　王怡靓　著

中国金融出版社

责任编辑：石　坚
责任校对：刘　明
责任印制：丁淮宾

图书在版编目（CIP）数据

反洗钱与银行外汇展业管理／张成虎，王怡靓著．--北京：中国金融出版社，2024.12．--ISBN 978-7-5220-2490-5

Ⅰ. D922.281.4；F832.63

中国国家版本馆 CIP 数据核字第 20246H38B9 号

反洗钱与银行外汇展业管理

FANXIQIAN YU YINHANG WAIHUI ZHANYE GUANLI

出版 发行	中国金融出版社

社址　北京市丰台区益泽路 2 号

市场开发部　（010）66024766，63805472，63439533（传真）

网 上 书 店　www.cfph.cn

　　　　　　（010）66024766，63372837（传真）

读者服务部　（010）66070833，62568380

邮编　100071

经销　新华书店

印刷　涿州市殷润文化传播有限公司

尺寸　185 毫米×260 毫米

印张　26.75

字数　512 千

版次　2024 年 12 月第 1 版

印次　2024 年 12 月第 1 次印刷

定价　98.00 元

ISBN 978-7-5220-2490-5

如出现印装错误本社负责调换　联系电话（010）63263947

前　言

　　反洗钱是建设中国特色社会主义法治体系和现代金融监管体系的重要内容，是推进国家治理体系和治理能力现代化、维护国家金融稳定、防控金融体系风险的重要制度安排，在预防和遏制洗钱以及相关犯罪活动，维护国家安全、社会公共利益和金融秩序等方面具有特殊的战略地位。随着反洗钱工作的不断推进，反洗钱工作范围已从最初的反毒品、反恐怖主义融资、反腐败扩展到大规模杀伤性武器扩散融资、税务犯罪、互联网金融、普惠金融、金融体系透明度和环境保护等更广泛、更敏感的领域，涉及经济金融、法律、政治、外交、军事、文化、野生动植物保护等多个方面。反洗钱已不再局限于简单的技术性事务，而是与国际政治、经济、金融博弈紧密捆绑在一起，上升到国家战略层面。做好反洗钱工作是树立负责任大国形象、参与全球治理、扩大金融业双向开放的重要手段。

　　党的二十大提出，中国坚持对外开放的基本国策，坚定奉行互利共赢的开放战略，不断以中国新发展为世界提供新机遇，推动建设开放型世界经济，更好惠及各国人民。中央金融工作会议强调，要稳步扩大金融领域制度型开放，提升跨境投融资便利化；全面加强金融监管，有效防范化解金融风险。中国坚持经济全球化正确方向，推动贸易和投资自由化便利化，推进双边、区域和多边合作，促进国际宏观经济政策协调，共同营造有利于发展的国际环境，共同培育全球发展新动能。国际化在促进全球经济发展的同时，也被以追逐非法经济利益为目的的跨国洗钱犯罪分子所利用，使洗钱犯罪活动日益严重和复杂，原来在本土范围内的洗钱犯罪活动逐步发展为跨越国境的国际犯罪活动，由于各国政治经济法律制度及对洗钱犯罪容忍度的差异，给洗钱犯罪分子提供了更大的生存空间，洗钱国际化特征格外突出。利用外汇业务、地下钱庄等进行洗钱是跨境洗钱的主要通道。在对外开放战略实施过程中，我国金融机构、企业对外业务必须遵守国际反洗钱规则，稍有不慎，有可能受到有关国家长臂管辖的制裁，特别是"一带一路"共建国家，洗钱和恐怖融资风险更为严重。扩大金融业双向开放，对反洗钱监管和外汇管理能力提出了更高要求，也对金融机构有效防范和控制跨境洗钱和恐怖融资风险，妥善应对定向金融制裁提出了新的任务和挑战。

我国是经济金融全球化的受益国，在各种国际场合中一直倡导贸易自由化和多边主义，全力构建与新发展格局下更高水平开放型经济新体制相适应的外汇管理体制机制，深化外汇领域改革开放，提升跨境贸易和投融资便利化水平，维护外汇市场稳健运行和国家经济金融安全。按照国际货币基金组织有关标准，我国已实现经常项目可自由兑换，资本项目已具有较高的可兑换程度，下一步，资本项目开放将着力于推动少数不可兑换项目的开放，提高可汇兑项目的便利化程度，提高交易环节对外开放程度，构建高水平的开放型经济。国际金融市场的高波动性是当今全球金融市场的一个突出特征，防范跨境资本非法流动及外汇市场高强度波动和冲击，提升在开放条件下的管理能力和风险防控能力，是外汇管理部门面临的重要挑战。习近平总书记在中国共产党第二十次全国代表大会上指出："国家安全是民族复兴的根基，社会稳定是国家强盛的前提。"在经济金融全球化时代，国际法对世界各国的影响越来越大，国际法律性文件成为当前各国制定法律的重要依据，特别是在人权、反洗钱和知识产权保护等方面。同时，全球化也从根本上改变了国际法和国际准则的结构，新的因素和变革引起的全球性挑战需要新的国际治理机制去应对。各种严重犯罪和恐怖主义是人类社会共同的敌人，遏制和打击洗钱、恐怖融资及相关犯罪是反洗钱的核心目标，反洗钱成为各国在国际法和国际准则下参与全球治理的重要方面。反洗钱是重要的国际治理机制，具有维护社会公平正义，打击经济犯罪活动，遏制其他严重刑事犯罪，为金融稳定和金融改革创造良好环境的重要职能。金融行动特别工作组（Financial Action Task Force on Money Laundering，FATF）反洗钱国际标准已被200多个国家和地区引入国家治理制度中，并得到国际社会充分肯定和认可。当前，我国参与的许多重要国际多边合作机制，如联合国安理会、亚太经济合作组织、亚欧会议、二十国集团等，均将预防和打击洗钱和恐怖主义融资作为重要议题，反洗钱双边合作成为我国与许多国家双边会晤的重要内容。对跨境资金的非法流出流入，利用反洗钱的理念、手段和方法进行监测分析是世界各国在市场经济环境下依据国际规则维护主权利益的通行做法。

2013年5月，国家外汇管理局发布《关于加强外汇资金流入管理有关问题的通知》，首次提出"了解你的客户"原则，要求银行加强对虚构贸易背景等行为的甄别，主动报告可疑交易并积极采取措施防止异常跨境资金流入。同年，增加了"了解你的业务"及"尽职审查"两项要求，此后在出台的重要外汇管理文件中，都将了解你的客户、了解你的业务和尽职调查三项反洗钱展业原则贯穿到真实性审核、业务受理以及监管检查等多个领域，让外汇业务的开展得到国际通行规则的有效保障。2021 年《中国人民银行　国家外汇管理局关于印发〈银行跨境业务反洗钱和反恐怖融资工作指引（试行）〉的通知》规范银行跨境业务管理，防范洗钱、恐怖融资及跨境资金非法流动风险①。为进一步贯彻落实党中央、国务院决策部署，践行为民服务的宗旨，更好地促进跨境贸易与投融资便利化，提升银行外汇展业能力，防范跨境资金流动风险，维护金融安全和国家利益，切实为金融高质量发展和高水平开放保驾护航，2023 年国家外汇管理局选定中国银行等四家商业银行开展银行外汇展业管理的试点工作，尝试利用反洗钱的理念、方法和手段开展银行外汇展业管理。在 2023 年试点的基础上，2023 年 12 月 29 日，国家外汇管理局发布《银行外汇展业管理办法（试行）》（国家外汇管理局公告 2023 年第 1 号），自 2024 年 1 月 1 日起施行，按照尊重市场、自愿适用的原则逐步向全国推广。银行外汇展业改革是一项基础性改革，是银行端构建系统化、制度化、便利化与防风险的制度安排。通过银行外汇展业改革，推进商业银行外汇业务流程再造，构建包含事前客户识别与分类、事中差异化审查、事后监测报告的全流程展业框架，强化事前和事后环节风险责任，打破既往"防风险"对事中环节的路径依赖，进一步提高银行外汇业务办理效率，提升跨境贸易和投融资便利化水平。事前，要求银行对客户开展必要的尽职调查并动态更新，落实银行"了解客户"责任。支持银行结合自身风险管理要求进行客户分类。事中，要求银行根据客户分类实施差异化审核措施，明确一类客户可凭指令办理外汇业务；二类客户由银行按"风险为本"和"实质重于形式"原则审查；三类客户由银行根据风险状况强化审核措施。事后，要求银行建立合规风险监测分析机制，发现外汇风险交易应上报外汇风险交易报告并酌情采取相应管控措施，明确外汇风险交易报告范围和报告路径。同时，明确银行内部管理体系要求，涵盖组织架构、内控制度、信息系统等方面，推动银行完善风险防控机制，以立法形式明确客户在银行开展的外汇业务涉嫌违反外汇管理规定，但银行能够证明已勤勉尽责采取外汇展业措施的，不追究相关法律责任，建立"实质真实、方式多元、尽职免责、安全高效"的跨境交易管理机制。

以《银行外汇展业管理办法（试行）》为基础的银行外汇业务流程再造，改进了此前以审核单证为主的真实性管理模式，借鉴国际通行反洗钱监管理念，构建外汇业务全流程展业框架体系，借助信息科技的力量，进一步发掘银行自

---

① 按照《国家外汇管理局综合司关于金融机构报送 3 类数据的通知》，自 2023 年 1 月起，金融机构开始向国家外汇管理局外汇业务数据监测中心报送"非居民机构账户间境内划转数据、机构大额结售汇资金来源和使用数据、涉嫌外汇违规账户信息"3 类数据。

身的风险识别和管理能力，将客户风险和交易风险分类，推动银行真正转向以风险评估为前提、风险分类为依据、风险报告为补充的全流程展业，使银行扎扎实实地履行"了解客户""了解业务""尽职审查"等展业责任，提升其对跨境资金流动风险早识别、早预警、早处置的能力。办法的施行使外汇展业管理顶层设计发生了重大转变，实现了全流程优化，是推动外汇管理方式转变的一项基础性、长远性工作，是贯彻落实中央金融工作会议精神、统筹金融开放和安全的具体措施。为稳步推动银行外汇展业改革，指导银行扎实准备、稳妥推进外汇业务流程再造，更好地帮助反洗钱从业人员和外汇业务人员精通反洗钱和外汇展业管理业务，本书结合当前反洗钱和银行外汇展业工作实际，系统阐述了洗钱及反洗钱的基础理论和反洗钱国际标准、定向金融制裁和我国反洗钱法律制度，深入分析了跨境洗钱风险，开展跨境反洗钱和外汇业务展业管理的重要意义，全面阐释了客户尽职调查与风险分类、大额交易和可疑交易报告、客户身份资料与交易记录保存、反洗钱内控建设、反洗钱宣传培训等反洗钱义务履行和外汇展业管理的主要工作内容。在本书成稿过程中，《金融机构客户尽职调查和客户身份资料及交易记录保存管理办法》（中国人民银行　中国银行保险监督管理委员会　中国证券监督管理委员会令〔2022〕第1号）尚未施行[①]，为方便读者学习阅读并做好新旧反洗钱法律制度的衔接，《金融机构客户尽职调查和客户身份资料及交易记录保存管理办法》修改变动较大的内容在书中做了对比标注。

　　本书由西安交通大学张成虎和上海财经大学王怡靓共同撰写完成。其中，第一章由张成虎和王怡靓共同完成，第二章至第六章由张成虎撰写，第七章至第九章由王怡靓撰写。在撰写过程中，参考了国内外反洗钱与银行外汇展业管理的最新研究成果；"阿炜的反洗钱资讯""北京反洗钱研究"等微信公众号的反洗钱信息为本书写作提供了很大的便利。在此，对涉及的所有专家学者表示感谢。中国金融出版社石坚副编审对本书的出版给予了大力支持，在此对石坚副编审的辛勤付出表示衷心的感谢。

---

　　① 2022年2月21日，中国人民银行　中国银行保险监督管理委员会　中国证券监督管理委员会联合发布公告："原定2022年3月1日起施行的《金融机构客户尽职调查和客户身份资料及交易记录保存管理办法》（中国人民银行　银保监会　证监会令〔2022〕第1号）因技术原因暂缓施行。相关业务按原规定办理。"

目　录

1 反洗钱基础理论

本章主要介绍反洗钱和反恐怖融资相关的基础理论，包括洗钱、恐怖主义融资、大规模杀伤性武器扩散融资的基本概念和洗钱的方式、方法和特点；反洗钱和反恐怖融资的概念及我国反洗钱机制体制建设。

1.1 洗钱、恐怖主义融资和大规模杀伤性武器扩散融资

1.1.1 洗钱

一、洗钱及其危害

（一）洗钱的概念

"洗钱"由英语"Money Laundering"直译而来，其物理概念是用碱液清洗沾满油污的硬币。现代意义的"洗钱"是指犯罪分子为掩饰或隐瞒犯罪收益的真实性质与来源，利用各种方法和手段进行清洗使其在形式上合法的活动，通过"清洗"使赃钱、黑钱等犯罪收入合法化。最早受到关注的洗钱犯罪是毒品犯罪收益，随着社会经济的发展，除贩毒外，贪污贿赂、走私、诈骗、黑社会组织犯罪等普遍存在洗钱行为。特别是在 20 世纪中期以后，犯罪分子采取专业化程度越来越高的复杂手法对巨额犯罪收益进行清洗，洗钱的跨国犯罪特征越来越明显，洗钱从分散的掩饰隐瞒犯罪收益行为逐步演变成专业犯罪活动，成为独立犯罪类型。

1988 年《联合国禁止非法贩运麻醉药品和精神药物公约》首次将洗钱定义为：明知是制造、贩卖、运输各种麻醉药物所获得的非法财产，为隐瞒或掩饰该财产的非法性质和来源，或者为了协助犯罪分子逃避法律追究转换或转移该财产，隐瞒或掩饰非法财产的真实性质、来源，处置、转移相关的权利或所有权，以及获取、占有或使用这些非法财产的行为。此后，1995 年联合国《禁止洗钱法律范本》将洗钱定义为：直接或间接参加来自犯罪收益的财产交易；接受、隐藏、掩盖、处理犯罪收益财产或将犯罪收益转至所在国；明知或应当知道该财产来自非法活动，在没有合法理由的情况下未采取合理的方法和程序确认财产的合法性。2000 年《联合国打击跨国有组织犯罪公约》将洗钱定义为：明知财产是犯罪所得，为隐瞒或掩饰该财

产的非法来源，或为了协助犯罪分子逃避法律责任转换或转移该财产，隐瞒或掩饰非法财产的真实性质、来源、所在地，处置、转移相关的权利或所有权以及获取、占有或使用财产的。2003 年 FATF 指出，凡是隐匿或掩盖犯罪所得财物的性质、来源、地点或流向，或协助任何与上述非法活动有关的人员规避法律责任的，都是洗钱。

我国对洗钱的定义体现在《刑法》中，我国《刑法修正案（十一）》第一百九十一条规定：为掩饰、隐瞒毒品犯罪、黑社会性质的组织犯罪、恐怖活动犯罪、走私犯罪、贪污贿赂犯罪、破坏金融管理秩序犯罪、金融诈骗犯罪的所得及其产生的收益的来源和性质，有下列行为之一的，没收实施以上犯罪的所得及其产生的收益，处五年以下有期徒刑或者拘役，并处或者单处罚金；情节严重的，处五年以上十年以下有期徒刑，并处罚金：（一）提供资金账户的；（二）将财产转换为现金、金融票据、有价证券的；（三）通过转账或者其他支付结算方式转移资金的；（四）跨境转移资产的；（五）以其他方法掩饰、隐瞒犯罪所得及其收益的来源和性质的。单位犯前款罪的，对单位判处罚金，并对其直接负责的主管人员和其他直接责任人员，依照前款的规定处罚。

由于法律制度、政治体制的差异，各个国家、地区及有关国际组织对洗钱的定义不同，但其内涵主要体现在以下几个方面：①洗钱是在实施犯罪并获取赃款的前提下所从事的违法行为；②洗钱者明知是犯罪所获得的赃款而进行清洗；③转移或者转换犯罪所得赃款，可由获得犯罪赃款的本人也可由获得犯罪赃款的犯罪分子委托他人或单位进行；④通过金融机构或其他渠道转移或转换犯罪所获得赃款；⑤企图掩盖犯罪行为并使犯罪所得赃款表面上合法[1]。

（二）洗钱的危害

自 20 世纪中期以来，洗钱犯罪活动迅速蔓延，严重威胁各国国家安全，危及全球经济发展。1990 年初召开的联合国大会特别会议指出："非法毒品走私及相关犯罪活动所产生的大量资金使跨国犯罪组织能够从各个层次进入、玷污和腐蚀合法商业活动、政府和社会结构，从而浊化经济，阻碍社会发展，扭曲法制秩序和破坏国家存在的基础。"

洗钱作为各种贪利性犯罪的衍生犯罪，不仅助推上游犯罪、妨碍司法机关依法追缴犯罪所得及其收益，而且破坏金融管理秩序，妨碍法治化营商环境的建设，严重危害国家安全、金融稳定和人民群众的切身利益。犯罪分子为掩饰或隐瞒犯罪收

---

[1] 《最高人民法院、最高人民检察院关于办理洗钱刑事案件适用法律若干问题的解释》（法释〔2024〕10 号）。

益的真实性质与来源，利用各种方法和手段清洗赃钱、黑钱，实现犯罪收入合法化。近年来，随着洗钱上游犯罪形势的变化，以及案件数量和涉案金额的攀升，洗钱犯罪的案件种类、数量日趋增多，涉案金额越来越大，对社会危害巨大。

（1）洗钱作为各种严重犯罪的衍生犯罪，帮助犯罪分子隐藏和转移违法犯罪所得，为犯罪活动提供资金支持和动力，助长更严重和更大规模的犯罪活动。

（2）洗钱活动与恐怖活动结合，对社会稳定、国家安全和人民的生命财产安全造成巨大损失；洗钱与电信网络诈骗、非法集资、金融诈骗等涉众型违法犯罪及互联网犯罪活动交织在一起，严重损害广大人民群众的合法权益。

（3）洗钱助长和滋生腐败，败坏社会风气，腐蚀国家肌体，危害公平正义，败坏国家声誉。

（4）洗钱活动削弱国家宏观经济调控效果，损害合法经济体正当权益，破坏市场微观竞争环境，损害市场机制有效运作和公平竞争，严重危害经济健康发展。

（5）洗钱活动扰乱资金运行的正常规律，影响金融市场稳定，大量非法资本流入流出容易引起市场动荡和汇率波动；洗钱活动破坏金融机构稳健经营基础，加大了金融机构法律和运营风险。

二、洗钱的过程、手段、类型及特征

（一）洗钱的基本过程

一个典型、完整的洗钱过程，一般要经过三个阶段①。

首先是放置阶段。犯罪分子将犯罪所得转换成便于控制和不易被怀疑的形式。通过此阶段的初步处理，使得赃款与合法收入混同。例如，将犯罪所得存入金融机构或购买可流通票据和贵金属等。该阶段是洗钱行为的首要阶段，也是最容易被执法机关发现的阶段，执法机关可以较小的成本发现犯罪线索。应该重视在该阶段对洗钱行为的预防和侦查。我国反洗钱法律制度规定的各种预防性措施将反洗钱和反恐怖融资的重点就放在该阶段。

其次是离析阶段。此阶段的首要目的是隐藏。即通过复杂的金融交易隐瞒和掩饰非法资金的来源、性质、受益方。例如，通过空壳公司的账户，用假名、匿名或受托人的名义开立银行账户，进行虚假贸易往来，让资金在不同国家和不同金融机构间频繁地流动，再通过买卖无记名证券等方法，掩饰隐瞒其犯罪所得的性质、来源、受益人，增大执法机关对其调查的难度。此时，如果执法机关想对资金交易进行调查，将耗费大量的人力与时间，且难以取得好的效果。

---

① 因为恐怖主义融资有的来源于犯罪收益，但大多来源于捐赠等非犯罪收益，恐怖主义融资与洗钱的过程有所不同，一般包括资金筹集、资金转移、资金使用三个阶段，其资金转移阶段的特点与洗钱过程三个阶段相似。

最后是融合阶段。犯罪分子将已经清洗过的赃款通过化整为零的方法转移到与犯罪行为无明显关联的组织或个人的账户中。这是一个独立洗钱行为的最后阶段，同时也是下一次洗钱的准备阶段，为此后犯罪行为提供资金支持。

上述洗钱过程三个阶段的划分是完整洗钱过程的理论总结，实际发生的洗钱行为并不一定必须经历所有阶段，也不一定严格遵循三个阶段的递进顺序。三个阶段有时区分明显，有时发生重叠、交叉，难以截然分开。

（二）洗钱的主要手段

在经济欠发达的国家或社会形态里，犯罪分子清洗犯罪所得的手段比较原始。例如，将犯罪所得隐匿在家中，将赃款用于购买奢侈消费品或者存入银行获取利息。伴随经济金融全球化和各种高新技术的广泛应用，洗钱手段也在不断变化。

从全球范围看，洗钱犯罪从出现至今，其手段、方法向多样化、专业化和数字化方向发展，规模也日益扩大，已经由初期分散、无组织的隐蔽犯罪行为逐步演变为具有专门分工、有组织的犯罪行为。一些国际犯罪集团常常雇用一些具有专门知识和技能的人员为其服务，如用金钱收买律师、会计师、金融顾问等参与洗钱活动，这些专业人员利用专业知识为犯罪者提供服务，使洗钱犯罪更具复杂性，增大了打击难度[①]。同时，随着信息技术在金融系统的广泛应用，通过银行机构电子支付和支付机构网络支付使洗钱犯罪更为便利快捷。洗钱方式大体可以归纳为以下几种。

（1）利用金融机构洗钱。包括：通过银行业、证券业、保险业和支付机构洗钱，用支票开立账户进行洗钱；利用银行存款的国际转移进行洗钱；洗钱者利用非法资金作抵押（如存款单、保险存单、证券、黑社会犯罪组织非法占有的矿山、林地等）取得完全合法的银行贷款，然后再利用这些贷款购买不动产、企业或其他资产；在国际金融市场上利用期货、期权等金融衍生产品，通过复杂的金融交易洗钱是跨国洗钱的重要方式。

（2）利用一些国家和地区对银行或个人资产进行保密的限制洗钱。被称为保密天堂的国家和地区一般具有以下特征：一是有严格的银行保密法，除了法律规定"例外"的情况外，披露客户的账户即构成刑事犯罪；二是有宽松的金融规则，设

---

① 2008年FATF发布《风险为本反洗钱和反恐怖融资方法指引：适用于会计师的高级原则和程序》，于2019年进行了更新，发布《会计师行业风险为本反洗钱方法指引》。FATF Guidance for a Risk-Based Approach for the Accounting Profession [EB/OL].（2019-06-26）[2022-07-16]. https://www.fatf-gafi.org/media/fatf/documents/reports/RBA-Accounting-Profession.pdf. 财政部《关于加强注册会计师行业监管有关事项的通知》（财会〔2018〕8号）规定会计师事务所接受客户委托在为客户办理买卖不动产，代管资金、证券或其他资产，代管银行账户、证券账户，为成立、运营企业筹措资金，以及代客户买卖经营性实体业务时应当履行《中华人民共和国反洗钱法》规定的反洗钱和反恐怖融资义务。

立金融机构几乎没有任何限制；三是有自由的公司法和严格的公司保密法，允许建立空壳公司、信箱公司等不具名公司，并且因为公司享有保密的权利，了解这些公司的真实面目非常困难。较为典型的国家和地区有瑞士、开曼、巴拿马、巴哈马以及加勒比海和南太平洋的一些岛国。

（3）通过投资办产业洗钱。一是成立空壳公司。也称为提名人公司，一般是指为匿名的公司所有权人提供的一种公司结构，这种公司是被提名董事和持票人所享有的所有权结合的产物。被提名人往往是为收取一定管理费而根据外国律师的指令登记成立公司的当地人，被提名人对公司的真实所有人一无所知。二是向现金密集行业投资。在大额现金交易报告制度下，如果向银行存入大量现金，必然会因大额现金的来源不明而引起监管部门的调查。为了能够合理解释向银行存入大量现金的来源，向现金流入密集型行业投资是犯罪组织洗钱的常用手法。三是利用假财务公司等机构进行洗钱。

（4）通过市场商品交易活动洗钱。为尽快改变犯罪收入的现金形态，购置贵金属、古玩以及珍贵艺术品，是洗钱者选择的一种方式①②。采用这种方式可以暂时改变犯罪收入的现金形态。洗钱者选择昂贵的贵金属、古玩以及珍贵艺术品转换现金形态，是因为贵金属③、古玩以及珍贵艺术品具有较强的流动性，变现能力强；使用现金购买贵金属、古玩以及珍贵艺术品是这些行业的惯例，交易时大量使用现金不会引起注意和怀疑④；走私贵金属、古玩以及珍贵艺术品与走私现金相比，不易

---

① 2021 年 3 月 9 日 FinCEN 发布《关于向金融机构通报古董和艺术品贸易相关工作的通知》，将"从事古董贸易"的单位和个体包含在"金融机构"的定义内，报告与古董和艺术品贸易相关的非法活动。

FinCEN. FinCEN Informs Financial Institutions of Efforts Relatedto Trade in Antiquities and Art ［EB/OL］. （2021-03-09）［2022-07-11］. https：//www. fincen. gov/sites/default/files/2021-03/FinCEN%20Notice%20on%20Antiquities%20and%20Art_508C. pdf.

② 2023 年 2 月 27 日，FATF 发布《艺术品和古董市场的洗钱和恐怖融资研究报告》指出：艺术品、古董和其他文物市场受到犯罪分子、有组织犯罪集团和恐怖分子的青睐，被用于清洗犯罪收益和进行恐怖融资。犯罪分子试图利用该行业由来已久的私密性，并利用第三方中介，而恐怖主义团体则会利用恐怖活动地区的文物来进行恐怖融资。https：//www. fatf-gafi. org/en/publications/Methodsandtrends/Money-Laundering-Terrorist-Financing-Art-Antiquities-Market. html.

③ 2008 年 FATF 发布《风险为本反洗钱和反恐怖融资方法指引：适用于贵金属经销商和宝石经销商的高级原则和程序》。

FATF. Guidance on the Risk-Based Approach for Dealers in Precious Metals and Stones ［EB/OL］. （2008-06-17）［2022-07-10］. http：//www. fatf-gafi. org/media/fatf/documents/reports/RBA-Accounting-Profession. pdf.

中国人民银行《关于加强贵金属交易场所反洗钱和反恐怖融资工作的通知》（银办发〔2017〕218 号）加强贵金属交易场所的反洗钱和反恐怖融资工作。

④ 2023 年 12 月 19 日至 20 日，香港海关采取代号"破钻者"的执法行动，瓦解一个大型跨国清洗黑钱集团，案件涉款约 5 亿元，是香港海关首次侦破利用钻石贸易进行的洗钱活动。

被查获，比走私现金的安全性更高①②。有的犯罪分子把非法所得直接用来购买别墅、飞机、金融债券等，然后再转卖，从中套取现金，存入银行。

（5）其他洗钱方式。一是货币走私。洗钱者为隐藏非法资金的来源、性质和受益人，将现金隐匿于航空器、轮船、汽车、集装箱、普通货物，走私到银行保密制度严格或者对银行客户不进行详细审查的国家，以合法的形式存入金融机构，然后再通过金融交易等合法方式汇回国内或他处。二是利用地下钱庄和民间借贷转移犯罪收益。利用地下钱庄转移犯罪收益在我国南方沿海地区十分猖獗。在震惊全国的厦门远华走私案中，赖昌星的走私收入几乎全部通过地下钱庄流出境外。近年来，随着我国反洗钱和反恐怖融资工作的不断深入，金融机构反洗钱和反恐怖融资工作不断加强，对犯罪分子形成了强大威慑，犯罪分子跨境资金的转移越来越多地利用地下钱庄，所以从 2015 年开始，我国多部委连续联合开展打击利用地下钱庄和离岸公司转移赃款的专项行动。三是利用掮客洗钱。由于通过银行将大量小额钞票换成大额钞票或购买银行汇票、信用证、旅行支票等金融票据要接受现金交易报告制度的监督，专门洗黑钱的掮客便应运而生了。掮客专门奔走于银行之间，进行低于大额现金交易报告标准的交易，目的是把现金变为便于管理和交易的形式。

(三) 我国洗钱犯罪的主要类型

据《中国洗钱和恐怖融资风险评估报告（2022 年）》③ 统计，根据对 2017 年至 2020 年全国一审判决刑事案件的统计分析，发案数量较多的犯罪类型主要是抢盗犯罪、毒品犯罪、诈骗犯罪、赌博犯罪等；我国非法收益最大的犯罪类型分别是非法集资犯罪、诈骗犯罪、腐败犯罪、涉税犯罪、其他扰乱市场秩序犯罪、其他破坏金融管理秩序犯罪等，抢盗犯罪虽然案件数量极大，但其犯罪收益额只占 0.79%，且案均犯罪收益金额仅 1 万余元。从主要上游犯罪类型来看，诈骗犯罪是我国面临的最大的洗钱威胁，非法集资、腐败犯罪、赌博犯罪带来的洗钱威胁也相对较高；从洗钱威胁变化趋势看，诈骗罪、赌博犯罪、黑社会性质组织犯罪的洗钱威胁呈上升趋势，非法集资、传销犯罪、侵犯知识产权犯罪的洗钱威胁呈下降趋势。

（1）毒品洗钱。国际反洗钱源于打击毒品犯罪，毒品严重危害人民群众身心健

---

① 2023 年中国洗钱类型分析报告显示：2022 年度涉嫌特定非金融行业的洗钱案件占比达 10.3%；在涉嫌恐怖融资案件中，涉及贵金属、宝石和房地产行业的案件各自占比均达 6.25%。近年来，中国人民银行协助执纪执法部门调查了一批利用贵金属、房地产等特定非金融行业洗钱的案件，如 2024 年曾某某涉黑洗钱案，犯罪分子购买了 8 根金条。

② 在 2020 年侦破的山东"7·19 地下钱庄案"中，2020 年 5 月 7 日，地下钱庄庄主陈某某收到赌博集团转入的资金后，通过控制的银行卡将 2192 万元转给深圳市某实业有限公司（上海黄金交易所会员单位），购买了 58 公斤黄金偷运至香港进行跨境洗钱。

③ 关于印发《中国洗钱和恐怖融资风险评估报告（2022 年）》的通知（银反洗钱函〔2023〕794 号）。

康。禁毒工作事关国家安危、民族兴衰、人民福祉，必须严厉打击。当前，我国禁毒斗争形势呈现整体向好态势。但是，毒品问题是一个复杂的社会问题，顽固性、反复性强，要巩固扩大治理毒品成果，还需付出长期艰苦的努力。特别是在全球毒潮持续蔓延的大背景下，随着我国对新型冠状病毒实施"乙类乙管"，涉毒违法犯罪"反弹回升"风险加大，我国仍面临"外防毒品入境、内防毒品滥用"的双重压力[①]。2023年，全国人民法院审结涉毒品犯罪案件3.3万件、5万人。2023年，全国公安机关共破获毒品犯罪案件4.2万余起，抓获犯罪嫌疑人6.5万余名，缴获各类毒品25.9吨。截至2022年底，现有吸毒人员112.4万名，戒断三年未发现复吸人员379万名，新发现吸毒人员7.1万名。在现有吸毒人员中，滥用海洛因41.6万名、冰毒58.8万名、氯胺酮3.2万名。全球毒潮持续泛滥，毒品产量、吸毒人数持续增多，毒品走私贩运活动持续加剧。"金三角"地区仍是我国最主要毒源地。2022年全国禁毒部门缴获海洛因1.3吨，来自"金三角"地区1.29吨，占缴获总量的98.8%；缴获冰毒9.1吨，来自"金三角"地区8.4吨，占缴获总量的92.1%。境外输入大麻多来自北美地区，2022年缴获境外大麻200.6千克，主要来自北美地区。

毒品洗钱的资金交易特点：一是以现金交易居多，往往利用ATM等自助设备存取现金，也有通过第三方支付的消费类交易。二是交易双方多为个人账户，银行卡疑似为他人控制，且交易时间常在下午到午夜时间段，交易多涉及云南、广东、广西、河南、四川、江西、福建等毒品犯罪多发省份。三是在近年来破获、宣判的毒品洗钱案件中，依靠近亲属、关系密切的朋友、情人洗钱的现象屡见不鲜，成为常态。四是大宗毒品交易往往先通过银行支付一定比例的定金，余款当面现金结算，交易金额数十万元、上百万元不等；零包毒品交易账户以现金存取款和ATM转账为主，并接收第三方支付平台支付，往往交易对手众多，频繁接收几百元、几千元的小额转账或汇款，资金多为特定金额的整倍数，资金来源集中地多为娱乐场所、私人旅店、出租房较多的城郊接合部，呈分散转入、集中转出特点；购买制毒原料的交易金额单笔多控制在5万元以内，以规避银行监控。五是涉毒洗钱网络覆盖面远大于贩毒网络，目前发现西联汇款等渠道已成为境外买家向境内毒贩支付小额毒资的重要渠道，而在部分跨境特大毒品犯罪案件中，毒贩往往利用地下钱庄转移资金或利用金融离岸公司进行跨境支付汇兑。六是利用网络贩毒和转移赃款，网络平台交易、支付机构付款、快递公司送货，实现"人、钱、毒"分离。另外，从近年破获涉毒洗钱案例看，通过微信和支付宝账户、虚拟货币、虚构商品交易收取涉毒资

---

① 中国禁毒网.2022年中国毒品形势报告［EB/OL］.（2023-06-21）［2023-06-26］.http://www.nncc626.com/2023-06/21/c_1212236289.htm.

金后转移资金或转换为现金的洗钱案例明显增多。

（2）涉黑洗钱。黑社会性质组织犯罪是一种严重危害社会的犯罪活动，最大限度地获取经济利益是黑社会性质组织建立和存在的根本原因，也是其最终目的。一是通过收取保护费、绑架、抢劫等原始暴力手段获取经济的原始积累，绝大多数黑社会性质组织在形成的初期都是通过这种手段来积累财富的；二是通过开设赌场、组织卖淫、贩卖淫秽物品、贩卖妇女儿童或人体器官、偷渡、走私毒品等违法行业和违法服务等获取高额利润；三是利用管理制度的不完善，钻法律的空子向合法行业渗透并以非法手段进行经营来获取高额利润、积累巨额财富，这种方式一般适用于比较成熟或高级的黑社会性质组织。黑社会性质的有组织犯罪由来已久，犯罪分子通过不正当、恶意手段自行犯罪、聚众犯罪或者教诱他人犯罪等种种方式，非法获取经济利益，之后将犯罪所得通过开设公司、投资实体经济等手段达到黑钱洗白的目的。涉黑洗钱的主要手法有：一是通过现金存取、银行转账或者承兑等方式转移资金；二是通过将国内资金转往境外投资、开设赌场等方式转移资金；三是通过投资、购置不动产或者放贷等方式转移资金。前些年，我国的黑社会性质组织已经呈现组织体系日益严密、活动范围逐步扩大、国际化趋势日益明显、"保护伞"越来越大等特征，给社会造成了巨大危害，必须采取措施予以严厉打击。为深入贯彻落实党的十九大部署和习近平总书记重要指示精神，保障人民安居乐业、社会安定有序、国家长治久安，进一步巩固党的执政基础，2018年1月党中央、国务院印发《关于开展扫黑除恶专项斗争的通知》，在全国开展扫黑除恶专项斗争①。2018—2022年全国人民法院依法审结涉黑涉恶案件3.9万件、26.1万人，"黑财"执行到位2461亿元②。随着《中华人民共和国反有组织犯罪法》③的施行，我国预防和惩治有组织犯罪将取得更大的成效④。2023年深入推进常态化扫黑除恶斗争，我国人民检察院起诉1.5万人；各级人民法院审结涉黑恶犯罪案件1855件、11191人。

（3）恐怖融资。我国反恐怖主义斗争形势总体上平稳可控，暴恐案件呈下降趋势，社会安全稳定。特别是《中华人民共和国反恐怖主义法》的施行，为防范和惩

---

① 2018年1月12日，中共中央、国务院下发《关于开展扫黑除恶专项斗争通知》（中发〔2018〕3号），在全国开展为期3年的扫黑除恶专项斗争，为维护国家安全和社会稳定作出了积极贡献。

② 周强，最高人民法院报告，2023年3月7日在第十四届全国人民代表大会第一次会议上。

③ 2021年12月24日第十三届全国人民代表大会常务委员会第三十二次会议通过《中华人民共和国反有组织犯罪法》，自2022年5月1日起施行。2022年8月29日公安部发布《公安机关反有组织犯罪工作规定》（公安部令第165号），指导公安机关依法、规范、高效开展反有组织犯罪工作。

④ 自2021年1月党中央作出常态化开展扫黑除恶斗争的重大决策部署以来，2021年和2022年全国公安机关共打掉涉黑组织362个、涉恶犯罪集团2609个，破获案件3.97万起；全国检察机关起诉涉黑恶犯罪嫌疑人3.5万人，其中组织、领导、参加黑社会性质组织犯罪9551人；全国法院一审审结涉黑恶犯罪案件5657件，相关涉案款436.24亿元。

治恐怖活动，加强反恐怖主义工作提供了法律依据①。恐怖融资犯罪活动的主要趋势是：涉恐融资犯罪地从少数民族聚居地扩展到经商、从业和旅游等活动地；恐怖融资涉及金融、贸易、进出口、物流等多个经济活动领域；涉恐融资手段不断翻新。从资金来源看，涉恐分子通过亲友或团伙成员资助、变卖家产；抢劫、杀人、盗窃等刑事犯罪行为；买卖玉石、经营超市、餐饮等生意进行资金筹集。从我国已破获的恐怖融资案件看，恐怖融资活动具有以下特点：一是金融机构是恐怖分子洗钱的惯用渠道，地下钱庄是大额涉恐资金跨境流动的主要通道，支付宝、财付通等非银行支付机构是新兴通道，通过进出口、旅游购物等贸易活动转移资金也成为犯罪分子的常用通道。二是偏好使用现金、ATM 及跨地区交易，一般不开通网银、电话银行等功能。资金交易总额不大，在境内的新疆、云南、广西、广东和河南等地通过 ATM 存入现金，在境外敏感地区马来西亚、土耳其、越南、泰国、缅甸等国家通过 ATM 取现，用于联系偷渡出境接受培训，再返回国内从事犯罪活动。三是多利用具备通存通兑、基层网点分布较广的金融机构，主要利用银行借记卡，开户人主要涉及恐怖活动高风险地区，开户数量及有效交易不多，账户交易不活跃。四是单笔资金交易以小额整数居多，交易呈现阶段性特点，与暴力恐怖案件在时间上关联度高。五是国内外涉恐人员多利用跨境汇款业务进行资金划转。六是交易主体多为恐怖活动多发地区居民。七是从近年破获案例看，通过微信、支付宝及虚拟货币交易转移恐怖融资越来越广泛。

（4）走私洗钱。走私作为洗钱的上游犯罪，往往伴随着为违法所得洗白的犯罪行为。在涉税走私案件中，虚假贸易、资源产品走私、骗取出口退税等案件较多。2023 年，全国海关立案侦办走私犯罪案件 4959 起，案值 886.1 亿元。② 我国走私洗钱的资金交易特点主要有：一是走私洗钱有明显的地域性特点，主要高发于珠三角、长三角、环渤海地区，绕越设关地的偷运走私主要集中于东南沿海地区，特别是珠江口、北部湾以及东北、西南边境等地区；二是走私活动与部分重点国家和地区关系密切，如中国香港、越南、泰国、俄罗斯、日本、韩国、新加坡、中国台湾、印度、印度尼西亚、马来西亚等；三是犯罪分子异地开立银行账户，将走私活动发生地与资金清洗发生地相分离，以增加被侦查发现的难度，或注册大量空壳公司，并以所走私物品周边产品为幌子开展虚假贸易，实则为走私活动做掩护；四是以低价报关的手法完成走私活动，之后通过地下钱庄或借用他人账户实施资金转移，切断犯罪活动与犯罪所得的直接联系，以逃避金融系统的资金监控。

---

① 《中华人民共和国反恐怖主义法》由 2015 年 12 月 27 日第十二届全国人民代表大会常务委员会第十八次会议通过，2016 年 1 月 1 日起施行。根据 2018 年 4 月 27 日第十三届全国人民代表大会常务委员会第二次会议《关于修改〈中华人民共和国国境卫生检疫法〉等六部法律的决定》修正。

② 中华人民共和国海关总署网站．海关总署发布 2023 年打击走私十大典型案例 [EB/OL]．（2024-02-01）[2024-04-25]．https://www.court.gov.cn/zixun-xiangqing-377231.html. http://nanjing.customs.gov.cn/customs/xwfb34/302425/5668592/index.html.

（5）腐败洗钱。贪污贿赂罪是指国家工作人员或国有单位实施的贪污、受贿等违反国家廉政建设制度，以及与贪污、受贿犯罪密切相关的违反职务廉洁性的行为。2003 年《联合国反腐败公约》在全球打击腐败方面迈出了关键性一步，是反腐败领域内第一个全面的国际公约。它特别关注没收腐败犯罪收益，这是控制和预防腐败的一个基础性措施。为了达到这一目的，该公约全面概括了有关腐败洗钱的问题，并整理了一整套预防和控制涉腐洗钱犯罪的方法。公约还详细说明了查封、没收和归还腐败收益的措施。因其在墨西哥的梅里达签署，又称《梅里达公约》。2016 年 4 月 18 日，《最高人民法院、最高人民检察院关于办理贪污贿赂刑事案件适用法律若干问题的解释》明确贪污罪、受贿罪的量刑标准以及贪污罪、受贿罪死刑、死缓及终身监禁的适用原则等，强调依法从严惩治贪污贿赂犯罪。2023 年 9 月 20 日，国家监察委员会办公厅、最高人民检察院办公厅、公安部办公厅联合印发了《关于在办理贪污贿赂犯罪案件中加强反洗钱协作配合的意见》，就监察机关、检察机关、公安机关在办理贪污贿赂犯罪案件中切实加强反洗钱协作配合工作提出明确要求，以进一步加大办案力度，全面推进打击治理洗钱犯罪，更好地维护国家安全、社会安全和人民群众切身利益。[①] 当前贪污贿赂犯罪具有以权谋私期权化、获利敛财间接化、对抗调查智能化、腐败案件涉外化的特点。在现实生活中，贪贿官员较少利用个人名义开立银行账户亲自清洗赃款，单独监测官员本人难以发现犯罪线索，按照国际惯例应将官员的近亲属、密切关系人等特定关系人全部纳入监测范围。随着我国金融机构反洗钱力度的进一步加大，腐败分子向境外转移赃款多与地下钱庄有关。反腐败斗争具有长期性、复杂性、艰巨性的特征[②]。一是一些领域腐败现象仍然易发多发。二是腐败案件类型、性质和作案手段出现新变化。三是贪污受贿等腐败行为与洗钱存在密切联系，腐败犯罪资金藏匿和转移的性质决定了洗钱往往是腐

---

① https://www.spp.gov.cn/xwfbh/wsfbh/202309/t20230920_628642.shtml.

② 2022 年 10 月 17 日下午，中国共产党第二十次全国代表大会新闻中心举办第二场记者招待会，中央纪委副书记、国家监委副主任肖培在介绍相关工作情况时表示："党的十八大以来，全国纪检监察机关共立案 464.8 万余件，其中，立案审查调查中管干部 553 人，处分厅局级干部 2.5 万多人、县处级干部 18.2 万多人。反腐败斗争取得压倒性胜利并全面巩固。"自 2016 年开始，中央反腐败协调小组国际追逃追赃工作办公室作出部署，启动"天网"行动。根据"天网 2020"行动安排，国家监委牵头开展职务犯罪国际追逃追赃专项行动，最高人民法院牵头开展犯罪嫌疑人、被告人逃匿、死亡案件追赃专项行动，公安部牵头开展"猎狐"专项行动，中国人民银行会同公安部等相关部门开展预防、打击利用离岸公司和地下钱庄向境外转移赃款专项行动，中央组织部会同公安部等开展违规办理和持有因私出国（境）证件治理工作。"天网 2020"行动共追回外逃人员 1421 人，其中"红通人员"28 人，监察对象 314 人，追回赃款 29.5 亿元。"天网 2021"行动追回外逃人员 1273 人，其中"红通人员"22 人、监察对象 318 人，追回赃款 167.4 亿元。

中共中央纪律检查委员会."天网 2020"行动追回外逃人员 1421 人 [EB/OL].（2021-02-22）[2022-07-06]. http://www.ccdi.gov.cn/toutiao/202102/t20210222_236241.html.

中国新闻网."天网 2021"行动追回外逃人员 1273 人、追回赃款 167.4 亿元 [EB/OL].（2022-02-22）[2022-07-16]. https://baijiahao.baidu.com/s?id=1725654640408925219&wfr=spider&for=pc.

败犯罪的继续和延伸。从腐败洗钱案件的作案手段来看，主要包括以下几种类型：一是以亲属名义存款、投资、炒股、消费等。二是以注册经营公司为掩护，将赃款伪装成合法经营收入，掩饰、隐瞒资金来源和性质。三是用非法所得购买房地产、股票（包括境外股票）、保险、信托等理财产品进行投资，达到洗钱目的的同时实现保值增值的目的。四是通过多个关系人分拆账户提取现金，利用现金切断资金链条，隐匿资金去向，逃避侦查。五是通过境外账户和地下钱庄过渡、转移和隐瞒资金。此外，在一些腐败案件中，还出现了诸如低卖高买、合作投资、委托理财、挂名领取薪酬等洗钱手段。2023 年全国各级人民法院审结贪污贿赂等职务犯罪案件 2.4 万件、2.7 万人，同比增长 19.9%，依法惩处沈某咏、盛某祖、李某喜等 30 名原中管干部，赃款赃物一律追缴。落实受贿行贿一起查，严惩多次、巨额、向多人行贿犯罪。高某向某城投公司高管行贿 1200 万元承接该公司金融业务，法院以行贿罪判处其有期徒刑十年并处罚金 120 万元，违法所得 1.02 亿元全部追缴。审结外逃人员回国受审案件 371 件，依法判处外逃 20 年"红通人员"许某俊无期徒刑；审结犯罪嫌疑人、被告人逃匿、死亡没收违法所得特别程序案 38 件，追缴违法所得 4.5 亿元及价值数亿元房产等，坚决打破腐败分子"一人逃亡、全家得利"的迷梦。

（6）集资诈骗类洗钱。非法集资在《刑法》中涉及的主要是第一百七十六条"非法吸收公众存款罪"和第一百九十二条"集资诈骗罪"①。集资类洗钱与非法集资、集资诈骗、非法传销等涉众型经济犯罪相关联。常见非法集资手法是承诺高额回报，骗取公众参与集资；编造虚假项目，骗取公众信任；用亲情诱骗，拉拢亲友，扩大集资规模②。主要特点为：一是重点领域突出，私募股权、融资性担保、投资理财、网络借贷、众筹融资等领域，非法集资案件多发。二是犯罪手法多样，以高收益率为噱头诱导受害人投入资金，新兴经济领域为犯罪重灾区，多以资本运作、虚拟货币、农业开发、产品认购等为幌子；以消费返利为诱饵进行网络传销；有的以直销企业名义从事传销活动，迷惑性强。三是涉案人员复杂，除传统的下岗职工、离退休人员外，公司白领、金融机构从业人员、公务员也有参与非法集资的情况。四是提供账户接收赃款并通过取现或转账方式转移非法集资、诈骗资金，有的通过与正常收入混合的方式掩饰、隐瞒犯罪所得的来源和性质。

（7）涉税洗钱。当前，我国对骗税、虚开增值税专用发票等犯罪活动保持高压

---

① 第十三届全国人民代表大会常务委员会《关于〈中华人民共和国刑法修正案（十一）（草案）〉的说明》中指出：从严惩处非法集资犯罪。针对实践中不法分子借互联网金融名义从事网络非法集资，严重扰乱经济金融秩序和极大侵害人民群众财产的情况，调整集资诈骗罪的刑罚结构，加大对非法集资犯罪的惩处力度。

② 据 2024 年《最高人民检察院工作报告》，2023 年，各级人民检察院起诉金融诈骗、破坏金融管理秩序犯罪 2.7 万人，其中集资诈骗、非法吸收公众存款犯罪 1.8 万人。

打击态势，涉税犯罪活动出现由沿海向内陆地区蔓延的趋势，2018 年至 2022 年，全国人民检察院依法惩治骗取出口退税、虚开增值税专用发票等涉税犯罪，起诉 5.8 万人。[①] 2017 年 4 月 18 日，中央全面深化改革领导小组第三十四次会议审议通过的《关于完善反洗钱、反恐怖融资、反逃税监管体制机制的意见》，要求完善反洗钱和反逃税监管体制机制，探索建立以金融情报为纽带、以资金监测为手段、以数据信息共享为基础的反洗钱和反逃税监管体制机制，严惩违法犯罪活动。为贯彻落实《关于完善反洗钱、反恐怖融资、反逃税监管体制机制的意见》，我国有关部门持续开展打虚打骗专项行动[②]。随着国家对涉税犯罪打击力度的加大，骗税和虚开增值税专用发票等涉税犯罪活动陆续从沿海发达地区向经济欠发达的内陆地区和偏远地区蔓延；同时，涉税犯罪往往还牵连出职务犯罪案件。空壳公司是涉税犯罪活动资金转移的主要工具，具有较强隐蔽性，涉税犯罪的资金交易主要是通过网上银行等非柜面交易进行，并呈现以下交易特点：一是交易资金具有回流特点，通过所控制的空壳公司银行账户和个人银行账户，进行一系列的转账交易，造成支付货款的假象，然后再将交易资金全部回流到转出银行账户。二是交易资金两头在外，跨区域流动是常态。三是主要交易账户频繁收到大额资金，资金到账后快速通过网上银行转出，交易账户过渡性质明显。四是交易资金与公司注册规模不符合、交易对手经营范围与公司经营范围关联性不大，个人账户交易规模与个人财务状况存在较大差距。五是平常资金流量小的对公银行账户突然有大量异常资金流入，流入当天或第二天即通过网上银行分散转到多个个人银行账户。六是虚开增值税专用发票也常与地下钱庄关联在一起，通过变造海关出口货物报关单和海运提单等退税单证，向外贸

---

① 张军，最高人民检察院工作报告，2023 年 3 月 7 日在第十四届全国人民代表大会第一次会议上。

② 2018 年 4 月 11 日，国家税务总局、公安部、海关总署和中国人民银行（以下简称四部委）联合部署打击骗取出口退税和虚开增值税专用发票专项行动；2018 年 8 月 22 日，四部委联合召开会议，共同部署打击虚开增值税发票、骗取出口退税违法犯罪两年专项行动；2019 年 7 月 31 日，公安部、国家税务总局召开新闻发布会，通报公安机关联合税务等部门共同打击整治涉税违法犯罪工作情况，10 月 17 日，四部委联合召开打击虚开发票、骗取退税违法犯罪两年专项行动工作推进会议，总结前期工作，交流各地经验，明确任务要求，部署下步工作；2020 年 12 月 28 日，四部委决定将已开展两年的打击虚开骗税专项行动延长至 2021 年 6 月底。2021 年 10 月 28 日，四部委、最高检、国家外汇管理局联合召开全国打击"假企业""假出口""假申报"虚开发票、骗取退税及税费优惠违法犯罪专项行动总结暨常态化打击工作部署会议。2022 年国家税务总局、公安部、最高人民检察院、海关总署、中国人民银行、国家外汇管理局六部门密切协作，常态化打击骗取留抵退税违法犯罪行为，有力保证政策落准落稳。2023 年 7 月 3 日，国家税务总局、公安部、最高人民检察院、最高人民法院、海关总署、中国人民银行、国家外汇管理局在北京召开全国七部门联合打击涉税违法犯罪工作推进会议指出，自 2021 年 10 月建立常态化联合打击虚开骗税工作机制以来，各部门聚焦"假企业"虚开发票、"假出口"骗取出口退税、"假申报"骗取税费优惠等违法犯罪行为开展联合打击，取得了明显成效。截至 2023 年 5 月底，累计检查涉嫌虚开骗税企业 27 万户，认定虚开发票 1048.15 万份，挽回出口退税损失 117.8 亿元。2022 年共查实涉嫌骗取或违规取得留抵退税企业 7813 户，挽回各类税款损失合计 155 亿元，有力震慑了违法犯罪分子，有效维护了经济税收秩序。

企业虚开增值税专用发票，利用地下钱庄虚假结汇，达到骗取出口退税的目的。

（8）地下钱庄洗钱。地下钱庄是民间对从事地下非法金融业务的一类组织的俗称，是指不法分子以非法获利为目的，未经国家主管部门批准，擅自从事跨境汇款、买卖外汇、资金支付结算业务等违法犯罪活动，一般以非法经营罪论处。地下钱庄从事的非法业务很多，如非法吸收公众存款、非法借贷拆借、非法高利转贷、非法买卖外汇以及非法典当、私募基金等。其中，又以非法从事资金支付结算业务、非法买卖外汇和充当洗钱通道最为常见。根据 1998 年 6 月 30 日国务院颁布施行的《非法金融机构和非法金融业务活动取缔办法》第三条规定："非法金融机构，是指未经中国人民银行批准，擅自设立从事或者从事吸收存款、发放贷款、融资担保、外汇买卖等金融业务活动的机构。"2019 年 2 月，最高人民法院、最高人民检察院发布《关于办理非法从事资金支付结算业务、非法买卖外汇刑事案件适用法律若干问题的解释》（以下简称《解释》）①，就办理非法从事资金支付结算业务、非法买卖外汇刑事案件适用法律的若干问题进行了解释。由于地下钱庄是民间的俗称，在《刑法》中没有对应概念，但《解释》对《刑法》第二百二十五条第三项规定的"非法从事资金支付结算业务"和适用第四项的"实施倒买倒卖外汇或者变相买卖外汇等非法买卖外汇行为"的地下钱庄经营行为进行了明确的释义。因此，地下钱庄属非法金融机构。地下钱庄在国外也有多种表现形态。在美国、加拿大、日本等地的华人区称为"地下银行"（英文名称 Underground Banks），主要从事社区华人的汇款、收款业务。类似地下钱庄的组织机构在亚洲还有很多，一些地下钱庄在印度、巴基斯坦已发展成为网络化、专业化的地下银行系统。国际组织及发达国家所指的"地下钱庄"一般是主要从事地下汇款及替代性汇款业务的组织。我国所称的"地下钱庄"在金融行动特别工作组（FATF）和亚太反洗钱小组（APG）等国际组织中被通称为"替代性汇款体系""非正规汇款体系"（ARS）、"非正规价值转移体系"（IVTS）。地下钱庄的猖獗造成大量性质不明的资金游离于国家金融监管体系之外，形成巨大的资金黑洞，具有严重的社会危害性，不仅严重破坏国家的金融管理秩序，而且成为腐败、毒品、走私、逃税等犯罪活动的洗钱通道，助长了上游犯罪活动。我国地下钱庄犯罪活动通常具有家族成员经营、组织体系严密、经营方式隐蔽、资金渠道固定等特征。从近年已破获的案件看，地下钱庄经过不断演化，不仅包含了较为普遍的非法汇兑型地下钱庄与非法结算型地下钱庄，还出现了非法汇兑型与非法结算型特征相混合的地下钱庄，并且在工具使用和运作方式上发展出一些

---

① 《最高人民法院 最高人民检察院关于办理非法从事资金支付结算业务、非法买卖外汇刑事案件适用法律若干问题的解释》（法释〔2019〕1 号）。

新特点。主要特点是：一是我国地下钱庄洗钱活动形势严峻，特别是近年来特大地下钱庄案件高发。二是地下钱庄洗钱活动类型和范围出现新变化。传统地下钱庄以非法汇兑型为主，发案地主要集中在我国沿海经济发达地区和边境贸易活跃地区；近年来非法结算型地下钱庄日益突出，其发案范围也从沿海地区向内地迅速蔓延。三是地下钱庄往往成为其他违法犯罪活动的洗钱通道。不法分子主要通过地下钱庄逃税、转移赌资、赃款、资金外逃和热钱流动，清洗黑钱。从我国情况看，地下钱庄尚未形成自己独立的资金清算汇兑体系，本质是借助现代支付体系从事非法国内外支付结算业务。《中华人民共和国刑法修正案（十一）》已将地下钱庄跨境洗钱作为第一百九十一条第四款"跨境转移资产的"洗钱行为。

（9）新型诈骗洗钱。近年来，境内外犯罪分子相互勾结、变换手法，频繁作案，致使新型诈骗案件持续高发。而且，诈骗犯罪的手法不断翻新，特别是利用群发短信、群拨电话、互联网等手段实施的诈骗犯罪活动十分猖獗，危害严重，有些犯罪分子甚至将"创业孵化器"作为电信诈骗"洗钱"窝点[①]。目前，最主要、最常见的诈骗活动是电信网络诈骗，此外，还有很多新型诈骗活动，其诈骗手法日新月异、花样翻新。这些新型诈骗活动有一个共同的特点：诈骗分子为了逃避追查，都有一个洗钱的过程，即要将被骗资金转入其控制的账户（多是诈骗分子开设的冒名或假名账户），再通过 ATM 取现、地下钱庄等方式最终获得赃款。为此，中国人民银行着重加强支付结算管理，防范新型电信网络诈骗犯罪[②]。从打击治理实践看，

---

① 半岛都市报.青岛一"创业孵化器"实为电信诈骗"洗钱"窝点，涉案金额 2000 余万［EB/OL］.（2021-03-12）［2021-03-16］.https://baijiahao.baidu.com/s？id=1694004621309015547&wfr=spider&for=pc.

② 《中国人民银行关于进一步加强支付结算管理防范电信网络新型违法犯罪有关事项的通知》（银办发〔2019〕85 号）。2020 年 10 月最高人民法院、最高人民检察院、公安部、工信部、人民银行五部委联合发布《关于依法严厉打击惩戒治理非法买卖电话卡银行卡违法犯罪活动的通告》，2020 年、2021 年、2022 年在全国范围内连续开展"断卡"行动，严厉打击整治非法开办贩卖电话卡、银行卡违法犯罪，坚决遏制电信网络诈骗犯罪高发态势，切实维护社会治安大局稳定，集中抓获一大批非法开办贩卖"两卡"违法犯罪团伙，整治一大批"两卡"违法犯罪猖獗的重点地区，惩戒一大批"两卡"违法失信人员，全力斩断非法开办贩卖"两卡"产业链，坚决铲除电信网络诈骗犯罪滋生土壤。2021 年，公安系统深入开展"云剑""长城""断卡""断流""5·10"等专项行动，全国共破获电信网络诈骗案件 39.4 万起，抓获犯罪嫌疑人 63.4 万名；打掉非法出境团伙 1.2 万个，抓获偷渡犯罪嫌疑人 5.1 万名；打掉"两卡"违法犯罪团伙 4.2 万个，查处犯罪嫌疑人 44 万名，惩戒失信人员 20 万名，惩处营业网点和机构 4.1 万个。国家反诈中心直接推送全国预警指令 4067 万条，产出预警线索 4170 万条，成功避免 6178 万名群众受骗。成功拦截诈骗电话 19.5 亿次、短信 21.4 亿条，封堵涉诈域名网址 210.6 万个，紧急止付涉案资金 3291 亿元。从境外教育劝返涉诈人员 21 万名。工信部组织三大运营商升级启动"断卡行动 2.0"，先后清理高危电话卡 7769 万张、行业卡 1931 万张。2021 年，中国人民银行会同国家外汇管理部门向公安机关移送涉诈可疑账户 430 万户、新建监测模型 1.3 万个，拒绝涉诈可疑交易 1.3 亿笔；商业银行向公安机关提供到银行网点异常开户的卡贩线索 8872 个；组织商业银行、支付机构对公安机关认定的 5.2 万个非法买卖账户的单位和个人，实施五年不得新开户等惩戒。

光明网.打击治理电信网络诈骗犯罪尽力挽回被骗群众财产损失［EB/OL］.（2022-04-15）［2022-07-16］.https://m.gmw.cn/baijia/2022-04/15/1302900118.html.

随着打击治理工作的不断深入，电信网络诈骗犯罪出现了一些新变化、新特点：以电信网络诈骗为代表的新型网络犯罪已成为主流犯罪，在新冠疫情背景下，人们生产生活加速向网上转移，进一步加剧了案件的高发，电信网络诈骗犯罪已成为全球性的打击治理难题。诈骗集团紧跟社会热点，随时变化诈骗手法和"话术"，迷惑性强。诈骗集团针对不同群体，根据非法获取的精准个人信息，量身定制诈骗剧本，实施精准诈骗。在发现的 50 种诈骗类型中，最常见的 5 种类型是网络刷单返利、虚假投资理财、虚假网络贷款、冒充客服、冒充公检法人员。诈骗集团利用区块链、虚拟货币、AI 智能、GOIP、远程操控、共享屏幕等新技术新业态，不断更新升级犯罪工具，与公安机关在通信网络和转账洗钱等方面的攻防对抗①。诈骗集团组织严密、分工明确，呈现多行业支撑、产业化分布、集团化运作、精细化分工、跨境式布局等跨国有组织犯罪特征。目前，在柬埔寨、菲律宾、阿联酋、土耳其、缅甸、泰国等国家和地区，仍有大量犯罪团伙向我国公民实施诈骗活动。2022 年 9 月 2 日，《中华人民共和国反电信网络诈骗法》经中华人民共和国第十三届全国人民代表大会常务委员会第三十六次会议通过，中华人民共和国主席令第一一九号公布，自 2022 年 12 月 1 日起施行。《反电信网络诈骗法》的实施将有效预防、遏制和惩治电信网络诈骗活动，保护公民和组织的合法权益，维护社会稳定和国家安全②。2023 年，全国人民检察院起诉电信网络诈骗犯罪 5.1 万人、帮助信息网络犯罪 14.7 万人，全国人民法院审结电信网络诈骗案件 3.1 万件、6.4 万人。

（四）我国洗钱、恐怖融资及相关犯罪的总体形势和特点

近年来，在国家有关部门的综合整治下，我国的洗钱犯罪活动得到一定的遏制，但洗钱犯罪活动仍呈高发态势③。通过对近年来已破获案件的分析，我国洗钱犯罪呈现新的特点：非法集资类涉众型犯罪仍居高不下，银行账户、银行卡、网上银行仍是犯罪分子洗钱必不可少的资金汇划渠道，利用互联网、第三方支付等洗钱犯罪活动不断攀升，地下钱庄洗钱仍是重要的洗钱通道，跨境洗钱成为监测分析的薄弱环节和难点，虚拟货币洗钱成为新的跨境洗钱通道。

1. 犯罪分子熟练使用银行卡和网上银行洗钱比较普遍。截至 2023 年末，全国共开立银行账户 144.65 亿户，开立银行卡 97.87 亿张，其中，借记卡 90.20 亿张，信用卡和借贷合一卡 7.67 亿张，人均持有银行卡 6.93 张，其中，人均持有信用卡

---

① 2023 年 12 月，上海警方侦破全市首例购买纪念钞"洗白"电信诈骗资金的案件。

② 2022 年打击治理电信网络新型违法犯罪成效明显，共破案 46.4 万起，缉捕犯罪集团头目和骨干 351 名。

③ 据 2024 年《最高人民检察院工作报告》《最高人民法院工作报告》，2023 年，各级人民检察院起诉洗钱犯罪 2971 人；各级人民法院以洗钱罪审结案件 861 件、1019 人。

和借贷合一卡 0.54 张。

2023 年，全国共发生银行卡交易 65310.87 亿笔，金额 1085.07 万亿元；2023 年，银行共处理电子支付业务 2961.63 亿笔，金额 3395.27 万亿元。其中，网上支付业务 948.88 亿笔，金额 2765.14 万亿元；移动支付业务 1851.47 亿笔，金额 555.33 万亿元；电话支付业务 2.13 亿笔，金额 8.99 万亿元。2023 年，非银行支付机构处理网络支付业务 121.23 万亿笔，金额 340.25 万亿元①。银行卡和网上银行等现代金融工具和渠道的出现，在为社会公众提供便利的同时，也被洗钱犯罪分子所青睐。在人民银行接收的可疑交易报告中，涉及网上银行业务的报告最多，约占报告总数的 65%，其次是涉及 ATM 业务，约占 28%。在很多涉众型洗钱案中，洗钱分子就借用他人身份证件办理了大量的银行卡，并通过网上银行转移赃款；甚至有的洗钱分子本身就是银行工作人员，利用在银行工作的便利和熟悉银行业务的优势，有意规避大额交易和可疑交易监测。银行卡和网上银行更是地下钱庄的主要洗钱方式，它们雇用马仔办理大量银行卡②，并通过网上银行迅速转移资金。近年来，不法分子非法开立、买卖银行账户和支付账户③，继而实施电信诈骗、非法集资、逃税骗税、贪污受贿、洗钱等违法犯罪活动的案件频发④。由于其人为割裂了银行卡名义持有人与实际交易人之间的关系，并运用电子银行、ATM 自助终端、网络支付等非柜面渠道转移资金，突破地域和时间的限制，严重影响反洗钱监测调查和公安

---

① 中国人民银行. 2023 年支付体系运行总体情况 ［R/OL］. （2024-03-20）［2024-03-22］. http://www. pbc. gov. cn/zhifujiesuansi/128525/128545/128643/5314683/index. html.

② 在诈骗和洗钱圈普遍认为，谁掌握的银行卡最多，谁的资金就最有保障。谁掌握的对公账户最多，谁的资金就最安全。因为，无论用什么方式转账，都必须依托银行卡，而那些没有纳入监管视线的普通银行卡容易被监测部门忽略，所以资金安全就没有保障。有了对公账户，就等于拥有了一家公司背景的转账权限，不但更容易蒙蔽受害人误以为是正规公司，也能够多笔、大额转账，给警方查询冻结止付制造重重障碍。所以，诈骗、洗钱团伙对银行卡和对公账户的需求非常大，行情也逐年水涨船高。一套包含有身份证件、银行卡、手机卡、U 盾的银行卡四件套，能卖到 5000 元左右。而包含有对公银行卡、U 盾、法人身份证、公司营业执照、对公账户、公章、法人私章、对公开户许可证的对公账户八件套，可以卖到 20000 元以上。

③ 2019 年 12 月 16 日《中国人民银行 公安部对买卖银行卡或账户的个人实施惩戒的通知》（银发〔2019〕304 号），联手惩戒贩卖个人银行卡和企业对公账户行为，首次将出租、出借、出售和购买银行卡或企业对公账户的个人纳入金融信用基础数据库管理。银行对公账户本是一家企业日常转账、结算、现金收付的结算账户，如今却成为一些不法分子的洗钱工具。对公账户买卖产业链的传导路径是：不法分子通过网络等渠道，批量注册空壳公司和银行对公账户，同时将对公账户开通网上银行业务；在完成这一系列操作后，这些人再以几千元到万元的价格，批量出售包括对公账户、营业执照、印章等资料在内的套装。与个人银行账户不同，一家公司的对公账户可转账的资金流量大，且转账方便，账户购买者即利用这一点，进行转移赃款、洗钱等不法行为，根据《刑法修正案（九）》，针对明知他人利用信息网络实施犯罪，为其犯罪提供互联网接入、服务器托管、网络存储、通信传输等技术支持，或者提供广告推广、支付结算等帮助的行为独立入罪。对公账户的日常风险排查重点是异地开户、休眠测试、无法联系开户企业、资金过渡明显、夜间交易频繁、经营异常的可疑客户。

④ 《中国人民银行关于加强开户管理及可疑交易报告后续控制措施的通知》（银发〔2017〕117 号），强化对不法分子非法开立、买卖银行账户和支付账户的反洗钱和反恐怖融资监管。

机关案件侦查效果。

2. 利用现金洗钱仍是常用的手段。通过现金交易，洗钱分子可以人为割裂资金链条，给反洗钱和反恐怖融资调查和侦查制造障碍。同时，一些经济发达地区本身现金流量巨大，也给这种洗钱方式提供了隐蔽的环境。在广东、深圳等地的地下钱庄往往雇用大量马仔，每天在各个银行网点之间穿梭存取现金，有的甚至影响到当地银行网点的正常工作秩序。据报道，2014 年 4 月，国家能源局煤炭司原副司长魏某远被检察机关带走调查，办案人员在其家中发现 2.3 亿元现金。2018 年华融资产管理公司原董事长赖某民被带走调查，办案人员在赖某民的房产里，搜出共计 2.7 亿元的现金。随着第三方支付的迅速发展和我国现代化支付体系的不断完善以及数字人民币的推广，社会公众对现金的需求度和使用率降低，但在毒品犯罪、恐怖融资、贪污腐败、金融诈骗、地下钱庄等违法活动中，不法分子仍具有较强的现金交易偏好。利用现金交易痕迹少、流向难以追踪等特点，通过藏匿、投资、跨境运输等方式转移、清洗犯罪所得，主要手法有：跨银行机构存取资金、多笔分拆、小金额划转；控制他人名下的银行账户并提取现金；通过 ATM 自助设备存取现金（包括利用国内银行卡跨境取现功能在境外 ATM 提现）；通过"水客"以蚂蚁搬家方式非法跨境运输现金。在江苏冷某红、金某洋等贩卖毒品自洗钱案中，警方通过调阅犯罪分子存取款现金的冠字号记录，进行分析比对，通过冠字号记录中的多条重合最终确定上下游证据链条关系，为打击现金洗钱提供了新的可供参考的案例。

3. 投资已经成为洗钱的重要方式。随着投资热的兴起，洗钱犯罪分子也选择边投资、边洗钱、边赚钱。投资领域涵盖房地产、金融产品甚至实业。例如，在重庆傅某芳洗钱案中，傅某芳用丈夫晏某彬受贿的赃款购买房产多达 6 处，同时也投资了银行理财产品、股票型基金、分红型保险等；在成都杨某明洗钱案中，洗钱分子就将诈骗所得大量投资于房地产、矿山、水电站、加油站等；在河南商丘张某聚洗钱案中，张某聚将非法集资款投资经营工厂多年。此外，还发现犯罪分子通过投拍影视剧进行洗钱犯罪活动。2023 年 7 月宣判的贵州省财政厅原副厅长冉某文受贿洗钱案中，冉某文虚构与他人合伙投资经营活动产生收益的事实，将其中受贿款 320 万元以合伙收益的名义转账到他人银行账户。

4. 家族亲属洗钱现象日益突出。如果说台湾的陈某扁洗钱案是典型的家族洗钱案，国内宣判的多起洗钱案也有明显的家族亲属特征。例如，在江苏谭某洗钱案中，谭某帮其在美国的哥哥走私医疗器械并转移赃款；在山东姜某军洗钱案中，丈夫高某勋贪污受贿，其妻姜某军帮助洗钱。在地下钱庄案中，这种家族亲属共同经营的现象更为突出，在 2015 年至 2022 年国家外汇管理局破获的地下钱庄案件中，家族式地下钱庄案件数占比 69%，金额占比 76%。

5. 跨国洗钱犯罪出现新动向。在以往的洗钱犯罪中，往往是境内腐败分子将赃款转移到境外，但也发现了反向洗钱新动向。例如，云南杨某芹洗钱案都是将境外上游犯罪所得转移到境内进行清洗。此外，现在的地下钱庄，不仅从事非法买卖外汇、跨境汇款，同时也在境内操作巨额资金的跨省转移，帮助不法企业偷逃税款，协助境外赌场在境内结算赌资等，同时非法经营多种业务。

6. 利用职务之便挪用资金。例如，新华人寿上海分公司员工王某、蔡某健挪用资金案，以退保审批手续烦琐时间较长为由，骗取某集装箱运输有限公司委托，将该公司为员工投保的重大疾病险提前退保，并将退保资金 284.02 万元划转其控制的60 多名某外运公司的职工个人账户，用于炒股；泰康人寿上海分公司员工袁某晓挪用资金案，骗取客户信任，将某电气集团总公司退保资金 192.24 万元划入由其控制的 10 个个人账户，开立现金本票转入妻子账户用于买卖股票，造成损失达 160万元。

7. 犯罪分子常常利用空壳公司掩盖其洗钱活动。随着放管服工作的不断推进，我国为工商企业登记和管理提供了较为宽松的政策环境，洗钱犯罪分子通过注册大量空壳公司并开立账户隐蔽洗钱。截至 2022 年末，全国共开立单位银行账户9246.26 万户。例如，在四川成都杨某明洗钱案中，洗钱分子就注册成立了多家空壳公司，并通过空壳公司进行投资洗钱；广东、福建一带很多地下钱庄在本地成立了大量空壳公司，并勾结其他地区的公司，控制近千家公司的账户，通过网上银行进行复杂多变的资金划转，掩盖其违法犯罪行为。

8. 犯罪分子的反侦查意识越来越强。近年来，洗钱犯罪分子的手法越来越隐秘，具有明显的反侦查意识。例如，他们往往通过网上银行和存取现金相结合的手段迅速转移巨额资金，频繁更换银行账户和交易地点，割裂资金链条，逃避反洗钱和反恐怖融资监测和刑事追查。犯罪分子在操作 ATM 时用帽子或雨伞遮挡探头，避免银行监控；在洗钱犯罪分子住所和工作场所，办案人员经常在现场发现大量有关反洗钱及金融法律的书籍和宣传资料。

9. 跨市场、跨行业交叉性洗钱风险加剧。当前，金融风险隐患趋高、燃点趋低，风险跨市场、跨行业交叉传染加剧。一些结构复杂的创新型产品与互联网金融渠道叠加，形成了跨市场、跨行业的业务运作模式，并衍生出更多的资金通道和"过桥"环节，使资金的来源、去向难以被追踪。不法分子在利用监管薄弱领域拓宽洗钱渠道的同时，借助不同行业间的信息壁垒，跨市场、跨行业、跨机构清洗资金，复杂化资金流转链条，并将风险逐级传递。在此类交叉运作模式下，交易各方及参与机构信息不对称、权责不明晰，风险事件发生后容易相互推诿，导致风险被数倍放大，极易酿成影响面广、危害性大的突发事件，存在巨大隐患。

10. 跨境业务洗钱风险高发。近年来，随着外汇管理体制改革的不断深化，跨境金融业务、产品不断创新，在为社会公众提供便利的同时，也给不法分子洗钱以可乘之机。主要表现为：通过外汇业务跨境直接投资、内保外贷、货物贸易、服务贸易及转口贸易等业务洗钱；利用银联卡跨境取现功能，通过"境内办卡、境外取现"的方式，化整为零，实现对非法资金的跨境转移；利用个人购汇额度，从异地、跨行转入资金进行购汇，然后转至境外固定账户，以分拆购汇、跨境转移资金；利用境外居民在境内开立的银行卡账户或境外机构和个人在取得离岸银行业务经营资格的境内银行开立的账户转移资金。这些大多涉及地下钱庄、网络赌博、电信网络诈骗等违法活动。

11. 非银行支付机构洗钱风险持续趋高。当前，通过非银行支付机构进行洗钱的犯罪活动呈明显上升趋势。由于非银行支付机构资金交易便捷、隐蔽的特点，其洗钱风险已经明显超过金融机构，网络支付业务已成为非法集资、传销、网络赌博、电信网络诈骗等涉众型犯罪活动资金快速汇集和转移的重要通道；收单业务洗钱风险不断增大，在地下钱庄、非法集资等犯罪活动中屡见不鲜。

12. 新产品、新金融业态洗钱风险不容忽视。近年来，我国新兴金融业务、产品和业态不断涌现，而风险防控措施相对滞后，使该类产品和业态存在较高的洗钱风险。如不法分子利用自助开卡、网络投保、网络开户等新兴金融业务，规避金融机构对客户进行面对面身份识别；利用支付结算渠道的多样化，使资金交易虚拟化、复杂化，掩饰资金的非法来源和去向；利用 P2P、众筹等新兴业态，进行关联交易、构设"资金池"，衍生出非法集资及下游洗钱犯罪活动①。

13. 虚拟货币洗钱风险逐渐显现。据测算，2022 年 7 月至 2023 年 6 月，中国内地（不含台湾、香港）收到的虚拟货币总价值约为 864 亿美元②，占同期我国外汇收入的 1.2%。③ 虚拟货币游离于金融监管体系外，成为非法跨境资金转移新渠道。

---

① 2023 年上海警方成功挖出一条少数网络主播通过接受打赏"刷流量"，并为集资诈骗团伙清洗转移赃款的新型洗钱犯罪通道。经查，自 2019 年 6 月至 2020 年 7 月，上述集资诈骗犯罪嫌疑人为转移隐匿犯罪所得，结识了在某网络直播平台担任主播的犯罪嫌疑人李某等人，提出由其在李某等人的直播间内打赏礼物，为其抬高直播人气和曝光率，帮助其赚取直播平台榜首奖励，并指使李某等人事后再将所收取的打赏钱款返还至集资诈骗犯罪嫌疑人的个人账户中。自 2020 年 10 月至 2023 年，有多名电信诈骗、网络赌博犯罪嫌疑人通过社交软件结识了当时正担任李某直播工作室员工的范某等人。为了帮助这些犯罪嫌疑人清洗和转移犯罪赃款，范某等人充当打赏币中介，在明知犯罪嫌疑人的资金是违法所得的情况下，以原价六折至七折不等的价格购买犯罪嫌疑人使用赃款充值有大量打赏币的平台账户，然后再以原价七折至八五折不等的价格将平台账户转手对外销售，从中赚取差价，为这些上游犯罪掩饰、隐瞒犯罪所得。

② Chainalysis《2023 加密货币国家地理》数据表示：2022 年 7 月至 2023 年 6 月，中国内地、台湾、香港收到的虚拟货币价值依次约为 864 亿美元、710 亿美元和 640 亿美元。

③ 2022 年 7 月至 2023 年 6 月我国外汇收支总额（不含境内）为 7.1425 万亿美元（数据来源于外汇非现场检查分析系统）。

由于我国没有虚拟货币数据报送规定和采集渠道，外汇监管缺乏必需的虚拟货币交易相关信息。虚拟货币交易所实体和互联网地址均在境外，虚拟货币交易信息分散分布在众多网络节点，成为虚拟货币交易信息的隔离屏障。监管部门难以监测发现其中违法犯罪交易与特征。另外，2023 年以来，境外虚拟货币交易所调证配合度显著降低，增加苛刻条件、拖延甚至拒绝调证，导致监管部门无法掌握相关虚拟货币及其交易的实际人员信息，也无法进一步穿透分析相应货币资金流向。虽有 2021 年十部委"虚拟货币相关业务活动属于非法金融活动"发文，但至今未出台虚拟货币交易违法违规的法律依据。目前我国认定虚拟货币为特殊商品而非外汇，也没有直接规范虚拟货币的法律法规。一旦违法犯罪资金转换为虚拟货币后，则逃脱外汇管理监管范畴，导致对其打击力度受限。

14. 洗钱多样化、复杂化、专业化、涉众化趋势明显。近年来，随着社会经济快速发展和信息技术广泛应用，各类洗钱行为与其他犯罪相互交织，多样化、复杂化、专业化、涉众化趋势明显，形势更加严峻。

（1）洗钱手段、方法呈现多样化、智能化，侦破难度更大。为逃避法律追究和制裁，实现非法资金合法化，犯罪分子通过各种隐蔽的手段来清洗非法收益。传统的洗钱手段主要是协助转移现金、购买不动产、将财产变现、转账、跨境转移、投资、虚构交易等方面；洗钱方法主要是提供银行、微信、支付宝、证券账号；设立公司或利用控制的公司虚构交易、虚构债权债务关系；提供个人账户并将赃款用于投资理财产品、理财项目；代理买卖房产、股权、代办房产过户；取现、协助转账；低价收购实物产品等赃物。伴随着信息网络技术的快速发展和金融创新的不断深化，犯罪分子洗钱手段、方法呈现多样化、智能化。传统与现代洗钱手段、方法杂糅，洗钱活动变得更加复杂和隐蔽。

（2）洗钱规模逐渐扩大，社会风险隐患更深。近年来，伴随着非法集资犯罪、贪污贿赂犯罪等上游犯罪数额屡刷新高，与非法集资、贪污贿赂等贪利性犯罪相关的洗钱犯罪所涉资金也越来越大。洗钱犯罪数额的不断增大，为上游犯罪活动提供了进一步的财力支持，助长更大规模和更严重的犯罪活动，严重影响了司法机关对相关案件的依法查处和追赃挽损，社会风险隐患更深。

（3）洗钱专业化、职业化趋势明显，犯罪过程隐蔽性更强。当前，洗钱需求和洗钱数量仍在增加，为规避严密的反洗钱监控，伴随着金融科技创新带来的洗钱手段智能化，洗钱犯罪向专业化、职业化转变。洗钱犯罪的主体由以往与上游犯罪主体具有亲属、朋友关联的群体，逐渐发展成为专业的洗钱犯罪团伙，利用高新技术及复杂金融交易实现犯罪收益的合法化，专业化、职业化已然成为现代洗钱的重要特征。犯罪团伙分工明确，互相配合，各自掌握一定的资源和通道，以商业化模式为上游犯罪分子提供专业化的洗钱服务。个别金融从业人员、具备计算机、法律、会计等专业技能的专业人员加入洗钱犯罪团伙，更多的专业化金融产品和法律手段被用于洗钱犯罪，洗钱活动逐渐演化成为专业化程度较高的行业，并形成固定的洗钱通道。

（4）洗钱行为大众化，犯罪活动渗透度更高。洗钱行为的实施，离不开银行账户等基本工具，为规避监管，犯罪分子需要大量收集或利用各类账户。犯罪分子利用普通民众法律意识淡薄或贪图小利等弱点，通过给予小额利益等方式诱使其帮助完成洗钱过程。如通过直播打赏、刷单及租借、租售银行账户、低价出售赃物等诸多形式诱骗普通民众，特别是涉世未深的大学生参与洗钱犯罪活动。

1.1.2　恐怖主义融资

一、恐怖主义融资的定义

恐怖主义融资暨资助恐怖主义的行为，是指任何人以任何手段，直接或间接、非法和故意地为恐怖主义活动提供资金支持或募集资金，用于恐怖主义活动。对于试图资助恐怖活动、以共犯身份资助或试图资助恐怖活动、组织或指使他人资助恐怖活动、组织团体资助恐怖活动的都属恐怖融资。《联合国制止向恐怖主义提供资助的国际公约》规定，恐怖主义融资是犯罪行为，任何国家都有义务对其进行打击[①]。FATF 在打击恐怖主义融资的全球努力中发挥着核心作用，通过其在制定打击恐怖主义融资的全球标准、协助司法管辖区执行联合国安理会关于恐怖主义的决议的规定以及评估各国预防、侦查、调查和起诉资助恐怖主义行为。我国《刑法》第一百二十条将恐怖融资确定为犯罪行为。2007 年中国人民银行颁布《金融机构报告涉嫌恐怖融资的可疑交易管理办法》[②]，2011 年全国人大常委会《关于加强反恐怖工作有关问题的决定》，2014 年人民银行与公安部、国家安全部联合发布《涉及恐怖活动资产冻结管理办法》，2015 年我国颁布《中华人民共和国反恐怖主义法》加大对恐怖融资的打击力度。

二、恐怖主义融资和洗钱的区别与联系

恐怖组织策划实施恐怖袭击、购买武器装备、培训人员、拉拢腐蚀庇护他们的

---

① 2022 年 5 月 13 日，美国财政部发布《2022 年打击恐怖主义和其他非法金融活动国家战略》，提出提高透明度、利用伙伴关系和应对技术风险等建议堵住漏洞不被犯罪分子和非法行为者利用。The U. S. Department of the Treasury. Treasury Announces 2022 National Illicit Finance Strategy［EB/OL］.（2022－05－13）［2022－07－20］. https://home. treasury. gov/news/press-releases/jy0779.

② 2016 年，《金融机构大额交易和可疑交易报告管理办法》修订后，《金融机构报告涉嫌恐怖融资的可疑交易管理办法》（中国人民银行令〔2007〕第 1 号）同时废止，其对恐怖融资监测报告的有关要求纳入新的《金融机构大额交易和可疑交易报告管理办法》。

政客等离不开资金支持，但恐怖活动本身不会产生直接的经济收入，恐怖活动依赖于恐怖分子获得的资金支持。从反恐怖主义案例看，恐怖融资一方面来自恐怖分子从事贩毒、走私、军火交易、贩卖人口等有组织犯罪获取的非法收益；另一方面利用商业组织从事经营活动、非营利组织募集资金或者支持者的赞助。恐怖组织需要掩饰隐瞒非法收益的性质和来源、掩盖混淆有关资金的恐怖主义目的，使之成为形式上合法的资金流动，从而用于恐怖主义活动。所以，恐怖主义和洗钱具有天然的联系。洗钱在助长有组织犯罪的同时也滋养着恐怖主义。有效控制洗钱是预防和打击恐怖主义的重要手段，反洗钱的基本措施和制度，如洗钱行为刑罚化、建立内部控制制度、客户尽职调查、报告可疑交易、保存交易记录等对于发现和打击恐怖主义融资活动具有积极作用。但是，恐怖主义融资是恐怖组织和恐怖分子为了筹集保障其生存、发展、壮大和从事恐怖主义活动所需的资金而进行的资金融通活动。虽然恐怖主义融资与洗钱关系密切，但不能将恐怖主义融资与洗钱简单地画等号，恐怖主义融资有其自身的特点。

（一）从资金来源看，洗钱活动一定有其相关联的上游犯罪活动存在，没有上游犯罪产生的巨额犯罪收益，就不会有洗钱活动，即洗钱活动中的清洗对象是上游的大额犯罪收益。相比而言，恐怖融资的资金只有一小部分来源于传统的犯罪活动。在世界各国普遍加大对恐怖主义活动打击力度的形势下，恐怖组织及其成员的活动往往十分谨慎，他们会把来源于传统犯罪活动所得的犯罪收益与合法资金混在一起。恐怖组织既能从自己经营的企业中获取资金，也能得到一些支持其恐怖主义活动的企业家的捐助。20 世纪 90 年代以来，捐助已成为恐怖组织的主要资金来源，这些捐助大部分来源于与西方国家和海湾国家持有共同理念的非政府组织①和企业。从已经发现的一些案例看，各类企业都有可能成为恐怖组织的捐助者，包括石油公司、建筑公司、商店、工厂、银行、种植业主、经纪人、贸易公司、饭店、酒店、书店、玉石店等。

（二）从行为目的看，洗钱活动的最终目的是让非法的犯罪所得及其收益获得表面上的合法性，掩饰、隐瞒或销毁犯罪证据及可追溯的线索，逃避法律追究和制裁，在此基础上实现黑钱、赃钱的安全循环使用。对职业洗钱者来说，通过洗钱获取高额的收入是其从事洗钱活动最直接的动因。恐怖活动与毒品犯罪等牟利性犯罪活动不一样，通常具有非经济目标，恐怖活动常常游走在政治边缘，其犯罪锁定在诸如寻求公开化、政治合法性、政治影响力和传播意识形态等非经济目的上。恐怖

---

① 中国人民银行　民政部关于印发《社会组织反洗钱和反恐怖融资管理办法》的通知（银发〔2017〕261 号），主要目的是防范社会组织被利用于恐怖主义融资。

分子的恐怖融资只是达到上述目标的一种手段。

（三）从行为手段看，由于洗钱数额一般较大，洗钱的主要渠道是通过金融机构和特定非金融机构，因此，通过强化金融机构、支付机构和特定非金融机构的反洗钱职责，特别是实施交易监测及大额和可疑交易报告制度，可以有效地防范和遏制洗钱活动。由于恐怖融资一般数额不大，非正规的资金转移体系已经成为恐怖分子资金链的纽带。恐怖分子经常利用非正规的资金转移方式，包括地下钱庄、虚拟货币、大额现金运输、利用货币服务行业、利用货币兑换点、利用哈瓦拉①等替代性汇款机制。即使是通过金融机构进行的恐怖融资活动，也因单笔金融交易的金额较低，又有合法生意、社交活动或者慈善行为作掩护，要把恐怖融资活动从数以亿计的金融交易中识别出来非常困难。

由此可见，恐怖主义融资与洗钱是有所区别的。但是，恐怖融资又是与洗钱相关联的，一部分犯罪收益在清洗后，可以作为恐怖主义活动的资金。因此，国际社会在充分利用控制洗钱机制的基础上，在制止恐怖融资方面采取了更为有效的举措②。

1.1.3　大规模杀伤性武器扩散融资

大规模杀伤性武器扩散融资是指违反国家法律或者国际义务提供资金或金融服务的行为，该行为部分或全部服务于制造、获取、拥有、开发、出口、转运、经纪、运输、转移、储存核生化武器及其运载工具和相关资料（包括技术及用于非法用途的双重用途商品）。

基于国家利益和安全的考虑，核扩散在"冷战"结束后接连发生，全球防止核

---

① 哈瓦拉是一种非正规价值转移体系，它起源于古印度，后来被中东和其他地区采用，包括非洲之角和南亚，已在全球许多地区运作数个世纪。这种体系以信任为基础，依靠哈瓦拉经纪人网络将资金从一个人转移给另一个人。虽然传统上哈瓦拉常用于国际转账，尤其是在银行系统不发达的国家或地区，但其在洗钱和恐怖融资方面的潜在风险也备受关注。哈瓦拉在洗钱和恐怖融资方面给政府和执法机构带来了巨大挑战，这些活动往往难以侦查和杜绝。

② 2020 年 12 月 31 日，OFAC 发布了 2019 年度涉恐资产报告，美国政府将定向经济制裁作为打击国际恐怖分子和恐怖组织的一种有力工具，美国财政部海外资产控制办公室（The Office of Foreign Assets Control，OFAC）是美国政府负责对国际恐怖组织和支持恐怖主义的国家的资产实施制裁的牵头机构。OFAC 实施的这些制裁是其管理和执行所有基于美国外交政策和国家安全目标的经济和贸易制裁的总体使命的一部分。为管理美国经济制裁项目，OFAC 专注于做好以下各项工作：建立制裁机制；认定被指定人员（个人和实体）；通过合规、许可和监管工作来协助各方遵守制裁禁令；通过评估对违反制裁者的民事罚款来执行制裁；与包括执法机构在内的其他美国政府机构就制裁相关事项和战略进行合作；以及与其他国家协调制定和实施多边制裁项目。

U. S. Department of the Treasury. Calendar Year 2019 Twenty-eighth Annual Report to the Congress on Assets in the United States Relating to Terrorist Countries and Organizations Engaged in International Terrorism [EB/OL]. (2020-12-31) [2021-01-09]. https://home. treasury. gov/system/files/126/tar2019_0. pdf.

扩散等大规模杀伤性武器扩散行动成为国际安全的一个核心问题。2004 年 4 月 28 日，联合国安全理事会根据《联合国宪章》第七章，一致通过第 1540（2004）号决议，声明核武器、化学武器和生物武器及其运载工具的扩散是对国际和平与安全的威胁。决议要求各国不得以任何形式支持非国家行为者开发、获取、制造、拥有、运输、转移或使用核生化武器及其运载工具。第 1540（2004）号决议对所有国家规定了具有约束力的义务，即通过立法，防止核生化武器及其运载工具的扩散，并就防止相关材料的非法贩运建立适当国内管制。决议还鼓励增强这方面的国际合作。决议声明支持旨在消除或防止大规模毁灭性武器扩散的各项多边条约，并声明所有国家全面履行条约的重要性。第 1540（2004）号决议中各项义务均不得抵触或改变《核不扩散条约》《化学武器公约》及《生物和毒素武器公约》缔约国的权利和义务，或者改变国际原子能机构或禁止化学武器组织的责任。2006 年 4 月 27 日，联合国安全理事会通过了第 1673 号决议，将 1540 委员会的任期再延长两年。第 1673 号决议重申第 1540（2004）号决议的各项目标，表示安全理事会有意加强其促进全面执行这项决议的努力。

2008 年 4 月 25 日，安全理事会通过了第 1810 号决议，将 1540 委员会的任务期限延长三年，至 2011 年 4 月 25 日，并继续由专家提供协助。安全理事会在第 1810（2008）号决议中，敦促 1540 委员会继续加强其作用，协助提供技术援助，包括积极匹配援助提供方和请求方，从而加强其援助信息交换中心的作用。安全理事会还要求 1540 委员会考虑对于第 1540（2004）号决议的执行情况进行全面审查。作为全面审查的一部分，1540 委员会决定举行一次由联合国会员国和相关国际组织广泛参与的公开会议。公开会议从 2009 年 9 月 30 日至 10 月 2 日在联合国总部举行，1540 委员会在网站上公布会议的最后文件。

2011 年 4 月 20 日，安全理事会通过了第 1977 号决议，决议重申核武器、化学武器和生物武器及其运载工具的扩散是对国际和平与安全的威胁，并将 1540 委员会的任期再延长十年，至 2021 年 4 月 25 日。安全理事会以此确认，所有国家全面执行第 1540（2004）号决议是一项长期任务，需要在国家、区域和国际各级不断作出努力。第 1977（2011）号决议还规定进行两次全面审查，一次在五年之后，一次在任务结束之前。此外，第 1977（2011）号决议为 1540 委员会提出的任务是继续加强其作用，协助提供技术援助以促进与相关国际组织的合作。委员会的另一项任务是继续改进其外联工作和继续实行透明措施。

2007 年 FATF 宣布将扩散融资作为其工作范围，并于 2008 年 6 月发布了《关于大规模杀伤性武器扩散融资报告》，2010 年 2 月发布了《打击扩散融资：政策制定及磋商情况报告》。大规模杀伤性武器包括核武器、生物武器和化学武器三类，与此相关的国际公约包括《核不扩散条约》《禁止化学武器公约》《禁止生物武器公约》。大规模杀伤性武器没有实用性，一旦使用会引起对方回击，伤害规模足以摧毁地球。2012 年 2 月，FATF 发布的《国际反洗钱和反恐怖融资、反扩散融资 40 条标准建议》将防止大规模杀伤性武器融资作为反洗钱和反恐怖融资并列的第三个主题，专门制定了与扩散融资相关的金融制裁，要求各国遵守联合国安理会有关协议，一旦发现与决议指定的个人或组织有关的资金和其他资产，应立即予以冻结，并保证不向其直接或间接地提供任何资产或其他资产。在反扩散成为全球军事战略主题的今天，反洗钱和反恐怖融资也与多数国家的军事安全产生了密切的联系。例如，美国国务院依据《防止向伊朗、朝鲜和叙利亚扩散法》，发布对我国多家企业和个人实施制裁的声明，指责这些被列入《防止向伊朗、朝鲜和叙利亚扩散法》制裁的企业向伊朗、朝鲜和叙利亚输送或购买了多边出口管理条例中的设备和技术，或是未被列入该条例但相当于大规模杀伤性武器和巡航、弹道导弹的武器。2021 年 6 月 1 日，FATF 发布《关于扩散融资风险评估和缓释的指引》，帮助各国政府、金融机构、特定非金融行业和虚拟资产服务提供商有效识别、评估、理解和降低其扩散融资风险①。

1.2 反洗钱和反恐怖主义融资

1.2.1 反洗钱的概念和意义

一、反洗钱②

伴随洗钱的国际化、专业化和集团化，洗钱的危害性以及反洗钱的重要意义日益为国际社会关注和重视。洗钱与反洗钱是一个问题的两个方面，只要存在洗钱活动，就必然存在相应的制度、机构和措施对其予以预防和打击。我国《反洗钱法》③ 第二条规定："本法所称反洗钱，是指为了预防通过各种方式掩饰、隐瞒毒品

---

① FATF. Guidance on Proliferation Financing Risk Assessment and Mitigation［EB/OL］.（2021-06-29）［2022-07-16］. https://www.fatf-gafi.org/media/fatf/documents/reports/Guidance-Proliferation-Financing-Risk-Assessment-Mitigation.pdf.

② FATF《打击洗钱、恐怖融资与扩散融资的国际标准：FATF 建议》，将反洗钱扩大到反恐怖融资、反扩散融资领域，相比扩散融资，洗钱和恐怖融资犯罪活动更为常见，从 FATF 2018 年对我国反洗钱和反恐怖融资评估情况看，专家组非常重视"反恐怖融资"的独立表述。因此，从 2018 年起，国家反洗钱主管部门和其他专业监管部门制定的反洗钱文件，将反洗钱和反恐怖融资并列表述。因此，本书在表达上，有时以反洗钱和反恐怖融资并列的形式表述，有时以反洗钱表述，基本同义。

③ 2006 年 10 月 31 日第十届全国人民代表大会常务委员会第二十四次会议通过，2024 年 11 月 8 日第十四届全国人民代表大会常务委员会第十二次会议修订。

犯罪、黑社会性质的组织犯罪、恐怖活动犯罪、走私犯罪、贪污贿赂犯罪、破坏金融管理秩序犯罪、金融诈骗犯罪和其他犯罪所得及其收益的来源、性质的洗钱活动，依照本法规定采取相关措施的行为。"如果说洗钱是一个复杂的社会问题，涉及社会生活的众多领域，那么与反洗钱相关联的社会关系也应该是多种多样的。面对洗钱分子无孔不入的违法犯罪活动，仅仅有制度是不够的，还需要通过执法部门的执法活动落实规定，才有可能有效地遏制洗钱活动。洗钱活动的社会牵涉面是如此之广，如果单靠某个或某几个部门的努力，洗钱分子总可以找到这样或那样的漏洞，寻求到监管的盲区进行洗钱活动。因此，必须调动包括立法者、执法部门、金融机构和特定非金融机构在内的一切积极因素，构建合理、有效的反洗钱运作体系，才能有效打击和防范洗钱活动。

二、反恐怖融资

由于反恐怖融资是反洗钱概念的延伸，反恐怖融资概念从提出之时就与反洗钱的规则同时使用。我国于 2006 年 2 月 28 日批准了 1999 年《联合国制止向恐怖主义提供资助的国际公约》，成为该公约缔约国。《联合国制止向恐怖主义提供资助的国际公约》规定，反恐怖融资就是确认、侦查、冻结或没收被用作恐怖活动或具有恐怖活动特征的资产，要求金融机构对异常交易保持警惕，及时向有关部门报告恐怖主义线索。2001 年《联合国安理会 1373 号决议》规定反恐怖融资为阻止和制止恐怖活动融资，将恐怖活动募捐或为恐怖主义提供经济资源定性为犯罪，将恐怖团伙的金融资产冻结。我国《反洗钱法》明确规定反洗钱包括预防和监控恐怖活动犯罪，在反洗钱工作实践中，反恐怖融资一直作为反洗钱的核心内容，反洗钱措施适用于涉嫌恐怖活动资金的监控。但从反洗钱工作领域细分的角度看，反洗钱和反恐怖融资又是两个相互独立的概念，有效控制洗钱是预防和打击恐怖融资活动的重要手段。反洗钱的三项核心制度：客户尽职调查、可疑交易报告制度、客户身份资料和交易记录保存制度等对反恐怖融资具有重要作用，由于恐怖融资具有涉及的单笔数额较小、资金来源范围广、无明显规律特征等自身特点，反洗钱措施不能完全解决反恐融资的问题。从我国 2015 年颁布的《中华人民共和国反恐怖主义法》看，反恐怖涉及的范围和部门更为广泛，反恐怖融资的难度更大。

三、反洗钱和反恐怖融资的重要意义

遏制、预防打击治理洗钱违法犯罪事关国家经济金融安全和社会稳定，事关国家治理体系和治理能力现代化进程，事关中国特色社会主义市场经济高质量发展和双向开放。

（一）反洗钱是严厉打击各种经济犯罪的现实需要。反洗钱可以监测异常资金和可疑资金流动，为打击洗钱及相关犯罪提供情报线索，为控制非法所得转移和藏匿赢得时机，为跨境追缴违法资金提供有力手段，可有效打击经济犯罪活动。

（二）反洗钱承担着维护国家安全与稳定的社会责任。打击洗钱活动，发现和截断犯罪组织赖以生存的资金链条，将有力地削弱、分化和瓦解各种严重犯罪活动，并最终实现打击犯罪、保护广大人民群众根本利益、维护国家长治久安的目标。

（三）反洗钱是金融机构、支付机构必须承担的法定义务。洗钱过程实质上是资金转移和形式转化的过程。金融机构、支付机构是社会资金融通的主渠道，是反洗钱和反恐怖融资活动的主战场，实施预防、监控洗钱行为必须以金融机构和支付机构为核心。金融机构和支付机构要建立有效的反洗钱内部控制机制，认真履行客户尽职调查、客户资料和交易记录保存、大额交易和可疑交易报告义务，加强名单监控，采取特定预防措施，充分发挥反洗钱在预防和控制洗钱、恐怖融资风险中的核心作用。

（四）反洗钱是金融机构和支付机构市场准入、防范风险和稳健经营的必备条件。根据《反洗钱法》及有关规定，反洗钱机制设计是金融机构市场准入的前提条件，有关金融管理部门应当在金融机构市场准入中落实反洗钱审查要求。对于不符合法律规定的设立申请不予批准。反洗钱进一步强化了风险控制要求，在突出反洗钱和反恐怖融资职责的同时，有力提升金融机构和支付机构风险防控意识和能力。

（五）反洗钱是参与全球治理、推动构建人类命运共同体的重要力量。当前，反洗钱和反恐怖融资已经涉及政治、经济、金融、法律、环境治理、动植物保护等诸多领域，我国参与的许多重要国际多边合作机制，如联合国安理会、亚太经济合作组织、亚欧会议、二十国集团等，均将预防和打击洗钱与恐怖融资作为重要议题，反洗钱双边合作也是我国与许多国家双边会晤的重要内容。因此，反洗钱是深入参与国际治理和规则制定，推动构建人类命运共同体的重要力量，是维护区域金融稳定，保障"一带一路"倡议顺利实施的重要措施。

1.2.2　反洗钱机制的运行机理

在现代商品经济社会，除了凶杀、宗教、价值冲突以及政治性动机的犯罪活动外，各种严重犯罪的动机多是获取非法经济收益。犯罪分子通过违法犯罪活动获取巨额黑钱，如果不加掩饰隐藏，这些巨额黑钱的存储、交易、支配、使用容易被执法部门发现。以此为线索，执法部门可非常容易地追溯其原罪。犯罪分子为规避执法部门追查，掩饰隐藏其违法犯罪获取的巨额收益的来源、性质、地点或流向，需要用各种手段和方法将违法犯罪收益连续地转换、流动和清洗，使其犯罪收益在形式上合法，通过"清洗"使黑钱、赃钱等违法犯罪收益合法化。所以说，洗钱是产生犯罪收益的贪利性犯罪的伴生犯罪，本质上是货币资金转换和转移的过程，表现为犯罪收益资金不断转移、转换和流动。犯罪分子总是寻求利用资金流动密集、监管薄弱领域和环节洗钱。金融机构和支付机构是社会资金流动的主要载体和媒介，其在国家支付体系以及金融资产托收、转移过程中的独特作用和所提供的产品服务的特点决定了金融机构和支付机构具有被犯罪分子利用洗钱的潜在风险。另外，金融机构、支付机构为客户办理业务，能够在第一时间接触洗钱犯罪分子及其清洗的犯罪收益。如果金融机构和支付机构与客户建立初始业务关系时就开展客户尽职调查，严密监控其大额和异常资金流动，及时向有关部门报告大额和可疑交易，保存客户身份资料和交易记录，按照有关法律法规的要求及时冻结犯罪分子的资金，可有效防范和打击洗钱和恐怖融资犯罪活动。为此，联合国等国际组织、各国政府、专业反洗钱机构出台的一系列反洗钱和反恐怖融资国际规则、国际公约和法律制度都赋予金融机构、支付机构法定反洗钱义务。随着金融机构和支付机构反洗钱力度的加大，洗钱犯罪活动向地下钱庄和赌场、会计和律师事务所、房产、贵金属和珠宝、公司运营服务商等特定非金融机构渗透，反洗钱范围也逐渐向这些领域延伸。

洗钱作为各种贪利性犯罪的衍生犯罪，严重危害国家安全、金融稳定和人民群众的切身利益，必须予以打击。反洗钱的目的就是通过对洗钱犯罪的遏制和打击，让各种违法犯罪所得无处藏身，让犯罪分子一无所获。让犯罪分子认识到：即使获得犯罪收益也无法占为己有、受益或消费。从而迫使其主动放弃违法犯罪念头，犯罪分子的犯罪意愿减小，相应的犯罪率就降低，反洗钱就从根源上遏制了上游犯罪。从反洗钱外延看，包括遏制预防洗钱、恐怖主义融资和大规模杀伤性武器扩散融资。为了做好反洗钱工作，首先需要了解客户，做好客户尽职调查工作；需要对客户资金交易进行监测分析，报告大额交易和可疑交易报告；为了侦查、起诉犯罪分子，需要对客户身份资料和交易记录进行保存。为了保证以上 3 项核心义务的履行，金融机构需要建立健全反洗钱内部控制机制。为了提升反洗钱从业人员的业务技能和素质，需要对有关人员开展反洗钱培训；为了创造良好的反洗钱社会氛围需要开展内外部宣传。因此，金融机构反洗钱工作包括反洗钱内控建设、客户尽职调查、大额交易和可疑交易报告、客户身份资料和交易记录保存、宣传培训。同时，为了降低反洗钱运营成本，还需要贯彻以风险为本的反洗钱方法，提升反洗钱有效性。

1.2.3　反洗钱的目标和组织体系

一、反洗钱的目标

反洗钱的目标包括预防和遏制洗钱以及相关犯罪活动，维护国家安全、社会公共利益和金融秩序，主要是减少洗钱及相关犯罪的发生率和保护核心金融系统的完整性。具体措施包括洗钱和恐怖融资犯罪刑事化、建立有效的洗钱和恐怖融资防范机制、增强金融机构、支付机构和特定非金融机构抵御洗钱风险的能力、提高机构和人员的反洗钱和反恐怖融资能力、开展卓有成效的反洗钱和反恐怖融资国际合作。欧美一些开展反洗钱和反恐怖融资工作历史较长的国家，已经开始明确提出反洗钱和反恐怖融资的长远或近期目标。例如，2024 年 5 月 16 日，美国财政部发布的《2024 年度打击恐怖主义和其他非法金融活动国家战略》，为美国政府在切断和防止非法金融活动方面的宗旨、目标和优先事项提供了蓝图。该战略旨在应对《2024 年度美国国家洗钱、恐怖融资和扩散融资风险评估》中的关键风险，详细说明了美国将如何在最近的历史性行动基础上，实现美国反洗钱和反恐怖融资制度的现代化，提高打击非法分子的有效性，并采用技术创新来减轻风险。战略确定了 4 个优先事项和 15 项支持行动，以指导美国政府的行动。4 项优先事项是：①填补美国反洗钱和反恐怖融资框架中的法律法规差距，以免被非法分子利用于匿名访问美国金融体系，包括启用受益所有权信息（BOI）登记处以供执法、国家安全和情报部门使用；完成与住宅房地产和投资顾问行业有关的规则；以及评估其他可能易受非法金融活动影响的行业；②使美国金融机构的反洗钱和反恐怖融资监管框架更有效、更能聚焦风险，以提高金融机构在防止非法金融活动方面的效率和有效性，包括提供明确的合规指引、适当共享信息，以及确保为监管和执法职能提供充足的资源；③提高执法部门、其他美国政府机构和国际伙伴在打击非法金融活动方面的有效性，让非法分子无法为其活动找到避风港；④通过开发新的支付技术，支持使用私营部门合规的新机制，以及利用自动化和创新寻找打击非法金融活动的新方式，让创新带来的好处在美国得以体现。

二、反洗钱组织体系

我国《反洗钱法》确立了中国人民银行主管、多部门配合的中国反洗钱和反恐怖融资工作体制。国务院将中国人民银行作为国家反洗钱行政主管部门，主要基于以下原因。

（1）中国人民银行承担反洗钱主管部门的职责是由其中央银行的性质、在金融系统的独特地位和作用决定的。从国际经验看，洗钱和恐怖融资主要通过金融领域进行，几乎所有的国家都把金融机构置于反洗钱和反恐怖融资的核心地位。中国人民银行作为银行的银行，承担监管同业拆借市场和银行间债券市场的职能、提供清算服务、货币管理、金融稳定、征信管理等职能，对金融业的整体风险进行监管，而专业监管部门只能对其监管的某类别金融机构的风险进行监管，同时，中国人民银行具有监管整个金融系统的传统和经验。借鉴国际模式，立足中国实际，中国人民银行承担反洗钱和反恐怖融资主管部门的职责是由中国人民银行在金融系统的地位决定的。

（2）中国人民银行承担反洗钱主管部门的职责是由我国反洗钱和反恐怖融资的实际情况决定的，具有历史必然性。早在 2003 年 5 月，国务院就批示中国人民银行承担组织国家反洗钱工作的职责，国务院赋予中国人民银行"协调国家反洗钱工作，指导和部署金融业反洗钱工作，负责反洗钱资金监测"的职责，在《反洗钱法》颁布之前，该职责已由 2003 年 12 月修订的《中国人民银行法》以法律的形式确定下来。中国人民银行着眼于我国反洗钱工作的实际需要，已经制定了一系列的规章制度，以金融业为起点推动我国的反洗钱工作，2004 年，中国人民银行设立了专门的反洗钱部门来承担我国金融业反洗钱的行政管理职能，并设立了负责反洗钱资金监测的情报机构：中国反洗钱监测分析中心，奠定了我国反洗钱工作的组织基础。

虽然人民银行是反洗钱工作的行政主管部门，但反洗钱和反恐怖融资工作并不是哪一个部门或哪几个部门能够独立承担的工作，而是一项关系国家安全与稳定的社会责任，需要多部门共同协调和配合才能取得成效。因此，国务院规定与反洗钱和反恐怖融资工作有关的国务院部门、机构都是反洗钱工作部际联席会议成员单位。反洗钱工作部际联席会议成员单位包括多个部门：中国人民银行、最高人民法院、最高人民检察院、国务院办公厅、外交部、公安部、安全部、国家监委、民政部、司法部、财政部、自然资源部、住建部、商务部、海关总署、税务总局、市场监管总局、广电总局、国务院法制办、国家金融监管总局、证监会、外汇局、解放军总参谋部等。

总体上说，我国的反洗钱和反恐怖融资组织体系包括四部分：反洗钱监管部门、司法部门、反洗钱义务机构和行业自律组织。反洗钱监管部门负责全国及各个领域的反洗钱和反恐怖融资监督管理工作，如中国人民银行、国务院金融监督管理机构、国家外汇管理局等；司法部门负责洗钱犯罪的侦查、起诉和审判工作，如各级公安机关、人民检察院和人民法院；反洗钱义务机构包括依法履行反洗钱和反恐怖融资义务的各类金融机构、支付机构和特定非金融机构；行业自律组织可以指导本行业正确履行反洗钱和反恐怖融资义务，如中国互联网金融协会等。上述反洗钱监管部门、司法部门、反洗钱义务机构和行业自律组织在各自的职责范围和领域中发挥重要的作用，它们之间相互联系、彼此配合，共同构成了中国反洗钱和反恐怖融资组织体系的整体。

三、国家反洗钱和反恐怖融资监管体制机制建设

2017 年 4 月 18 日中央全面深化改革领导小组审议通过了《关于完善反洗钱、

反恐怖融资和反逃税监管体制机制的意见》①，2017 年 8 月 29 日，国务院办公厅以国办函〔2017〕84 号正式印发。《意见》指出，反洗钱、反恐怖融资、反逃税（以下统称"三反"）监管体制机制是建设中国特色社会主义法治体系和现代金融监管体系的重要内容，是推进国家治理体系和治理能力现代化、维护经济社会安全稳定的重要保障，是参与全球治理、扩大金融业双向开放的重要手段。《反洗钱法》公布实施以来，我国"三反"监管体制机制建设取得重大进展，工作成效明显，与国际通行标准基本保持一致。同时也要看到，相关领域仍然存在一些突出矛盾和问题，主要是监管制度尚不健全、协调合作机制仍不顺畅、跨部门数据信息共享程度不高、履行反洗钱和反恐怖融资义务的机构履职能力不足、国际参与度和话语权与我国国际地位不相称等。其目的是深入持久推进"三反"监管体制机制建设，完善"三反"监管措施。

为全面落实党中央、国务院关于加强反洗钱工作的决策部署，2022 年 1 月 20日中国人民银行、公安部、国家监察委员会、最高人民法院、最高人民检察院、国家安全部、海关总署、税务总局、银保监会、证监会、外汇局联合印发《打击治理洗钱违法犯罪三年行动计划（2022—2024 年）》的通知，决定 2022 年 1 月至 2024年 12 月联合开展打击治理洗钱违法犯罪三年行动。一是依法严厉打击各类洗钱违法犯罪活动，不断增强洗钱犯罪侦查、起诉和审判质效，加大惩治洗钱犯罪力度，坚决遏制洗钱犯罪蔓延态势。二是完善协作机制、形成工作合力，依托反洗钱工作部际联席会议，建立部门参与、职责清晰、配合有力、运转高效的打击治理洗钱违法犯罪协作机制。三是推动系统治理、综合治理和源头治理，进一步健全洗钱违法犯罪风险防控体系，切实维护国家安全、社会稳定和人民群众切身利益。

1.2.4　反洗钱国际发展趋势

20 世纪中期以后，面对毒品泛滥的严重形势，各国政府对防止毒品犯罪的法律政策进行了深刻检讨。1970 年，美国通过《银行保密法》，改革了传统的银行保密制度，确立了美国反洗钱制度的基础，并建立了一套由一个部门牵头、多个部门参与的反洗钱工作机制。同时，反洗钱工作也受到绝大多数西方发达国家及新兴市场国家的高度关注。20 世纪八九十年代，这些国家和地区先后制定了反洗钱法。以严格的银行保密制度而著称的瑞士，也迫于国际压力接受了国际通行的反洗钱规则，从 2004 年 7 月 1 日起，凡在瑞士银行利用匿名账户向国外汇款超过一定数额的客

---

① 从内容看，《反洗钱、反恐怖融资和反逃税监管体制机制的意见》实际上是对国务院反洗钱工作部际联席会议制度的进一步强化和近期国家对反洗钱和反恐怖融资工作的总体规划。

户，银行必须公开其真实身份。

面对日益猖獗的洗钱活动，联合国安理会等国际组织也积极应对。1988年，联合国通过了《联合国禁止非法贩运麻醉药品和精神药物公约》，将有关毒品犯罪的洗钱行为规定为犯罪，是国际社会第一个打击洗钱犯罪的国际公约。自20世纪90年代以来，国际社会对洗钱问题的关注程度不断提高。在《联合国禁止非法贩运麻醉药品和精神药物公约》生效后，欧洲共同体于1990年通过了《关于搜查、查封和没收犯罪收益公约》。1991年，欧洲共同体批准通过了第一个反洗钱指令，即《关于防止利用金融系统洗钱的指令》。该指令规定洗钱罪的上游犯罪包括毒品犯罪以及各成员国所确定的其他犯罪；规定金融机构的义务包括识别客户身份、保存交易记录、报告可疑交易、建立内部控制制度、对工作人员进行反洗钱培训等。1995年4月，联合国专门拟订了《禁止洗钱法律范本》，供各国当局在制定反洗钱法律过程中参考。1999年12月，联合国大会通过了《联合国制止向恐怖主义提供资助的国际公约》。2000年11月，联合国大会通过《联合国打击跨国有组织犯罪公约》，要求各缔约国建立反洗钱工作制度。在《联合国打击跨国有组织犯罪公约》通过之后，欧盟于2001年通过了《关于洗钱，识别、追踪、冻结、扣押和没收犯罪财产与收益的框架决定》。根据这一决定，欧盟理事会在2001年底通过和发布了《关于修订理事会〈关于防止利用金融系统洗钱的指令〉的指令》，将洗钱罪上游犯罪的范围从毒品犯罪扩大到所有的严重犯罪，将履行反洗钱报告义务的机构范围从银行、货币兑换所等金融机构扩展到律师、会计师、审计师、房地产商、拍卖师和赌博业主等非金融机构和行业。2003年10月，联合国大会通过《联合国反腐败公约》，对缔约国的反洗钱工作制度提出了更加严格的要求。2005年，欧盟理事会批准了第三个反洗钱指令，扩大洗钱罪上游犯罪和可疑交易报告的信息披露的范围，进一步扩大了反洗钱义务主体的范围并拓宽细化了客户尽职调查的规定。2013年欧盟理事会发布了《关于防止犯罪团伙利用金融系统进行洗钱和恐怖主义融资的指令》和《有关跟踪资金转移活动的规定》两份指令。2015年发布了《有关欧盟反洗钱和反恐怖融资指令四的提案》。

由于洗钱活动的跨国性质，1989年7月，西方七国集团首脑巴黎经济会议决定成立金融行动特别工作组，评估在防止利用银行和金融系统洗钱方面的合作成果，改进反洗钱领域的法律和规则以及通过多边司法协助加强反洗钱预防的措施。金融行动特别工作组在1990年2月提出了《反洗钱40项标准建议》，一是要求各国将各类严重犯罪资金的洗钱行为定位为刑事犯罪；二是要求各国政府加强金融监管，督促金融机构制定和实施可行的反洗钱内控制度，履行客户身份识别、客户信息和交易记录保存以及识别并报告可疑金融交易的义务；三是要求各国政府建立金融情报中心，承担对异常和可疑资金交易的监测，实现政府部门之间的协调和合作；四是要求各国进行反洗钱情报交流及洗钱犯罪调查、非法资金追查、冻结以及人员引渡等方面的国际合作。1996 年、2003 年金融行动特别工作组《反洗钱 40 项标准建议》进行了两次修改，对洗钱行为刑罚化、客户尽职调查、特定非金融行业和职业的反洗钱义务等内容作出了更为严格的规定。

"9·11"恐怖袭击事件以后，反恐怖问题与反洗钱联系到一起，反恐怖融资成为反洗钱工作的一个重要领域，反洗钱和反恐怖融资成为一些国际组织及国际论坛的重要议题，在国际关系中占有相当重要的地位，对国际关系产生着不可忽视的影响。2001 年 10 月，美国国会迅速通过《爱国者法案》，先后设立政策协调委员会（PCC）和国家反恐中心（NCTC），并在财政部设立恐怖主义与金融情报办公室（TFI），全面强化美国的反恐怖融资体系。其他国家和地区的立法机构也迅速作出回应。除联合国在反恐怖融资领域通过了多项国际公约外，2001 年 10 月，FATF 在《40 条标准建议》之外，专门制定了 8 条反恐怖融资的建议。2004 年 10 月，金融行动特别工作组又制定了关于跨境现金携带的反恐怖融资第 9 项特别建议。2005 年 7 月，联合国安理会通过第 1617 号决议，敦促各成员国全面执行"反洗钱和反恐怖融资建议"。欧美发达国家已将反洗钱和反恐怖融资国际合作作为外交工作重点，并在反洗钱和反恐怖融资方面采取了十分坚决的措施，许多重要国际多边合作机制，均将预防和打击洗钱与恐怖融资作为重要议题。

由于国家利益和国际安全之间的失衡，核扩散在"冷战"后接连发生，全球防止核扩散等大规模杀伤性武器扩散行动成为国际安全的一个核心问题。FATF 2012 年 2 月新的《四十条建议》将防止大规模杀伤性武器扩散作为反洗钱和反恐怖融资并列的三个主题。

总体来看，国际反洗钱和反恐怖融资日益呈现以下总体发展趋势：一是当前国际反洗钱和反恐怖融资合作已经被提升到维护国家经济安全和国际政治稳定的战略高度，既是国际合作的热点和重点领域之一，也是各国在新一轮的国际竞争过程中争夺金融话语权、规则制定权的重要领域之一。二是金融行动特别工作组制定的反洗钱和反恐怖融资 40 项标准建议已成为当前国际反洗钱和反恐怖融资领域中最重要的指导性文件，该组织在国际反洗钱和反恐怖融资领域中的地位日益重要。三是反洗钱与反恐怖融资关系日益紧密，洗钱风险存在向非金融领域扩展的趋势。目前，世界各国对洗钱罪的界定越来越广泛，基本遵循了"毒品犯罪→特定犯罪→最广泛的上游犯罪"的发展脉络。从发展趋势看，反洗钱工作范围已从最初的反毒品、反恐怖、反腐败扩展到大规模杀伤性武器扩散融资、税务犯罪、法人透明度、普惠性金融、环境犯罪等更广泛、更敏感的领域，涉及经济金融、法律、政治、外交、军事、动植物保护等诸多方面。

1.2.5 反洗钱面临的形势与任务

一、金融机构和支付机构是反洗钱的主力军[①]

洗钱本质上是货币资金转换和转移的过程，表现为犯罪收益资金不断转移、转换和流动。理论上讲，为逃避执法部门追查，犯罪分子都要对其巨额犯罪所得进行清洗，以掩盖其真实性质和犯罪来源。鉴于金融机构和支付机构在国家支付体系以及金融资产托收和转移过程中的独特作用，金融机构和支付机构[②]已经成为监测犯罪资金流动的核心领域。据《中国洗钱和恐怖融资风险评估报告（2022年）》，2017年至2020年洗钱犯罪审结案件显示，洗钱威胁主要集中在银行业及非银行支付业，其中涉及银行业洗钱案件数量占比最高，为73.22%；非银行支付业为17.88%；房地产占3.53%、证券业1.85%、贵金属与宝石1.23%、基金业0.44%、期货业0.39%、保险业0.33%、其他金融业0.84%、会计师行业0.17%、律师行业0.11%。

从2003年起，我国商业银行按照国家反洗钱主管部门的规定开始履行反洗钱义务。2006年我国《反洗钱法》[③]颁布后，从2007年1月1日起，我国证券期货业和保险业机构也开始履行反洗钱义务；从2009年起，银行卡组织和资金清算中心[④]、支付机构[⑤]开始履行反洗钱和反恐怖融资义务。经过十多年的努力，我国金融机构建立了比较完善的反洗钱工作体系，报送了大量大额交易和可疑交易报告，为监测

---

① 我国反洗钱工作已经覆盖金融机构、支付机构、互联网金融从业机构、社会组织和房地产、贵金属交易、会计师事务所等特定非金融机构，本文以金融机构和支付机构为主，其理论方法适用于金融机构、支付机构、互联网金融从业机构、社会组织和房地产、贵金属交易、会计师事务所等特定非金融机构。

② 据中国支付清算协会统计，2022年，非银行支付机构处理网络支付业务10241.81亿笔，金额337.87万亿元。同期银行共处理电子支付业务2789.65亿笔，金额3110.13万亿元；其中，网上支付业务1021.26亿笔，金额2527.95万亿元；移动支付业务1585.07亿笔，金额499.62万亿元；电话支付业务2.45亿笔，金额10.35万亿元。

③ 《中华人民共和国反洗钱法》由十届全国人大第二十四次会议于2006年10月31日通过并公布，自2007年1月1日起实施。2024年11月8日第十四届全国人大常委会第十二次会议修订，自2025年1月1日起实施。

④ 目前，银行卡组织和资金清算中心专指中国银联股份有限公司、农信银资金清算中心有限责任公司和城市商业银行资金清算中心，见2009年《银行卡组织和资金清算中心反洗钱和反恐怖融资指引》。

⑤ 支付机构按照2012年《支付机构反洗钱和反恐怖融资管理办法》要求履行义务，支付机构在资金汇兑、结算上同银行业职能相同，是容易被犯罪分子利用的资金转移渠道，特别是支付机构支付的便捷性和应用的广泛性，其反洗钱和反恐怖融资任务越来越重要。2016年《金融机构大额交易和可疑交易报告管理办法》要求支付机构按照该《办法》报告大额交易和可疑交易。2018年《中国人民银行关于非银行支付机构开展大额交易报告工作有关要求的通知》（银发〔2018〕163号）、《中国人民银行关于〈非银行支付机构大额交易报告要素及释义〉》（银发〔2018〕349号），对支付机构报送大额交易提出了更具体的要求，要求支付机构从2019年1月1日起提交大额交易报告。从洗钱风险评估看，目前支付机构洗钱风险大于银行业金融机构，银行业金融机构大于证券期货业金融机构；寿险公司大于财险公司。

分析洗钱和恐怖融资活动提供了数据支撑，已经成为反洗钱和反恐怖融资的主力军①。截至2023年末，在中国人民银行反洗钱数据报送系统登记的银行业金融机构共计1947家；2023年，银行业金融机构报送大额交易225.4亿笔，较2022年增加10.7%；可疑交易报告336.7万份，较2022年增加1.9%，其中特别紧急类可疑交易报告8495份，占比0.3%。截至2023年末，在中国人民银行反洗钱数据报送系统登记的证券期货业金融机构共计443家，较2022年增加16家。其中，证券公司140家，期货公司150家，基金管理公司147家，从事基金销售业务的机构6家；2023年，证券期货业金融机构共报送可疑交易报告10117份，较2022年增加32.5%，涉及可疑交易711.2万笔。截至2023年末，在中国人民银行反洗钱数据报送系统登记的保险业金融机构共计1031家，占报告机构总量的23.3%。2023年，保险业金融机构报送大额交易9858笔，较2022年增加30.8%；可疑交易报告14969份（见表1-1），较2022年增加29.7%，其中特别紧急类可疑交易报告171份，占比1.1%。截至2023年底，我国共有185家非银行支付机构②，2023年，在中国人民银行反洗钱数据报送系统登记的非银行支付机构报送大额交易274.5亿笔，占所有行业大额交易笔数的54.9%；报送可疑交易报告82.2万份，较2022年增长28.0%，占所有行业可疑交易报告份数的19.5%，涉及可疑交易27.2亿笔。其中，特别紧急类可疑交易报告5.6万份，占非银行支付机构可疑交易报告份数的6.8%；可疑交易接续报告14.8万份，占非银行支付机构可疑交易报告份数的18.0%。2023年，中国银联股份有限公司报送可疑交易报告3993份；银联国际有限公司报送可疑交易报告4362份，大额跨境交易85.2万笔；连通（杭州）技术服务有限公司报送大额跨境交易3.1万笔；农信银资金清算中心报送可疑交易报告2份，城银清算服务有限责任公司报送可疑交易报告3份。截至2023年末，在中国人民银行反洗钱数据报送系统登记的信托公司68家、金融资产管理公司5家、企业集团财务公司249家、金融租赁公司66家、汽车金融公司25家、消费金融公司30家、货币经纪公司6家、贷款公司2家。

从我国已破获的洗钱及相关案件分析，犯罪分子90%的洗钱、恐怖融资活动通

① 从目前我国反洗钱和反恐怖融资工作的实际情况看，虽然部分特定非金融行业被纳入反洗钱和反恐怖融资领域，例如，《中国人民银行关于加强贵金属交易场所反洗钱和反恐怖融资工作的通知》（银发〔2017〕218号）将上海黄金交易所及中国人民银行确定并公布的其他贵金属交易场所列为反洗钱和反恐怖融资义务机构。2017年9月30日，住房和城乡建设部、中国人民银行、银监会联合发布的《关于规范购房融资和加强反洗钱工作的通知》（建房〔2017〕215号）要求房地产开发企业、房地产中介机构在房屋销售、提供经纪等相关服务时履行反洗钱义务，但特定非金融机构反洗钱和反恐怖融资工作尚未完全落地，在未来很长时间内，金融机构和支付机构仍是反洗钱和反恐怖融资工作的主力军，为写作方便，本文的反洗钱和反恐怖融资义务主体以金融机构为主，涉及支付机构有特殊要求的，将在有关内容中做特别说明。

② 自2011年5月26日央行公布首批获得第三方支付牌照的企业开始至2024年5月1日，中国人民银行累计发出271张支付牌照，其中包含已注销机构89家、已获许可机构182家。

过金融机构进行交易①。

表 1-1 2007—2023 年中国反洗钱监管部门收到的金融机构可疑交易报告汇总

年度	银行机构		证券期货机构		保险机构	
	可疑交易报告份数	占比（%）	可疑交易报告份数	占比（%）	可疑交易报告份数	占比（%）
2007	6450106	99.40	34786	0.54	4139	0.06
2008	68596792	99.49	147482	0.21	200576	0.30
2009	42513169	99.02	185181	0.43	234876	0.55
2010	61642091	99.66	124288	0.20	85639	0.14
2011	53931825	99.67	24149	0.04	155252	0.29
2012	29610000	99.85	3711	0.01	41000	0.14
2013	24498000	99.86	1801	0.01	31000	0.13
2014	11707200	99.90	1241	0.01	16707	0.09
2015	11170900	99.89	1638	0.01	11703	0.10
2016	5380000	99.58	13624	0.25	8759	0.17
2017	2604469	99.69	2316	0.10	5743	0.21
2018	1436394	99.36	2783	0.20	6385	0.44
2019	1437719	99.05	4673	0.32	9217	0.63
2020	2242031	99.31	6641	0.29	8953	0.40
2021	3315000	99.46	7213	0.22	10675	0.32
2022	3304000	99.42	7637	0.23	11538	0.35
2023	3367000	99.26	10117	0.30	14969	0.44

二、反洗钱面临的形势和挑战

（一）反洗钱面临的新形势

20 世纪中期以来，洗钱犯罪日益猖獗并迅速蔓延，洗钱国际化、专业化和集团化特征明显，严重威胁全球经济发展和安全。洗钱成为仅次于外汇和石油交易的世界第三大商业活动。IMF 预计，全球的洗钱数额占全球 GDP 的 2%～5%。洗钱数额每增加 10%，全球 GDP 降低 0.1%。洗钱与其上游犯罪存在紧密共生关系。犯罪收益被清洗后，形式上合法的犯罪所得对犯罪分子是正向激励，可为犯罪分子从事后续犯罪活动提供资金支持，助长更严重或更大规模的犯罪活动。特别是恐怖融资活动资助的恐怖主义犯罪，虽然数额较小，但其危害巨大，对国家安全稳定和人民生命财产安全构成严重威胁。美国"9·11"恐怖袭击事件、英国伦敦"7·7"爆炸案、法国巴黎"11·13"恐怖袭击事件、巴塞罗那"9·17"恐怖袭击事件就是明

---

① 数据来源于中国反洗钱报告。

显的例证。有效遏制并严厉打击洗钱及其上游犯罪、维护全球安全和发展成为世界各国的共同愿望和承诺。有关国际组织和各国政府从立法、司法、执法、金融监管等方面积极采取措施，在全球范围内打击洗钱犯罪活动。

当前，中央将完善反洗钱和反恐怖融资体制机制列为深化改革的重点任务，作为建设中国特色社会主义法治体系和现代金融体系的重要内容。中国正日益走向世界舞台的中央，反洗钱和反恐怖融资正成为大国之间博弈与较力，争夺国际话语权的重要工具；反洗钱和反恐怖融资已经成为维护社会公平正义的重要力量。这些都要求金融机构和支付机构提高政治站位，强化战略思维，清醒认识当前反洗钱和反恐怖融资工作面临的复杂形势和挑战，增强做好反洗钱工作的责任感和紧迫感。

1. 反洗钱和反恐怖融资工作已经成为推进国家治理体系和治理能力现代化的有效措施。反洗钱和反恐怖融资工作已经被引入世界各国的国家治理制度中，并得到国际社会充分肯定和认可，最重要的原因是反洗钱和反恐怖融资具有维护社会公平正义，打击经济犯罪活动，遏制其他严重刑事犯罪，为金融稳定和金融改革创造良好环境的重要职能。反洗钱法人和法律安排的透明度是现代社会治理水平的重要指标，要求金融机构和支付机构在开展业务时识别法人和法律安排的受益所有人，从而穿透法人和法律安排的"面纱"，最大限度地挤压洗钱空间，对促进社会整体的诚信、公平和正义具有重要的意义。反洗钱和反恐怖融资已成为我国社会治理的内生需要，是推进国家治理体系和治理能力现代化的有效措施。自 2002 年开展反洗钱工作以来，通过监管部门、金融机构和支付机构的不懈努力，我国逐步构建起了一套比较有效的反洗钱和反恐怖融资法律制度体系和管理体制机制，在预防和打击洗钱犯罪、维护金融秩序、保障国家安全和社会稳定等方面发挥了重要作用，成为推进国家治理体系和治理能力现代化的重要组成部分。一是当今社会经济金融活动离不开资金，绝大多数的违法犯罪活动都与资金、钱财相关，要么是违法犯罪活动的目标或载体，要么是辅助手段或工具。反洗钱和反恐怖融资本质上是政府通过法律、制度安排行使公共治理职能。反洗钱目标就是通过对洗钱及其上游犯罪的遏制和打击，让各种违法犯罪所得无处藏身，让犯罪分子一无所获。让犯罪分子认识到，即使获得犯罪收益也无法占为己有、受益或消费。从而迫使其主动放弃违法犯罪念头，降低犯罪分子的犯罪意愿，从根源上遏制上游犯罪。因此，围绕着"追踪资金"（Follow the Money）理念建立起来的反洗钱和反恐怖融资制度就成为遏制、打击违法犯罪活动的得力工具。二是反洗钱和反恐怖融资对义务机构的要求是现代社会治理的基础。反洗钱和反恐怖融资就是通过技术性的制度安排，通过"客户尽职调查、客户身份资料和交易记录保存、大额交易和可疑交易报告"三项核心义务的履行，为全社会编织了一张保护正常经济金融活动免受侵害的安全网。这是社会治理的重要内容和基础性工作，这个基础若不打牢，整个金融体系、社会交易体系都会乱象横生，小到以假冒身份证开户进行电信网络诈骗，大到层层嵌套、持股隐瞒受益所有人、在资本市场上兴风作浪。因此，反洗钱和反恐怖融资工作对保障人民群众的根本利益具有非常重要的意义。三是当前反洗钱内涵不断丰富、外延急剧扩张。反洗钱和反恐怖融资不同于专业金融监管部门的传统金融监管，其监管范围已经覆盖所有金融机构、支付机构，并逐渐向社会组织、互联网金融从业机构和房地产、贵金属交易、会计师和律师事务所等特定非金融机构延伸，基本覆盖了全部资金交易流动密集的行业。特别是对非自然人客户、特定自然人身份的识别等法人和法律透明度的制度安排有利于摸清社会资本参与控股金融企业的底数，对于治理金融乱象、维护社会的公平正义具有独到的作用。

2. 反洗钱和反恐怖融资是防范和化解金融风险、维护金融稳定的重要工具和制度安排。前些年，受新冠疫情等因素的共同影响，我国社会经济发展下行的压力加大。在下行过程中，部分经营不善的企业和实体的经济风险向金融系统倒灌，出现逃废债、非法转移资产等问题，一些中小金融机构负债承压过重，形成诸多风险隐患，并可能跨机构、跨市场、跨业态交叉传染，威胁金融安全稳定。再加上我国金融领域历史遗留的各种风险累积，监管套利、非法金融活动、非法集资等违法违规活动整治压力较大。以第三方支付、网贷、众筹等为代表的互联网金融领域非法集资、网络传销犯罪较为活跃，现金贷、消费贷等风险问题突出。此类衍生于互联网领域的犯罪活动多采取虚构交易，手法复杂，比传统的犯罪活动风险积聚更快，且借助互联网产生放大效应，对社会公众的危害极大，社会影响和维稳压力更大，已经成为危害金融稳定的重要风险点。这些非法活动虽然是犯罪分子所为，但其衍生的洗钱犯罪都在金融机构和支付机构完成，对金融机构和支付机构的安全运营构成实质威胁。在金融风险进一步暴露和累积的背景下，金融体系的整体洗钱威胁持续存在。2023年中央金融工作会议指出，要全面加强金融监管，有效防范化解金融风险。切实提高金融监管有效性，依法将所有金融活动全部纳入监管，全面强化机构监管、行为监管、功能监管、穿透式监管、持续监管，消除监管空白和盲区，严格执法、敢于亮剑，严厉打击非法金融活动。对此，金融机构和支付机构务必提高风险防范意识，妥善处理好金融业务发展与合规经营之间的关系，在推进业务发展的同时，加强反洗钱和反恐怖融资合规管理和风险控制，防止发生因风险管控不力引发各类问题。同时，在经济逐步复苏的后疫情时代，出台各类反洗钱政策、措施需要兼顾的因素增多，市场主体、普通大众对政策的敏感性也增强，如何在推进反洗钱工作的同时，做好政策评估、稳定社会预期成为一项重要任务。

3. 反洗钱和反恐怖融资工作是推动构建人类命运共同体的重要力量。随着人民币国际化和我国金融机构国际化进程的进一步加快，大国之间在国际金融领域的竞争将更加激烈，非传统安全风险进一步加剧，为保障我国国家利益，反洗钱和反恐怖融资将承担更多国际义务和社会责任。自 20 世纪 90 年代以来，反洗钱和反恐怖融资在全球治理中的重要作用越来越受到国际社会的重视，我国参与的一些国际多边合作机制，如亚太经济合作组织、亚欧会议、联合国安理会、二十国集团财长和央行行长会议等，全部将预防、遏制和打击洗钱与恐怖融资、大规模杀伤性武器融资作为重要议题，反洗钱和反恐怖融资合作已经成为许多国家与我国双边会晤的重要内容。加强反洗钱和反恐怖融资的国际合作，是维护区域金融稳定，保障"一带一路"倡议顺利实施的重要措施。

4. 我国反洗钱和反恐怖融资工作进入新的发展阶段。随着国家综合实力的不断提升，我国将越来越靠近国际舞台的中心，在国际反洗钱和反恐怖融资领域，我国的反洗钱和反恐怖融资工作备受关注。2012 年 2 月 16 日，FATF 第 23 届全会表决通过中国反洗钱和反恐怖融资第三轮互评估后续报告，同意中国结束第三轮互评估后续程序①，标志着我国反洗钱和反恐怖融资工作达到了国际通行标准。2019 年 4 月 17 日 FATF 发布《中国反洗钱和反恐怖融资第四轮互评估报告》②，报告认为近年来我国在反洗钱工作方面取得了积极进展，反洗钱体系具备良好基础，经过 2020 年 10 月、2021 年 10 月、2022 年 11 月三次强化后续评估报告（FUR），FATF 在后续评估报告中对我国部分技术合规性指标进行了重新评级，截至 2022 年 11 月，FATF 反洗钱和反恐怖融资 40 项技术性互评估指标中，我国合规和大部分合规指标达到 31 项，我国反洗钱和反恐怖融资工作进入新的发展阶段。2017 年 4 月 19 日中央全面深化改革领导小组审议通过《关于完善反洗钱、反恐怖融资和反逃税监管体制机制的意见》（国办函〔2017〕94 号），从总体国家安全观的角度，将反洗钱和反恐怖融资定位为建设中国特色社会主义法制体系和现代金融监管体系、推进国家治理体系和治理能力现代化、维护经济社会安全稳定、参与全球治理的高度，为今后一段时期金融机构和支付机构反洗钱和反恐怖融资工作指明了方向。

（二）反洗钱面临的挑战

1. 反洗钱和反恐怖融资国际标准愈加严格，对金融机构反洗钱工作提出更高要求。近年来，FATF 全面升级反洗钱和反恐怖融资国际标准，工作范围从反洗钱和反恐怖融资扩大到更敏感的防范大规模杀伤性武器扩散融资领域；洗钱上游犯罪拓展到包括涉税犯罪在内的所有严重犯罪；在洗钱风险评估、客户尽职调查、定向金融制裁、政治公众人物、法人透明度、金融情报中心建设等方面提出更高要求；客户身份识别拓展到受益所有人等更深层次，FATF 标准被全球近 200 个国家和地区承诺执行。2018 年 7 月 FATF 派出专家组对我国进行了第四轮互评估，虽然 2019 年 2

---

① FATF. Mutual Evaluation of China：8th Follow-up Report［R］. Paris：FATF，2012-02-17.

② FATF，Anti-money laundering and counter-terrorist financing measures-People's Republic of China，Fourth Round Mutual Evaluation Report［R］. Paris，2019.

月 FATF 全会通过了对我国的评估，但也存在许多问题和不足。近年来，FATF 针对将要启动的第五轮反洗钱国际互评估进行战略改革，更新部分标准，修改评估程序、方法以及处罚措施，强化"灰名单"及"强化整改"标准。2025 年，FATF 将对我国开展第五轮反洗钱和反恐怖融资互评估，评估的标准和要求将更为严格，金融机构和支付机构反洗钱有效性仍是评估的核心内容，其有效性的高低直接影响或决定 FATF 对我国互评估的成绩。

2. 国际社会反洗钱和反恐怖融资博弈愈演愈烈，定向金融制裁合规风险凸显，洗钱和恐怖融资风险已经成为金融机构日常经营的重要风险。当前，定向金融制裁已经成为联合国安理会和西方发达国家处理非传统安全问题的重要工具，也成为外交与安全领域大国博弈的重要手段。近年来，西方发达国家将反洗钱和反恐怖融资提高到维护国家经济安全和政治稳定的战略高度，个别国家甚至把反洗钱和反恐怖融资作为谋取国家利益的政治工具和实施国际制裁的重要手段。2001 年美国"9·11"恐怖袭击事件后，2001 年 10 月 24 日美国颁布了《爱国者法案》①，美国政府对金融机构反洗钱和反恐怖融资要求越来越高，要求金融机构采取更加有效的措施警惕和防范洗钱风险。美国政府对其管辖的金融机构加大反洗钱和反恐怖融资监管的同时，建议联合国安理会、FATF 及各个国家的金融机构采取更为有效的措施防范洗钱、恐怖和扩散融资风险，对失渎职的金融机构实施严厉制裁。在国际组织和各

---

① 2001 年 10 月 24 日，美国通过了《为拦截和阻止恐怖主义而提供适当手段以团结和巩固美利坚的法案》（*Uniting and Strengthening America by Providing Appropriate Tools Required to Intercept and Obstruct Terrorism Act of 2001*）。将该法案名称中各个单词的首个英文字母连在一起，为"USA PATRIOT"，简称《爱国者法案》。《爱国者法案》建立了全球金融领域反洗钱和反恐怖融资的监管架构，共有 10 篇 156 节，其中第三篇为"铲除国际洗钱和 2001 年反恐怖融资法"，以反洗钱和反恐怖融资作为专题。其目的是预防、查明和起诉国际洗钱和恐怖融资行为，覆盖面为 3 万多家各类金融服务机构。该篇包括以下几部分的内容：第一部分"国际反洗钱和反恐怖融资有关措施"，共 18 节；第二部分《银行保密法》的修正和有关完善"，共 16 节；第三部分"货币犯罪和保护"，共 7 节。主要包括：一是扩大了"金融机构"的范围。不仅包括了银行等传统的金融机构，还覆盖了信贷机构、期货商人、珠宝商、赌场、旅游代理店、典当商，以及从事汽车、飞机、轮船销售的公司等。对于地下银行系统和资金传送企业，《爱国者法案》第 359 节澄清了《银行保密法》的规定，认为它们也属于金融机构，也应当保存资金转移的记录和履行反洗钱和反恐怖融资的义务。二是实施长臂管辖原则。鉴于某些过时和不适当的法律条款，特别是当洗钱活动涉及外国人、外国银行或者外国企业时，增加了调查、起诉和没收工作的困难，为了进一步发挥《洗钱控制法》第 1956 节和第 1957 节的效用，《爱国者法案》将那些在美国境外经营的金融机构也纳入其中。同时，该法在第 317 节，设立了长臂管辖原则，对于外国人在美国境内实施的洗钱犯罪、外国银行在美国银行开立银行账户、外国人转移被美国法院命令没收的资产等案件，允许美国法院具有审判权。三是扩大了上游犯罪的范围。在 1986 年的《洗钱控制法》中，没有将腐败行为列为上游犯罪的类型，结果就导致外国官员利用这个法律漏洞，在不必担心被没收的情况下，在美国银行清洗腐败所得的赃款。鉴于此，《爱国者法案》将海外腐败列为上游犯罪。此后，来自公共官员的贿赂收益以及为公共官员的利益而盗用公款、盗窃公款、挪用公款的收益，就不能再合法地存入美国的金融机构。四是加大了对洗钱罪的刑事处罚。《爱国者法案》规定对行为人可处以最高 20 年的监禁刑，或者高达 50 万美元或为交易财产价值 2 倍的罚金，或者可以并处。五是对金融机构施加了许多新的和扩大的义务，例如，为了贯彻反洗钱和反恐怖融资方案而实质性地修正现存的执行政策和程序、更严格的客户辨别标准、增强谨慎义务的履行、禁止美国银行与外国空壳银行保持商务联系、加强防止洗钱的合作等。

国政府越来越重视反洗钱和反恐怖融资、反扩散融资的形势下，不按照国际标准履行反洗钱和反恐怖融资义务的国家及其金融机构的声誉将受到严重损害。美国一直是国际反洗钱和反恐怖融资规则的制定者和国际反洗钱和反恐怖融资的主宰者，美元在国际金融体系中一直处于超级地位，美国凭借其美元的国际超级货币地位成为国际定向金融制裁的主导力量①。美国反洗钱和反恐怖融资严厉监管对金融机构经营影响深远，金融机构跨国经营风险进一步加大，洗钱、恐怖融资和扩散融资风险成为金融机构日常经营的重要法律风险。特别是 2022 年 2 月俄乌冲突以来，美英以乌克兰危机为由直接提议对俄罗斯的 FATF 成员资格等采取制裁措施，欧洲成员几乎一边倒谴责俄罗斯，最终 2022 年 3 月 4 日闭幕的 FATF 全会通过了《FATF 关于乌克兰局势的公开声明》②，2023 年 2 月 22 日至 24 日在巴黎举行的 FATF 第三十三届全会暂停了俄罗斯的成员资格。据统计，自 2009 年以来，排名前十的非中资银行陆续受到有关国家反洗钱和反恐怖融资监管的严厉处罚或正在接受类似调查。2014 年美国对巴黎银行 99.7 亿美元罚款，创下对金融机构反洗钱和反恐怖融资处罚的纪录。这些反洗钱和反恐怖融资监管案例的共同特征是：以经济制裁为重心、处罚力度显著加大、对金融机构协助或共谋违法交易予以严惩、对技术性规避手段追究责任、通过刑事调查加大施压力度，以及延长调查追溯周期等。2015 年以来，西方发达国家反洗钱和反恐怖融资监管部门相继加大了对我国境外分支机构的反洗钱和反恐怖融资监管力度，2016 年中国农业银行纽约分行因违反反洗钱和反恐怖融资规定而受到纽约金融监管局 2.15 亿美元的巨额罚款，成为近年来继中国银行米兰分行、工商银行马德里分行被调查后，被实施处罚的第一家商业银行海外分行。这些案例充分说明，"重业务拓展、轻合规风险"的经营理念和业务模式必然存在隐患。截至 2022 年末，中国银行在境外分支机构数量达到 531 家，覆盖 62 个国家和地区；工商银行境外机构 416 家，覆盖 49 个国家和地区；建设银行、农业银行、交通银行在境外机构分别覆盖 31 个、18 个、18 个国家和地区。招商银行、中信银行、光大银行、广发银行、民生银行、浦发银行、兴业银行、华夏银行、平安银行、浙商银行、渤海银行等股份制银行也都设立了境外机构。随着全球经济一体化进程的加快，对于布局全球的大型跨国金融机构而言，国际结算、跨境投融资等国际资金和金融服务的需求迅猛增长，而越来越严格的国际反洗钱和反恐怖融资规则及严厉的反洗钱和反恐怖融资监管使涉外业务和跨境经营的外部环境越来越复杂，金融机构跨国

---

① 自 20 世纪 70 年代以来，美国经济结构的日益金融化产生了其对外政策的两个重要支撑：一是以基础科学研究为着力点，带动美国以科技创新与制造业产业转移为代表的全球产业链的形成与发展；二是美元超级国际货币地位的形成与强化。

② FATF. FATF Statement on the situation in the Ukraine [EB/OL]. (2022 - 03 - 04) [2022 - 07 - 16]. https://www.fatf-gafi.org/publications/fatfgeneral/documents/ukraine-2022.html.

经营风险进一步加大，金融机构在国外需要遵守的反洗钱、反恐怖融资和定向金融制裁的规定也越来越多，稍有不慎就有可能触碰所在国的监管红线，金融机构面临的监管压力进一步加大。习近平总书记在中国共产党第二十次全国代表大会上指出："健全反制裁、反干涉、反'长臂管辖'机制。"因此，金融机构必须研究制定应对制裁与长臂管辖的措施，有效防范洗钱、恐怖融资和制裁风险，维护我国金融安全。

3. 维护国家安全和反恐怖融资工作任务时刻不可放松。从国内的形势看，严惩煽动颠覆国家政权、间谍窃密、邪教等犯罪时有发生，认真贯彻总体国家安全观，依法惩治各类犯罪，坚决维护国家政权安全、制度安全是反洗钱的主要任务。国际反恐经验表明，追踪涉恐资金流向是发现恐怖网络的有效手段，切断恐怖分子资金来源则是遏制恐怖活动的重要方法，反恐怖融资因此被称为除军事、情报、外交之外的"反恐第四战场"。及时发现涉恐资金流动的链条，打击恐怖融资将是今后一段时期反洗钱和反恐怖融资工作的重要任务。恐怖融资是恐怖组织和恐怖分子为筹集保障其生存、发展、壮大和筹措所需资金而进行的资金融通活动，虽然恐怖融资与洗钱关系密切，但从资金来源、行为目的和行为手段等方面与洗钱区别明显，我国在监测、打击恐怖融资工作方面缺乏经验，手段有限，与有效遏制资助恐怖活动的目标仍有较大差距。因此，进一步加强反恐怖融资工作，切断恐怖分子资金来源，是我国反恐怖融资工作的重要任务，也对金融机构和支付机构监测涉恐资金提出了更高的要求。

4. 国内外洗钱违法犯罪活动呈现新的特点和规律，金融机构和支付机构面临的洗钱威胁依然严峻。随着国内外经济形势的变化，各类金融犯罪、新兴技术与洗钱活动相互交织渗透，对维护金融安全构成巨大挑战。

一是跨境洗钱风险进一步加大。美欧发达经济体加息缩表周期接近尾声，政策利率接近或达到峰值，通胀压力总体缓解，但仍有黏性，在中美利差倒挂下，跨境资金流出风险仍可能持续；跨境资金转移与跨境赌博、电信网络诈骗等犯罪活动交织、合流，对跨境反洗钱和反恐怖融资形成严峻挑战。随着我国日益融入全球经济，资本项目逐步放开，人民币国际化进程加快，跨境资金交易日益频繁，对非法资金跨境流动监管的难度不断加大，洗钱、恐怖融资活动的复杂程度大幅提升。有些不法分子和投机分子企图滥用金融机构、金融市场、金融产品，这对跨境金融风险的防范提出更高要求，特别要防范"热钱"和非法资金流动对金融体系的负面影响甚至冲击。

二是洗钱手段、方法呈现多样化、智能化，侦破难度更大。为逃避法律追究和制裁，实现非法资金合法化，犯罪分子通过各种隐蔽的手段来清洗非法收益。传统的洗钱手段主要是协助转移现金、购买不动产、将财产变现、转账、跨境转移、投资、虚构交易等方面；洗钱方法主要是提供银行、微信、支付宝、证券账号；设立公司或利用控制的公司虚构交易、虚构债权债务关系；提供个人账户并将赃款用于投资理财产品、理财项目；代理买卖房产、股权、代办房产过户；取现、协助转账；低价收购实物产品等赃物。伴随着信息网络技术的快速发展和金融创新的深化，犯罪分子的洗钱手段和方法呈现多样化、智能化。传统与现代洗钱手段、方法杂糅，洗钱活动变得更加复杂和隐蔽。区块链、虚拟货币、人工智能等新技术、新业态被犯罪分子滥用。犯罪活动突破地域和人群限制，涉及范围更广、传播速度更快、社会危害更大。虚拟货币增加了上游犯罪及相关洗钱犯罪的隐蔽性和复杂性，危害辐射面更大，防范和打击难度更高。例如，当前出现的虚拟货币新型"地下钱庄"，犯罪分子借助以区块链技术为支撑的虚拟货币进行境内外资金对敲，交易者的真实身份被隐匿，以常规方法进行的资金跨境转移过程也披上了一层"隐身衣"难以监测发现，也难以追踪溯源。随着云计算、大数据、人工智能和区块链等技术的迅速发展及其在金融领域的广泛应用，各种金融业态层出不穷。比特币、泰达币等虚拟货币在短期内爆发性增长[1]，以支付宝、财付通为代表的新型金融业态不仅对传统金融业务模式产生了一定影响，也使洗钱、恐怖融资活动的方式发生了很大变化，全球性的网络化洗钱、恐怖融资趋势正在影响我国的金融安全。当前，以互联网金融为代表的新型金融业态发展迅速，在提高金融市场活力、促进普惠金融发展的同时，也随之出现监管套利、多层嵌套、利益输送等违法违规行为，导致金融风险呈上升态势，甚至出现金融风险跨机构、跨市场、跨业态交叉传染的问题。各类金融控股公司快速发展，部分实体企业热衷投资金融业，通过内幕交易、关联交易等方式快速获取利益。在各种金融乱象的背后，网络借贷和私募基金失联、跑路事件频发，非法集资、电信网络诈骗、银行卡诈骗、网络传销等涉众型经济犯罪持续高发，"地下钱庄"活动屡禁不止。

三是我国刑事犯罪案件总量持续下降，但电信网络诈骗、网络赌博、地下钱庄、非法集资、涉税、涉毒、涉腐等上游犯罪活动仍高位运行，形势依然严峻。近年来，伴随着非法集资犯罪、贪污贿赂犯罪等上游犯罪数额屡刷新高，与非法集资、贪污贿赂等贪利性犯罪相关的洗钱犯罪所涉资金也越来越大。洗钱犯罪数额的不断增大，为上游犯罪活动提供了进一步的财力支持，助长更大规模和更严重的犯罪活动，严重影响了司法机关对相关案件的依法查处和追赃挽损，社会风险隐患更深。具体表

---

[1]　美国互联网科技巨头脸书公司 2019 年 6 月 18 日正式宣布启动其数字加密货币 Libra 项目，并将于 2020 年正式将其推出。脸书还成立了 Libra 协会负责管理并打造 Libra 币相关应用。2019 年 12 月 5 日，美国财政部长姆努钦在众议院金融服务委员会听证会上表示，如果 Facebook 想创建一种数字货币，他对此没有意见。但是该数字货币需要完全遵守银行保密和反洗钱规定，并且其绝不能用于资助恐怖主义。

现为，毒品犯罪进入多发高发期且呈蔓延趋势，涉及全国 90% 以上的县市区，吸毒人员低龄化，毒品种类多样化。职务犯罪案件数量仍居高不下，2018—2022 年全国法院审结贪污贿赂等职务犯罪案件 11.9 万件、13.9 万人，依法从严惩处孙某才等 92 名原中管干部；审结行贿犯罪案件 1.2 万件、1.3 万人①。职务犯罪的特点是犯罪案值大、隐蔽性强、收益期权化、利用亲属及密切关系人账户交易频繁、资金存在形式多样。走私犯罪呈现新动向，案发地从沿海向沿江内陆蔓延，货物涉及日常生活用品、粮食、矿产、毒品、违禁品，名目繁多。从案件侦破情况看，这些犯罪的洗钱交易 90% 以上都在金融机构和支付机构完成，金融机构和支付机构面临的洗钱威胁依然严峻。

四是洗钱专业化、职业化、大众化趋势明显，犯罪活动渗透度更高，犯罪过程隐蔽性更强。当前，洗钱需求和洗钱数量仍在增加，为规避严密的反洗钱监控，伴随着金融科技创新带来的洗钱手段智能化，洗钱犯罪向专业化、职业化转变。洗钱犯罪的主体由以往与上游犯罪主体具有亲属、朋友关联的群体，逐渐发展成为专业的洗钱犯罪团伙，利用高新技术及复杂金融交易实现犯罪收益的合法化，专业化、职业化已然成为现代洗钱的重要特征。犯罪团伙分工明确，互相配合，各自掌握一定的资源和通道，以商业化模式为上游犯罪分子提供专业化的洗钱服务。个别金融从业人员，具备计算机、法律、会计等专业技能的专业人员加入洗钱犯罪团伙，更多的专业化金融产品和法律手段被用于洗钱犯罪，洗钱活动逐渐演化成为专业化程度较高的行业，并形成固定的洗钱通道。洗钱行为的实施，离不开银行账户等基本工具，为规避监管，犯罪分子需要大量收集或利用各类账户。犯罪分子利用普通民众法律意识淡薄或贪图小利等弱点，通过给予小额利益等方式诱使其帮助完成洗钱过程。例如，通过直播打赏、刷单及租借、租售银行账户、低价出售赃物等诸多形式诱骗普通民众特别是涉世未深的大学生参与洗钱犯罪活动。

金融系统作为全社会资金流转的载体，天然地处在反洗钱和反恐怖融资工作的前线，有条件、有能力去追踪、监测各类非法资金活动。从实际情况看，我国个别金融机构反洗钱和反恐怖融资防控机制不健全，尤其容易被洗钱、恐怖分子利用，甚至部分员工还利用专业优势和职务之便，自觉或不自觉地参与或协助不法分子从事洗钱、恐怖融资等犯罪活动。因此，金融机构和支付机构必须进一步加强反洗钱工作，妥善应对新的威胁和挑战。

---

① 周强，最高人民法院报告，2023 年 3 月 7 日在第十四届全国人民代表大会第一次会议上。

2 反洗钱国际规则与 我国反洗钱法律制度

由于反洗钱的国际化特征，反洗钱和反恐怖融资成为国际社会的共同责任和义务，联合国和 FATF 等国际组织在反洗钱和反恐怖融资工作中起着关键作用。FATF 处于反洗钱和反恐怖融资领域的核心，其《打击洗钱、恐怖融资与扩散融资的国际标准》①（以下简称《40 项标准建议》）成为各成员国反洗钱和反恐怖融资的行动指南。FATF 各成员国将《40 项标准建议》本土化，形成各自国家的反洗钱和反恐怖融资法律和制度。FATF 互评估和定向金融制裁是国际反洗钱和反恐怖融资的重要运行机制，从风险为本的角度出发，对于从事跨境金融服务，特别是涉美业务的金融机构，定向金融制裁成为日常经营必须应对的重要课题。

2.1 反洗钱国际组织框架

2.1.1 反洗钱国际化特征

洗钱的真实目的是掩饰犯罪收益的真实来源，使犯罪收益合法化。随着科技进步和世界经济的迅速发展，世界经济文化全球化趋势明显，世界各国商品和资金流动、人员往来、信息传递、服务提供日益国际化。国际化在促进全球经济发展的同时，也被以追逐非法经济利益为目的的跨国犯罪分子所利用，使洗钱犯罪活动日益复杂，原来在本土范围内的洗钱犯罪活动逐步发展为跨越国境的国际洗钱活动。由于各国政治经济法律制度及对洗钱犯罪容忍度的差异，给洗钱犯罪分子提供了很大利用空间，洗钱国际化问题日益突出。打击洗钱、恐怖和扩散融资已经成为全球共同面对的问题，反洗钱和反恐怖融资已经超越了国家层面，需要制定有效的反洗钱和反恐怖融资国际标准予以打击。Federco 以俄罗斯黑手党在意大利的洗钱活动为例，对黑手党洗钱国际化问题进行了研究，发现黑手党在本土犯罪获取犯罪收入，

---

① FATF, the FATF Recommendations (2012–2023): International Standards on Combating Money Laundering and the Financing of Terrorism & Proliferation, FATF, Paris, France, www. fatf-gafifi. org/recommendations. html.

再将犯罪收益资金转入第三国进行清洗，给反洗钱工作带来了很多困难。Olatunde 和 Sarah 认为，离岸金融中心为犯罪分子的洗钱活动提供了极大的便利。在经济金融全球化时代，国际法对世界各国的影响越来越大，国际法律性文件成为当前各国制定法律的依据，特别是在人权、洗钱和知识产权保护方面。Marie 认为，全球化已经从根本上改变了国际法和国际准则的结构，国际化需要新的国际治理结构去处理由于新的因素和变革引起的全球性挑战。反洗钱和反恐怖融资法律制度就是国际管理法律的典型代表。随着各国反洗钱和反恐怖融资形势的变化，有关国际组织也在总结全球反洗钱和反恐怖融资实践经验的基础上，不断对反洗钱和反恐怖融资标准和要求进行修订和完善。

2.1.2　专业国际反洗钱组织

国际反洗钱和反恐怖融资组织机构分为三类：第一类是专门的国际反洗钱和反恐怖融资组织。该类组织专门从事国际反洗钱和反恐怖融资事务，致力于推进国际反洗钱和反恐怖融资事业的进程，促进全球的反洗钱和反恐怖融资合作，如金融行动特别工作组（FATF）和埃格蒙特集团（Egmont Group）等。第二类是在反洗钱和反恐怖融资领域发挥重要作用的其他国际组织。该类组织并非专门从事国际反洗钱和反恐怖融资事务，但根据各自的职能需要，也在全球范围内推行相应的反洗钱和反恐怖融资措施，在国际反洗钱和反恐怖融资合作中发挥着重要作用，如联合国、国际货币基金组织、世界银行等。第三类是部分地区性组织，同样并非专门从事反洗钱和反恐怖融资事务，但根据各自的职能需要，也在地区范围内推行相应的反洗钱和反恐怖融资措施，在区域反洗钱和反恐怖融资合作中发挥着一定作用，如欧盟（EU）、美洲国家组织（OAS）等。国际反洗钱和反恐怖融资组织机构如表 2-1 所示。

表 2-1　国际反洗钱和反恐怖融资组织机构

专门的国际反洗钱和反恐怖融资组织
★金融行动特别工作组（FATF）
★FATF 类型的地区性反洗钱和反恐怖融资组织（FSRBs）
▲亚太反洗钱工作组（APG）
▲加勒比地区反洗钱金融行动特别工作组（CFATF）
▲欧洲委员会评估反洗钱措施特设专家委员会（MONEYVAL）
▲东南非洲反洗钱工作组（ESAAMLG）
▲拉丁美洲反洗钱金融行动特别工作组（GAFILAT）
▲欧亚反洗钱和反恐怖融资工作组（EAG）
▲中东非和北非反洗钱金融行动特别工作组（MENAFATF）
▲西非政府间反洗钱组织（GLABA）
▲中非反洗钱和反恐怖主义融资组织（GABAC）
★埃格蒙特集团（Egmont Group）
★沃尔夫斯堡集团（Wolfsberg Group）

续表

在反洗钱和反恐怖融资领域发挥作用的其他国际组织
★联合国（United Nations）
★世界银行（World Bank）
★国际货币基金组织（IMF）
★国际金融监管组织
▲巴塞尔银行监管委员会（BCBS）
▲国际证监会组织（IOSCO）
▲国际保险监督官协会（IAIS）
▲国际金融中心监管组织（GIFCS）
★国际刑警组织（Interpol）
在反洗钱和反恐怖融资领域发挥作用的地区性组织
★欧洲委员会（Council of Europe）
★欧洲联盟（EU）及欧洲共同体（EC）
★美洲国家组织（OAS）
★美洲开发银行（IDB）
★亚洲开发银行（ADB）
★欧洲复兴开发银行（EBRD）
★欧盟刑警组织（Europol）
★英联邦秘书处（Commonwealth Secretariat）

一、金融行动特别工作组（FATF）[①]

金融行动特别工作组是目前全球最有影响力的专业反洗钱和反恐怖融资国际组织，旨在防止非法活动及其对社会造成的危害。该组织成立于1989年的西方七国首脑会议，创始国包括西方七国在内的15个国家以及欧盟欧洲委员会（European Commission）。截至2024年6月，金融行动特别工作组已经发展成为拥有38个国家地区成员及欧盟委员会、海湾合作委员会2个国际组织成员[②]和34个观察员[③]的政府间组织。FATF制定反洗钱和反恐怖融资国际标准，以确保国家当局能够有效追查与贩毒、非法军火贸易、网络欺诈和其他严重犯罪相关的非法资金，作为全球协调应对措施的一部分，以防止有组织犯罪、腐败和恐怖主义。

金融行动特别工作组（FATF）领导全球行动打击洗钱、恐怖主义和扩散融资。FATF研究洗钱和资助恐怖主义的方式，推广全球标准以减轻洗钱、恐怖融资和扩

---

① 官方网站为 www.fatf-gafi.org。
② 阿根廷、澳大利亚、奥地利、比利时、巴西、加拿大、中国、丹麦、欧盟委员会、芬兰、法国、德国、希腊、海湾合作委员会、中国香港、冰岛、印度、印度尼西亚、爱尔兰、以色列、意大利、日本、韩国、卢森堡、马来西亚、墨西哥、荷兰、新西兰、挪威、葡萄牙、俄罗斯、沙特阿拉伯、新加坡、南非、西班牙、瑞典、瑞士、土耳其、英国、美国。2007年6月28日，我国在金融行动特别工作组第十八届第三次全体会议上成为该组织正式成员。2023年2月24日，FATF全会暂停俄罗斯的成员资格。
③ 包括9个金融行动特别工作组类型的地区性反洗钱和反恐怖融资组织和25个其他国际组织或机构。

散融资风险，并评估各国是否正在采取有效行动。

（一）FATF 主要工作职责

1. 研究洗钱和恐怖融资方法和趋势

FATF 持续监控犯罪分子和恐怖分子如何筹集、使用和转移资金。随着各国采取有效措施来防范非法资金流动，犯罪分子必然寻找其他方法清洗黑钱。FATF 定期发布报告，提高人们对最新洗钱、恐怖主义融资和扩散融资技术的认识，以便各国当局和私营部门能够采取必要措施来减轻这些风险。

2. 制定反洗钱和反恐怖融资标准

FATF 发布的标准建议确保各国采取协调一致的全球应对措施，防止有组织犯罪、腐败和恐怖主义，帮助执法当局追查从事非法毒品、人口贩运和其他犯罪活动的罪犯的钱财。FATF 还致力于停止为大规模杀伤性武器提供资金。FATF 不断优化其全球标准，以应对新的风险，如随着加密货币的普及而蔓延的虚拟资产监管。反洗钱和反恐怖融资、反扩散融资《40 项标准建议》是国际反洗钱和反恐怖融资领域中最权威的指导性文件，对各国立法以及国际反洗钱和反恐怖融资法律制度制定发挥了重要的指导作用。《40 项标准建议》最初发布于 1990 年，并于 1996 年、2003 年和 2012 年分别进行了修订。此后，每年都会对有关内容进行一些细微的调整，其核心内容是关于提高整个金融系统在反洗钱和反恐怖融资工作中作用的建议。其指导思想是：鉴于金融机构在一个国家的支付体系中以及金融资产托收和转移过程中的独特作用，金融机构已经成为监测犯罪资金流动的核心领域。根据这一指导思想，金融机构应该按照风险为本的原则，了解客户和收益人的真实身份，建立足够的记录保存系统，并承担识别可疑金融交易的勤勉义务，制定和实施可行的反洗钱和反恐怖融资内部控制制度。《40 项标准建议》作为打击洗钱和恐怖融资的国际标准，已得到全球 200 多个国家和地区承诺执行，被国际货币基金组织和世界银行认可，运用到对各国的金融部门评估规划中①。

---

① 金融部门评估规划（Financial Sector Assessment Programme，FSAP）是国际货币基金组织和世界银行于 1999 年 5 月联合启动的评估项目，主要用来评估各国金融体系的稳健性（脆弱性），其中包括宏观审慎指标如经济增长、通货膨胀、利率等，综合微观审慎指标如资本充足性、盈利性指标、资产质量指标等，推动国际监管标准的实施。2008 年国际金融危机的爆发凸显了对一国金融体系进行全面评估的重要性。危机发生以来，各国政策制定者都把维护金融体系稳定、促进经济恢复增长作为经济工作的重中之重，对金融部门的风险评估成为各国关注的核心问题。实践表明，FSAP 有助于一国（地区）识别金融体系的脆弱性，进一步推进金融改革，增强金融体系稳定性。FSAP 评估下的标准与准则涵盖 9 项，分别是《货币与金融政策透明度良好行为准则》《有效银行监管核心原则》《重要支付系统核心原则》《反洗钱和反恐怖融资、反扩散融资 40 项标准建议》《证券监管目标与原则》《保险监管核心原则和方法》《公司治理原则》《国际会计标准》《国际审计标准》。2008 年 2 月，温家宝总理在会见 IMF 总裁卡恩时宣布我国将参加 FSAP 评估；2008 年 11 月，胡锦涛主席在 G20 华盛顿峰会上承诺我国将进行 FSAP 评估。经与 IMF、世界银行协商，我国于 2009 年 8 月正式启动 FSAP 评估。

3. 评估实施情况

FATF 监督各国以确保它们全面有效地执行 FATF 标准。总共有 200 多个国家和司法管辖区承诺实施 FATF 的标准，并在 9 个 FATF 准成员组织和其他全球合作伙伴、国际货币基金组织和世界银行的帮助下对其进行了评估，现在 FATF 正在开展第四轮互评估，并着手启动第五轮互评估的准备工作。

4. 识别高风险司法管辖区

FATF 追究不遵守 FATF 标准的国家的责任。FATF 每年召开 3 次全体会议，如果某国不遵守标准，将追究其责任。如果一个国家屡次未能实施 FATF 标准，那么它可以被列入为 FATF 呼吁采取行动的高风险国家（黑名单）、FATF 呼吁应加强监控的国家（灰名单），并在 FATF 网站公布①。

FATF 早期是公布不合作国家和地区名单（Non-Cooperative Countries and Territories, NCCTs）。为了缓释金融系统被洗钱、恐怖融资活动利用的风险，促进所有国家和地区执行反洗钱和反恐怖融资国际标准，FATF 建立了不合作国家和地区名单制度。2000 年 2 月 14 日，FATF 公布了不合作国家和地区的 25 条标准。同年 6 月，FATF 公布了第一批 15 个不合作国家和地区名单。名单中既有发达国家，也有发展中国家。此后每年 6 月，FATF 都公布不合作国家和地区名单，进入不合作国家和地区名单的国家和地区，如果不采取有效措施，就面临着 FATF 的反制措施，在吸引国外投资、国际结算等方面将受到限制。因此，进入不合作国家和地区名单的国家和地区都会积极采取有效的合作措施，脱离该名单。截至 2006 年 10 月，FATF 认为在 NCCT 倡议的范围内没有不合作的国家和地区，2007 年 FATF 结束该进程。

（二）FATF 的主要工作制度

FATF 成立之初，只是西方七国集团建立的一个临时性机构，期限为 5 年，后来延长到 8 年，但发展至今已逐渐演变成为一个常设机构。其组织和工作制度也基本

① 截至 2024 年 10 月 25 日，FATF 呼吁采取行动的高风险国家（黑名单）（High-RiskJurisdictions subject to a Call for Action (i. e. "black list"）包括：①FATF 呼吁各成员和其他司法管辖区对其采取反制措施的司法管辖区（Jurisdictions subject to a FATF call on its members and other jurisdictions to apply countermeasures）：伊朗（2010.2 列入）和朝鲜（2010.2 列入）；②FATF 呼吁各成员和其他司法管辖区对其采取与所产生风险相匹配的强化尽调措施的司法管辖区：缅甸（2022.10 列入）。以上也就是 FATF 公布的高风险国家和地区。FATF 呼吁应加强监控的国家名单 24 个（灰名单）（Jurisdictions under Increased Monitoring (i. e. "grey list"）是：1. 阿尔及利亚（2024.10 列入）2. 安哥拉（2024.10 列入）3. 保加利亚（2023.10 列入）4. 布基纳法索（2021.2 列入）5. 喀麦隆（2023.6 列入）6. 科特迪瓦（2024.10 列入）7. 刚果（金）（2022.10 列入）8. 克罗地亚（2023.6 列入）9. 海地（2021.6 列入）10. 肯尼亚（2024.2 列入）11. 黎巴嫩（2024.10 列入）12. 马里（2021.10 列入）13. 摩纳哥（2024.6 列入）14. 莫桑比克（2022.10 列入）15. 纳米比亚（2024.2 列入）16. 尼日利亚（2023.2 列入）17. 菲律宾（2021.6 列入）18. 南非（2023.2 列入）19. 南苏丹（2021.6 列入）20. 叙利亚（2010.2 列入）21. 坦桑尼亚（2022.10 列入）22. 委内瑞拉（2024.6 列入）23. 越南（2023.6 列入）24. 也门（2010.2 列入）。

固定下来，主要包括：

1. 主席。FATF 主席由各成员国（地区）轮值，由轮值国政府任命高级官员担任，任期一年，2020 年 7 月起任职期改为两年①。

2. 秘书处。FATF 秘书处设在法国巴黎经济合作与发展组织（OECD）的总部，设秘书长和风险趋势方法、政策发展、评估与合规、全球网络协调、国际合作审查工作组，主要职责是协助 FATF 主席处理日常事务。FATF 的工作语言为英语和法语。

3. 全体会议。FATF 的工作年度为头年 7 月至次年 6 月。在一个工作年度内，FATF 要举行三次全体会议，通常为头年 10 月或 11 月、次年 2 月和 6 月，在 6 月的全体会议上，FATF 当值主席要向大会提交 FATF 年度工作报告，陈述 FATF 当年的工作情况和主要活动。FATF 的任何决议都需要得到所有成员的一致同意。

4. 专门活动。每年 FATF 要召开一次专家组会议，邀请 FATF 成员的执法和监管专家以及其他国家和相关国际组织代表讨论新的洗钱方式、威胁以及有效的控制措施，并于次年 2 月以"洗钱类型报告"的形式公布会议的讨论结果。同时，FATF 每年还要与其他地区性反洗钱和反恐怖融资组织召开会议，讨论需要进行深入分析的特别问题，并向全体会议提供讨论报告。每两年，FATF 还要举办金融服务论坛，邀请相关国际组织和各国的代表及有关专家与会，对共同关心的问题进行交流和探讨②。

二、FATF 类型的地区性反洗钱和反恐怖融资组织（FSRBs）

目前，世界上共有 9 个 FATF 类型的地区性反洗钱组织，它们在不同的地区推行 FATF 的反洗钱和反恐怖融资国际标准，并通过自评估和互评估的方式监督成员对国际标准的执行情况；同时为所在地区提供反洗钱和反恐怖融资技术援助；研究本地区的洗钱活动类型，并向 FATF 提交洗钱类型分析报告。这 9 个 FATF 类型的地区性反洗钱和反恐怖融资组织均为 FATF 准成员。

（一）亚太反洗钱工作组（Asia/Pacific Group on Money Laundering，APG）③。亚太反洗钱工作组于 1997 年在泰国曼谷成立，截至 2022 年 7 月拥有包括美国、加拿大、澳大利亚、新西兰、南亚、东南亚、东亚及南太平洋地区的 41 个成员国家和地区，中国及中国台湾、中国香港和中国澳门均为该组织成员。该组织的宗旨是推动亚太地区应用、实施和执行国际公认的反洗钱和反恐怖融资标准。APG 的职责包

---

① 2019 年 7 月 1 日，中国人民银行条法司司长刘向民轮值 FATF 主席。

② 2019 年 11 月 11 日至 12 日 FATF 监管专家会议在中国三亚市召开，会议主要讨论了风险为本的监管、新技术和国际反洗钱监管合作的问题。

③ 官方网站为 www.apgml.org。

括：通过系统的洗钱类型分析，提高这一地区对洗钱和恐怖融资类型的认识；通过自评估、互评估以及向成员提供技术援助，监督这一地区执行国际反洗钱和反恐怖融资标准，2006 年 APG 成为 FATF 准成员。

（二）加勒比地区反洗钱金融行动特别工作组（Caribbean Financial Action Task Force，CFATF）①。加勒比地区反洗钱金融行动特别工作组成立于 1992 年，由加勒比地区的 30 个国家组建而成，是最早的 FATF 类型的地区性反洗钱组织。其宗旨是确保该地区正确实施和执行国际反洗钱和反恐怖融资标准。和其他 FATF 式区域组织一样，加勒比地区反洗钱金融行动特别工作组的一个核心职能是，通过自评估和互评估监督其成员对反洗钱和反恐怖融资国际标准的执行情况。该工作组同时也就该地区洗钱和恐怖融资的类型开展技术分析，并公布报告。除了实施 FATF《40 项标准建议》外，该组织还执行自己制定的 19 条建议，这 19 条建议主要针对该地区洗钱和恐怖融资的特征制定。2008 年 CFATF 成为 FATF 准成员。

（三）欧洲委员会评估反洗钱措施特设专家委员会（Council of Europe Select Committee of Experts on the Evaluation of Anti-Money Laundering Measures，MONEYVAL）。欧洲理事会评估反洗钱措施特设专家委员会由欧洲理事会部长委员会于 1997 年创建，是欧洲理事会欧洲犯罪问题委员会（CDPC）的分委员会。其宗旨是监督反洗钱标准在欧洲理事会成员但非金融行动特别工作组成员国家的实施情况。2002 年，欧洲理事会评估反洗钱措施特设专家委员会将其原名称"PC-R-EV"正式变更为"MONEYVAL"。与其他 FATF 式区域组织一样，MONEYVAL 进行成员之间的互评估，并评审成员国的自评工作。2001 年，"9·11"事件之后，MONEYVAL 将其反洗钱工作内容扩展到打击恐怖融资领域②。2006 年 MONEYVAL 成为 FATF 准成员。2022 年 1 月 25 日，MONEYVAL 发布《危机时期反洗钱和反恐怖融资监管类型学报告》，旨在协助当局在危机时期或面临外部因素挑战时有效开展反洗钱和反恐怖融资监管活动。2023 年 7 月 6 日，MONEYVAL 发布《虚拟资产类型学报告：虚拟资产世界中的洗钱和恐怖融资风险》，介绍了虚拟资产世界中的洗钱和恐怖融资风险以及 MONEYVAL 成员国家地区实施 FATF 建议 15 的情况。

（四）东南非洲反洗钱工作组（Eastern and Southern Africa Anti-Money Laundering Group，ESAAMLG）③。东南非洲反洗钱工作组成立于 1999 年，包括 18 个成员国和

---

① 官方网站为 www.cfatf.org。

② 官方网站为 www.coe.int/moneyval. 2019 年 12 月 2 日至 6 日，欧洲委员会评估反洗钱和反恐怖融资措施特设专家委员会（MONEYVAL）第 59 次全会在斯特拉斯堡举行，来自 36 个成员国和司法管辖区（及观察员国家和组织）的 320 名与会人员出席全会，通过了 2020—2022 年的反洗钱和反恐怖融资战略。

③ 官方网站为 www.esaamlg.org。

一个常设的秘书处。东南非洲反洗钱工作组的宗旨是通过自评估和互评估监督其成员国反洗钱和反恐怖融资国际标准实施情况，2010 年 ESAAMLG 成为 FATF 准成员。

（五）拉丁美洲反洗钱金融行动特别工作组（Grupo de Acción Financiera de Latinoamérica-Gafilat，GAFILAT）①。拉丁美洲反洗钱金融行动特别工作组成立于 2000 年 12 月，2014 年前称南美反洗钱金融行动工作组（South American Financial Action Task Force，GAFISUD），负责管理其成员国国际反洗钱和反恐怖融资标准实施的情况。2003 年 7 月，南美反洗钱金融行动特别工作组结束了它的第一轮成员互评估工作。2006 年 GAFILAT 成为 FATF 准成员。

（六）欧亚反洗钱和反恐怖融资工作组（Eurasian Group on Combating Money Laundering and Financing of Terrorism，EAG）②。2004 年 10 月，中国与俄罗斯、哈萨克斯坦、塔吉克斯坦、吉尔吉斯斯坦、白俄罗斯共同作为创始成员国在莫斯科成立欧亚反洗钱和反恐怖融资小组（EAG），同时接纳格鲁吉亚、乌兹别克斯坦、乌克兰、意大利、英国、美国及金融行动特别工作组、世界银行、国际货币基金组织、集体安全条约组织③、欧亚经济共同体、国际刑警组织、联合国毒品与犯罪问题办公室、上海合作组织等国家和国际组织为观察员，并任命俄罗斯联邦金融监测局局长祖布科夫为主席，哈萨克斯坦打击经济犯罪局第一副局长伊布赖莫夫为副主席。2004 年 10 月，金融行动特别工作组正式接受欧亚反洗钱和反恐怖融资工作组为观察员。2004 年 12 月，EAG 在莫斯科举行了第一次全会，这次会议标志着该组织在开展反洗钱和反恐怖融资合作方面将进入实际运作阶段。该组织每年制订工作计划，并在当年全会上审议通过；专门成立法律、洗钱类型研究和技术援助三个工作组，分别负责督促成员国的反洗钱和反恐怖融资法律制度建设、洗钱类型研究以及反洗钱和反恐怖融资技术援助工作；率先采用 FATF 最新版评估方法在成员国开展互评估。2022 年 7 月 27 日，EAG 发布《欧亚地区第一轮洗钱和恐怖融资风险评估结论摘要》，欧亚反洗钱和反恐怖融资组织（EAG）已完成欧亚地区第一轮洗钱和恐怖融资风险评估。2010 年 EAG 成为 FATF 准成员。

（七）中东和北非金融行动特别工作组（Middle East and North Africa Financial

---

① 官方网站为 www. GAFILAT. org。

② 官方网站为 www. eurasiangroup. org。2019 年 11 月 25 日至 29 日，EAG 第 31 次全会暨工作组会议在土库曼斯坦首都阿什哈巴德举行，EAG 主席郝敬华女士主持全会。

③ 独联体集体安全条约组织（Collective Security Treaty Organization，CIS），简称集安组织。该组织的前身为独联体集体安全条约。性质属于区域性军事同盟，2002 年 5 月 14 日，独联体集体安全条约理事会会议通过决议，将"独联体集体安全条约"改为"独联体集体安全条约组织"。同年 10 月 7 日，在摩尔多瓦首都基希讷乌举行的独联体国家首脑会议期间，独联体集体安全条约组织成员国总统签署了该条约组织章程以及有关该组织法律地位的协议。主要成员国有俄罗斯、哈萨克斯坦、白俄罗斯等。

Action Task Force，MENAFATF)①。中东和北非金融行动特别工作组成立于 2004 年 11 月 30 日。当时，中东非和北非国家第一次区域部长会议在巴林首都麦纳麦召开，参加会议的阿尔及利亚、巴林、埃及、约旦、科威特、黎巴嫩、摩洛哥、阿曼、卡塔尔、沙特阿拉伯、叙利亚、突尼斯、阿拉伯联合酋长国和也门政府共同决定，成立一个 FATF 类型的地区性反洗钱和反恐怖融资组织，定名为中东和北非金融行动特别工作组，总部设在巴林，2007 年 MENAFATF 成为 FATF 准成员。

（八）西非政府间反洗钱组织（The Inter‐Governmental Action Group against Money Laundering，GLABA)②。西非国家 1999 年 12 月在洛美召开的西非国家经济共同体首脑会议上决定建立西非地区的反洗钱机构，以加强西非国家的反洗钱合作。2000 年成立了西非政府间反洗钱组织，由 16 个西非国家组成。任务包括协助各国制定反洗钱和反恐怖融资法规，建立反洗钱和反恐怖融资情报机构等。由部长特设委员会、秘书处和技术委员会组成，部长特设委员会每年召开一次会议，2010 年 GLABA 成为 FATF 准成员。

（九）中非反洗钱和反恐怖主义融资组织（Groupe d'action contre le blanchiment d'argent en Afrique Centrale，GABAC)③，该组织成立于 2000 年，由中部非洲 7 个成员国组成。2015 年，GABAC 成为 FATF 准成员。

三、埃格蒙特集团（Egmont Group)④

埃格蒙特集团是 1995 年由若干金融情报机构（Financial Intelligence Unit，FIU）发起并组建，是各国金融情报机构之间的非政府国际组织。由于发起成立该组织的各国金融情报机构首次集会的地点位于布鲁塞尔的埃格蒙特—艾伦伯格宫（Egmont‐Arsenberg Palace)，因此该组织得名埃格蒙特集团。截至 2023 年 3 月底，埃格蒙特集团由 179 个国家和地区的情报中心组成，中国台湾是埃格蒙特集团成员⑤。

（一）埃格蒙特集团的宗旨

埃格蒙特集团的主要目标是促进金融情报机构之间的国际合作，以创建一个全球化的反洗钱和反恐怖融资信息网络。此外，确立开展国际合作和信息共享的最佳运作原则与标准。2022 年 8 月 5 日，埃格蒙特集团发布了《2022—2027 年战略计划》⑥，将其使命描述为各金融情报机构之间进行国际层面（双多边）金融信息和情

---

① 官方网站为 www. menafatf. org。

② 官方网站为 www. giaba. org。

③ https://gabac. org/.

④ 官方网站为 www. egmontgroup. org。

⑤ https://egmontgroup. org/members‐by‐region/.

⑥ https://egmontgroup. org/wp‐content/uploads/2022/08/33. ‐Egmont‐Group‐Strategic‐Plan‐2022‐2027‐1. pdf.

报产品交换的促进者，通过建立以《信息交换原则》为基础的信息交换网络和适当的信息交换方法，来协助和支持全球反洗钱和反恐怖融资斗争。

（二）埃格蒙特集团的主要工作制度

1. 轮值制度。1999 年 5 月，在斯洛伐克布拉迪斯拉发召开的第七次全体会议上，埃格蒙特集团决定建立一个轮值的永久行政支持（Permanent Administrative Support）制度，代替秘书处职能，在此之前的 4 年，美国的金融犯罪执法网络（Financial Crime Enforcement Network，FinCEN）一直志愿承担埃格蒙特集团的日常行政事务。荷兰的异常交易披露办公室（Dutch Office for the Disclosure of Unusual Transactions，MOT）成为首任轮值，为期 2 年。2007 年，埃格蒙特集团在加拿大多伦多建立了负责日常事务的秘书处。

2. 加入程序①。作为一个反洗钱和反恐怖融资国际组织，埃格蒙特集团始终将自己定位成一个各国金融情报机构的联合体，避免与 FATF 等其他反洗钱和反恐怖融资国际组织出现功能重合。因此，埃格蒙特集团要求所有成员都必须是严格符合其定义的金融情报机构，并且必须经过一套金融情报机构认证程序的审核才能加入埃格蒙特集团。认证程序在 1998 年的布宜诺斯艾利斯会议上获得通过，包括以下几个步骤：埃格蒙特集团内的成员发展工作组（Outreach Working Group）讨论、提交法律工作组（Legal Working Group）主席、法律工作组主席致函邀请加入、"举荐人"指导、法律工作组会议讨论并建议、埃格蒙特集团全体会议表决通过。

3. 定期会议。埃格蒙特集团全体成员每年召开一次会议，尝试寻找新的合作方式，尤其是在信息交换、专业技能的培训及信息共享等领域。日常事务由工作组和委员会负责。

（三）埃格蒙特集团的主要成果

1. 严格定义和评估金融情报机构。埃格蒙特集团在 1996 年罗马会议上，对金融情报机构作出了权威定义："一个集中的国际机构，该机构经过允许或要求接收下列两方面金融信息：与犯罪收益有关的金融信息；国家法律或法规为打击洗钱而要求报告的金融信息并对此类信息进行分析，进而分发给有法律授权的部门。"根据此定义，金融情报机构具备了收集金融信息、分析金融信息、分发金融信息和分析结果、情报交流四项基本功能。

1997 年 6 月，埃格蒙特集团在西班牙马德里召开了第五次会议，会后发表的《目标声明》（*Statement of Purpose*），吸收了罗马会议对金融情报机构的定义，并根据该定义对参加机构进行了评估。为了创建符合埃格蒙特集团定义的金融情报机构，

---

① 截至 2024 年 11 月，中国尚未加入该组织。

一国必须通过埃格蒙特集团创建的一套正式的程序来组建金融情报机构。

2. 金融情报交流。埃格蒙特集团安全网络已经成为其成员间交流情报和相关合作的必经渠道①。2001 年 6 月，在荷兰海牙，埃格蒙特集团召开了第九次全体会议。会议对《目标声明》进行了修改，增加了附件《金融情报机构间就洗钱案件进行信息交换的原则》，这个文件就不同国家的金融情报机构进行信息交换的总体框架、信息交换条件、信息的适用范围和信息的保密进行了原则规定。2013 年 4 月发布的《金融情报中心业务操作指引》、2014 年发布的《埃格蒙特集团金融情报信息交换共享原则》、2022 年《信息请求最佳实践指引》等对有关信息交流进行了明确规定。2022 年 10 月发布《在风险为本环境下推动金融情报机构有效性的新途径——2022 年专题讨论纲要》《金融情报机构与金融科技之间的合作以及相关的网络犯罪类型学和风险》等强化风险为本和新型犯罪类型的研究。2023 年 12 月 15 日，埃格蒙特集团发布《滥用虚拟资产从事恐怖融资问题报告：公开摘要》，介绍供埃格蒙特集团各成员金融情报机构使用的防止滥用虚拟资产从事恐怖融资问题的最佳实践。

此外，埃格蒙特集团的培训和交流工作组通过收集整理，筛选出发生在埃格蒙特集团成员的真实洗钱案例，并发布在其官方网站上，用于各国金融情报机构的培训和交流。

四、沃尔夫斯堡集团（Wolfsberg Group）②

沃尔夫斯堡集团成立于 2000 年，是由 13 家著名的国际大银行③组成的银行业协会，其目的在于推进金融服务领域有关"了解您的客户"、反洗钱和反恐怖融资的行业标准。该集团发布了《私人银行全球反洗钱指导原则》（2000 年发布，2002 年、2012 年修订）、《反对恐怖融资的承诺》（2001 年发布，2002 年修订）、《制止恐怖融资的声明》（2002 年）、《代理行反洗钱原则》（2002 年发布、2014 年修订）和《甄别、审查和调查的声明》（2003 年）、《关于对账户和客户开展持续监控的声明》（2003 年）、《政治公众人物指引》（2003 年发布，2017 年修订）、《共同基金和其他投资组合工具反洗钱指引》（2006 年）、《基于风险为本的洗钱风险管理指引》（2006 年）、《贸易融资反洗钱原则》（2009 年）、《信用卡发卡及商户收单反洗钱指引》（2009 年）、《关于监测和筛选可疑交易的声明》（2009 年）、《反腐败操作指引》（2011 年发布，2017 年修订）、《预付卡和储值卡反洗钱指引》（2011 年）、《移

---

① 中国台湾地区陈某扁家族弊案的线索来自埃格蒙特集团金融情报交流。

② 官方网站为 www.wolfsberg-principles.com。

③ 包括 Banco Santander（西班牙国家银行）、Bank of America（美国银行）、Barclays（巴克莱银行）、Citigroup（花旗银行）、Credit Suisse（瑞士信贷银行）、Deutsche Bank（德意志银行）、Goldman Sachs（高盛集团）、HSBC（汇丰银行）、J. P. Morgan Chase（摩根大通）、MUFG Bank（三菱日联）、Société Générale（法国兴业银行）、Standard Chartered Bank（渣打银行）、UBS（瑞银集团）。

动和互联网支付服务反洗钱指引》（2014 年）、《SWIFT 关系管理应用（RMA）尽职调查的指引》（2016 年）、《制裁筛查指引》（2019 年）、《客户逃税指引》（2019 年）、《贸易融资原则》（2017 年发布，2019 年修订）、《支付透明度标准》（2017 年发布，2023 年修订）、《数字化客户生命周期风险管理指引》（2022 年）。2022 年 12 月 1 日，沃尔夫斯堡集团发布《关于在金融犯罪合规中使用人工智能和机器学习的原则》，指出人工智能和机器学习可以并且已经对提高金融犯罪合规（FCC）和风险管理计划的有效性和效率产生重大影响。沃尔夫斯堡集团支持金融机构利用人工智能和机器学习来发现、调查和管理金融犯罪风险，前提是适当的数据伦理原则能够指导这些技术的使用，以确保公平、有效和可解释的结果。

1. 《私人银行全球反洗钱指导原则》。该原则发布于 2000 年，在 2002 年、2012 年进行了修订。该原则提出银行业接受客户一般原则，列举了需要对客户进行额外审查的情况；确立了更新客户资料的要求；具体指出了确定可疑交易的方法，提出银行应该遵守的内部控制、可疑交易报告、交易记录保存等反洗钱和反恐怖融资规则，体现了国际银行在反洗钱和反恐怖融资领域的先进做法，受到各个国家和地区银行业的重视，我国在个别反洗钱制度中也引入该指导原则的理念。2021 年 6 月 30 日，沃尔夫斯堡集团发布《关于证明有效性的声明》，金融机构与指定的优先事项或反洗钱和反恐怖融资整体计划相关的有效性应当根据以下事项进行衡量：①金融机构如何遵守法律法规；②金融机构如何被设计为在既定的优先领域向政府当局提供高度有用的信息；③金融机构如何建立和维持一套合理且以风险为本的控制措施，以降低自身被用于为非法活动提供便利的风险。

2. 《代理行反洗钱原则》。该原则发布于 2002 年，提出了集团各成员在代理行业务中应该遵循的原则，明确了在处理代理行业务中各机构应承担的责任和义务，倡导基于风险的审慎处理要求和标准，专门指出对高风险客户必须实施增强的审慎处理措施以及禁止向空壳银行提供产品和服务等一系列反洗钱和反恐怖融资规范。沃尔夫斯堡集团认为，通过执行这些原则不但有助于防止代理行业务中可能发生的洗钱活动，而且将促进银行贯彻更加有效的风险管理。2022 年 10 月 28 日，沃尔夫斯堡集团发布了最新的《代理行业务金融犯罪原则》，对《2014 年沃尔夫斯堡代理行业务反洗钱原则》和《2014 年代理行业务原则常见问题解答》进行更新。

3. 《制止恐怖融资的声明》。该声明于 2002 年发布，阐述了商业银行在防范恐怖主义资金流动中可以发挥的作用，提出沃尔夫斯堡集团在对抗恐怖主义时采用不歧视的方式，并尊重商业银行的权利；同时，针对恐怖融资提出了了解客户、对高风险部门及活动进行监控及增强全球合作的建议。

2.1.3　发挥反洗钱职能的其他国际组织

一、联合国（United Nations）[①]

联合国成立于 1945 年 10 月 24 日[②]，包括中国在内的 51 个《联合国宪章》签字国成为联合国的创始成员国。联合国的宗旨是维护国际和平与安全；发展国际间以尊重各国人民平等权利及自决原则为基础的友好关系；进行国际合作，以解决国际经济、社会、文化和人道主义性质的问题，并且促进对于全体人类的人权和基本自由的尊重。截至 2023 年 12 月末，联合国共有 193 个成员国和梵蒂冈及巴勒斯坦两个联合国观察员国，包括所有得到国际承认的主权国家。

联合国总部设在美国纽约，在瑞士日内瓦设有联合国欧洲办事处。联合国设有 6 个主要机构：联合国大会、安全理事会、经济社会理事会、托管理事会、国际法院和秘书处。此外，还设有许多专门委员会和与这些委员会有关的机构。近年来，随着各国对洗钱和恐怖主义活动的关注，联合国在反洗钱和反恐怖融资领域也实施了一系列的措施，敦促和帮助各国联合打击与预防洗钱和恐怖融资活动。主要措施有敦促各国签署和批准联合国有关公约、发布有关决议、在联合国禁毒署中开展全球反洗钱和反恐怖融资计划等。

（一）联合国通过的有关反洗钱和反恐怖融资公约

目前，在联合国通过的国际公约中，有 4 个国际公约对反洗钱和反恐怖融资具有非常重要的意义，它们是：

《联合国禁止非法贩运麻醉药品和精神药物公约》（1988 年）。这一公约最重要的贡献是界定了洗钱的定义，将有关毒品犯罪的洗钱行为规定为犯罪，这一定义已经在国际范围内得到广泛认可。同时，这一公约还包括一些国际合作方面的细节条款。这是国际社会第一个打击洗钱犯罪的国际公约。因其在奥地利首都维也纳签署，简称《维也纳公约》。

《联合国制止向恐怖主义提供资助的国际公约》（1999 年）。这是第一个关于反恐融资的国际公约。这一公约确立的一系列概念为这一领域现行的国际标准奠定了基础。根据安理会第 1373 号决议和 FATF 的特别建议，目前，各成员国都被要求签署这一公约并保证该公约在本国的切实履行。

《联合国打击跨国有组织犯罪公约》（2000 年）。该国际公约第一次全面关注有组织犯罪行为。它的重要贡献之一是将预防和控制洗钱的标准法律化，同时要求各

---

① 官方网站为 www.un.org。
② 1947 年，联合国大会决定，将 10 月 24 日定为"联合国日"。

缔约国建立反洗钱工作制度。因其在意大利西西里岛首府巴勒莫签署，简称《巴勒莫公约》。

《联合国反腐败公约》（2003 年）。这个公约在打击腐败方面迈出了关键性一步，是此领域内第一个全面的公约。它特别关注没收腐败犯罪收益，这是控制和预防腐败的一个基础性措施。为了达到这一目的，该公约全面概括了有关洗钱的问题，并整理了一整套预防和控制洗钱犯罪的方法。公约还详细说明了查封、没收和归还腐败收益的方法。因其在墨西哥的梅里达签署，简称《梅里达公约》。

（二）联合国安理会发布的有关反洗钱和反恐怖融资的决议

2001 年"9·11"事件后，联合国安理会在打击恐怖主义活动中发挥了积极作用，并对恐怖融资予以特别关注。安理会先后发布了 1267 号（1999 年）、1373 号（2001 年）、1390 号（2002 年）决议，要求所有成员国采取广泛的措施来抑制恐怖主义活动。这一系列决议特别强调了恐怖融资和其他直接或间接向恐怖主义活动提供资助的问题，要求在全球范围内立即冻结包括基地组织、塔利班和本·拉登在内的恐怖组织和人员的资金。其中，最具代表性的是 1373 号决议，该决议强制要求所有的联合国成员国都执行这一决议：拒绝给予恐怖集团任何形式的资助；禁止向恐怖分子提供庇护、生活供给或支持；与他国政府分享有关任何集团进行或策划恐怖主义行动的信息；与他国政府在调查、侦查、逮捕和起诉恐怖犯罪中进行合作；在国内法中把主动和被动向恐怖主义提供资助犯罪行为刑罚化，并予以量刑；尽快签署与恐怖主义有关的国际公约或国际协议。根据上述决议，联合国成立了打击恐怖主义委员会（Counter-Terrorism Committee，CTC），该委员会负责监督决议的执行情况，并通过自评程序和报告机制评估各国的合规状况。

为了加强打击恐怖融资活动，联合国安理会又颁布了第 2161（2014）号、第 2347（2017）号、第 2368（2017）号、第 2394（2017）号、第 2395（2017）号、第 2396（2017）号等决议要求所有国家均应对基地组织以及与基地组织有关联的其他个人、团体、企业和实体采取资产冻结，包括其自身及其代理者，或代理者直接、间接拥有或控制的财产所衍生的资金，并确保本国国民或本国境内的人不直接或间接为这些人的利益提供此类资产或任何其他资金、金融资产和经济资源；重申所有国家都必须制定并在必要时采用适当程序，全面执行资产冻结，大力敦促所有会员国执行 FATF《40 项标准建议》，特别是关于对恐怖主义和恐怖融资行为进行定向金融制裁的建议 6 所规定的综合性国际标准。较具代表性的第 2347（2017）号决议强烈要求关注恐怖分子活动与有组织犯罪集团活动的相互关联，在某些情况下这种关联关系会助长文物走私、非法收入与资金流动以及洗钱、贿赂和腐败等犯罪活动。要求所有国家应预防和制止资助恐怖主义行为，不向参与此类行为的个人、团体、企业或实体提供任何形式的支持。

（三）联合国安理会发布决议敦促会员国执行 FATF 关于打击洗钱、恐怖融资的建议

联合国安理会发布第 2129（2013）号、第 2133（2014）号、第 2195（2014）号、第 2253（2015）号、第 2255（2015）号决议，要求各会员国执行 FATF 提出的关于打击洗钱、恐怖融资的综合性国际标准，并提出通过联合国反恐机构和 FATF 联合开展工作（包括 FATF 互评估工作等），限制恐怖团体获取资金和金融服务的途径，从而有效打击洗钱和恐怖融资行为。

（四）联合国发表关于预防洗钱犯罪的宣言

2015 年 12 月 17 日，联合国大会通过《关于将预防犯罪和刑事司法纳入更广泛的联合国议程以应对社会和经济挑战并促进国内和国际法治及公众参与的多哈宣言》，表示将继续支持能力建设方案和对刑事司法官员进行培训，并通过有效交流信息、分享经验与最佳实践开展合作，探讨、进一步分析和确定适当的联合行动，打击跨国有组织犯罪、非法毒品相关活动、洗钱和恐怖融资行为之间的联系，以加强应对这些犯罪的刑事司法措施。2016 年 4 月 19 日，联合国大会通过《对有效处理和应对世界毒品问题的共同承诺》，提到为应对贩毒、腐败、贩运人口与枪支、网络犯罪和洗钱、恐怖主义、恐怖融资等其他形式有组织犯罪之间日益增多的联系所构成的严重挑战，将采用多学科综合办法，如促进和协助可靠数据收集、研究，酌情共享情报和分析，以确保有效的决策和干预。

（五）联合国禁毒署的全球反洗钱计划

联合国禁毒署的全称是联合国毒品与犯罪控制办公室（UNODC），成立于 1997 年，总部位于奥地利维也纳，在美国纽约和比利时布鲁塞尔有两个联络办公室，全球共有 22 个地区办公室。联合国禁毒署主要职责是打击毒品和国际犯罪，目前包括犯罪控制计划和毒品控制计划两方面任务。反洗钱是毒品控制计划的子计划，全称是全球反洗钱计划（Global Program Against Money Laundering，GPML），旨在通过研究和技术合作提高国际反洗钱工作的有效性。全球反洗钱计划不但向各国政府提供反洗钱方面的技术支持，还负责国际反洗钱信息网络（IMOLIN）和反洗钱国际数据库（AMLID）的管理工作。该计划主要包括以下三方面内容：

（1）技术援助。技术援助旨在满足成员国（地区）执行反洗钱政策的需求。

（2）国际反洗钱信息网络（IMOLIN）。全球反洗钱计划致力于成为一个洗钱手法和反洗钱措施的研究中心。因此，全球反洗钱计划一直在收集和分析犯罪数据；发布专业的洗钱问题研究报告；并为技术援助提供支持。

（3）反洗钱国际数据库（AMLID）。反洗钱国际数据库是国际洗钱信息网络的

非免费部分，是一个保密的多语言数据库。主要是反洗钱法律和规章的分析纲要，包括各国国内法、国际合作和反洗钱当局等方面的信息。反洗钱国际数据库为跨国洗钱犯罪执法人员提供重要信息支持。

二、世界银行（World Bank）① 和国际货币基金组织（IMF）②

世界银行（World Bank）也称国际复兴开发银行（International Bank for Reconstruction and Development，IBRD）。1944 年 7 月，在美国布雷顿森林举行的联合国货币金融会议上通过了《国际复兴开发银行协定》，1945 年 12 月 27 日，28 个国家政府的代表签署了这一协定，并宣布国际复兴开发银行正式成立。1946 年 6 月 25 日开始营业，1947 年 11 月 5 日起成为联合国专门机构之一，是世界上最大的政府间商业银行之一。世界银行总部设在美国华盛顿，并在巴黎、纽约、伦敦、东京、日内瓦等地设有办事处，此外还在 20 多个发展中成员国设立了办事处，世界银行成立初期的宗旨是致力于战后欧洲复兴；1948 年以后转向世界性的经济援助，通过向生产性项目提供贷款和对改革计划提供指导，帮助欠发达成员国实现经济发展。截至 2023 年末，世界银行拥有 189 名成员。1980 年 5 月，恢复了中国在世界银行的合法席位。

国际货币基金组织（International Monetary Fund，IMF）是政府间国际金融组织，1945 年 12 月 27 日正式成立，总部设在华盛顿。国际货币基金组织 1947 年 3 月 1 日开始工作，1947 年 11 月 15 日成为联合国的专门机构，在经营上具有独立性。该组织宗旨是通过一个常设机构来促进国际货币合作，为国际货币问题的磋商和协作提供方法；通过国际贸易的扩大和平衡发展，把促进和保持成员国的就业、生产发展、实际收入的提高作为经济政策的首要目标；稳定国际汇率，在成员国之间保证有秩序的汇价安排，避免竞争性的汇价贬值；协助成员国建立经常性交易的多边支付制度，消除妨碍世界贸易的外汇管制；在有适当保证的条件下，国际货币基金组织向成员国临时提供资金，使其有信心利用此机会纠正国际收支的失调，而不采取危害本国或国际繁荣的措施；基于以上目的，缩短成员国国际收支不平衡的时间，减轻不平衡的程度等。截至 2023 年末，国际货币基金组织共有成员 189 个。中国是该组织的创始国之一。1980 年 4 月 17 日，该组织正式恢复中国的代表权。1991 年，该组织在北京设立常驻代表处。

作为国际金融体系中的两个重要组织，世界银行和国际货币基金组织在反洗钱和反恐怖融资领域发挥着特殊作用。具体来说，主要包括以下三个方面：

---

① 官方网站为 www.worldbank.org。
② 官方网站为 www.imf.org。

（1）推动 FATF《40 项标准建议》成为国际标准。2007 年 7 月，世界银行和国际货币基金组织董事会决定把 FATF《40 项标准建议》增加到与其工作运行有关的标准和准则中来，并依据增加后的标准与准则的执行情况作出考察报告。这一决定使《40 项标准建议》成为公认的反洗钱和反恐怖融资国际标准。

（2）开展反洗钱和反恐怖融资评估①。世界银行和国际货币基金组织在金融系统的评估项目中增加了针对 FATF《40 项标准建议》②的合规程度的评估指标。2002 年 9 月 28 日，世界银行和国际货币基金组织联合发表了《反洗钱和打击恐怖主义融资已强化的工作领域》。自此，世界银行和国际货币基金组织扩大了其在反洗钱与反恐怖融资方面的参与程度③。

（3）技术援助和政策对话。2004 年 4 月，世界银行和国际货币基金组织董事会决定继续参与反洗钱和打击恐怖融资行动，并采用更统一、更全面的工作方法。世界银行和国际货币基金组织将继续评估各国反洗钱和反恐怖融资的合规情况，并将提供更多的技术援助，帮助各国相关体制达到国际标准。作为技术援助工作的一部分，世界银行和国际货币基金组织还组织了一系列的全球政策对话，提高了世界范围内对洗钱与恐怖融资预防和控制的意识。世界银行和国际货币基金组织还开发了一个技术援助数据库以协调各有关组织的技术援助工作，加强信息交流、鉴别优先需求、弥补技术援助实施中的空白，以及加强区域组织在地区内开展技术援助的能力。

2023 年 12 月 5 日 IMF 发布的《2023 年度反洗钱和反恐怖融资战略回顾》④指出，20 多年来，IMF 始终认为，有效的反洗钱和反恐怖融资框架及更广泛的金融诚信是金融部门健全与稳定的关键，也是防止金融犯罪对成员的更广泛经济产生负面

---

①　为确保国际货币基金组织、世界银行等国际金融组织科学有效地开展反洗钱和反恐怖融资互评估，2022 年 9 月，FATF 发布了《互评估和后续行动通用程序》，保持互评核心要素一致。

FATF（2022），Consolidated Processes and Procedures for Mutual Evaluations and Follow‐Up："Universal Procedures"，September 2022，FATF，Paris，France，www. fatf-gafi. org/publications/mutualevaluations/documents/universal-procedures. html.

②　应国际货币基金组织和世界银行的要求，2015 年 10 月我国 FSAP 更新评估正式启动。2018 年 7 月FATF 对我国反洗钱和反恐怖融资互评估，专家组成员主要来自国际货币基金组织。

③　世界银行和国际货币基金组织的行动计划包括：第一，完成反洗钱和打击恐怖融资综合评估方法的草案，在世界银行和国际货币基金组织的反洗钱和打击恐怖融资的标准内，增添新的标准，并同意将金融行动特别工作组的建议纳入评估标准；第二，世界银行和国际货币基金组织的执行董事会同意执行一个 12 个月试验评估计划；第三，在所有金融部门评估计划（FSAP）和离岸金融中心评估中，加入反洗钱和打击恐怖融资的内容；第四，使用反洗钱和打击恐怖融资的自愿问卷，了解全球在此领域的弱点；第五，加大对反洗钱和打击恐怖融资领域的技术援助力度；第六，完成反洗钱和打击恐怖融资领域的内部员工培训计划；第七，完成非正规支付体系的研究报告草案。

④　https：//www. imf. org/en/Publications/Policy-Papers/Issues/2023/12/05/2023-Review-of-The-Funds-Anti-Money-Laundering-and-Combating-The-Financing-of-Terrorism-542015.

宏观经济影响的关键，并逐步将这项工作融入其所有核心职能和一系列广泛的 IMF 政策中。

三、国际金融监管组织

目前，世界上主要有四大国际金融监管组织：巴塞尔银行监管委员会（BCBS）、国际证监会组织（IOSCO）、国际保险监督官协会（IAIS）和国际金融中心监管组织（GIFCS）。它们在各自行业的反洗钱和反恐怖融资工作中发挥着不可忽视的指导作用。

（一）巴塞尔银行监管委员会①

巴塞尔银行监管委员会（Basel Committee on Banking Supervision，BCBS），成立于 1974 年底，简称巴塞尔委员会。巴塞尔委员会的秘书处设在瑞士巴塞尔国际清算银行总部，是由西方七国集团吸收其他国家成立的专门协调银行监管的专业组织。创始成员包括比利时、加拿大、法国、德国、意大利、日本、卢森堡、荷兰、西班牙、瑞士、瑞典、英国和美国。我国在 2009 年加入该组织，中国人民银行和原中国银保监会是其委员会成员。截至 2023 年 3 月，巴塞尔委员会由来自 28 个司法管辖区的 45 名成员组成，由中央银行和对银行业务监管负有正式责任的当局组成。此外，该委员会还有 8 名观察员，包括中央银行、监管团体、国际组织和其他机构。

1988 年 12 月，在《联合国禁止非法贩运麻醉药品和精神药物公约》通过后不久，为了推动各国实施公约，巴塞尔委员会制定了第一套反洗钱的国际原则《关于防止犯罪分子利用银行系统洗钱的原则声明》。这一声明制定了客户识别的基本原则，这个原则的使用会减少给犯罪分子提供帮助的可能性，而且该原则鼓励银行与执法官员之间的合作②。2001 年 10 月，巴塞尔委员会公布了一份详细的客户尽职调查指导性文件《巴塞尔银行监管委员会客户尽职调查声明》（*Basel CDD Paper*）③，从银行业谨慎操作和反洗钱的角度推荐了客户尽职调查方面的最佳运作方式。巴塞尔委员会发布《账户开立和客户身份识别指引》（2003 年）、《KYC 一体化风险管理》（2004 年）、《跨境电汇支付信息的尽职调查和透明度要求》（2009 年）、《关于

---

① 官方网站为 www.bis.org。

② 《关于防止犯罪分子利用银行系统洗钱的原则声明》提出了反洗钱四项基本原则：第一，了解你的客户原则。要求银行在客户开立账户或者进行其他金融交易时，做合理的努力以识别客户的真实身份。第二，严格依法行事原则。要求银行应当保证其所进行的交易符合高度的职业道德标准，并严格遵守法律和法规的规定。如果有正当的理由怀疑交易与洗钱活动或其他犯罪活动有关，应当拒绝向客户提供服务。第三，与执法机关全面合作原则。要求银行在法律规定的保守客户秘密的限制性规定范围内，与执法机关进行全面合作。当有合理的理由怀疑是洗钱活动时，依照法律的规定采取适当的措施。第四，制定内部政策与程序原则。要求银行制定必要的政策和程序，防止被利用成为洗钱的通道和工具。并且应当对员工进行反洗钱和反恐怖融资培训，提高他们的反洗钱和反恐怖融资思想意识与技术水平。

③ Basel Committee Customer Due Diligence paper, published in October 2001.

反洗钱与反恐怖融资风险的稳健管理的指引》（2016 年）等文件全面加强客户尽职调查和风险管理。

（二）国际证监会组织①

国际证监会组织（International Organization of Securities Commissions，IOSCO）是国际各证券暨期货监督管理机构所组成的国际合作组织。该组织正式成立于 1983 年，总部设在加拿大的蒙特利尔市，其前身是成立于 1974 年的证监会美洲协会，1999 年搬到西班牙马德里。截至 2023 年 4 月，共有 237 个会员，其中普通成员 131 个，主要是国家证券委员会或类似的政府机构，对各自管辖范围内的证券或衍生品市场拥有监管权；准成员 34 个，主要是国家监管机构、地方政府监管机构、政府间国际组织和其他国际标准制定机构以及对证券监管有适当兴趣的其他政府机构；附属成员 72 个，主要是自律组织、证券交易所、金融市场基础设施、除政府组织外对证券监管有适当兴趣的国际机构。在国际证监会组织 1995 年巴黎年会上中国证监会加入该组织，成为其正式会员。该组织的宗旨是：通过交流信息，促进全球证券市场的健康发展；各成员组织协同制定共同的准则，建立国际证券业的有效监管机构，以保证证券市场的公正有序；共同遏制非法跨国交易，促进交易安全。在反洗钱和反恐怖融资领域，国际证监会组织在 2004 年 5 月发布了《国际证监会组织客户身份识别原则声明》（*IOSCO Principles Paper*）②，2005 年 10 月发布了《集中投资计划反洗钱指引》，2006 年 4 月发布了《证券市场中介公司合规管理：反洗钱合规》，指导各成员国证券行业在开展业务过程中对客户的谨慎操作。在 2017 年 5 月发布的《证券监管的目标和原则》中专门提出提升透明度、准入标准和防范系统性风险的要求。

（三）国际保险监督官协会③

国际保险监督官协会（International Association of Insurance Supervisors，IAIS）是一个专业性的国际保险业监管组织，1994 年在瑞士巴塞尔成立。IAIS 是一个自愿加入的组织，由来自 200 多个司法管辖区的保险监管者组成，监管着占全球保险费 97% 的保险市场。该协会的宗旨是通过制定全球保险监管的指导原则和标准，提高成员国（地区）保险业的监管水平，维护国际保险市场稳定和保护投保人利益；促进全世界范围内保险业监管者的合作，加强保险业监管方与其他金融市场监管方之间的协作。2002 年，国际保险监督官协会发布了《保险监管机构及经营机构反洗钱

---

① 官方网站为 www.iosco.org。

② IOSCO paper，Principles on Client Identification and Beneficial Ownership for the Security Industry，published May 2004.

③ 官方网站为 www.iaisweb.org。

指引》。这份文件详述了保险业洗钱的可能性和方法、监管者和被监管的保险机构在反洗钱中的义务、保险业可疑交易的案例。2004 年，该协会又发布了《保险业反洗钱和反恐怖融资指导》（*IAIS Guidance Paper 5*）[1]，增加了保险业监管者和保险机构进行反恐怖融资的内容。2011 年发布的《保险监管核心原则、标准、指南和评估方法》中，将反洗钱和反恐怖融资作为保险监管的核心原则。2021 年 11 月 11 日发布《关于打击洗钱和恐怖主义融资的应用文件》，指导寿险机构发现可能发生的洗钱和恐怖融资风险以及减轻相关风险的措施[2]。

（四）国际金融中心监管组织

国际金融中心监管组织（Group of Internationl Finance Centre Supervisors，GIFCS），原名离岸银行业监管集团（Offshore Group of Banking Supervisors，OGBS）于 1980 年 10 月成立，其核心目的在于推动银行业、信托业在反洗钱与反恐怖融资工作中遵守国际标准。2011 年 3 月，离岸银行业监管集团更名为国际金融中心监管组织。早期成员有：阿鲁巴岛、东巴哈马、巴巴多斯、百慕大、英属维尔京群岛、开曼群岛、根西岛、马恩岛、纳闽岛、中国澳门、毛里求斯、荷属安的列斯、巴拿马、萨摩亚、瓦努阿图等；观察员有：加勒比中央银行、安提瓜巴布达、库克群岛。所有成员占全球国际银行资产近 10% 的市场份额。该组织促使其成员遵守《银行业有效监管核心原则》和 FATF《40 项标准建议》，2014 年 10 月颁布了一项新的信托和公司服务提供商（Trust and Company Service Providers，TCSPs）管理标准，包括多边谅解备忘录、成员对标准的遵守情况以及召开监事会议等，被公认为是信托和公司服务提供商权威监管机构。

四、国际刑警组织

国际刑警组织（International Criminal Police Organization，Interpol）[3] 成立于 1923 年，最初名为国际刑警委员会，总部设在奥地利首都维也纳。第二次世界大战期间，该组织迁到德国首都柏林，一度受纳粹组织控制。第二次世界大战后，该组织恢复正常运转，总部迁到法国巴黎。1956 年，该组织更名为国际刑事警察组织，简称国际刑警组织。1989 年，该组织总部迁到法国里昂。截至 2023 年 3 月，国际刑警组织共有 195 个成员国。中国于 1984 年加入国际刑警组织，同年组建国际刑警

---

① Guidance Paper No 5：Guidance paper on anti-money laundering and combating the financing of terrorism，issued by IAIS in October 2004.

② https://www.iaisweb.org/uploads/2022/01/211111-Application-Paper-on-Combating-Money-Laundering-and-Terrorist-Financing.pdf.

③ 官方网站为 www.interpol.int。

组织中国国家中心局。多年来，中国始终与国际刑警组织之间保持着密切的合作关系①。1995 年，国际刑警组织第 64 届大会在北京举行。2017 年 9 月 26 日，国际刑警组织第 86 届全体大会在北京召开，中国国家主席习近平在国际刑警组织第 86 届全体大会开幕式上发表讲话。

国际刑警组织的宗旨是保证和促进各成员国刑事警察部门在预防和打击刑事犯罪方面的合作。它的主要任务是汇集、审核国际犯罪资料，研究犯罪对策；负责同成员国之间的情报交换；收集各种刑事犯罪案件及犯罪指纹、照片、档案；通报重要案犯线索、通缉追捕重要罪犯和引渡重要犯罪分子；编写有关刑事犯罪方面的资料等。该组织日常与各国国家中心局保持密切关系，组织国际追捕"红色通缉令"是该组织在打击国际犯罪活动中使用的一种紧急快速通缉令。国际刑警组织一直积极参与国际反洗钱和反恐怖融资行动。

（1）1983 年，国际刑警组织成立了预防犯罪行动基金工作组（FOPAC），负责调查并监测有组织犯罪的金融资产及与国际犯罪活动相联系的基金的流动②。随着洗钱问题的日趋严重，1989 年，国际刑警组织决定将预防犯罪行动基金工作组转变成全球范围行动的常设工作组，其活动范围扩大到全球，以适应控制洗钱活动的需要。

（2）1995 年 10 月，国际刑警组织在北京召开的第 64 届年会上，达成了有关反洗钱的决议，提出了控制洗钱的三项原则：①必须依照法律予以打击；②商业银行必须及时报告所获知的洗钱活动；③开展国际追踪活动。

（3）2001 年 11 月，国际刑警组织成立了金融和高技术犯罪理事会（Financial & High Tech Crime，FHT），负责调查与洗钱、伪造货币、银行卡和知识产权相关的案件，为成员国打击洗钱等金融高科技犯罪提供帮助。

（4）2018 年国际刑警组织与欧洲刑警组织在比利时布鲁塞尔联合举办研讨会，讨论如何降低犯罪分子和恐怖分子滥用加密货币带来的犯罪威胁，并达成一系列成果。

---

① 在 2015 年中央反腐败协调小组部署开展的针对外逃腐败分子的"天网"行动中，国际刑警组织发布红色通缉令对我国外逃分子进行全球通缉。2020 年 5 月 15 日《中国人民银行办公厅关于做好外逃人员名单监测有关工作的通知》（银办发〔2020〕74 号）要求继续严格执行外逃人员名单监测和可疑交易报告制度。

② 预防犯罪行动基金工作组责任包括：系统收集和研究与有组织犯罪有关的金融信息；向打击有组织犯罪的其他机构通报上述信息；进行调查技术的培训，并促进同打击组织犯罪的其他国际组织之间的合作。

2.2 反洗钱国际标准[①]

面对洗钱、恐怖融资的国际化问题，联合国、国际货币基金组织、世界银行、亚太经济合作组织、金融行动特别工作组、国际金融监管机构等国际组织采取行动共同打击。在国际反洗钱和反恐怖融资的长期发展进程中，联合国、金融行动特别工作组、埃格蒙特集团、沃尔夫斯堡集团和国际金融监管机构等国际组织发布了一系列的决议、国际公约、建议和标准，逐步形成了较为完整的国际反洗钱和反恐怖融资规则标准体系，对各国反洗钱和反恐怖融资进行指导和制约。FATF《40项标准建议》成为国际社会公认的反洗钱和反恐怖融资的国际标准和规范，作为打击洗钱和恐怖融资的国际标准，已得到全球200多个国家和地区承诺执行，被国际货币基金组织和世界银行认可，运用到对各国的金融稳定评估规划中。

FATF《40项标准建议》为各国打击洗钱、恐怖融资和扩散融资设定了全面、完整的措施框架。各国的法律体系、行政管理、执行框架以及金融体系各不相同，难以采取完全相同的威胁应对措施。因此，各国应根据本国国情，制定相应措施执行FATF标准建议。FATF标准建议规定了各国应当建立的基本措施：识别风险、制定政策和国内协调；打击洗钱、恐怖融资及扩散融资；在金融领域和其他特定领域实施预防措施；规定主管部门（调查、执法和监管部门）的权力与职责范围及其他制度性措施；提高法人和法律安排的受益所有权信息的透明度和可获得性；推动国际合作。

FATF最初的40项标准建议发布于1990年，旨在打击滥用金融体系清洗毒品资金。1996年，为应对不断变化更新的洗钱趋势和手段，FATF第一次对建议进行了修订，将打击范围扩大到清洗毒资外的其他犯罪领域。2001年10月，FATF进一步将其职责扩大到打击恐怖融资领域，并制定了反恐怖融资8项特别建议（之后扩充为9项）。2003年，FATF建议进行了第二次修订。

在完成对成员的第三轮互评估后，2012年，FATF与区域性反洗钱和反恐怖融

① 反洗钱是一项国家职责，也是国际义务。我国是FATF成员，必须贯彻落实FATF的标准建议，FATF标准建议是FATF对成员国互评估的标准文件。我国的反洗钱和反恐怖融资法律制度大部分是FATF标准建议的本土化。不管是反洗钱理论研究人员、政策制定者、监管人员还是金融机构反洗钱从业人员，都应该掌握FATF标准，以便从国际视野更好地把握我国反洗钱和反恐怖融资法律制度的渊源，更好地理解和落实我国各项反洗钱和反恐怖融资法律制度。本节的主要内容源于2023年11月更新的FATF标准建议，请参考FATF（2012—2023），International Standards on Combating Money Laundering and the Financing of Terrorism & Proliferation, FATF, Paris, France. https://www.fatf-gafi.org/content/dam/fatf-gafi/recommendations/FATF%20Recommendations%202012.pdf.coredownload.inline.pdf.

资组织，以及包括国际货币基金组织、世界银行和联合国在内的观察员密切合作，共同对 FATF 建议进行了修订及更新。修订后的建议在保持稳定和严谨的同时，致力于应对新出现的威胁，明确并强化了许多现有义务。此次修订强调风险为本反洗钱原则的贯彻实施，要求各国在 FATF 要求框架下，采取更加灵活的措施，以有效地分配资源、实施与风险相适应的预防措施，最大限度地提升反洗钱有效性。各国首先应识别、评估、了解面临的洗钱及恐怖融资风险，然后制定降低风险的适当措施。强化对高风险情况的要求，对高风险领域采取针对性的控制措施，或强化有关标准的实施。

打击恐怖融资是一项严峻的挑战，有效的反洗钱和反恐怖融资体系对于打击恐怖融资十分重要。2012 年 FATF《40 项标准建议》的修改对之前针对恐怖融资的大多数措施进行了整合，包括：建议 5（恐怖融资刑罚化）、建议 6（与恐怖主义及恐怖融资相关的定向金融制裁）、建议 8（防止滥用非营利性组织的相关措施）。2008年，FATF 将职责范围扩大到防范扩散融资，2012 年的标准建议增加了一条新建议（建议 7 与大规模杀伤性武器扩散及扩散融资相关的定向金融制裁），旨在确保有效实施定向金融制裁，与联合国安理会有关要求保持一致。

FATF《40 项标准建议》包括建议本身、释义以及术语表中的定义。所有 FATF成员及区域性反洗钱和反恐怖融资组织成员必须执行 FATF 标准，并按照 FATF 通用的评估方法，通过 FATF 互评估程序或国际货币基金组织和世界银行的评估程序，对各成员的执行情况进行严格评估。释义及术语表中的定义包括如何实施标准的举例。这些举例不是强制性要求，主要起指引作用。

FATF 还制定了很多指引、最佳实践文件等，以帮助各国执行 FATF 标准，供各国在考虑如何有效执行 FATF 标准时参考。FATF 致力于与私营部门、社会团体及其他感兴趣各方保持密切的、建设性的对话，它们是维护金融体系完整的重要伙伴。FATF《40 项标准建议》是国际反洗钱和反恐怖融资的指导性文件，是 FATF 互评估的标准，引领国际反洗钱和反恐怖融资的发展方向，是反洗钱和反恐怖融资从业人员、反洗钱监管人员和反洗钱研究人员应该掌握的基础性文件。

2.2.1　政策与协调

一、评估风险与适用风险为本的方法（建议 1）

为确保有效控制风险，各国应当识别、评估和了解本国的洗钱与恐怖融资风险，并采取相应措施，包括指定某一部门或建立相关机制负责统筹风险评估、配置资源，有效降低风险。在风险评估的基础上，各国应当采取风险为本的方法以确保防范和降低洗钱与恐怖融资风险的措施与已识别的风险相匹配。风险为本方法应当作为在反洗钱与反恐怖融资机制内有效配置资源、实施 FATF 各项建议中风险为本措施的基础性原则。在识别为较高风险的领域，各国应确保其反洗钱机制有效应对该高风险；在识别为较低风险的领域，各国可决定在满足一定条件时，对某些 FATF 建议采取简化措施。

各国还应识别、评估和了解国家扩散融资风险。在建议 1 中，"扩散融资风险"严格指仅限于潜在的违反、不执行或逃避建议 7 中提到的定向金融制裁义务。各国应采取相应行动旨在确保这些风险得到有效缓解，包括指定一个机构或建立相关机制负责统筹风险评估、配置资源，有效降低风险。在识别为较高风险的领域，各国应确保其反洗钱机制有效应对该高风险；在识别为较低风险的领域，各国可决定在满足一定条件时，对某些 FATF 建议采取简化措施，但仍确保充分按照建议 7 的要求实施有针对性的金融制裁措施。

各国应要求金融机构和特定非金融行业与职业（DNFBPs）识别、评估并采取有效措施以降低其洗钱、恐怖融资和扩散融资风险。

二、国家层面的合作与协调（建议 2）

各国应根据已识别的风险，制定并定期审查国家反洗钱、反恐怖和反扩散融资政策，指定某一部门或者建立某种协调或类似机制，负责该政策的制定实施。各国应当确保政策制定部门、金融情报中心（FIU）、执法部门、监管机构和其他相关主管部门在政策制定和执行层面建立有效机制，以便各部门之间在政策的制定、实施和打击洗钱、恐怖融资和大规模杀伤性武器扩散融资的行动方面实现合作，并在适当情况下进行协调和国内信息共享。这一机制应当包括相关主管部门间的合作和协调，以确保反洗钱、反恐怖融资和反扩散融资要求符合数据保护与隐私规定及其他类似条款（如数据安全和数据本地化）的要求。

2.2.2 洗钱与没收

一、洗钱犯罪（建议 3）

各国应当根据《维也纳公约》《巴勒莫公约》，将洗钱行为规定为犯罪。各国应当将洗钱罪适用于所有的严重罪行，以涵盖最广泛的上游犯罪。

二、没收与临时措施（建议 4）

各国应当采取类似于《维也纳公约》《巴勒莫公约》和《联合国制止向恐怖主义提供资助的国际公约》规定的措施，包括立法，使主管部门能够在不损害无过错第三方合法权益的情况下，冻结、扣押或没收以下财产：（1）被清洗的财产；（2）来自洗钱或上游犯罪的收益，用于或企图用于洗钱或上游犯罪的工具；（3）属于犯罪收益的财产，或用于、企图用于、调拨用于资助恐怖主义、恐怖行为、恐怖组织的财产；

（4）或者相应价值的财产。

这些措施应当包括授权有关部门：（1）识别、追查和评估应予没收的财产；（2）采取冻结、扣押等临时措施，防止该财产被出售、转移或处置；（3）采取措施，防止或避免可能有损国家冻结、没收或追回应予没收的财产能力的行为；（4）采取其他适当的调查措施。

各国应当考虑采取措施，允许不经过刑事定罪判决即可没收此类财产或工具（不以刑事判决为基础的没收），或者在符合本国法律原则的范围内要求违法者证明应被没收财产的合法来源。

2.2.3 恐怖融资与扩散融资

一、恐怖融资犯罪（建议 5）

各国应当以《联合国制止向恐怖主义提供资助的国际公约》为基础，将恐怖融资行为规定为刑事犯罪，不仅应当将资助恐怖活动的行为规定为刑事犯罪，而且也应当将资助恐怖组织和恐怖分子的行为规定为刑事犯罪，即使该行为并未与特定的恐怖活动相联系。各国应当确保将这些犯罪行为规定为洗钱犯罪的上游犯罪。

二、与恐怖主义和恐怖融资相关的定向金融制裁（建议 6）

各国应当建立定向金融制裁机制，以遵守联合国安理会关于防范和制止恐怖主义和恐怖融资的决议。这些决议要求各国毫不迟延地冻结被指定个人或实体的资金或其他资产，并确保没有任何资金或其他资产，直接或间接地提供给被指定的个人或实体或者使其受益，包括：①根据《联合国宪章》第七章，由联合国安理会指定，或者由其授权指定的个人或实体，包括第 1267（1999）号决议及其后续决议；②根据第 1373（2001）号决议由该国指定的个人或实体。

三、与大规模杀伤性武器扩散及扩散融资相关的定向金融制裁（建议 7）

各国应当执行定向金融制裁，以遵守联合国安理会关于防范、制止、瓦解大规模杀伤性武器扩散及扩散融资的决议。这些决议要求各国毫不迟延地冻结被指定个人或实体的资金或其他资产，并确保没有任何资金或其他资产，直接或间接地提供给被指定的个人或实体，或者使其受益。根据《联合国宪章》第七章，这些个人或实体由联合国安理会列明或由其授权列明。

四、非营利性组织（建议 8）

各国应当审查有关非营利性组织容易被恐怖融资所滥用的法律法规是否完备。各国应当按照风险为本的方法，采取重点突出、适度的措施，确保非营利性组织不会以下列方式被恐怖主义融资滥用：

（1）恐怖主义组织冒充合法实体；

（2）利用合法实体作为恐怖融资的渠道，包括以逃避资产冻结措施为目的；

（3）通过隐瞒或掩盖用于合法目的的资金秘密转移恐怖组织的目的。

2.2.4　预防措施

一、金融机构保密法（建议9）

各国应当确保金融机构保密法不妨碍 FATF 建议的实施。

二、客户尽职调查（建议10）

各国应当禁止金融机构保持匿名账户或明显以假名开立的账户。各国应当要求金融机构在出现下列情形时，采取客户尽职调查（CDD）措施：

（1）建立业务关系；

（2）进行一次性交易：超过适用的规定限额（15000 美元/欧元）；或者建议 16 释义规定的特定情况下的电汇；

（3）有洗钱或恐怖融资嫌疑；

（4）金融机构怀疑先前获得的客户身份数据的真实性或完整性。

金融机构实施客户尽职调查的原则应由法律作出规定。各国可以决定如何通过法律或强制性措施设定具体的客户尽职调查义务。可采取的客户尽职调查措施如下：

（1）识别客户身份，并利用可靠的、独立来源的文件、数据或信息核实客户身份；

（2）识别受益所有人身份，并采取合理措施核实受益所有人身份，以使金融机构确信了解其受益所有人；对于法人和法律安排，金融机构应当了解其所有权和控制权结构；

（3）了解并在适当情形下获取关于业务关系目的和意图的信息；

（4）对业务关系采取持续的尽职调查，对整个业务关系期间发生的交易进行详细审查，以确保正在进行的交易与金融机构所掌握的客户资料、客户业务、风险状况（必要时，包括资金来源）等信息吻合。

金融机构应当采取上述客户尽职调查措施，但应当根据建议 1 的释义，使用风险为本的方法，决定采取上述各项措施的程度。

金融机构应当在建立业务关系之前、业务关系存续期间或者与一次性交易客户进行交易时，核实客户和受益所有人身份。在洗钱与恐怖融资风险得到有效管理的前提下，为避免身份核实打断正常交易，各国可以允许金融机构在建立业务关系之后，尽快完成身份核实。

如果金融机构无法遵循上述规定的客户尽职调查措施（已根据风险为本的方法对措施进行了适当调整），则不应开立账户、建立业务关系或进行交易；或者应当终止业务关系；并考虑提交有关客户的可疑交易报告。

尽管这些措施适用于所有新客户，但金融机构也应当对现有客户适用本建议，并根据重要性和风险程度，适时对存量客户进行尽职调查。

三、记录保存（建议 11）

各国应当要求金融机构将所有必要的国内和国际交易记录至少保存五年，以使其能迅速提供主管部门所要求的信息。这些信息必须足以重现每一笔交易的实际情况（包括所涉金额和币种），以便在必要时提供起诉犯罪活动的证据。

各国应当要求金融机构在业务关系终止后，或者一次性交易之日起至少五年内，继续保留通过客户尽职调查措施获得的所有记录（如护照、身份证、驾驶执照等官方身份证明文件或类似文件的副本或记录），账户档案和业务往来信函，以及分析结论（如关于复杂的异常大额交易的背景和目的的调查函）。

法律应当要求金融机构保存交易记录和通过客户尽职调查措施获取的信息记录。

在职权范围内，本国主管部门可以查阅、使用交易记录和通过客户尽职调查措施获取的信息记录。

四、政治公众人物（建议 12）

对于外国的政治公众人物（作为客户或受益所有人），除采取正常的客户尽职调查措施外，各国还应当要求金融机构：

（1）建立适当的风险管理系统，以确定客户或受益所有人是否为政治公众人物；

（2）获得高级管理层的批准方可建立（或维持现有）业务关系；

（3）采取合理措施确定其财产和资金来源；

（4）对业务关系进行强化的持续监测。

金融机构应当采取合理措施，确定客户或受益所有人是否为本国的政治公众人物，或者在国际组织担任或曾经担任重要公职的人员。如果与这些人的业务关系出现较高风险，金融机构应当采取（2）至（4）项规定的措施。

对所有类型的政治公众人物的要求，也应当适用于其家庭成员或关系密切的人。

五、代理行业务（建议 13）

对于跨境代理行及其他类似的业务关系，除采取正常的客户尽职调查措施外，各国还应当要求金融机构：

（1）收集代理机构的充分信息，以全面了解代理机构的业务性质，并通过公开信息判断代理机构的信誉和监管质量，包括是否因洗钱或恐怖融资遭受调查或监管；

（2）评估代理机构的反洗钱和反恐怖融资控制制度；

（3）在建立新的代理业务关系之前，获得高级管理层的批准；

（4）明确规定每个机构的相应职责；

（5）对于"过路账户"①（Payable-through Accounts，又称通汇账户），应确信委托行已对可以直接使用代理行账户的客户实施客户尽职调查，确信代理行能够应委托行要求提供其通过客户尽职调查获取的有关信息。

各国应当禁止金融机构与空壳银行建立或维持代理行业务关系，并要求金融机构保证其委托机构禁止空壳银行使用其账户。

六、资金或价值转移服务（建议14）

各国应采取措施，确保本国提供资金或价值转移服务的自然人或法人获得许可或已登记注册，受到有效系统的监测，并符合 FATF 建议相关措施的要求。各国应当采取行动，发现未经许可或登记注册而提供资金或价值转移服务的自然人和法人，并给予适当处罚。

作为资金或价值转移服务代理商的任何自然人或法人，也必须获得主管部门的许可或登记注册；资金或价值转移服务提供商必须保存一份可以随时供相关主管部门查阅的代理商清单。各国应采取措施确保资金或价值转移服务提供商将其代理商纳入自身反洗钱与反恐怖融资机制安排，并对其合规情况进行监测。

七、新技术（建议15）

各国和金融机构应当识别、评估可能由下列情形带来的洗钱与恐怖融资风险：

（1）新产品、新业务以及新交割机制的发展；

（2）新产品、现有产品中新技术或研发中技术的应用。

金融机构应当在启用新产品、开展新业务以及应用新技术（或正在研发的技术）前进行风险评估，金融机构应采取适当措施管理和降低此类风险。

对于虚拟资产服务提供商，为了管理和降低虚拟资产带来的风险，各国应确保其受到反洗钱与反恐怖融资监管，应当确保对其进行审批或登记注册，建立有效的体系以监控和确保其遵守 FATF 建议要求的相关措施。

八、电汇（建议16）

各国应当确保金融机构在办理电汇和处理相关报文时，填写规定的、准确的汇款人信息以及规定的受益人信息，并确保这些信息保留在支付链条的每一个环节。

各国应当确保金融机构对电汇进行监控，以发现电汇交易中是否缺乏汇款人和受益人信息，并采取适当的措施。

各国应当确保金融机构在处理电汇过程中，按照联合国安理会第 1267（1999）

---

① 按照标准释义，过路账户指直接由第三方以自己的名义进行交易的代理账户（The term payable-through accounts refers to correspondent accounts that are used directly by third parties to transact business on their own behalf）。

号决议及其后续决议，第1373（2001）号决议中有关防范、打击恐怖主义和恐怖融资的规定，采取冻结措施，禁止与指定个人和实体进行交易。

九、依托第三方的尽职调查（建议17）

各国可允许金融机构依托第三方实施建议10的（1）-（3）的客户尽职调查措施或引荐业务，但应确保满足以下四项标准。如允许由第三方实施客户尽职调查，客户尽职调查的最终责任仍由依托第三方的金融机构承担。

（1）依托第三方的金融机构应可以立即获得建议10的（1）-（3）的客户尽职调查措施取得的必要信息；

（2）金融机构应当采取适当措施，确保可在需要时立即获得第三方实施客户尽职调查时取得的身份证明和其他资料复印件；

（3）金融机构应当确保第三方机构受到监督、管理或监测，采取措施遵守建议10和建议11要求的客户尽职调查和资料保存方面要求；

（4）当决定哪些国家的第三方机构可依托时，各国应当参考可以获得的国家风险等级信息。

如果金融机构与所依托的第三方机构属于同一金融集团，同时，①该集团已按照建议10、建议11、建议12的要求采取客户尽职调查和资料保存措施，按照建议18的要求实施反洗钱和反恐怖融资计划；②当主管部门在集团层面上对其反洗钱和反恐怖融资相关措施有效性进行监管时，主管部门可以认为金融机构已通过其集团开展上述（2）和（3）的客户尽职调查措施；当该集团采取的反洗钱和反恐怖融资措施已显著降低原本较高的国家风险时，则可以不作为依托第三方开展客户身份识别的必要前提。

十、内部控制、境外分支机构和附属机构（建议18）

各国应当要求金融机构实施反洗钱与反恐怖融资机制安排。同时，各国应当要求金融集团在集团层面实施反洗钱与反恐怖融资机制安排，包括在集团内部共享反洗钱与反恐怖融资信息的政策和程序。各国应当要求金融机构确保其境外分支机构和控股附属机构通过实施金融集团反洗钱与反恐怖融资机制安排，从而执行与母国落实FATF建议相一致的反洗钱与反恐怖融资要求。

十一、高风险国家（建议19）

各国应当要求金融机构在与自然人、法人、其他金融机构建立业务关系或交易时，如其来自FATF要求采取强化客户尽职调查措施的国家，则应对其采取强化的客户尽职调查措施。所采取的强化措施应有效并与风险相匹配。

各国应当有能力应FATF要求，运用适当的反制措施。各国也应当有能力应FATF要求，独立运用反制措施。各国采取的反制措施应有效并与风险相匹配。

十二、可疑交易报告（建议 20）

如果金融机构怀疑或有合理理由怀疑资金为犯罪收益，或与恐怖融资有关，金融机构应当依据法律要求，立即向金融情报中心报告。

十三、泄密与保密（建议 21）

金融机构及其董事、管理人员和雇员应当：

（1）出于正当目的依法向金融情报中心报告可疑交易时受到法律保护，即便无法确定是何种犯罪以及犯罪活动是否实际发生，也不会因未遵守合同、法律、法规或行政性规定关于信息披露的限制，而承担民事或刑事责任。

（2）依法禁止泄露向金融情报中心报告可疑交易或相关信息的事实。这并非旨在禁止建议 18 规定的信息共享。

十四、特定非金融行业或职业：客户尽职调查（建议 22）

建议 10、建议 11、建议 12、建议 15、建议 17 中规定的客户尽职调查和交易记录保存要求适用于以下特定非金融行业和职业①：

（1）赌场：当客户从事规定金额及以上的交易时。

（2）不动产中介：为其客户从事不动产买卖交易。

（3）贵金属和珠宝交易商：当客户从事规定金额及以上的现金交易时。

（4）律师、公证人、其他独立法律专业人士及会计师：在为客户准备或实施与下列活动相关的交易时：①买卖不动产；②管理客户资金、证券或其他财产；③管理银行账户、储蓄或证券账户；④为公司设立、运营或管理的相关筹资活动；⑤法人或法律安排的设立、运营或管理，以及经营性实体买卖。

（5）信托和公司服务提供商在为客户准备或实施与下列活动相关的交易时：①担任法人设立的代理人；②担任（或安排其他人担任）公司董事、董事会秘书、合伙人或其他法人单位中同级别的职务时；③为公司、合伙或其他法人或法律安排提供注册地址、公司地址或办公场所、通信方式或办公地址的；④担任（或安排他人担任）书面信托的受托人或在其他法律安排中承担同样职能的；⑤担任（或安排他人担任）他人的名义持股人。

十五、特定非金融行业和职业：其他措施（建议 23）

建议 18 至建议 21 规定的内控、高风险国家、保密和可疑交易报告要求适用于所有特定非金融行业和职业。

（1）各国应当要求律师、公证人、其他独立法律专业人士和会计师在代表客户（或为客户）进行建议 22 第（4）所列的交易时，报告可疑交易。强烈鼓励各国将

---

① 目前，在我国"特定非金融行业和职业"在有关制度中一般称"特定非金融机构"。

报告要求扩展到包括审计在内的会计师的其他专业活动。

（2）当贵金属和珠宝交易商从事规定金额及以上的现金交易时，应当报告可疑交易。

（3）当信托与公司服务提供商在代表客户（或为客户）进行建议 22 第（5）所列的交易时，应当报告可疑交易。

2.2.5　法人和法律安排的透明度和受益所有权

一、法人的透明度和受益所有权（建议 24）

各国应评估滥用法人洗钱或恐怖融资的风险，并采取措施防止此类滥用。各国应确保通过主管部门对受益所有权进行登记或其他机制，充足、准确和最新的关于法人受益所有权和控制权的信息可以快速有效地获取。各国不应允许法人发行新的无记名股票或无记名股权证，并采取措施防止滥用现有的无记名股票和无记名股权证。各国应采取有效措施，确保被提名股东和董事不被滥用于洗钱或恐怖融资。各国应考虑通过金融机构和特定非金融行业和职业人员促进受益所有权和控制权信息的获取，以满足建议 10 客户尽职调查和建议 22 特定非金融行业和职业：客户尽职调查所规定的要求①。

二、法律安排的透明度和受益所有权（建议 25）

各国应当评估法律安排被洗钱和恐怖融资活动滥用的风险，并采取措施防止法律安排被洗钱和恐怖融资活动滥用。特别是，各国应当确保主管部门能及时有效掌握或获取关于书面信托（包括委托人、受托人和受益人）的充足、准确和及时信息。各国应考虑采取措施，使金融机构以及特定非金融行业和职业可以便利地获取受益所有权及控制权信息，以便执行建议 10 和建议 22 的要求。

2.2.6　主管部门的权力、职责及其他制度性措施

一、对金融机构的监督和管理（建议 26）

各国应当确保金融机构受到充分的监督和管理，并且有效地执行 FATF 建议。主管部门或金融监管部门应当采取必要的法律或监管措施，防止犯罪分子或其同伙持有金融机构的重要或多数股权，或成为金融机构重要或多数股权的受益所有人，或掌握金融机构实际管理权。各国不应当批准设立空壳银行或允许其持续运营。

对于受《有效银行监管核心原则》约束的金融机构，出于审慎目的的监管措施

---

① 2023 年 3 月 10 日，FATF 发布《法人受益所有权指南》，用于帮助各国实施修订后的建议 24。
FATF（2023），Guidance on Beneficial Ownership for Legal Persons, FATF, Paris, http://www.fatf-gafi.org/publications/FATFrecommendations/guidance-beneficial-ownership-legalpersons.html.

若与洗钱、恐怖融资相关，应当同样适用于反洗钱与反恐怖融资目的。对并表集团（Consolidated Group）的监管也应当适用于反洗钱与反恐怖融资目的。

各国应当对其他类别的金融机构实施审批许可或登记注册，进行充分管理，并根据该行业的洗钱和恐怖融资风险实施监管或监测。各国至少应当对提供资金或价值转移或货币兑换服务的金融机构实施审批许可或登记注册，使其受到有效监测，以确保符合国家反洗钱与反恐怖融资要求。

二、监管机构的权力（建议 27）

监管机构应当拥有足够的权力监管、监测金融机构，包括实施检查，确保金融机构遵守反洗钱与反恐怖融资要求。监管机构应当有权要求金融机构提交任何与合规监管有关的信息，并根据建议 35，对不遵守要求的情形实施处罚。监管机构应当有实施一系列纪律惩戒和经济处罚的权力，包括在适当情形下吊销、限制或中止金融机构执照的权力。

三、对特定非金融行业和职业的监管（建议 28）

对特定非金融行业和职业，应当采取下列监督管理措施：

（1）对赌博业应当采取全面的监督管理制度，确保其有效实施必要的反洗钱和反恐怖融资措施。至少应做到：①赌场应当经过许可；②主管部门应当采取适当的法律或监管措施，防止犯罪分子或同伙持有重要或多数股权，或成为重要或多数股权的受益所有人，或担任管理职务，或成为运营者；③主管部门应当确保赌场受到有效的反洗钱和反恐怖融资监管。

（2）各国应当根据行业和职业风险敏感性，对其他类型的特定非金融行业和职业建立有效的监测体系，并确保其符合反洗钱和反恐怖融资合规要求。监测可由：①监管机构执行；②如能确保其成员履行反洗钱与反恐怖融资义务，也可由行业自律组织执行。

监管机构或行业自律机构还应该：（1）采取必要措施，如采用资格审查，防止犯罪分子及其同伙获得专业认证，或持有重要或多数股权，或成为重要或多数股权的受益所有人，或担任管理职务；（2）如未遵守反洗钱和反恐怖融资要求，应按照建议 35 要求，实施有效、适当和劝诫性的处罚。

四、金融情报中心（建议 29）

各国应当建立金融情报中心（FIU），作为全国性中心，负责接受和分析可疑交易报告、其他洗钱、相关上游犯罪和恐怖融资相关的信息，并负责分发分析结果。金融情报中心应当能够从报告实体获取额外信息，并能够及时获得其恰当履职所需要的金融、管理和执法信息。

五、执法和调查部门职责（建议 30）

各国应当确保指定的执法部门有在国家反洗钱与反恐怖融资政策框架内调查洗钱和恐怖融资的职责。至少在涉及较大犯罪收益的所有案件中，指定的执法部门应主动开展并行的金融调查以追查洗钱、恐怖融资或上游犯罪。调查范围应包括发生在执法部门所属司法辖区以外的上游犯罪案件。各国应当确保主管部门有责任立即识别、追踪并采取行动冻结和扣押应被没收资产或可能属于没收范围的资产，或被怀疑为犯罪所得的资产。各国还应当能够在必要时利用专门从事金融或资产调查的常设或临时性多功能小组来开展调查。各国应当确保必要时能够与其他国家对口主管部门开展合作调查。

六、执法和调查部门权力（建议 31）

在对洗钱、相关上游犯罪和恐怖融资调查的过程中，主管部门应当有权力获取与调查、起诉和相关行动有关的必要文件和信息。这些权力应包括采取强制措施从金融机构、特定非金融行业和职业、其他法人或自然人获取相关记录，搜查个人和场所，采集证人证言，以及搜集证据。

各国应当确保主管部门有能力运用一系列适用于洗钱、相关上游犯罪和恐怖融资的调查方法。这些调查方法包括：卧底行动、通信窃听、侵入计算机系统和控制下交付。此外，各国应当建立有效机制，及时识别自然人或法人是否持有或控制账户。各国还应当建立相应机制，确保主管部门能在不事先通知资产所有人的情况下对资产进行识别判断。在针对洗钱、相关上游犯罪和恐怖融资开展调查时，主管部门应当能够要求金融情报中心提供所有相关信息。

七、现金跨境运送（建议 32）

各国应当采取措施，包括通过申报或披露制度，监测现金和不记名可转让金融工具的跨境运送活动。

如果怀疑现金或不记名可转让金融工具与恐怖融资、洗钱或上游犯罪有关，或者查出属于虚假申报或披露，各国应当确保主管部门拥有阻止或限制这些现金或不记名可转让金融工具跨境运送的法定权力。

各国应当确保能对虚假申报或披露的个人采取有效、适当和劝诚性的处罚措施。对查处的与恐怖融资、洗钱或上游犯罪有关的现金或不记名可转让金融工具，各国应当采取措施，包括与建议 4 规定相一致的法律措施，没收相关现金或不记名可转让金融工具。

八、数据统计（建议 33）

各国应当对本国反洗钱与反恐怖融资体系有效性和效率相关的数据进行持续性的全面统计。其中应包括接收与移送的可疑交易报告数据；洗钱和恐怖融资调查、起诉与判决数据；财产冻结、扣押和没收数据；以及双边司法协助或其他国际合作请求的数据。

九、指引与反馈（建议 34）

主管部门、监管机构和行业自律组织应当制定指引并提供反馈，帮助金融机构以及特定非金融行业和职业落实国家反洗钱与反恐怖融资措施，特别是发现和报告可疑交易。

十、处罚（建议 35）

各国应当确保对建议 6、建议 8、建议 23 中涵盖的、未能遵守反洗钱与反恐怖融资要求的自然人和法人，实施一系列有效、适当和劝诫性的处罚，包括刑事、民事或行政处罚。处罚应当不仅适用于金融机构以及特定非金融行业和职业，也适用于其负责人和高级管理人员。

2.2.7 国际合作

一、国际公约（建议 36）

各国应当立即采取行动，加入并全面实施《维也纳公约》（1988 年），《巴勒莫公约》（2000 年），《联合国反腐败公约》（2003 年）和《反恐怖融资公约》（1999年）。在适当情况下，鼓励各国批准并实施其他有关国际公约，如《欧洲委员会打击网络犯罪公约》（2001 年），《泛美反恐公约》（2002 年），《欧洲委员会关于打击洗钱，调查、扣押和没收犯罪收益及打击恐怖融资公约》（2005 年）。

二、双边司法协助（建议 37）

在涉及洗钱、相关上游犯罪以及恐怖融资调查、起诉和有关诉讼过程中，各国应当迅速有效并建设性地提供尽可能多的双边司法协助。在提供司法协助方面，各国还应拥有完备的法律基础，并适时签订公约、协定或制定其他机制，以强化合作。各国尤其应做到以下几点：

（1）不应禁止提供司法协助，或者为提供司法协助设置不合理或过分的限制条件。

（2）应当确保具有明确有效的程序，以及时优先考虑和处理双边司法协助请求。应当通过某一中央机关或现有其他官方机制有效传递和处理这些请求。应当建立一套案件管理系统，以跟踪请求处理的进展情况。

（3）不应仅以犯罪涉及财政问题为由拒绝执行协助请求。

（4）不应以法律要求金融机构对客户资料保密为由拒绝执行协助请求（相关信息受法律专业保密特权保护的除外）。

（5）对收到的司法协助请求及其所包含的信息，应当按照本国法律基本原则的要求进行保密,以保护调查不受干扰。如果被请求国无法遵守保密要求,应当及时告知请求国。

如果协助不涉及强制行动,即使不构成双重犯罪,各国也应当提供司法协助。各国应当考虑采取必要措施,在不构成双重犯罪时,尽可能提供广泛的协助。

如果一国将双重犯罪作为提供协助的必要条件,则不论两国是否将此犯罪纳入同一类罪,或规定为同一罪名,只要两国均将该行为规定为犯罪,即可视为满足该条件。

各国应当确保主管部门拥有建议 31 所要求的权力和调查手段,以及任何其他权力和调查手段:①所有向金融机构、其他个人以及采取证人证言获取、搜查和扣押信息、资料或证据(包括财务记录);②范围广泛的其他权力和调查手段。以上权力和调查手段也能用于执行双边司法协助请求,并且在不违背本国法律框架的情况下,还可以用于境外司法或执法部门对本国对口部门的直接调查请求。

如果被告面临多国起诉,为避免管辖权冲突,应建立并使用相关机制,在不影响司法公正的情况下选择最佳起诉地点。

各国在发起司法协助请求时,应尽最大可能提供真实、完整、合法的信息,便于被请求国及时有效地处理协查请求。如有紧急需求,应通过快速有效的方式发起请求。在发起请求前,应当尽可能了解被请求国的法律要求和法定程序。

各国应为负责司法协助的主管部门(如中央机关)提供充足的财力、人力和技术支持,且应具备相关程序,确保主管部门工作人员维持较高的专业水准,遵守保密要求,拥有较高的道德素养及适当的工作技能。

三、双边司法协助:冻结和没收（建议 38）

各国应确保有权应外国请求采取迅速行动:识别、冻结、扣押和没收清洗的资产;来自洗钱、上游犯罪及恐怖融资的收益;犯罪工具或计划用于实施犯罪的工具;或相当价值的财产,包括回应不以刑事判决为基础的收益,没收请求和基于相关临时措施的请求,除非与被请求国国内法律基本原则不一致。各国还应建立有效机制,用于管理上述财产、工具或相当价值的财产,并就资产查封和没收,包括没收资产的共享作出安排。

四、引渡（建议 39）

各国应积极有效、建设性地处理与洗钱和恐怖融资相关的引渡请求,无正当理由不得延迟。各国还应尽可能采取措施,不为被控参与恐怖融资、恐怖活动或恐怖组织的个人提供庇护,尤其应:

(1) 确保洗钱和恐怖融资是可引渡的犯罪行为;

(2) 制定明确而有效的引渡程序(包括适时优先处理程序),及时处理引渡请求；设立一套案件管理系统，跟踪执行请求的进展情况；

（3）不对引渡请求设置不合理或过分严格的条件；

（4）确保建立实施引渡的充分法律框架。

各国应允许引渡本国公民。如果仅出于国籍原因而拒绝引渡，需应请求国要求，将案件无不当延迟地移交本国主管部门，进而对请求中所列的罪行进行检控。主管部门应根据本国法律所规定的与其他严重犯罪相同的处理方式作出决定并开展诉讼。相关国家应在司法程序和获取证据等方面互相合作，确保提高检控效率。

如果一国将双重犯罪作为引渡的必要条件，则不论两国是否将某项犯罪纳入同一类罪或定为同一罪名，只要两国均对其定罪，即可视为满足该条件。

在符合本国法律基本原则的情况下，各国应制定简化的引渡机制，如允许对口部门直接提交临时逮捕请求，仅凭逮捕或判决文书便可执行引渡，或在当事人自愿放弃正式引渡时执行简化引渡程序。各国应为负责引渡的部门提供充分的财力、人力和技术支持，并建立相关程序确保这些部门的工作人员维持较高的专业水准，遵守保密要求，拥有较高的道德素养及适当的工作技能。

五、其他形式的国际合作（建议 40）

各国应确保主管部门可以主动地或应他国要求，在洗钱、上游犯罪和恐怖融资方面迅速有效、建设性地提供最广泛的国际合作，且应具备提供合作的法律基础。

各国应授权主管部门通过最有效的方式开展合作。如果主管部门需签订谅解备忘录等双边、多边协定和安排，应及时与尽可能多的境外对口部门协商签订。

主管部门应通过明确的渠道或机制，有效传递并执行信息交换等请求，应制定明确有效的程序，按照优先顺序及时处理协助请求，并保障信息安全。

2.3　FATF 反洗钱和反恐怖融资互评估

FATF 互评估是各成员国（地区）推选专家根据《FATF 反洗钱和反恐怖融合规性及有效性评估办法》对 FATF 成员国进行评估，以保证各成员国认真执行 FATF 反洗钱和反恐怖融资、反扩散融资工作要求。

2.3.1　反洗钱有效性成为 FATF 互评估的核心

2007 年以来，FATF 针对反洗钱和反恐怖融资互评估中各成员国普遍存在的有效性不足问题，提出了风险为本的反洗钱方法，将反洗钱资源向洗钱、恐怖融资风险高的业务、客户和地区优先配置，降低反洗钱和反恐怖融资成本，提高反洗钱和反恐怖融资效率。2013 年 2 月，FATF 发布的《反洗钱和反恐怖融资合规性和有效性评估方法》①（以下简称《方法》），首次将各国反洗钱和反恐怖融资法律制度的有效执行作为第四轮反洗钱和反恐怖融资互评估的核心内容，着重评估各国反洗钱和反恐怖融资法律制度实施效果，突出评价各国反洗钱和反恐怖融资工作有效性，反洗钱和反恐怖融资有效性成为国际组织、各国政府和反洗钱监管部门共同关注的重心。反洗钱和反恐怖融资工作的有效性被提到前所未有的突出位置，FATF 对各国的第四轮评估采取合规性指标与有效性指标相结合的方式，综合评判一国反洗钱和反恐怖融资体系整体运行状况。

2.3.2　反洗钱有效性的概念和评价指标

有效性（Effectiveness）一词，按照全国科学技术名词审定委员会的解释，其科技名词的定义是指一种基于业务性能的可用性。有效性一词用在政策和制度上，一般是指政策（制度）目标的实现程度，通常将政策目标的实现程度作为评判一项政策或制度是否有效的标准。

反洗钱和反恐怖融资的主要目标是减少其上游犯罪的发生率，次要目标是保护核心金融系统的完整性。所以，反洗钱和反恐怖融资有效性是指反洗钱和反恐怖融资政策对上游犯罪的减少数量、恐怖融资发生率的降低程度、金融稳定性的提高程度。2013 年 2 月，FATF《反洗钱和反恐怖融资合规性和有效性评估方法》将反洗钱和反恐怖融资有效性定义为：反洗钱和反恐怖融资有效性是由于反洗钱和反恐怖融资政策、法律和监管制度的建立及有效实施对经济金融系统面临的洗钱、恐怖融资、扩散融资的风险和威胁的减轻程度。其将有效性分为高级目标、中间目标和直接目标三个层次。高级目标为保护金融体系及更为广泛的经济领域免受洗钱、恐怖融资、大规模杀伤性武器扩散融资的威胁，强化金融体系的完整性，并维护金融体系的安全运行；中级目标包括政策制定、有效预防、发现并遏制洗钱三个方面；直接目标包括理解洗钱、恐怖融资、扩散融资风险及反洗钱、反恐怖融资国内协调、国际合作、反洗钱和反恐怖融资监管、反洗钱和反恐怖融资义务主体执行防范措施、法人和法律安排的透明度、金融情报和其他信息的运用、打击洗钱犯罪、没收犯罪收益与工具、打击恐怖融资犯罪、联合国安理会与恐怖融资、扩散融资有关的定向金融制裁等 11 项。

以上反洗钱和反恐怖融资有效性的定义及目标确定是对一个国家反洗钱和反恐怖融资工作的整体要求。反洗钱和反恐怖融资是与社会安全稳定密切相关的国家职

---

① FATF（2013 – 2021），Methodology for Assessing Compliance with the FATF Recommendations and the Effectiveness of AML/CFT Systems，updated October 2021，FATF，Paris，France，http://www.fatf-gafi.org/publications/mutualevaluations/documents/fatf-methodology.html.

能，是国家各个相关职能部门的共同职责。在我国反洗钱和反恐怖融资工作实践中，《国务院反洗钱工作部际联席会议制度》明确洗钱犯罪的侦查和打击是国家执法部门的主要职责。由于业务的特殊性，金融机构成为反洗钱和反恐怖融资体系的核心，但金融机构作为反洗钱和反恐怖融资义务主体，其主要职责是通过客户尽职调查和可疑交易监测分析为遏制和打击洗钱及其上游犯罪提供情报线索。

在国际反洗钱实践中，反洗钱和反恐怖融资规制通常体现在以下两个方面：一方面是客户尽职调查和可疑交易报告等预防性的反洗钱和反恐怖融资制度；另一方面是洗钱定罪和严厉处罚等惩处性的政策。我国现行反洗钱和反恐怖融资法律制度也体现了反洗钱和反恐怖融资预防性政策和洗钱惩处政策的双轨制，对洗钱犯罪的打击体现在我国《刑法》中，主要体现在《刑法》第一百二十条之一"帮助恐怖活动罪"、第一百九十一条"洗钱罪"、第三百一十二条"掩饰、隐瞒犯罪所得、犯罪所得收益罪"和第三百四十九条"窝藏、转移、隐瞒毒品、毒赃罪"中，共涉及七类共计90多项上游犯罪；反洗钱预防性政策体现在我国《反洗钱法》和中国人民银行发布的反洗钱和反恐怖融资部门规章中。根据我国《反洗钱法》对金融机构反洗钱和反恐怖融资职责的规定，从预防性政策和制度执行有效性的角度将金融机构反洗钱和反恐怖融资有效性定义为：金融机构作为反洗钱和反恐怖融资法律义务主体按照勤勉尽责的原则，建立健全反洗钱和反恐怖融资内控制度，认真履行客户尽职调查、客户身份资料和交易记录保存、大额和可疑交易报告等法定义务，科学评估洗钱和恐怖融资风险，建立完善的洗钱风险防控体系，为有关部门打击洗钱及其上游犯罪提供有价值的情报线索，无失渎职行为和洗钱案件的发生。实际上，只要金融机构认真履行反洗钱和反恐怖融资义务，建立良好的洗钱风险防控体系，犯罪分子就会受到威慑，不敢利用金融机构洗钱；即使犯罪分子妄图利用金融机构洗钱，洗钱犯罪线索也能及时被金融机构发现并报告执法部门，洗钱犯罪分子就会受到打击，从而实现降低洗钱及其上游犯罪的发案率及保护核心金融系统完整性的总体目标。反洗钱和反恐怖融资的有效性主要表现为预防、发现和打击洗钱犯罪活动的有效性。金融机构反洗钱和反恐怖融资有效性评价是反洗钱和反恐怖融资工作难点之一。因为"有效性"是较为模糊和主观的概念，对反洗钱和反恐怖融资有效性的定义取决于评价的角度，难以进行准确的定义和量化。综合FATF评估方法以及反洗钱和反恐怖融资国际规则、公约、法律法规及有关制度，金融机构反洗钱和反恐怖融资有效性可设定为以下三个层次标准。

第一个层次标准是金融机构建立了严密的洗钱防控措施，犯罪分子心存畏惧，不再试图通过金融机构洗钱，这是反洗钱和反恐怖融资的理想状况。犯罪分子不再试图通过金融机构洗钱，金融机构减少了洗钱和恐怖融资风险，犯罪分子因为洗钱难度的增加降低了犯罪的动机，社会犯罪数量减少，达到了反洗钱和反恐怖融资目标。但这种有效性效果能否达到，需要对犯罪分子进行调查，从犯罪分子角度对金融机构反洗钱和反恐怖融资的有效性作出评价，在实际工作中较难做到。

第二个层次标准是金融机构建立了严密的反洗钱和反恐怖融资防控体系，一旦犯罪分子与金融机构建立业务关系，就会处于金融机构反洗钱和反恐怖融资的有效监控之中，其洗钱行为被及时发现并报告反洗钱和反恐怖融资情报机构，反洗钱和反恐怖融资实现了打击犯罪的目标。这种评价标准操作也有一定的难度，实际工作中需要采用洗钱案件倒查的方法去检验。具体的做法是搜集已经破获的洗钱案件，将所有与案件有关的开户和办理业务的金融机构列出清单，比对在案件发案期间，金融机构是否按照反洗钱和反恐怖融资法律法规的要求履行反洗钱和反恐怖融资义务，是否勤勉尽责。这种方法在实际工作中比较有效，但受案件线索数量和反洗钱和反恐怖融资保密制度的制约。此外，我国反洗钱和反恐怖融资的核心理念是以预防和遏制洗钱为主，这种事后评价、亡羊补牢的措施，与反洗钱和反恐怖融资的初衷存在较大偏差。

第三个层次标准是金融机构认真履行反洗钱和反恐怖融资义务，严格按照反洗钱和反恐怖融资法律法规的要求认真开展客户尽职调查、保存客户身份资料和交易记录，及时报告大额和可疑交易数据，科学评估洗钱和恐怖融资风险，强化洗钱和恐怖融资风险的控制，没有失渎职行为和洗钱案件的发生。这种标准有明确的法律和制度依据，标准和目标明确，操作性强，在国内外金融机构反洗钱和反恐怖融资有效性评价中采用较多。国际上，FATF 对金融机构反洗钱和反恐怖融资有效性的评估一直采用这种方法。在国内，反洗钱和反恐怖融资主管部门对金融机构反洗钱和反恐怖融资评价，也是采用这种办法，评价的标准是我国反洗钱和反恐怖融资法律法规及相关的制度规定。

三个层次的标准有着紧密的联系，金融机构按照反洗钱和反恐怖融资法律法规的要求，加强反洗钱和反恐怖融资机制、组织建设，技术保障措施得力，认真履行了各项义务，其严密的洗钱风险防控体系让犯罪分子受到威慑，犯罪分子不敢利用金融机构洗钱，妄图利用金融机构洗钱的犯罪分子也能及时被发现，洗钱犯罪分子就会得到打击，反洗钱和反恐怖融资目标得以实现。

目前，FATF 对成员国的反洗钱和反恐怖融资评估，第四轮互评估及其后续评估采用《FATF 反洗钱和反恐怖融资合规性和有效性评估方法》[①]、《FATF 第四轮反

---

① FATF（2013 - 2021），Methodology for Assessing Compliance with the FATF Recommendations and the Effectiveness of AML/CFT Systems, updated October 2021, FATF, Paris, France, http://www.fatf-gafi.org/publications/mutualevaluations/documents/fatf-methodology. html.

洗钱和反恐怖融资互评估程序》（2022 年修订）①。2024 年启动的 FATF 第五轮反洗钱、反恐怖融资和反扩散融资互评估依据 2024 年 4 月更新的方法②和 5 月更新的新程序③。

按照 FATF 互评估的要求，从第四轮互评估开始，同时评估反洗钱和反恐怖融资技术合规性和有效性。按照《FATF 反洗钱、反恐怖融资和反扩散融资合规性和有效性评估方法》的定义：技术性合规评估针对 FATF 建议的特定要求，主要评估成员国反洗钱法律制度以及主管当局的权力和程序，这些代表了反洗钱和反恐怖融资系统的基本建设情况，因此技术性合规的指标就是 FATF《40 项标准建议》；反洗钱有效性评估与技术性合规评估从本质上不同，它着眼于评估成员国执行 FATF 建议的适当性，并确定成员国在打击洗钱和恐怖融资方面取得的成效，因此，反洗钱有效性评估的重点是成员国反洗钱法律和体制框架在多大程度上达到了预期的效果。所以，现在的反洗钱文件通常将各国依据 FATF 标准建立的反洗钱和反恐怖融资的有关法律和组织框架以及主管部门的权力和程序等内容合规性直译为技术性合规；将成员国反洗钱和反恐怖融资法律和组织机构框架实现预期目标的程度翻译为有效性。

有效性互评估方面主要评估以下 11 个指标。

1. 知悉洗钱和恐怖融资风险，并通过适当的内部协调行动抵御洗钱、恐怖融资和大规模杀伤性武器扩散融资。能够恰当地识别、评估和知悉其面临的洗钱和恐怖融资风险，并在国内采取相应的措施应对这些风险。这些措施包括：主管机关及其他相关行政部门的参与；应用广泛而可靠的信息来源；采用风险为本的方法发展和优先考虑反洗钱和反恐怖融资政策和措施；在各个条线以相应的方式实施上述政策和措施。主管机关对阻止扩散融资持合作态度并采取相应的政策和措施。随着时间的推移，这些措施将极大地缓解洗钱和恐怖融资风险。

2. 国际合作提供准确的信息、金融情报和证据，并协助打击罪犯及其财产的行动。当其他国家提出请求时，本国要提供建设性和及时的信息或者帮助。主管当局对以下请求予以援助：找出并引渡罪犯；识别、冻结、抓捕、没收和分享洗钱、上

---

① FATF (2022), Procedures for the FATF Fourth Round of AML/CFT Mutual Evaluations, updated September 2022, FATF, Paris, France, www.fatf-gafi.org/publications/mutualevaluations/documents/4th-round-procedures.html.

② FATF (2024), Methodology for Assessing Technical Compliance with the FATF Recommendations and the Effectivenesss of AML/CFT/CPF Systems, FATF, Paris. http://www.fatf-gafi.org/en/publications/Mutualevaluations/Assessment-Methodology-2022.html.

③ FATF (2024), Procedures for the FATF AML/CFT/CPF Mutual Evaluations, Follow-Up and ICRG updated May 2024, FATF, Paris, France, http://www.fatf-gafi.org/content/fatf-gafi/en/publications/mutualevaluations/Assessment-Follow-UpICRG-Procedures-2022.html.

游犯罪资产、恐怖融资财产并提供洗钱、恐怖融资或相关上游犯罪有关信息（包括证据，金融情报，监管和受益所有人信息）。主管当局也可寻求国际合作来追捕罪犯及其财产，使该国成为一个不吸引罪犯（包括恐怖分子）来经营、保存其非法收益，或是作为安全避难所的地方。

3. 监管部门根据与风险相当原则，遵循反洗钱和反恐怖融资要求，对金融机构和特定非金融行业或职业进行合理监管。监管部门通过以下内容来确定和减轻金融业和其他相关行业的洗钱和恐怖融资风险：

（1）防止罪犯和其关联人在金融机构或特定非金融行业或职业中持有大量或者控制性的股份或者成为受益所有人，或成为管理层人员；并且应及时迅速地识别、纠改、制裁违反反洗钱和反恐怖融资要求的行为或洗钱、恐怖融资风险管理中的失败情形。

（2）监管机构在反洗钱和反恐怖融资合规方面为金融机构和特定非金融行业或职业提供充分的反馈和指导。通过监管提高反洗钱和反恐怖融资合规水平，阻止罪犯滥用金融机构和特定非金融行业或职业的企图，特别是最易暴露在洗钱和恐怖融资风险的领域。

4. 金融机构和特定非金融行业和职业充分运用与风险相当的反洗钱和反恐怖融资防范性措施，并报告可疑交易。金融机构和特定非金融行业和职业了解其洗钱和恐怖融资风险的性质和水平；制定和执行反洗钱和反恐怖融资政策、内部控制措施，以及有效降低这些风险的方案；采取恰当的客户尽职调查措施来识别和核实客户和进行持续的监管；充分监控和报告可疑交易；遵守其他的反洗钱和反恐怖融资要求，最终减少这些实体内的洗钱和恐怖融资活动。

5. 防止法人和法律安排被洗钱和恐怖融资滥用，其受益所有权信息应无障碍地被主管当局获取。有适当的措施来：①防止法人和法律安排被用于犯罪的目的；②使法人和法律安排充分透明；③确保能够及时获取准确和最新的基本信息和受益所有权信息。基本性信息可公开获得，受益所有人信息能够为主管当局获得。违反这些管理措施的人应受到有效的、适当的、劝诫性的处罚。从而使法人和法律安排不会被犯罪分子青睐以实施洗钱和恐怖融资活动。

6. 主管部门适当地利用金融情报和其他相关信息调查洗钱和恐怖融资。主管当局广泛收集并利用各种各样的金融情报和其他相关信息调查洗钱、相关上游犯罪和恐怖融资。通过提供准确、可靠和最新的信息，主管部门有足够的资源和技能运用这些信息进行分析和金融调查，以查明和追踪资产并进行相关业务分析。

7. 调查洗钱犯罪活动，犯罪者被起诉并受到有效、适度的警戒性制裁。洗钱活动，特别是主要的产生大额收益的犯罪已被调查；罪犯被成功起诉；法庭对这些罪行进行有效的、适度的和警戒性制裁。包括进行平行财务调查（Parallel Financial Investigations）①、发生在国外的与上游犯罪相关的调查并对单独的洗钱犯罪进行调查和起诉。这些系统的组成部分（侦查、起诉、定罪和处罚）连贯性地减轻洗钱风险。最终，侦查、定罪和处罚的有效运作阻止了非法集资和洗钱等潜在犯罪行为。

8. 没收犯罪所得和犯罪工具。犯罪分子的犯罪工具和所得或同等价值的财产（包括国内外）均被没收（通过及时采取临时性的措施和没收措施）。没收的所得款项包括通过刑事、民事或行政程序追回的犯罪收益；虚假的跨境披露或声明产生的所得予以没收；并赔偿受害者损失。扣押或没收的资产由国家管理，对没收的其他国家的财产进行返还或共享。最终，这将使犯罪分子无利可图，从而减少洗钱和上游犯罪。

9. 恐怖融资犯罪和活动被调查，恐怖融资支持者被起诉并被处以有效、适当和警戒性的处罚。恐怖融资活动被调查；犯罪分子被成功起诉；法院对犯罪分子处以有效、适当和警戒性处罚。为支持相关机构顺畅的反恐怖调查，在适当的时候，恐怖融资被作为一个独特的犯罪活动来进行财务调查。系统的各组成部分（调查、起诉、定罪和处罚）之间连贯运作以降低恐怖融资风险。最终，调查、定罪和处罚的效果能有效阻止恐怖融资活动。

10. 防止恐怖分子、恐怖组织和恐怖融资者筹集、转移和使用资金并防止他们滥用非营利组织部门进行上述活动。识别恐怖分子、恐怖组织和恐怖分子的支持网络并使其丧失资助或支持恐怖活动和恐怖组织的资源和手段。这包括通过联合国安理会、国家或地区性的制裁制度对特定的个人或实体实施有针对性的财务制裁措施。国家还需充分理解恐怖融资风险并采取恰当、适度的措施来减轻风险，包括防止恐怖分子通过易被他们滥用的实体或方法来募集、转移资金。最终，减少恐怖融资资金流量从而防止恐怖活动。

11. 与相关联合国安理会决议一致，防止与大规模杀伤性武器扩散相关的组织和个人筹集、转移和使用资金。联合国安理会决议公布的大规模杀伤性武器扩散相关的组织和个人能够被识别、隔离，并能够阻止其筹集、转移和使用资金和其他资产用于扩散融资。定向金融制裁能够全面、正确和及时地得到实施；合规性得到监测，且相关监管机关有充分的合作和协调以防止规避制裁，并且形成和实施了反大规模杀伤性武器扩散融资的政策和行动。

---

① 是以资金流向为线索而侦破案件的一种侦查方式。

2.3.3 FATF 互评估的标准、程序与方法

一、FATF 互评估的标准

FATF《40 项标准建议》① 是国际反洗钱和反恐怖融资的指导性文件，是 FATF 互评估的标准。

FATF《第四轮反洗钱和反恐怖融资互评估程序》② 规定：如果被评估国家或地区技术合规性指标出现超过 8 个不合规或部分合规、核心指标即建议 3（洗钱犯罪）、建议 5（恐怖融资犯罪）、建议 10（客户尽职调查）、建议 11（记录保存）和建议 20（可疑交易报告）之中出现 1 个或更多不合规或部分合规；有效性指标 11 个直接目标中出现超过 7 个为低效或中等有效，或出现 4 个或更多低效的，将采取强化后续程序。如果被评估国家有 20 个或更多的技术合规指标不合规（NC）或部分合规（PC）；或者建议 3、建议 5、建议 6、建议 10、建议 11 和建议 20 中有 3 项或更多项建议被评为 NC/PC；或者 11 项有效性指标中的 9 项或更多项具有低或中等水平的有效性，至少有两个低水平；或者它对 11 项有效性指标中的 6 项或更多项的有效性较低，将列入审查程序。

从 FATF 启动的第五轮互评估程序③ 看，在 40 项合规性指标中具有 5 个或 5 个以上的技术合规 PC 评级、具有一个或多个技术合规 NC 评级、在 R.3、5、6（与恐怖主义和恐怖融资相关的定向金融制裁）、10、11 和 20 中的任何一个或多个被评为 PC 级，或者 11 种有效性结果中的 6 种或更多种具有中等水平的有效性、1 种或更多种有效性水平较低则进入"强化整改"程序。如果被评估国家有 15 个或更多的技术合规指标不合规（NC）或部分合规（PC）；或者建议 3、建议 5、建议 6、建议 10、建议 11 和建议 20 中有 3 项或更多项建议被评为 NC/PC；或者 11 项有效性指标中的 9 项或更多项具有低或中等水平的有效性，至少有两个低水平；或者它对 11 项有效性指标中的 6 项或更多项的有效性较低，将列入审查程序。

二、FATF 互评估的程序

（一）评估前的准备。FATF 秘书组于现场评估前至少 6 个月或更早的时间，确

---

① FATF（2012–2023），International Standards on Combating Money Laundering and the Financing of Terrorism & Proliferation，FATF，Paris，France，www. fatf-gafi. org/recommendations. html.

② FATF（2022），Procedures for the FATF Fourth Round of AML/CFT Mutual Evaluations，updated September 2022，FATF，Paris，France. www. fatf-gafi. org/publications/mutualevaluations/documents/4th-round-procedures. html.

③ FATF（2024），Procedures for the FATF AML/CFT/CPF Mutual Evaluations，Follow-Up and ICRG updated May 2024，FATF，Paris，France，http://www. fatf-gafi. org/content/fatf-gafi/en/publications/mutualevaluations/Assessment-Follow-UpICRG-Procedures-2022. html. FATF（2024），Methodology for Assessing Technical Compliance with the FATF Recommendations and the Effectivenesss of AML/CFT/CPF Systems，FATF，Paris. www. fatf-gafi. org/en/publications/Mutualevaluations/Assessment-Methodology-2022. html.

定现场评估的确切日期以及整个评估过程的时间表。被评估国将通知 FATF 希望用英语还是法语进行评估。被评估国负责证明其一直遵守 FATF 标准，且本国的反洗钱和反恐怖融资体系是有效的。因此，被评估国应当向评估组提供评估过程需要的所有信息。提供的所有信息都应当是电子格式，各国应当确保法律、法规、指导原则和其他文件在评估语言和原始语言中是可用的。主要包括技术性合规的最新信息、有效性的相关信息。至少在评估前 4 个月 FATF 主席通过秘书处确定评估员，评估组通常有 5~6 名专家评估员（包括至少一名法律、金融和执法专家），成员主要来自 FATF 成员；在联合评估中，评估小组将由 FATF 和相关 FSRB，并将得到 FATF 秘书处成员的支持，对于 FATF 其他一些评估，秘书处在得到被评估国家同意的情况下，可以邀请 FSRB（成员或秘书处）或国际货币基金组织/世界银行的专家作为评估小组的专家①。评估组的核心职能是就被评估国反洗钱和反恐怖融资工作在技术性合规和有效性方面是否符合 FATF 相关标准出具一份独立报告，包含分析、结论和建议。在现场评估前，评估组要对被评估国的合规性进行书面审查，并确定现场评估中需要增加关注度的潜在领域。被评估国应当与 FATF 秘书处合作，制订一份计划方案，协调现场评估的有关工作，在现场询问前 8 周将计划方案和有关安排报评估组，评估组要对被评估国所有文件信息保密。

（二）现场评估。现场评估主要审查被评估国反洗钱和反恐怖融资体系有效性的 11 项直接目标，并明确技术性合规的突出问题。一般包括：秘书处和评估员半天的筹备会议；与被评估国代表进行 7~8 天的会议，包括开幕会议和闭幕会议，主要会晤所有相关机构，与私营部门或者其他非政府代表的会议；评估组利用 1~2 天起草互评估报告。对司法管辖较大的国家，可适当延长时间。

（三）现场评估后执行摘要和互评估报告草案的准备。（1）现场评估结束和互评估报告提交 FATF 全会讨论之间至少应有 27 周的时间。为促进评估组和被评估国之间的沟通，秘书处应当定期召开各方参加的电话会议，特别是互评估报告进行更新之后。在起草评估报告初稿和第二稿时，如果还需要额外的信息，评估员应当尽可能明确被评估国如何提交信息，而且被评估国不愿改变对某个特定问题的观点，也要在报告中进行清楚的阐述。评估组要在 6 个星期内调整和完善互评估报告的初稿，包括重要的事实发现、潜在的问题以及对被评估国的优先建议。此稿向被评估国征求意见，被评估国有 4 个星期的时间来审查互评估报告的初稿并向评估组提出意见。收到被评估国对互评估报告初稿提出的意见后，评估组有 4 个星期的时间审

---

① FATF 对新成员也要评估，也会联合 FSRBS 进行联合评估或在第四轮评估中有 5~6 个成员国由 IMF 和世界银行主导评估，也要考虑与金融部门评估规划（FSAP）配合。2018 年 FATF 对我国互评估由 IMF 主导。

查意见，作出进一步修改，并准备执行摘要。互评估报告第二稿将发给被评估国和审查专家。（2）对报告质量和一致性进行审查。对报告质量和一致性的审查是FATF互评估过程的一部分，初始审查员①的主要作用是确保互评估报告质量和一致性达到一个可接受的水平，帮助评估组和被评估国对互评估草案和执行摘要进行审查并及时补充信息。（3）面对面会议。该会议一般在FATF全会召开前的8个星期举行。面对面会议是帮助被评估国和评估组解决主要问题的重要方法，如果被评估国提出要求，评估组应当与被评估国举行一次面对面会议，进一步讨论互评估报告第二稿和执行摘要，评估组和被评估国应当致力于解决合规性和有效性问题上的分歧，确定可能在FATF全会上讨论的主要问题；面对面会议后，评估组将考虑是否进一步修改互评估报告和执行摘要草稿。（4）FATF确定全会讨论的主题，修改后的执行摘要和互评估报告（用于FATF全会的第三稿）将在全会前5个星期分送所有成员国、准成员国和观察国；根据互评估报告和执行摘要以及收到的意见，ECG（评估和合规性小组）联合主席要求被评估国和评估组准备一份即将在ECG中讨论的优先问题和实质性问题的清单，重要问题的清单将在全会讨论前2个星期下发给代表团。

（四）全会讨论。FATF全会对互评估报告和执行摘要的讨论将关注高级别的重要性实质问题，主要是有效性的问题。也有可能讨论重要的技术性合规问题。要预留出时间（一般3到4个小时）讨论被评估国对互评估和其他问题的回应②。

（五）互评估报告和执行摘要的采纳。FATF全会讨论结束后，把互评估报告和执行摘要提交给全会采纳，并做进一步的审查。

（六）后续程序。在讨论和采纳互评估报告后，被评估国被要求采取常规或强化的后续评估报告。常规后续评估报告是适用于所有被评估国的常态监督机制；强化后续评估对反洗钱和反恐怖融资体系有重大缺陷的被评估国采取更为加强的后续程序。无论是采取常规或强化后续程序，被评估国都将在5年内接受后续评估。一般包括常规后续评估报告、强化后续评估报告（FATF决定采取强化后续程序的被评估国）、后续报告、第5年后续评估、公布后续报告。

三、FATF互评估的方法③

FATF第四轮互评估将评估的内容分为反洗钱和反恐怖融资技术性合规和有效

① 审查员一般来自专家库中具备专业知识的志愿者专家。

② 从FATF内部治理和决策机制看，以协商一致作为基本决策原则，在修改互评估、后续评估、国际合作审查等专家组结论适用反向协商一致原则，只有得到所有（绝大多数）成员的一致同意方可推翻专家组的结论。

③ FATF（2013－2021），Methodology for Assessing Compliance with the FATF Recommendations and the Effectiveness of AML/CFT Systems, updated October 2021, FATF, Paris, France. http://www.fatf-gafi.org/publications/mutualevaluations/documents/fatf-methodology.html.

性两个方面。

（一）技术性合规。合规性部分涉及 FATF 建议特定要求的执行情况，包括法律和强制性措施的框架，主管部门的设置、权力及程序。评估组将每项 FATF 建议的特定要求规定为一组评估标准，体现那些为证明符合 FATF 建议的强制性要求而应当呈现的要素。对于每项建议，评估员都将就一国遵守 FATF 标准的程度作出结论。表 2-2 为 FATF 技术性合规评级标准。

表 2-2　FATF 技术性合规评级标准

合规	C（Compliant）	不存在缺陷
大部分合规	LC（Largely compliant）	仅存在少量缺陷
部分合规	PC（Partially Compliant）	存在中等程度的缺陷
不合规	NC（Non compliant）	存在重要缺陷
不适用	NA（Not applicable）	由于一国的结构、法律或组织特点不适用

（二）有效性评估。在有效性评估中，FATF 采取的方法着重关注不同层次的既定目标。在最高层面，实施反洗钱和反恐怖融资措施的目标是保护金融体系及更广泛的经济领域免受洗钱和恐怖融资、大规模杀伤性武器扩散融资的威胁，加强金融体系的完整性，并促进安全和保障。为有效权衡对一国反洗钱和反恐怖融资体系有效性的全面认识和对该体系各组成部分运行情况的具体评价，FATF 主要依据 11 项直接目标开展有效性评估。每一项均代表有效的反洗钱和反恐怖融资体系应该达到的一个关键目标。表 2-3 为 FATF 有效性评级标准。

表 2-3　FATF 有效性评级标准

高水平的有效性 High[①]	直接目标在很大程度上得以实现，仅需要较小的改进
较高水平的有效性 Substantial	直接目标在较大程度上得以实现，需要适当的改进
中等水平的有效性 Moderate	直接目标在一定程度上得以实现，需要重大的改进
低水平的有效性 Low	直接目标没有实现或实现程度可以忽略，需要彻底的改进

2.3.4　FATF 对我国的第四轮互评估及后续评估

2018 年 FATF 对我国进行了第四轮互评估。2018 年 7 月 9 日至 27 日对我国进行了现场评估，在北京、上海、深圳进行了 66 场会谈，对 113 家访谈单位进行了访谈，访谈 928 人次。2018 年 9 月评估专家组进行了第一次反馈；11 月进行了第二次

---

① High level of effectiveness.

反馈；12 月进行了面对面磋商。2019 年 2 月 22 日 FATF 全会讨论，并发布结果。2019 年 4 月 17 日，FATF 发布了对中国的反洗钱和反恐怖融资（AML/CFT）互评估报告①，报告总结了国际货币基金组织主导的 FATF 评估结果，包括 2018 年 7 月 9 日至 27 日的现场收集材料节点，中国在反洗钱和反恐怖融资上采取的措施整体技术合规性和有效性，以及 FATF 针对缺陷提出的建议。

一、基本情况

（一）重要发现

1. 自 2002 年以来，中国采取了一系列举措，积极主动了解洗钱和恐怖融资风险，虽然仍有差距，但已经建立了良好的国内反洗钱和反恐怖融资合作和协调框架。

2. 中国反洗钱监测分析中心、中国人民银行反洗钱局及 36 个省市的人民银行分支机构都可收集金融情报，但目前的运作机制导致金融情报部门不能完全访问所有数据进行分析和传播，限制了整体的发展，需要进行重大改进。

3. 执法机构在调查期间都可以访问和使用各种金融情报，但金融情报不是推动反洗钱和反恐怖融资调查。执法机构使用金融情报识别上游犯罪并积极调查这些行为。犯罪调查结果表明，有能力的中国执法机关擅长调查复杂的金融犯罪及其上游犯罪。有效、适度和劝阻性制裁宜用于洗钱犯罪。

4. 中国制定了得当的制度框架来调查和起诉恐怖融资活动，自 2015 年实施《反恐怖主义法》以及相关解释以来，起诉和定罪数量有所增加。

5. 在实施反恐怖融资和扩散融资定向金融制裁工作中，以下三方面的缺陷对实施效果产生不利影响：一是未全面覆盖 FATF 标准要求，缺少个人和实体的行业禁止令；二是未指定可冻结的实体资产类型以及可以被禁止的交易类型；三是对国外指令的立即执行未落实。相关的内控措施和人民银行的规章对未来根据修订后的 FATF 标准对法律体系进行更新是好的起点，以及提高定向制裁的有效性。虽然没有被 FATF 标准覆盖，当局已经采取措施实施与朝鲜有关的联合国安理会决议。

6. 虽然金融机构对其反洗钱和反恐怖融资义务充分了解，但尚未充分了解其面临的洗钱和恐怖融资风险。采取的降低风险的措施与其不同的风险状况不相称。

7. 中国的监管机构几乎完全专注于金融机构，未对特定非金融机构的洗钱风险进行有效的预防或监督。监管机构未全面了解洗钱风险，对机构的理解主要基于金融机构自身的洗钱风险评估。

8. 中国按照国内法、双边条约和多边公约规定的审批程序和标准处理司法协助

---

① FATF（2019），Anti-money laundering and counter-terrorist financing measures–People's Republic of China, Fourth Round Mutual Evaluation Report, FATF, Paris. http://www.fatf-gafi.org/publications/mutualevaluations/documents/mer-china-2019.html.

和引渡请求，但由于决策结构复杂，往往是一个漫长的过程。与此同时，中国可以为紧急请求或案件安排快速程序，中国与一些邻国之间在某些领域进行了有效的合作，但缺乏有效的数据。

（二）风险概况

1. 在中国，产生非法收益的主要上游犯罪是非法集资、诈骗、贩毒、腐败和贿赂、税务犯罪，假冒产品和非法赌博。

2. 中国面临恐怖主义的严重威胁。从2011年到2016年，中国登记了75起恐怖事件，造成545人死亡。

3. 中国的银行总资产约为人民币252万亿元，主导着中国的金融业活动。根据其产品、服务的性质和总量，它们被认为极易受到洗钱和恐怖融资滥用。中国目前网贷行为活跃，主要是通过手机平台运行。

4. 反洗钱和反恐怖融资框架缺乏对特定非金融机构的覆盖，没有覆盖国内政治风险人物是另一个重大缺陷，特别是像中国这样一个腐败主要是上游犯罪、国有企业在经济中发挥主导作用的国家，该缺陷的影响尤其应值得注意。

5. 每年有大量非法收益流出中国，如中国国家洗钱风险报告所述：2014年至2016年，从90多个国家追讨非法所得总额为86.4亿元人民币。中国表示，非法所得也通过地下银行业务流出中国。有几个罪犯逃离中国的案例，包括腐败嫌疑人案例。滥用法人也被认为是清洗非法收益的一种方法，这种行为部分源于注册企业和更新受益所有人信息时的不规范操作。

（三）总体有效性及技术合规性

1. 中国在洗钱和恐怖融资的刑事定罪、国内协调、执法机关的权力和责任以及国际合作安排方面有着良好的法律框架，但在完善一些预防措施和强化特定非金融行业和职业监督等方面法律框架仍有一定空间。

2. 对风险的不完全理解对中国反洗钱、反恐怖融资安排的有效性产生了负面影响。包括：监督金融机构实施防治措施、调查和起诉洗钱行为及金融情报的有效性，在制度安排及相关做法的薄弱环节对金融情报使用的有效性产生了负面影响。

3. 技术合规性和法人及法律安排透明度、定向金融制裁框架和做法存在一定缺陷。

（四）风险评估，协调和政策制定①

1. 在FATF现场评估之前完成的国家洗钱风险评估报告中体现出中国对评估内容的充分了解，但国家洗钱风险评估和执法部门的关注重点集中于上游犯罪，对犯

---

① 对应有效性指标IO.1风险、政策和合作，FATF评价为较高水平有效性。

罪收益如何洗钱缺乏关注。除了那些直接与犯罪有关的风险外，中国对洗钱风险的总体认识在很大程度上受到这种关注的阻碍。对法人机构的风险评估侧重于现有的控制措施。国家洗钱风险评估中的恐怖融资风险评估则主要基于定性分析，该分析整理了参与反恐的部门信息，主要是公安部、国家安全部和中国人民银行，确定恐怖融资的来源和渠道，确定中国面临的恐怖融资威胁。

2. 中国在政治上和政策制定层面展示了强有力的合作和协调水平。中国国家协调与合作的主要机制是 2002 年成立的、由 23 个政府组成国务院反洗钱工作部际联席会议。国务院反洗钱工作部际联席会议负责指导整个反洗钱和反恐怖融资工作，制定反洗钱和反恐怖融资政策和战略，并协调各个反洗钱和反恐怖融资部门。

（五）金融情报，洗钱和没收①

1. 在中国，省和地方调查机构开展了大部分洗钱及上游犯罪调查。中国在中国人民银行内设立的金融情报机构安排反映了这种分散的模式，包括以下三个基本上独立运作的组成部分：中国反洗钱监测分析中心、反洗钱局反洗钱调查处以及 36 个人民银行省市级分支机构。虽然中国分散的金融情报机构有可能产生满足监管或相关部门需求的金融情报，但限制了金融情报的及时性和准确性。金融情报室各组成部分的分析和传播限制了整体的发展。其他因素也限制了金融情报室正确分析和分享与执法部门使用相关的金融情报的能力：可疑交易报告上报局限于金融机构；其次，其他信息来源如有关跨境申报和受益所有人信息，产生的信息要么有限或根本不存在，金融情报机构的业务独立性可能会受到损害。

2. 中央、省级和地方级的监管机构访问和使用金融情报、其他信息来识别和追踪收益，并支持对上游犯罪的调查和起诉，但从反洗钱目的看，这样做的范围有限。虽然监管机构认识到"追逐金钱"的价值，但它们的重点（在制定证据和追查犯罪收益时）是支持调查和起诉国内上游犯罪，而不是更广泛地支持独立的反洗钱和反恐怖融资调查。监管机构使用金融情报的目的是瓦解犯罪网络，但不能充分识别洗钱活动。

3. 公安部和下属公安局负责洗钱调查，其内设的经侦部门负责调查包括洗钱在内的复杂金融犯罪。该部门拥有熟练和有能力的调查员，有足够的调查工具和资源来履行其职能。

4. 中国有三种洗钱行为：能够证明在实施犯罪之前就知道要对犯罪获得的财产进行清洗和隐瞒的犯罪分子称为共犯，自洗钱没有列入洗钱犯罪，根据严重犯罪吸

---

① 对应有效性指标 IO. 6 金融情报机构，FATF 评价为中等水平有效性；IO. 7 洗钱调查和检举，FATF 评价为中等水平有效性；有效性指标 IO. 8 犯罪所得和犯罪工具被没收，FATF 评价为较高水平有效性。

收较轻犯罪的原则共犯和自洗钱两种洗钱行为按照上游犯罪定罪并判刑。其中，监管部门反映"明知"这一要素的判定，即如何证明资金或财产来自犯罪行为，存在挑战。从众多洗钱案例回顾中可以发现，这些挑战大多与洗钱罪嫌疑人的家人和亲密关系人有关。在中国，大多数洗钱定罪都是在《刑法》第三百一十二条下判定的，该条款同时将接收偷窃赃物的行为定为犯罪，法人被起诉洗钱的案例有限。中国认为购买或获取非法渠道的财产（而不是隐瞒或伪装）构成了洗钱活动。无法区分第三百一十二条中上述定罪类型和洗钱的三种定罪行为对有效性评估指标 IO.7（洗钱犯罪活动受到调查）的有效性评估产生了挑战。

5. 追究犯罪所得是中国的政策目标，犯罪收益和工具的没收通常作为执行程序的一部分进行；在有些情况下，如犯罪分子从中国潜逃或已经死亡，中国有权在没有定罪的情况下没收财产。

（六）反恐怖和扩散融资[①]

1. 中国可根据法律措施发布疑似恐怖分子名单，但自 2012 年以来没有重新发布。与国内冻结措施一样，人民银行要求冻结联合国指定实体的措施主要集中在金融机构，且未得到有效实施。总体上，恐怖融资和扩散融资定向金融制裁的实施受到三个基本缺陷的不利影响，这三个缺陷与以下方面有关：一是制裁要求的涵盖范围和缺乏涵盖所有个人和实体的禁令；二是在实践中可以冻结的指定实体的资产和资金类型，以及可以禁止的交易类型；三是没有毫不拖延地执行国际定向金融制裁。

2. 中国表达了为实施与扩散融资有关的定向金融制裁建立一个全面的法律框架的高层次的政治承诺。虽然 FATF 标准没有涵盖，但中国已就与朝鲜有关的联合国安理会决议其他方面采取措施。另外，中国提供的信息不足以确定与伊朗有关的任何定向金融制裁的执行程度。

（七）预防措施[②]

1. 金融机构对反洗钱和反恐怖融资义务有令人满意的了解，但是它们通常对洗钱或恐怖融资风险的了解不足，并采用与这些风险不相称的缓解措施。网贷平台不了解洗钱风险或反洗钱和反恐怖融资义务。

2. 金融机构实施尽职调查有效性不高，在客户身份识别、核实（包括受益人）和持续尽职调查方面存在明显缺陷。考虑到普遍存在的风险，金融机构没有有效对政治公众人物、定向金融制裁和高风险国家相关的措施采取行动。金融机构在实施

---

① 对应有效性指标 IO.9 恐怖融资调查和检举，FATF 评价为较高水平有效性；有效性指标 IO.10 恐怖融资的预防措施与金融制裁，FATF 评价为低水平有效性；IO.11 扩散融资金融制裁，FATF 评价为低水平有效性。

② 对应有效性指标 IO.4 预防措施，FATF 评价为低水平有效性。

记录保存、代理行关系、电汇相关的措施方面相对更为成功。

3. 金融机构报告可疑交易的不一致做法增加了泄密的风险。可疑交易报告中犯罪收益类型与洗钱风险环境不一致，并且集中在银行业。考虑到中国金融业的规模，报送的可疑交易报告数量似乎不大。金融集团的内部控制往往不适合降低风险，尤其是当交易对手的所在国家的法规阻止其获取信息时。

4. 总体而言，银行比其他金融机构更好地实施预防措施，网贷机构很少或不执行这些预防措施，特定非金融机构一般不采取这些预防措施，特定非金融机构可疑交易报告几乎没有。

（八）反洗钱监督①

1. 大多数受监管的金融机构细分行业框架的合适性存在一定缺陷，特别是对犯罪记录的审查时间不必超过三年。对网贷的准入要求是基础性的。鉴于金融机构的规模和腐败这种主要威胁，每年人员的撤职数量规模却相对较小。在特定非金融机构，房地产、公司服务商和贵金属交易行业不需要进行行业准入和持续性的犯罪背景调查。

2. 中国人民银行对金融部门的风险程度表现出适度的了解，其过度依赖于金融机构实施规定的风险评估方法及其理解洗钱和恐怖融资风险的能力（金融机构对洗钱风险的了解是低层次的）。网贷平台不受此流程的约束。人民银行对特定非金融机构风险的理解程度很低，因为该行业的反洗钱和反恐怖融资义务未充分履行。

3. 中国的反洗钱和反恐怖融资监督系统主要面向金融机构。人民银行要求采取补救措施控制系统的整体能力似乎与金融部门的整体风险状况基本一致，银行业因风险最高成为工作重点。银行业的检查水平与风险水平不相称。监管部门采取的检查措施不一致。监管机构对于特定非金融机构的监督影响较小，行业监管机构或自律组织在监督中没有发挥有效作用。

4. 根据 2017 年的统计数据，中国人民银行实施的反洗钱处罚平均每年约为人民币 4100 万元（约合每年 602 万美元）；鉴于银行和其他金融机构的规模，以及缺乏对补救措施的回应，导致这些措施不具有效力。未对网贷机构或特定非金融机构采取任何反洗钱和反恐怖融资补救措施或制裁措施。

5. 中国人民银行对金融机构的合规和风险管理流程产生了适度影响。行业监管机构发挥着支持作用，但其影响较小，因为它们大多局限于风险控制的评估。由于不适用特定的反洗钱和反恐怖融资要求，因此对网贷行业没有明显影响。在现场评估之前，中国人民银行和行业监管机构对特定非金融机构的影响很低，甚至不存在。

---

① 对应有效性指标 IO.3 监管情况，FATF 评价为中等水平有效性。

中国人民银行和行业监管机构的活动对行业风险和义务的理解的总体影响在金融行业是中等的，在特定非金融机构是低的。

（九）法人和法律安排透明度①

1. 所有类型的法律实体都可从互联网上收集公开信息，尽管这些信息并不总是准确的，并且规避登记规则似乎相对容易。法律实体（国内或国外）的受益所有人信息在中国无法公开获得。可用的基本信息依靠金融机构以及执法部门收集的客户尽职调查信息。这些信息来源存在缺陷和重大挑战，目前阶段缺乏有效的措施来获得准确、充分的受益所有人信息。中国已经启动了可能在未来提高效率的计划和措施，包括通过中国人民银行的受益所有人注册。

2. 对每种法人机构的洗钱、恐怖融资风险没有细致的理解，国家洗钱风险评估制定的风险分类侧重于与技术合规相关的控制措施。《信托法》规定了国内民事信托的存在，但没有采取任何措施来减轻对国内信托的滥用。尽管缺乏促进使用这些措施的监管，民事信托的风险很低。外国法律安排（即外国信托）在中国运营方面（例如中国法人机构的合法或实际拥有人），已经能够发现在中国运营的外国信托。

（十）国际合作②

1. 中国在提供和寻求司法协助方面拥有法律和程序框架，并在实践中应用（包括引渡）。确保请求与中国立法一致的复杂程序是一个非常漫长的过程，尽管在紧急情况下可以加快这一过程，其他司法管辖区对中国国际合作的反馈意见不一。

2. 司法和执法当局在广泛的案件中寻求国际合作和法律援助，这些案件大多与上游犯罪有关，但很少涉及洗钱和恐怖融资。它们使用不同的渠道尽力将资金返还给本国。虽然中国要求遣返拘留恐怖主义分子并冻结、没收海外恐怖融资者的资产，但仍有增加国际法律援助和其他国际合作的空间。

3. 中国反洗钱监测分析中心与外国金融情报机构交换信息，在此过程中，它向国外发送的请求的程度低于中国从外国金融情报机构收到的请求，这与在国内监管机构查询中分析的可疑交易报告数量和开展的工作量不相称。监管当局与外国同行进行了广泛的信息交流和其他形式的合作。

二、FATF 建议优先行动

根据以上调查结果，FATF 对我国提出如下优先行动建议。

1. 中国应扩大所依赖的信息来源，去设计国家洗钱风险评估包括更广泛的面临的洗钱和恐怖风险威胁、脆弱性，如学术和国际组织关于该主题的出版物以及来自

---

① 对于有效性指标 IO.5 法人及相关安排，FATF 评价为低水平有效性。

② 对应反洗钱有效性指标 IO.2 国际合作，FATF 评价为中等水平有效性。

外国司法管辖区的反馈。这样可以更加综合地理解中国面临的洗钱和恐怖融资风险，这些风险与洗钱犯罪所得直接相关。

2. 中国应审视其金融情报机构的运作职能，以确保三个层次的金融情报机构的情报收集、分析和传播能够在中央和省级都可以共享。该审查应包括建立一个数据库，以统一和集中中央和省级现有（独立）数据库的所有组成部分。此外，为了确保金融情报机构的运作独立性，中国应取消中国人民银行省级分支机构行长的签名作为向主管当局传播信息的条件。

3. 重新调整政策，将重点关注上游犯罪打击洗钱，包括更广泛"资金流"，而不是那些相关案例中的上游犯罪分子。

4. 主管当局应为执行与恐怖融资和扩散融资相关的定向金融制裁制定全面的法律框架，其中包括一般性禁止，扩展到指定实体的所有资产，并毫不迟疑地立即执行联合国安理会的决定。在此期间，人民银行应更新其现有承诺以解决冻结延迟问题。现有的恐怖融资法律框架和关于扩散融资的预期法律可能在这方面发挥作用。

5. 应解决反洗钱和反恐怖融资法律框架中与网贷平台、特定非金融机构、国内政治公众人物、定向金融制裁和报告可疑交易标准有关的缺陷，应根据需要提供相关的指引。

6. 中国的注意力应集中在：①金融机构风险评估的稳健性和实用性，以确保这些评估反映出这些机构面临的实际威胁和相应的脆弱性；②持续尽职调查的有效性，特别是交易监测；③对金融集团进行综合监管，以确保这些集团对洗钱和恐怖融资风险进行稳健管理。

7. 中国人民银行应引入有效的系统来评估个体实体的风险，并监督特定非金融机构（除信托公司和公司服务商之外）是否遵守反洗钱和反恐怖融资的义务。在此过程中，鉴于对洗钱和恐怖融资风险的了解程度较低，中国应审查与特定非金融机构的监管机构合作的战略必要性。

8. 当局应确保主管部门能够及时获得充分、准确和最新的基本信息和受益人信息（超出法人的信息）。这将需要采取措施确保此类信息准确注册或保存在可访问的地方。

9. 中国应该更多地关注洗钱和恐怖融资案件中的信息交流，增加发送给外国监管机构的自发请求数量，作为其战略和运营分析的成果，并应该缩短对外方请求的回应时间。

三、具体评估结果

FATF 对我国的互评估分有效性评估和技术性合规两个方面。

本次第四轮评估，在有效性评估方面，11 项有效性评估指标中，没有一项达到高水平有效性；有 3 项为较高水平有效性（IO.1 风险、政策和合作，IO.8 犯罪所得和犯罪工具被没收，IO.9 恐怖融资调查和检举）；有 4 项为中等水平有效性（IO.2 国际合作，IO.3 监管情况，IO.6 金融情报机构，IO.7 洗钱调查和检举）；有 4 项为低水平有效性（IO.4 预防措施，IO.5 法人及相关安排，IO.10 恐怖融资的预防措施与金融制裁，IO.11 扩散融资金融制裁）。

在技术性合规方面，7 项建议合规（C），15 项建议大部分合规（LC），12 项建议部分合规（PC），6 项建议不合规（NC）。表 2-4 为 FATF 对我国第四轮评估技术合规性和整体有效性评估结果。

表 2-4　FATF 对我国第四轮评估技术合规性和整体有效性评估结果①

有效性指标	IO.1 风险、政策和合作	IO.2 国际合作	IO.3 监管情况	IO.4 预防措施	IO.5 法人及相关安排	IO.6 金融情报机构
评估结果	较高水平有效性	中等水平有效性	中等水平有效性	低水平有效性	低水平有效性	中等水平有效性
有效性指标	IO.7 洗钱调查和检举	IO.8 犯罪所得和犯罪工具被没收	IO.9 恐怖融资调查和检举	IO.10 恐怖融资的预防措施与金融制裁	IO.11 扩散融资金融制裁	
评估结果	中等水平有效性	较高水平有效性	较高水平有效性	低水平有效性	低水平有效性	
技术性指标	R.1 评估风险与适用风险为本的方法	R.2 国家层面的合作与协调	R.3 洗钱犯罪	R.4 没收与临时措施	R.5 恐怖主义融资	R.6 与恐怖主义和恐怖融资相关的定向金融制裁
评估结果	大部分合规	合规	部分合规	合规	大部分合规	部分合规
技术性指标	R.7 与扩散融资相关的定向金融制裁	R.8 非营利组织	R.9 金融机构保密法	R.10 客户尽职调查	R.11 记录保存	R.12 政治公众人物
评估结果	不合规	部分合规	合规	大部分合规	合规	部分合规
技术性指标	R.13 代理行	R.14 资金或价值转移服务	R.15 新技术	R.16 电汇	R.17 依托第三方的尽职调查	R.18 内部控制、境外分支机构和附属机构
评估结果	大部分合规	大部分合规	部分合规	部分合规	大部分合规	部分合规

---

① FATF（2019），Anti-money laundering and counter-terrorist financing measures-People's Republic of China, Fourth Round Mutual Evaluation Report, FATF, Paris.

技术性指标	R.19 高风险国家	R.20 可疑交易报告	R.21 泄密与保密	R.22 特定非金融行业和职业：客户尽职调查	R.23 特定非金融行业和职业：其他措施	R.24 透明度和法人受益所有权
评估结果	合规	大部分合规	大部分合规	不合规	不合规	不合规
技术性指标	R.25 法律安排的透明度和受益所有人	R.26 对金融机构的监督和管理	R.27 监管权力	R.28 特定非金融机构监管	R.29 金融情报中心	R.30 执法和调查部门职责
评估结果	不合规	部分合规	大部分合规	不合规	部分合规	合规
技术性指标	R.31 执法和调查部门权力	R.32 现金跨境运送	R.33 数据统计	R.34 指引与反馈	R.35 处罚	R.36 国际公约
评估结果	合规	大部分合规	大部分合规	部分合规	部分合规	大部分合规
技术性指标	R.37 双边司法协助	R.38 双边司法协助：冻结和没收	R.39 引渡	R.40 其他形式的国际合作		
评估结果	大部分合规	部分合规	大部分合规	大部分合规		

四、后续评估情况及对我国将要开展的第五轮互评估

FATF 全会于 2019 年 2 月通过了中国的第四轮互评估报告（MER），又于 2020 年 10 月、2021 年 10 月、2022 年 11 月分别通过了第一次、第二次、第三次强化后续评估报告（FUR），并在三次后续评估报告中对部分技术合规性指标进行了重新评级，见表 2-5。

表 2-5 中国第四轮互评估技术合规性指标改进情况

报告类型	合规	大部分合规	部分合规	不合规
互评估报告	7	15	12	6
第一次后续报告	7	18	9	6
第二次后续报告	9	22	3	6
第三次后续报告	9	22	5	4

2020 年 10 月 1 日，FATF 公布了中国在强化打击洗钱和恐怖融资措施方面的进

展情况①。FATF 指出，自 2019 年互评估以来，中国采取了一系列行动来强化打击洗钱和恐怖融资的框架。中国自 2019 年互评估报告获得通过以来一直处在强化后续进程。根据金融行动特别工作组（FATF）的互评估程序，本次中国向 FATF 报告了自那以后采取的行动②。FATF 对以下技术合规性指标进行了重新评级，以反映中国的进展情况：建议 26（金融机构监管）：从"部分合规"上调至"大部分合规"。建议 34（指引和反馈）：从"部分合规"上调至"大部分合规"。报告还对中国的措施是否符合自 2019 年互评估以来发生过调整的 FATF 建议新要求的情况进行了考察。FATF 同意维持对建议 2（国家层面合作与协调）的"合规"评级，并将建议 15（新技术）的评级从"部分合规"上调至"大部分合规"。

2021 年 10 月 6 日，FATF 公布了中国在强化打击洗钱和恐怖融资措施方面的进展情况。建议 3（洗钱犯罪）：从"部分合规"上调至"大部分合规"；建议 8（非营利组织）：从"部分合规"上调至"大部分合规"；建议 16（电汇）：从"部分合规"上调至"大部分合规"；建议 18（内部控制、境外分支机构和附属机构）：从"部分合规"上调至"合规"；建议 29（金融情报机构）：从"部分合规"上调至"大部分合规"；建议 38（司法互助：冻结和没收）：从"部分合规"上调至"合规"。

2022 年 11 月 29 日，FATF 发布的第三次后续评估报告分析了中国在解决互评估报告中确定的涉及建议 6、建议 7 和建议 24 的技术合规性缺陷方面的进展情况。建议 6 恐怖主义和恐怖融资相关定向金融制裁（原被评为"部分合规"）仍被维持在"部分合规"；建议 7 扩散相关定向金融制裁（原被评为"不合规"）重新评级为"部分合规"；建议 24 法人的透明度和受益所有权（原被评为"不合规"）重新评级为"部分合规"。

截至 2022 年 11 月 29 日，我国技术合规性指标评级结果见表 2-6。

FATF 将于 2025 年 11 月至 2027 年 2 月对我国开展第五轮反洗钱和反恐怖融资评估。FATF 国际评估最大的威胁是"灰名单"。近年来，凡是被列入"灰名单"的国家，经济金融发展都受到严重影响，将影响营商环境和外资流入，企业和个人跨国金融活动也将受到一定限制，进而对国内实体经济造成负面影响。要做好 FATF 反洗钱和反恐怖融资互评估准备工作，确保顺利通过评估，为维护国家安全和经济

---

① FATF. China's progress in strengthening measures to tackle money laundering and terrorist financing［EB/OL］.（2020－10－01）［2020－10－15］. https://www.fatf-gafi.org/publications/mutualevaluations/documents/fur-china-2020.html.

② FATF（2020），Anti-money laundering and counter-terrorist financing measures－People's Republic of China, 1st Enhanced Follow-up Report & Technical Compliance Re-Rating, FATF, Paris［EB/OL］.（2020－10－01）［2020-10－15］. https://www.fatf-gafi.org/media/fatf/documents/reports/fur/Follow-Up-Report-China-2020.pdf.

金融发展提供保障。反洗钱主管部门应组建迎评工作专班，细化和落实迎评工作方案，提前做好内外协调和技术准备工作，组织相关单位内部评估和培训，提前熟悉国际标准和评估规则，要对照国际标准抓紧完善制度机制，补齐"短板"。

表 2-6　技术合规性指标评级结果

R1	R2	R3	R4	R5	R6	R7	R8	R9	R10
大部分合规	合规	大部分合规	合规	大部分合规	部分合规	部分合规	大部分合规	合规	大部分合规
R11	R12	R13	R14	R15	R16	R17	R18	R19	R20
合规	部分合规	大部分合规	大部分合规	大部分合规	大部分合规	大部分合规	合规	合规	大部分合规
R21	R22	R23	R24	R25	R26	R27	R28	R29	R30
大部分合规	不合规	不合规	部分合规	不合规	大部分合规	大部分合规	不合规	大部分合规	合规
R31	R32	R33	R34	R35	R36	R37	R38	R39	R40
合规	大部分合规	大部分合规	大部分合规	部分合规	大部分合规	大部分合规	合规	大部分合规	大部分合规

2.4　定向金融制裁

2.4.1　FATF 定向金融制裁

面对洗钱、恐怖融资的国际化问题，联合国、国际货币基金组织、世界银行、亚太经济合作组织、金融行动特别工作组、国际金融监管机构等国际组织采取行动共同打击。在国际反洗钱和反恐怖融资的长期发展进程中，联合国、金融行动特别工作组、埃格蒙特集团、沃尔夫斯堡集团和国际金融监管机构等国际组织发布了一系列的决议、国际公约、建议和标准，逐步形成了较为完整的国际反洗钱和反恐怖融资法律标准体系，对各国反洗钱和反恐怖融资进行指导和制约。

《联合国宪章》第 5 章第 25 条要求各成员国必须执行安理会决议，第 7 章第 41 条赋予了联合国安理会行使经济金融制裁的权力。20 世纪 90 年代以前，联合国安理会主要针对特定国家采取全面的制裁措施。从 20 世纪 90 年代末开始，联合国安理会逐步将制裁手段从"全面制裁"转向针对特定个人和实体的"定向制裁"，以增强制裁措施的针对性，同时避免伤及不特定多数人。例如，联合国安理会第 1267（1999）号决议及其后续决议，先后将基地组织（AQ）、伊斯兰国（ISIL）等恐怖组织相关的 256 名个人和 89 个实体列入制裁名单，对其实施制裁。目前，联合国安理会共设有 15 个制裁机制，主要针对恐怖主义、大规模杀伤性武器扩散、危害地区安全和破坏政治进程的有关国家或团体。联合国安理会制裁决议提出的制裁措施，主要包括武器禁运、旅行禁令、金融制裁等方面，其中金融制裁措施要求各国及时冻结被制裁对象的各类资产，禁止与制裁对象进行交易以使其获利，以最大限度限制或削弱制裁对象的经济实力。

"9·11"事件后，国际反洗钱组织——金融行动特别工作组（FATF）将联合国安理会针对恐怖主义和大规模杀伤性武器扩散的金融制裁措施引入《反洗钱、反恐怖融资和防大规模杀伤性武器扩散融资国际标准》（以下简称反洗钱国际标准），形成了"定向金融制裁（Targeted Financial Sanction）"的概念。与联合国安理会不同，金融行动特别工作组通过互评估、"灰（黑）名单"等机制，有效督促全球各国（含地区）落实反洗钱国际标准，包括定向金融制裁要求。二十多年来，在国际社会的共同努力下，全球主要国家均已建立比较完善的定向金融制裁制度，在遏制恐怖主义活动、打击洗钱和防止大规模杀伤性武器扩散等方面发挥了很大作用。2016 年，金融行动特别工作组调研显示，全球 190 多个国家和地区均已建立或正在建立定向金融制裁制度。2024 年 2 月，金融行动特别工作组最新调研显示，在全球 39 个主要经济体中，29 个国家和地区的定向金融制裁制度已经达到国际标准要求。我国于 2011 年首次建立定向金融制裁制度，但目前尚未达到国际标准要求，主要是在义务主体的范围、具体措施、法律责任等方面还有差距。

FATF《打击洗钱、恐怖融资与扩散融资的国际标准：FATF 建议》（以下简称FATF《40 项标准建议》）成为国际社会公认的反洗钱和反恐怖融资的国际标准和规范，作为打击洗钱和恐怖融资的国际标准，已得到全球 200 多个国家和地区承诺执行，被国际货币基金组织和世界银行认可，运用到对各国的金融稳定评估规划中。

FATF 最初的 40 项标准建议颁布于 1990 年，旨在打击滥用金融体系清洗毒品资金。1996 年，为应对不断变化更新的洗钱趋势和手段，FATF 第一次对建议进行了修订，将打击范围扩大到清洗毒资外的其他犯罪领域。2001 年 10 月，FATF 进一步将其职责扩大到打击恐怖融资领域，并制定了反恐怖融资 8 项特别建议（之后扩充为 9 项）。2003 年，FATF 建议进行了第二次修订。

在完成对成员的第三轮互评估后，2012 年，FATF 与区域性反洗钱和反恐怖融资组织，以及包括国际货币基金组织、世界银行和联合国在内的观察员密切合作，共同对 FATF 建议进行了修订及更新。打击恐怖融资是一项严峻的挑战，有效的反洗钱和反恐怖融资体系对于打击恐怖融资十分重要。2012 年 FATF 标准的修改对之前针对恐怖融资的大多数措施进行了整合，包括：建议 5（恐怖融资刑罚化）、建议

6（与恐怖主义及恐怖融资相关的定向金融制裁）、建议 8（防止滥用非营利性组织的相关措施）。2008 年，FATF 将职责范围扩大到防范扩散融资，2012 年的标准建议增加了一条新建议（建议 7 与大规模杀伤性武器扩散及扩散融资相关的定向金融制裁），旨在确保有效实施定向金融制裁，与联合国安理会有关要求保持一致。金融制裁是打击洗钱、恐怖融资、扩散融资的有效手段，金融制裁是针对特定对象的金融制裁，核心是金融方面的制裁，对此 FATF 都有明确规定，也成为 FATF 各成员国必须遵守的国际规则，已经成为国际社会共识。针对洗钱制裁方面，《打击洗钱、恐怖融资与扩散融资的国际标准：FATF 建议》规定，各国应当根据《维也纳公约》《巴勒莫公约》，将洗钱行为规定为犯罪，将洗钱罪适用于所有的严重罪行，以涵盖最广泛的上游犯罪。应当采取类似于《维也纳公约》《巴勒莫公约》和《反恐怖融资公约》规定的措施，使主管部门能够在不损害无过错第三方合法权益的情况下，冻结、扣押或没收被清洗的财产、来自洗钱或上游犯罪的收益及用于或企图用于洗钱或上游犯罪的工具；授权有关部门识别、追查和评估应予没收的财产；采取冻结、扣押等临时措施防止该财产被出售、转移或处置；采取措施防止或避免可能有损国家追回应被没收、冻结或扣押财产的能力的行为；允许不经过刑事定罪判决即可没收此类财产或工具。针对恐怖融资方面，各国应根据《反恐怖融资公约》，将恐怖融资行为规定为犯罪，不仅应当将资助恐怖活动的行为规定为犯罪，而且也应当将资助恐怖组织和单个恐怖分子的行为规定为犯罪。各国应确保将这些犯罪规定为洗钱犯罪的上游犯罪；建立定向金融制裁机制，以遵守联合国安理会关于防范和制止恐怖主义和恐怖融资的决议。针对扩散融资的制裁，要求各国执行定向金融制裁，以遵守联合国安理会关于防范、制止、瓦解大规模杀伤性武器扩散及扩散融资的决议。这些决议要求各国毫不迟延地冻结被指定个人或实体的资金或其他资产，并确保没有任何资金或其他资产，直接或间接地提供给被指定的个人或实体，或者使其受益。金融制裁的国际合作方面，FATF 规定各国应确保有权应外国请求采取迅速行动，对清洗的资产、洗钱、上游犯罪及恐怖融资收益、实施或计划用于实施犯罪的工具或同等价值的财产予以识别、冻结、扣押和没收。各国还应当建立管理上述财产、工具或同等价值财产的有效机制；应当作出协调查封和没收资产的制度安排，其中应当包括分享没收资产的安排。洗钱及其上游犯罪、恐怖主义和大规模杀伤性武器融资是国际社会的共同敌人，因此，针对这些方面的定向金融制裁自然成为国际共识。

我国是 FATF 正式成员，是联合国安理会常任理事国，因此必须执行 FATF 标准建议和联合国安理会的决议，对涉及恐怖主义和联合国安理会定向金融制裁的组织和人员必须采取反洗钱特别措施；另外，对国务院反洗钱行政主管部门认定或者会同国家有关机关认定的，具有重大洗钱风险、不采取措施可能造成严重后果的组织和人员也要采取特别预防措施，目的是维护国家安全、社会公共利益和金融秩序。

2.4.2 美国定向金融制裁

一、美国凭借其美元的国际超级货币地位成为国际定向金融制裁的主导力量

从特朗普担任总统以来，以"美国优先"为口号，引发中美贸易争端。中美贸易争端的不断升级需要我们思考美国优先行为的深层次原因。自20世纪70年代以来，美国经济结构的日益金融化产生了其对外政策的两个重要支撑：一是以基础科学研究为着力点，带动美国以科技创新与制造业产业转移为代表的全球产业链的形成与发展；二是美元超级国际货币地位的形成与强化。美国在布雷顿森林体系崩溃后，建立了美元超级货币体系，即美元在国际贸易结算中居主导地位；在投资计价、官方储备和金融资产中居领先地位；在全球信用体系中居主导核心地位的国际货币体系。在美元超级货币体系下，资本流入对其运行具有突出重要的作用，世界各国尤其是像我国这种出口导向型国家向美国出口商品，看似各个国家赚取了美元，但随后，各国获取的贸易顺差又以购买美国国债或公司债等形式回流到美国资本市场，美国只是增发美元和国债，而美国80%以上的对外债务又是以自己发行的美元计价，美元成为美国控制世界的最主要的工具，并通过铸币税的形式获取其他国家的收益，与以往殖民统治时期的直接掠夺不同，美元超级货币体系的形成使美国在全球范围内构建了一个更为隐秘的剥削体系，美元超级货币体系本质上成为美国国内政治、经济向外无限扩张的全球性资本控制系统。尽管该系统内的国家承受美元汇率波动、货币政策与经济周期的矛盾等各种金融风险，系统内国家无法单独改变规则，而且短期内难以改变现状，并且推翻该系统的成本更大。该系统将所有系统内国家绑定在一起，使系统内国家不得不被动地支撑该体系的运转；这个系统就成为美国政府可以恣意妄为地发动贸易保护主义和金融战的强大支撑，由此衍生的美国定向金融制裁成为美国开展金融战最直接、最常用和最有效的强制手段。根据全球制裁数据库（GSDB）的数据，美国是过去70年里最主要的制裁发起国，1950年至2019年，全球有超过35%的制裁由美国发起。

虽然定向金融制裁是国际社会公认的制裁手段，联合国等全球多边机构也普遍使用。但是，把定向金融制裁手段及其威力发挥到极致的只有美国。目前，当美国主导的相关议题在多边平台遇阻或者双边外交失败或战略意图难以实现的情况下，美国将定向金融制裁作为避免直接冲突对抗的替代手段而普遍采用，以实现自己的政治、经济或其他战略目的。美国定向金融制裁的核心技术路径是通过以环球银行金融电信协会的国际资金清算系统（Society for Worldwide Interbank Financial

Telecommunications，SWIFT）与纽约清算所银行同业支付系统（Clearing House Interbank Payment System，CHIPS）为主的美元跨境资金清算系统与跨境金融基础设施实现。在全球范围内，开展国际业务的国家、个人和企业组织都无法避开以美元主导的 SWIFT 和 CHIPS。美国利用 SWIFT 和 CHIPS 组成的金融交易网络，还可精确识别金融制裁目标，实施定向金融制裁；并通过对 SWIFT 和 CHIPS 系统的监控保证制裁效果，对世界各国金融机构形成强有力的威慑①。

二、美国定向金融制裁的运行机制

美国已经形成了一套完整的定向金融制裁运作体系，包括完善的法律法规体系和专门的决策、执行、监督机构，出台了包括法律、总统决议及财政部规章在内的一系列金融制裁法律体系，分别是 1976 年《国家紧急状态法》和 1977 年《国际紧急经济权力法》，明确了美国总统对定向金融制裁的决定权和美国财政部的执行权。2001 年《爱国者法案》建立了其全球金融领域反恐怖融资、反洗钱的监管架构，对定向金融制裁做了补充性规定。美国财政部负责公布特别指令国民名单（SDNs），通过财政部外国资产管理办公室（OFAC）进行制裁。美国定向金融制裁手段包括：冻结受制裁国及个别领导人等在美国的海外资产，冻结世界银行和国际货币基金组织等主要国际机构的融资，切断美元获取和使用渠道，禁止全球金融机构与被制裁对象交易，制裁对方银行体系。

美国金融制裁之所以能产生强大效力，除了其强大的金融实力所产生的间接效果，还依赖于其长臂管辖和二级制裁。长臂管辖突破了一国法律通常只作用于该国境内的传统，对境外实体产生了直接效力。《爱国者法案》是美国法律，但是该《法案》实行"长臂管辖原则"，如果外国金融机构和企业涉嫌违反美国有关法案规定，只要该金融机构和企业在美国设立分支机构或在美国境内开有账户，原则上美国法院对该金融机构和企业就可行使司法管辖权。二级制裁是指限制非美国金融机构与被制裁者在美国境外进行金融交易或者向其提供金融服务，并对违反此项禁止性规定的非美国金融机构实行定向金融制裁。由于外国金融机构不在美国执法机关的实际管辖之下，美国政府的二级制裁措施一般有以下两种形式：一是将有关外国金融机构列入黑名单，处以高额罚款；二是直接禁止有关的外国金融机构通过美国银行及其海外分支机构办理业务、开立或使用美元账户。

---

① 2022 年 2 月 26 日，美国白宫发表声明说，为应对俄罗斯在乌克兰境内采取军事行动，美国与欧盟委员会、德国、法国、英国、意大利、加拿大领导人决定将部分俄罗斯银行排除在环球银行金融电信协会（SWIFT）支付系统之外，并对俄罗斯央行实施限制措施，以防其部署国际储备削弱制裁措施造成的影响。

2.4.3 我国金融机构应对定向金融制裁存在的薄弱环节

从历史上看，我国在一个相当长的时期内遭受到美国的金融制裁。早在 1950 年 12 月 16 日，美国总统签署命令，以中华人民共和国对美国"权利法案所保障的自由、自由经济制度和其他权利构成威胁"为由，对我国实施金融制裁，冻结大约 8 亿美元资产。近年来，我国受到美国定向金融制裁的案例也屡见不鲜。2006 年美国对中国长城工业总公司等 4 家企业实施定向金融制裁；2008 年 10 月 23 日对中国新时代科技有限公司、中国船舶重工国际贸易公司、华中数控股份 3 家企业实施定向金融制裁；2012 年对中国珠海振戎公司实施定向金融制裁；2018 年 9 月 20 日，美国财政部外国资产控制办公室（OFAC）因我国从俄罗斯进口苏 35 战斗机和 S400 导弹，将中央军委某部及其部长纳入定向金融制裁名单。在这些制裁案例中，资产冻结、限制融资、切断美元支付结算渠道、要求第三方制裁等手段均有涉及。中国作为世界第二大经济体，日益提升的综合国力和国际地位以及中美之间紧密的经贸关系决定了合作是中美双方最佳选择，现实是中美贸易摩擦不断。由于我国金融体系尚不完备以及中美在国际金融体系中的地位不对称，我国在应对美国定向金融制裁上存在薄弱环节。

一、我国是世界最大的外汇储备国，但多数外汇储备是美元资产

长期以来，美元被世界各国公认为是最可靠的金融资产。基于外汇储备保值增值的需要，我国购买了大量的美国国债。国际货币基金组织（IMF）发布的数据显示，截至 2022 年 12 月末，中国外汇储备规模为 31277 亿美元，其中持有美国国债金额 8670.6 亿美元，另持有大量其他美元债券。按照 IMF 的统计，截至 2022 年第三季度，美元占全球公开官方外汇储备的 59.7%，欧元占 20.48%、日元占 5.83%、英镑占 4.78%，人民币占 2.66%。按照美国《国际紧急经济权力法》，在美国国家安全和经济利益遭受重大威胁时，可冻结外国主体持有的美国国债。一旦中美经贸关系全面紧张甚至出现恶化，有些美元资产有可能被美国政府以金融制裁的名义予以冻结，将对我国金融体系造成严重冲击。

二、虽然人民币跨境结算规模近年来持续上升，但美元依旧是全球交易的主导货币

2022 年 10 月 27 日，国际清算银行（BIS）发布三年一次的全球外汇市场调查，截至 2022 年第二季度末，以美元标价的债券总市值（未清偿余额）为 13.11 万亿美元，欧元为 10 万亿美元，英镑为 2.01 万亿美元，日元为 3377 亿美元，人民币离岸债券余额为 1405 亿美元；从外汇交易量来看，美元继续夯实主导货币地位，在全球

外汇交易中占比 88.5%①；欧元交易份额 30.5%；日元、英镑外汇交易份额分别为
16.7% 和 12.9%；人民币市场份额 7.0%②。根据 SWIFT 发布的统计数据，2022 年
12 月国际支付美元占比 41.89%；欧元占比 36.34%；英镑占比 6.08%；日元占比
2.88%；人民币占比 2.15%③。据 IMF 统计，中国对外贸易以人民币结算的比例约
为 30%，主要结算方式仍是美元，特别在能源等资源型大宗商品进口方面，计价、
支付、清算主要依赖美元。在联合国贸发会议（UNCTAD）公布的 81 种国际大宗商
品价格中，有 76 种用美元标价；在罗杰斯国际商品指数（RICI 指数）中，非美元
计价商品的权重仅为 2%。美国一旦切断我国金融机构和涉外企业的美元清算渠道，
将对国际业务造成重大影响。

三、我国金融机构面临的美国定向金融制裁风险越来越大

近年来，工行、农行、中行、建行、交行及大多数股份制银行等金融机构在美
国和世界各地设立分支机构，这些机构的业务运营在遵守国内法律法规的同时，必
须受所在国和国际通行规则的约束。西方发达国家反洗钱监管部门相继加大了对我
国境外分支机构的反洗钱监管力度，金融机构洗钱风险防控体系仍存在不足，许多
金融机构卷入洗钱案件且反洗钱工作存在严重违规问题，并受到反洗钱监管部门的
处罚，定向金融制裁合规风险凸显。如中国农业银行纽约分行受到纽约金融服务局
2.15 亿美元的反洗钱罚款；再如，2012 年随着美国对伊朗制裁力度逐步加大，我国
金融机构先后停止与伊朗的业务往来，昆仑银行成为中国通往伊朗的唯一结算通道，
随后美国财政部对昆仑银行进行了定向金融制裁，关闭了昆仑银行的美元结算通道，
禁止金融机构在美国为昆仑银行开设代理银行或可被第三方用以自行交易的代理银
行账户，导致昆仑银行只能用欧元和人民币结汇，也被迫停掉了伊朗外的国际业务。

四、我国定向金融制裁机制建设仍存在不足

我国目前没有完备的定向金融制裁机制，只是被动地单向转发安理会等国际组织
的定向金融制裁决议，通知国内各有关部门采取制裁措施。至于如何利用联合国有关
决议，采取定向金融制裁措施，应对美国定向金融制裁尚没有相应的政策储备。

2.4.4　定向金融制裁的应对措施和我国定向金融制裁制度建设

一、实施多元化外汇储备和国际贸易结算策略

一是不断完善外汇储备管理制度，通过科学测算，保持合理的外汇储备规模。

---

① 买卖合计为 200%。

② 中国外汇网．人民币在全球外汇交易格局中的角色与前景［EB/OL］．http://shop.chinaforex.com.cn/magazine/pages/dgarticle.vc？article=52046.

③ SWIFT 系统未统计人民币跨境支付系统（CIPS）的人民币交易数量。

优化外汇储备的币种结构和资产结构，适当增加黄金实物储备，增强我国抵御风险的能力。二是维护好对美债权利益。中美是世界上经济实力最强的两个大国，我国是美国最大债权国，也是美国的最大贸易逆差国。在当前中美贸易摩擦不断升级的情况下，应该做好应对预案，维护我国的国家利益。三是积极推进多边经贸合作，推动国际贸易以欧元、英镑、日元等多币种结算，以"一带一路"建设为契机，积极推动人民币国际化。

二、加强美国定向金融制裁体系研究

定向金融制裁已经成为国际金融制裁的常用手段，我国的金融机构和企业已经在不断经历定向金融制裁的损失。对外开放是我国的国家战略，对外经济活动离不开美元支付。美国定向金融制裁体系完备，专业性强，相关法律条款庞杂，金融制裁的手段多样且不断创新。我们必须全面研究，密切跟踪其制裁手段，实时关注其制裁名单，积极应对美国定向金融制裁。我国是联合国安理会常任理事国，在执行联合国金融制裁方面作出了积极努力，在中美贸易摩擦不断的情况下，可参考美国及有关国家的成熟做法，建立健全我国定向金融制裁机制，提升定向制裁能力①。从 2024 年新修改的《反洗钱法》看，我国正在补齐反洗钱领域涉外法治短板。一是明确域外适用效力。我国境外发生的洗钱和恐怖主义融资活动危害我国主权和安全，侵犯中国公民、法人和其他组织合法权益，或者扰乱境内金融秩序的，依照本法和刑法等处理（第十条）；国家有关机关在调查洗钱和恐怖主义融资活动时，按照对等原则或者经协商一致，可以要求境外金融机构配合（第四十六条）。二是阻断外国法律与措施不当域外适用。外国国家、组织未按照对等原则，也未与我国协商一致，直接要求境内金融机构提交客户身份资料和交易信息、扣划境内资金、资产等，金融机构不得擅自遵从，还应当及时向国务院有关金融管理部门报告（第四

---

① 在 2019 年 10 月 8 日下午的例行记者会上，外交部发言人耿爽表示，"不可靠实体清单"制度正在履行内部程序，将于近期发布。2019 年 12 月 2 日，外交部发言人华春莹宣布，中国政府决定自即日起暂停审批美军舰机赴港休整的申请，同时对"美国国家民主基金会""美国国际事务民主协会""美国国际共和研究所""人权观察""自由之家"等在中国香港修例风波中表现恶劣的非政府组织实施制裁。此前，2019 年 5 月 31 日商务部宣布中国将建立"不可靠实体清单"制度，该清单的发布备受关注。对于哪些实体可能被列入"不可靠实体清单"，商务部方面曾明确四条标准：（1）是否存在针对中国实体实施封锁、断供或其他歧视性措施的行为；（2）是否基于非商业目的，违背市场规则和契约精神；（3）是否对中国企业或相关产业造成实质损害；（4）是否对国家安全构成威胁或潜在威胁。商务部产业安全与进出口管制局局长支陆逊介绍，对于列入清单的实体，中方将依据中华人民共和国《对外贸易法》《反垄断法》《国家安全法》等有关法律法规和行政规章，对这些实体采取必要的法律和行政措施。同时，社会各方也会从中得到警示，在与列入清单的外国实体进行交易和交往时，要提高警惕，防范不可靠风险。2021 年 6 月 10 日，第十三届全国人民代表大会常务委员会第二十九次会议表决通过《中华人民共和国反外国制裁法》，习近平主席签署中华人民共和国第九十号主席令予以公布，自公布之日起施行。2022 年 10 月 16 日习近平总书记在党的二十大报告中指出：健全反制裁、反干涉、反"长臂管辖"机制。

十七条）。三是明确反洗钱领域的反制措施。国务院反洗钱行政主管部门征求国家有关机关意见并经国务院批准，可以将有关国家或者地区列为洗钱高风险国家或者地区，采取相应的风险防控措施（第二十二条）。

三、金融机构要进一步提高对反洗钱工作的认识，提升风险防控能力

金融机构要从切实履行法律义务、服务安全稳定大局、维护人民群众根本利益出发，营造良好的反洗钱合规文化，不断提高合规意识，推动全员反洗钱履职的主动性、自觉性和积极性。从事涉外业务的金融机构要注意遵守美国定向金融制裁法规，不为列入制裁名单的机构人员提供金融服务，避免落入第三方制裁陷阱而受到金融制裁牵连。

2.5　我国反洗钱法律制度

2.5.1　我国反洗钱法律制度建设概况

一、我国打击洗钱犯罪刑事立法和反洗钱行政预防性法律制度体系建设

（一）我国反洗钱刑事立法

中国反洗钱刑事立法与国际反洗钱和反恐怖融资立法的发展基本同步，表现为"多条文规定、多罪名处理"的特点，基本涵盖了各种形式的洗钱犯罪行为。由于历史的原因，1979 年，全国人民代表大会制定《刑法》没有将洗钱行为规定为犯罪，只规定了销赃罪，1979 年《刑法》①第一百七十二条规定："明知是犯罪所得的赃物而予以窝藏或者代为销售的，处三年以下有期徒刑、拘役或者管制，可以并处或者单处罚金。"1989 年 9 月 4 日，中华人民共和国第七届全国人民代表大会常务委员会第九次会议决定：批准中华人民共和国代表顾英奇于 1988 年 12 月 20 日签署的《联合国禁止非法贩运麻醉药品和精神药物公约》，成为该公约的缔约国，承担制裁毒品犯罪的义务。1990 年 12 月 28 日，第七届全国人大常委会第 17 次会议通过了《关于禁毒的决定》。在决定的第四条规定了"掩饰、隐瞒毒赃性质和来源罪"，将窝藏、转移、隐瞒毒品犯罪所得，掩饰、隐瞒出售毒品所得的非法性质和来源的行为规定为犯罪，这是我国第一次在国内法中明文规定与洗钱相关的犯罪行为。

---

①　1979 年 7 月 1 日第五届全国人民代表大会第二次会议通过，1979 年 7 月 6 日全国人民代表大会常务委员会委员长令第 5 号公布，1980 年 1 月 1 日起施行（称为"1979 年旧刑法"，现已失效）。

1997 年 3 月 14 日通过的新《刑法》①在 1990 年《关于禁毒的决定》的基础上，对洗钱罪作出了更加明确的规定，并扩大了洗钱犯罪的范围。1997 年新《刑法》第一百九十一条规定："明知是毒品犯罪、黑社会性质的组织犯罪、走私犯罪的违法所得及其产生的收益，为掩饰、隐瞒其来源和性质，有下列行为之一的，没收实施以上犯罪的违法所得及其产生的收益，处 5 年以下有期徒刑或者拘役，并处或者单处洗钱数额 5%以上 20%以下罚金；情节严重的，处 5 年以上 10 年以下有期徒刑，并处洗钱数额 5%以上 20%以下罚金：（一）提供资金账户的；（二）协助将财产转换为现金或者金融票据的；（三）通过转账或者其他结算方式协助资金转移的；（四）协助将资金汇往境外的；（五）以其他方法掩饰、隐瞒犯罪的违法所得及其收益的性质和来源的。单位犯前款罪的，对单位判处罚金，并对其直接负责的主管人员和其他直接责任人员，处 5 年以下有期徒刑或者拘役。"1997 年新《刑法》在第二百二十五条规定了"非法经营罪"，在第三百一十二条规定了"窝藏、转移、收购、销售赃物罪"，在第三百四十九条规定了"窝藏、转移、隐瞒毒品、毒赃罪"。

继 1997 年刑法之后，我国先后三次修改《刑法》对洗钱罪的规定，包括刑法修正案（三）、（六）、（十一），不断扩大上游犯罪的范围，增加洗钱罪的行为类型，加大对洗钱行为的刑事惩罚力度。

2001 年"9·11"事件后，为了惩治恐怖活动犯罪和适应国际反恐怖斗争的需要，保障国家和人民生命财产安全，维护社会秩序，2001 年 12 月 29 日全国人大常务委员会通过的《中华人民共和国刑法修正案（三）》②，在《刑法》增加第一百二十条，将单位和个人资助恐怖组织或者实施恐怖活动个人的行为规定为犯罪，并将《刑法》第一百九十一条修改为："明知是毒品犯罪、黑社会性质的组织犯罪、恐怖活动犯罪、走私犯罪的违法所得及其产生的收益……"进一步将掩饰、隐瞒恐怖活动犯罪获得财物的非法来源和性质的行为纳入洗钱犯罪的打击范围。

2006 年 6 月 29 日，全国人大常委会通过的《刑法修正案（六）》③，将《刑法》第一百九十一条第一款修改为："明知是毒品犯罪、黑社会性质的组织犯罪、恐怖活动犯罪、走私犯罪、贪污贿赂犯罪、破坏金融管理秩序犯罪、金融诈骗犯罪

---

① 1997 年 3 月 14 日第八届全国人民代表大会第五次会议修订，1997 年 3 月 14 日中华人民共和国主席令第 83 号发布，1997 年 10 月 1 日施行（称为"1997 年刑法典"，即现行刑法典）。

② 2001 年 12 月 29 日第九届全国人民代表大会常务委员会第二十五次会议通过，2001 年 12 月 29 日中华人民共和国主席令第六十四号公布，自公布之日起施行。

③ 中华人民共和国第十届全国人民代表大会常务委员会第二十二次会议于 2006 年 6 月 29 日通过，2006 年 6 月 29 日中华人民共和国主席令第五十一号公布，自公布之日起施行。

的所得及其产生的收益……" 将贪污贿赂犯罪、破坏金融管理秩序犯罪、金融诈骗犯罪增加规定为洗钱罪的上游犯罪。同时将《刑法》第三百一十二条修改为："明知是犯罪所得及其产生的收益而予以窝藏、转移、收购、代为销售或者以其他方法掩饰、隐瞒的，处三年以下有期徒刑、拘役或者管制，并处或者单处罚金；情节严重的，处三年以上七年以下有期徒刑，并处罚金。" 将明知是犯罪所得及其产生的收益而予以窝藏、转移、收购、代为销售或者以其他方法掩饰、隐瞒的行为，规定为犯罪。通过上述两个条款的修改，将所有清洗犯罪所得及其收益的行为都纳入了刑事打击的范围。

2020 年 12 月 26 日，全国人大常务委员会通过的《中华人民共和国刑法修正案（十一）》[1] 将《刑法》第一百九十一条修改为："为掩饰、隐瞒毒品犯罪、黑社会性质的组织犯罪、恐怖活动犯罪、走私犯罪、贪污贿赂犯罪、破坏金融管理秩序犯罪、金融诈骗犯罪的所得及其产生的收益的来源和性质，有下列行为之一的，没收实施以上犯罪的所得及其产生的收益，处五年以下有期徒刑或者拘役，并处或者单处罚金；情节严重的，处五年以上十年以下有期徒刑，并处罚金：

（一）提供资金账户的；

（二）将财产转换为现金、金融票据、有价证券的；

（三）通过转账或者其他支付结算方式转移资金的；

（四）跨境转移资产的；

（五）以其他方法掩饰、隐瞒犯罪所得及其收益的来源和性质的。

单位犯前款罪的，对单位判处罚金，并对其直接负责的主管人员和其他直接责任人员，依照前款的规定处罚。"

刑法修正案（十一）首次将"自洗钱"纳入洗钱罪，进一步扩大洗钱罪的打击范围，这是一个重大调整。同时，细化了洗钱的行为方式，"协助将资金汇往境外"被修改为"跨境转移资产"，地下钱庄等"支付"结算行为也被规定为洗钱方式之一。

经过刑事立法发展，我国形成由《刑法》第一百九十一条、第三百一十二条、第三百四十九条和第一百二十条构成的全面打击洗钱犯罪的罪名体系[2]：①对于涉及毒品犯罪、黑社会性质的组织犯罪、恐怖活动犯罪、走私犯罪、贪污贿赂犯罪、破坏金融管理秩序犯罪、金融诈骗犯罪等法定 7 类严重上游犯罪的洗钱活动，适用

---

[1]　中华人民共和国第十三届全国人民代表大会常务委员会第二十四次会议于 2020 年 12 月 26 日通过，2020 年 12 月 26 日中华人民共和国主席令第六十六号公布，自 2021 年 3 月 1 日起施行。

[2]　从 2018 年 FATF 对我国反洗钱和反恐怖融资互评估的情况看，FATF 评估组基本认可《刑法》第一百九十一条、第三百一十二条、第三百四十九条和第一百二十条构成的全面打击洗钱犯罪的罪名体系。

第一百九十一条的洗钱罪，予以较严厉的刑事处罚；②对于涉及上述 7 类上游犯罪之外的洗钱行为，分别适用第三百一十二条的掩饰、隐瞒犯罪所得、犯罪所得收益罪或者第三百四十九条的窝藏、转移、隐瞒毒品、毒赃罪；③依据反洗钱与反恐怖融资紧密相连的国际共识，第一百二十条之一的帮助恐怖活动罪也属于我国反洗钱的罪名体系。

（二）反洗钱行政预防性法律制度体系建设

与洗钱刑事立法相对应，我国着手反洗钱行政预防性法律建设。2003 年 12 月，第十届全国人民代表大会常务委员会第六次会议修正的《中国人民银行法》①"第四条中国人民银行履行下列职责：（十）指导、部署金融业反洗钱工作，负责反洗钱的资金监测""第三十二条中国人民银行有权对金融机构以及其他单位和个人的下列行为进行检查监督：（九）执行有关反洗钱规定的行为。""第四十六条本法第三十二条所列行为违反有关规定，有关法律、行政法规有处罚规定的，依照其规定给予处罚；有关法律、行政法规未作处罚规定的，由中国人民银行区别不同情形给予警告，没收违法所得，违法所得五十万元以上的，并处违法所得一倍以上五倍以下罚款；没有违法所得或者违法所得不足五十万元的，处五十万元以上二百万元以下罚款；对负有直接责任的董事、高级管理人员和其他直接责任人员给予警告，处五万元以上五十万元以下罚款；构成犯罪的，依法追究刑事责任。"

2006 年 10 月 31 日，第十届全国人民代表大会常务委员会第二十四次会议审议通过《反洗钱法》，以法律的形式明确了我国反洗钱行政管理体制，规定了金融机构以及特定非金融机构的反洗钱义务。《反洗钱法》对金融机构建立内部控制、识别客户身份、报告大额和可疑交易、保存交易记录等预防洗钱活动的措施作出了全面规定，并规定有关措施同时适用于特定非金融机构。此外，为了加强对恐怖主义活动的预防监控，《反洗钱法》规定该法所规定的反洗钱措施同时适用于涉嫌恐怖主义资金的监控；其他法律另有规定的，适用其规定。《反洗钱法》的颁布实施，对于预防洗钱活动，维护金融秩序，遏制洗钱犯罪及其相关犯罪，发挥了非常重要的作用。《反洗钱法》通过建立对洗钱活动的预防监控机制，缓解了犯罪分子的洗钱和恐怖融资风险，减少了犯罪分子享用犯罪所得的空间，从而达到遏制洗钱犯罪及相关犯罪的作用。另外，中国人民银行等部门履行反洗钱监督管理职责和金融机构履行反洗钱义务，可以发现犯罪线索，为侦查机关打击洗钱犯罪及其上游犯罪提供支持，从而威慑犯罪分子，发挥了遏制洗钱犯罪及相关犯罪的作用。此外，打击

---

① 2003 年 12 月 27 日，中华人民共和国第十届全国人民代表大会常务委员会第六次会议通过《全国人民代表大会常务委员会关于修改〈中华人民共和国中国人民银行法〉的决定》，2003 年 12 月 27 日中华人民共和国主席令第十三号公布，2004 年 2 月 1 日起施行。

洗钱犯罪是遏制其上游犯罪的关键环节，是切断或限制犯罪集团的资金来源，削弱或控制犯罪活动的重要手段。

为了防范和惩治恐怖活动，加强反恐怖主义工作，维护国家安全、公共安全和人民生命财产安全，2015 年 12 月 27 日第十二届全国人民代表大会常务委员会第十八次会议通过《中华人民共和国反恐怖主义法》，自 2016 年 1 月 1 日起施行①。《反恐怖主义法》对金融机构和特定非金融机构履行反恐怖主义融资义务的情况进行监督管理以及对恐怖活动组织及恐怖活动人员的资金或者其他资产的查封、扣押、冻结措施等作出了明确的规定。

按照中央全面依法治国委员会关于启动《反洗钱法》修订工作总体要求，2019 年 12 月，全国人大常委会启动《反洗钱法》的修订工作；2021 年 6 月 1 日中国人民银行发布《中华人民共和国反洗钱法（修订草案公开征求意见稿）》，面向社会公开征求意见；2022 年、2023 年全国人大常委会 2022 年、2023 年度立法工作计划中将修改《反洗钱法》列入预备审议项目②；2024 年 11 月 8 日第十四届全国人大常委会第十二次会议修订。本次《反洗钱法》的修订，进一步明确反洗钱的概念和任务、强调风险为本的反洗钱监管、完善反洗钱义务主体范围、配合反洗钱工作的要求及反洗钱调查相关规定、增强反洗钱行政处罚惩戒性、提高违法责任与处罚的匹配程度、给出受益所有人定义及身份信息识别要求等。本次修订的重点是贯彻落实党中央、国务院金融工作部署，根据国内外反洗钱和反恐怖融资的新形势、新情况，加强反洗钱法治建设，全面提升反洗钱和反恐怖融资工作的有效性，进一步增强反洗钱助推国家治理体系和治理能力现代化的能力，充分发挥反洗钱在防范和化解金融风险、全面从严治党、打击洗钱及上游犯罪、扫黑除恶、维护社会安全稳定、参与全球治理等方面的重要作用。

二、反洗钱行政法规

在行政法规层次上，1988 年 10 月国务院颁布的《现金管理暂行条例》，对流通领域现金使用实施严格管理。1993 年 1 月颁布《国家货币出入境管理办法》，确定了人民币出入境限额管理制度和申报制度，禁止擅自运输和邮件夹带人民币出入境。1996 年 1 月颁布《外汇管理条例》，对经常项目、资本项目、银行外汇业务等作出了原则规定，以加强外汇资金监控和防范外汇领域洗钱行为。1998 年 7 月和 1999

---

① 根据 2018 年 4 月 27 日，第十三届全国人民代表大会常务委员会第二次会议通过《关于修改〈中华人民共和国国境卫生检疫法〉等六部法律的决定》，2018 年 4 月 27 日中华人民共和国主席令第六号公布，自公布之日起施行。

② 2023 年 6 月 6 日，《国务院办公厅关于印发国务院 2023 年度立法工作计划的通知》（国办发〔2023〕18 号），明确将反洗钱法修订草案（中国人民银行起草）列为"拟提请全国人大常委会审议的法律案"。

年 2 月先后颁布《非法金融机构和非法金融业务活动取缔办法》和《金融违法行为处罚办法》，对"地下钱庄"等非法金融机构及其非正式汇款业务予以严格取缔和严格处罚。2000 年 4 月颁布了《个人存款账户实名制规定》，从根本上否定了匿名账户和假名账户存在的合法性。2001 年 12 月颁布了《外资金融机构管理条例》，将有效的反洗钱措施作为审慎性条件规定为外资金融机构重要的市场准入条件。

三、反洗钱部门规章

金融行业是预防和打击洗钱的重点和关键领域。在部门规章层次上，中国人民银行以及金融监管部门先后发布了《金融机构反洗钱规定》《人民币大额和可疑支付交易报告管理办法》《金融机构大额和可疑外汇资金交易报告管理办法》《人民币银行结算账户管理办法》等规章。有关规章为有效预防和打击洗钱、保障金融安全和稳定提供了执法、监督和管理的法律基础，对银行类金融机构的反洗钱和反恐怖融资工作提出了更加明确和系统的监管要求，正式确立了反洗钱和反恐怖融资内控文件备案制度、客户身份识别制度、大额支付交易和可疑资金交易双重报告制度和交易记录保存制度，并进一步明确了洗钱概念，丰富了洗钱行为的内涵。

2006 年 11 月 14 日，中国人民银行发布中国人民银行令 2006 年第 1、2 号，即《金融机构反洗钱规定》和《金融机构大额交易和可疑交易报告管理办法》，废止 2003 年中国人民银行发布的《金融机构反洗钱规定》《人民币大额和可疑支付交易报告管理办法》和《金融机构大额和可疑外汇资金交易报告管理办法》，将反洗钱监管范围由银行业金融机构扩大到证券、期货、保险等行业的金融机构，统一了本外币反洗钱监管体制，规范了反洗钱检查和调查的程序。这些反洗钱和反恐怖融资规章的发布实施有力地推动了我国金融业反洗钱和反恐怖融资工作的深入开展。为贯彻风险为本的反洗钱方法，进一步提升可疑交易报告工作的有效性，2016 年 12 月 28 日中国人民银行发布中国人民银行令 2016 年第 3 号，对《金融机构大额交易和可疑交易报告管理办法》进行了修订，中国人民银行 2006 年 11 月 14 日发布的《金融机构大额交易和可疑交易报告管理办法》和 2007 年 6 月 11 日发布的《金融机构报告涉嫌恐怖融资的可疑交易管理办法》同时废止。2021 年 4 月 15 日，中国人民银行发布《金融机构反洗钱和反恐怖融资监督管理办法》（中国人民银行令〔2021〕第 3 号），进一步明确金融机构反洗钱和反恐怖融资内部控制和风险管理义务，强调中国人民银行及其分支机构应当遵循风险为本和法人监管原则，合理运用各类监管方法，实现对不同类型金融机构的有效监管。2022 年 1 月 19 日，人民银行、银保监会、证监会对《金融机构客户身份识别和客户身份资料及交易记录保存管理办法》（中国人民银行 中国银行业监督管理委员会 中国证券监督管理委员会 中国保险监督管理委员会令〔2007〕第 2 号）进行了修订，颁布了《金融机构客户尽职调查和客户身份资料及交易记录保存管理办法》（中国人民银行　中国银行保险监督管理委员会　中国证券监督管理委员会令〔2022〕第1号）后因技术原因暂缓施行。

我国已承诺遵守联合国主要的反洗钱和反恐怖融资国际公约和联合国安理会的各种决议，在国内立法方面，已经建立了比较完善的反洗钱和反恐怖融资法律体系，主要包括刑事法律、预防性法律和部门规章等方面（见表2-7）。此外，还包括我国反洗钱主管部门和专业金融监管部门根据反洗钱和反恐怖融资工作实际发布的一些工作意见、办法及有关规定。

表2-7　中国主要的反洗钱和反恐怖融资法律制度

类型	主要法律、制度
反洗钱刑事法律	按照《刑法》第一百九十一条洗钱罪的定义，我国洗钱罪涉及上游犯罪的罪名有90多项
反洗钱预防性法律	2006年《反洗钱法》（2024年修订）
重要的反洗钱部门规章	中国人民银行2006年1号令《金融机构反洗钱规定》 中国人民银行2007年2号令《金融机构客户身份识别和客户身份资料及交易记录保存管理办法》 （中国人民银行　中国银行保险监督管理委员会　中国证券监督管理委员会令〔2022〕第1号《金融机构客户尽职调查和客户身份资料及交易记录保存管理办法》） 中国人民银行、公安部、国家安全部2014年1号令《涉及恐怖活动资产冻结管理办法》 中国人民银行2016年3号令《金融机构大额交易和可疑交易报告管理办法》

2.5.2　主要反洗钱法律法规

一、《中华人民共和国刑法》

（一）第一百九十一条洗钱罪

2020年12月26日，中华人民共和国第十三届全国人民代表大会常务委员会第二十四次会议通过《中华人民共和国刑法修正案（十一）》，自2021年3月1日起施行。《中华人民共和国刑法修正案（十一）》规定：为掩饰、隐瞒毒品犯罪、黑社会性质的组织犯罪、恐怖活动犯罪、走私犯罪、贪污贿赂犯罪、破坏金融管理秩序犯罪、金融诈骗犯罪的所得及其产生的收益的来源和性质，有下列行为之一的，没收实施以上犯罪的所得及其产生的收益，处五年以下有期徒刑或者拘役，并处或者单处罚金；情节严重的，处五年以上十年以下有期徒刑，并处罚金：

（1）提供资金账户的；

（2）将财产转换为现金、金融票据、有价证券的；

（3）通过转账或者其他支付结算方式转移资金的；

（4）跨境转移资产的；

（5）以其他方法掩饰、隐瞒犯罪所得及其收益的来源和性质的。

单位犯前款罪的，对单位判处罚金，并对其直接负责的主管人员和其他直接责任人员，依照前款的规定处罚。

（二）第一百二十条之一帮助恐怖活动罪

《刑法》第一百二十条之一帮助恐怖活动罪明确规定：资助恐怖活动组织、实施恐怖活动的个人的，或者资助恐怖活动培训的，处五年以下有期徒刑、拘役、管制或者剥夺政治权利，并处罚金；情节严重的，处五年以上有期徒刑，并处罚金或者没收财产。为恐怖活动组织、实施恐怖活动或者恐怖活动培训招募、运送人员的，依照前款的规定处罚。

单位犯前两款罪的，对单位判处罚金，并对其直接负责的主管人员和其他直接责任人员，依照第一款的规定处罚。

（三）第三百一十二条掩饰、隐瞒犯罪所得、犯罪所得收益罪

《刑法》第三百一十二条规定，明知是犯罪所得及其产生的收益而予以窝藏、转移、收购、代为销售或者以其他方法掩饰、隐瞒的，处三年以下有期徒刑、拘役或者管制，并处或者单处罚金；情节严重的，处三年以上七年以下有期徒刑，并处罚金。

单位犯前款罪的，对单位判处罚金，并对其直接负责的主管人员和其他直接责任人员，依照前款的规定处罚。

（四）第三百四十九条窝藏、转移、隐瞒毒品、毒赃罪

《刑法》第三百四十九条规定，包庇走私、贩卖、运输、制造毒品的犯罪分子的，为犯罪分子窝藏、转移、隐瞒毒品或者犯罪所得的财物的，处三年以下有期徒刑、拘役或者管制；情节严重的，处三年以上十年以下有期徒刑。

缉毒人员或者其他国家机关工作人员掩护、包庇走私、贩卖、运输、制造毒品的犯罪分子的，依照前款的规定从重处罚。犯前两款罪，事先通谋的，以走私、贩卖、运输、制造毒品罪的共犯论处。

二、《中国人民银行法》

2003年12月27日，第十届全国人民代表大会常务委员会第六次会议审议通过关于修改《中国人民银行法》的决定，对《中国人民银行法》作出重要修订，在第四条增加规定中国人民银行"指导、部署金融业反洗钱工作，负责反洗钱的资金监测"，在第三十二条增加规定：中国人民银行有权对金融机构以及其他单位和个人"执行有关反洗钱规定的行为"进行检查监督，在第四十六条规定："本法第三十二条所列行为违反有关规定，有关法律、行政法规有处罚规定的，依照其规定给予处罚；有关法律、行政法规未作处罚规定的，由中国人民银行区别不同情形给予警告，没收违法所得，违法所得五十万元以上的，并处违法所得一倍以上五倍以下罚款；

没有违法所得或者违法所得不足五十万元的，处五十万元以上二百万元以下罚款；对负有直接责任的董事、高级管理人员和其他直接责任人员给予警告，处五万元以上五十万元以下罚款；构成犯罪的，依法追究刑事责任。"在《反洗钱法》颁布前，《中国人民银行法》关于反洗钱的条款是最为重要的预防性法律规范，既对反洗钱的行政管理作出了规定，也对违反反洗钱规定的行为规定了明确的法律责任。在《反洗钱法》的起草过程中，关于反洗钱行政管理体制的有关规定在很大程度上借鉴了《中国人民银行法》的立法经验。同时，对于无法适用《反洗钱法》的违反反洗钱规定的行为，《中国人民银行法》的有关处罚规定仍然适用。

三、《反洗钱法》

2006 年 10 月 31 日，第十届全国人民代表大会常务委员会第二十四次会议审议通过了《反洗钱法》，自 2007 年 1 月 1 日起施行；2024 年 11 月 8 日第十四届全国人大常委会第十二次会议修订，2025 年 1 月 1 日起施行。《反洗钱法》的颁布实施，对于预防洗钱活动，维护金融秩序，遏制洗钱犯罪及其相关犯罪，起着非常重要的作用。

《反洗钱法》的立法宗旨是预防洗钱活动，遏制洗钱以及相关犯罪，加强和规范反洗钱工作，维护金融秩序、社会公共利益和国家安全。因此，《反洗钱法》主要是预防洗钱活动，而制裁和打击洗钱犯罪则由《刑法》作出规定。该法所称的"反洗钱"仅限于对洗钱活动的预防。实施预防、监控的行为主体既包括金融机构和按照规定应当履行反洗钱和反恐怖融资义务的特定非金融机构，也包括国务院各相关部门；预防、监控的对象为"洗钱活动"，即通过各种方式掩饰、隐瞒该法规定的七种犯罪的犯罪所得及其收益的来源和性质的活动；预防、监控的内容，既包括反洗钱和反恐怖融资义务主体金融机构、特定非金融机构根据该法建立并实施的客户尽职调查制度、客户身份资料和交易记录保存制度、大额交易和可疑交易报告制度和反洗钱特别预防措施，也包括国务院有关部门进行的监督管理、调查和国际合作。

《反洗钱法》分为总则、反洗钱监督管理、反洗钱义务、反洗钱调查、反洗钱国际合作、法律责任、附则共 7 章，计 65 条。

四、《反恐怖主义法》

2015 年 12 月 27 日第十二届全国人民代表大会常务委员会第十八次会议通过《中华人民共和国反恐怖主义法》，自 2016 年 1 月 1 日起施行。《反恐怖主义法》的实施对于防范和惩治恐怖活动，加强反恐怖主义工作，维护国家安全、公共安全和人民生命财产安全具有重要作用。《反恐怖主义法》规定，恐怖主义是指通过暴力、破坏、恐吓等手段，制造社会恐慌、危害公共安全、侵犯人身财产，或者胁迫国家机关、国际组织，以实现其政治、意识形态等目的的主张和行为。恐怖活动是指恐怖主义性质的下列行为：①组织、策划、准备实施、实施造成或者意图造成人员伤亡、重大财产损失、公共设施损坏、社会秩序混乱等严重社会危害的活动的；②宣扬恐怖主义，煽动实施恐怖活动，或者非法持有宣扬恐怖主义的物品，强制他人在公共场所穿戴宣扬恐怖主义的服饰、标志的；③组织、领导、参加恐怖活动组织的；④为恐怖活动组织、恐怖活动人员、实施恐怖活动或者恐怖活动培训提供信息、资金、物资、劳务、技术、场所等支持、协助、便利的；⑤其他恐怖活动。恐怖活动组织是指三人以上为实施恐怖活动而组成的犯罪组织。恐怖活动人员，是指实施恐怖活动的人和恐怖活动组织的成员。恐怖事件是指正在发生或者已经发生的造成或者可能造成重大社会危害的恐怖活动。

我国反对一切形式的恐怖主义，依法取缔恐怖活动组织，对任何组织、策划、准备实施、实施恐怖活动，宣扬恐怖主义，煽动实施恐怖活动，组织、领导、参加恐怖活动组织，为恐怖活动提供帮助的，依法追究法律责任。我国不向任何恐怖活动组织和人员作出妥协，不向任何恐怖活动人员提供庇护或者给予难民地位。

金融机构和特定非金融机构对身份不明或者拒绝身份查验的，不得提供服务。未按规定对客户身份进行查验，或者对身份不明、拒绝身份查验的客户提供服务的，主管部门应当责令改正；拒不改正的，处二十万元以上五十万元以下罚款，并对其直接负责的主管人员和其他直接责任人员处十万元以下罚款；情节严重的，处五十万元以上罚款，并对其直接负责的主管人员和其他直接责任人员，处十万元以上五十万元以下罚款。金融机构和特定非金融机构对国家反恐怖主义工作领导机构的办事机构公告的恐怖活动组织和人员的资金或者其他资产，应当立即予以冻结，并按照规定及时向国务院公安部门、国家安全部门和反洗钱行政主管部门报告，对国家反恐怖主义工作领导机构的办事机构公告的恐怖活动组织及恐怖活动人员的资金或者其他资产，未立即予以冻结的，由公安机关处二十万元以上五十万元以下罚款，并对直接负责的董事、高级管理人员和其他直接责任人员处十万元以下罚款；情节严重的，处五十万元以上罚款，并对直接负责的董事、高级管理人员和其他直接责任人员，处十万元以上五十万元以下罚款，可以并处五日以上十五日以下拘留。

国务院反洗钱行政主管部门、国务院有关部门、机构依法对金融机构和特定非金融机构履行反恐怖主义融资义务的情况进行监督管理，发现涉嫌恐怖主义融资的，可以依法进行调查，采取临时冻结措施。公安机关调查恐怖活动嫌疑，经县级以上公安机关负责人批准，可以查询嫌疑人员的存款、汇款、债券、股票、基金份额等财产，可以采取查封、扣押、冻结措施。查封、扣押、冻结的期限不得超过两个月，情况复杂的，可以经上一级公安机关负责人批准延长一个月。

五、《反有组织犯罪法》

为了预防和惩治有组织犯罪，加强和规范反有组织犯罪工作，维护国家安全、社会秩序、经济秩序，保护公民和组织的合法权益，2021 年 12 月 24 日第十三届全国人民代表大会常务委员会第三十二次会议通过《中华人民共和国反有组织犯罪法》，2022 年 5 月 1 日起施行。该法所称有组织犯罪，是指《中华人民共和国刑法》第二百九十四条规定的组织、领导、参加黑社会性质组织犯罪，以及黑社会性质组织、恶势力组织实施的犯罪。恶势力组织是指经常纠集在一起，以暴力、威胁或者其他手段，在一定区域或者行业领域内多次实施违法犯罪活动，为非作恶，欺压群众，扰乱社会秩序、经济秩序，造成较为恶劣的社会影响，但尚未形成黑社会性质组织的犯罪组织。《反有组织犯罪法》要求国务院反洗钱行政主管部门、国务院其他有关部门、机构应当督促金融机构和特定非金融机构履行反洗钱义务。发现与有组织犯罪有关的可疑交易活动的，有关主管部门可以依法进行调查，经调查不能排除洗钱嫌疑的，应当及时向公安机关报案。

六、《反电信网络诈骗法》

为了预防、遏制和惩治电信网络诈骗活动，加强反电信网络诈骗工作，保护公民和组织的合法权益，维护社会稳定和国家安全，中华人民共和国第十三届全国人民代表大会常务委员会第三十六次会议于 2022 年 9 月 2 日通过《中华人民共和国反电信网络诈骗法》，自 2022 年 12 月 1 日起施行。该法所称电信网络诈骗，是指以非法占有为目的，利用电信网络技术手段，通过远程、非接触等方式，诈骗公私财物的行为。《反电信网络诈骗法》要求银行业金融机构、非银行支付机构、互联网服务提供者承担风险防控责任，建立反电信网络诈骗内部控制机制和安全责任制度，加强新业务涉诈风险安全评估。银行业金融机构、非银行支付机构为客户开立银行账户、支付账户及提供支付结算服务，和与客户业务关系存续期间，应当建立客户尽职调查制度，依法识别受益所有人，采取相应风险管理措施，防范银行账户、支付账户等被用于电信网络诈骗活动。开立银行账户、支付账户不得超出国家有关规定限制的数量。对经识别存在异常开户情形的，银行业金融机构、非银行支付机构有权加强核查或者拒绝开户。中国人民银行、国务院银行业监督管理机构组织有关清算机构建立跨机构开户数量核验机制和风险信息共享机制，并为客户提供查询名下银行账户、支付账户的便捷渠道。银行业金融机构、非银行支付机构应当按照国家有关规定提供开户情况和有关风险信息。相关信息不得用于除反电信网络诈骗以外的其他用途。银行业金融机构、非银行支付机构应当建立开立企业账户异常情形的风险防控机制。金融、电信、市场监管、税务等有关部门建立开立企业账户相关信息共享查询系统，提供联网核查服务。市场主体登记机关应当依法对企业实名登记履行身份信息核验职责；依照规定对登记事项进行监督检查，对可能存在虚假登记、涉诈异常的企业重点监督检查，依法撤销登记的，依照前款的规定及时共享信息；为银行业金融机构、非银行支付机构进行客户尽职调查和依法识别受益所有人提供便利。银行业金融机构、非银行支付机构应当对银行账户、支付账户及支付结算服务加强监测，建立完善符合电信网络诈骗活动特征的异常账户和可疑交易监测机制。中国人民银行统筹建立跨银行业金融机构、非银行支付机构的反洗钱统一监测系统，会同国务院公安部门完善与电信网络诈骗犯罪资金流转特点相适应的反洗钱可疑交易报告制度。对监测识别的异常账户和可疑交易，银行业金融机构、非银行支付机构应当根据风险情况，采取核实交易情况、重新核验身份、延迟支付结算、限制或者中止有关业务等必要的防范措施。银行业金融机构、非银行支付机构依照该法规定开展异常账户和可疑交易监测时，可以收集异常客户互联网协议地址、网卡地址、支付受理终端信息等必要的交易信息、设备位置信息。上述信息未经客户授权，不得用于除反电信网络诈骗以外的其他用途。银行业金融机构、非银行支付机构应当按照国家有关规定，完整、准确传输直接提供商品或者服务的商户名称、收付款客户名称及账号等交易信息，保证交易信息的真实、完整和支付全流程中的一致性。

国务院公安部门会同有关部门建立完善电信网络诈骗涉案资金即时查询、紧急止付、快速冻结、及时解冻和资金返还制度，明确有关条件、程序和救济措施。公安机关依法决定采取上述措施的，银行业金融机构、非银行支付机构应当予以配合。

银行业金融机构、非银行支付机构违反本法规定，有下列情形之一的，由有关主管部门责令改正，情节较轻的，给予警告、通报批评，或者处五万元以上五十万元以下罚款；情节严重的，处五十万元以上五百万元以下罚款，并可以由有关主管部门责令停止新增业务、缩减业务类型或者业务范围、暂停相关业务、停业整顿、吊销相关业务许可证或者吊销营业执照，对其直接负责的主管人员和其他直接责任人员，处一万元以上二十万元以下罚款：

（1）未落实国家有关规定确定的反电信网络诈骗内部控制机制的；

（2）未履行尽职调查义务和有关风险管理措施的；

（3）未履行对异常账户、可疑交易的风险监测和相关处置义务的；

（4）未按照规定完整、准确传输有关交易信息的。

七、最高人民法院、最高人民检察院关于办理洗钱刑事案件适用法律若干问题的解释

为依法惩治洗钱犯罪活动，根据《中华人民共和国刑法》《中华人民共和国刑事诉讼法》的规定，2024年8月19日发布的《最高人民法院　最高人民检察院关于办理洗钱刑事案件适用法律若干问题的解释》（法释〔2024〕10 号）明确了"自洗钱""他洗钱"犯罪的认定标准，以及"他洗钱"犯罪主观认识的审查认定标准。明确了洗钱罪"情节严重"的认定标准。洗钱数额在五百万元以上，且具有多次实施洗钱行为；拒不配合财物追缴，致使赃款赃物无法追缴；造成损失在二百五十万元以上；或者造成其他严重后果情形之一的，应当认定为"情节严重"。明确了"以其他方法掩饰、隐瞒犯罪所得及其收益的来源和性质"的七种具体情形。明确了洗钱罪与掩饰、隐瞒犯罪所得、犯罪所得收益罪的竞合处罚原则。掩饰、隐瞒《刑法》第一百九十一条规定的上游犯罪的犯罪所得及其产生的收益，构成洗钱罪，同时又构成掩饰、隐瞒犯罪所得、犯罪所得收益罪的，依照洗钱罪定罪处罚。明确了罚金数额标准。规定了在不同法定刑幅度判处罚金的最低数额。明确从宽处罚的标准。行为人如实供述洗钱犯罪事实，认罪悔罪，并积极配合追缴犯罪所得及其产生的收益的，可以从轻处罚；犯罪情节轻微的，可以依法不起诉或者免予刑事处罚。

八、最高人民法院、最高人民检察院关于办理非法从事资金支付结算业务、非法买卖外汇刑事案件适用法律若干问题的解释

为依法惩治非法从事资金支付结算业务、非法买卖外汇犯罪活动，维护金融市场秩序，2018 年 9 月 17 日最高人民法院审判委员会第 1749 次会议、2018 年 12 月 12 日最高人民检察院第十三届检察委员会第十一次会议通过，发布《最高人民法院 最高人民检察院关于办理非法从事资金支付结算业务、非法买卖外汇刑事案件适用法律若干问题的解释》（法释〔2019〕1 号），自 2019 年 2 月 1 日起施行，就办理非法从事资金支付结算业务、非法买卖外汇刑事案件适用法律的若干问题作出解释。其中第五条规定，非法从事资金支付结算业务或者非法买卖外汇，构成非法经营罪，同时又构成《刑法》第一百二十条之一规定的帮助恐怖活动罪或者第一百九十一条规定的洗钱罪的，依照处罚较重的规定定罪处罚。

九、最高人民法院、最高人民检察院、公安部关于办理洗钱刑事案件若干问题的意见

为依法惩治洗钱犯罪活动，维护金融管理秩序和国家经济金融安全，根据刑法、刑事诉讼法及有关司法解释等规定，2020 年 11 月 6 日，最高人民法院、最高人民检察院、公安部印发《关于办理洗钱刑事案件若干问题的意见》（法发〔2020〕41 号）。办理洗钱刑事案件的总体要求是以事实为根据，以法律为准绳；坚持分工负责、互相配合、互相制约。对依法准确认定洗钱犯罪、依法从严惩处洗钱犯罪、合力预防和惩治洗钱犯罪以及强化洗钱刑事案件证据的收集、审查和运用等提出明确要求。

2.5.3 重要的反洗钱部门规章及规范性文件

金融规章是指行政主管机关或行业管理机构为了规范货币结算、现金支付登记备案，外资金融机构的管理，商业银行境外机构管理，办理结汇、售汇及付汇管理活动，防范套取现金、逃避债务、洗钱等违法行为，而制定的一系列部门规章。目前，我国与反洗钱和反恐怖融资有关的金融规章主要包括《金融机构反洗钱规定》《金融机构大额交易和可疑交易报告管理办法》《金融机构客户身份识别和客户身份资料及交易记录保存管理办法》等规章及规范性文件。

一、《金融机构反洗钱规定》（中国人民银行令〔2006〕第 1 号）。

二、《金融机构客户身份识别和客户身份资料及交易记录保存管理办法》（中国人民银行　中国银行业监督管理委员会　中国证券监督管理委员会　中国保险监督管理委员会令〔2007〕第 2 号）。

《金融机构客户身份识别和客户身份资料及交易记录保存管理办法》（中国人民银行　中国银行保险监督管理委员会　中国证券监督管理委员会令〔2022〕第 1 号）[①]。

三、《金融机构大额交易和可疑交易报告管理办法》（中国人民银行令〔2016〕第 3 号）。

四、《涉及恐怖活动资产冻结管理办法》（中国人民银行　公安部　国家安全部令〔2014〕第 1 号）。

五、《中国人民银行关于加强代理国际汇款业务反洗钱工作的通知》（银发〔2008〕170 号）。

六、《关于进一步加强金融机构反洗钱工作的通知》（银发〔2008〕391 号）。

七、《关于加强从业人员反洗钱履职管理及相关反洗钱内控建设的通知》（银发〔2012〕178 号）。

八、《中国人民银行关于加强跨境汇款业务反洗钱工作的通知》（银发〔2012〕199 号）。

九、《中国人民银行关于金融机构在跨境业务合作中加强反洗钱工作的通知》（银发〔2012〕201 号）。

十、《金融机构洗钱风险评估及客户分类管理指引》（银发〔2013〕2 号）。

十一、《关于加强开户管理及可疑交易报告后续控制措施的通知》（银发〔2017〕117 号）。

十二、《中国人民银行关于大额交易和可疑交易报告要素及释义的通知》（银发〔2017〕98 号）。

十三、《中国人民银行关于落实执行联合国安理会相关决议的通知》（银发

---

① 2022 年 2 月 21 日，人民银行、银保监会、证监会联合发布公告："原定 2022 年 3 月 1 日起施行的《金融机构客户尽职调查和客户身份资料及交易记录保存管理办法》（中国人民银行　银保监会　证监会令〔2022〕第 1 号）因技术原因暂缓施行。相关业务按原规定办理。"

〔2017〕187 号）。

十四、《中国人民银行关于加强反洗钱客户身份识别有关工作的通知》（银发〔2017〕235 号）。

十五、《中国人民银行办公厅关于进一步加强反洗钱和反恐怖融资工作的通知》（银办发〔2018〕130 号）。

十六、《中国人民银行关于进一步做好受益所有人身份识别工作有关问题的通知》（银发〔2018〕164 号）。

十七、《法人金融机构洗钱和恐怖融资风险管理指引（试行）》（银反洗发〔2018〕19 号）。

十八、《法人金融机构洗钱和恐怖融资风险评估管理办法（试行）》（银反洗发〔2018〕21 号）。

十九、《法人金融机构洗钱和恐怖融资风险自评估指引》（银反洗发〔2021〕1 号）。

二十、《中国人民银行　中国银行保险监督管理委员会　国家外汇管理局关于加强金融机构内部管理做好反洗钱工作的通知》（银发〔2021〕80 号）。

二十一、《金融机构反洗钱和反恐怖融资监督管理办法》（中国人民银行令〔2021〕第 3 号）。

二十二、《银行跨境业务反洗钱和反恐怖融资工作指引（试行）》（银发〔2021〕16 号）。

二十三、《汇款业务反洗钱和反恐怖融资工作指引》（银发〔2021〕102 号）。

二十四、《中国人民银行关于印发〈数字人民币反洗钱和反恐怖融资工作指引〉的通知》（银发〔2023〕169 号）。

二十五、《受益所有人信息管理办法》（中国人民银行　国家市场监督管理总局令〔2024〕第 3 号）。

二十六、《银行业金融机构反洗钱和反恐怖融资管理办法》（中国银行保险监督管理委员会令 2019 年第 1 号）。

二十七、《证券期货业反洗钱工作实施办法》（中国证券监督管理委员会令〔2010〕第 68 号）。

二十八、《保险业反洗钱工作管理办法》（保监发〔2011〕52 号）。

二十九、《中国人民银行关于改进个人银行账户服务加强账户管理的通知》（银发〔2015〕392 号）。

3 反洗钱相关理论

本章以现代经济理论为基础，利用现代数学工具对洗钱犯罪行为进行定量分析，论述反洗钱的社会管制职能和外部性特征，基于委托代理理论对政府与金融机构在反洗钱中存在的委托代理关系进行分析，并对金融机构洗钱、恐怖融资合谋行为进行求解。

3.1 洗钱犯罪行为经济学分析

对洗钱犯罪的经济学分析较为规范和具有代表性的是 Donato（2007）、Fassil 和 Hasan（2011）。本节在参考前人研究的基础上，利用现代经济学理论对洗钱犯罪行为进行定量分析。

3.1.1 微观分析

假设犯罪分子犯罪所得为 W，但这些犯罪所得必须先清洗之后才能用于消费或投资，否则极易被侦查部门发现。所以，未清洗过的犯罪所得只代表潜在的购买力。洗钱的经济目的就是将犯罪所得具有的潜在购买力变成实际有效的购买力。在这个过程中，洗钱就行使了非法的特殊货币转换职能，将犯罪所得具有的潜在购买力变为实际有效的购买力。

假设不论犯罪所得的实际价值如何，未清洗前，其初始效用为零[①]。

$$U(W) = 0 \tag{3-1}$$

假设清洗后的犯罪所得价值为 y，如果没有清洗成本，则 $y = W$。如果洗钱活动掩饰得不好，被侦查部门发现，不但难以获取收益，还有可能造成更多损失，假设洗钱活动成本是 C，受到法律追究的损失为 T，假设洗钱被发现的概率为 p，r 代表已清洗过的资产正常投资收益率，被清洗后犯罪所得的货币价值为 B，令 $1 + r = m$，则：

---

① 当然也可假设犯罪所得与合法所得相比有一定价值，假设其为零便于以后的分析，但并不影响其经济学含义。

$$B = (1 + r)y = my \tag{3-2}$$

洗钱的成本 C 与洗钱参数 c 成正比，c 的取值介于 0 到 1 之间，具体取值决定于洗钱难易程度。

$$C = cy \tag{3-3}$$

洗钱受到法律追究的损失 T 在数额上应该最少等于已清洗过的价值 y。实际上，洗钱受到追究的损失应该是清洗财产的数倍，为方便分析，假设是清洗后价值的平方数，由于各国的法律和执行的效率不同，其受到惩罚的程度不同。在此假定受到惩罚的严重程度的变量为 t，则：

$$T = ty^2 \tag{3-4}$$

犯罪分子所期望的效用 E 可被表达为：

$$E = U[(1 - p)(B - C) + p(-C - T)]$$
$$E = U[(1 - p)(my - cy) - p(cy + ty^2)] \tag{3-5}$$

假设犯罪分子风险是中性的，犯罪分子所期望的效用 E 随其清洗后收益的增大而增长，在此假设 $U'(\cdot) > 0$。对不同的变量求偏导：

$$\frac{\partial E}{\partial p} = -(my + ty^2)U'(\cdot) < 0$$

$$\frac{\partial E}{\partial t} = -py^2U'(\cdot) < 0$$

$$\frac{\partial E}{\partial m} = (1 - p)yU'(\cdot) > 0 \tag{3-6}$$

从式（3-6）可以看出，犯罪组织的收益随着被发现的概率以及惩罚严厉程度的增加而减小，随着期望收益的增加而增加。犯罪分子洗钱选择路径如图 3-1 所示。

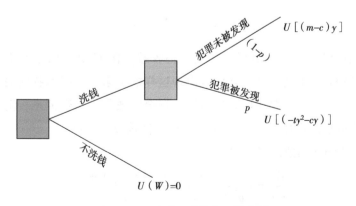

图 3-1　犯罪分子洗钱效用博弈树

最大的可支配资源 W 在一定的条件下，犯罪分子将找到洗钱的最优水平 Y^* 。通过对式（3-5）进行推算，得到最优水平时的充分和必要条件：

$$\frac{\mathrm{d}E}{\mathrm{d}y} = -\left[2pty + c - m(1-p)\right]U'(\cdot)$$

$$\frac{\mathrm{d}^2E}{\mathrm{d}y^2} = -2ptU'(\cdot) \tag{3-7}$$

当 Y 满足如下条件时，该函数达到最优值：

$$Y^* = \frac{m(1-p) - c}{2pt} \tag{3-8}$$

犯罪分子的期望效用取决于清洗的流动资产数量，其相关关系如图 3-2 所示。

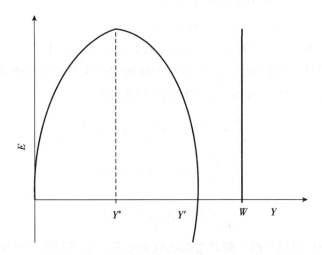

图 3-2　犯罪分子的期望效用关系

从图 3-2 可以看出，在 $0 \sim Y'$ 时效用值为正：

$$Y' = \frac{m(1-p) - c}{pt} \tag{3-9}$$

在 Y' 之前犯罪分子从洗钱活动中获得正收益，在 Y' 之后由于面临的法律惩罚影响过大，期望收益变为负数。之所以出现这样的结果，是因为各国法律对洗钱犯罪处罚都比较严厉，处罚带来的后果与清洗资金的数量呈指数关系，洗钱的数额越大，处罚带来的后果增加得更快，超过 Y' 后，洗钱收益为负。

Y' 的值取决于模型的各个参数：

$$\frac{\mathrm{d}Y'}{\mathrm{d}p} = \frac{c - m}{p^2t}, \quad \frac{\mathrm{d}Y'}{\mathrm{d}t} = \frac{-m(1-p) + c}{pt^2}$$

$$\frac{\mathrm{d}Y'}{\mathrm{d}m} = \frac{(1-p)}{pt}, \quad \frac{\mathrm{d}Y'}{\mathrm{d}c} = -\frac{1}{pt} \tag{3-10}$$

通过上述公式可得，更有效的反洗钱和反恐怖融资政策（p 越大），更严厉的惩罚措施（t 越大），将会降低犯罪分子洗钱的可能性。

另外，收益率越高（m 越大），洗钱成本越小（c 越小），将会增加犯罪分子洗钱的可能性。

通过式（3-7）已得到最优选择：

$$Y^* = \frac{m(1-p) - c}{2pt} \qquad (3\text{-}11)$$

在 $Y^* < W$ 的条件下，

对于洗钱的潜在倾向，我们可以根据模型确定犯罪分子洗钱的最优选择。

第一，洗钱的数额 Y^* 与被侦破的概率 p 成反比（见图3-3）。

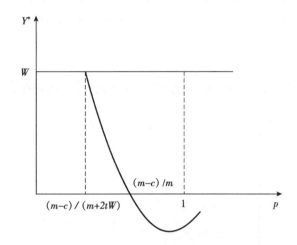

图 3-3　最优洗钱水平 Y^* 与被监测的概率 p 关系

通过图3-3可见，随着被发现概率 p 的增大，洗钱资金水平下降，在 $p = (m-c)/m$ 时达到0，而非 $p = 1$ 时达到0。

出现这个结果是因为除了被指控的成本外，洗钱行为还存在经济成本。实际上只有当洗钱成本 $c = 0$ 时，$p = 1$ 时洗钱资金水平达到0。

考虑到可支配资金 W 限制，当 $Y^* = W$ 时，$p = (m-c)/(m+2tW)$，这是 p 的最小值，p 的值继续减小对犯罪组织的洗钱活动不会产生影响。

第二，法律越严，受的处罚越严厉，犯罪分子洗钱数量越少（见图3-4）。考虑到 W 的限制，t 的最小值为 $t = [m(1-p)-c]/(2pW)$。

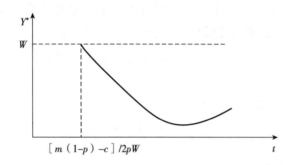

图 3-4　最优洗钱水平 Y^* 与惩罚严重程度 t 的关系

洗钱水平 Y^* 还与投资阶段的收益率 m 有关（见图 3-5）。收益率越高，洗钱的动机就越大。也就是说，如果合法资金的收益率下降，黑钱能够被直接用于消费或者投资而不被发现，洗钱的动机就会下降。当满足如下条件时，洗钱动机为 0：

$$m = (1 + r) \leqslant \frac{c}{(1 - p)} \tag{3-12}$$

W 确定的情况下，当 $m = (c + 2ptW)/(1 - p)$ 时，达到收益最大化。

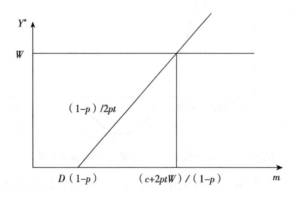

图 3-5　最优洗钱水平 Y^* 与收益率 m 关系

最后，洗钱成本 c 与洗钱数量 Y^* 之间的关系如图 3-6 所示。

需求弹性如下：

$$\eta_{y^*c} = -\frac{c}{2pty^*} \tag{3-13}$$

洗钱的需求弹性随着成本的增加而增大（从 0 到无穷），在 $Y^{**} = c/(2pt)$ 时需求弹性为 1；价格为 $c = m(1 - p)$ 时，洗钱数量为 0，当价格为 0 时，最优的洗钱水平为 $Y^* = [m(1 - p)/(2pt)]$。考虑到可支配资金 W 的限制，最低成本应当为 $c = m(1 - p) - 2ptW$。

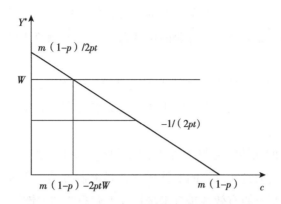

图 3-6　最优洗钱水平 Y^* 与洗钱成本 c 关系

与弹性一样，洗钱供给曲线的位置随着模型参数的变化而移动。收益率上升，需求曲线会向上移动，被监测概率上升或者是处罚的严重程度上升，需求曲线会向下移动。

以上变量对洗钱影响程度可归纳为表 3-1。

表 3-1　洗钱行为影响变量列表

关键变量	变量的弹性
$W=$ 违法活动犯罪所得	$\eta_{Y^*,\,w} = \dfrac{W}{Y^*} > 0$
$\rho=$ 洗钱被发现的概率	$\eta_{Y^*,\,\rho} = -\dfrac{(m-c)}{2ptY^*} < 0$
$t=$ 受到法律追究的损失	$\eta_{Y^*,\,t} = \dfrac{-(1-p)m+c}{2ptY^*} < 0$
$m=$ 清洗的钱在投资阶段的收益率	$\eta_{Y^*,\,m} = \dfrac{(1-p)m}{2ptY^*} > 0$
$c=$ 洗钱的成本	$\eta_{Y^*,\,c} = -\dfrac{c}{2ptY^*} < 0$

如表 3-1 所示，犯罪分子洗钱收益与洗钱的数额、清洗后资金的收益率成正比，与洗钱受到追究的损失、洗钱成本、洗钱被发现的概率成反比。

（1）犯罪分子获取的犯罪收益越大，其洗钱收益越多，犯罪分子洗钱的动机越强烈。如何在源头上打击犯罪，减少犯罪分子的收益是遏制洗钱犯罪的重要措施。因此，制定完善的反洗钱和反恐怖融资惩罚性和预防性法律并有效实施是遏制洗钱的基础。

（2）犯罪分子洗钱收益与清洗后资金的收益率成正比。因此，加大对房地产、证券期货等犯罪分子可投资领域的反洗钱和反恐怖融资力度，让洗钱犯罪分子不敢进入高收益行业是遏制洗钱及上游犯罪的重要措施。应该加大反洗钱和反恐怖融资的覆盖领域，特别是加大高收益行业的反洗钱和反恐怖融资力度，让犯罪分子无机可乘。

（3）犯罪分子的洗钱收益与洗钱受到追究的损失成反比。必须加大对洗钱犯罪的惩罚力度，增加刑罚的威慑力，让犯罪分子无利可图，是提高反洗钱和反恐怖融资有效性的重要因素。

（4）犯罪分子的洗钱收益与洗钱成本成反比。因此，加大各个行业的反洗钱和反恐怖融资力度，增加犯罪分子的洗钱成本，是遏制洗钱的重要手段，所以各个行业反洗钱和反恐怖融资的有效性是打击洗钱及上游犯罪的关键。

（5）犯罪分子洗钱与洗钱被发现的概率成反比。建立完善的反洗钱和反恐怖融资制度和操作规程，设计良好的反洗钱和反恐怖融资可疑交易监测分析计算机系统，利用科学的方法和技巧增加可疑交易分析的效果，及时发现洗钱案件线索是提升反洗钱和反恐怖融资有效性的重要手段。

3.1.2　宏观分析

上一节讨论了犯罪分子对洗钱活动的最佳选择。由于犯罪的集团化和专业化特征，洗钱已经成为有组织犯罪。本节在微观分析的基础上，建立宏观模型对犯罪组织洗钱活动做进一步的分析。

假设在一个给定的经济体系中，存在一个犯罪部门，这个部门掌控着犯罪活动所得累积的流动资金 ACI，至少其中的一部分资金是需要清洗的。洗钱犯罪所得来自黑社会组织犯罪、腐败犯罪等严重上游犯罪。洗钱的每个阶段会发生洗钱成本，在其他条件不变的前提下，洗钱成本取决于各种洗钱技术的成本。洗钱成本 cR 与非法资金的数量呈正比例关系，指定成本系数 c，令 $R=ACI$，那么：

$$cR = cACI \tag{3-14}$$

如果洗钱的第一阶段成功，需要洗钱服务的犯罪部门可能会将剩下的流动资金用于投资等合法的经济活动或者再用于非法活动的资金积累。

犯罪部门将其中占比为 d 的资金用于购买商品，占比为 f 的资金用于合法投资，占比为 q 的资金投资于非法市场，则 $d + f + q = 1$。

如果犯罪部门根据传统的资产组合理论进行投资选择，用 $q(r, s)$ 表示非法再投资的资金数量，其中 r 表示非法再积累与合法投资期望回报差，s 表示两种投资的相对风险，假设 r 是正的，原因是合法投资需要交税，但非法投资不需要。关于相对风险的各种假设是不确定的，取决于社会公众与犯罪部门作斗争的有效性。

最后，假设犯罪部门用于积累的资金仅需要清洗一部分，用 y 表示需要清洗资金的占比，$y > 0$。

犯罪部门再投资会产生新的非法收入，新产生的非法收入将同样面临指控可能，新的洗钱需求由此产生。显然，非法投资收入都可能需要被清洗，用于非法投资的资金有两方面的来源，一部分是被清洗过的资金，该部分资金占比为 a，另一部分是未被清洗过的资金，该部分资金占比为（$1 - a$）。那么第一次非法再投资收益经清洗后产生的资金 R 如下：

$$R = (1 + r)(1 - c)^2 qy^2 ACI \tag{3-15}$$

其中，y 表示需要清洗的资金占比。

假设合法的投资和部分非法积累（非法投资）都需要被清洗过的资金作为投资资金来源，原因是洗钱犯罪分子是理性的，他们希望降低被监测到的概率。

洗钱无限重复，在前述参数保持不变的前提下，通过洗钱活动获得的资金流 AFI 如下：

$$AFI = \frac{yACI(1 - c)}{1 - yq(1 - c)(1 + r)} = mACI \tag{3-16}$$

其中，$0 < c, q, y < 1, m = \frac{y(1 - c)}{1 - yq(1 - c)(1 + r)}$

AFI 能够代表所有非法投资生成的资金，m 可以定义为模型的乘数。求偏导：

$$\frac{\partial AFI}{\partial c} = -\frac{ACIy}{[1 - qy(1 - c)(1 + r)]^2} < 0 \tag{3-17}$$

表明 AFI 随着洗钱成本 c 的增加而减小：

$$\frac{\partial AFI}{\partial q} = \frac{(1 - c)^2(1 + r)ACIy^2}{[1 - qy(1 + r)(1 - c)]^2} > 0 \tag{3-18}$$

说明 AFI 随着非法投资占比 q 的增加而增加：

$$\frac{\partial AFI}{\partial r} = \frac{(1 - c)^2 ACIqy^2}{[1 - qy(1 - c)(1 + r)]^2} > 0 \tag{3-19}$$

说明随着非法投资与合法投资期望回报差 r 的增加而增加：

$$\frac{\partial AFI}{\partial ACI} = \frac{y(1 - c)}{[1 - qy(1 - c)(1 + r)]} > 0 \tag{3-20}$$

说明随着初始非法资金 ACI 的增加而增加：

$$\frac{\partial AFI}{\partial y} = \frac{(1 - c)ACI}{[1 - qy(1 + r)(1 - c)]^2} > 0 \tag{3-21}$$

说明随着需要清洗的资金份额 y 的增加而增加。无论洗钱上游犯罪是什么，只要洗钱失败，犯罪分子将面临更大的被侦破的可能性。因此，他们唯一需要满足的假设就是如果犯罪资金没有和其来源撇清关系，就无法产生收入，也就不会有洗钱的需求。因此，洗钱活动越有效，犯罪组织可用于再投资的资金流就越大。

再对合法投资进行分析。合法再投资的规模随着洗钱活动的有效性增加而增大，这种合法投资帮助掩饰经济系统中的非法组织。用 ARL 表示所有的合法投资收入，r_1 表示平均回报率：

$$ARL = \frac{f(1-c)(1+r_l)yACI}{1-yq(1-c)(1+r)} \tag{3-22}$$

合法和非法的投资收入 ART 如下式所示：

$$ART = ARI + ARL = \frac{(1-c)[q+f(1+r_l)]yACI}{1-yq(1-c)(1+r)} \tag{3-23}$$

其中，

$$ARI = \frac{q(1-c)yACI}{1-yq(1-c)(1+r)} \tag{3-24}$$

式（3-23）显示了洗钱在犯罪部门收入增长中的核心作用，通过洗钱，犯罪组织不仅能够消费，更重要的是能够将资产投资于合法以及非法的经济循环中。投资越成功、获利越多，犯罪组织就越强大，对整体社会的危害就越大。

返回到式（3-16），如果洗钱乘数不变，可支配资金的变化将会对洗钱数量产生大于线性比例的影响。当洗钱成本可忽略时（ $c=0$ ）乘数效应最大化，所有的犯罪活动收益都会被清洗（ $y=1$ ）。在这种情况下，洗钱资金规模（ AFI ）的变化，即可用于再投资的资金的变化公式如下：

$$AFI_{max} = \frac{ACI}{1-q(1+r)} \tag{3-25}$$

洗钱乘数在动态模型中更为明显。假设初始可支配资金等于 I_0 ，简便起见，犯罪组织仅会将用于合法交易的资金 yI_0 进行清洗，洗钱成本占犯罪收益的比例为 c 。因此，洗钱数量如下：

$$R_0 = (1-c)yI_0 \tag{3-26}$$

犯罪组织将 fR_0 用于合法投资，收益率为 r_l ，消费的资金为 $(1-f)R_0$ 。第一个阶段之后，总的合法资金为 L_1 ：

$$L_1 = fR_0(1+r_l) \tag{3-27}$$

给定非法投资回报率为 r_i ，总的非法资产 I_1 如下：

$$I_1 = (1-y)I_0(1+r_i) \tag{3-28}$$

在第二阶段，所有的合法资产 L_2 如下：

$$L_2 = f(1+r_l)(L_1+R_1) \tag{3-29}$$

其中，

$$R_1 = (1-c)yI_1 \tag{3-30}$$

最终所有的合法资产 L_n 如下：

$$L_n = f(1 + r_l)(L_{n-1} + R_{n-1}) \tag{3-31}$$

其中，
$$R_n = (1 - c)yI_n \tag{3-32}$$

$$I_n = (1 - y)I_{n-1}(1 + r_i) \tag{3-33}$$

式（3-31）至式（3-33）定义了一个从 I_0 开始的循环体系。

$$I_2 = (1 - y)I_1(1 + r_i)$$

代入 I_1，
$$I_2 = (1 - y)^2 I_0(1 + r_i)^2$$

更一般地，
$$I_n = (1 - y)^n I_0(1 + r_i)^n$$

为进一步理解式（3-31），$L_0 = 0$，我们可以将 L_n 写成如下形式：

$$L_n = f(1 + r_l)(L_{n-1} + R_{n-1})$$
$$= f(1 + r_l)[L_{n-1} + (1 - c)yI_{n-1}]$$
$$= f(1 + r_l)[L_{n-1} + (1 - c)y(1 - y)^{n-1}(1 + r_i)^{n-1}I_0]$$

根据如下公式：

$$a_n = r(a_{n-1} + g_{n-1})$$
$$a_1 = r(a_0 + g_0)$$
$$a_2 = r(a_1 + g_1) = r[r(a_0 + g_0) + g_1] = r^2 a_0 + r^2 g_0 + rg_1$$
$$a_3 = r(a_2 + g_2) = r(r^2 a_0 + r^2 g_0 + rg_1 + g_2)$$
$$= r^3 a_0 + r^3 g_0 + r^2 g_1 + rg_2$$
$$a_n = r^n a_0 + r^n g_0 + r^{n-1} g_1 + \cdots + rg_{n-1}$$

可以写成：

$$a_n = L_n$$
$$r = f(1 + r_l)$$
$$g_{n-1} = R_{n-1} = (1 - c)y(1 - y)^{n-1}(1 + r_i)^{n-1}I_0$$
$$g_{n-1} = R_{n-1} = R_0 s^{n-1}$$

其中，
$$s = (1 - y)(1 + r_i)$$
$$a_0 = l_0 = 0$$
$$g_0 = R_0 = y(1 - c)I_0$$

得到：

$$L_n = r^n R_0 + r^{n-1} R_0 s + \cdots + rR_0 s^{n-1}$$
$$= rR_0(r^{n-1} + r^{n-2}s + \cdots + s^{n-1})$$
$$= rR_0(s^n - r^n)/(s - r) \tag{3-34}$$

如果 $r_i \gg r_l$，$s > r$，将 $q = r/s$ 代入上式，得：

$$L_n = rR_0 s^{n-1} \frac{[1 - q^n]}{1 - q} \tag{3-35}$$

L_n 与下面的公式类似：

$$1 + q + q^2 + \cdots + q^{n-1} = \frac{1 - q^n}{1 - q}$$

均衡水平如下：

$$L_n \equiv rs^{n-1}R_0 \frac{1}{1 - q} = \frac{r}{s - r}s^n R_0 \tag{3-36}$$

$$L_n \equiv \frac{f(1 + r_l)}{(1 - y)(1 + r_i) - f(1 + r_l)}y(1 - c)I_0\big[(1 - y)(1 + r_i)\big]^n \tag{3-37}$$

综上所述，随着非法经济规模的不断增长，需要清洗的犯罪资金数额将不断增加，洗钱犯罪活动规模不断增大且呈现乘数效应，犯罪组织所控制的产业越大，洗钱犯罪对经济和金融体系的危害就越来越大。所以必须采取有效措施，加大对洗钱及其上游犯罪的打击力度，减少犯罪分子洗钱的收益和规模，降低洗钱的危害。

3.2　金融机构反洗钱外部性与社会责任

3.2.1　反洗钱社会管制职能

公共管制是西方经济学的一个重要概念，来源于 18 世纪、19 世纪古典经济学派的思想。20 世纪 70 年代以来出现了一批完整而富于独创的关于经济管制的研究成果，最具代表性的是乔治·斯宾蒂格勒 1971 年提出的"经济管制理论"。公共管制是政府为了改变或控制经济组织的经营活动颁布的一系列法律及规章制度，对违背这些法律、规章制度的行为进行惩处。洗钱犯罪同各种严重犯罪存在滋生关系，对社会的危害极大。政府反洗钱和反恐怖融资就是通过法律、制度安排行使公共管理职能。反洗钱和反恐怖融资的目的就是通过对洗钱的遏制减少犯罪的发生，犯罪所得越少，洗钱数量就越少；反过来犯罪分子洗钱所得越少，犯罪分子的犯罪意愿就越低，相应的犯罪率就越低，通过反洗钱和反恐怖融资就从根源上遏制了上游犯罪。政府要想达到遏制和打击洗钱的目的需要有效的工具。按照美国社会学法学创始人和主要代表人物罗斯科·庞德（Roscoe Pound）的主张，通过法律来实施社会控制是最有效的手段，自 16 世纪以来，法律事实上已经成为社会控制的首选工具。Petrus 等（2005）认为，反洗钱和反恐怖融资已经被引入全球社会管理制度中，并得到充分的发展，最基本的原因是反洗钱和反恐怖融资让违法犯罪所得不能被犯罪分子所拥有，让犯罪分子一无所获。反洗钱和反恐怖融资的重要职能是维护国家和社会公众的根本利益，打击经济犯罪活动，遏制其他严重刑事犯罪，为金融改革和金融稳定创造良好的环境。尤其对于解决我国广大群众深恶痛绝的腐败和贪官外逃问题，反洗钱和反恐怖融资为反腐败提供了强有力的工具。

3.2.2 反洗钱成本收益分析

（一）反洗钱和反恐怖融资的社会收益

洗钱虽然提高了部分人的经济福利，但损害了整个社会公众福利。政府的责任是保护公民不受犯罪和动乱的影响。国家为保护所有社会成员的利益，要以立法形式明确反洗钱各义务主体的反洗钱义务。反洗钱和反恐怖融资收益是指国家开展反洗钱和反恐怖融资工作对社会经济所产生的有利影响，主要表现为社会收益和经济收益。反洗钱和反恐怖融资收益是一种预期收益，大于或等于未开展反洗钱和反恐怖融资所造成损失的期望值。理论上，只要知道未开展反洗钱和反恐怖融资工作社会的各种损失和概率是多少，就能大体估算出社会损失的期望值，该期望值就是反洗钱和反恐怖融资的预期收益。但实际工作中，反洗钱和反恐怖融资直接收益很难测定，特别是维护国家安全、社会稳定和良好金融秩序的社会收益，则更难准确衡量。开展反洗钱和反恐怖融资的国家和社会收益主要表现为以下几个方面：

1. 有利于维护良好的金融秩序。金融机构是洗钱犯罪分子洗钱的主要渠道，如果犯罪分子利用金融机构洗钱活动猖獗，极易引发信用危机，动摇金融系统的信用基础。洗钱犯罪资金在金融机构间和地区间的异常流动脱离正常交易基本规律，给金融机构按照正常资金运动规律调度头寸带来了困难。

2. 有利于宏观经济的健康有序运行。洗钱行为脱离基本经济规律，人为改变社会资金的流量和流向，扭曲资产、商品价格，导致资源分配不当，破坏国家在一段时期内资本和货币供求的平衡关系，造成利率、汇率的剧烈波动，影响国家整体经济运行。

3. 有利于减少国家税收损失。洗钱是逃税、漏税的重要手段，世界各国每年因洗钱造成税收损失数额巨大，损害了合法纳税人的利益和社会公平正义。反洗钱和反恐怖融资打击逃税行为，可有效减少国家税收损失，保护合法纳税人利益。所以，2017年4月18日，中央全面深化改革领导小组审议通过《关于完善反洗钱、反恐怖融资和反逃税监管体制机制的意见》，将反洗钱、反恐怖融资和反逃税机制一起进行建设。

4. 有利于维护国家和金融机构的声誉。在国际社会越来越重视反洗钱和反恐怖融资工作的形势下，一个国家反洗钱和反恐怖融资工作不力就会被列入反洗钱和反恐怖融资不合作的国家，国家信誉一旦因洗钱、恐怖融资活动受损，会对社会经济发展产生严重不良影响。

（二）反洗钱和反恐怖融资的社会成本

反洗钱和反恐怖融资的社会成本可分为直接成本和间接成本。直接成本包括社会为预防惩治洗钱犯罪而投入的各种成本，主要是制定反洗钱和反恐怖融资法律、设置反洗钱监管部门、实施反洗钱行政措施以及监督义务主体履行反洗钱和反恐怖融资义务等投入的成本；反洗钱和反恐怖融资义务主体为遵守反洗钱和反恐怖融资法律在经营中承担的额外成本以及反洗钱主管部门监测、分析和调查可疑交易活动成本以及反洗钱和反恐怖融资基础设施建设投入成本。其中，金融机构及其他反洗钱和反恐怖融资义务主体的反洗钱和反恐怖融资成本占很大比重（Peter，2007）。间接社会成本是指国家的反洗钱和反恐怖融资措施在提高市场效率、维护市场秩序的同时，有可能在某些方面造成效率缺失以及市场无序而增加的社会运行成本。

从以上分析可以看出，反洗钱和反恐怖融资收益主要表现为对国家和社会的收益，反洗钱和反恐怖融资成本主要由金融机构等反洗钱和反恐怖融资义务主体承担，所以金融机构反洗钱和反恐怖融资具有很强的外部性。

3.2.3 反洗钱的外部性

一、金融机构的反洗钱和反恐怖融资成本收益分析

（一）金融机构反洗钱和反恐怖融资收益。为了做好反洗钱和反恐怖融资工作，金融机构建立健全内控机制和风险防范措施，可减少法律风险、运营风险和声誉风险。金融机构严格执行客户身份识别措施会避免与客户之间的信息不对称，有助于自身业务管理和防范诈骗。金融机构反洗钱和反恐怖融资直接收益还包括免受监管机关的处罚以及因运营良好能够从中央银行获得再贷款、再贴现等货币政策的优惠。

（二）金融机构反洗钱和反恐怖融资成本。一是制度成本，主要是指金融机构反洗钱和反恐怖融资内部控制机制成本，包括内控制度、政策、程序和控制措施。二是组织和人力资源成本，主要是金融机构反洗钱和反恐怖融资机构设置运行和反洗钱和反恐怖融资工作人员成本，设置专门的反洗钱机构并配备专门的反洗钱和反恐怖融资工作人员以及相应的培训等成本。三是操作成本，金融机构执行反洗钱和反恐怖融资制度的执行成本。四是惩罚成本，是金融机构不按法律规定履行反洗钱和反恐怖融资义务而被反洗钱监管部门处罚而造成的损失，由于执法力度不同，并非所有违规行为都能被查处并实现处罚，所以违法的惩罚成本是一种预期成本，它与违法行为败露的难易、受到惩处的概率等因素有关。五是机会成本，是指金融机构把一部分资源用于反洗钱和反恐怖融资而丧失的机会成本。六是客户流失成本，严格客户身份识别和大额交易、可疑交易的上报有可能造成客户流失，这些客户既有洗钱者，也有一些难以提供所需材料或不希望其业务经营被严格审查的客户。

制度成本、组织和人力资源成本、操作成本是金融机构为履行反洗钱和反恐怖融资职责而发生的直接成本，是金融机构可直接控制的成本，直接影响了金融机构反洗钱和反恐怖融资水平和积极性。惩处成本、机会成本、客户流失成本是金融机构为承担反洗钱和反恐怖融资职责而发生的间接成本。从金融机构反洗钱和反恐怖融资成本收益看，金融机构反洗钱和反恐怖融资直接成本是影响金融机构反洗钱和反恐怖融资的重要因素。

二、反洗钱的外部性特征

从反洗钱和反恐怖融资成本与收益分析可以看出，反洗钱和反恐怖融资成本主要由金融机构等反洗钱和反恐怖融资义务主体承担，而反洗钱和反恐怖融资收益主要表现为社会收益。成本与收益的不对等造成了反洗钱和反恐怖融资工作的利益冲突，反洗钱和反恐怖融资具有明显的外部性特征。Meade（1964）认为，外部经济是这样一种事件，它将可察觉到的利益加于某些人，而这些人并没有完全做出直接或间接导致该事件的决策。James 和 Wm（1962）用数学语言描述了外部效应，就是某社会主体的福利函数的自变量中包含了他人的努力，而该社会主体并没有向他人提供报酬。即外部性可以表达为：$u^a = u^a(x_1, x_2, x_3, \cdots, x_m, y_1)$，$u^a$ 表示 a 的个人信用，u^a 依赖于一系列的活动 $(x_1, x_2, x_3, \cdots, x_m, y_1)$，这些活动中 x_1，x_2，x_3，$\cdots$，x_m 是 a 自身控制和授权范围内的，而 y_1 是由另外的 b 所控制的行为，b 被假定为同 a 一样的社会成员。

洗钱犯罪活动减少了社会福利，反洗钱和反恐怖融资增加社会福利，具有正外部性特征。反洗钱和反恐怖融资的主要受益人是社会公众，社会公众以纳税人的身份委托政府打击洗钱维护社会安定。一个稳定、良好、有序和具有良好信誉的金融体系对整个社会是一种公共产品，作为公共产品就会出现"搭便车"问题，即社会公众享受公共产品带来的好处，但没有有效的激励为公共产品的提供和维护作出贡献，反洗钱和反恐怖融资这一公共产品的特性决定了只能由代表社会公众利益的政府来提供，在市场经济条件下，反洗钱和反恐怖融资必须由政府通过制定法律法规规定明确义务，运用国家强制力来维护反洗钱和反恐怖融资这种公共产品。所以，通过反洗钱立法明确反洗钱和反恐怖融资义务，通过有效的反洗钱监管督促金融机构履行反洗钱和反恐怖融资义务是影响金融机构反洗钱和反恐怖融资有效性的重要手段。

3.3 反洗钱委托代理与激励机制

委托代理关系是一个最古老和最常见的社会交往模式，如果当事人出现了两个（或更多），当代理方代表委托方的利益行使一定的决策权，那么代理关系就发生了。委托代理理论主要解决如下问题：一个参与人（委托人）想使另一个参与人（代理人）按照委托人的利益选择行动，但委托人不能直接观测到代理人的行动选择，能观测到的只是另一些变量，这些变量由代理人的行动和其他的外生随机因素共同决定，只是代理人的不完全信息。委托人的问题是如何根据观测到的信息奖惩代理人，激励代理人选择对委托人最有利的活动。在反洗钱和反恐怖融资工作体系中，政府是反洗钱和反恐怖融资工作的主导者，金融机构是反洗钱和反恐怖融资义务的主要承担者，政府与承担反洗钱和反恐怖融资义务的金融机构之间存在着委托代理关系。

按照反洗钱和反恐怖融资法律法规的要求，金融机构认真识别客户身份，监测客户的金融交易活动，通过分析判断，确定是否可疑，决定是否将交易活动作为可疑交易报告给政府有关部门，政府有关部门根据金融机构可疑交易报告确定调查目标。政府用罚金激励金融机构监测及报告可疑交易行为，如图3-7所示。

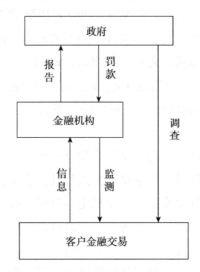

图 3-7　政府与金融机构的反洗钱和反恐怖融资委托代理关系

3.3.1　委托代理关系理论模型

政府和金融机构之间的委托代理关系由一笔资金交易活动开始。这笔交易有可能是洗钱活动，也有可能是合法交易，金融机构对交易活动进行监测（Monitoring），按照勤勉尽责的要求进行分析，并按照规定决定是否作为可疑交易向政府上报，政府根据金融机构报告的信息确定调查（Investigation）目标。金融机构承担监测和报告的费用，如果交易被政府确定为洗钱活动而金融机构没有按照规定监测报送可疑交易报告，就会面临政府处罚。假设模型建立在以下基础之上：（1）政府对金融机构惩罚的条件是如果金融机构出现漏报（False Negatives）的行为，即交易属于洗钱活动被查处而金融机构并没有向政府上报过该交易。（2）金融机构总是不能完全肯定交易的真实性质，即每一笔交易都可能是潜在的洗钱活动。（3）政府要求金融机构监测所有的交易并上报其中的可疑交易。这些假设和现实中的反洗钱和反恐怖融资法律制度规定是完全相符的。

假设某笔交易是洗钱活动的先验概率为 $\alpha \in (0, 1/2)$，洗钱活动对社会的危害为 $h(h > 0)$。假设博弈参与者政府和金融机构双方都是风险中性的，金融机构目标是自身利润最大化而政府目标则是社会福利最大化。设监测成本为 m，报告可疑交易花费的成本 c 以及政府的罚款 F 都会减少金融机构的利润。洗钱引起的危害 h 降低了社会福利，但是起诉洗钱活动会使社会福利增加 ρh，$\rho(\rho > 0)$ 表示挽回损失的比率。政府调查花费和金融机构监测及报告可疑交易花费都降低社会福利。但罚款只是代表福利的转移而不会降低社会福利。政府不能观测到金融机构的努力水平，所以把罚款作为约束金融机构遵守反洗钱和反恐怖融资政策的激励（Incentives）手段。

博弈行动顺序是：自然（Nature）首先选择交易的性质，即是合法的交易还是洗钱活动，金融机构努力监测获得关于交易信息的信号（Signal），观测到信号的金融机构决定是否报告，政府检查金融机构的报告并对交易实施调查。如果交易活动被起诉但金融机构没有报告时，政府就会处罚金融机构。金融机构观测到的信息信号为 σ，这里假设 σ 为二元的，即 $\sigma \in \{0, 1\}$。如果交易是洗钱，则信号值为 1 的概率为 δ，信号值为 0 的概率为 $1 - \delta$。如果交易合法则信号为 0 的概率为 δ，信号为 1 的概率为 $1 - \delta$。$\delta \in (1/2, 1)$，代表了观测的精度，信号值高，说明洗钱的可能性大，见表 3-2。

表 3-2　洗钱信号矩阵

信息信号	洗钱活动（α）	合法交易（$1 - \alpha$）
低信号（0）	$1 - \delta$	δ
高信号（1）	δ	$1 - \delta$

可以直接得到不同 σ 值的情况下洗钱发生的后验概率：

$$P(ML \mid \sigma = 0) = \frac{\alpha(1 - \delta)}{\alpha + \delta - 2\alpha\delta} \tag{3-38}$$

$$P(ML \mid \sigma = 1) = \frac{\alpha\delta}{1 - \alpha - \delta + 2\alpha\delta} \tag{3-39}$$

其中，ML 表示洗钱。显然有 $P(ML \mid \sigma = 1) > P(ML \mid \sigma = 0)$。

博弈双方的行动空间（Action Sets）。政府实施调查的努力程度为 I，I 表示的是政府发现真相的概率，在有金融机构报告的情况下，政府调查的努力为 I_1，在没有金融机构报告的情况下，政府调查的努力为 I_0，调查的成本为 kI^2 且 $k > 0$，被发现的洗钱活动会遭到政府的起诉。因此，政府的行动空间是 $(I_0, I_1, F) \in ([0, 1]^2 \times [0, ?))$。金融机构的监测努力 M 同样是二元的，$M = 1$ 时金融机构对交易进行监测，$M = 0$ 时金融机构不监测。金融机构的努力程度决定了它获得信号值 σ 的概率，$M = 1$ 时可以观测到信号，反之则得不到信号。设 R_0 为金融机构接收到低信号（$\sigma = 0$）时向政府上报该交易的决定，如上报 $R_0 = 1$，否则 $R_0 = 0$。同样设 $R_1 \in \{0, 1\}$ 为金融机构接收到高信号（$\sigma = 1$）时向政府上报该交易的决定。在这里引入一个新的变量 $T \in \{0, 1\}$，表示上报的"门槛"，如果 $\sigma \geq T$ 则上报，$\sigma < T$ 则不上报。比如说，$T = 1$ 就等价于 $(R_0 = 0, R_1 = 1)$。引入 T 并不能完全等价替换 R_0 和 R_1 的所有可能组合，但是可以证明，被排除的组合并不会影响博弈最后的均衡结果。这样，金融机构的行动空间就是 $(M, T) \in (\{0, 1\}^2)$。为了便于讨论，模型仅仅探讨符合纯策略子博弈完美纳什均衡（Pure Strategy Subgame Perfect Nash Equilibrium）的结果。为了简便，引入几个符号代替一些和 T 相关的条件概率的表达式：p_T 表示上报交易的概率，因此 $p_0 = 1$，$p_1 = 1 - \alpha - \delta + 2\alpha\delta$。$q_{0T}$ 和 q_{1T} 分别表示不上报的交易和上报的交易发生洗钱的概率 $q_{11} = P(ML \mid \sigma = 1)$，$q_{01} = P(ML \mid \sigma = 0)$，$q_{10} = q_{00} = \alpha$。

3.3.2　反洗钱委托代理模型的均衡解

首先，不考虑激励的问题，那么最优均衡变成一个最大化社会福利 W 的问题：

$$\max_{I_0, I_1, F, M, T} W = M\big[(1 - p_T)(q_{0T}I_0\rho h - kI_0^2) + p_T(q_{1T}I_1\rho h - kI_1 - c^2) - m\big]$$
$$+ (1 - M)\big[\alpha I_0\rho h - kI_0^2\big] - \alpha h \tag{3-40}$$

金融机构可能的选择是有限的。很容易发现金融机构的选择为向量（$M = 1$，$T = 1$）时，政府的最优反应函数为：

$$I_0^* = \frac{\alpha(1 - \delta)\rho h}{2k(\alpha + \delta - 2\alpha\delta)} \tag{3-41}$$

$$I_1^* = \frac{\alpha\delta\rho h}{2k(1 - \alpha - \delta + 2\alpha\delta)} \tag{3-42}$$

代入式（3-41）得：

$$W^* = \frac{[\alpha(1 - \delta)\rho h]^2}{4k(\alpha + \delta - 2\alpha\delta)} + \frac{(\alpha\delta\rho h)^2}{4k(1 - \alpha - \delta + 2\alpha\delta)} - (\alpha + \delta - 2\alpha\delta)c - m - \alpha h$$

$$\tag{3-43}$$

这时社会福利达到最大。W^* 被称为一级最优均衡（First Best Equilibrium），金融机构的选择为 $(M = 0, T = \{0, 1\})$ 和 $(M = 1, T = 0)$ 得到的均衡分别称为二级最优均衡（Second Best Equilibrium）W^{**} 和三级最优均衡（Third Best Equilibrium）W^{***}。

金融机构的利润函数为：

$$\prod(M, T, I_0, I_1) = -M\left[(1 - p_T)q_{0T}I_0F + p_Tc + m\right] - (1 - M)\alpha I_0F \tag{3-44}$$

$$IC\{M, T\} = \operatorname{argmax}\prod(M, T, I_0, I_1) \tag{3-45}$$

IC 表示相容激励约束（Incentives Compatible Constraint）。金融机构的利润函数属于博弈双方的共同知识（Common Wealth），政府显然想要实施一级最优均衡，这时就会发现罚款的数目既不能太高也不能太低。实际上根据相容激励约束，可以得到一级最优均衡实施条件为罚款 F 的取值范围为 $[F^*, F^{**}]$ 且 $F^* \leqslant F^{**}$。其中：

$$F^* \equiv 2k(\alpha + \delta - 2\alpha\delta)\frac{(1 - \alpha - \delta + 2\alpha\delta)c + m}{\alpha^2\delta(1 - \delta)\rho h} \tag{3-46}$$

$$F^{**} \equiv \frac{2kc(\alpha + \delta - 2\alpha\delta)^2}{[\alpha(1 - \delta)^2]\rho h} \tag{3-47}$$

在一级最优均衡可实施的条件下，即 $F^* \leqslant F^{**}$，可以得到一个很有用的结论 $m \leqslant \frac{(1 - \alpha)(2\delta - 1)}{(1 - \delta)}c$，这就为征收报告费提供了理论依据。继续考察二级最优均衡和三级最优均衡的发生条件，得到罚款 $F \leqslant F'$ 时二级最优均衡发生，其中：

$$F' \equiv \min\left\{2k\frac{(1 - \alpha - \delta + 2\alpha\delta)c + m}{\alpha\delta\rho h}, \frac{2k(\alpha + \delta - 2\alpha\delta)(c + m)}{\alpha^2\rho h}\right\} \tag{3-48}$$

这时政府的调查努力为 $I_0 = I^{**} \equiv \frac{\alpha\rho h}{2k}$。而当罚款足够大，满足 $F \geqslant F^{**}$ 时，三级最优均衡会发生，政府的调查努力为 $I_0'(F) \equiv \max\left\{\frac{(\alpha + \delta - 2\alpha\delta)c}{\alpha\delta F}, \frac{c + m}{\alpha F}\right\}$。这样，就得到了罚款数量与均衡的匹配关系，并可以求得相应的期望值（见表 3-3）。

表 3-3　罚款数量与均衡的匹配程度

罚款程度	均衡程度	期望值
$F \leqslant F'$	一级最优均衡	$\chi^{**} = \alpha I^{**}$
$F^* \leqslant F \leqslant F^{**}$	二级最优均衡	$\chi^* = \alpha(1 - \delta)I_0^* + \alpha\delta I_1^* > \chi^{**}$
$F^{**} < F$	三级最优均衡	χ^{**}

可以看出，罚款的增加带来的结果远远要比降低社会福利严重得多。过多的报告稀释了信息的价值，降低了洗钱犯罪的起诉率。起诉率在一级最优均衡发生时达到峰值，二级和三级最优均衡时起诉率就没有那么高了。直觉上，人们显然认为，金融机构提供的信息越多越有助于政府的调查，但是真实的情形却是降低了金融机构可疑交易的情报价值，降低了反洗钱和反恐怖融资工作效率。所以，反洗钱和反恐怖融资监管是影响金融机构反洗钱和反恐怖融资有效性的重要因素，但不是决定因素。反洗钱和反恐怖融资监管部门对金融机构反洗钱和反恐怖融资监管必须遵循均衡有度的原则，反洗钱监管过松达不到反洗钱监管的目标，反洗钱监管过严特别是处罚过严又易使金融机构采取防御性的可疑交易报送策略，反而降低可疑交易的情报价值。所以，反洗钱监管部门在反洗钱监管中要加大与金融机构的沟通力度，进一步提升金融机构对反洗钱和反恐怖融资重要性的认识，增强金融机构反洗钱和反恐怖融资的社会责任感和紧迫感，激发金融机构反洗钱和反恐怖融资的主动性和积极性，让金融机构的领导、员工把反洗钱和反恐怖融资当作应该承担的社会责任自发地去做好反洗钱和反恐怖融资工作。我国可疑交易报告机制的实际演化也证明了理论分析的正确性。反洗钱工作起始阶段，我国反洗钱工作的原则是以规则为本，随着反洗钱工作的深化和提高，转入以风险为本。2006 年《金融机构大额交易和可疑交易报告管理办法》对金融机构可疑交易报告明确了客观标准，2016 年新《金融机构大额交易和可疑交易报告管理办法》则要求金融机构建立以合理怀疑为基础的可疑交易报告机制，给予金融机构更多的自主权，激励金融机构进一步发挥主动性和积极性。

3.4 洗钱合谋行为与风险防范

3.4.1 合谋行为模型

我国反洗钱和反恐怖融资法律法规规定，金融机构设立反洗钱和反恐怖融资专门机构或指定内设机构负责反洗钱和反恐怖融资工作，并明确了金融机构高级管理人员和其他业务人员的反洗钱和反恐怖融资职责。金融机构一线业务人员主要负责履行客户身份识别、客户身份资料和交易记录保存、大额和可疑交易报告等反洗钱和反恐怖融资核心义务，反洗钱和反恐怖融资专职岗位人员负责可疑交易报告的审核及对业务人员的反洗钱和反恐怖融资工作进行监督审查。在实际工作中，金融机构一线人员为了追逐利益会无视反洗钱和反恐怖融资法律违规为犯罪分子办理业务，隐瞒洗钱行为。为寻求反洗钱和反恐怖融资专职人员的庇护，一线业务人员从隐瞒洗钱行为中获得的违规收益的一部分，就有可能与反洗钱和反恐怖融资专职人员共享，以此诱惑专职人员对其行为视而不见，导致二者的相互串通欺瞒反洗钱监管部门。本节所研究的合谋行为就是金融机构内部的反洗钱和反恐怖融资专职人员与业务人员的监督串通行为。有效防范金融机构内部洗钱和恐怖融资合谋行为对于完善反洗钱和反恐怖融资监督机制具有重要意义。

合谋（Collusion），通俗地表达即是勾结。合谋与勾结是所有的组织和机构中普遍存在的一种现象，因而早就为政治家和社会学家们所关注。一般将合谋行为分成两类：第一类发生在团队组织中，称为平行合谋，即进行合谋的代理在地位上是平等的。第二类发生在等级组织之中，称为垂直合谋，即进行合谋的代理人之间存在着等级上的控制与被控制关系。合谋是指具有委托代理关系的组织或系统内的一些（或全部）代理人除了和初始委托人达成的委托—代理契约（即主契约）外，他们之间（包括上下层级代理人之间，和同层级代理人之间）为了自身的利益又达成某种私下协议，称为子契约。这种子契约一般违反主契约，与初始委托人的意愿不完全一致，有时甚至相反。合谋行为的目的是以牺牲委托人的利益为代价来提高合谋者的效用状态。

一、合谋存在的基本条件

合谋现象存在的基本条件有以下三条：一是多代理人（包括多层级），当只有一个代理人时，就不存在代理人之间的合谋，这时的代理问题只包括道德行为和逆向选择。二是权力（包括评价其他代理人绩效的权力和决策权限）。如果一个代理人没有这些权力，可以说他就不可能为他人带来额外效用，其他代理人也就没有与其合谋的动机。三是委托代理双方信息不对称，它又包括两个方面，（1）代理人相对于委托人有信息优势，即委托人对自然状态和代理人努力程度的信息不如代理人；（2）对于代理人之间的子契约（或合谋），委托人很难观察到它，或者观察到它的成本很大。当这三个基本条件同时存在时，子契约就有可能达成，合谋行为就有可能发生。其实，子契约的形成和实施行为就是合谋行为，参与子契约的代理人就是合谋者，合谋的目标就是使合谋者的效用增大，结果是委托人的效用减少。

反洗钱和反恐怖融资第一级委托代理在反洗钱监管机构和所辖区域内金融机构内部反洗钱和反恐怖融资专职人员之间进行；在第二级委托代理关系中，反洗钱和反恐怖融资专职人员是以委托人的身份出现，监督业务部门工作人员在经营过程中的反洗钱和反恐怖融资行为。

二、合谋行为模型的构建

在第一级委托代理关系中，反洗钱和反恐怖融资专职人员所受到的约束主要来自当地监管机构的控制和监督。反洗钱和反恐怖融资专职人员（以下简称"专人"）所受到的约束程度为 λ $(0 < \lambda < 1)$，λ 值越高，专人违规不履行反洗钱和反恐怖融资职责的难度越大，其对内部业务部门监控的积极性越高。$\lambda < 1$ 表示专人受到来自监管当局的约束是不完全的，$1 - \lambda$ 表示专人的寻租空间。在第二级委托代理关系中，假定专人同业务人员签订代理合同（合同中规定了金融机构获得的反洗钱和反恐怖融资成效收入划拨给业务部门的比例）。但专人的利益与当地反洗钱和反恐怖融资监管机构的利益不完全一致，并且专人受到的约束是不完全的，因此专人在设计代理合同和监控业务部门经营行为时，有可能偏离监管机构的利益。如果业务部门愿意与专人共享租金（合谋），专人就有积极性为业务部门创造寻租机会。记 μ $(0 \leqslant \mu \leqslant 1)$ 为专人对经营者的监督强度，μ 值越大，表示专人越有积极性监督业务人员。在这里，假定专人只要付出足够的努力，就可以准确获悉有关业务部门的反洗钱和反恐怖融资信息。故 $\mu = 1$ 时，专人全力监督业务人员，业务人员无法获取租金收入。$1 - \mu$ 为专人留给业务人员的寻租空间。在 $1 - \mu$ 给定的条件下，业务人员决定是否通过隐瞒洗钱可疑信息等方式获得非正常收益。记 δ $(0 \leqslant \delta \leqslant 1)$ 为业务人员上报给专人的可疑洗钱资金量占他发现的可疑资金总量的比例，π 为业务人员发现的可疑资金总量。未上报的资金量 $(1 - \delta)\pi$ 即为业务人员创造的租金。$(1 - \delta)\pi$ 必须在业务人员与反洗钱和反恐怖融资专人之间共同瓜分，否则专人将选择 $\mu = 1$，尽全力监督业务人员迫使其无法获取收益。

设反洗钱和反恐怖融资专人的效用函数为：

$$V = V(P, M_1, C_1) \tag{3-49}$$

在式（3-49）中，P 为专人监督业务人员的反洗钱和反恐怖融资政绩收入（金融机构开展反洗钱和反恐怖融资工作会从监管机构那里获得一定的反洗钱和反恐怖融资收入，这部分收入由反洗钱和反恐怖融资专人和业务部门人员共享，反洗钱和反恐怖融资专人取得的部分是 P），M_1 为专人的合谋资金收入，C_1 为合谋成本。

显然，式（3-49）满足：

$$\frac{\partial V}{\partial p} > 0, \quad \frac{\partial V}{\partial M_1} > 0, \quad \frac{\partial V}{\partial C_1} < 0。$$

在专人的效用函数 V 中，省略了专人监管业务人员的成本，即认为专人在选择监管业务人员的监管强度 μ 时，是没有成本的。专人负担的成本仅是为业务人员提供寻租空间的合谋成本，此项成本由 $1 - \mu$ 决定（给定制度约束 λ），$1 - \mu$ 越大，专人的合谋成本越高。这样处理的原因是，专人选择监督强度 μ 的成本不是由专人本人负担，而是由初始委托人（反洗钱和反恐怖融资监管机构）负担。譬如，高监督强度意味着反洗钱和反恐怖融资监管机构派出动真格的监管人员进行现场检查等，这些监督方式可以由监管当局进行选择，但由此发生的监督成本则是由初始委托人承担，与反洗钱和反恐怖融资专人的个人成本没有多大关系。

同样，设业务人员的效用函数为：

$$U = U(I, M_2, C_a, C_2) \tag{3-50}$$

在式（3-50）中，I 为业务人员与反洗钱和反恐怖融资专人签订的反洗钱和反恐怖融资合同收入，M_2 为业务人员的合谋资金收入，C_a 是业务人员反洗钱和反恐怖融资的努力成本，C_2 是业务人员的合谋成本。

显然，式（3-50）满足：

$$\frac{\partial U}{\partial I} > 0, \quad \frac{\partial U}{\partial M_2} > 0, \quad \frac{\partial U}{\partial C_a} < 0, \quad \frac{\partial U}{\partial C_2} < 0。$$

假设反洗钱和反恐怖融资专人和业务人员的效用都可以用折算的货币收入来表示，下面讨论 V 和 U 的具体形式。

记 π 为业务人员发现的洗钱可疑资金量；a 为业务人员进行反洗钱和反恐怖融资可疑交易识别时的努力程度；θ 为影响 π 的随机变量，服从均值为零，方差为 σ^2 的正态分布。令 $\pi = a + \theta$，即假定业务人员发现的可疑交易资金量直接由他的努力程度和随机因素共同决定。

设业务人员的合同收入为：

$$I = w_0 + \beta \cdot \delta(a + \theta) \tag{3-51}$$

在式（3-51）中，w_0 为业务人员反洗钱和反恐怖融资的基本工资，假定 w_0 不在合同的设计范围之内，而是由工资政策外生性给定的。β 为业务人员对本金融机构反洗钱和反恐怖融资成效收入的分享系数，反洗钱和反恐怖融资专人和业务人员的合同设计的内容仅仅是选择 β 的大小。

设反洗钱和反恐怖融资专人获得的反洗钱和反恐怖融资收入为：

$$P = t \cdot \delta(a + \theta) \tag{3-52}$$

在式（3-52）中，t 为反洗钱和反恐怖融资专人监督政绩同其货币收入之间的边际替代率（$t \geq 0$），$t \cdot \delta(a + \theta)$ 即为专人将其反洗钱和反恐怖融资监督政绩折算成的货币收入，t 越高，表示专人对反洗钱和反恐怖融资监督政绩的偏好越强。

由此可得，专人与业务人员合谋的租金总额为 $(1 - \delta)(a + \theta)$，设租金在专人与业务人员之间平均分配，则专人与业务人各自的租金收入为：

$$M_1 = M_2 = \frac{1}{2}(1 - \delta)(a + \theta) \tag{3-53}$$

令专人的合谋成本为：

$$C_1 = \frac{(1 - \mu)^2}{2(1 - \lambda)} \tag{3-54}$$

上式中，$\dfrac{\partial C_1}{\partial(1-\mu)}>0$，$\dfrac{\partial^2 C_1}{\partial(1-\mu)^2}>0$，$\dfrac{\partial C_1}{\partial\lambda}>0$，$\dfrac{\partial^2 C_1}{\partial\lambda^2}>0$。

即专人合谋的边际成本随着合谋空间 $(1-\mu)$ 和制度约束 λ 的增加而递增。

设业务人员反洗钱和反恐怖融资的努力成本为：

$$C_a = \frac{1}{2}ba^2 \tag{3-55}$$

在式（3-55）中，b 为努力的成本系数。

业务人员的合谋成本为：

$$C_2 = \frac{(1-\delta)^2 a}{2(1-\mu)} \tag{3-56}$$

在式（3-56）中，C_2 不仅随着反洗钱和反恐怖融资专职人员的监督强度 μ 的增加而增加，而且随业务人员的合谋程度 $(1-\delta)$ 和侵蚀的利润 $(1-\delta)a$ 的增加而加大。

至此，由式（3-49）、式（3-52）、式（3-53）和式（3-54）可知，反洗钱和反恐怖融资专人的效用函数如下：

$$V = t\delta(a+\theta) + \frac{1}{2}(1-\delta)(a+\theta) - \frac{(1-\mu)^2}{2(1-\lambda)} \tag{3-57}$$

由式（3-50）、式（3-53）、式（3-54）、式（3-56）可得业务人员的效用函数如下：

$$U = w_0 + \beta\delta(a+\theta) + \frac{1}{2}(1-\delta)(a+\theta) - \frac{1}{2}ba^2 - \frac{(1-\delta)^2 a}{2(1-\lambda)} \tag{3-58}$$

3.4.2 洗钱合谋行为模型均衡解与风险防范

反洗钱和反恐怖融资专人和业务人员的支付函数取其期望效用函数。反洗钱和反恐怖融资专人的决策问题是选择激励合同 β 和监督强度 μ，业务人员的决策问题是在观察到 β 和 μ 后，选择努力程度 a 和报告系数 δ。假设支付函数（效用函数）是博弈双方的共同知识，那么专人与业务人员之间形成一个完美信息动态博弈。博弈顺序为：在第一阶段，反洗钱和反恐怖融资专人首先行动，选择激励合同 β；第二阶段，业务人员观察到 β 后，选择努力程度 a；第三阶段反洗钱和反恐怖融资专人选择监督强度 μ；第四阶段，业务人员观察到 μ 后，选择报告系数 δ。这样的完美信息动态博弈可以用逆向归纳法找出均衡解。

在博弈的最后阶段，业务人员观察到专人选择的监督强度，面临的决策问题是：

$$\underset{\delta}{\mathrm{Max}}U = w_0 + \beta\delta\,a + \frac{1}{2}(1-\delta)a - \frac{1}{2}ba^2 - \frac{(1-\delta)^2 a}{2(1-\lambda)}$$

最优化的一阶条件是：

$$\frac{\partial U}{\partial \delta} = \beta a - \frac{a}{2} + \frac{(1-\delta)a}{1-\mu} = 0$$

解出 $\delta = 1 - (\frac{1}{2} - \beta)(1-\mu)$。所以：

$$\delta = \begin{cases} 1 & \beta \geq \frac{1}{2} \\ 1 - (\frac{1}{2} - \beta)(1-\mu) & \beta < \frac{1}{2} \end{cases} \tag{3-59}$$

可见对于业务人员来说，随着反洗钱和反恐怖融资工作奖励比例提高会促进其上报更多的洗钱可疑交易。当奖励比例提高到一定程度时，业务人员不会选择合谋行为，而是选择上报所有的可疑洗钱资金。

当 $\beta < \frac{1}{2}$ 时，反洗钱和反恐怖融资专人预测到业务人员将按 $\delta = 1 - (\frac{1}{2} - \beta)(1-\mu)$ 的规则来选择报告系数时，专人面临的决策问题是：

$$\underset{\mu}{\text{Max}} V = t\delta a + \frac{1}{2}a(1-\delta) - \frac{1}{2}ba^2 - \frac{(1-\mu)^2}{2(1-\lambda)}$$

$$st. \quad \delta = 1 - (\frac{1}{2} - \beta)(1-\mu)$$

解一阶条件，得出当 $\beta < \frac{1}{2}$ 时反洗钱和反恐怖融资专人的最优监管强度是：

$$\mu = \begin{cases} 1 & t \geq \frac{1}{2} \\ 1 - a(\frac{1}{2} - t)(\frac{1}{2} - \beta)(1-\lambda) & t < \frac{1}{2} \end{cases} \tag{3-60}$$

由反洗钱和反恐怖融资专人的最优监督策略可以得出以下结论：

（1）当 $t \geq \frac{1}{2}$ 时（即反洗钱和反恐怖融资专人的监督政绩与货币收入的边际替代率大于 $\frac{1}{2}$ 时），专人没有积极性同业务人员合谋。而选择全力监督业务人员的反洗钱和反恐怖融资工作。当 $t < \frac{1}{2}$，$\lambda < 1$ 时，$\mu < 1$，专人具有合谋倾向。但由于 $\frac{\partial V}{\partial t} > 0$，表明随着 t 值的增大，监督的积极性也在提高，合谋程度随之降低。

（2）当 $\lambda = 1$ 时，$\mu = 1$；当 $\lambda < 1$，$\mu < 1$ 时，且 $\frac{\partial V}{\partial \lambda} > 0$。也就是说，反洗钱和

反恐怖融资专人的监督强度随着制度约束的加强而递增，当制度约束是完全的，专人也将选择对业务人员实施完全的监督；但当制度约束不完全时，专人的监督积极性也是不完全的，专人倾向于同业务人员进行一定程度的合谋。

（3）由于 $\frac{\partial V}{\partial \beta} > 0$，因此，提高业务人员的反洗钱和反恐怖融资收入份额，将刺激专人加大对其的监督强度。

将式（3-60）代入式（3-59），得到：

当 $\beta < \frac{1}{2}$，$t < \frac{1}{2}$ 时：

$$\begin{cases} \delta = 1 - a(\frac{1}{2} - t)(\frac{1}{2} - \beta)^2(1 - \lambda) \\ \mu = 1 - a(\frac{1}{2} - t)(\frac{1}{2} - \beta)(1 - \lambda) \end{cases}$$

在其他情况下，$\delta = \mu = 1$。

为了研究合谋关系的均衡，假定 $\beta < \frac{1}{2}$，$t < \frac{1}{2}$。

在博弈的第二阶段，业务人员预见到就反洗钱和反恐怖融资专人将按照式（3-60）选择最优监督强度，业务人员面临的决策是：

$$\underset{a}{\text{Max}} U = w_0 + \beta\delta \ a + \frac{1}{2}(1 - \delta)a - \frac{1}{2}ba^2 - \frac{(1 - \delta)^2 a}{2(1 - \lambda)}$$

$$st. \begin{cases} \delta = 1 - a(\frac{1}{2} - t)(\frac{1}{2} - \beta)^2(1 - \lambda) \\ \mu = 1 - a(\frac{1}{2} - t)(\frac{1}{2} - \beta)(1 - \lambda) \end{cases}$$

最优化的一阶条件是 $\frac{\partial U}{\partial a} = 0$，得出：

$$a = \frac{\beta}{b - (\frac{1}{2} - \beta)^3(\frac{1}{2} - t)(1 - \lambda)} \tag{3-61}$$

在博弈的初始阶段，反洗钱和反恐怖融资专人预见业务人员的反洗钱和反恐怖融资最优努力战略为式（3-61），专人的决策问题是：

$$\underset{\beta}{\text{Max}} V = t\delta a + \frac{1}{2}a(1 - \delta) - \frac{1}{2}ba^2 - \frac{(1 - \mu)^2}{2(1 - \lambda)}$$

$$st. \begin{cases} \delta = 1 - a\left(\frac{1}{2} - t\right)\left(\frac{1}{2} - \beta\right)^2(1 - \lambda) \\[3mm] \mu = 1 - a\left(\frac{1}{2} - t\right)\left(\frac{1}{2} - \beta\right)(1 - \lambda) \\[3mm] a = \dfrac{\beta}{b - \left(\frac{1}{2} - \beta\right)^3\left(\frac{1}{2} - t\right)(1 - \lambda)} \end{cases}$$

由一阶条件 $\frac{\partial V}{\partial \beta} = 0$，可以解得 $\beta = \beta^*$。将 $\beta = \beta^*$ 代入式（3-61）可以解得 $a = a^*$，将 $\beta = \beta^*$，$a = a^*$ 代入式（3-60），可以得到专人的最优监督强度 $\mu = \mu^*$，将 $\mu = \mu^*$，$\beta = \beta^*$ 代入式（3-59），可以得出业务人员的最优报告系数 $\delta = \delta^*$。所以该博弈的子博弈精炼纳什均衡的结果为：$(\beta^*, a^*, \mu^*, \delta^*)$。

反洗钱和反恐怖融资监管机构应该在建立金融机构反洗钱和反恐怖融资激励—约束机制（包括隐性激励机制—声誉机制）的基础上，重视金融机构内部员工在反洗钱和反恐怖融资工作中的合谋倾向，建立配套的合谋防范机制，反洗钱和反恐怖融资防范合谋问题实际上是对金融机构内部反洗钱和反恐怖融资专人的激励约束问题，根据以上的分析，可以从以下几个方面对合谋行为予以防范：

1. 建立反洗钱和反恐怖融资监管机构直接选择和监督所辖区域内金融机构内部反洗钱和反恐怖融资专职人员的机制，以提高反洗钱和反恐怖融资专职人员所受到的约束程度，从而提高反洗钱和反恐怖融资专职人员监督内部业务人员的积极性。

2. 选择对政绩边际效用较高（或者货币收入边际效用较低）的反洗钱和反恐怖融资专职人员。一般来说，选择较年轻的监管者（具有政治上的发展前景）和提高监管者的工资水平，有助于提高监管监督努力，降低合谋程度。

3. 提高业务人员的反洗钱和反恐怖融资收入份额，既会激励反洗钱和反恐怖融资专职人员对其的监督积极性，也将提高业务人员如实上报反洗钱和反恐怖融资可疑交易的积极性。

4. 改进反洗钱和反恐怖融资专职人员的薪酬激励方式，降低基本工资，提高岗位工资比例。要体现出能者多劳多得，责任越重大收益也越多的分配原则。必要时增加风险收益，只有这样，专人才能从内心出发负责自己的反洗钱和反恐怖融资监督工作，协助反洗钱和反恐怖融资监管机构进行积极监管。

5. 在给反洗钱和反恐怖融资专职人员一定激励的同时，也要让他们承担一定的责任。在查出金融机构面对可疑洗钱行为选择不作为后，不仅要对金融机构及其高层领导进行处罚，更要对反洗钱和反恐怖融资专职人员进行处罚，完善对反洗钱和反恐怖融资专职人员的激励约束机制。

4 反洗钱内部控制与洗钱风险管理

为保障金融机构①核心义务履行必须强化反洗钱内控建设和风险管理；为提高反洗钱有效性需要贯彻落实风险为本的反洗钱方法；为提升工作人员反洗钱技能需要加强教育培训；为获得社会公众对反洗钱工作的理解和支持需要强化反洗钱宣传。所以，本章包括反洗钱内部控制和风险管理、风险为本反洗钱方法贯彻实施以及宣传培训等内容。

4.1 内控体系建设概述

建立健全反洗钱内部控制制度是《反洗钱法》对金融机构的明确要求。建立健全反洗钱内控制度，将反洗钱和反恐怖融资要求内化于金融机构各条线、各业务环节，加强对洗钱和恐怖融资的风险管理，实现金融业务与反洗钱有效融合是提高反洗钱有效性的重要制度安排。

内部控制的概念源于美国，其概念的变化恰好体现了内部控制的变迁过程。早期使用的是"财务报告内部控制"概念，1934 年美国《证券交易法》指出："财务报告内部控制是指由证券发行人的首席执行官和财务官或履行类似职能的人设计或处于其监督之下，由董事会、管理层和其他人员实施的，为财务报告的可靠性和根据一般公认会计原则编制财务报表提供合理保证的过程。"1936 年美国注册会计师协会（American Institute of Certified Public Accountants，AICPA）在《独立注册会计师对财务报表的审查》中，从财务审计的角度，把内部控制定义为保护公司现金和其他资产，检查簿记事务的准确性，而在公司内部采取的手段和方法。显然，内部控制的初始定义只是作为会计资料准确性的保障措施，实质上是一种内部会计控制。1958 年 AICPA 在《审计程序公告第 29 号》中正式将内部控制划分为内部会计控制和内部管理控制。内部会计控制包括组织规划的所有方法和程序，这些方法和程序与财产安全及财务记录可靠性有直接的联系；内部管理控制主要与经营效率和贯彻

---

① 按照《中华人民共和国反洗钱法》第六十三条的规定：在境内设立的下列机构，履行本法规定的金融机构反洗钱义务：（1）银行业、证券基金期货业、保险业、信托业金融机构；（2）非银行支付机构；（3）国务院反洗钱行政主管部门确定并公布的其他从事金融业务的机构。

管理方针有关，通常只与财务记录有间接关系。1988 年 AICPA 在《审计准则公告第 55 号》首先以"内部控制结构"代替"内部控制制度"，指出："企业的内部控制结构包括为提供取得企业特定目标的合理保证而建立的各种政策和程序。"这时，已用系统的观点来描述内部控制。到了 1992 年，美国全国反虚假财务报告委员会下属的发起人委员会（The Committee of Sponsoring Organizations of the Treadway Commission，COSO）给出了一个具有典范意义的通用概念，认为"内部控制是由企业董事会、经理阶层和其他员工实施的，为营运的效率效果、财务报告的真实性、相关法令的遵循性等目标达成而提供合理保证的过程"。由于现代内部控制与风险管理的日益融合，COSO 委员会在 2004 年 9 月颁布的《企业风险管理：整合框架》中认为，内部控制是风险管理的一部分，包含内部控制的风险管理框架为管理层提供了更强有力的概念。2017 年 9 月 6 日，COSO 委员会发布了更新版本的企业风险管理框架：《企业风险管理：与战略和业绩的整合》①，新框架重新定义了风险和风险管理，强调了制定战略和提升绩效过程中的风险，英文题目从 *Enterprise Risk Management-Aligning with Strategy and Performance* 变成 *Enterprise Risk Management-Integrating with Strategy and Performance*；将企业风险管理工作进行了重新定位，企业风险管理框架中的要素和原则从围绕企业战略和绩效，变成贯穿融入企业战略、绩效和价值提升工作中去，标志着风险管理理论体系进入新的发展阶段。

在国内，1997 年财政部发布的《独立审计具体准则第九号：内部控制与审计风险》指出："内部控制是被审计单位为了保证业务活动的有效进行，保护资产的安全与完整，防止、发现、纠正错误与舞弊，保证会计资料的真实、合法、完整而制定和实施的政策与程序。"2001 年 6 月 22 日，财政部发布的《内部会计控制规范：基本规范（试行）》指出，内部会计控制是"单位为了提高会计信息质量，保护资产的安全、完整，确保有关法律法规和规章制度的贯彻执行等而制定和实施的一系列控制方法、措施和程序。"2001 年，中国证监会发布的《证券公司内部控制指引》指出，证券公司的内部控制是"为实现经营目标，根据经营环境变化，对证券公司经营与管理过程中的风险进行识别、评价和管理的制度安排、组织体系和控制措施。"2002 年，中国人民银行发布的《商业银行内部控制指引》指出，"内部控制是商业银行为实现经营目标，通过制定和实施一系列制度、程序和方法，对风险进行事前防范、事中控制、事后监督和纠正的动态过程和机制。"2004 年，审计署发布的《审计机关内部控制测评准则》指出，"内部控制是被审计单位为了实现特定

---

① Committee of Sponsoring Organizations of the Treadway Commission. Enterprise Risk Management Integrating with Strategy and Performance Executive Summary [S]. June 2017.

目标而制定和实施相关政策、程序和措施的过程。"2004 年 12 月 25 日，中国银监会发布的《商业银行内部控制评价办法》指出，"商业银行内部控制体系是商业银行为实现经营管理目标，通过制定并实施系统化的政策、程序和方案，对风险进行有效识别、评估、控制、监测和改进的动态过程和机制。"2006 年 4 月 29 日，财政部发布的《了解被审计单位及其环境并评估重大错报风险》指出，"内部控制是被审计单位为了合理保证财务报告的可靠性、经营的效率和效果以及对法律法规的遵守，由治理层、管理层和其他人员设计和执行的政策和程序。"2006 年 6 月 5 日上海证券交易所发布的《上市公司内部控制指引》指出，"内部控制是指上市公司为了保证公司战略目标的实现，而对公司战略制定和经营活动中存在的风险予以管理的相关制度安排。它是由公司董事会、管理层及全体员工共同参与的一项活动。"2006 年 9 月 28 日深圳证券交易所发布的《上市公司内部控制指引》指出，本指引所称内部控制是指"上市公司董事会、监事会、高级管理人员及其他有关人员为实现特定目标而提供合理保证的过程"。2008 年 6 月财政部等五部委联合发布了《企业内部控制基本规范》指出"本规范所称内部控制，是由企业董事会、监事会、经理层和全体员工实施的、旨在实现控制目标的过程。"2010 年 4 月财政部等五部委联合制定了《企业内部控制应用指引第 1 号——组织架构》等 18 项应用指引、《企业内部控制评价指引》和《企业内部控制审计指引》对内控内容作出了具体的规定。2016 年中国银监会发布的《银行业金融机构全面风险管理指引》对银行业对风险治理架构，风险管理策略、风险偏好和风险限额，风险管理政策和程序，管理信息系统和数据质量，内部控制和审计，监督管理等进行了全面的规定，强调银行业金融机构全面风险管理。2022 年 8 月 22 日，中国银行保险监督管理委员会发布的《理财公司内部控制管理办法》指出"内部控制是指理财公司为防范化解风险，保证依法合规经营和持续稳健运行而建立的组织机制、制度流程和管控措施等"。

4.2 反洗钱和反恐怖融资内部控制

反洗钱内部控制制度是指金融机构根据反洗钱和反恐怖融资法律、法规和部门规章规定，结合本机构的特点和经营情况制定的适用于本机构具体管理和业务流程中有效的反洗钱和反恐怖融资内部规定。

我国《反洗钱法》对金融机构的反洗钱内部控制制度作出了统一的明确的要求。金融机构的反洗钱内部控制制度所涵盖的内容，必须全面反映反洗钱和反恐怖融资法律法规及行政规章的要求，其反洗钱和反恐怖融资的具体操作规程可以比现行的反洗钱和反恐怖融资法律法规及行政规章的要求更加严格，但不能比法律法规及规章的要求更加宽松，或者与法律法规及规章相悖。

4.2.1 反洗钱和反恐怖融资内部控制制度的特征

（一）特定性。反洗钱内部控制的对象从范围上有广义和狭义之分。广义的反洗钱内部控制对象指所有的反洗钱和反恐怖融资主体及其组织人员，包括反洗钱和反恐怖融资行政监管机构及其工作人员、反洗钱监测分析机构及其工作人员、公安机关、检察机关、审判机关及其工作人员，所有的报告义务主体及其工作人员，以及其他从事金融交易的主体及其交易人员。狭义的反洗钱内部控制对象仅指反洗钱和反恐怖融资法律法规及行政规章所规定的报告义务主体。一般来说，反洗钱内部控制对象的范围是个狭义的范畴，并且内部控制的对象也是特定的。

（二）广泛性。反洗钱内部控制制度涵盖的内容较为广泛，包括反洗钱和反恐怖融资内部规章制度、岗位责任制和反洗钱和反恐怖融资工作操作程序等。具体应包括反洗钱工作机构的设置，必要的反洗钱管理人员、技术人员和交易报告员的配备，对内部反洗钱工作部门及工作人员的评估、考核办法，并确定相应的奖罚机制，对反洗钱工作人员的培训制度等。通过如此内容广泛的内控制度的建立，使义务主体的反洗钱工作机制得以完善，从而更好地履行反洗钱和反恐怖融资义务。

（三）强制性。金融机构反洗钱内部控制制度在其内部管理中具有一定的强制性。往往被作为内部管理中考核评估、奖励和惩罚的标准和依据。由于反洗钱内部控制制度是对现行反洗钱和反恐怖融资法律法规和行政规章的分解和细化，因此，在发生洗钱案件时，金融机构的反洗钱内部控制制度往往成为行政机关和司法机关判断金融机构有关工作人员是否承担相关法律责任的参考。

4.2.2 我国反洗钱和反恐怖融资内部控制制度

《反洗钱法》第二十七条规定，金融机构应当依照该法规定建立健全反洗钱内部控制制度，设立专门机构或者指定内设机构牵头负责反洗钱工作，根据经营规模和洗钱风险状况配备相应的人员，按照要求开展反洗钱培训和宣传。金融机构应当定期评估洗钱风险状况并制定相应的风险管理制度和流程，根据需要建立相关信息系统。金融机构应当通过内部审计或者社会审计等方式，监督反洗钱内部控制制度的有效实施。金融机构的负责人对反洗钱内部控制制度的有效实施负责。

金融机构应当通过内部审计或者社会审计等方式，监督反洗钱内部控制制度的有效实施。金融机构的负责人对反洗钱内部控制制度的有效实施负责。《金融机构反洗钱规定》对金融机构的反洗钱内部控制制度也作出了规定，即金融机构及其分支机构应当依法建立健全反洗钱内部控制制度，设立反洗钱专门机构或者指定内设机构负责反洗钱工作，制定反洗钱内部操作规程和控制措施，对工作人员进行反洗钱培训，增强反洗钱工作能力。具体来讲，我国当前对金融机构反洗钱内部控制制度的要求主要包括以下几个方面。

（一）建立完整的反洗钱和反恐怖融资内控系统，从程序上保障反洗钱和反恐怖融资义务的履行。《金融机构反洗钱规定》要求金融机构按照中国人民银行的规定，建立健全反洗钱内控制度。这就要求金融机构建立健全反洗钱和反恐怖融资内部规章制度和岗位责任制及操作程序等，从程序上保障反洗钱和反恐怖融资义务的有效履行。同时《反洗钱法》规定，金融机构的负责人应当对反洗钱内部控制制度的有效实施负责。金融机构应当集中现有的机构设置来建立一个完整的反洗钱和反恐怖融资内控系统。如由业务、稽核部门负责有关信息的整理、甄别和交易记录（证据）的保全；人事教育部门主要侧重于人员从业准入、员工职业道德、业务知识、规章制度以及应对犯罪技能的教育培训；监管、保卫等部门主要侧重于案件发生之后司法机关调查取证、处理工作。通过形成一个较为完善的预防犯罪体系，从源头上减少洗钱犯罪和恐怖融资发生的可能性。

（二）从机构和人员上保障反洗钱和反恐怖融资义务的有效履行。《反洗钱法》规定，金融机构应当设立反洗钱专门机构或者指定内设机构负责反洗钱工作。《金融机构反洗钱规定》也要求金融机构应当设立专门的反洗钱工作机构或者指定其内设机构负责反洗钱工作，并配备必要的管理人员和技术人员。2016年《金融机构大额交易和可疑交易报告管理办法》要求金融机构设立专职的反洗钱和反恐怖融资岗位，配备专职人员负责大额交易和可疑交易报告工作，并提供必要的资源保障和信息支持。

（三）建立内部监督检查机制，督促反洗钱和反恐怖融资义务的有效履行。金融机构按照分级管理的原则，对下属分支机构执行反洗钱规定和内控制度的情况进行监督、检查。为更加有效地履行反洗钱和反恐怖融资义务，避免法律风险和金融风险等各类风险，金融机构除应建立上级对下级的监督检查机制外，还应在此基础上建立健全内部各部门相互监督机制。如建立一线岗位双人、双职、双责为基础的双重控制和交叉检查制度；建立相关部门对多岗位、多部门的多项业务全面实施监督反馈制度等。在监督检查的基础上，建立内部反洗钱工作部门及工作人员的评估、考核办法，并确定相应的奖罚机制。银保监会《银行业金融机构反洗钱和反恐怖融资管理办法》明确要求银行业金融机构建立健全反洗钱和反恐怖融资风险管理体系，全面识别和评估自身面临的洗钱和恐怖融资风险，采取与风险相适应的政策和程序。

（四）将反洗钱和反恐怖融资措施的制定作为金融机构准入及增设的审查内容。

《反洗钱法》第十四条规定，国务院有关金融管理部门参与制定所监督管理的金融机构反洗钱管理规定，履行法律和国务院规定的有关反洗钱的其他职责。有关金融管理部门应当在金融机构市场准入中落实反洗钱审查要求。银保监会《银行业金融机构反洗钱和反恐怖融资管理办法》第三十八条明确，设立银行业金融机构应当建立反洗钱和反恐怖融资内部控制制度；第三十九条要求设立银行业金融机构境内分支机构，总行具备健全的反洗钱和反恐怖融资内部控制制度并对分支机构具有良好的管控能力；第四十条要求银行业金融机构申请投资设立、参股、收购境内法人金融机构的，申请人应当具备健全的反洗钱和反恐怖融资内部控制制度；第四十一条明确银行业金融机构申请投资设立、参股、收购境外金融机构的，应当具备健全的反洗钱和反恐怖融资内部控制制度。

4.2.3　加强反洗钱和反恐怖融资内部控制的措施

金融机构和支付机构的内部控制、风险管理、领导和员工的反洗钱能力和水平、宣传培训的效果等直接影响反洗钱和反恐怖融资工作的有效性。目前，反洗钱和反恐怖融资工作实际中，在这些方面仍存在一些问题和不足。应进一步调动金融机构和支付机构反洗钱工作的积极性，建立良好的洗钱、恐怖融资风险控制和内部控制机制，加大员工的教育培训，提升反洗钱工作有效性。

（一）明确反洗钱内部控制目标。我国金融机构和支付机构反洗钱内部控制制度的设计和制定应达到三个方面的目标：一是将反洗钱和反恐怖融资要求融入具体的业务工作程序和管理系统，使反洗钱和反恐怖融资成为金融机构和支付机构风险控制体系的有机组成部分，成为全体员工自觉维护自身声誉，防止被洗钱犯罪分子利用的制度保证，从而防范因洗钱和恐怖融资活动产生的法律风险、经济损失及对自身声誉的损害。二是反洗钱和反恐怖融资内部控制制度的制定和实施必须保证通过客户尽职调查、大额和可疑交易报告制度的落实，有效的异常资金交易监测分析识别和可疑交易报告，及时提供有价值的情报信息，协助侦查机关发现和打击洗钱、恐怖融资等违法犯罪活动。三是反洗钱和反恐怖融资内部控制制度应与金融机构和支付机构的规模、业务范围和经营特点相适应，并根据自身业务发展、经营环境变化不断修正、完善和创新，为金融机构和支付机构应对突发事件奠定坚实的制度基础。

（二）健全洗钱风险控制体系。金融机构和支付机构应科学评估洗钱和恐怖融资风险与经营风险、市场风险、操作风险等各种风险的关联性，确保各项风险管理政策协调一致。反洗钱和反恐怖融资风险控制体系要全面覆盖各项金融产品和服务，金融机构和支付机构应从全流程管理的视角对各项金融业务进行系统性的风险评估。

应增强内部反洗钱和反恐怖融资工作报告路线的独立性和灵活性，完善内部管理制约机制，防范内部人员参与违法犯罪活动。

（三）建立职责明晰的反洗钱工作责任制。一是进一步明确岗位责任制，将反洗钱和反恐怖融资具体职责落实到各部门和岗位的所有工作人员，每一业务环节确保有专人负责。二是提高反洗钱和反恐怖融资部门在本单位的权威性，反洗钱和反恐怖融资是金融机构和支付机构全系统的工作，涉及业务运营、个人业务、公司业务、信用卡、国际业务等多个部门，需要各部门通力协作和前后台联动配合，确保反洗钱和反恐怖融资部门有权了解、调查所有的客户和交易。三是将反洗钱和反恐怖融资内控制度嵌入金融机构和支付机构日常经营管理，嵌入一线业务操作和整个反洗钱和反恐怖融资体系的运行中，厘清各反洗钱和反恐怖融资义务人的责任。

（四）加强对反洗钱业务人员的教育培训。反洗钱和反恐怖融资从业人员的能力和水平直接决定了金融机构和支付机构反洗钱和反恐怖融资的有效性。我国个别金融机构和支付机构反洗钱和反恐怖融资从业人员素质不高，反洗钱和反恐怖融资监测分析技能不足，特别是反洗钱和反恐怖融资监测分析岗位的工作人员，其反洗钱和反恐怖融资敏锐度有待进一步提高，应全面提升发现案件线索的专业素养。反洗钱和反恐怖融资工作培训重点是让反洗钱和反恐怖融资从业人员熟悉反洗钱和反恐怖融资法律规定，明确金融机构、支付机构和从业人员应承担的法律职责，了解洗钱犯罪及其上游犯罪的资金流动规律和特点，掌握客户尽职调查和可疑交易监测分析的手段方法，提高金融机构和支付机构反洗钱工作能力和水平。

2024 年《反洗钱法》修订的一项重要内容就是强化金融机构内控和洗钱风险管理体系建设。2006 年《反洗钱法》对金融机构的反洗钱法定义务尚未涵盖建设洗钱风险管理体系的要求，规定的金融机构反洗钱义务仅涉及建立反洗钱内控制度、客户身份识别、客户身份资料和交易记录保存、大额和可疑交易报告等基础性要求，但并未将金融机构评估自身洗钱风险状况，根据风险状况制定相应风险管理制度和流程、配备相应反洗钱工作资源等要求纳入法定义务范畴，也无对应罚则。为此，2024 年新修改的《反洗钱法》第五十二条规定，金融机构有下列情形之一的，由国务院反洗钱行政主管部门或者其设区的市级以上派出机构责令限期改正；情节较重的，给予警告或者处二十万元以下罚款；情节严重或者逾期未改正的，处二十万元以上二百万元以下罚款，可以根据情形在职责范围内或者建议有关金融管理部门限制或者禁止其开展相关业务：

（一）未按照规定制定、完善反洗钱内部控制制度规范；

（二）未按照规定设立专门机构或者指定内设机构牵头负责反洗钱工作；

（三）未按照规定根据经营规模和洗钱风险状况配备相应人员；

（四）未按照规定开展洗钱风险评估或者健全相应的风险管理制度；

（五）未按照规定制定、完善可疑交易监测标准；

（六）未按照规定开展反洗钱内部审计或者社会审计；

（七）未按照规定开展反洗钱培训；

（八）应当建立反洗钱相关信息系统而未建立，或者未按照规定完善反洗钱相关信息系统；

（九）金融机构的负责人未能有效履行反洗钱职责。

4.3　法人金融机构洗钱和恐怖融资风险管理

为引导法人金融机构落实风险为本方法，有效预防洗钱及相关违法犯罪活动，中国人民银行反洗钱局制定了《法人金融机构洗钱和恐怖融资风险管理指引（试行）》①（银反洗发〔2018〕19号），2019年1月1日起施行，要求金融机构②在2018年12月31日之前制订执行《指引》的工作方案。金融机构应当高度重视洗钱、恐怖融资和扩散融资风险（以下统称洗钱风险）管理，充分认识在开展业务和经营管理过程中可能被违法犯罪活动利用而面临的洗钱风险。任何洗钱风险事件或案件的发生都可能带来严重的声誉风险和法律风险，并导致客户流失、业务损失和财务损失。有效的洗钱风险管理是法人金融机构安全、稳健运行的基础，法人金融机构及其全体员工应当勤勉尽责，牢固树立合规意识和风险意识，建立健全洗钱风险管理体系，按照风险为本方法，合理配置资源，对本机构洗钱风险进行持续识别、审慎评估、有效控制及全程管理，有效防范洗钱风险。法人金融机构应当考虑洗钱风险与声誉、法律、流动性等风险之间的关联性和传导性，审慎评估洗钱风险对声誉、运营、财务等方面的影响，防范洗钱风险传导与扩散。法人金融机构应当积极建设洗钱风险管理文化，促进全体员工树立洗钱风险管理意识、坚持价值准则、恪守职业操守，营造主动管理、合规经营的良好文化氛围。

一、法人金融机构洗钱风险管理原则

1.全面性原则。洗钱风险管理应当贯穿决策、执行和监督的全过程；覆盖各项业务活动和管理流程；覆盖所有境内外分支机构及相关附属机构，以及相关部门、

---

①　对于金融机构的风险管理和内控建设，反洗钱法律制度及有关的规范性文件对此做了很多要求，散见于各种制度文件中。《法人金融机构洗钱和恐怖融资风险管理指引（试行）》对此做了全面系统的规定，为金融机构做好洗钱和恐怖融资风险管理工作提供了明确的方向。其中很多内容也是有关文件对反洗钱和反恐怖融资工作的业务要求。

②　非银行支付机构、从事汇兑业务和基金销售业务的机构，以及银行卡清算机构、资金清算中心等从事清算业务的机构参照该指引开展洗钱风险管理。

岗位和人员。

2. 独立性原则。洗钱风险管理应当在组织架构、制度、流程、人员安排、报告路线等方面保持独立性，对业务经营和管理决策保持合理制衡。

3. 匹配性原则。洗钱风险管理资源投入应当与所处行业风险特征、管理模式、业务规模、产品复杂程度等因素相适应，并根据情况变化及时调整。

4. 有效性原则。洗钱风险管理应当融入日常业务和经营管理，根据实际风险情况采取有针对性的控制措施，将洗钱风险控制在自身风险管理能力范围内。

二、风险管理架构

法人金融机构应当建立组织健全、结构完整、职责明确的洗钱风险管理架构，规范董事会、监事会、高级管理层、业务部门、反洗钱管理部门、内部审计部门、人力资源部门、信息科技部门、境内外分支机构和相关附属机构在洗钱风险管理中的职责分工，建立层次清晰、相互协调、有效配合的运行机制。

1. 法人金融机构董事会承担洗钱风险管理的最终责任，主要履行以下职责：（1）确立洗钱风险管理文化建设目标；（2）审定洗钱风险管理策略；（3）审批洗钱风险管理的政策和程序；（4）授权高级管理人员牵头负责洗钱风险管理；（5）定期审阅反洗钱和反恐怖融资工作报告，及时了解重大洗钱风险事件及处理情况；（6）其他相关职责。董事会可以授权下设的专业委员会履行其洗钱风险管理的部分职责。专业委员会负责向董事会提供洗钱风险管理专业意见。

2. 法人金融机构监事会承担洗钱风险管理的监督责任，负责监督董事会和高级管理层在洗钱风险管理方面的履职尽责情况并督促整改，对法人金融机构的洗钱风险管理提出建议和意见。

3. 法人金融机构高级管理层承担洗钱风险管理的实施责任，执行董事会决议，主要履行以下职责：（1）推动洗钱风险管理文化建设；（2）建立并及时调整洗钱风险管理组织架构，明确反洗钱和反恐怖融资管理部门、业务部门及其他部门在洗钱风险管理中的职责分工和协调机制；（3）制定、调整洗钱风险管理策略及其执行机制；（4）审核洗钱风险管理政策和程序；（5）定期向董事会报告反洗钱和反恐怖融资工作情况，及时向董事会和监事会报告重大洗钱风险事件；（6）组织落实反洗钱和反恐怖融资信息系统和数据治理；（7）组织落实反洗钱和反恐怖融资绩效考核和奖惩机制；（8）根据董事会授权对违反洗钱和恐怖融资风险管理政策和程序的情况进行处理；（9）其他相关职责。

4. 法人金融机构应当任命或授权一名高级管理人员牵头负责洗钱风险管理工作，其有权独立开展工作，直接向董事会报告洗钱风险管理情况。法人金融机构应当确保其能够充分获取履职所需的权限和资源，避免可能影响其有效履职的利益冲突。牵头负责洗钱风险管理工作的高级管理人员应当具备较强的履职能力和职业操守，同时具有五年以上合规或风险管理工作经历，或者具有所在行业十年以上工作经历。法人金融机构任命上述高级管理人员，应当按照规定向中国人民银行或当地人民银行备案。

5. 反洗钱管理部门牵头开展洗钱风险管理工作，推动落实各项反洗钱和反恐怖融资工作，主要履行以下职责：（1）制定起草洗钱风险管理政策和程序；（2）贯彻落实反洗钱和反恐怖融资法律法规和监管要求，建立健全反洗钱内部控制制度及内部检查机制；（3）识别、评估、监测本机构的洗钱风险，提出控制洗钱风险的措施和建议，及时向高级管理层报告；（4）持续检查洗钱风险管理策略及洗钱风险管理政策和程序的执行情况，对违反风险管理政策和程序的情况及时预警、报告并提出处理建议；（5）建立反洗钱工作协调机制，指导业务部门开展洗钱风险管理工作；（6）组织或协调各相关部门开展客户洗钱风险分类管理；（7）组织落实交易监测和名单监控的相关要求，按照规定报告大额交易和可疑交易；（8）牵头配合反洗钱监管，协调配合反洗钱行政调查；（9）组织或协调相关部门开展反洗钱宣传和培训、建立健全反洗钱绩效考核和奖惩机制、建设完善反洗钱信息系统。

6. 业务部门承担洗钱风险管理的直接责任，主要履行以下职责：（1）识别、评估、监测本业务条线的洗钱风险，及时向反洗钱管理部门报告；（2）建立相应的工作机制，将洗钱风险管理要求嵌入产品研发、流程设计、业务管理和具体操作；（3）开展或配合开展客户身份识别和客户洗钱风险分类管理，采取针对性的风险应对措施；（4）以业务（含产品、服务）的洗钱风险评估为基础，完善各项业务操作流程；（5）完整并妥善保存客户身份资料及交易记录；（6）开展或配合开展交易监测和名单监控，确保名单监控有效性，按照规定对相关资产和账户采取管控措施；（7）配合反洗钱监管和反洗钱行政调查工作；（8）开展本业务条线反洗钱工作检查；（9）开展本业务条线反洗钱宣传和培训；（10）配合反洗钱管理部门开展其他反洗钱和反恐怖融资工作。

7. 反洗钱和反恐怖融资工作职责、事项涉及运营管理、风险管理、法律事务、财务会计、安全保卫等其他部门的，法人金融机构应当就上述部门对相关工作的职责分工进行明确规定。内部审计部门负责对反洗钱和反恐怖融资法律法规和监管要求的执行情况、内部控制制度的有效性和执行情况、洗钱风险管理情况进行独立、客观的审计评价。未设立审计部门的法人金融机构，应当明确相关工作由承担审计职能的其他部门承担，并保证相关工作的独立性。人力资源部门负责洗钱风险管理的人力资源保障，结合洗钱风险管理需求，合理配置洗钱风险管理职位、职级和职数，选用符合标准的人员，建立反洗钱和反恐怖融资绩效考核和奖惩机制，为反洗钱宣导和培训提供支持。信息科技部门负责反洗钱信息系统及相关系统的开发、日常维护及升级等工作，为洗钱风险管理提供必要的硬件设备和技术支持，根据相关数据安全和保密管理等监管要求，对客户、账户、交易信息及其他相关电子化信息进行保管和处理。

8. 法人金融机构应当加强对境内外分支机构和相关附属机构的管理指导和监督，采取必要措施保证洗钱风险管理。政策和程序在境内外分支机构和相关附属机构得到充分理解与有效执行，保持洗钱风险管理的一致性和有效性。对于在境外设有分支机构或相关附属机构的法人金融机构，如果该指引的要求比所驻国家或地区的相关规定更为严格，但所驻国家或地区法律禁止或限制境外分支机构和相关附属机构实施该指引，法人金融机构应当采取适当的其他措施应对洗钱风险，并向中国人民银行报告。如果其他措施无法有效控制风险，法人金融机构应当考虑在适当情况下关闭境外分支机构或相关附属机构。

9. 金融控股公司（集团）应当在集团层面实施统一的洗钱风险管理政策和程序，结合各专业公司的业务和产品特点，以客户为单位，建立适用于集团层面的可疑交易监测体系有效识别和应对跨市场、跨行业和跨机构的洗钱风险，防范洗钱风险在不同专业公司间的传导。

10. 法人金融机构反洗钱和反恐怖融资资源配置应当与其业务发展相匹配，配备充足的洗钱风险管理人员，其中，反洗钱管理部门应当配备专职洗钱风险管理岗位（反洗钱和反恐怖融资岗位）人员，业务部门、境内外分支机构及相关附属机构应当根据业务实际和洗钱风险状况配备专职或兼职洗钱风险管理岗位（反洗钱和反恐怖融资岗位）人员。法人金融机构应当从制度建设、业务审核、风险评估、系统建设、监测分析、合规制裁、案件管理等角度细分洗钱风险管理岗位（反洗钱和反恐怖融资岗位）。洗钱风险管理岗位（反洗钱和反恐怖融资岗位）职级不得低于法人金融机构其他风险管理岗位职级，不得将洗钱风险管理岗位（反洗钱和反恐怖融资岗位）简单设置为操作类岗位或外包。从事监测分析工作的人员配备应当与本机构的可疑交易甄别分析工作量相匹配。专职人员应当具有三年以上金融行业从业经历，专职人员和兼职人员均应当具备必要的履职能力和职业操守。法人金融机构有条件配备专职人员的，不得以兼职人员替代专职人员。兼职人员占全部洗钱风险管理人员的比例不得高于80%。法人金融机构在聘用员工、任命或授权高级管理人员、选用洗钱风险管理人员、引入战略投资者或在主要股东和控股股东入股之前，应当对其是否涉及刑事犯罪、是否存在其他犯罪记录及过往履职经历等情况进行充分的背景调查，评估可能存在的洗钱风险。

11. 法人金融机构应当赋予反洗钱管理部门、业务部门、审计部门等部门及洗钱风险管理人员充足的资源和授权，在组织架构、管理流程等方面确保其工作履职的独立性，保证其能够及时获得洗钱风险管理所需的数据和信息，满足履行洗钱风险管理职责的需要。法人金融机构应当持续开展各类反洗钱宣传和培训，促进洗钱风险管理文化得到充分传导，全面提高全体员工的反洗钱和反恐怖融资知识、技能和意识，确保全体员工能够适应所在岗位的反洗钱和反恐怖融资履职需要。

三、风险管理策略

1. 法人金融机构应当制定科学、清晰、可行的洗钱风险管理策略，完善相关制度和工作机制，合理配置、统筹安排人员、资金、系统等反洗钱资源，并定期评估其有效性。洗钱风险管理策略应当根据洗钱风险状况及市场变化及时进行调整。

2. 法人金融机构应当在建设全面风险管理文化、制定全面风险管理策略、制定全面风险管理政策和程序时统筹考虑洗钱风险管理，将洗钱风险纳入全面风险管理体系。洗钱风险管理策略应当与其全面风险管理策略相适应。

3. 法人金融机构应当按照风险为本方法制定洗钱风险管理策略，在识别和评估洗钱风险的基础上，针对风险较低的情形，采取简化的风险控制措施；针对风险较高的情形，采取强化的风险控制措施；超出机构风险控制能力的，不得与客户建立业务关系或进行交易，已经建立业务关系的，应当中止交易并考虑提交可疑交易报告，必要时终止业务关系。

4. 法人金融机构应当积极开展普惠金融工作，根据本机构业务实际、客户的群体属性、洗钱风险评估结果和监管部门的要求，在有效管理洗钱风险的基础上，采取合理的客户身份识别措施，为社会不同群体提供差异化、有针对性的金融服务。

四、风险管理政策、程序和方法

1. 法人金融机构应当制定洗钱风险管理政策和程序，包括但不限于反洗钱和反恐怖融资内部控制制度（含流程、操作指引）；洗钱风险管理的方法；应急计划；反洗钱和反恐怖融资措施；信息保密和信息共享。

2. 法人金融机构应当建立健全反洗钱内部控制制度，加强统一管理，规范制度制定和审批程序，明确发文种类、层级和对象。反洗钱内部控制制度应当全面覆盖反洗钱和反恐怖融资法律法规和监管要求，并与本机构业务实际相适应。在反洗钱和反恐怖融资法律法规、监管要求或业务发展情况发生变化时，法人金融机构应当及时更新反洗钱内部控制制度。

3. 洗钱风险识别与评估是有效洗钱风险管理的基础。法人金融机构应当建立洗钱风险评估制度，对本机构内外部洗钱风险进行分析研判，评估本机构风险控制机制的有效性，查找风险漏洞和薄弱环节，有效运用评估结果，合理配置反洗钱和反恐怖融资资源，采取有针对性的风险控制措施。评估结果的运用包括但不限于以下方面：调整经营策略、发布风险提示、完善制度流程、增强资源投入、加强账户管理和交易监测、强化名单监控、严格内部检查和审计等。法人金融机构应当确保洗钱风险评估的流程具有可稽核性或可追溯性，并对洗钱风险评估的流程和方法进行定期审查和调整。法人金融机构可以在充分论证可行性的基础上委托独立第三方开展风险评估。

4. 法人金融机构在广泛收集信息的基础上，采取定性与定量分析相结合的方法，建立洗钱风险评估指标体系和模型对洗钱风险进行识别和评估。

5. 法人金融机构应当根据风险评估需要，统筹确定各类信息的来源及其采集方法。信息来源应当考虑国家、行业、客户、地域、机构等方面，包括但不限于以下来源：（1）金融行动特别工作组（FATF）、亚太反洗钱组织（APG）、欧亚反洗钱和反恐怖融资组织（EAG）、巴塞尔银行监管委员会（BCBS）、国际证券监管委员会组织（IOSCO）、国际保险监督官协会（IAIS）等国际组织、国家和行业的风险评估报告、研究成果、形势分析、工作数据等；（2）国家相关部门通报的上游犯罪形势、案例或监管信息；（3）中国人民银行、国家金融监管总局、证监会、外汇局等金融监管部门发布的洗钱风险提示和业务风险提示；（4）在与客户建立业务关系时和业务关系存续期间，客户披露的信息、客户经理或柜面人员工作记录、保存的交易记录、委托其他金融机构或第三方对客户进行尽职调查工作所获取的合法信息；（5）内部管理或业务流程中获取的信息，包括内部审计结果。法人金融机构应当将信息采集嵌入相应业务流程，由各业务条线工作人员依据岗位职责、权限设置等开展信息采集。必要时通过问卷调查等方式，开展针对性的信息采集。

6. 法人金融机构应当从国家、地域、客户及业务（含产品、服务）等维度进行综合考虑，确立风险因素，设置风险评估指标。

国家、地域风险因素应当考虑：在高风险国家（地区）设立境外分支机构情况；交易对手或对方金融机构涉及高风险国家（地区）情况；境外分支机构数量及地域分布情况；高风险国家（地区）经营收入占比等。

客户风险因素应当考虑：非居民客户数量占比；离岸客户数量占比；政治公众人物客户数量占比；使用不可核查证件开户客户数量占比；职业不明确客户数量占比；高风险职业（行业）客户数量占比；由第三方代理建立业务关系客户数量占比；来自高风险国家（地区）的客户情况；被国家机关调查的客户情况等。

业务（含产品、服务）风险因素应当考虑：现金交易情况；非面对面交易情况；跨境交易情况；代理交易情况；公转私交易情况；私人银行业务情况；特约商户业务情况；一次性交易情况；通道类资产管理业务情况；场外交易情况；大宗交易情况；新三板协议转让业务；场外衍生品业务；保单贷款业务等。

法人金融机构应从制度体系、组织架构和洗钱风险管理文化的建设情况、洗钱风险管理策略、风险评估制度和风险控制措施的制定和执行情况等维度进行综合考虑，设置风险控制措施有效性的评估指标。评估指标的具体比重及分值设置由法人金融机构根据有效的洗钱风险管理需要自主确定。

7. 洗钱风险评估包括定期评估和不定期评估。法人金融机构应当根据本机构实际和国家、区域洗钱风险评估需要，合理确定定期开展全系统洗钱风险评估的时间、周期或频率。不定期评估包括对单项业务（含产品、服务）或特定客户的评估，以及在内部控制制度有重大调整、反洗钱和反恐怖融资监管政策发生重大变化、拓展新的销售或展业渠道、开发新产品或对现有产品使用新技术、拓展新的业务领域、设立新的境外机构、开展重大收购和投资等情况下对全系统或特定领域开展评估。为有效开展洗钱风险评估工作，法人金融机构应当建立并维护业务（含产品、服务）类型清单和客户种类清单。

8. 法人金融机构应当根据洗钱风险评估结果，结合客户身份识别、客户身份资料和交易记录保存、交易监测、大额交易和可疑交易报告、名单监控、资产冻结等反洗钱和反恐怖融资义务制定风险控制措施，并融入相关业务操作流程，有效控制洗钱风险。

9. 法人金融机构应当建立内部不同层次的洗钱风险报告制度。境内外分支机构、相关附属机构应当及时向总部反洗钱管理部门报告洗钱风险情况；各业务条线、业务部门应当及时向反洗钱管理部门报告洗钱风险情况，包括风险调整变动情况、风险评估结果等；反洗钱管理部门应当及时向董事会和高级管理层报告洗钱风险情况，包括洗钱风险管理策略、政策、程序、风险评估制度、风险控制措施的制定和执行情况以及洗钱风险事件等。

10. 法人金融机构应当制订应急计划，确保能够及时应对和处理重大洗钱风险事件、境内外有关反洗钱和反恐怖融资监管措施、重大洗钱负面新闻报道等紧急、危急情况，做好舆情监测，避免引发声誉风险。应急计划应当说明可能出现的重大风险情况及应当采取的措施。法人金融机构的应急计划应当涵盖对境内外分支机构和相关附属机构的应急安排。法人金融机构应当通过妥善方式记录开展洗钱风险管理的工作过程，采取必要的管理措施和技术手段保存工作资料，保存方式应当保证洗钱风险管理人员获取相关信息的便捷性。法人金融机构应当健全内部控制机制，按照《中华人民共和国反洗钱法》《中华人民共和国国家安全法》《中华人民共和国网络安全法》和有关保密规定，严格保护反洗钱和反恐怖融资工作中获得的信息，非依法律规定，不得向任何单位和个人提供。法人金融机构应当建立跨境信息保密保障措施，对于在开展跨境业务、应对跨境监管等过程中所涉的客户、账户和交易信息、可疑交易报告等信息，应当严格控制跨境信息知悉范围和程度，建立完善的内部跨境信息传递体系、风险控制流程和授权审批机制。境外有关部门因反洗钱和反恐怖融资需要要求其提供客户、账户、交易信息及其他相关信息的，法人金融机构应当告知对方通过外交途径、司法协助途径或金融监管合作途径等提出请求，不得擅自提供。有关国内司法冻结、司法查询、可疑交易报告、行政机构反洗钱和反恐怖融资调查等信息不得对外提供。境外清算代理行因反洗钱和反恐怖融资需要要求提供除汇款信息、单位客户注册信息等以外的客户身份信息、交易背景信息的，法人金融机构应当在获得客户授权同意后提供；客户不同意或未获得客户授权同意的，法人金融机构不得提供。

11. 出于洗钱风险管理需要，法人金融机构应当建立内部信息共享制度和程序，根据信息敏感度及其与洗钱风险管理的相关性确定信息共享的范围和程度，制定适当的信息共享机制，明确信息安全和保密要求，建立健全信息共享保障措施，确保信息的及时、准确、完整传递。法人金融机构反洗钱管理部门、审计部门等为履行反洗钱和反恐怖融资工作职责，有权要求境内外分支机构和相关附属机构提供客户、账户、交易信息及其他与洗钱风险管理相关的信息。

五、风险管理措施

1. 法人金融机构按照反洗钱和反恐怖融资法律法规和监管要求所采取的客户身份识别、客户身份资料和交易记录保存、大额交易和可疑交易报告等措施是满足反洗钱和反恐怖融资合规性要求的最低标准，情节严重的违法行为将受到处罚。为有效管理洗钱风险，法人金融机构应当在此基础上，采取更有针对性、更严格、更有效的措施。

2. 法人金融机构应当按照规定建立健全和执行客户身份识别制度，遵循"了解你的客户"的原则，针对具有不同洗钱风险的客户、业务关系或交易，采取相应的控制措施，通过可靠和来源独立的证明文件、数据信息和资料核实客户身份了解客户建立、维持业务关系的目的及性质，了解实际控制客户的自然人和交易的实际受益人。

客户身份识别措施包括但不限于以下方面：在建立业务关系时的客户身份识别措施、在业务关系存续期间的持续识别和重新识别措施、非自然人客户受益所有人的识别措施、对特定自然人和特定类别业务的客户身份识别措施以及客户洗钱风险分类管理措施等。在建立业务关系时，法人金融机构为不影响正常交易，可以在建立业务关系后完成对客户的身份核实，但应当建立相应的风险管理机制和程序，确保客户洗钱和恐怖融资风险可控。在业务关系存续期间，法人金融机构应详细审查保存的客户资料和交易，及时更新客户身份信息，确保当前进行的交易与客户身份背景相匹配。

3. 法人金融机构应当按照规定建立客户身份资料和交易记录保存制度，强化内部管理措施，更新技术手段，逐步完善相关信息系统，统筹考虑保存范围、方式和期限，确保客户身份信息和交易记录完整准确。法人金融机构应当建立适当的授权机制，明确工作程序，按照规定将客户身份信息和交易记录迅速、便捷、准确地提供给监管机构、执法机构等部门。

4. 法人金融机构应当构建以客户为基本单位的交易监测体系，交易监测范围应当覆盖全部客户和业务领域，包括客户的交易、企图进行的交易及客户身份识别的整个过程。法人金融机构应当根据本行业、本机构反洗钱和反恐怖融资工作实践和真实数据，重点参考本行业发生的洗钱案件及风险信息，结合客户的身份特征、交易特征或行为特征，建立与其面临的洗钱风险相匹配的监测标准，并根据客户、业务（含产品、服务）和洗钱风险变化情况及时调整。

5. 法人金融机构应当建立健全大额交易和可疑交易报告制度，按照规定及时、准确、完整地向中国反洗钱监测分析中心或中国人民银行及其分支机构提交大额交易和可疑交易报告。法人金融机构应当结合实际探索符合本机构特点的可疑交易报告分析处理模式，运用信息系统与人工分析相结合的方式，完整记录可疑交易分析排除或上报的全过程，完善可疑交易报告流程，提高可疑交易报告质量。法人金融机构在报送可疑交易报告后，应当根据中国人民银行的相关规定采取相应的后续风险控制措施，包括对可疑交易所涉客户及交易开展持续监控、提升客户风险等级、限制客户交易、拒绝提供服务、终止业务关系、向相关金融监管部门报告、向相关侦查机关报案等。

6. 法人金融机构应当建立反洗钱和反恐怖融资监控名单库，并及时进行更新和维护。监控名单包括但不限于以下内容：①公安部等我国有权部门发布的恐怖活动组织及恐怖活动人员名单；②联合国发布的且得到我国承认的制裁决议名单；③其他国际组织、其他国家（地区）发布的且得到我国承认的反洗钱和反恐怖融资监控名单；④中国人民银行要求关注的其他反洗钱和反恐怖融资监控名单；⑤洗钱风险管理工作中发现的其他需要监测关注的组织或人员名单。

7. 法人金融机构应当对监控名单开展实时监测，涉及资金交易的应当在资金交易完成前开展监测，不涉及资金交易的应当在办理相关业务后尽快开展监测。在名单调整时，法人金融机构应当立即对存量客户以及上溯三年内的交易开展回溯性调查，并按规定提交可疑交易报告。法人金融机构在洗钱风险管理工作中发现的其他需要监测关注的组织或人员名单，可以根据洗钱风险管理需要自主决定是否开展实时监测和回溯性调查。实时监测和回溯性调查应当运用信息系统与人工分析相结合的方式，通过信息系统实现监控名单精准匹配的自动识别工作，或先通过信息系统实现监控名单模糊匹配的初步筛查，再通过人工分析完成监控名单模糊匹配的最终识别工作。交易的回溯性调查可以采取信息系统实时筛查与后台数据库检索查询相结合的方式开展。

8. 有合理理由怀疑客户或其交易对手、资金或其他资产与监控名单相关的，应当按照规定立即提交可疑交易报告。客户与监控名单匹配的，应当立即采取相应措施并于当日将有关情况报告中国人民银行和其他相关部门。具体措施包括但不限于停止金融账户的开立、变更、撤销和使用，暂停金融交易，拒绝转移、转换金融资产，停止提供出口信贷、担保、保险等金融服务，依法冻结账户资产。暂时无法准确判断客户与监控名单是否相匹配的，法人金融机构应当按照风险管理原则，采取相应的风险控制措施并进行持续交易监控。

9. 法人金融机构应当有效识别高风险业务（含产品、服务），并对其进行定期评估、动态调整。对于高风险业务（含产品、服务），如建立账户代理行关系、提供资金或价值转移服务、办理电汇业务等，法人金融机构应按照相关法律法规的要求，开展进一步的强化尽职调查措施，并结合高风险业务（含产品、服务）典型风险特征及时发布风险提示。

10. 法人金融机构应当制定并执行清晰的客户接纳政策和程序，明确禁止建立业务关系的客户范围，有效识别高风险客户或高风险账户，并对其进行定期评估、动态调整。对于高风险客户或高风险账户持有人，包括客户属于政治公众人物、国际组织高级管理人员及其特定关系人或来自高风险国家（地区）的，法人金融机构应当在客户身份识别要求的基础上采取强化措施，包括但不限于进一步获取客户及其受益所有人身份信息，适当提高信息的收集或更新频率，深入了解客户经营活动状况、财产或资金来源，询问与核实交易的目的和动机，适度提高交易监测的频率及强度，提高审批层级等，并加强对其金融交易活动的跟踪监测和分析排查。

六、信息系统和反洗钱数据信息

1. 法人金融机构应当建立完善以客户为单位，覆盖所有业务（含产品、服务）和客户的反洗钱信息系统，及时、准确、完整采集和记录洗钱风险管理所需信息，对洗钱风险进行识别、评估、监测和报告，并根据洗钱风险管理需要持续优化升级系统。

2. 反洗钱信息系统及相关系统应当包括但不限于以下主要功能，以支持洗钱风险管理的需要。（1）支持洗钱风险评估，包括业务洗钱风险评估和客户洗钱风险分类管理；（2）支持客户身份识别、客户身份资料及交易记录等反洗钱和反恐怖融资信息的登记、保存、查询和使用；（3）支持反洗钱和反恐怖融资交易监测和分析；

（4）支持大额交易和可疑交易报告； （5）支持名单实时监控和回溯性调查；（6）支持反洗钱监管和反洗钱调查。

3. 在保密原则基础上，法人金融机构应当根据工作职责合理配置本机构各业务条线、各境内外分支机构和相关附属机构、各岗位的信息系统使用权限，确保各级人员有效获取洗钱风险管理所需信息，满足实际工作需要。

4. 法人金融机构应当加强数据治理，建立健全数据质量控制机制，积累真实、准确、连续、完整的内外部数据，用于洗钱风险识别、评估、监测和报告。反洗钱数据的存储和使用应当符合数据安全标准、满足保密管理要求。法人金融机构不得违反规定设置信息壁垒，阻止或影响其他法人金融机构正常获取开展反洗钱和反恐怖融资工作所必需的信息和数据。

七、内部检查、审计、绩效考核和奖惩机制

1. 法人金融机构应当对业务部门、境内外分支机构、相关附属机构开展定期或不定期的反洗钱工作检查，对检查结果进行分析，对发现的问题进行积极整改。检查结果与业务部门、境内外分支机构、相关附属机构绩效考核和管理授权挂钩。

2. 法人金融机构应当通过内部审计开展洗钱风险管理的审计评价，检查和评价洗钱风险管理的合规性和有效性，确保各项业务自身管理与其洗钱风险管理工作相匹配，反洗钱内部控制有效。审计范围、方法和频率应当与洗钱风险状况相适应。反洗钱内部审计可以是专项审计或与其他审计项目结合进行。法人金融机构应当确保反洗钱内部审计活动独立于业务经营、风险管理和合规管理，遵循独立性、客观性原则，不断提升内部审计人员的专业能力和职业操守。反洗钱内部审计报告应当提交董事会或其授权的专门委员会。董事会或其授权的专门委员会应当针对内部审计发现的问题，督促高级管理层及时采取整改措施。内部审计部门应当跟踪检查整改措施的实施情况，涉及重大问题的整改情况，应及时向董事会或其授权的专门委员会提交有关报告。

3. 法人金融机构委托外部审计机构对洗钱风险管理工作开展评价的，外部审计必须确保审计范围和方法科学合理，审计人员具有必要的专业知识和经验，审计工作应当满足反洗钱和反恐怖融资保密要求。

4. 法人金融机构应当将反洗钱和反恐怖融资工作评价纳入绩效考核体系，将董事、监事、高级管理人员、洗钱风险管理人员的洗钱风险管理履职情况和业务部门、境内外分支机构和相关附属机构的洗钱风险管理履职情况纳入绩效考核范围。法人金融机构应当建立反洗钱和反恐怖融资奖惩机制，对于发现重大可疑交易线索或防范、遏制相关犯罪行为的员工给予适当的奖励或表扬；对于未有效履行反洗钱和反恐怖融资职责、受到反洗钱监管处罚、涉及洗钱犯罪的员工追究相关责任。未设立董事会和监事会的法人金融机构，由其高级管理层承担洗钱风险管理的最终责任，履行相应职责，并指定一个独立于反洗钱管理部门的内设部门承担洗钱风险管理的监督职责。法人金融机构根据本机构业务实际对反洗钱和反恐怖融资信息系统及其他相关系统的开发、日常维护及升级等工作作出其他安排的，应当确保相关安排满足洗钱风险管理需要。

4.4 反洗钱宣传与培训

我国《反洗钱法》第九条规定，反洗钱行政主管部门会同国家有关机关通过多种形式开展反洗钱宣传教育活动，向社会公众宣传洗钱活动的违法性、危害性及其表现形式等，增强社会公众对洗钱活动的防范意识和识别能力。《法人金融机构洗钱和恐怖融资风险管理指引（试行）》（银反洗发〔2018〕19号）第二十五条要求，法人金融机构应当持续开展各类反洗钱宣传和培训，促进洗钱风险管理文化得到充分传导，全面提高全体员工的反洗钱知识、技能和意识，确保全体员工能够适应所在岗位的反洗钱履职需要。所以，金融机构应当开展对其客户的反洗钱和反恐怖融资宣传工作，并对其工作人员进行反洗钱和反恐怖融资培训，使其掌握有关反洗钱和反恐怖融资的法律、行政法规和规章的规定，提升反洗钱和反恐怖融资工作水平。

4.4.1 反洗钱宣传

经过近20年的不断努力，我国已经建立了一套较为完善的反洗钱和反恐怖融资法律、监管和组织体系，反洗钱和反恐怖融资工作已经进入以提高有效性为主要目标的纵深发展阶段。提高反洗钱和反恐怖融资有效性成为我国反洗钱和反恐怖融资工作的主要任务。开展形式多样、内容贴近公众的反洗钱和反恐怖融资宣传，普及反洗钱和反恐怖融资知识，有利于营造良好的反洗钱和反恐怖融资社会氛围、提升社会公众反洗钱和反恐怖融资意识，也是提高反洗钱和反恐怖融资有效性的重要途径。

反洗钱和反恐怖融资宣传作用体现在对内和对外两个方面。对内宣传主要是对金融机构内部的宣传，通过反洗钱和反恐怖融资重要性的宣传，提高金融机构领导和员工对反洗钱和反恐怖融资工作重要性的认识，提高金融机构自身反洗钱和反恐怖融资工作的主动性和自觉性，有利于金融机构各业务条线和金融机构员工认真履行反洗钱和反恐怖融资义务，建立完善的洗钱风险防控机制，免受洗钱犯罪分子和恐怖分子的危害，维护良好的声誉，促进金融机构持续健康经营。对内宣传的形式可灵活多样，包括及时向高层管理者和中层管理人员、员工通报新出台的反洗钱和反恐怖融资法律法规、典型的反洗钱和反恐怖融资监管案例、洗钱和恐怖融资的形势、作案手段以及必须采取的风险防控措施等。对外宣传，是对社会公众的宣传。通过对外宣传，有利于社会公众了解恐怖融资、洗钱及其上游犯罪的社会危害性，有利于社会公众配合金融机构履行反洗钱、反恐怖融资义务和举报洗钱、恐怖融资犯罪线索。目前，加强对外反洗钱和反恐怖融资宣传已经成为金融机构反洗钱和反恐怖融资工作的常态，各级反洗钱主管部门每年都会对金融机构宣传工作的主题、内容以及形式等提出指导性的意见，金融机构可结合自身实际开展丰富多彩的宣传活动。做好反洗钱宣传工作应注意以下几个方面。

一、提高对反洗钱宣传工作重要性的认识，切实增强做好反洗钱宣传工作的责任感和使命感

（一）通过反洗钱宣传进一步提高反洗钱部际联席会议成员单位对反洗钱工作的认同感，形成反洗钱工作合力。从 FATF 对我国第四轮互评估反映的情况看，有些部门对法律赋予的反洗钱和反恐怖融资职责缺乏足够的认识，对反洗钱工作存在被动的理解，未能有效履行反洗钱联席会议成员的职责。反映反洗钱打击成果的《刑法》第一百九十一条"洗钱罪"判例数量不多，不能真实反映我国反洗钱的工作成效，有些上游犯罪衍生的洗钱犯罪尚未得到应有的起诉和惩戒。在监管实践中，人民银行和金融监管部门各自为政，"铁路警察、各管一段"的现象仍然存在，特定非金融机构反洗钱工作处于起步阶段。虽然设立了国家反洗钱行政主管部门，但反洗钱是一项关系社会安全稳定、涉及多领域、跨部门的系统性、社会性工作，不是哪一个部门或哪几个部门能够独立承担的，需要相关部门充分发挥各自职能、共同协调和配合才能取得成效。要加大宣传力度，将国家的反洗钱政策宣传到位，增强反洗钱联席会议成员单位对反洗钱工作的认同感，达成共识，形成反洗钱工作合力。

（二）通过反洗钱宣传进一步提高金融机构自身对反洗钱工作重要性的认识，建立完善的洗钱风险防控机制。当前，我国金融机构对反洗钱工作重视程度仍然不够。有些机构一直重视反洗钱工作，工作成效较为明显。但个别机构缺乏正确认识，工作流于形式，重视往往停留在口头上和文件上，没有进一步内化为制度、组织、流程、系统、审计、考核和队伍建设等各方面的实际工作。领导层不亲自抓、不亲自过问、不亲自落实，更多的是喊口号、发文件、开大会，或者热衷于搞讲座式培训、运动式宣传。个别机构认为反洗钱和反恐怖融资是件"成本高、麻烦多"的工作，进而消极对待反洗钱和反恐怖融资，工作的出发点和落脚点主要是应付监管、检查，以及防范处罚，没有发挥反洗钱和反恐怖融资对促进自身合规经营和风险管理的重要作用。为加强金融机构反洗钱和反恐怖融资工作，2018 年 9 月中国人民银行印发的《法人金融机构洗钱和恐怖融资风险管理指引》，要求金融机构建立组织健全、结构完整、职责明确的洗钱风险管理架构，规范董事会、监事会、高级管理层、业务部门、反洗钱管理部门、内部审计部门、人力资源部门、信息科技部门、境内外分支机构和相关附属机构在洗钱风险管理中的职责分工，建立层次清晰、相互协调、有效配合的反洗钱运行机制。这项工作涉及金融机构所有部门和员工，更需要金融机构进一步加大对内宣传力度，提升全员反洗钱意识，牢固树立合规意识和风险意识，建立健全洗钱风险管理体系，按照风险为本方法，合理配置资源，对本机构洗钱风险进行持续识别、审慎评估、有效控制及全程管理，有效防范洗钱风险。

（三）通过反洗钱宣传进一步提高社会公众的反洗钱意识，获得社会各界对反洗钱工作的理解和支持。通过对外宣传，有利于社会公众了解恐怖融资、洗钱及其上游犯罪的社会危害性，有利于社会公众配合金融机构履行反洗钱义务和举报洗钱和恐怖融资犯罪线索。特别是近年来，中央深入推进"放管服"改革，着力优化营商环境，对金融服务提出了更高的要求。同时，FATF 将透明度作为反洗钱国际标准的重要内容，要求各国提高法人和法律安排的透明度，要求金融机构在开展业务时识别法人和法律安排的受益所有人，从而穿透法人和法律安排的"面纱"，最大限度地挤压洗钱空间，维护社会公平正义。为落实 FATF 的要求，中国人民银行印发《关于加强反洗钱客户身份识别有关工作的通知》（银发〔2017〕235 号）、《关于进一步做好受益所有人身份识别工作有关问题的通知》（银发〔2018〕164 号），全面强化非自然人的客户身份识别工作，对与企业建立业务关系提出了更高的要求；有些金融机构为做好反洗钱工作，中止了对某些企业的金融服务。在反洗钱与普惠金融、反洗钱与企业"降成本"之间还有一些关系需要理顺。这些都需要进一步加大反洗钱宣传力度，普及反洗钱知识，让各有关部门和社会公众进一步提升反洗钱意识，获得社会各界的配合、理解和支持。

二、更新观念，创新方式，建立健全反洗钱宣传的长效机制

（一）加强反洗钱和反恐怖融资宣传工作的领导。做好反洗钱和反恐怖融资宣传工作，需要人力、物力和财力的充分保障，为保证反洗钱和反恐怖融资宣传工作的顺利开展，要健全反洗钱和反恐怖融资宣传工作的领导体制。反洗钱主管部门要统筹安排，按照反洗钱和反恐怖融资履职工作的需要，明确宣传的主题，为金融机构反洗钱和反恐怖融资宣传提供有效的支持和帮助，积极推动各地反洗钱和反恐怖融资宣传工作的开展。金融机构的反洗钱和反恐怖融资宣传工作需要主要负责人的高度重视和支持，要加大对反洗钱和反恐怖融资宣传工作的投入力度，提供必要的经费和宣传设备，保证反洗钱和反恐怖融资宣传工作的正常开展，促进反洗钱和反恐怖融资宣传工作达到预定的宣传目标。金融机构的主要领导要带头参加反洗钱和反恐怖融资宣传活动，通过示范引领作用，引导金融机构各个业务条线和分支机构积极配合，形成反洗钱和反恐怖融资宣传的合力。

（二）创新宣传形式，提高反洗钱和反恐怖融资宣传质量。反洗钱和反恐怖融资宣传活动应以提高社会公众的反洗钱和反恐怖融资意识为目标，在形式上要灵活多样，要充分借助社会媒体的作用。通过与社会媒体合作，向更大范围的社会公众宣传反洗钱和反恐怖融资知识。要从社会公众的角度出发，为社会公众参与反洗钱和反恐怖融资宣传提供方便。反洗钱和反恐怖融资宣传应当尽量贴近实际、贴近生活，要在摆摊设点、设立咨询台等传统宣传方法的基础上，通过微信、抖音等新型媒体组织群众参加反洗钱和反恐怖融资有奖知识竞赛、有奖征文活动，创作人们喜闻乐见、贴近生活的文艺节目进行生动形象的宣传，寓教于乐，提升大众反洗钱和反恐怖融资意识。

（三）建立反洗钱和反恐怖融资宣传长效机制。反洗钱和反恐怖融资宣传应做到常态化，金融机构要利用营业场所接触人多的特点，在营业场所设立宣传窗口、宣传栏，及时更新各种反洗钱和反恐怖融资知识，将宣传渗透到日常反洗钱和反恐怖融资管理当中。在建立反洗钱和反恐怖融资宣传领导体制和工作机制的基础上，制订反洗钱和反恐怖融资宣传工作规划，确定宣传工作目标，着力抓好投入机制和激励机制建设，充分调动各方面的积极性，使反洗钱和反恐怖融资宣传工作深入持久地开展下去。对在反洗钱和反恐怖融资宣传中涌现出的先进单位和先进个人，要给予表彰和物质奖励，激发宣传工作热情，做深做细反洗钱和反恐怖融资宣传工作。

4.4.2　反洗钱培训

2012 年中国人民银行《关于加强金融机构从业人员反洗钱履职管理及相关反洗钱内控建设的通知》明确要求，金融机构应建立反洗钱和反恐怖融资培训长效机制，确保各类金融从业人员及时了解反洗钱和反恐怖融资监管政策、内控要求、洗钱和恐怖融资新手法、反洗钱和反恐怖融资新技术、洗钱风险变动情况等方面的反洗钱和反恐怖融资工作信息。对于从事洗钱和恐怖融资风险较高岗位的金融从业人员，应适当调高反洗钱和反恐怖融资培训的强度和频率。

一、培训的目的。反洗钱和反恐怖融资培训旨在提高金融机构各个层次工作人员反洗钱和反恐怖融资工作意识，明确自身应该承担的反洗钱和反恐怖融资责任，保证从业人员熟悉反洗钱和反恐怖融资法律法规，掌握开展反洗钱和反恐怖融资工作具备的必要技能、方法和手段。

二、培训的对象和要求。反洗钱和反恐怖融资工作涉及金融机构所有业务和工作人员[①]。金融机构员工的反洗钱和反恐怖融资积极性、能力和水平直接影响反洗钱和反恐怖融资工作的有效性。教育和培训能够保证员工正确理解反洗钱和反恐怖融资目标和意义，能够保证员工有足够的反洗钱和反恐怖融资知识和技能去适应反洗钱和反恐怖融资新岗位和使用新的反洗钱和反恐怖融资系统，降低因知识匮乏和能力不足所带来的工作不确定性。既然反洗钱和反恐怖融资是金融机构全员参与的工作，反洗钱和反恐怖融资培训应覆盖金融机构从董事会到基层员工所有金融机构从业人员，既要包括反洗钱和反恐怖融资岗位从业人员，也要包括非风险岗位的各个业务条线的业务人员。只是在培训的要求、内容、深度上应区分不同层次、不同岗位人员区别对待。

（一）刚入职新员工。金融机构一般都建立了完善的培训制度。金融机构对刚入职的员工一般都会进行岗位任职前的培训。在安排培训时，一定要将反洗钱和反恐怖融资作为重要的培训内容，保证刚入职的员工了解反洗钱和反恐怖融资法律法规以及恐怖融资、洗钱及其上游犯罪的危害，认识金融机构应该承担的反洗钱和反恐怖融资义务。

（二）一线从业人员。直接面对客户的金融机构柜面人员、营销展业人员、客户经理、投资理财顾问等一线人员直接接触客户，能直接了解客户的身份特征、行为方式、交易动机和资金来源，是履行客户身份识别、尽职调查工作的主力，是金融机构履行反洗钱和反恐怖融资职责的第一道门槛。他们必须熟练掌握国家的反洗钱和反恐怖融资法律法规、本单位的反洗钱和反恐怖融资内控制度及操作规程。应重点培养一线人员正确开展客户身份识别、识别可疑行为、可疑交易并及时处理报告。为减轻一线人员的工作压力，应将一线人员的反洗钱和反恐怖融资要求和其从事的业务工作有机结合起来，将反洗钱和反恐怖融资职责的履行融入业务操作中。

（三）中高层管理人员[②]。我国《反洗钱法》第二十七条规定，金融机构的负

---

① 2023 年 7 月，中国人民银行银罚决字〔2023〕26-70 号，分别处罚了两家银行、一家保险公司、两家支付机构和平台，合计罚款 70 多亿元。不但对义务机构开出大额罚单，还进行了"双罚"，处罚对象涉及公司部、零售部、金融市场部、运营部、内控合规部、法律合规部、信息科技部、信用卡中心、小微金融、直销银行等多个部门总经理和负责人，对高管开出了 1 万元至 150 万元的罚单，从处罚上传递了反洗钱监管部门的政策信号，就是进一步强调金融机构全员反洗钱责任。

② 中高层管理者主要是金融机构中担任主要领导职务，负责所在单位和部门的经营，具有决策权的管理者。因此本文所指的中高层管理者较为广泛，既包括金融机构董事会、总分行领导，也包括各基层机构或部门的管理者。

责人对反洗钱内部控制制度的有效实施负责。金融机构决策层强烈的反洗钱和反恐怖融资意愿是保证金融机构打破组织隔阂，合理配置各项资源用于反洗钱和反恐怖融资工作的必要条件。他们对反洗钱和反恐怖融资工作的重视和承诺体现在机构设置、人员配置、资金以及相关资源的支持，其做好反洗钱和反恐怖融资的决心影响着金融机构反洗钱和反恐怖融资队伍的信心和士气。金融机构高层管理者的社会责任感直接影响其反洗钱和反恐怖融资意愿，直接影响单位和全体员工对反洗钱和反恐怖融资的责任感，其能力和知识技能体现于对金融机构反洗钱和反恐怖融资现状和未来前景规划有清晰的认识，并要善于将反洗钱和反恐怖融资前景规划传达给其他人，使金融机构所有人员能够具备使命感和目标意识。高层管理者需要拥有领导魅力，善于将反洗钱和反恐怖融资工作设想规划传达给所有员工，并让所有员工接受并付诸行动，其坚定的信念和坚韧的毅力，使全行员工对反洗钱和反恐怖融资目标怀有很高的期望，能够坚持不懈地投入反洗钱和反恐怖融资工作中去。管理者必须具备比较完备的反洗钱和反恐怖融资专业知识和一定的反洗钱和反恐怖融资技能，以确保金融机构反洗钱和反恐怖融资工作决策的科学化。对中高层管理者的培训非常重要，要让他们充分了解国内外洗钱和恐怖融资的形势，认识到反洗钱和反恐怖融资工作的重要性。让他们了解反洗钱和反恐怖融资法律法规，清楚其所在单位和部门应该履行的反洗钱和反恐怖融资义务。

（四）反洗钱和反恐怖融资岗位人员①。反洗钱和反恐怖融资岗位人员是反洗钱和反恐怖融资工作的骨干队伍，他们不仅负责本单位反洗钱和反恐怖融资内控制度的制定和执行，还承担着反洗钱和反恐怖融资工作的组织、协调以及可疑交易的分析报告职责。对反洗钱和反恐怖融资岗位人员需要系统深入的专业培训，确保他们具备应有的政治素质、职业道德、专业技能和综合协调能力。对于从事可疑交易报告监测分析的人员，还必须具备一定敏锐性。近年来，中国人民银行反洗钱局会同中国人民银行中国金融培训中心，开展金融机构反洗钱岗位人员远程培训，并陆续颁发合格证书，作为反洗钱和反恐怖融资岗位人员上岗的基本条件②。

---

① 反洗钱和反恐怖融资岗位人员主要是指金融机构反洗钱和反恐怖融资工作的专职和兼职人员。包括反洗钱和反恐怖融资工作负责人、合规人员、报告员、监测分析员、系统管理员。

② 近年来，（美国）公认反洗钱师协会也开始在我国开展国际公认反洗钱师资格认证工作，（美国）公认反洗钱和反恐怖融资师协会是2002年成立于美国，总部设在纽约的非官方独立机构。其考试的内容主要是反洗钱和反恐怖融资的基础知识，涉及洗钱和恐怖融资的基本概念、方法、手段、反洗钱和反恐怖融资国际标准、客户身份识别、可疑交易报告等基本合规制度和反洗钱调查的相关内容，以FATF《打击洗钱、恐怖融资与扩散融资的国际标准：FATF建议》及其释义为主。其认证费用较高，报名人员在私营单位工作是1500美元左右，在公营单位工作是1200美元左右。

5 客户尽职调查、客户身份资料与交易记录保存

客户尽职调查①是整个反洗钱和反恐怖融资工作的基础和前提，是掌握客户真实身份、重现客户交易全过程、评估客户洗钱和恐怖融资风险、监测分析可疑交易，调查、侦查、起诉、审判洗钱案件的重要依据。只有真正了解客户，才能准确判断其资金来源或用途是否可疑，保护金融机构和支付机构不被犯罪分子利用。本章介绍客户尽职调查的概念特征，我国反洗钱客户尽职调查工作的政策规定和要求。

5.1 客户尽职调查概述

5.1.1 客户尽职调查的概念

一、客户尽职调查的定义

客户尽职调查（Customer Due Diligence，CDD），是指金融机构和支付机构在与客户建立业务关系或与其进行交易时，应当通过来源可靠、独立的证明材料、数据或者信息，识别核实和确认客户的真实身份；同时了解客户的职业或经营背景、交易目的、交易性质以及资金来源和用途等。金融行动特别工作组（Financial Action Task Force on Money Laundering，FATF）《打击洗钱、恐怖融资与扩散融资的国际标准建议》建议 10 使用 "Customer due Diligence"（Normally Seek to Identify and Verify

---

① 2022 年 1 月 19 日，人民银行、银保监会、证监会对《金融机构客户身份识别和客户身份资料及交易记录保存管理办法》（中国人民银行 中国银行业监督管理委员会 中国证券监督管理委员会 中国保险监督管理委员会令〔2007〕第 2 号）进行了修订，颁布了《金融机构客户尽职调查和客户身份资料及交易记录保存管理办法》（中国人民银行 中国银行保险监督管理委员会 中国证券监督管理委员会令〔2022〕第 1 号）。2022 年 2 月 21 日，中国人民银行 中国银行保险监督管理委员会 中国证券监督管理委员会联合发布公告："原定 2022 年 3 月 1 日起施行的《金融机构客户尽职调查和客户身份资料及交易记录保存管理办法》（中国人民银行 银保监会 证监会令〔2022〕第 1 号）因技术原因暂缓施行。相关业务按原规定办理。"在本书的写作过程中，该文件尚未施行，因此本书的内容以《反洗钱法》《金融机构客户身份识别和客户身份资料及交易记录保存管理办法》及现行相关规定为主。为了与未来政策衔接，在介绍相关业务时，对 2022 年《金融机构客户尽职调查和客户身份资料及交易记录保存管理办法》的最新要求和政策调整比较大的事项进行了补充解读，在书中做了专门的标记。

the Identity of the Customer）的概念。在我国反洗钱实务中，最早采用"客户身份识别"的概念，也称了解你的客户（Know Your Customers，KYC），但从当时的工作要求和实际内容看，客户身份识别与客户尽职调查基本同义。客户身份识别一般指对客户身份的辨别审查，可进一步细化为身份辨识（Identify）与身份信息确认（Verify）。按照巴塞尔委员会颁布的银行客户尽职调查规则，客户尽职调查包括客户接纳政策、客户身份识别、对高风险账户的持续监控、风险管理四个方面。所以，客户尽职调查除了客户身份识别外，还有持续的客户尽职调查、异常行为监测等方面的要求。2021 年 4 月中国人民银行发布的《金融机构反洗钱和反恐怖融资监督管理办法》（中国人民银行令〔2021〕第 3 号）开始使用"客户尽职调查"的概念；2024 年新修改的《反洗钱法》也采用"客户尽职调查"的概念。2022 年 1 月 19日，《金融机构客户尽职调查和客户身份资料及交易记录保存管理办法》（中国人民银行 中国银行保险监督管理委员会 中国证券监督管理委员会令〔2022〕第 1号）全面使用"客户尽职调查"的概念①，要求金融机构和支付机构通过客户尽职调查，了解客户身份、交易背景和风险状况，采取相应的风险管理措施，防止金融体系被利用进行洗钱和恐怖融资等违法犯罪活动。

二、客户尽职调查的特征

（一）客户尽职调查对象的广泛性

目前，在国内外反洗钱实践中，客户尽职调查的对象非常广泛，包括自然人、公司、合伙企业、基金会、信托公司、未组成法人组织的协会、货币经理及类似中间人、律师、被委托人等，如此广泛复杂的客户尽职调查对象，无疑增加了金融机构和支付机构反洗钱工作的难度和压力，但确认与识别这些对象是反洗钱和反恐怖融资的一项基础工作，具有重要的意义。

（二）客户尽职调查内容的复杂性

要及时发现可疑交易并作出准确的分析和判断，需要金融机构在为客户开立账户、提供金融交易以及其他金融服务时，对客户、实际受益人、实际控制人的真实身份进行全面、认真的审查、核实、确认、限制与排除，稍有疏忽，便有可能为洗钱犯罪和恐怖融资活动开启方便之门。沃尔夫斯堡集团和 FATF 等对客户尽职调查的内容作出了详尽的规定，如在开户阶段，金融机构和支付机构需要获得诸如开户的目的与理由、可预期的账户活动、财富的来源（对产生价值的经济活动的说明）、

---

① 由于《金融机构客户尽职调查和客户身份资料及交易记录保存管理办法》（中国人民银行 中国银行保险监督管理委员会 中国证券监督管理委员会令〔2022〕第 1 号）因技术原因暂缓施行，现行的客户尽职调查的相关制度仍在使用"客户身份识别"的概念，若无特殊说明，本书中"客户身份识别"和"客户尽职调查"概念同义。

估价的价值、资金来源（用于开户的资金来源及转移方式的说明）、已有的证实名声的证明书或其他资料等。在与政治公众人物等特殊客户建立金融关系时，还要得到高级管理层的批准。对自然人客户的尽职调查，则规定对姓名或曾用名、永久通信地址、出生日期、国籍、身份证原件并附申请人照片、护照、驾驶执照的原件或复印件作为替代，要记录其号码或相关资料，对共同账户持有人姓名和地址进行确认等。可见，客户尽职调查的内容极为广泛和复杂，是对金融机构和支付机构及其从业人员的长期考验和挑战。

（三）客户尽职调查的功效性

反洗钱客户尽职调查的目的是金融机构和支付机构根据识别出的客户身份，对交易性质、金额、流向和频率等交易记录信息进行综合分析，从而作出交易是否可疑的判断，提升反洗钱和反恐怖融资工作有效性，所以客户尽职调查的工作非常重要。从我国反洗钱工作实践看，很多从事可疑交易监测分析的反洗钱工作人员在确认和排除计算机系统筛选出的异常交易时遇到的一些困惑，其根源还是对客户信息掌握不全面，客户尽职调查信息不能满足可疑交易监测分析的需要。

三、客户尽职调查的重要性

（一）客户尽职调查是反洗钱工作的基础

客户尽职调查是整个反洗钱和反恐怖融资工作的基础和前提，是掌握客户真实身份、重现客户交易全过程、监测分析可疑交易，调查、侦查、起诉、审判洗钱案件的重要依据。只有真正了解客户，才能准确判断其资金来源或用途是否可疑，保护金融机构和支付机构不被犯罪分子利用。客户尽职调查作为反洗钱工作的第一道防线，其执行效果直接关系到反洗钱工作能否有效开展。因此，金融机构和支付机构除关注客户开户资料相关要素登记、资料留存的完整性等程序性的工作任务，还应注重客户尽职调查的实质，加强对客户开户理由及合理性的审查，严控准入关，并持续关注业务存续期间客户交易情况，警惕空壳公司、假名和匿名账户及短期存续的异常账户，切实发挥第一道防线的作用。

（二）客户尽职调查是全面提升反洗钱有效性的重要支撑

从国内外反洗钱工作实践看，客户尽职调查、大额交易和可疑交易报告、客户身份资料和交易记录保存是反洗钱的三项核心义务，金融机构反洗钱内控制度建设是保证以上三项核心义务履行的重要保障。以上四项工作机制中，客户尽职调查处于非常重要的地位。我国的反洗钱可疑交易分析是以客户为中心的监测分析制度，其目标是为执法部门打击洗钱和恐怖融资犯罪提供有价值的情报线索①。客户尽职调查为可疑交易分析提供全面的信息支撑，只有全面掌握客户的信息才可有效开展可疑交易分析。只要客户尽职调查工作到位，客户基本信息收集齐全，客户身份资料和交易记录的保存要求非常容易做到②。而金融机构内控建设是反洗钱义务履行的保障机制。所以，金融机构和支付机构反洗钱工作的首要任务还是客户尽职调查，客户尽职调查的工作质量直接决定反洗钱工作的成效。

（三）做好客户尽职调查工作是金融机构和支付机构合规经营的重要任务

从 2019 年至 2023 年全国反洗钱行政处罚统计情况看，金融机构在客户身份识别、为身份不明客户提供服务或发生交易、客户身份资料和交易记录保存、客户风险等级划分和分类管理等方面问题最多，是受到反洗钱主管部门行政处罚的主要原因③。从对近五年来全国反洗钱行政处罚罚款统计看，因在客户尽职调查方面存在违规问题处罚占比80%以上④。例如，2021 年 1 月 12 日，人民银行某中心支行因 11 类违规问题对××网络科技有限公司处以 6710 万元罚款，其中未按规定履行客户身份识别义务、未按规定保存客户身份资料、与身份不明的客户进行交易是主要的违规问题，时任××网络科技有限公司副总经理和风险合规部经理因未按规定履行客户身份识别义务、未按规定保存客户身份资料、与身份不明的客户进行交易各自被罚

---

① 洗钱入罪判决主要是执法部门的工作职责，金融机构和支付机构在其中的作用是履行好三项核心义务，增强洗钱和恐怖融资风险防控能力，提供有价值的洗钱犯罪情报线索。为依法打击治理洗钱违法犯罪活动，进一步健全洗钱违法犯罪风险防控体系，2022 年 1 月 13 日，中国人民银行、公安部、国家监察委员会、最高人民法院、最高人民检察院、国家安全部、海关总署、国家税务总局、银保监会、证监会、国家外汇管理局联合印发了《打击治理洗钱违法犯罪三年行动计划（2022—2024 年）》（银发〔2022〕7 号），决定于 2022 年 1 月至 2024 年 12 月在全国范围内开展打击治理洗钱违法犯罪三年行动。要求各部门提高政治站位，加强组织领导，加强宣传培训，从修订反洗钱法和办理洗钱刑事案件相关司法解释、落实"一案双查"工作机制、加强情报线索研判和案件会商、强化洗钱类型分析和反洗钱调查协查、增强反洗钱义务机构洗钱风险防控能力等方面落实工作责任，结合各地实际和部门职能进一步细化各项工作措施，依法打击各类洗钱违法犯罪行为，尤其要加大力度惩治《刑法》第一百九十一条规定的洗钱犯罪，坚决遏制洗钱及相关犯罪的蔓延势头，推动源头治理、系统治理和综合治理，构建完善国家洗钱风险防控体系，切实维护国家安全、社会稳定、经济发展和人民群众利益。

② 我国《会计档案管理办法》（中华人民共和国财政部 国家档案局令第 79 号）规定：会计档案的保管期限分为永久、定期两类。定期保管期限一般分为 10 年和 30 年。相比会计档案的保存期限，反洗钱客户身份资料和交易记录保存 5 年的要求还是比较宽松的。

③ 2021 年 1 月新修改的《中华人民共和国行政处罚法》第三十四条"行政机关可以依法制定行政处罚裁量基准，规范行使行政处罚裁量权。行政处罚裁量基准应当向社会公布"。2021 年 11 月 5 日，国家外汇管理局发布《外汇管理行政罚款裁量办法》（汇综发〔2021〕68 号），公布量罚情节和罚款幅度裁量区间。反洗钱主管部门也要按照《中华人民共和国行政处罚法》的规定，及时公开反洗钱行政处罚自由裁量基准，接受被检查单位和社会的监督，防范执法风险和道德风险。

④ 上海银罚字〔2023〕9—12 号行政处罚信息显示：2023 年 5 月 30 日，中国人民银行上海分行决定对太平人寿保险有限公司处罚 800 万元，违法行为类型只有一项：未按规定履行客户身份识别义务。

款 14 万元①；再如，2021 年 7 月 27 日，人民银行某中心支行对某农村商业银行罚款 427.2 万元，其中因未按规定履行客户身份识别义务是受到行政处罚的主要原因②。2021 年 9 月 30 日，因未按规定采取有效措施识别和核实客户身份，黑龙江银保监局依据《银行业金融机构反洗钱和反恐怖融资管理办法》第四十九条、《中华人民共和国银行业监督管理法》第四十六条对中国邮政储蓄银行哈尔滨市某营业所处以 30 万元的罚款，并对其责任人给予警告的行政处罚。该行政处罚案例为证监会、外汇局等部门依据其专业金融监管的法律制度对金融机构存在的客户尽职调查违规问题开展行政处罚提供了可供借鉴的案例③。2023 年 6 月 18 日，上海银保监局以沪银保监罚决字〔2023〕90 号对广融达金融租赁有限公司处以 240 万元罚款，其中主要违法事实之一是"未通过有效方式核验客户身份证件"，处罚依据中列示了《银行业金融机构反洗钱和反恐怖融资管理办法》④。

5.1.2　客户尽职调查的基本原则

我国关于客户尽职调查的法律依据是《反洗钱法》的规定，金融机构应当按照规定建立客户尽职调查制度。金融机构不得为身份不明的客户提供服务或者与其进行交易，不得为客户开立匿名账户或者假名账户，不得为冒用他人身份的客户开立账户。金融机构与客户建立业务关系或者为客户提供规定金额以上的一次性金融服务，有合理理由怀疑客户及其交易涉嫌洗钱活动，对先前获得的客户身份资料的真实性、有效性、完整性存在疑问的，应当开展客户尽职调查。客户尽职调查包括识别并采取合理措施核实客户及其受益所有人身份，了解客户建立业务关系和交易的目的，涉及较高洗钱风险的，还应当了解相关资金来源和用途。金融机构开展客户尽职调查，应当根据客户特征和交易活动的性质、风险状况进行，对于涉及较低洗钱风险的，金融机构应当根据情况简化客户尽职调查。在业务关系存续期间，金融机构应当持续关注并评估客户整体状况及交易情况，了解客户的洗钱风险。发现客户进行的交易与金融机构所掌握的客户身份、风险状况等不符的，应当进一步核实客户及其交易有关情况；对存在洗钱高风险情形的，必要时可以采取限制交易方式、金额或者频次，限制业务类型，拒绝办理业务，终止业务关系等洗钱风险管理措施。金融机构采取洗钱风险管理措施，应当在其业务权限范围内按照有关管理规定的要

---

①　http://fuzhou.pbc.gov.cn/fuzhou/126805/126823/126830/4161686/index.html.

②　http://hangzhou.pbc.gov.cn/hangzhou/125268/125286/125293/4304617/index.html.

③　http://www.cbirc.gov.cn/cn/view/pages/ItemDetail.html? docId=1012477&itemId=4114&generaltype=9.

④　http://www.cbirc.gov.cn/branch/shanghai/view/pages/common/ItemDetail.html? docId = 1114780&itemId = 1000.

求和程序进行，平衡好管理洗钱风险与优化金融服务的关系，不得采取与洗钱风险状况明显不相匹配的措施，保障与客户依法享有的医疗、社会保障、公用事业服务等相关的、基本的、必需的金融服务。

2007 年 6 月 21 日，"一行三会"联合发布《金融机构客户身份识别和客户身份资料及交易记录保存管理办法》（中国人民银行　中国银行业监督管理委员会　中国证券监督管理委员会　中国保险监督管理委员会令〔2007〕第 2 号）对客户身份识别作出了详细的规定。此后，中国人民银行陆续发布《中国人民银行关于加强代理国际汇款业务反洗钱工作的通知》（银发〔2008〕170 号）、《中国人民银行关于进一步加强金融机构反洗钱工作的通知》（银发〔2008〕391 号）、《银行卡组织和资金清算中心反洗钱和反恐怖融资指引》（银发〔2009〕107 号）、《支付机构反洗钱和反恐怖融资管理办法》（银发〔2012〕54 号）、《中国人民银行关于加强跨境汇款业务反洗钱工作的通知》（银发〔2012〕199 号）、《关于金融机构在跨境业务合作中加强反洗钱工作的通知》（银发〔2012〕201 号）、《金融机构洗钱和恐怖融资风险评估及客户分类管理指引》（银发〔2013〕2 号）、《中国人民银行关于加强开户管理及可疑交易报告后续控制措施的通知》（银发〔2017〕117 号）、《中国人民银行关于加强反洗钱身份识别有关工作的通知》（银发〔2017〕235 号）、《中国人民银行关于进一步做好受益所有人身份识别工作有关问题的通知》（银发〔2018〕164 号）、《中国人民银行办公厅关于进一步加强反洗钱和反恐怖融资工作的通知》（银办发〔2018〕130 号）、《法人金融机构洗钱和恐怖融资风险管理指引（试行）》（银反洗发〔2018〕19 号）、《中国人民银行　中国银行保险监督管理委员会　中国证券监督管理委员会关于印发〈互联网金融从业机构反洗钱和反恐怖融资管理办法（试行）〉的通知》（银发〔2018〕230 号）、《银行跨境业务反洗钱和反恐怖融资工作指引（试行）》（银发〔2021〕16 号）、《汇款业务反洗钱和反恐怖融资工作指引》（银发〔2021〕102 号）等文件进一步强化客户尽职调查工作，形成了较为完善的客户尽职调查法律制度体系。

（一）金融机构和支付机构应当勤勉尽责，遵循"了解你的客户"的原则

金融机构和支付机构及其从业人员应当采取与自身职业、专业知识、技能、经验相称的合理关注，利用一切可运用的手段、方法，识别并核实客户及其受益所有人身份，针对具有不同洗钱或者恐怖融资风险特征的客户、业务关系或者交易，采取相应的尽职调查措施。勤勉尽责是反洗钱工作兜底性的要求。对于客户尽职调查的事项和基本要求，反洗钱法律制度不可能一一穷尽，提出勤勉尽责的原则，就是要求金融机构和支付机构要利用一切可获取的信息资源识别客户及其受益所有人身份，揭开企业层层嵌套、相互持股的面纱，判断客户交易的真实目的和性质，针对

具有不同洗钱或者恐怖融资风险特征的客户、业务关系、交易和服务，采取相应的尽职调查措施。

（二）贯彻风险为本的反洗钱工作理念

风险为本反洗钱方法是基于成本收益的原则，按照风险等级的不同，将反洗钱资源按照优先次序进行分配，以保证最高的洗钱风险得到最多的关注。其中，包含对金融机构和监管部门两个层次的要求：对于直接接触客户的金融机构和支付机构，要通过洗钱和恐怖融资风险评估，识别出哪些客户风险高，分析哪些产品或服务更容易被用于洗钱和恐怖融资，哪些渠道或领域易于传递或放大洗钱风险，并针对这些风险因素建立相应的反洗钱工作机制；对于反洗钱监管部门，其工作重点是通过信息的收集和风险评估，判断出哪些领域和渠道、哪些机构、哪些业务环节发生洗钱风险和恐怖融资的可能性最大；研究建立风险管理策略，指导督促金融机构、支付机构和特定非金融机构采取降低风险的措施，出台相关的政策控制洗钱和恐怖融资风险的蔓延，尽可能预防和遏制洗钱及恐怖主义融资活动的发生。

从 2005 年开始，FATF 着手风险为本反洗钱方法的研究，力求通过风险为本反洗钱方法的推广实施，合理分配反洗钱资源，解决金融机构可疑交易防御性报送的问题，提升反洗钱有效性。2007 年 6 月，FATF 在总结各成员国及有关国际组织成功经验的基础上，公布了《风险为本的反洗钱方法指引：高级原则和程序》①，要求各成员国贯彻风险为本反洗钱方法，全面评估洗钱和恐怖融资风险，确保采取的防控洗钱和恐怖融资风险的措施与被识别出的洗钱风险水平相适应，从而保证反洗钱资源得到最佳配置。2012 年 2 月，FATF《打击洗钱、恐怖融资与扩散融资国际标准建议》明确要求各成员国要把以风险为本反洗钱方法作为反洗钱的基本措施。随后，FATF 陆续发布银行业、寿险业、证券期货业、特定非金融机构等不同行业的风险为本反洗钱方法的具体指引。FATF 在其第四轮反洗钱和反恐怖融资互评估中将风险为本反洗钱方法的实施作为评估的核心内容。风险为本的反洗钱方法已经成为各成员国提升反洗钱有效性的基本措施，成为反洗钱工作的基本方法。

伴随着风险为本反洗钱方法的贯彻实施，反洗钱监管工作也逐渐从规则为本向风险为本转变。"规则为本"是反洗钱起步阶段较为通行的监管模式，主要是对照反洗钱法律制度规定进行"打钩式"检查，注重形式合规，而处于不同国家和地区的不同类型的反洗钱义务机构提供的金融产品和服务不同，面临的洗钱和恐怖融资风险也不同，形式合规的表象下仍然潜藏着较大的洗钱风险。"风险为本"则以关注洗钱和恐

---

① FATF. FATF Guidance on the Risk-Based Approach to Combating Money Laundering and Terrorist Financing-High Level Principles and Procedures [EB/OL]. [2007-06-22]. https://www.fatf-gafi.org/media/fatf/documents/reports/High%20Level%20Principles%20and%20Procedures.pdf.

怖融资风险为核心，要求监管部门和义务机构认真开展洗钱风险评估，反洗钱监管部门根据洗钱风险状况配置资源、采取差异化的监管措施，注重反洗钱监管的有效性。2021 年 3 月 4 日 FATF 发布了《风险为本反洗钱和反恐怖融资监管指引》①，用于指导各成员国风险为本反洗钱监管工作。《中国人民银行关于〈金融机构客户尽职调查和客户身份资料及交易记录保存管理办法（修订草案征求意见稿）〉的说明》中明确指出，修改《办法》是"践行风险为本，指导金融机构提升反洗钱工作实效的需要"。中国人民银行就《金融机构客户尽职调查和客户身份资料及交易记录保存管理办法》修订答记者问也明确：修订的主要内容是将"风险为本"要求贯穿到《办法》中。②

风险为本是平衡普惠金融与洗钱及相关犯罪行为源头治理的关系、实现双赢的有效路径。金融机构应当根据风险状况差异化确定客户尽职调查措施的程度和具体方式，不应采取与风险状况明显不符的尽职调查措施，把握好防范风险与优化服务的平衡。对具有良好风险控制措施的金融机构和支付机构，监管部门应给予合理的政策或监管预期，为风险为本客户尽职调查方法的落实提供政策空间。防止出现文件上倡导义务机构客户尽职调查贯彻风险为本的方法，在开展个别的执法检查时完全以规则为本，漠视风险为本，让金融机构和义务机构陷入无所适从的境况③。

（三）持续开展客户尽职调查

金融机构在与客户业务存续期间，应当采取持续的尽职调查措施。针对洗钱或者恐怖融资风险较高的情形，金融机构应当采取相应的强化尽职调查措施，必要时应当拒绝建立业务关系或者办理业务，或者终止已经建立的业务关系。

（四）妥善保存客户身份资料和交易记录

金融机构应当按照安全、准确、完整、保密的原则，妥善保存客户身份资料及交易记录，确保足以重现每笔交易，以提供客户尽职调查、监测分析交易、调查可疑交易活动及查处洗钱和恐怖融资案件所需的信息。

（五）强化客户尽职调查的内部控制机制建设

反洗钱内部控制制度是金融机构根据反洗钱和反恐怖融资法律、法规和部门规

---

① FATF. Guidance for applying a Risk-Based Approach to AML/CFT Supervision [EB/OL]. [2021-03-04]. https://www.fatf-gafi.org/media/fatf/documents/Risk-Based-Approach-Supervisors.pdf.

② http://www.pbc.gov.cn/goutongjiaoliu/113456/113469/4460350/index.html.

③ 若将风险为本的理念贯彻到位，需要在反洗钱监管工作中得以体现，对造成洗钱后果或存在严重洗钱风险的问题从严处罚；对一些仅是要素不全的程序性违规问题，应客观性开展风险评估，没有风险或风险较低的问题应该减轻或免于处罚。从金融机构开展洗钱风险评估工作实践看，有些金融机构囿于反洗钱行政处罚的外在压力，洗钱和恐怖融资风险评估工作的着眼点还是合规，并非按照风险为本的思路开展该项工作。所以，贯彻风险为本方法的根本是监管部门要改变反洗钱监管理念，给予金融机构贯彻风险为本宽松的政策环境，让其在反洗钱工作中有更多的灵活性。当然，风险为本原则的基本前提是金融机构和支付机构必须遵守反洗钱法律制度的强制性要求。

章制度，结合本机构的特点和经营情况，制定适用于本机构具体管理和业务流程中有效的反洗钱和反恐怖融资内部规定。我国《反洗钱法》对金融机构的反洗钱内部控制制度作出了统一明确的要求。金融机构的反洗钱内部控制制度所涵盖的内容，必须全面反映反洗钱和反恐怖融资法律法规及行政规章的要求，其反洗钱和反恐怖融资的具体操作规程可以比现行的反洗钱和反恐怖融资法律法规及行政规章的要求更加严格，但不能比法律法规及规章的要求更加宽松，或者与法律法规及规章相背离。《金融机构客户身份识别和客户身份资料及交易记录保存管理办法》要求金融机构根据反洗钱方面的法律规定，建立和健全客户身份识别、客户身份资料和交易记录保存等方面的内部操作规程，指定专人负责反洗钱合规管理工作，合理设计业务流程和操作规范，并定期进行内部审计，评估内部操作规程是否健全、有效，及时修改和完善相关制度。金融机构应当对其分支机构执行客户身份识别制度、客户身份资料和交易记录保存制度的情况进行监督管理。（2022 年《金融机构客户尽职调查和客户身份资料及交易记录保存管理办法》规定：金融机构应当根据反洗钱和反恐怖融资相关法律规定，结合金融机构面临的洗钱和恐怖融资风险状况，建立健全客户尽职调查、客户身份资料及交易记录保存等方面的内部控制制度，定期审计、评估内部控制制度是否健全、有效，及时修改和完善相关制度。金融机构应当合理设计业务流程和操作规范，以保证客户尽职调查、客户身份资料及交易记录保存制度有效执行。）

我国金融机构反洗钱内控机制的目标是保证反洗钱法定义务的有效履行，确保本机构没有洗钱和恐怖融资案件发生。为确保总体目标的实现，应建立以洗钱和恐怖融资风险管理为导向，反洗钱合规管理为重点，严格、规范、全面、高效的反洗钱内控体系，秉持反洗钱管理制度化、制度流程化和流程信息化的反洗钱内部控制理念，对金融机构现有的反洗钱管理制度、流程体系进行梳理整合，及时查漏补缺和更新，提高内控体系的适用性。要将反洗钱内控要求融入具体的业务处理和管理系统及程序，将洗钱和恐怖融资风险防控作为金融机构风险防控体系的主要内容，建立反洗钱合规文化，要从维护自身声誉出发，将内控制度作为防范洗钱和恐怖融资风险、避免被洗钱犯罪分子利用的制度保证。反洗钱内部控制制度的制定和实施必须保证客户尽职调查、大额交易报告、可疑交易报告、客户身份资料和交易记录保存等反洗钱职责的履行。及时发现洗钱和恐怖融资线索，协助有关部门遏制及打击洗钱和恐怖融资等违法犯罪活动。反洗钱内部控制要与经营业务规模、产品和客户特点相适应，经营环境发生变化后，要及时对内控机制进行完善和更新。针对金融机构内部管理和内部控制存在的问题，2021 年 4 月 1 日，中国人民银行、中国银行保险监督管理委员会、国家外汇管理局发布《关于加强金融机构内部管理做好反洗钱工作的通知》对客户尽职调查内控建设提出补充要求。

（六）金融机构总部要履行好客户尽职调查的管理责任

从我国反洗钱工作实践看，一直坚持法人监管的原则。金融机构的总部在反洗钱制度制定、机制建设和反洗钱计算机系统开发方面承担主要的责任，其工作成效直接决定其全系统反洗钱工作的整体有效性。《金融机构客户身份识别和客户身份资料及交易记录保存管理办法》要求金融机构总部、集团总部应对客户身份识别、客户身份资料和交易记录保存工作作出统一要求。金融机构应要求其境外分支机构和附属机构在驻在国家（地区）法律规定允许的范围内，执行该办法的有关要求，驻在国家（地区）有更严格要求的，遵守其规定。如果有关要求比驻在国家（地区）的相关规定更为严格，但驻在国家（地区）法律禁止或者限制境外分支机构和附属机构实施该办法，金融机构应向中国人民银行报告。

（2022年《金融机构客户尽职调查和客户身份资料及交易记录保存管理办法》规定：金融机构应当在总部层面对客户尽职调查、客户身份资料及交易记录保存工作作出统一部署或者安排，制定反洗钱和反恐怖融资信息共享制度和程序，以保证客户尽职调查、洗钱和恐怖融资风险管理工作有效开展。金融机构应当对其分支机构执行客户尽职调查制度、客户身份资料及交易记录保存制度的情况进行监督管理。金融机构应当要求其境外分支机构和附属机构在驻在国家或地区法律规定允许的范围内，执行该办法的有关要求，驻在国家或地区有更严格要求的，遵守其规定。如果该办法的要求比驻在国家或地区的相关规定更为严格，但驻在国家或地区法律禁止或者限制境外分支机构和附属机构实施该办法的，金融机构应当采取适当措施应对洗钱和恐怖融资风险，并向中国人民银行报告。）

（七）积极落实"深化简政放权、放管结合、优化服务改革"的工作要求

金融是国民经济的血脉，是国家核心竞争力的重要组成部分；高质量发展是全面建设社会主义现代化国家的首要任务，金融要为经济社会发展提供高质量服务。金融机构和支付机构是单位和自然人资金融通的基本渠道，资金账户是单位和自然人日常收付最基本的支付载体。因此，支付结算属于国家最基本的金融服务设施，在一国金融体系中具有特殊的战略地位。高效安全的支付结算运行体系有利于畅通宏观经济货币政策传导，提升社会资金的配置效率，在建立现代市场经济体系、助推社会经济高质量发展、服务乡村振兴等方面具有不可替代的重要作用。深化"放管服"改革是打造法治化、市场化和国际化营商环境的重要措施。深化账户管理"放管服"改革对于优化营商环境、维护良好的社会生活生产秩序具有不可替代的重要作用。为支持实体经济高质量发展和提高企业开户便利度，中国人民银行于2019年7月全面取消了企业银行账户行政许可，并联合工信、市场监管等部门建成了企业信息联网核查系统，提高银行企业账户服务质效。针对近年来部分银行业金融机构在账户管理上存在的不合理或超出必要限度的身份核实措施给自然人和小微企业开户造成的误解和困扰，2021 年 9 月 26 日和 10 月 9 日中国人民银行分别发布《关于做好流动就业群体等个人银行账户服务工作的指导意见》（银发〔2021〕245号）、《关于做好小微企业银行账户优化服务和风险防控工作的指导意见》（银发〔2021〕260 号），2021 年 12 月 21 日中国银保监会发布《关于优化银行开户服务　切实解决群众"办卡难"和小微企业"开户难"的通知》（银保监办发〔2021〕132号），就自然人和小微企业简易开户服务作出了规定，要求银行业金融机构优化自然人和小微企业银行账户开户流程，推进开户难"源头治理""系统治理""综合治理"，适当放宽自然人、小微企业开户条件，公开自然人和小微企业银行账户开户服务标准，推动建立适应我国经济社会高质量发展的银行账户服务体系，让银行账户业务办理便利化成为常态，真正让社会公众享受到金融服务便利化的改革红利①②。

反洗钱工作必须学习贯彻落实党的二十大和中央金融工作会议精神，坚持"深化简政放权、放管结合、优化服务改革"的总体工作要求，处理好客户尽职调查与普惠金融及企业"降成本"之间的关系。在防范洗钱和恐怖融资风险的同时，进一步优化为民服务，依法保护人民群众的资金安全和利益，持续提升金融服务实体经济质效，特别是服务好中小微企业，改善营商环境，推动经济高质量发展。在有效管理洗钱和恐怖融资风险的情况下，对于难以中断的正常交易，金融机构可以在建立业务关系后尽快完成客户及其受益所有人身份核实工作，最大限度地减轻金融机构和客户的负担，提升金融机构为民服务的效率③。义务机构在识别客户身份时，

---

① 2021 年 10 月 22 日，FATF 发布《跨境支付执行 FATF 标准建议情况的调查报告》指出，缺乏基于风险的方法和贯彻反洗钱和反恐怖融资要求的不一致会增加跨境支付成本、降低速度、限制准入和降低透明度；也会给识别和验证客户和受益所有人、有效筛选有针对性的金融制裁、共享客户和交易信息以及建立和维护代理银行业务关系造成障碍。FATF. Cross Border Payments-Survey Results on Implementation of the FATF Standards [EB/OL]. [2021 - 10 - 22]. https://www.fatf-gafi.org/publications/fatfrecommendations/documents/cross-border-payments.html.

② 2022 年 2 月 21 日，中国人民银行有关负责人就暂缓实施《金融机构客户尽职调查和客户身份资料及交易记录保存管理办法》（中国人民银行　银保监会　证监会令〔2022〕第 1 号，以下简称《办法》）回答记者提问中明确提出：人民银行坚决贯彻落实党中央、国务院决策部署，始终践行以人民为中心的发展思想，将持续指导金融机构加强反洗钱工作，在防范风险的同时进一步优化为民服务，依法保护人民群众的资金安全和利益，持续提升金融服务实体经济质效，特别是服务好中小微企业，改善营商环境，推动经济高质量发展。

③ 2023 年 6 月 8 日，美国众议院金融服务委员会主席麦克亨利（Patrick McHenry），会同国家安全、非法金融活动和国际金融机构小组委员会主席鲁克梅耶（Blaine Luetkemeyer）、众议院小企业委员会主席威廉姆斯（Roger Williams）及众议院拨款委员会金融服务和一般政府小组委员会主席沃麦克（Steve Womack），致信金融犯罪执法网络（FinCEN）代理主任达斯（Himamauli Das）和财政部长耶伦（Janet Yellen），要求 FinCEN 概述关于教育小企业了解报告责任的计划，因为这些责任与 FinCEN 即将实施的受益所有权拟议规则有关。这封信建立在麦克亨利主席为确保受益所有权规则制定符合国会意图而做的工作的基础之上，目的是确保报告公司无法逃避透明度要求，并防止 FinCEN 建立对小企业过于繁重的合规制度或侵犯美国人的隐私权。

应通过可靠和来源独立的证明文件、数据信息和资料核实客户身份，了解客户建立、维持业务关系的目的及性质，并在适当情况下获取相关信息。

《金融机构洗钱和恐怖融资风险评估及客户分类管理指引》规定：金融机构可对低风险客户采取简化的客户尽职调查及其他风险控制措施，可酌情采取的措施包括但不限于：①在建立业务关系后再核实客户实际受益人或实际控制人的身份。②适当延长客户身份资料的更新周期。③在合理的交易规模内，适当降低采用持续的客户身份识别措施的频率或强度。例如，逐步建立对低风险客户异常交易的快速筛选判断机制。对于经分析排查后决定不提交可疑交易报告的低风险客户，金融机构仅发现该客户重复性出现与之前已排除异常交易相同或类似的交易活动时，可运用技术性手段自动处理预警信息。对于风险等级较低客户异常交易的对手方仅涉及各级党的机关、国家权力机关、行政机关、司法机关、军事机关、人民政协机关和人民解放军、武警部队等低风险客户的，可直接利用技术手段予以筛除。④在风险可控情况下，允许金融机构工作人员合理推测交易目的和交易性质，而无须收集相关证据材料。

《中国人民银行关于进一步加强反洗钱和反恐怖融资工作的通知》规定：原则上，义务机构应当在建立业务关系或办理规定金额以上的一次性业务之前，完成客户及其受益所有人的身份核实工作。但在有效管理洗钱和恐怖融资风险的情况下，为不打断正常交易，可以在建立业务关系后尽快完成身份核实。在未完成客户身份核实工作前，义务机构应当建立相应的风险管理机制和程序，对客户要求办理的业务实施有效的风险管理措施，如限制交易数量、类型或金额，加强交易监测等。义务机构怀疑客户涉嫌洗钱、恐怖融资等违法犯罪活动的，无论其交易金额大小，不得采取简化的客户身份识别措施，并应采取与其风险状况相称的管理措施。

提升支付服务水平、打通支付堵点，推动支付为民，实现国内国际无缝对接，是优化营商环境的应有之义，是服务高质量发展的重要举措，是促进高水平对外开放的内在要求。近年来，我国移动支付发展迅速，对利企便民、活跃交易、繁荣市场等发挥了重要作用。同时，由于我国老年人等群体偏好使用现金，部分外籍来华人员习惯使用银行卡或现金支付，对使用移动支付不习惯、不适应，支付服务包容性有待提升。为更好满足老年人、外籍来华人员等群体多样化的支付服务需求，推动移动支付、银行卡、现金等支付方式并行发展、相互补充，进一步提升支付服务水平，更好地服务社会民生，优化营商环境，促进高水平对外开放。2024年3月1日印发《国务院办公厅关于进一步优化支付服务提升支付便利性的意见》（国办发〔2024〕10号），聚焦老年人、外籍来华人员等群体支付不便问题，加强协同配合，加大必要的资源投入，多措并举打通服务堵点，推动移动支付、银行卡、现金等多种支付方式并行发展、相互补充①。

（2022 年《金融机构客户尽职调查和客户身份资料及交易记录保存管理办法》规定：金融机构参考国家洗钱风险评估报告，中国人民银行发布的反洗钱、反恐怖融资以及账户管理相关规定及指引、风险提示、洗钱类型分析报告和风险评估报告及其他法律、行政法规相关规定，结合客户特征、业务关系或者交易目的和性质，经过风险评估且具有充足理由判断某类客户、业务关系或者交易的洗钱和恐怖融资风险较低时，可以采取相匹配的简化尽职调查措施。金融机构采取简化尽职调查措施时，应当至少识别并核实客户身份，登记客户的姓名或者名称、联系方式、有效身份证件或者其他身份证明文件的种类、号码和有效期限等信息，留存客户尽职调查过程中必要的身份资料。对已采取简化尽职调查措施的客户、业务关系或者交易，金融机构应当定期审查其风险状况，根据风险高低调整所提供的服务范围和业务功能；客户、业务关系或者交易存在洗钱和恐怖融资嫌疑或者高风险的情形时，金融机构不得采取简化尽职调查措施。）

（八）及时报告客户尽职调查中发现的可疑行为

金融机构在客户尽职调查过程中，有可能发现客户的异常行为，但金融机构与客户之间此时又没有发生交易。为有效预防洗钱案件的发生，《金融机构客户身份识别和客户身份资料及交易记录保存管理办法》规定：金融机构在履行客户身份识别义务时，应当向中国反洗钱监测分析中心和中国人民银行当地分支机构报告以下可疑行为：

（1）客户拒绝提供有效身份证件或者其他身份证明文件的。

（2）对向境内汇入资金的境外机构提出要求后，仍无法完整获得汇款人姓名或者名称、汇款人账号和汇款人住所及其他相关替代性信息的。

（3）客户无正当理由拒绝更新客户基本信息的。

（4）采取必要措施后，仍怀疑先前获得的客户身份资料的真实性、有效性、完整性的。

（5）履行客户身份识别义务时发现的其他可疑行为。

（九）保密原则

保密是反洗钱工作的生命线，金融机构和支付机构及其从业人员在履行客户尽职调查义务中获得的客户身份资料和交易信息，属于受法律保护的个人隐私和商业秘密。《反洗钱法》第七条规定，对依法履行反洗钱职责或者义务获得的客户身份

---

① 2024 年 4 月 16 日，中国人民银行、商务部、国家外汇管理局联合印发《关于进一步优化商业领域支付服务 提升支付便利性的通知》，采取具体措施，进一步落实《国务院办公厅关于进一步优化支付服务 提升支付便利性的意见》要求。

资料和交易信息、反洗钱调查信息等反洗钱信息，应当予以保密；非依法律规定，不得向任何单位和个人提供。反洗钱行政主管部门和其他依法负有反洗钱监督管理职责的部门履行反洗钱职责获得的客户身份资料和交易信息，只能用于反洗钱监督管理和行政调查工作。司法机关依照本法获得的客户身份资料和交易信息，只能用于反洗钱相关刑事诉讼。国家有关机关使用反洗钱信息应当依法保护国家秘密、商业秘密和个人隐私、个人信息。

5.2 初次客户尽职调查

5.2.1 初次客户尽职调查的基本流程

初次客户尽职调查是指金融机构与客户首次建立业务关系或提供一次性金融服务且交易金额达到规定标准时应当实施的客户尽职调查措施。初次客户尽职调查基本流程包括识别核实、登记、留存三个环节。金融机构应在每个环节完成规定的措施，以达到客户尽职调查的目的。

一、识别和核实客户身份

识别和核实是客户尽职调查最重要的内容。通过核对和了解的方式，确保客户身份相关信息的真实性和有效性。核实环节包括核对客户的有效身份证件或者其他辅助身份证明文件，了解客户建立和维持业务关系的目的及性质，了解客户的受益所有人，了解高风险客户或者高风险账户持有人的资金来源、资金用途、经济状况或经营状况等信息。核实客户身份的义务要求金融机构在识别客户身份时，应通过可靠、独立来源的证明文件、数据信息和资料来核实，并在适当情况下获取相关信息。《反洗钱法》第三十三条规定，金融机构进行客户尽职调查，可以通过反洗钱行政主管部门以及公安、市场监督管理、民政、税务、移民管理、电信管理等部门依法核实客户身份等有关信息，相关部门应当依法予以支持。国务院反洗钱行政主管部门应当协调推动相关部门为金融机构开展客户尽职调查提供必要的便利。如中国人民银行与公安部联合建立了"联网核查公民身份信息系统"，银行业金融机构可以联网核查自然人的居民身份证，也可以通过二代身份证阅读机具来辨别自然人居民身份证件的真伪。对于非自然人客户，金融机构可以通过"国家企业信用信息公示系统"核实其有关身份信息。

（一）核对

核对环节有以下三个方面的任务：一是审核客户提供的身份证件或者其他身份证明文件是否合法、真实、有效，是否为有权机关颁发的法定证件，是否处在有效期限内，并确认身份证件上记载信息的真实性；二是审核客户提供的身份证件或者其他身份证明文件的种类是否完整、齐全；三是核对客户本人与证件上载明的客户是否一致。从客户主体类别划分，目前客户使用的身份证种类分为自然人客户的身份证件和非自然人客户的身份证件两大类别。

除核对有效身份证件或者其他身份证明文件外，金融机构还可以采取以下一种或多种措施，识别或者重新识别客户身份：要求客户补充其他身份资料或者身份证明文件；回访客户；实地查访；向公安、市场监督等部门核实；其他可依法采取的措施。银行业金融机构核对自然人的居民身份证时，应通过联网核查公民身份信息系统进行核查。

（二）了解

从客户尽职调查的本质要求看，金融机构不仅需要了解客户的真实身份，还应了解客户的职业或经营背景、履约能力、建立和维持业务关系的目的及性质、交易目的、交易性质以及资金来源等有关情况。"了解"是金融机构客户尽职调查中非常关键的一个环节。一是了解客户本人的真实身份。在操作层面可通过核对客户证件真实性、查验客户收入证明、单位职务证明等相关证明资料实现。二是了解客户建立和维持业务关系的目的及性质。金融机构不仅要了解客户的真实身份，而且应当了解客户建立和维持业务关系的目的及性质。银行业金融机构应加强开户管理，有效防范非法开立、买卖银行账户等行为，尤其在集中开户、批量开户、代理开户及自助设备开户、非面对面开户等高风险业务环节，应充分了解客户开户的目的和性质，评估客户拟建立的业务关系是否符合金融机构自身的预期，必要时可以拒绝客户的开户要求。三是了解客户的受益所有人。有效开展非自然人客户的身份识别，提高受益所有人信息透明度，加强风险评估和分类管理，防范复杂股权或者控制权结构导致的洗钱和恐怖融资风险。金融机构在建立或者维持业务关系时，采取合理措施了解非自然人客户的业务性质与股权或者控制权结构，了解相关的受益所有人信息。

金融机构应充分利用其内部资源，获取尽可能完整、全面的客户身份信息、办理各类业务的交易信息等，进行综合分析判断，全面了解客户的身份、职业，交易的目的和性质、与客户相关的受益所有人等信息，为识别和报告可疑交易提供基础数据信息。金融机构各业务条线应把相关资源有机整合，运营部门提供客户身份信息、信贷部门提供客户贷款信息、银行卡部门提供客户账户情况、会计和互联网金融部门提供客户交易信息、交易银行部门提供跨境业务信息等，帮助反洗钱工作人员准确、全面地了解客户。也可以通过口头询问、要求客户补充其他身份资料或身份证明文件、要求客户就相关事项作出声明，实地查访或者回访客户，通过网络、媒体等渠道和措施来了解客户。

二、登记

登记是要求金融机构记录客户的身份基本信息。但从完整性角度看，登记的内容不仅包括了解的客户身份信息，还包括客户受益所有人等信息，为金融机构持续有效关注客户交易或行为、识别和报告可疑交易提供基础信息和依据，也是金融机构履行客户尽职调查义务的有效证明。

三、留存

留存的对象为客户有效身份证件或者其他身份证明文件的复印件或影印件，含扫描件或数码照片。此外，金融机构应当在识别受益所有人的过程中，了解、收集并妥善保存：①非自然人客户股权或者控制权的相关信息，主要包括注册证书、存续证明文件、合伙协议、信托协议、备忘录、公司章程以及其他可以验证客户身份的文件。②非自然人客户股东或者董事会成员登记信息，主要包括董事会、高级管理层和股东名单、各股东持股数量以及持股类型等。留存可以是复印，可以是扫描，也可以是拍照。但应留存客户身份证件或者其他身份证明文件记载客户身份信息的所有页面，如第二代居民身份证应留存正、反面复印件或影印件。客户尽职调查流程中的留存不同于客户身份资料和交易记录的保存，留存客户有效身份证件或者其他身份证明文件的复印件或者影印件的目的是留存客户身份真实性的凭证；保存客户身份资料和交易记录的主要目的是通过采取必要的管理和技术措施，防止客户身份资料和交易记录缺失、损毁、泄露，以还原真实交易过程。留存的对象是客户有效身份证件或者其他身份证明文件的复印件或者影印件；保存的对象不仅限于留存的对象，还包括反映金融机构开展客户身份识别工作情况的各种记录和资料。

5.2.2 客户尽职调查需采集的客户基本信息

一、自然人客户

自然人客户的身份基本信息是指姓名、性别、国籍、职业[①]、住所地或者工作单位地址、联系方式，身份证件或者其他身份证明文件的种类[②]、号码和有效期限，

[①] 金融机构和支付机构在开展客户尽职调查时，有些自然人客户处于各种考虑不愿填写自己的真实职业，但在分析可疑交易时，职业是非常重要的信息。在反洗钱工作实践中，有些商业银行利用为开户单位发放工资的信息与自然人开户信息核对，校正客户职业信息。

[②] 对于我国居民的身份核实，银行业金融机构主要通过中国人民银行和公安部建立的联网核查公民身份信息系统进行核查，具体要求见《银行业金融机构联网核查公民身份信息业务处理规定（试行）》《联网核查公民身份信息系统操作规程（试行）》（银办发〔2007〕126号）；其他金融机构可通过"全国公民身份证号码查询服务中心"等公安部门提供的其他身份核查系统核查。

客户的住所地与经常居住地不一致的，以客户的经常居住地为准。

1. 在中华人民共和国境内已登记常住户口的中国公民有效身份证明文件为居民身份证①；辅助证明文件为户口簿、护照、机动车驾驶证、居住证、社会保障卡、军人和武装警察身份证件、公安机关出具的户籍证明、工作证。尚未申领居民身份证的军人、武装警察身份证明文件是军人、武装警察身份证件，辅助身份证明文件是军人保障卡或所在单位开具的尚未领取居民身份证的证明材料。

不满十六周岁的，可以使用居民身份证或户口簿②。

2. 香港、澳门特别行政区居民身份证明文件为港澳居民往来内地通行证或港澳台居民居住证③，辅助身份证明文件是香港、澳门特别行政区居民为香港、澳门特别行政区居民身份证。

3. 台湾地区居民身份证明文件为台湾居民来往大陆通行证或港澳台居民居住证，辅助身份证明文件是台湾地区居民在台湾居住的有效身份证明。

4. 定居国外的中国公民身份证明文件为中国护照，辅助身份证明文件是定居国外的证明文件。

5. 外国公民身份证明文件为护照或者外国人永久居留证④，辅助身份证明文件是外国居民身份证、使领馆人员身份证件或者机动车驾驶证等其他带有照片的身份证件。

外国边民，按照边贸结算的有关规定办理。

二、法人、其他组织和个体工商户

法人、非法人组织和个体工商户客户的身份基本信息指名称、住所、经营范围、

---

① 有些客户因各种原因在身份证尚未到期的情况下，补办新身份证，按照规定，客户领取新的居民身份证后，旧居民身份证应自动终止使用。在发现客户有新居民身份证的情况下，如客户仍持有旧居民身份证来办理业务，金融机构和支付机构应拒绝为客户办理业务。

② 《中国人民银行关于改进个人银行账户服务加强账户管理的通知》（银发〔2015〕392号）。

③ 《中国人民银行办公厅关于做好港澳台居民居住证使用和宣传培训工作有关事项的通知》（银办发〔2018〕168号）规定：根据国务院印发《港澳台居民居住证申领发放办法》（国办发〔2018〕81号）有关规定，公安部自2018年9月1日起签发港澳台居民居住证，港澳台居民居住证可作为证件持有人办理银行和支付机构业务的有效身份证件，可以单独使用。

④ 根据公安部《关于决定启用2017版外国人永久居留身份证的公告》，自2017年6月16日起，公安部对经批准取得在华永久居留资格的外国人签发2017版外国人永久居留身份证，同时停止签发外国人永久居留证。

可证明该客户依法设立或者可依法开展经营、社会活动的执照、证件或者文件的名称①、号码和有效期限；法定代表人或负责人和授权办理业务人员的姓名、身份证件或者其他身份证明文件的种类、号码和有效期限；受益所有人的姓名、地址、身份证件或者其他身份证明文件的种类、号码和有效期限。

非自然人客户的有效身份证件包括：营业执照、组织机构代码证、税务登记证（自2015年10月1日起，营业执照、组织机构代码证和税务登记证合并为加载统一社会信用代码的营业执照②），其他可证明该客户依法设立或者可依法开展经营、社会活动的执照、证件或者文件。

---

① 《中国人民银行办公厅关于"三证合一"登记制度改革有关反洗钱工作管理事项的通知》（银办发〔2016〕110号）明确规定：（1）金融机构为法人和其他组织办理业务或提供服务的，应当区分实行"三证合一"的企业和农民专业合作社（以下统称企业），未纳入"三证合一"的个体工商户和机关、事业单位、社会团体等其他组织单位，勤勉尽责，遵循"了解你的客户"原则，按照规定开展客户身份识别、身份资料保存等工作，确保客户身份资料真实、完整和有效。（2）企业持新版营业执照（含加载统一社会信用代码营业执照、改革过渡期内使用的"一照一号""一照三号"营业执照）办理业务的，金融机构应当按照规定核对其新版营业执照，留存新版营业执照的复印件或影印件；持电子营业执照的，已配备电子营业执照识别机具的金融机构应当予以办理，并留存电子营业执照影印件。核对新版营业执照时，可通过当地工商行政管理部门，或登录全国或地区企业信用信息公示系统查询以及实地查访等方式核实证照的真实性。（3）企业持新版营业执照办理业务的，金融机构应当完整登记身份基本信息，包括"一照一码""一照一号"或"一照三号"等信息。新版营业执照包含有效期的，应当登记有效期信息；未包含有效期的，应当以适当形式进行标识。业务关系存续期间，企业有效身份证件变更为新版营业执照的，金融机构应当采取措施建立以组织机构代码为基础的新旧证码的映射关系，确保新旧证照信息的关联性和客户交易信息的完整性。（4）金融机构应当在相关业务系统中设置有效身份证件有效期到期提示功能。发现企业有效身份证件，包括营业执照、组织机构代码证、税务登记证中任一证照过期的，应当提示其到当地工商行政管理部门换发新版营业执照。企业先前提交的有效身份证件已过有效期的，企业未在合理期限内更新且没有提出合理理由的，金融机构应当中止办理业务。（5）金融机构报送大额交易报告和可疑交易报告，如需填写统一社会信用代码，报告要素"客户身份证件/证明文件类型"可选择"其他"，注明证照类型，填写相应的证照号码。（6）"三证合一"登记制度改革过渡期内，企业原发营业执照、组织机构代码证、税务登记证仍在有效期内的，金融机构仍应当按照《金融机构客户身份识别和客户身份资料及交易记录保存管理办法》（中国人民银行 中国银行业监督管理委员会 中国证券监督管理委员会 中国保险监督管理委员会令〔2007〕第2号）等相关规定执行。改革过渡期结束后，企业原发营业执照、组织机构代码证、税务登记证停止使用，金融机构应当提示企业及时更换新版营业执照，未在合理期限内更换且没有提出合理理由的，金融机构应当中止办理业务。（7）金融机构应当采取切实措施，落实"三证合一"登记制度改革要求，修订相关业务操作规程，升级完善相关业务系统。积极宣传"三证合一"登记制度改革，引导企业按时更换新版营业执照。（8）非银行支付机构、银行卡清算机构、资金清算中心等从事支付清算业务，以及从事汇兑业务、基金销售业务的机构开展客户身份识别、身份资料保存等工作参照适用该通知的有关规定。

② 根据《工商总局等五部门关于贯彻落实〈国务院办公厅关于加快推进"五证合一"登记制度改革的通知〉的通知》（工商企注字〔2016〕150号）："2018年1月1日前，原发证照继续有效，过渡期结束后一律使用加载统一代码的营业执照，未换发的证照不再有效"，因此非自然人留存的营业执照应为加载统一社会信用代码的营业执照，未加载统一社会信用代码的营业执照即使在有效期内也应视同为失效证件。（按照当时国家工商总局有关负责人对该项改革的解读："三证合一"登记制度改革设置了过渡期，在2017年底前要完成对企业发放和换发加载统一代码的营业执照，有特殊困难的个别领域，最迟不晚于2020年底。）

（一）境内非自然人客户

1. 企业法人、非法人企业①的身份文件有效身份证明文件是营业执照（载有统一社会信用代码）。

2. 机关和实行预算管理的事业单位有效身份证明文件是事业单位法人证书，统一社会信用代码证书和财政部门同意其开户的批复。

3. 非预算管理的事业单位有效身份证明文件是事业单位法人证书。

4. 军队、武警团级（含）以上单位以及分散执勤的支（分）队有效身份证明文件是军队单位开户核准通知书、武警部队单位开户核准通知书②。

5. 社会团体有效身份证明文件是社会团体登记证书、社会福利机构设置批准证书、社会团体分支（代表）机构登记证书、工会法人资格证书。

6. 宗教团体有效身份证明文件是宗教活动场所登记证书。

7. 民办非企业组织有效身份证明文件是民办非企业单位登记证书。

8. 外地常设机构有效身份证明文件是外地驻×地办事机构登记证书。

9. 外国驻华机构有效身份证明文件是外国（地区）企业常驻代表机构登记证书。

10. 个体工商户有效身份证明文件是营业执照（载有统一社会信用代码）。

11. 居民委员会、村民委员会、社区委员会有效身份证明文件是基层群众性自治组织特别法人统一社会信用代码证书。

12. 独立核算的附属机构有效身份证明文件是主管部门的基本存款账户开户许可证和批准设立独立核算附属的机构批文。

13. 其他组织有效身份证明文件是政府主管部门的批文或证明。

（二）境外非自然人客户

其有效身份证明文件是经过公证的境外有效商业注册登记证明文件，或其他与商业注册登记证明文件具有同等法律效力的可证明其机构开立的文件，董事会或董事、主要股东及有权人士的授权委托书能够证明授权人有权授权的文件，以及授权人的有效身份证明文件，代理人有效身份证明文件。

按照法律规定，金融机构和支付机构还要对非自然人客户受益所有人开展客户尽职调查，有关内容见"受益所有人客户尽职调查"一节。

---

① 《中华人民共和国民法典》明确：法人包括营利法人（包括有限责任公司、股份有限公司和其他企业法人等）；非营利法人（包括事业单位、社会团体、基金会、社会服务机构等）；特别法人（包括机关法人、农村集体经济组织法人、城镇农村的合作经济组织法人、基层群众性自治组织法人）。非法人组织包括个人独资企业、合伙企业、不具有法人资格的专业服务机构等。

② 2023 年，个别金融机构发现利用退役军人身份办理拥军卡进行电信网络诈骗的可疑交易，拥军卡是银行机构针对退役或现役军人开办的特色借记卡，客户均为退伍军人。

5.2.3　金融机构初次客户尽职调查的基本要求

一、银行业金融机构

（一）建立业务关系和一次性交易的客户尽职调查

《金融机构客户身份识别和客户身份资料及交易记录保存管理办法》（中国人民银行　中国银行业监督管理委员会　中国证券监督管理委员会　中国保险监督管理委员会令〔2007〕第2号）要求：政策性银行、商业银行、农村合作银行、城市信用合作社、农村信用合作社等金融机构和从事汇兑业务的机构，在以开立账户等方式与客户建立业务关系，为不在本机构开立账户的客户提供现金汇款、现钞兑换、票据兑付等一次性金融服务[①]且交易金额单笔人民币1万元以上或者外币等值1000美元以上[②]的，应当识别客户身份，了解实际控制客户的自然人和交易的实际受益人，核对客户的有效身份证件或者其他身份证明文件，登记客户身份基本信息，并留存有效身份证件或者其他身份证明文件的复印件或者影印件[③][④]。如果客户为外国政要，金融机构为其开立账户应当经高级管理层批准。

识别客户身份是通过来源可靠、独立的证明文件、数据或者信息核实客户身份，

[①]　为不在本机构开户的客户提供单笔1万元以上或者外币等值1000美元以上的实物贵金属买卖服务、销售各类金融产品以及为不在本机构开户的非自然人客户（出口商）办理信用证托收业务，客户尽职调查要求参照现金汇款等一次性业务处理。为不在本机构开户的非自然人客户（出口商）办理信用证托收业务是非自然人客户（出口商）向银行交单，银行审单通过后，提示相关方付款，在收到资金后将资金转入非自然人客户（出口商）在他行的银行账户。

[②]　按照《关于客户身份识别相关问题请示的批复》（银反洗发〔2012〕17号）的批复，无卡、无折存款不属于一次性金融业务，但银行在客户由他人代理办理人民币单笔5万元以上或者外币等值1万美元以上的存款又无法提供被代理人身份证件等规定情形下，可参照"一次性金融服务"的要求开展客户身份识别工作。当客户通过其在同城其他银行机构开立的账户或银行卡来银行机构办理"柜面通"（同城跨行存取款）业务时，银行对这类客户所提供的金融服务可不作为"一次性金融服务"。

[③]　按照中国人民银行反洗钱局《关于对〈金融机构客户身份识别和客户身份资料及交易记录保存管理办法〉相关问题的请示的复函》（局函〔2008〕494号）的批复，《金融机构客户身份识别和客户身份资料及交易记录保存管理办法》第十一条所规定的"有效身份证件或者其他身份证明文件"。对自然人客户而言，包括身份证、户口簿、军人身份证件、武装警察身份证件、港澳居民往来内地通行证、台湾居民来往大陆通行证或者其他有效旅行证件、护照及有关法律、法规规定的其他身份证件；对单位客户而言，既包括可证明该客户依法设立或者可依法开展经营、社会活动的执照、证件或者文件，又包括组织机构代码证和税务登记证等，且只需留存证明该客户依法设立或者可依法开展经营、社会活动的执照、证件或者文件即可。中国人民银行反洗钱局《关于客户身份识别工作有关问题请示的复函》（局函〔2010〕241号）明确，除军队职工外，军官证、武警警官证、士兵证、军队文职干部证可视为现役军人（含武装警察）的身份证明文件。对于军人、武装警察尚未申领居民身份证的，金融机构可将上述军人（含武装警察）身份证件视为客户有效身份证件。在未成年人尚未办理户籍登记的情况下，未成年人父母的身份证加未成年人的出生证可视为未成年人的身份证明文件。

[④]　按照中国人民银行反洗钱局《关于对采用第二代身份证阅读仪合成电子影像替代纸质身份证复印件的请示的复函》（局函〔2011〕118号）批复，金融机构可以采取使用公安部指定的设备读取客户身份证信息并合成电子图像存档的方式留存客户身份证信息。电子图像应与居民身份证原件的实物图像一致，并确保居民身份证信息不可修改且不可被下载。

登记客户身份基本信息，留存客户有效身份证件或者其他身份证明文件的复印件或者影印件。核实客户身份是通过公安、市场监督管理、民政、税务、移民管理等部门或者其他政府公开渠道获取的信息核实客户身份；通过外国政府机构、国际组织等官方认证的信息核实客户身份；客户补充其他身份资料或者证明材料；中国人民银行认可的其他信息来源等核实客户的身份。

（2022 年《金融机构客户尽职调查和客户身份资料及交易记录保存管理办法》规定：开发性金融机构、政策性银行、商业银行、农村合作银行、农村信用合作社、村镇银行等金融机构和从事汇兑业务的机构在办理以下业务时，应当开展客户尽职调查，并登记客户身份基本信息，留存客户有效身份证件或者其他身份证明文件的复印件或者影印件：（1）以开立账户或者通过其他协议约定等方式与客户建立业务关系的；（2）为不在本机构开立账户的客户提供现金汇款、现钞兑换、票据兑付、实物贵金属买卖、销售各类金融产品等一次性交易且交易金额单笔人民币 5 万元以上或者外币等值 1 万美元以上的。（相比原 2007 年办法，2022 年《金融机构客户尽职调查和客户身份资料及交易记录保存管理办法》对一次性交易的识别标准从单笔人民币 1 万元以上或者外币等值 1000 美元提升到人民币 5 万元以上或者外币等值 1 万美元。）

（二）联网核查公民身份信息的要求

银行业金融机构履行客户尽职调查义务时，按照法律、行政法规、部门规章的规定需核实相关自然人的第二代居民身份证的，要按照《中国人民银行办公厅关于印发〈银行业金融机构联网核查公民身份信息业务处理规定（试行）〉和〈联网核查公民身份信息系统操作规程（试行）〉的通知》（银办发〔2007〕126 号）的要求开展联网核查，以验证相关个人的居民身份证所记载的姓名、公民身份号码、照片及签发机关等信息真实性。银行机构在办理规定业务时，需当场为客户办结的，应当场联网核查相关个人的公民身份信息；不需当场办结的，应在办结相关业务前联网核查相关个人的公民身份信息。银行机构因办理规定业务而进行联网核查时，若相关个人的姓名、公民身份号码、照片和签发机关与居民身份证所记载的信息核对完全相符，可按照相关规定继续办理业务。银行机构因办理规定业务而进行联网核查时，若个人的姓名、公民身份号码、照片和签发机关中一项或多项核对不一致且能够确切判断客户出示的居民身份证为虚假证件，银行机构应拒绝为该客户办理相关业务。同一银行机构网点在办理规定业务时，如先前在为相关个人办理银行业务时已对其进行联网核查且其公民身份信息尚未发生变化，可不再对其进行联网核查；如对先前获得的相关个人的公民身份信息的真实性存在疑义，应当重新进行联网核查。银行机构在进行联网核查时，如对核查结果存在疑义，可向公安部门申请进一步核实。客户对联网核查结果提出疑问的，银行机构应向其出具联网核查后相关个人居民身份证信息核对不一致的证明，并告知客户可自行到被核查人常住户口所在地公安机关进行核实。银行机构在进行联网核查或对相关个人居民身份证信息进一步核实时，发现客户以虚假居民身份证骗取开立银行账户或办理其他银行业务的，应及时向公安机关报案。银行机构在办理规定业务时，因网络故障等不能正常进行联网核查的，可采取其他方式验证相关个人的居民身份证信息的真实性并办理相关业务，但应对故障期间办理的规定业务进行登记，并在故障排除后对相关个人的居民身份证信息进行联网核查。当个人的姓名、公民身份号码、照片和签发机关中一项或多项核对不一致时，如能够确切判断客户出示的居民身份证为虚假证件或经过进一步核实属虚假证件，银行机构应立即停止相关业务，并按有关规定终止与客户的业务关系或采取相应的补救措施。

(三) 个人账户的分类管理要求

按照《中国人民银行关于改进个人银行账户分类管理有关事项的通知》（银发〔2018〕16 号）要求①，2018 年 6 月底前，国有商业银行、股份制商业银行等银行业金融机构应当实现在本银行柜面和网上银行、手机银行、直销银行、远程视频柜员机、智能柜员机等电子渠道办理个人 Ⅱ、Ⅲ类户开立等业务。2018 年 12 月底前，其他银行应当实现上述要求。

1. 个人通过采用数字证书或电子签名等安全可靠验证方式登录电子渠道开立 Ⅱ、Ⅲ类户时，如绑定本人本银行 Ⅰ类银行结算账户（以下简称 Ⅰ类户）或者信用卡账户开立的，且确认个人身份资料或信息未发生变化的，开立 Ⅱ、Ⅲ类户时无须个人填写身份信息、出示身份证件等。银行电子渠道采用的数字证书或生成电子签名过程应当符合《中华人民共和国电子签名法》、金融电子认证规范（JR/T 0118—2015）等有关规定。

2. 银行在为个人开立 Ⅰ类户时，应当在尊重个人意愿的前提下，积极主动引导个人同时开立 Ⅱ、Ⅲ类户。银行为已经本银行面对面核实身份且留存有效身份证件复印件、影印件或者影像等资料的个人开立 Ⅱ、Ⅲ类户时，如个人身份证件未发生变化的，可复用已有留存资料，不需重复留存身份证件复印件、影印件或者影像等。

3. 银行为个人开立Ⅲ类户时，应当按照账户实名制原则通过绑定账户验证开户人身份，当同一个人在本银行所有Ⅲ类户资金双边收付金额累计达到 5 万元（含）以上时，应当要求个人在 7 日内提供有效身份证件，并留存身份证件复印件、影印件或影像，登记个人职业、住所地或者工作单位地址、证件有效期等其他身份基本信息。个人在 7 日内未按要求提供有效身份证件、登记身份信息的，银行应当中止该账户所有业务。

4. 自该通知印发之日起，同一银行法人为同一个人开立 Ⅱ、Ⅲ类户的数量原则

---

① 银行业反洗钱客户尽职调查与银行业支付结算账户实名制虽然目的不同，但很多工作内容、要求相近，支付结算关于 Ⅱ、Ⅲ类账户的开立规定与反洗钱客户尽职调查要求稍有区别，所以银行业金融机构开展客户尽职调查时，应该将反洗钱客户尽职调查与账户实名制工作有机融合，避免重复劳动，提高工作效率。

上分别不得超过 5 个。银行应当基于个人银行账户分类管理制度开展业务创新，打造多元化非现金支付方式，提升便民支付水平。积极引导个人使用 Ⅱ、Ⅲ 类户替代 Ⅰ 类户用于网络支付和移动支付业务，利用 Ⅱ、Ⅲ 类户办理日常消费、缴纳公共事业费、向支付账户充值等业务。Ⅱ、Ⅲ 类户可以通过基于主机卡模拟（HCE）、手机安全单元（SE）、支付标记化（Tokenization）等技术的移动支付工具进行小额取现，取现额度应当在遵守 Ⅱ、Ⅲ 类户出金总限额规定的前提下，由银行根据客户风险等级和交易情况自行设定。Ⅲ 类户任一时点账户余额不得超过 2000 元。

5. 银行通过电子渠道非面对面为个人新开立 Ⅲ 类户后，通过绑定账户转入资金验证的，可以接收非绑定账户小额转入资金；消费和缴费支付、非绑定账户资金转出等出金日累计限额合计为 2000 元，年累计限额合计为 5 万元。该通知印发之日前，银行非面对面为个人开立的 Ⅲ 类户，个人已通过绑定账户向该 Ⅲ 类户转入资金的，经本人同意后，银行可为该 Ⅲ 类户开通非绑定账户入金功能，账户限额按该通知管理。经银行面对面核实身份新开立的 Ⅲ 类户，消费和缴费支付、非绑定账户资金转出等出金日累计限额合计调整为 2000 元，年累计限额合计调整为 5 万元。该通知印发之日前经银行面对面核实身份开立的 Ⅲ 类户，可按照原限额管理。同一家银行通过电子渠道非面对面方式为同一个人只能开立一个允许非绑定账户入金的 Ⅲ 类户。

6. 银行可以向 Ⅲ 类户发放本银行小额消费贷款资金并通过 Ⅲ 类户还款，Ⅲ 类户不得透支。发放贷款和贷款资金归还，应当遵守 Ⅲ 类户余额限制规定，但贷款资金归还不受出金限额控制。银行为个人非面对面开立的 Ⅱ、Ⅲ 类户向本人同名支付账户充值的，充值资金可提回 Ⅱ、Ⅲ 类户，但提现金额不得超过该 Ⅱ、Ⅲ 类户向支付账户的原充值金额。除充值资金提回外，支付账户不得向 Ⅱ、Ⅲ 类户入金，但允许非绑定账户入金的 Ⅱ、Ⅲ 类户除外。

二、证券期货业金融机构

《金融机构客户身份识别和客户身份资料及交易记录保存管理办法》规定：证券公司、期货公司、基金管理公司以及其他从事基金销售业务的机构在办理以下 12 种业务时，应当识别客户身份，了解实际控制客户的自然人和交易的实际受益人，核对客户的有效身份证件或者其他身份证明文件，登记客户身份基本信息，并留存有效身份证件或者其他身份证明文件的复印件或影印件：一是资金账户开户、销户、变更，资金存取等。二是开立基金账户。三是代办证券账户的开户、挂失、销户或者期货客户交易编码的申请、挂失、销户。四是与客户签订期货经纪合同。五是为客户办理代理授权或者取消代理授权。六是转托管、指定交易、撤销指定交易。七是代办股份确认。八是交易密码挂失。九是修改客户身份基本信息等资料。十是开通网上交易、电话交易等非柜面交易方式。十一是与客户签订融资融券等信用交易合同。十二是办理中国人民银行和中国证券监督管理委员会确定的其他业务。

（2022 年《金融机构客户尽职调查和客户身份资料及交易记录保存管理办法》规定：证券公司、期货公司、证券投资基金管理公司以及其他从事基金销售业务的机构在为客户办理以下业务时，应当开展客户尽职调查，并登记客户身份基本信息，留存客户有效身份证件或者其他身份证明文件的复印件或者影印件：

（1）经纪业务；

（2）资产管理业务；

（3）向不在本机构开立账户的客户销售各类金融产品且交易金额单笔人民币 5 万元以上或者外币等值 1 万美元以上的；

（4）融资融券、股票质押、约定购回等信用交易类业务；

（5）场外衍生品交易等柜台业务；

（6）承销与保荐、上市公司并购重组财务顾问、公司债券受托管理、非上市公众公司推荐、资产证券化等业务；

（7）中国人民银行和中国证券监督管理委员会规定的应当开展客户尽职调查的其他证券业务。

相比旧办法，新修订的《金融机构客户尽职调查和客户身份资料及交易记录保存管理办法》对证券公司、期货公司、证券投资基金管理公司以及其他从事基金销售业务的机构需要开展客户尽职调查的业务事项的要求简要全面，客户尽职调查要求与证券期货业发展趋势更契合。从反洗钱工作实践看，证券期货业金融机构不同于银行业金融机构和支付机构。犯罪分子通过银行业金融机构和支付机构洗钱，主要是利用其支付渠道，资金在每个机构停留的时间较短，有些快进快出的交易仅停留几十秒的时间。相比之下，犯罪分子利用证券期货业金融机构洗钱，资金进入证券期货业金融机构后就在其监控之下，资金停留和业务关系的维系时间较长，便于证券期货类金融机构开展持续客户尽职调查和资金交易监测。）

三、保险业金融机构

（一）投保业务客户尽职调查

《金融机构客户身份识别和客户身份资料及交易记录保存管理办法》规定：对于保险费金额人民币 1 万元以上或者外币等值 1000 美元以上且以现金形式缴纳的财产保险合同①，单个被保险人保险费金额人民币 2 万元以上或者外币等值 2000 美元以上且以现金形式缴纳的人身保险合同，保险费金额人民币 20 万元以上或者外币等值 2 万美元以上且

---

① 按照中国人民银行反洗钱局《关于对保险公司客户身份识别有关问题的批复》（局函〔2007〕700号）的批复，客户本人将保险费以现金形式存入银行的，不能视为保险公司直接以现金收取保费。

以转账形式缴纳的保险合同，保险公司在订立保险合同时，应确认投保人与被保险人的关系①，核对投保人和人身保险被保险人、法定继承人以外的指定受益人的有效身份证件或者其他身份证明文件，登记投保人、被保险人、法定继承人以外的指定受益人的身份基本信息，并留存有效身份证件或者其他身份证明文件的复印件或影印件。②③

（2022 年《金融机构客户尽职调查和客户身份资料及交易记录保存管理办法》规定：①保险公司在与客户订立人寿保险合同和具有投资性质的保险合同时，应当开展客户尽职调查，确认投保人和被保险人之间的关系，以及被保险人和受益人之间的关系，登记投保人身份基本信息，并留存投保人有效身份证件或者其他身份证明文件的复印件或者影印件；识别并核实被保险人、受益人的身份，登记被保险人、受益人的姓名或者名称、联系方式、有效身份证件或者其他身份证明文件的种类、号码和有效期限，并留存被保险人、受益人有效身份证件或者其他身份证明文件的复印件或者影印件。当上述保险合同未明确指定受益人，而是通过特征描述、法定继承或者其他方式指定受益人时，保险公司应当在明确受益人身份或者赔偿或给付保险金时识别并核实受益人身份。②对于保险费金额人民币 5 万元以上或者外币等值 1 万美元以上的财产保险合同和健康保险、意外伤害保险等人身保险合同，保险公司在与客户订立保险合同时，应当识别并核实投保人、被保险人身份，登记投保人、被保险人、受益人的姓名或者名称、联系方式、有效身份证件或者其他身份证明文件的种类、号码和有效期限，并留存投保人有效身份证件或者其他身份证明文件的复印件或者影印件。③保险公司在与客户订立养老保障管理合同时，应当识别并核实委托人身份，登记委托人身份基本信息，并留存委托人有效身份证件或者其他身份证明文件的复印件或者影印件；在办理资金领取时，如金额为单笔人民币 5

---

① 按照《中国人民银行办公厅　保监会办公厅关于投保人与被保险人、受益人关系确认有关事项的通知》（银办发〔2016〕270 号）的要求，保险公司确认投保人与被保险人、受益人关系的方式包括：①核对关系证明文件；②走访、查验；③获取投保人、被保险人与受益人书面声明；④其他方式。保险公司应选择以上至少一种方式来确认投保人与被保险人、受益人的关系，并保存相关工作记录或证明材料。在风险可控前提下，对于洗钱和恐怖融资风险低、且选择低风险产品的客户，保险公司可按照《金融机构洗钱和恐怖融资风险评估及客户分类管理指引》（银发〔2013〕2 号）和《保险机构洗钱和恐怖融资风险评估及客户分类管理指引》（保监发〔2014〕110 号）相关规定，采取简化的客户尽职调查及风险控制措施，在退保、理赔或给付环节再核实被保险人、受益人与投保人的关系。

② 按照《关于客户身份识别相关问题请示的批复》（银反洗发〔2012〕17 号）的批复，对于《金融机构客户身份识别和客户身份资料及交易记录保存管理办法》第十二条中"保险费金额人民币 2 万元以上或者外币等值 2000 美元以上且以现金形式缴纳的人身保险合同"或是"保险费金额人民币 20 万元以上或者外币等值 2 万美元以上且以转账形式缴纳的保险合同"等规定情形，保险公司依照单个被保险人的保险费金额或者分摊到每个被保险人的保险费金额计算保险费金额。

③ 按照中国人民银行反洗钱局《关于客户身份识别有关问题的批复》（银反洗发〔2011〕13 号）的批复，对于申请办理保单借款的客户，金融机构应按照反洗钱法律法规对新客户的身份识别要求对其采取客户尽职调查措施。如果金融机构已在该客户投保时采取了法定的客户尽职调查措施，可简化相关客户尽职调查程序。

万元以上或者外币等值 1 万美元以上的，保险公司应当识别并核实受益人身份。

与《金融机构客户身份识别和客户身份资料及交易记录保存管理办法》（中国人民银行 中国银行业监督管理委员会 中国证券监督管理委员会 中国保险监督管理委员会令〔2007〕第 2 号）相比，2022 年《金融机构客户尽职调查和客户身份资料及交易记录保存管理办法》的规定不再有现金和转账的区别，因为从我国保险业实际工作看，大额现金缴纳保费的业务微乎其微；对寿险和投资类业务的客户尽职调查要求明显提高；财产保险公司需要识别客户的保险费金额从人民币 20 万元以上或者外币等值 2 万美元以上降到人民币 5 万元以上或者外币等值 1 万美元以上，识别的要求提高。但在工作实践中，相对于银行业金融机构和支付机构，保险业金融机构在开展客户尽职调查时所遇到的客户不配合的情况相对要少一些，被保险人为了获取未来的理赔、分红和给付的利益在配合客户尽职调查工作上应该更为积极主动，保险类机构要及时提醒客户为了以后获取赔偿和各种保险收益应积极配合做好客户尽职调查工作。）

（二）解除保险合同客户尽职调查

《金融机构客户身份识别和客户身份资料及交易记录保存管理办法》规定：在客户申请解除保险合同时，如退还的保险费或者退还的保险单的现金价值金额为人民币 1 万元以上或者外币等值 1000 美元以上的，保险公司应当要求退保申请人出示保险合同原件或者保险凭证原件，核对退保申请人的有效身份证件或者其他身份证明文件，确认申请人的身份[1][2]。

（2022 年《金融机构客户尽职调查和客户身份资料及交易记录保存管理办法》

---

[1] 按照《关于客户身份识别等相关问题请示的批复》（银反洗发〔2013〕5 号）的批复，对于达到规定识别金额的共保业务，在主承保公司已按规定采取了相关客户身份识别措施的情况下，分保公司可不再重复相关工作，但分保公司应确保可获得客户的身份资料信息，并承担相应的识别客户责任。证明投保人与被保险人、受益人关系的资料除了户口簿和结婚证外，还包括其他具有法律效力的证明文件。保险中介公司收取投保人的现金保费后，集中转账至保险公司在开户银行的账户，对于保险公司而言，仍视为现金缴纳保费。

对于货物运输险的投保人为外籍进口商的，如果为对私客户，保险公司可要求该客户提供所在国家或地区的政府有权机关出具的能够证明其真实身份的证明文件；如果为对公客户，保险公司可要求该客户提供可证明其在所在国家或地区依法设立或者可依法开展经营、社会活动的执照、证件或者文件。

对于规定识别金额以上的被法院强制执行的车险理赔业务，保险公司如无法获得受益人的身份证件，可不留存受益人的有效身份证明文件或其他身份证明文件的复印件或者影印件，但应按照勤勉尽责的原则，确认受益人与投保人之间的关系，登记受益人身份基本信息。对于理赔模式为由医保中心从基本医疗保险统筹基金中先行垫付理赔款，再由保险公司将理赔款结算给医保中心的大病补充医疗保险业务，当理赔金额达到规定识别金额起点时，保险公司如无法获得客户（受益人）的身份证件，可不留存客户（受益人）的有效身份证明文件或其他身份证明文件的复印件或者影印件，但应按照勤勉尽责的原则，确认受益人与投保人之间的关系，登记受益人身份基本信息。

[2] 按照《关于众诚汽车保险股份有限公司反洗钱工作有关问题请示的批复》（银反洗发〔2012〕31 号）的批复，当客户减保所致的退还金额达到《金融机构客户身份识别和客户身份资料及交易记录保存管理办法》第十三条规定的金额标准时，保险公司应采取第十三条规定的客户身份识别措施。

规定：在客户申请解除保险合同、减保或者办理保单贷款时，如退还的保险费或者提供的贷款金额为人民币 1 万元以上或者外币等值 1000 美元以上的，保险公司应当要求申请人出示保险合同或者保险凭证，核实申请人身份，登记退保、减保或者办理保单贷款原因，将保险费退还或者发放至投保人本人账户，如遇特殊情况无法将保险费退还或者发放至投保人本人账户的，需登记原因并经高级管理层批准。）

（三）赔偿和给付客户尽职调查

《金融机构客户身份识别和客户身份资料及交易记录保存管理办法》规定：在被保险人或者受益人请求保险公司赔偿或者给付保险金时，如金额为人民币 1 万元以上或者外币等值 1000 美元以上，保险公司应当核对被保险人或者受益人的有效身份证件或者其他身份证明文件，确认被保险人、受益人与投保人之间的关系，登记被保险人、受益人身份基本信息，留存有效身份证件或者其他身份证明文件的复印件或者影印件①②。

---

① 按照《关于满期给付和大病保险理赔客户身份识别工作请示的批复》（银反洗发〔2013〕22 号）批复，一是在办理满期给付业务时，在确保客户身份证件信息未发生变更的情况下，保险公司可不再重复核对被保险人或者受益人的有效身份证件或其他身份证明文件，但应采取合理措施确认被保险人、受益人与投保人之间的关系，按规定留存资料信息，加强反洗钱监测，预防利用满期给付业务进行洗钱等违法犯罪活动。二是在确认投保人为父母或祖父母，被保险人为其子女（孙子女）的情况下，保险公司可允许投保人在提供被保险人身份证明复印件后办理满期给付或银行自动转账授权手续，但应注意分辨身份证明复印件所记载信息是否存在伪造、变造等可疑情形。三是办理大病保险业务"一站式"即时理赔结算服务时，保险公司应按照风险为本和勤勉尽责原则，委托医疗机构查询确认被保险人身份信息，不再重复登记被保险人身份信息，并加强反洗钱监测，预防利用此类业务进行洗钱、骗保等违法犯罪活动。

按照中国人民银行反洗钱局《关于客户身份识别有关问题的复函》（局函〔2009〕195 号）的批复，《金融机构客户身份识别和客户身份资料及交易记录保存管理办法》第十二条所规定的相关起点金额按照每个保险人在单一保险合同中所涉及的保险费计算。如果在短期内有多份保险合同涉及同一被保险人的，且该被保险人在这些合同中所涉及的累计保险费达到或超过第十二条所规定的起点金额，而从单个保险合同看，该被保险人在全部或其中大部分保险合同中所涉及的保险费又没有超过第十二条所规定的起点金额的，保险公司应加强分析判断，发现可疑情况的，及时向当地人民银行和中国反洗钱监测分析中心提交可疑交易报告。

② 按照《关于保险业金融机构客户身份识别工作请示的批复》（银反洗发〔2013〕53 号）的批复，（1）如果投保标的（如车辆、房屋或机械设备等）为客户用银行或财务公司贷款所购买，且该贷款合同将银行或财务公司设定为保险第一受益人，保险公司确认贷款合同真实有效后，办理规定金额以上的承保业务时可不留存第一受益人（银行或财务公司）的有效身份证件，办理规定金额以上的理赔业务时可不留存投保人的有效身份证件。上述情形下，保险公司应核对贷款合同，并留存贷款合同的复印件或影印件。（2）如果车险投保人为运输公司、理赔受益方为挂靠该运输公司车辆的车主，保险公司确认运输公司的车辆挂靠协议的真实有效后，办理规定金额以上的承保业务时可不留存受益人的有效身份证件，办理规定金额以上理赔业务时可不留存投保人的有效身份证件。上述情形下，保险公司应核对车辆挂靠协议，并留存车辆挂靠协议的复印件或影印件。（3）如果车险理赔受益方为汽车修理公司，保险公司确认维修协议真实有效后，办理规定金额以上理赔业务时可不留存投保人的有效身份证件。上述情形下，保险公司应核对维修协议，并留存维修协议的复印件或影印件。（4）如果财产险投保人为市政部门、理赔受益方为市政设施维修公司，保险公司确认市政设施维修委托书真实有效后，办理规定金额以上的承保业务时可不留存受益人的有效身份证件，办理规定金额以上理赔业务时可不留存投保人的有效身份证件。上述情形下，保险公司应核对市政设施维修委托书，并留存市政设施维修委托书的复印件或影印件。（5）此类低风险业务由金融机构自主把控，在有效控制客户及交易真实性的前提下，以不留风险隐患为原则，可以采取简化的身份识别措施。

（2022 年《金融机构客户尽职调查和客户身份资料及交易记录保存管理办法》规定：①对于人寿保险合同和其他具有投资性质的保险合同，保险公司在赔偿或者给付保险金时，应当核实被保险人、受益人身份，并留存受益人有效身份证件或者其他身份证明文件的复印件或者影印件。②对于财产保险合同和健康保险、意外伤害保险等人身保险合同，当被保险人或者受益人请求保险公司赔偿时，如金额为人民币 5 万元以上或者外币等值 1 万美元以上的，保险公司应当识别并核实被保险人或者受益人身份，登记被保险人或者受益人的姓名或者名称、联系方式、有效身份证件或者其他身份证明文件的种类、号码和有效期限，并留存被保险人或者受益人有效身份证件或者其他身份证明文件的复印件或者影印件。③保险公司应当将保险金支付给保单受益人、被保险人或者指定收款人的账户。对于被保险人或者受益人请求将保险金支付给被保险人、受益人、指定收款人以外第三人的，保险公司应当确认被保险人和实际收款人之间的关系，或者受益人和实际收款人之间的关系，识别并核实实际收款人身份，登记实际收款人的姓名或者名称、联系方式、有效身份证件或者其他身份证明文件的种类、号码和有效期限，并留存实际收款人有效身份证件或者其他身份证明文件的复印件或者影印件。）

四、信托公司、财务公司等金融机构

与银行、证券、保险类金融机构相比，信托公司、财务公司等金融机构的规模相对较小，我国反洗钱和反恐怖融资工作尚处于不断积累经验的过程中，因此目前对信托公司、金融资产管理公司、财务公司、金融租赁公司、汽车金融公司、货币经纪公司、保险资产管理公司等金融机构的客户身份识别作出了较为原则性的规定。

《金融机构客户身份识别和客户身份资料及交易记录保存管理办法》规定：信托公司在设立信托时，应当核对委托人的有效身份证件或者其他身份证明文件，了解信托财产的来源，登记委托人、受益人的身份基本信息，并留存委托人的有效身份证件或者其他身份证明文件的复印件或者影印件。

除信托公司以外的金融机构了解或者应当了解客户的资金或者财产属于信托财产的，应当识别信托关系当事人的身份，登记信托委托人、受益人的姓名或者名称、联系方式。

金融资产管理公司、财务公司、金融租赁公司、汽车金融公司、货币经纪公司、保险资产管理公司及中国人民银行确定的其他金融机构在与客户签订金融业务合同时，应当核对客户的有效身份证件或者其他身份证明文件，登记客户身份基本信息，并留存有效身份证件或者其他身份证明文件的复印件或者影印件。

（2022 年《金融机构客户尽职调查和客户身份资料及交易记录保存管理办法》规定：信托公司在设立信托或者为客户办理信托受益权转让时，应当识别并核实委托人身份，了解信托财产的来源，登记委托人、受益人的身份基本信息，并留存委托人有效身份证件或者其他身份证明文件的复印件或者影印件。对于客户的资金是信托资金或者财产属于信托财产的，金融机构与客户建立业务关系或者提供规定金额以上一次性交易时，应当识别信托关系委托人、受托人、受益人以及其他最终有效控制信托财产的自然人身份，登记其姓名或者名称、联系方式。保险资产管理公司、金融资产管理公司、企业集团财务公司、金融租赁公司、汽车金融公司、消费金融公司、货币经纪公司、贷款公司、理财公司以及中国人民银行确定的其他金融机构，在与客户建立业务关系时，应当识别并核实客户身份，登记客户身份基本信息，并留存客户有效身份证件或者其他身份证明文件的复印件或者影印件。金融机构通过其他机构开展上述业务时，应当遵守金融机构通过第三方客户尽职调查的有关规定。)

5.2.4　支付机构初次客户尽职调查的基本要求

自 2010 年建立支付业务许可制度以来，我国支付市场持续快速发展，支付机构的数量和规模都在快速上升，我国非银行支付市场规模已位居全球第一。截至 2022 年末，我国共有非银行支付机构 201 家，分支机构 1535 家，从业人员 4.45 万人；2022 年末，非银行支付机构支付账户数量 64.68 亿个，非银行支付机构网络特约商户数量 2590.19 万户；2022 年非银行支付机构办理移动支付业务 10046.84 亿笔、348.06 万亿元。非银行支付机构办理互联网支付业务 1645.96 亿笔、52.55 万亿元，其中非银行支付机构办理跨境互联网支付业务 72.15 亿笔、1.1 万亿元。但在行业快速发展的同时，乱象也逐渐显露。部分支付机构违规"直连""互联"，还有部分机构"无证驾驶"，未经许可非法从事支付业务。此外，违规经营、挪用客户备付金等风险事件也时有发生，更有部分机构为灰色交易提供支付手段，甚至沦为洗钱等违法犯罪活动的通道。从 2019 年至 2023 年反洗钱处罚的案例看，受到处罚的非银行支付机构单个机构的平均处罚金额明显高于金融机构，千万元以上的反洗钱行政处罚罚单多数是非银行支付机构，单笔处罚数额最大的反洗钱处罚也是支付机构①②。从存在的违规问题看，主要是未按规定开展客户尽职调查。所以非银行支付

---

① 据统计，2021 年度，共有 17 家非银行支付机构受到反洗钱行政处罚，处罚金额 7877.25 万元；2022 年共有 17 家非银行支付机构受到反洗钱行政处罚，处罚金额 1.55 亿元。在所有受到反洗钱行政处罚的机构类别中，平均单笔处罚数额最大。

② 2023 年 7 月 7 日，中国人民银行银罚决字〔2023〕26—33 号显示，支付宝（中国）网络技术有限公司因：(1) 违反支付账户管理规定；(2) 违反清算管理规定；(3) 违反防范电信网络新型违法犯罪有关事项规定；(4) 未按规定履行客户身份识别义务；(5) 与身份不明的客户进行交易；(6) 违反消费者金融信息保护管理规定；(7) 违反金融消费者权益保护管理规定七项违法行为，被警告，没收违法所得 83091.414113 万元，（转下页）

机构一定要勤勉尽责，认真做好客户尽职调查工作。2012 年中国人民银行发布的《支付机构反洗钱和反恐怖融资管理办法》对支付机构客户尽职调查工作作出了明确的规定。

（一）网络支付机构客户尽职调查

网络支付机构在为客户开立支付账户时，应当识别客户身份，登记客户身份基本信息，通过合理手段核对客户基本信息的真实性。客户为单位客户的，应核对客户有效身份证件，并留存有效身份证件的复印件或者影印件。客户为个人客户的，出现下列情形时，应核对客户有效身份证件，并留存有效身份证件的复印件或者影印件。①个人客户办理单笔收付金额人民币 1 万元以上或者外币等值 1000 美元以上支付业务的；②个人客户全部账户 30 天内资金双边收付金额累计人民币 5 万元以上或外币等值 1 万美元以上的；③个人客户全部账户资金余额连续 10 天超过人民币 5000 元或外币等值 1000 美元的；④通过取得网上金融产品销售资质的网络支付机构买卖金融产品的；⑤中国人民银行规定的其他情形。网络支付机构在为同一客户开立多个支付账户时，应采取有效措施建立支付账户间的关联关系，按照客户进行统一管理。网络支付机构在向未开立支付账户的客户办理支付业务时，如单笔资金收付金额人民币 1 万元以上或者外币等值 1000 美元以上的，应在办理业务前要求客户登记本人的姓名、有效身份证件种类、号码和有效期限，并通过合理手段核对客

罚款 223115.389033 万元，时任支付宝（中国）网络技术有限公司总经理葛某获等 4 人受到行政处罚。其中，葛某获被警告、罚款 147.5 万元，时任支付宝（中国）网络技术有限公司支付收单服务部总经理刘某被警告、罚款 137.5 万元。蚂蚁科技集团股份有限公司因违反对公司治理的相关规定和违反关联交易管理规定，被罚 1.75 亿元。蚂蚁集团的控股股东：杭州君瀚股权投资合伙企业（有限合伙）和杭州君澳股权投资合伙企业（有限合伙）均因为违反对资本实力的相关规定和违反对公司治理的相关规定，双双被罚 2500 万元。上述罚单合计超过 30 亿元。

2023 年 7 月 7 日，国家金融监督管理总局（金罚决字〔2023〕1 号）对蚂蚁科技集团股份有限公司作出行政处罚，没收违法所得 112977.62 万元，罚款 263270.44 万元，罚没合计 376248.06 万元。

2023 年 7 月 6 日，中国证券监督管理委员会浙江监管局（行政处罚决定书〔2023〕22 号）对蚂蚁（杭州）基金销售有限公司及其负责人作出行政处罚，对蚂蚁基金罚款 7368 万元并对公司总经理林某思给予警告，并处以 15 万元罚款。

2023 年 7 月 7 日，中国人民银行银罚决字〔2023〕34—38 号显示，财付通支付科技有限公司因：（1）违反机构管理规定；（2）违反商户管理规定；（3）违反清算管理规定；（4）违反支付账户管理规定；（5）其他危及支付机构稳健运行、损害客户合法权益或危害支付服务市场的违法违规行为；（6）未按规定履行客户身份识别义务；（7）未按规定保存客户身份资料和交易记录；（8）未按规定报送大额交易报告或者可疑交易报告；（9）与身份不明的客户进行交易或者为客户开立匿名账户、假名账户；（10）违反消费者金融信息保护管理规定；（11）违反金融消费者权益保护管理规定十一项违法行为被警告，没收违法所得 56612.388789 万元，罚款 242677.827882 万元。四位相关责任人也受到行政处罚，其中时任财付通支付科技有限公司反洗钱与风险控制部负责人吴某被警告、罚款 120 万元，时任财付通支付科技有限公司支付平台产品部（微信支付）产品运营负责人吴某被警告，罚款 99.6 万元。

户有效身份证件信息的真实性。网络支付机构与特约商户建立业务关系时，应当识别特约商户身份，了解特约商户的基本情况，登记特约商户身份基本信息，核实特约商户有效身份证件，并留存特约商户有效身份证件的复印件或者影印件。

（二）预付卡机构客户尽职调查

预付卡机构在向购卡人出售记名预付卡或一次性金额人民币1万元以上的不记名预付卡时，应当识别购卡人身份，登记购卡人身份基本信息，核对购卡人有效身份证件，并留存购卡人有效身份证件的复印件或者影印件。代理他人购买记名预付卡的，预付卡机构应采取合理方式确认代理关系的存在，在对被代理人采取规定的客户身份识别措施时，还应当登记代理人身份基本信息，核对代理人有效身份证件，并留存代理人有效身份证件的复印件或者影印件。预付卡机构在与特约商户建立业务关系时，应当识别特约商户身份，了解特约商户的基本情况，登记特约商户身份基本信息，核实特约商户有效身份证件，并留存特约商户有效身份证件的复印件或者影印件。预付卡机构办理记名预付卡或一次性金额人民币1万元以上不记名预付卡充值业务时，应当识别办理人员的身份，登记办理人员身份基本信息，核对办理人员有效身份证件，并留存办理人员有效身份证件的复印件或者影印件。预付卡机构办理赎回业务时，应当识别赎回人的身份，登记赎回人身份基本信息，核对赎回人有效身份证件，并留存赎回人有效身份证件的复印件或者影印件。非银行支付机构委托销售合作机构代理销售预付卡时，应当在委托代理协议中明确双方的反洗钱和反恐怖融资职责，将销售合作机构纳入自身的反洗钱和反恐怖融资体系，对销售合作机构遵守反洗钱和反恐怖融资义务的情况进行监督。非银行支付机构应当按照安全、准确、完整的原则，保存销售合作机构的名录，登记其姓名或名称、有效身份证件或其他身份证明文件的种类和号码、地址，并按照规定及时向监管机构、执法机构等部门报送。

（三）收单机构客户尽职调查

收单机构在与特约商户建立业务关系时，应当识别特约商户身份，了解特约商户的基本情况，登记特约商户身份基本信息，核实特约商户有效身份证件，并留存特约商户有效身份证件的复印件或者影印件。

（2022年《金融机构客户尽职调查和客户身份资料及交易记录保存管理办法》规定：非银行支付机构在办理以下业务时，应当开展客户尽职调查，并登记客户身份基本信息，留存客户有效身份证件或者其他身份证明文件的复印件或者影印件：①以开立支付账户等方式与客户建立业务关系，以及向客户出售记名预付卡或者一次性出售不记名预付卡人民币1万元以上的；②通过签约或者绑卡等方式为不在本机构开立支付账户的客户提供支付交易处理且交易金额为单笔人民币1万元以上或者外币等值 1000 美元以上，或者 30 天内资金双边收付金额累计人民币 5 万元以上或者外币等值 1 万美元以上的；③非银行支付机构为特约商户提供收单服务，应当对特约商户开展客户尽职调查，并登记特约商户及其法定代表人或者负责人身份基本信息，留存特约商户及其法定代表人或者负责人有效身份证件或者其他身份证明文件的复印件或者影印件；④中国人民银行规定的其他情形。）

5.2.5 银行卡组织和资金清算中心

按照《银行卡组织和资金清算中心反洗钱和反恐怖融资指引》①（银发〔2009〕107 号）的规定，在与直接参与者建立业务关系时，中国银联、农信银资金清算中心、城商行资金清算中心及其分支机构应审核直接参与者的有效身份证件或有效身份证明文件，登记身份基本信息，留存有效身份证件或有效身份证明文件的复印件或者影印件，了解其经营活动基本状况。

对于境外的直接参与者，中国银联在建立业务关系前，还应当充分收集有关该直接参与者的业务、声誉、内部控制、接受监管等方面的信息，以书面方式明确中国银联与该直接参与者在反洗钱和反恐怖融资方面的职责，预防银联卡相关业务被用于洗钱和恐怖融资。

中国银联、农信银资金清算中心、城商行资金清算中心及其分支机构应要求直接参与者，在与间接参与者建立业务关系时，审核间接参与者的有效身份证件或有效身份证明文件，登记身份基本信息，留存有效身份证件或有效身份证明文件的复印件或者影印件，了解其经营活动基本状况。

5.2.6 互联网金融从业机构

互联网金融是利用互联网技术和信息通信技术实现资金融通、支付、投资及信息中介服务的新型金融业务模式。互联网金融业务反洗钱和反恐怖融资工作的具体范围由中国人民银行会同国务院有关金融监督管理机构按照法律规定和监管政策确定、调整并公布，包括但不限于网络支付、网络借贷、网络借贷信息中介、股权众

---

① 该指引发布时，当时银行卡组织和资金清算中心有中国银联股份有限公司、农信银资金清算中心有限责任公司和城市商业银行资金清算中心。截至 2022 年 12 月底，中国人民银行批设的中国特许支付清算机构 12 家，分别是：中国人民银行清算总中心、中国银联股份有限公司、网联清算有限公司、城市商业银行资金清算中心（城银清算服务有限公司）、农信银资金清算中心有限责任公司、跨境银行间支付清算（上海）有限责任公司、银行间市场清算所股份有限公司、中央国债登记结算有限责任公司、中国证券登记结算有限责任公司、上海票据交易所股份有限公司、连通（杭州）技术服务有限公司、万事网联信息技术（北京）有限公司（获准筹备）。随着跨机构间的交易量越来越大，清算组织反洗钱的重要性越来越重要，其反洗钱职能的有效发挥，可有效解决跨机构间交易的信息隔断的问题，提升金融机构和支付机构反洗钱工作整体有效性。

筹融资、互联网基金销售、互联网保险、互联网信托和互联网消费金融等。

按照《中国人民银行 中国银行保险监督管理委员会 中国证券监督管理委员会关于印发〈互联网金融从业机构反洗钱和反恐怖融资管理办法（试行）〉的通知》（银发〔2018〕230 号）的要求，互联网金融从业机构应当勤勉尽责，执行客户身份识别制度，遵循"了解你的客户"原则，针对具有不同洗钱或者恐怖融资风险特征的客户、业务关系或者交易采取合理措施，了解建立业务关系的目的和意图，了解非自然人客户的受益所有人情况，了解自然人客户的交易是否为本人操作和交易的实际受益人。从业机构应当按照法律法规、规章、规范性文件和行业规则，收集必备要素信息，利用从可靠途径、以可靠方式获取的信息或数据，采取合理措施识别、核验客户真实身份，确定并适时调整客户风险等级。对于先前获得的客户身份资料存疑的，应当重新识别客户身份。从业机构应当采取持续的客户身份识别措施，审核客户身份资料和交易记录，及时更新客户身份识别相关的证明文件、数据和信息，确保客户正在进行的交易与从业机构所掌握的客户资料、客户业务、风险状况等相匹配。对于高风险客户，从业机构应当采取合理措施了解其资金来源，提高审核频率。除该办法和行业规则规定的必备要素信息外，从业机构应当在法律法规、规章、规范性文件允许的范围内收集其他相关信息、数据和资料，合理运用技术手段和理论方法进行分析，核验客户真实身份。客户属于外国政要、国际组织的高级管理人员及其特定关系人的，从业机构应当采取更为严格的客户身份识别措施。从业机构不得为身份不明或者拒绝身份查验的客户提供服务或者与其进行交易，不得为客户开立匿名账户或者假名账户，不得与明显具有非法目的的客户建立业务关系。从业机构应当定期或者在业务模式、交易方式发生重大变化、拓展新的业务领域、洗钱和恐怖融资风险状况发生较大变化时，评估客户身份识别措施的有效性，并及时予以完善。

从业机构在与客户建立业务关系或者开展法律法规、规章、规范性文件和行业规则规定的特定类型交易时，应当履行以下客户身份识别程序：①了解并采取合理措施获取客户与其建立业务关系或者进行交易的目的和意图。②核对客户有效身份证件或者其他身份证明文件，或者按照法律法规、规章、规范性文件和行业规则要求客户提供资料并通过合法、安全、可信的渠道取得客户身份确认信息，识别客户、账户持有人及交易操作人员的身份。③按照法律法规、规章、规范性文件和行业规则通过合法、安全且信息来源独立的外部渠道验证客户、账户持有人及交易操作人员的身份信息，并确保外部渠道反馈的验证信息与被验证信息之间具有一致性和唯一对应性。按照法律法规、规章、规范性文件和行业规则登记并保存客户、账户持有人及交易操作人员的身份基本信息。按照法律法规、规章、规范性文件和行业规则保存客户有效身份证件或者其他身份证明文件的影印件或者复印件，或者渠道反馈的客户身份确认信息。从业机构应当提示客户如实披露他人代办业务或者员工经办业务的情况，确认代理关系或者授权经办业务指令的真实性，并按照有关要求对代理人和业务经办人采取客户身份识别措施。

5.3 受益所有人客户尽职调查

5.3.1 FATF 关于受益所有人客户尽职调查的规定

受益所有人（Beneficial Owner）是国际反洗钱、反恐怖融资、反逃税和反腐败领域的专门术语，是指最终拥有或实际控制经营主体，或者享有经营主体最终受益的自然人。受益所有人信息有利于提高经营主体和税收的透明度，预防和打击犯罪，优化市场营商环境，因此，获取经营主体的受益所有人信息是国际反洗钱、反恐怖融资、反逃税和反腐败工作的通行规则。目前，欧盟、美国等主要国家和地区普遍建立受益所有人信息集中登记制度，并建立机制确保受益所有人信息的完整性、准确性、及时性，明确法人主体如有违反受益所有人相关规定的行为将受到处罚。我国《反洗钱法》第十九条规定，本法所称法人、非法人组织的受益所有人，是指最终拥有或者实际控制法人、非法人组织，或者享有法人、非法人组织最终收益的自然人。根据我国《公司法》第二百一十六条的定义，实际控制人是指虽不是公司的股东，但通过投资关系、协议或者其他安排，能够实际支配公司行为的人。与公司法中的"实际控制人"概念相比，"受益所有人"更能穿透到实际拥有和控制经营主体，以及享有交易的实际受益的最终自然人，真正能实现穿透式监管的目的。"受益所有人"与"实际控制人"有以下区别：

一是概念内涵不同。"实际控制人"强调实际控制，而"受益所有人"除了强调实际控制，还强调拥有和收益，"受益所有人"概念内涵大于"实际控制人"。

二是主体对象不同。公司的"实际控制人"可以是法人也可以是自然人，而"受益所有人"必须要层层穿透为最终拥有、实际控制经营主体或享有经营主体最终收益的自然人。

三是识别判断标准不同。"受益所有人"识别标准分为三种情形：直接或者间接最终拥有经营主体 25% 以上股权、股份或者合伙权益的自然人；未满足前述标准，则为享有经营主体 25% 以上收益权、表决权的自然人，以及单独或者联合对经营主体进行实际控制的自然人。而"实际控制人"的识别标准为通过投资关系、协议或者其他安排，能够实际支配公司行为的人，仅与"受益所有人"的其中一种识别标准相同。

四是适用领域不同。"受益所有人"的适用领域主要为法人和非法人组织，包括公司、合伙企业、外国公司分支机构、社会组织等，而《公司法》"实际控制人"的适用领域主要为公司。

FATF《打击洗钱、恐怖融资与扩散融资国际标准建议》建议 10 提出：当对法人或法律安排进行客户尽职调查时，金融机构应识别和核实其身份，了解其业务性质、所有权和控制权结构。通过充分了解客户以合理评估该业务关系潜在的洗钱和恐怖融资风险，防止法人和法律安排被非法利用，并以此采取适当的措施降低风险。金融机构识别和核实客户的身份，通常需要的信息包括：（1）名称、组织形式和证明文件。例如，可以通过企业营业执照、存续证明、合伙协议、信托契约或其他来源独立的文件来核实客户的名称、组织形式和正常经营状态。（2）法人或法律安排的管理控制权结构（如备忘录和公司章程），以及在法人和法律安排中担任高级管理职位的相关人员的姓名（如公司高级管理人员、信托的受托人等）。（3）注册办公地址，如果经营地与注册地不一致，需包括主要经营地址。

各国金融机构识别受益所有人身份，并采取合理措施核实受益所有人身份，使金融机构确信其了解受益所有人。通过下列信息，识别客户的受益所有人，并采取合理措施核实其身份：

（1）对于法人：①如果存在拥有法人最终控制所有权的自然人，则应识别并核实其身份（因所有权可能很分散，以至于不存在单独或共同控制法人或法律安排的自然人）；②若对①中拥有控制权的人是否为受益所有人存在疑问，或者在没有自然人通过所有权来实行控制的情况下，则需要识别和核实通过其他手段对法人或法律安排进行控制的自然人（如果有的话）的身份；③根据①或②均未识别出自然人的情况下，金融机构应识别并采取合理措施核实高级管理人员的身份。

（2）对于法律安排：①信托——委托人、受托人、担保人（如有），受益人或指定受益人的身份，或其他对信托（包括通过一系列控制权或所有权）行使最终有效控制的自然人的身份；②其他形式的法律安排——同样或类似人员的身份。当客户或控制权所有人是在股票交易所上市的公司，并且按照相关披露要求（通过股票交易所规则或通过法律或其他强制性要求）能确保其充分公开受益所有权；或者客户或控制权所有人是此类公司的控股子公司，则不必识别和核实这类公司的股东或受益所有人身份。相关的身份数据可以从公共的登记注册部门、客户或其他可靠来源获得。

建议 24 法人的透明度和受益所有权要求：各国应评估滥用法人洗钱或恐怖融资的风险，并采取措施防止此类滥用。各国应确保通过主管部门对受益所有权进行登记或其他机制，充足、准确和最新的关于法人受益所有权和控制权的信息可以快速有效地获取。各国不应允许法人发行新的无记名股票或无记名股权证，并采取措施防止滥用现有的无记名股票和无记名股权证。各国应采取有效措施，确保被提名股东和董事不被滥用于洗钱或恐怖融资。各国应考虑通过金融机构和特定非金融行业和职业人员促进受益所有权和控制权信息的获取，以满足建议 10 客户尽职调查和建议 22 特定非金融行业和职业：客户尽职调查所规定的要求。

建议 25 法律安排的透明度和受益所有权要求：各国应当评估法律安排被洗钱和恐怖融资活动滥用的风险，并采取措施防止法律安排被洗钱和恐怖融资活动滥用。特别是，各国应当确保主管部门能及时有效掌握或获取关于书面信托（包括委托人、受托人和受益人）的充足、准确和及时信息。各国应考虑采取措施，使金融机构以及特定非金融行业和职业可以便利地获取受益所有权及控制权信息，以便执行建议 10 和建议 22 的要求。

5.3.2 有关法律制度关于受益所有人客户尽职调查的要求

一、受益所有人信息登记备案的要求

我国《反洗钱法》第十九条规定，国务院反洗钱行政主管部门会同国务院有关部门建立法人、非法人组织受益所有人信息管理制度。法人、非法人组织应当保存并及时更新受益所有人信息，按照规定向登记机关如实提交并及时更新受益所有人信息。反洗钱行政主管部门、登记机关按照规定管理受益所有人信息。反洗钱行政主管部门、国家有关机关为履行职责需要，可以依法使用受益所有人信息。金融机构和特定非金融机构在履行反洗钱义务时依法查询核对受益所有人信息；发现受益所有人信息错误、不一致或者不完整的，应当按照规定进行反馈。使用受益所有人信息应当依法保护信息安全。

为提高市场透明度，维护市场秩序、金融秩序，预防和遏制洗钱、恐怖主义融资活动，根据反洗钱和企业登记管理有关法律、行政法规，2024 年 4 月 29 日，中国人民银行、国家市场监督管理总局发布《受益所有人信息管理办法》（中国人民银行 国家市场监督管理总局令〔2024〕第 3 号)[①]。《受益所有人信息管理办法》对受益所有人信息登记备案及信息使用作出明确要求。

（一）登记备案主体

公司、合伙企业、外国公司分支机构以及中国人民银行、国家市场监督管理总

[①] 该办法自 2024 年 11 月 1 日起施行，实施前已经登记注册的备案主体，应当于 2025 年 11 月 1 日前，按照办法规定备案受益所有人信息。

局规定的其他主体。应当根据该办法规定通过相关登记注册系统备案受益所有人信息。个体工商户无须备案受益所有人信息。注册资本（出资额）不超过1000万元人民币（或者等值外币）且股东、合伙人全部为自然人的备案主体，如果不存在股东、合伙人以外的自然人对其实际控制或者从其获取收益，也不存在通过股权、合伙权益以外的方式对其实施控制或者从其获取收益的情形，承诺后免于备案受益所有人信息。

（二）受益所有人的确定

《办法》第十五条规定：本办法所称受益所有人，是指最终拥有或者实际控制备案主体，或者享有备案主体最终收益的自然人。符合下列条件之一的自然人为备案主体的受益所有人：

（1）通过直接方式或者间接方式最终拥有备案主体25%以上股权、股份或者合伙权益；

（2）虽未满足第一项标准，但最终享有备案主体25%以上收益权、表决权；

（3）虽未满足第一项标准，但单独或者联合对备案主体进行实际控制。

前款第（3）项所称实际控制包括但不限于通过协议约定、关系密切的人等方式实施控制，例如决定法定代表人、董事、监事、高级管理人员或者执行事务合伙人的任免，决定重大经营、管理决策的制定或者执行，决定财务收支，长期实际支配使用重要资产或者主要资金等。

不存在第一款规定三种情形的，应当将备案主体中负责日常经营管理的人员视为受益所有人进行备案。

国有独资公司、国有控股公司应当将法定代表人视为受益所有人进行备案。

外国公司分支机构的受益所有人为外国公司按照本办法第六条规定认定的受益所有人，以及该分支机构的高级管理人员。

（三）需填报的受益所有人信息

（1）姓名；（2）性别；（3）国籍；（4）出生日期；（5）经常居住地或者工作单位地址；（6）联系方式；（7）身份证件或者身份证明文件种类、号码、有效期限；（8）受益所有权关系类型以及形成日期、终止日期（如有）。按照持有股权、股份或者合伙权益收益权、表决权确定的受益人，还应登记其比例；按照实际控制确定的受益人还应当填报实际控制的方式。

（四）受益所有人登记备案的管理

国家市场监督管理总局统筹指导相关登记注册系统建设，指导地方登记机关依法开展受益所有人信息备案工作，及时将归集的受益所有人信息推送至中国人民银行。县级以上地方市场监督管理部门督促备案主体及时备案受益所有人信息。中国人民银行建立受益所有人信息管理系统，及时接收、保存、处理受益所有人信息。中国人民银行及其分支机构督促备案主体准确备案受益所有人信息。中国人民银行及其分支机构为受益所有人信息备案工作提供指导，市场监督管理部门予以配合。

备案主体在设立登记时，应当通过相关登记注册系统备案受益所有人信息。无法通过相关登记注册系统办理设立登记的，可以现场办理，并在设立登记之日起 30 日内，通过相关登记注册系统备案受益所有人信息。备案主体受益所有人信息发生变化，或者不再符合规定的承诺免报条件的，应当自发生变化或者不符合承诺免报条件之日起 30 日内，通过相关登记注册系统备案受益所有人信息。

国家有关机关为履行职责需要，可以依法向中国人民银行获取受益所有人信息。金融机构、特定非金融机构履行反洗钱和反恐怖主义融资义务时，可以通过中国人民银行查询受益所有人信息。国家有关机关以及金融机构、特定非金融机构对依法获得的受益所有人信息应当予以保密。

国家有关机关以及金融机构、特定非金融机构发现受益所有人信息管理系统中的备案主体受益所有人信息存在错误、不一致或者不完整的，应当及时向中国人民银行反馈。中国人民银行可以根据情形依法采取措施进行核实，备案主体应当配合。对市场透明度、金融透明度有显著影响的备案主体，中国人民银行等主管部门可以要求其补充提供确定受益所有人所需的股权、合伙权益、收益权、表决权、控制关系等情况的材料。备案主体未按照规定办理受益所有人信息备案的，依照企业登记管理有关行政法规处理。中国人民银行及其分支机构发现备案主体备案的受益所有人信息不准确的，应当责令备案主体限期改正；拒不改正的，处 5 万元以下的罚款。

《受益所有人信息管理办法》的实施为金融机构受益所有人客户尽职调查提供强有力的信息支撑。

二、金融机构关于受益所有人客户尽职调查的要求

我国《反洗钱法》第三十一条规定，客户由他人代理办理业务的，金融机构应当按照规定核实代理关系，识别并核实代理人的身份。金融机构与客户订立人身保险、信托等合同，合同的受益人不是客户本人的，金融机构应当识别并核实受益人的身份。

为提高受益所有人信息透明度，加强风险评估和分类管理，防范复杂股权或者控制权结构导致的洗钱和恐怖融资风险，按照 FATF《打击洗钱、恐怖融资与扩散融资的国际标准建议》的要求，中国人民银行印发《关于加强反洗钱客户身份识别有关工作的通知》（银发〔2017〕235 号）对非自然人客户的客户尽职调查提出了

211

较为具体的要求①：

（1）义务机构应当加强对非自然人客户的身份识别，在建立或者维持业务关系时，采取合理措施了解非自然人客户的业务性质与股权或者控制权结构，了解相关的受益所有人信息。

（2）义务机构应当根据实际情况及从可靠途径、以可靠方式获取的相关信息或者数据，识别非自然人客户的受益所有人，并在业务关系存续期间，持续关注受益所有人信息变更情况。

（3）对非自然人客户受益所有人的追溯，义务机构应当逐层深入并最终明确为掌握控制权或者获取收益的自然人，判定标准如下：①公司的受益所有人应当按照以下标准依次判定：直接或者间接拥有超过25%公司股权或者表决权的自然人；通过人事、财务等其他方式对公司进行控制的自然人；公司的高级管理人员。②合伙企业的受益所有人是指拥有超过25%合伙权益的自然人。③信托的受益所有人是指信托的委托人、受托人、受益人以及其他对信托实施最终有效控制的自然人。④基金的受益所有人是指拥有超过25%权益份额或者其他对基金进行控制的自然人。对风险较高的非自然人客户，义务机构应当采取更严格的标准判定其受益所有人②。

（4）义务机构应当核实受益所有人信息，并可以通过询问非自然人客户、要求非自然人客户提供证明材料、查询公开信息、委托有关机构调查等方式进行。

（5）义务机构应当登记客户受益所有人的姓名、地址、身份证件或者身份证明文件的种类、号码和有效期限。

（6）义务机构在充分评估下述非自然人客户风险状况基础上，可以将其法定代表人或者实际控制人视同为受益所有人：①个体工商户、个人独资企业、不具备法人资格的专业服务机构。②经营农林渔牧产业的非公司制农民专业合作组织。对于受政府控制的企事业单位，参照上述标准执行。

（7）义务机构可以不识别下述非自然人客户的受益所有人：①各级党的机关、国家权力机关、行政机关、司法机关、军事机关、人民政协机关和人民解放军、武

---

① 受益所有人的识别和核实仅针对法人或非法人组织客户。对于自然人客户、金融产品户、资产管理类特殊法人等客户，不在开展受益所有人识别的范畴内。

② 该《通知》采用了我国《公司法》实际控制人的概念，即对公司的实际控制或者影响，能支配公司行为。同时结合2017年5月国家税务总局、财政部、中国人民银行、中国银行业监督管理委员会、中国证券监督管理委员会、中国保险监督管理委员会发布的《非居民金融账户涉税信息尽职调查管理办法》的控制人概念，指对某一机构实施控制的个人。公司的控制人按照以下规则依次判定：（1）直接或者间接拥有超过百分之二十五公司股权或者表决权的个人；（2）通过人事、财务等其他方式对公司进行控制的个人；（3）公司的高级管理人员。合伙企业的控制人是拥有超过百分之二十五合伙权益的个人。信托的控制人是指信托的委托人、受托人、受益人以及其他对信托实施最终有效控制的个人。基金的控制人是指拥有超过百分之二十五权益份额或者其他对基金进行控制的个人。

警部队、参照《中华人民共和国公务员法》管理的事业单位。②政府间国际组织、外国政府驻华使领馆及办事处等机构及组织。

（8）义务机构应当在识别受益所有人的过程中，了解、收集并妥善保存以下信息和资料：①非自然人客户股权或者控制权的相关信息，主要包括注册证书、存续证明文件、合伙协议、信托协议、备忘录、公司章程以及其他可以验证客户身份的文件。②非自然人客户股东或者董事会成员登记信息，主要包括：董事会、高级管理层和股东名单、各股东持股数量以及持股类型（包括相关的投票权类型）等。

（9）银行业金融机构应当将登记保存的受益所有人信息报送中国人民银行征信中心运营管理的相关信息数据库。义务机构可以依照相关规定查询非自然人客户的受益所有人信息。受益所有人信息登记、查询、使用及保密办法，由中国人民银行另行制定①。

2021年7月27日，中华人民共和国国务院令第746号公布《中华人民共和国市场主体登记管理条例》，自2022年3月1日起施行。《中华人民共和国市场主体登记管理条例》第九条规定：公司、合伙企业等市场主体受益所有人相关信息应当向登记机关办理备案。未依照该条例办理备案的，由登记机关责令改正，拒不改正的，处5万元以下的罚款②。

（2022年《金融机构客户尽职调查和客户身份资料及交易记录保存管理办法》要求金融机构识别受益所有人身份，并采取合理措施核实受益所有人身份。金融机构开展客户尽职调查时，对于客户为法人或者非法人组织的，应当识别并核实客户身份，了解客户业务性质、所有权和控制权结构，识别并采取合理措施核实客户的受益所有人，即通过以下方式最终拥有或者实际控制法人或者非法人组织的一个或者多个自然人：①直接或者间接拥有法人或者非法人组织25%（含）以上股权或合伙权益的自然人；②单独或者联合对法人或者非法人组织进行实际控制的自然人，包括但不限于通过协议约定、亲属关系等方式实施控制，如决定董事或者高级管理人员的任免，决定重大经营、管理决策的制定或者执行，决定财务收支，长期实际支配使用重要资产或者主要资金等；③直接或者间接享有法人或者非法人组织25%（含）以上收益权的自然人。金融机构应当综合使用上述三种方式识别并核实客户

---

① 对于信息报送，目前尚未明确规定。

② 美国财政部金融犯罪执法局（FinCEN）宣布：自2024年1月1日起在美国注册并运营的企业必须申报"受益所有人信息"（Beneficial Ownership Information，BOI）。这是FinCEN根据美国国会在2021年颁布的《企业透明度法案》（Corporate Transparency Act）而制定的关键规则之一，以遏制犯罪分子和恐怖分子利用匿名空壳公司洗黑钱等非法金融活动。

与此同时，FinCEN宣布从2024年2月开始分阶段向美国执法部门和金融机构提供受益所有人数据库的访问权限。

的受益所有人，当使用上述方式均无法识别受益所有人时，识别法人或者非法人组织的高级管理人员。）

5.3.3 受益所有人客户尽职调查的具体措施

为防范违法犯罪分子利用复杂的股权、控制权等关系掩饰、隐瞒真实身份、资金性质或者交易目的、性质，提高受益所有人信息透明度，规范反洗钱和反恐怖融资义务机构开展非自然人客户的受益所有人身份识别工作，2018 年 6 月 27 日，中国人民银行印发《关于进一步做好受益所有人身份识别工作有关问题的通知》（银发〔2018〕164 号）就有关事项进行了进一步的明确。

（一）受益所有人身份识别工作应当遵循的主要原则

1. 勤勉尽责。义务机构及其工作人员应当具备反洗钱和反恐怖融资有效履职所必需的合规能力、风险意识和职业操守，按照规定做好受益所有人身份的识别、核实以及相关信息、数据或者资料的收集、登记、保存等工作，完整保存能够证明义务机构及其工作人员勤勉尽责的工作记录以及有关信息、数据或者资料。

2. 风险为本。义务机构及其工作人员应当落实风险为本方法，综合分析、合理判断非自然人客户及其业务存在的洗钱、恐怖融资风险，对不同风险的非自然人客户采取差别化的风险控制措施，对风险较高的非自然人客户采取更为严格的强化措施开展受益所有人身份识别工作。

3. 实质重于形式。义务机构及其工作人员应当将了解并确定最终控制非自然人客户及交易过程或者最终享有交易利益的自然人作为受益所有人身份识别工作的目标，采取定量和定性相结合的方法，对非自然人客户的股权、控制权结构以及财务决策、人事任免、经营管理等情况进行综合判断。

（二）金融机构和支付机构应当建立健全并有效实施受益所有人身份识别制度

1. 将受益所有人身份识别的内部管理制度和操作规程，作为完整有效的客户尽职调查制度的一项重要内容，并在实施过程中不断完善。根据非自然人客户风险状况和本机构合规管理需要，可以执行比监管规定更为严格的受益所有人身份识别标准。

2. 在与非自然人客户建立业务关系时以及业务关系存续期间，按照规定应当开展客户身份识别的，义务机构应当同时开展受益所有人身份识别工作。在与非自然人客户业务关系存续期间，义务机构采取持续的客户身份识别措施或者重新识别客户身份的，应当同时开展受益所有人身份识别工作，确保受益所有人信息完整性、准确性和时效性。

3. 加强受益所有人身份识别工作与客户分类管理、交易监测分析、反洗钱和反恐怖融资名单监控等工作的有效衔接。开展受益所有人身份识别工作发现股权或者控制权复杂等高风险情形的，应当及时主动调整客户洗钱风险等级，提高交易监测分析的频率和强度；发现或者有合理理由怀疑受益所有人与恐怖活动组织及恐怖活动人员名单相关的，应当按规定提交可疑交易报告。

（三）义务机构应当根据非自然人客户的法律形态和实际情况，逐层深入并判定受益所有人。按照规定开展受益所有人身份识别工作的，每个非自然人客户至少有一名受益所有人

1. 公司。对公司实施最终控制不限于直接或间接拥有超过 25%（含，下同）公司股权或者表决权，还包括其他可以对公司的决策、经营、管理形成有效控制或者实际影响的任何形式。

一是直接或者间接拥有超过 25%公司股权或者表决权的自然人是判定公司受益所有人的基本方法。需要计算间接拥有股权或者表决权的，按照股权和表决权孰高原则，将公司股权层级及各层级实际占有的股权或者表决权比例相乘求和计算。例如，李明占有 B 公司90%的股份，B 公司又占有 C 公司30%的股份，按相乘求积计算，则李明对 C 公司有 27%的控制权。

二是如果未识别出直接或者间接拥有超过 25%公司股权或者表决权的自然人，或者对满足前述标准的自然人是否为受益所有人存疑的，应当考虑将通过人事、财务等方式对公司进行控制的自然人判定为受益所有人，包括但不限于：直接或者间接决定董事会多数成员的任免；决定公司重大经营、管理决策的制定或者执行；决定公司的财务预算、人事任免、投融资、担保、兼并重组；长期实际支配使用公司重大资产或者巨额资金等。

三是如果不存在通过人事、财务等方式对公司进行控制的自然人的，应当考虑将公司的高级管理人员判定为受益所有人。对依据《中华人民共和国公司法》《中华人民共和国证券法》等法律法规将高级管理人员判定为受益所有人存疑的，应当考虑将高级管理人员之外的对公司形成有效控制或者实际影响的其他自然人判定为受益所有人。

2. 合伙企业。拥有超过 25%合伙权益的自然人是判定合伙企业受益所有人的基本方法。不存在拥有超过 25%合伙权益的自然人的，义务机构可以参照公司受益所有人标准判定合伙企业的受益所有人。采取上述措施仍无法判定合伙企业受益所有人的，义务机构至少应当将合伙企业的普通合伙人或者合伙事务执行人判定为受益所有人。

3. 信托。义务机构应当将对信托实施最终有效控制、最终享有信托权益的自然人判定为受益所有人，包括但不限于信托的委托人、受托人、受益人。信托的委托

人、受托人、受益人为非自然人的，义务机构应当逐层深入，追溯到对信托实施最终有效控制、最终享有信托权益的自然人，并将其判定为受益所有人。设立信托时或者信托存续期间，受益人为符合一定条件的不特定自然人的，可以在受益人确定后，再将受益人判定为受益所有人。

4. 基金。拥有超过25%权益份额的自然人是判定基金受益所有人的基本方法。不存在拥有超过25%权益份额的自然人的，义务机构可以将基金经理或者直接操作管理基金的自然人判定为受益所有人。基金尚未完成募集，暂时无法确定权益份额的，义务机构可以暂时将基金经理或者直接操作管理基金的自然人判定为受益所有人；基金完成募集后，义务机构应当及时按照规定标准判定受益所有人。

5. 其他：对规定情形之外的其他类型的机构、组织，义务机构可以参照公司受益所有人的判定标准执行；受益所有人身份识别工作涉及理财产品、定向资产管理计划、集合资产管理计划、专项资产管理计划、资产支持专项计划、员工持股计划等未单独列举的情形的，义务机构可以参照基金受益所有人判定标准执行；无法参照执行的，义务机构可以将其主要负责人、主要管理人或者主要发起人等判定为受益所有人。

（四）义务机构应当根据洗钱和恐怖融资风险，在受益所有人身份识别工作中分别采取强化、简化或者豁免等措施，建立或者维持与本机构风险管理能力相适应的业务关系

1. 受益所有人涉及外国政要的，义务机构与非自然人客户建立或者维持业务关系前应当经高级管理层批准或者授权，进一步深入了解客户财产和资金来源，并在业务关系存续期间提高交易监测分析的频率和强度。外国政要、国际组织高级管理人员等特定自然人既包括外国政要、国际组织高级管理人员，也包括其父母、配偶、子女等近亲属及义务机构知道或者应当知道的通过工作、生活等产生共同利益关系的其他自然人。

2. 非自然人客户的股权或者控制权结构异常复杂，存在多层嵌套、交叉持股、关联交易、循环出资、家族控制等复杂关系的，受益所有人来自洗钱和恐怖融资高风险国家或者地区等情形，或者受益所有人信息不完整或无法完成核实的，金融机构和支付机构应当综合考虑成本收益、合规控制、风险管理、国别制裁等因素，决定是否与其建立或者维持业务关系。决定与上述非自然人客户建立或者维持业务关系的，义务机构应当采取调高客户风险等级、加强资金交易监测分析、获取高级管理层批准等严格的风险管理措施。无法进行受益所有人身份识别工作，或者经评估超过本机构风险管理能力的，不得与其建立或者维持业务关系，并应当考虑提交可疑交易报告。

3. 在洗钱与恐怖融资风险得到有效管理的前提下，如非自然人客户为股权结构或者控制权简单的公司，为避免妨碍或者影响正常交易，义务机构可以在与非自然人客户建立业务关系后，尽快完成受益所有人身份识别工作。

4. 金融机构和支付机构应当按照《中国人民银行关于加强反洗钱客户身份识别有关工作的通知》相关规定，严格判断非自然人客户是否属于简化或者豁免受益所有人识别的范畴。无法作出准确判断的，义务机构不得简化或者豁免受益所有人识别；非自然人客户出现高风险情形的，不得简化或者豁免受益所有人识别。

（五）金融机构和支付机构要积极主动开展受益所有人身份识别工作，履行受益所有人识别义务

1. 金融机构和支付机构按照规定负有客户身份识别义务的，应当积极开展受益所有人身份识别工作。受益所有人身份识别工作涉及不同金融机构和支付机构的，金融机构和支付机构之间应当就相关信息的提供、核实等提供必要协助或者作出事先约定。

2. 金融机构和支付机构可以委托符合规定的第三方机构开展受益所有人身份识别工作，但应当通过书面形式确定双方的反洗钱和反恐怖融资职责。委托符合规定的第三方开展受益所有人身份识别工作的，受益所有人身份识别的最终责任由该机构承担。

3. 发行信托、基金、理财、资产管理计划等需要开立账户的，发行机构应当向开立账户的金融机构或支付机构披露受益所有人信息，开立账户的金融机构或支付机构可以采信发行机构提供的受益所有人信息。发现或者有合理理由怀疑受益所有人信息有误的，开立账户的义务机构应当自行独立开展受益所有人身份识别工作。

（六）金融机构和支付机构应当充分利用从可靠途径、以可靠方式获取的信息、数据或者资料识别和核实受益所有人信息

1. 政府主管部门、非自然人客户以及有关自然人依法应当提供、披露的法定信息、数据或者资料，是金融机构和支付机构开展受益所有人身份识别工作的重要基础。上述法定信息、数据或者资料可以独立作为识别、核实受益所有人身份的证明材料。询问非自然人客户、要求非自然人客户提供证明材料、收集权威媒体报道、委托商业机构调查等方式只能作为识别、核实受益所有人身份的辅助手段，获取的非法定信息、数据或者资料不得独立作为识别、核实受益所有人身份的证明材料。

2. 金融机构和支付机构应当根据非自然人客户的法律形态，确定了解、收集并妥善保存与受益所有人身份识别工作有关的信息、数据或者资料的具体范围，并对其采取规定的保密措施。

（七）金融机构和支付机构应当制订切实可行的工作方案，排查、清理异常账户、休眠账户、非实名账户等，按时完成存量客户的受益所有人身份识别工作

5.4 客户尽职调查的禁止性规定

一、有关法律制度要求

FATF《打击洗钱、恐怖融资与扩散融资的国际标准建议》建议 10 要求"各国应当禁止金融机构持有匿名账户或明显以假名开立的账户"。我国《反洗钱法》第二十八条规定，金融机构不得为身份不明的客户提供服务或者与其进行交易，不得为客户开立匿名账户或者假名账户，不得为冒用他人身份的客户开立账户。《中国人民银行关于加强开户管理及可疑交易报告后续控制措施的通知》（银发〔2017〕117 号）要求各银行业金融机构和支付机构应遵循"了解你的客户"的原则，认真落实账户管理及客户身份识别相关制度规定，杜绝不法分子使用假名或冒用他人身份开立账户。（2022 年《金融机构客户尽职调查和客户身份资料及交易记录保存管理办法》第八条规定：金融机构不得为身份不明的客户提供服务或者与其进行交易，不得为客户开立匿名账户或者假名账户，不得为冒用他人身份的客户开立账户。）

对于金融机构不得为身份不明的客户提供服务或者与其进行交易，不得为客户开立匿名账户或者假名账户的问题，从反洗钱行政处罚的案例看，反洗钱主管部门一直作为重要问题对待，处罚较为严重，每次违法行为处以几十万元的罚款[①]。从 2019 年至 2023 年全国反洗钱执法检查处罚案例看，为身份不明的客户提供服务或者与其进行交易和为客户开立匿名账户、假名账户是产生大额罚单的重要原因。2021 年全国因存在"为身份不明的客户提供服务或者与其进行交易和为客户开立匿名账户、假名账户"问题处罚 43 家机构总额 15501 万元，平均每家处罚金额高达360.5 万元；2022 年金融机构因存在"为身份不明客户提供服务或发生交易"的问题平均处罚金额超过 600 万元；2023 年金融机构因存在"为身份不明客户提供服务或发生交易"的问题出现 108 次，涉及该理由的罚金规模约为 49 亿元。

一般将以下认定为身份不明的客户提供服务或者与其进行交易、为客户开立匿名账户或者假名账户的情形：（1）未留存有效身份证件的复印件或者影印件，且未登记姓名或名称，或者登记的姓名或名称为乱码、邮箱地址等，以及未见其他客户尽职调查工作记录的。（2）未留存有效身份证件的复印件或者影印件，但登记了姓名或名称，根据登记的身份证件号码和姓名或名称查询联网核查公民身份信息系统、

---

① 我国《反洗钱法》第五十四条规定，为身份不明的客户提供服务、与其进行交易，为客户开立匿名账户、假名账户，或者为冒用他人身份的客户开立账户的，由国务院反洗钱行政主管部门或者其设区的市级以上派出机构责令限期改正，处五十万元以下罚款；情节严重的，处五十万元以上五百万元以下罚款，可以根据情形在职责范围内或者建议有关金融管理部门限制或者禁止其开展相关业务。

市场监督管理部门建立的全国企业信用信息公示系统或中国社会组织公共服务平台等官方信息平台，显示结果不一致或不存在，且未见其他客户尽职调查工作记录的。(3) 留存了身份证件的复印件或者影印件，但根据留存的身份证件查询联网核查公民身份信息系统、市场监督管理部门建立的全国企业信用信息公示系统或中国社会组织公共服务平台等官方信息平台，显示结果不一致或不存在，身份证件存在伪造或变造嫌疑的。(4) 非自然人客户工商注销（包括社会组织撤销）或自然人客户死亡后，银行机构通过账户年检、对账等定期审核机制、涉及异常交易预警、涉嫌洗钱和恐怖融资活动、涉及监控名单等情形①应当发现非自然人客户已注销或自然人客户死亡而未发现的；或者已发现，但未采取尽职调查措施，或者虽采取了尽职调查措施但未获得合理理由，继续与其进行交易的。(5) 金融机构为已注销的非自然人客户或已死亡的自然人客户开立账户、提供规定金额以上的一次性业务或建立其他业务关系。

金融机构不得开立假名账户、匿名账户、身份资料虚假账户，不得为身份不明的客户开立账户或提供相关金融服务。对发现客户持他人证件办理业务有违规情形的，金融机构应拒绝为其办理业务。例如，某证券公司在为张某办理非现场开户业务时，张某按照开户流程上传了居民身份证扫描件，但其证件照片与视频照片存在明显差异，数次检验都未能通过开户流程中的人脸识别环节。该证券公司通过视频远程对张某及其持有的居民身份证照片进行了核对，发现张某身份证照片与相貌存在明显差异，遂向张某核对其所持有的身份证信息，发现张某无法及时准确回答相关信息，初步判断张某可能持有他人证件开户，为防范风险，该公司中止为张某办理非现场开户，建议张某到公司营业部现场开户。

二、需要关注的重点问题及常见的违规问题

从 2019 年至 2023 年反洗钱处罚的案例看，总额超过 100 万元的反洗钱行政处罚大多数存在与身份不明的客户进行交易或者为客户开立匿名账户、假名账户的问题。由于此类违规问题的性质比较严重，FATF《打击洗钱、恐怖融资与扩散融资的国际标准建议》《反洗钱法》《金融机构反洗钱规定》等对此都有明确的规定。如果存在此类违规问题，反洗钱主管部门处罚比较严厉。按照《中国人民银行　财政部　银保监会　证监会　外汇局《关于加强金融违法行为行政处罚的意见》及有关的

---

① 在检查对公客户时，认定"与身份不明的客户进行交易"的问题应为金融机构在检查期内有契机发现，应当知道客户身份不明。这些契机包括但不限于：银行机构通过账户年检、商户巡检、银企对账（限于涉及对客户身份的审核）、客户洗钱风险定期审核、涉及异常交易预警、涉及司法机关查询、涉及名单监控预警等。从金融机构发现客户系身份不明到采取关闭账户或终止业务关系等合理措施之间，应给予机构一定的反应期，具体反应期应结合现有法规及银行内部规定确定。

行政处罚裁量基准，每户违规问题可处以几十万元的罚款，如果违规的户数多了，处罚的数额就比较大。主要表现为：（1）自然人客户身份存疑，姓名与身份证件号码联网核查不通过，如某银行在开展自然人客户身份信息专项治理时，未对客户身份证件号码不符合编码规则等情形开展重新识别，导致身份不明客户长期存续且账户持续交易。批量开户、联合贷款等业务中客户身份信息真实性存疑的问题尤为突出。（2）非自然人客户在与金融机构建立业务关系前已在市场监督管理部门注销；非自然人在与金融机构建立业务关系后注销经营主体资格，但金融机构在持续尽调、客户洗钱风险分类管理、交易预警排查等环节应主动发现但未发现，仍为其提供金融服务。如某机构在收单业务推广期间，未严格落实客户尽职调查要求，部分特约商户在建立业务关系前已被市场监督管理部门注销经营资格，仍为其提供收单服务；再如，某机构具备主动发现非自然人客户已被市场监管部门注销的契机，但未及时采取措施，仍为其提供账户结算服务，且交易规模较大并多次触发交易预警。

三、整改注意事项

1. 为身份不明的客户提供服务或与其进行交易和为客户开立匿名账户或者假名账户属于比较严重的违规问题，在反洗钱行政处罚上按照次数计算罚款金额①。对于自然人客户来说，银行业金融机构有联网核查公民身份信息系统提供的身份证查询便利及《个人存款账户实名制规定》的有效实施，只要业务人员认真按照《中国人民银行办公厅关于印发〈银行业金融机构联网核查公民身份信息业务处理规定（试行）〉和〈联网核查公民身份信息系统操作规程（试行）〉的通知》（银办发〔2007〕126号）的要求规范操作，此类违规问题应该容易避免。对于非自然人客户，由于一些企业注销的信息，金融机构和支付机构难以在第一时间获取，会存在金融机构在不知情的情况下为已经注销的企业办理业务的情况，检查人员应该本着实事求是的原则，核查金融机构是否存在应该对已经注销的企业重新识别客户而没有履职致使没有发现企业已被注销的情况。在认定过程中，应严格区分该条款所涉及的违法情形与未按规定登记客户身份基本信息、未按规定核对或留存有效身份证件、未按规定持续识别客户身份、未按规定保存客户身份资料等违法情形的差异，对问题准确定性。因为这两类违规问题的性质完全不同，行政处罚基准差距较大。

2. 以下情形不应认定为"与身份不明的客户进行交易或者为客户开立匿名账户、假名账户"的问题：

---

① 中国人民银行 财政部 银保监会 证监会 外汇局《关于加强金融违法行为行政处罚的意见》（银发〔2020〕83号）规定：当事人违反金融法律法规的同一规定，实施多次独立的金融违法行为，按照过罚相当的原则，可以对金融违法行为逐次计算处罚金额。当事人依法负有法定作为义务，但不作为或者未按照金融法律法规的规定充分履行作为义务的，可以将违反法定作为义务的次数作为金融违法行为的次数。

（1）使用客户留存的身份证件复印件或影印件信息查询与联网核查公民身份信息系统或国家企业信用信息公示系统，显示结果一致，但客户身份信息未登记或登记错误。

（2）登记的客户姓名和证件号码，经联网核查公民身份信息系统核查一致，但未留存任何身份证明文件。

（3）有效身份证件过期的客户或只是被吊销营业执照但没发生交易的客户或者不存在金融机构应该对已经注销的企业重新识别客户而没有履职致使没有发现企业已被吊销营业执照的情况。

（4）检查期限前开户或建立业务关系，且检查期限内未发生主动交易或已经被限制交易。

3. 检查中不能仅凭被检查机构提供的电子数据作为认定问题事实和证据，而应完整核实留存的客户身份资料原件、复印件、影像件，以及核心系统或其他业务系统登记的客户信息，并做好取证工作；必要时应就相关问题询问有关业务人员，做好询问笔录，或者要求被检查机构出具相关书面说明并加盖公章。

4. 金融机构应该实时关注"国家企业信用信息公示系统"的注销企业的信息及在账户年检、对账或定期审核中及时发现处理已被注销、有效身份证件过期或被吊销营业执照的非自然人客户，避免其主动交易发生。在实际工作中，有些金融机构购买或自建了"国家企业信用信息公示系统"注销企业的名单数据库，但须保证名单的准确性、完整性和及时性。

5.5 特殊业务和特定群体的客户尽职调查

5.5.1 办理规定金额以上现金存取业务客户尽职调查

由于大额现金存取潜在的洗钱风险较高，因此《金融机构客户身份识别和客户身份资料及交易记录保存管理办法》规定商业银行、农村合作银行、城市信用合作社、农村信用合作社等金融机构为自然人客户办理人民币单笔 5 万元以上或者外币等值 1 万美元以上现金存取业务的，应当核对客户的有效身份证件或者其他身份证明文件。

当前，个别银行业金融机构柜面现金业务中存在的"伪现金"交易的现象。"伪现金"交易未发生真实现金存取，是商业银行通过现金业务方式（如现金尾箱过渡或内部账过渡）和渠道为客户提供资金划转和转账服务，实现资金在不同客户账户间流动的交易。该类交易人为割裂交易链条，改变交易性质，造成大额交易错报，影响可疑交易的分析和甄别，存在一定程度的洗钱风险。中国人民银行《洗钱风险提示》（2019 年第 2 期）明确提示金融机构加大现金业务管理，拒绝为客户办理异常"伪现金"交易；加强对异常现金交易行为的客户身份识别；加大"伪现金"交易监测力度。但实际执行时，对"伪现金"交易的认定存在主观判断，为不引起客户投诉，部分商业银行对客户提出的"伪现金"交易管控措施形同虚设，越是基层机构"伪现金"交易量越大，管控措施有效性越低。"伪现金"交易并非一定是洗钱行为，个人偏好、正常经营也可能表现为与洗钱活动极为相似的情形。但从反洗钱角度看，金融机构"伪现金"交易记录没有真实反映交易方式和性质，属于未按规定完整保存客户身份资料、客户尽职调查工作记录、交易记录的违法行为，性质严重的将受到行政处罚；涉嫌洗钱犯罪的将受到法律制裁。

（2022 年《金融机构客户尽职调查和客户身份资料及交易记录保存管理办法》规定：商业银行、农村合作银行、农村信用合作社、村镇银行等金融机构为自然人客户办理人民币单笔 5 万元以上或者外币等值 1 万美元以上现金存取业务的，应当识别并核实客户身份，了解并登记资金的来源或者用途。相对 2007 年《办法》，增加了解并登记资金的来源或者用途的要求。）

5.5.2 提供保管箱服务的客户尽职调查

《金融机构客户身份识别和客户身份资料及交易记录保存管理办法》规定：金融机构提供保管箱服务时，应了解保管箱的实际使用人。

《中国人民银行关于落实执行联合国安理会相关决议的通知》（银发〔2017〕187 号）明确规定：金融交易包括但不限于：现金存取，资金汇划，货币兑换，票据、信用证开立、兑付，出具保函，保函展期，贷款，保管箱服务，证券买卖，融资融券，签订、变更、解除保险、信托、理财等金融合同，保险理赔。金融资产指个人和实体以任何形式所有或者控制的任何形式的与金融机构有关的资产，不论是有形资产或者无形资产，动产或者不动产，包括但不限于：银行存款、旅行支票、银行支票、邮政汇票、保单、提单、仓单、股票、证券、债券、汇票和信用证，设定担保物权的动产和不动产，以及以电子或者数字形式证明资产产权或者权益的法律文件或者证书。因此，提供保管箱服务也属于金融交易，也要开展名单监控，关注保管箱客户、代理人是否涉及司法查冻扣。

（2022 年《金融机构客户尽职调查和客户身份资料及交易记录保存管理办法》规定：金融机构提供保管箱服务时，应当了解保管箱的实际使用人，登记实际使用人的姓名、联系方式、有效身份证件或者其他身份证明文件的种类、号码和有效期限，并留存实际使用人有效身份证件或者其他身份证明文件的复印件或者影印件。

相比 2007 年的《办法》，要求更为具体。)

5.5.3 非面对面业务客户尽职调查

FATF《打击洗钱、恐怖融资与扩散融资国际标准建议》建议 15 明确要求：各国和金融机构应当识别、评估可能由下列情形带来的洗钱与恐怖融资风险：①新产品、新业务以及新交割机制的发展；②新产品、现有产品中新技术或研发中技术的应用。金融机构应当在启用新产品、开展新业务以及应用新技术（或正在研发的技术）前进行风险评估，金融机构应采取适当措施管理和降低此类风险。对于虚拟资产服务提供商，为了管理和降低虚拟资产带来的风险，各国应确保其受到反洗钱与反恐怖融资监管，应当确保对其进行审批或登记注册，建立有效的体系以监控和确保其遵守 FATF 建议要求的相关措施[①]。

近年来，随着信息技术的迅速发展，金融科技创新不断加快，金融服务的科技化程度不断提高，金融衍生产品层出不穷，金融机构非面对面业务种类急剧增长并迅速发展，已经成为各金融机构提高核心竞争力和价值创造力的核心业务。非柜面业务在给客户提供更加便捷高效服务的同时，洗钱风险也随之加大。从近些年破获的洗钱案件看，犯罪分子利用非柜面业务洗钱的现象比较普遍。通过非柜面业务洗钱，犯罪分子可以避开与金融机构工作人员的直接接触，采取隐瞒手段规避客户尽职调查，同时利用非柜面业务操作，能够迅速转移资金，增加了侦查破案和及时冻结资金的难度。加强非柜面业务洗钱和恐怖融资风险控制成为反洗钱的重点工作任务。为防止洗钱分子利用非面对面业务从事洗钱和恐怖融资活动，《金融机构客户身份识别和客户身份资料及交易记录保存管理办法》要求金融机构利用电话、网络、自动柜员机及其他方式为客户提供非柜台方式的服务时，应实行严格的身份认证措施，采取相应的技术保障手段，强化内部管理程序，识别客户身份。

同时，金融机构要加强对非柜面业务客户尽职调查的流程再造，认真履行客户尽职调查职能，在建立业务关系时真正做到认识客户、了解客户；其次应该完善客户尽职调查制度，发挥金融机构内部各业务部门客户信息资源优势，建立内部客户信息共享机制，建立客户信息内部会商制度，积极开展非柜面业务持续客户尽职调查，对一些交易异常的客户应重新开展客户尽职调查，确定实际操作者的身份。

---

① 2023 年 9 月，中国人民银行印发《数字人民币反洗钱和反恐怖融资工作指引》（银发〔2023〕169号），规范数字人民币反洗钱和反恐怖融资工作。

（2022 年《金融机构客户尽职调查和客户身份资料及交易记录保存管理办法》要求金融机构运用互联网和移动通信等信息通信技术，依法以非面对面形式与客户建立业务关系或者为客户提供金融服务时，应当建立有效的客户身份认证机制，通过有效措施识别并核实客户身份，以确认客户身份的真实性和交易的合理性。）

5.5.4　外国政要客户尽职调查

FATF《打击洗钱、恐怖融资与扩散融资国际标准建议》建议 12 要求对外国的政治公众人物（作为客户或受益所有人），除采取一般的客户尽职调查措施外，还应当：①建立适当的风险管理机制，以确定客户或受益所有人是否为政治公众人物；②获得高级管理层的批准方可建立（或维持现有）业务关系；③采取合理措施确定其财产和资金来源；④对业务关系进行强化的持续监测。金融机构应当采取合理措施，确定客户或受益所有人是否为本国政治公众人物，或者在国际组织担任或曾经担任重要公职的人员。如果与这些人的业务关系存在较高风险，金融机构应当采取上述②③④项规定的措施。对所有政治公众人物的要求也应当适用于其家庭成员或关系密切的人。如果非自然人客户的受益所有人为上述特定自然人客户，义务机构应当对该非自然人客户采取相应的强化身份识别措施。

《金融机构客户身份识别和客户身份资料及交易记录保存管理办法》（中国人民银行　中国银行业监督管理委员会　中国证券监督管理委员会　中国保险监督管理委员会令〔2007〕第 2 号）要求：如客户为外国政要①，金融机构为其开立账户应当经高级管理层的批准。

《中国人民银行关于加强反洗钱客户身份识别有关工作的通知》（银发〔2017〕235 号）要求义务机构在与客户建立或者维持业务关系时，对下列特定自然人客户，应当按照《金融机构客户身份识别和客户身份资料及交易记录保存管理办法》的规定，有效开展身份识别。

（1）对于外国政要，义务机构除采取正常的客户身份识别措施外，还应当采取以下强化的身份识别措施：①建立适当的风险管理系统，确定客户是否为外国政要。②建立（或者维持现有）业务关系前，获得高级管理层的批准或者授权。③进一步深入了解客户财产和资金来源。④在业务关系持续期间提高交易监测的频率和强度。

---

①　外国政要、国际组织的高级管理人员，FATF《打击洗钱、恐怖融资与扩散融资的国际标准建议》是指托付以重要公共职能的个体，如国家元首、资深政治家、高级政府官员、司法或军事官员、国有企业高管或重要政党委员；拥有类似于生意关系的下属或亲属，但不包括中等级别或更低级别的公务人员。

按照《中国人民银行关于进一步加强金融机构反洗钱工作的通知》（银发〔2008〕391 号），外国政要属于外国现任的或者离任的履行重要公共职能的人员，如国家元首、政府首脑、高层政要，重要的政府、司法或者军事高级官员，国有企业高管、政党要员等，或者这些人员的家庭成员及其他关系密切的人员。

（2）对于国际组织的高级管理人员①，义务机构为其提供服务或者办理业务出现较高风险时，应当采取上面②③④所列强化的客户身份识别措施。

（3）上述特定自然人客户身份识别的要求，同样适用于其特定关系人②。

（4）如果非自然人客户的受益所有人为上述特定自然人客户，义务机构应当对该非自然人客户采取相应的强化身份识别措施。

（2022年《金融机构客户尽职调查和客户身份资料及交易记录保存管理办法》要求金融机构采取合理措施确定客户及其受益所有人是否为外国政要、国际组织高级管理人员、外国政要或者国际组织高级管理人员的特定关系人。如客户或者其受益所有人为上述人员，金融机构应当采取风险管理措施了解客户及其受益所有人资金或者财产的来源和用途，与客户建立、维持业务关系还应当获得高级管理层批准，并对客户及业务关系采取强化的持续监测措施。如人寿保险保单受益人或者其受益所有人为外国政要、国际组织高级管理人员、外国政要或者国际组织高级管理人员的特定关系人，保险公司应当在赔偿或者给付保险金时获得高级管理层批准，并对投保人及业务关系采取强化尽职调查措施。）

5.5.5 高风险国家（地区）的客户尽职调查

FATF《打击洗钱、恐怖融资与扩散融资的国际标准建议》建议19要求各国金融机构在与自然人、法人、其他金融机构建立业务关系或交易时，如其来自FATF要求采取强化客户尽职调查措施的国家，则应对其采取强化的客户尽职调查措施。所采取的强化措施应有效并与风险相匹配。各国应当有能力应FATF要求，运用适当的反制措施或独立运用反制措施。各国可采取下列对应措施，以及其他具有类似效果的风险缓释措施：①要求金融机构采取具体的强化尽职调查措施。②引入强化报告机制或系统地进行交易报告。③拒绝高风险国家的金融机构在本国开立分支机构、附属机构或设立代表处；或应审慎考虑该金融机构母国未建立有效的反洗钱与反恐怖融资体系这一事实。④禁止金融机构在高风险国家开立分支机构或设立代表处；或应审慎考虑有关分支机构或代表处驻在国未建立有效的反洗钱与反恐怖融资体系这一事实。⑤对涉及高风险国家及其个人的业务关系或金融交易采取限制措施。⑥禁止金融机构依托位于高风险国家的第三方机构开展客户尽职调查。⑦要求金融

---

① 《中国人民银行关于加强反洗钱客户身份识别有关工作的通知》（银发〔2017〕235号）明确：国际组织的高级管理人员，参照《打击洗钱、恐怖融资与扩散融资的国际标准：FATF建议》及有关国际标准确定。

② 《中国人民银行关于进一步做好受益所有人身份识别工作有关问题的通知》（银发〔2018〕164号）明确，特定关系人是外国政要、国际组织高级管理人员等特定自然人的父母、配偶、子女等近亲属，以及义务机构知道或者应当知道的通过工作、生活等产生共同利益关系的其他自然人。

机构审查、改进或在必要时终止同有关国家金融机构的代理行关系。⑧对位于高风险国家金融机构的分支机构和附属机构，应采取强化的监督检查措施或提出更高的外部审计要求。⑨对在高风险国家有分支机构和附属机构的金融集团，应提出更高的外部审计要求。各国应采取有效措施，确保金融机构关注其他国家反洗钱与反恐怖融资体系的缺陷。

我国《反洗钱法》第二十四条规定，对存在严重洗钱风险的国家或者地区，国务院反洗钱行政主管部门可以在征求国家有关机关意见的基础上，经国务院批准，将其列为洗钱高风险国家或者地区，并采取相应措施。

《中国人民银行关于加强反洗钱客户身份识别有关工作的通知》（银发〔2017〕235号）要求对来自金融行动特别工作组（FATF）、亚太反洗钱组织（APG）、欧亚反洗钱和反恐怖融资组织（EAG）等国际反洗钱组织指定的高风险国家或者地区的客户，义务机构应当根据其风险状况，采取相应的强化身份识别措施。

《关于进一步加强反洗钱和反恐怖融资工作的通知》（银办发〔2018〕130号）要求义务机构应当建立工作机制，及时获取金融行动特别工作组（FATF）发布和更新的高风险国家或地区名单。在与来自FATF名单所列的高风险国家或地区的客户建立业务关系或进行交易时，义务机构应采取与高风险相匹配的强化身份识别、交易监测等控制措施，发现可疑情形时应当及时提交可疑交易报告，必要时拒绝提供金融服务乃至终止业务关系。已经与高风险国家或地区的机构建立代理行关系的，义务机构应当进行重新审查，必要时终止代理行关系。对于在高风险国家或地区设立的分支机构或附属机构，义务机构应当提高内部监督检查或审计的频率和强度，确保所属分支机构或附属机构严格履行反洗钱和反恐怖融资义务。义务机构应当建立工作机制，及时获取FATF发布和更新的高风险国家或地区名单。应当采取合理方式①，关注其他国家或地区的反洗钱和反恐怖融资体系缺陷。

5.6 代理业务和委托第三方开展客户尽职调查

在现代市场经济社会，代理关系已经常见。《中华人民共和国民法典》② 第一百六十一条规定：民事主体可以通过代理人实施民事法律行为。随着经济的发展和中

---

① "合理方式"参照《中国人民银行关于印发〈金融机构洗钱和恐怖融资风险评估及客户分类管理指引〉的通知》中关于"地域风险"子项所列的内容。

② 2020年5月28日第十三届全国人民代表大会第三次会议通过，2021年1月1日起施行。《中华人民共和国婚姻法》《中华人民共和国继承法》《中华人民共和国民法通则》《中华人民共和国收养法》《中华人民共和国担保法》《中华人民共和国合同法》《中华人民共和国物权法》《中华人民共和国侵权责任法》《中华人民共和国民法总则》同时废止。

介服务业务的扩张，代理关系在金融领域也更为普遍，形式更加多种多样。在反洗钱工作实践中，存在金融机构通过中介机构或具有类似地位的第三方机构与客户建立业务关系的情形。

5.6.1 代理业务客户尽职调查

通过代理人办理金融业务，金融机构不能直接接触客户本人，给不法分子利用他人身份从事金融交易提供了可乘之机，也给金融机构客户尽职调查增加了一定的工作难度。因此，金融机构不仅需要核对并登记客户的身份证件或者其他身份证明文件，还需要核对并登记代理人的身份证件或者其他身份证明文件。为有效控制信用风险和法律风险，金融机构实际上还需要对客户与代理人之间的代理关系予以确认，如要求代理人出具授权委托书等。①②③

《金融机构客户身份识别和客户身份资料及交易记录保存管理办法》要求金融机构应采取合理方式确认代理关系的存在，在按照该办法的有关要求对被代理人采取客户身份识别措施时，应当核对代理人的有效身份证件或者身份证明文件，登记代理人的姓名或者名称、联系方式、身份证件或者身份证明文件的种类、号码。金

---

① 按照《中国人民银行关于〈金融机构客户身份识别和客户身份资料及交易记录保存管理办法〉相关问题的批复》（银复〔2007〕28号）的批复，对于代他人取款的，商业银行应严格按照《管理办法》第二十条的规定，同时识别代取款人和账户（含银行卡，下同）户主的身份。对于代他人存款的，商业银行可按照《管理办法》第七条中有关一次性金融服务的客户身份识别规定，只对代存款人采取相关客户身份识别措施，核对有效身份证件或者其他身份证明文件，登记身份基本信息，并留存有效身份证件或者其他身份证明文件的复印件或影印件。

《中国人民银行关于执行〈金融机构客户身份识别和客户身份资料及交易记录保存管理办法〉等规定的批复》（银复〔2008〕16号）批复，对前来商业银行办理存取款业务的人员，无论其存取款的金额是否达到《管理办法》第八条规定的限额，商业银行都应按照《管理办法》第二十条的规定，采取合理方式确认其是否代他人办理存取款业务。确为代理存取款的，当存取款的金额达到《管理办法》第八条规定的限额时，商业银行还应按照《管理办法》第二十条的规定，核对代理人和被代理人的有效身份证件或身份证明文件，登记代理人的相关信息。

② 按照《关于客户授权代理人办理业务有关问题的复函》（局函〔2008〕219号）的批复，满足以下条件时，代理人无须出示客户本人身份证明原件，就可办理金融业务（开户等建立新业务关系的情形除外）：(1) 金融机构已按照《金融机构客户身份识别和客户身份资料及交易记录保存管理办法》第七条的规定，对该客户采取了相关客户身份识别措施；(2) 客户与金融机构面签了《授权委托书》；(3) 公证机关对《授权委托书》进行了公证；(4) 按照《管理办法》第二十条的规定，对代理人采取了客户身份识别措施。

③ 按照《中国人民银行关于执行〈金融机构客户身份识别和客户身份资料及交易记录保存管理办法〉等规定的批复》（银复〔2008〕16号）的批复，单位集中代员工申请开立工资账户、养老金账户时，商业银行除按照《金融机构客户身份识别和客户身份资料及交易记录保存管理办法》采取核对客户有效身份证件、登记客户身份基本信息、留存客户身份证件复印件或影印件等反洗钱措施外，还应执行《中国人民银行关于进一步落实个人人民币银行存款账户实名制的通知》（银发〔2008〕191号）的相关规定，要求单位在为员工代理开户前征得员工同意，不得妨碍员工行使可以选择任一银行营业网点开立个人银行账户的权利，不得变相为员工指定开户银行。

融机构应按照勤勉尽责的要求，根据当时的具体情况合理确定代理关系的存在，审查客户身份证件与开户人信息是否相符、主动询问、让客户填写代办理由、联网查询公民身份信息等。客户手持被代理人证件可作为代理关系存在的证据之一，在必要时，要求代理人出具证明代理关系的公证书或委托书，或联系被代理人进行核实，除非自然人客户外，自然人客户的代理协议可不限于书面合同，但高风险客户或高风险业务除外。

反洗钱和反恐怖融资法律和规章实际上是在法律层次上对现行代理关系予以确认。在实践中，可能存在客户由他人代为办理业务而金融机构并不知情的情形。例如，客户开通网上支付功能或网上证券委托交易功能后，将交易密码或密钥告知他人，委托他人通过网络下达交易指令，在此类情形下，由于金融机构无从了解代理关系的存在，金融机构也就不可能对代理人的身份证件或者其他身份证明文件进行核对并登记。因此，反洗钱和反恐怖融资法律和规章关于识别代理人身份的规定仅适用于金融机构知道或应当知道代理关系存在的情形。

（2022年《金融机构客户尽职调查和客户身份资料及交易记录保存管理办法》要求金融机构应当采取合理方式确认代理关系存在，在按照该办法的有关要求对被代理人采取客户尽职调查措施时，应当识别并核实代理人身份，登记代理人的姓名或者名称、联系方式、有效身份证件或者其他身份证明文件的种类、号码，并留存代理人有效身份证件或者其他身份证明文件的复印件或者影印件。金融机构与境外金融机构建立代理行或者类似业务关系，或者接受委托为境外经纪机构或其客户提供境内证券期货交易时，应当了解境外机构所在国家或地区洗钱和恐怖融资风险状况，充分收集境外机构代理业务性质、声誉、内部控制、接受监管和调查等方面的信息，评估境外机构接受反洗钱和反恐怖融资监管和调查的情况，以及反洗钱和反恐怖融资措施的健全性和有效性，明确本机构与境外机构在客户尽职调查、客户身份资料及交易记录保存方面的职责。金融机构与境外金融机构建立代理行或者类似业务关系，或者接受委托为境外经纪机构或其客户提供境内证券期货交易时，应当获得董事会或者向董事会负责的高级管理层的批准。金融机构不得与空壳银行建立代理行或者类似业务关系，同时应当确保代理行不提供账户供空壳银行使用。金融机构应当持续关注并审查境外机构接受反洗钱和反恐怖融资监管情况，以及境外机构所在国家或地区洗钱和恐怖融资风险状况，评定境外机构风险等级，并实施动态管理。）

5.6.2 依托和委托第三方开展客户尽职调查

按照我国现行反洗钱法律制度的规定，金融机构和支付机构应当建立客户尽职调查制度，独立承担客户尽职调查义务。但在实践中，存在金融机构和支付机构通过中介机构或具有类似地位的第三方机构与客户建立业务关系的情形，在此情形下，金融机构可能无法直接履行客户尽职调查义务，或者直接开展客户尽职调查的成本过高，或者直接履行客户尽职调查义务影响金融交易的时效性，或者直接履行客户尽职调查义务有违商业实践或破坏金融市场结构。因此，在一些特定条件下，金融机构需要通过中介机构或具有类似地位的第三方机构开展客户尽职调查。《反洗钱法》规定通过第三方履行客户身份识别义务的金融机构应当承担客户身份识别的最终责任。

《金融机构客户身份识别和客户身份资料及交易记录保存管理办法》要求金融机构委托其他金融机构向客户销售金融产品时，应在委托协议中明确双方在识别客户身份方面的职责，相互间提供必要的协助，相应采取有效的客户身份识别措施。符合下列条件时，金融机构可信赖销售金融产品的金融机构所提供的客户身份识别结果，不再重复进行已完成的客户身份识别程序，但仍应承担未履行客户身份识别义务的责任：①销售金融产品的金融机构采取的客户身份识别措施符合反洗钱法律、行政法规和该办法的要求。②金融机构能够有效获得并保存客户身份资料信息。金融机构委托金融机构以外的第三方识别客户身份的，应当符合下列要求：①能够证明第三方按反洗钱法律、行政法规和该办法的要求，采取了客户身份识别和身份资料保存的必要措施。②第三方为本金融机构提供客户信息，不存在法律制度、技术等方面的障碍。③本金融机构在办理业务时，能立即获得第三方提供的客户信息，还可在必要时从第三方获得客户的有效身份证件、身份证明文件的原件、复印件或者影印件。委托第三方代为履行识别客户身份的，金融机构应当承担未履行客户身份识别义务的责任。

《中国人民银行办公厅关于进一步加强反洗钱和反恐怖融资工作的通知》（银办发〔2018〕130号）提出：义务机构依托第三方机构①开展客户身份识别的，应当采取以下措施：一是确认第三方机构接受反洗钱和反恐怖融资监管，并按照反洗钱法律、行政法规和该通知要求，采取了客户身份识别及交易记录保存措施；二是立即从第三方机构获取客户身份识别的必要信息；三是在需要时立即从第三方机构获取客户身份证明文件和其他相关资料的复印件或影印件。义务机构应当承担第三方机构未履行客户身份识别义务的责任。义务机构依托境外第三方机构开展客户身份识别，应当充分评估该机构所在国家或地区的风险状况，不得依托来自高风险国家

---

① 判断客户身份识别的第三方机构标准为：第三方负责进行客户身份识别，如果第三方仅为客户引流平台，客户身份识别仍由银行机构开展，则不属于第三方业务。

或地区的第三方机构开展客户身份识别。

《中国人民银行关于加强反洗钱客户身份识别有关工作的通知》（银发〔2017〕235 号）规定：金融机构和支付机构委托境外第三方机构开展客户尽职调查的，应当充分评估该机构所在国家或者地区的风险状况，并将其作为对客户尽职调查、风险评估和分类管理的基础。当金融机构和支付机构与委托的境外第三方机构属于同一金融集团，且集团层面采取的客户尽职调查等反洗钱和反恐怖融资内部控制措施能有效降低境外国家或者地区的风险水平，则金融机构和支付机构可以不将境外的风险状况纳入对客户身份识别、风险评估和分类管理的范畴。

（《金融机构客户尽职调查和客户身份资料及交易记录保存管理办法》（中国人民银行　中国银行保险监督管理委员会　中国证券监督管理委员会令〔2022〕第 1号）规定，金融机构按照规定通过第三方开展客户尽职调查的，应当符合下列要求，并承担未履行客户尽职调查义务的责任：

（1）第三方接受反洗钱和反恐怖融资监管或者监测。

（2）评估第三方的风险状况及其履行反洗钱和反恐怖融资义务的能力，并确保第三方根据反洗钱和反恐怖融资法律法规和该办法的有关要求采取客户尽职调查、客户身份资料及交易记录保存措施；第三方具有较高风险情形或者不具备履行反洗钱和反恐怖融资义务能力的，金融机构不得通过第三方识别客户身份。

（3）金融机构能够立即从第三方获取客户尽职调查的必要信息。

（4）金融机构在需要时能够立即获得第三方开展客户尽职调查获取的身份证件或者其他身份证明文件以及其他资料的复印件或者影印件。

第三方应当严格按照法律规定和合同约定履行相应的客户尽职调查义务，并向金融机构提供必要的客户身份信息；金融机构对客户身份信息的真实性、准确性或者完整性有疑问的，或者怀疑客户涉嫌洗钱或恐怖融资的，第三方应当配合金融机构开展客户尽职调查。第三方未按照规定配合金融机构履行客户尽职调查义务的，应当承担相应责任。金融机构通过金融机构以外的第三方识别客户身份的，应当符合上述（2）（3）（4）的要求。）

5.7　跨境和汇款业务客户尽职调查

随着科学技术和社会经济的迅速发展，世界经济科技文化全球化趋势明显，世界各国商品和资金流动、人员往来、信息传递、服务提供日益国际化。国际化在促进全球经济发展的同时，也被追逐非法经济利益的跨国洗钱犯罪分子所利用，使洗钱和恐怖融资犯罪活动日益复杂，原来在本土范围内的洗钱和恐怖融资犯罪活动逐步发展为跨越国境的国际洗钱和恐怖融资活动。由于各国政治经济法律制度及对洗钱犯罪容忍度的差异，给洗钱犯罪分子提供了巨大的生存空间，洗钱国际化日益突出。打击洗钱、恐怖融资和扩散融资已经成为全球共同面对的问题，反洗钱和反恐怖融资已经超越了国家层面，需要制定有效的反洗钱和反恐怖融资国际规则予以打击。FATF《打击洗钱、恐怖融资与扩散融资的国际标准建议》对洗钱、恐怖融资和扩散融资犯罪、国际合作作出了明确的规定。

从理论上讲，跨境洗钱造成一国国民财富的整体流失。跨境洗钱风险也是影响我国国家安全和金融稳定的重要风险。从我国已破获的洗钱和恐怖融资犯罪案例看，跨境洗钱常用的渠道包括直接投资、货物贸易、服务贸易、转口贸易、内保外贷、现金和贵金属走私和地下钱庄等，近年来，虚拟货币逐步成为犯罪分子跨境洗钱的主要工具①②。为加强跨境业务跨境洗钱风险监管，2021 年中国人民银行和国家外

---

① FATF《打击洗钱、恐怖融资与扩散融资的国际标准建议》建议 15 要求，各国应将虚拟资产视为"财产""收益""资金""资金或其他资产"或其他"同等价值"。各国应将虚拟资产和虚拟资产服务提供商（Virtual Asset Service Providers，VASP）纳入 FATF 建议下的相关监管措施。各国要识别、评估和理解虚拟资产活动以及虚拟资产服务提供商活动或运营过程中产生的洗钱和恐怖融资风险；要求虚拟资产服务提供商经过审批或登记注册；为降低来自虚拟资产的洗钱和恐怖融资风险，各国应当确保虚拟资产服务提供商受到充分的反洗钱与反恐怖融资监管或监测，并确保其有效执行 FATF 建议的相关要求；一次性交易进行客户尽职调查的起点是 1000 欧元/美元；虚拟资产转账时，各国应当确保虚拟资产服务提供商获得并持有必要的和准确的汇出人信息、接收人信息。

2021 年 8 月 10 日，金融犯罪执法网络（FinCEN）决定对历史最悠久、规模最大的可兑换虚拟货币（CVC）衍生品交易所之一的 BitMEX 处以 1 亿美元民事罚款，原因是该交易所违犯了《银行保密法》（BSA）和 FinCEN 的实施条例。BitMEX 以未注册期货佣金商（FCM）的身份运营，并提供资金转移服务，但却故意不履行《银行保密法》规定的义务。FinCEN 的执法行动是与商品期货交易委员会（CFTC）达成全球和解的一部分。FinCEN 常务副主任安娜洛·蒂罗尔（AnnaLou Tirol）表示："BitMEX 迅速成长为规模最大的提供可兑换虚拟货币衍生品的期货佣金商之一，但却没有相匹配的反洗钱计划，这使美国金融体系面临重大风险。至关重要的是，平台应当从一开始就建立在金融诚信的基础上，这样才能保护金融创新和金融机构免受漏洞和榨取的侵害。"在 6 年多的时间内，BitMEX 未能实施和维持合规的反洗钱计划和客户身份识别计划，也未能报告特定可疑活动。以上故意违法行为使金融机构与洗钱和恐怖融资分子进行交易的风险增加，包括高风险司法管辖区的不合规交易所、勒索软件攻击者和暗网市场。BitMEX 与已知的暗网市场或提供混币服务的未注册货币服务企业（MSB）进行了至少价值 2.09 亿美元的交易。BitMEX 还进行了涉及高风险司法管辖区和涉嫌欺诈的交易。BitMEX 未能就至少 588 笔特定可疑交易提交可疑活动进行报告（SAR）。

② 2013 年 12 月，中国人民银行等五部门联合印发《关于防范比特币风险的通知》，向社会公众提示虚拟货币的投资风险。2017 年 9 月 4 日，中国人民银行、中央网信办、工信部、工商总局、银监会、证监会、保监会七部门联合下发《关于防范代币发行融资风险的公告》，规定"任何所谓的代币融资交易平台不得从事法定货币与代币、'虚拟货币'相互之间的兑换业务，不得买卖或作为中央对手方买卖代币或'虚拟货币'，不得为代币或'虚拟货币'提供定价、信息中介等服务"。2021 年 9 月 15 日，中国人民银行、中央网信办、最高人民法院、最高人民检察院、工业和信息化部、公安部、市场监管总局、银保监会、证监会、外汇局联合印发《关于进一步防范和处置虚拟货币交易炒作风险的通知》（银发〔2021〕237 号）明确虚拟货币和相关业务活动本质属性：虚拟货币不具有与法定货币等同的法律地位，虚拟货币相关业务活动属于非法金融活动，境外虚拟货币交易所通过互联网向我国境内居民提供服务同样属于非法金融活动，参与虚拟货币投资交易活动存在法律风险。

汇管理局联合印发《银行跨境业务反洗钱和反恐怖融资工作指引（试行）》（银发〔2021〕16号），按照风险为本的原则，全面强化跨境业务洗钱监管。加强跨境业务的客户尽职调查成为防范和遏制跨境业务洗钱风险的基本措施。

5.7.1 建立跨境业务关系时的客户尽职调查

为指导金融机构与其他国家金融机构在跨境业务合作过程中有效防控洗钱和恐怖融资风险，避免我国境内金融市场和金融机构被洗钱活动团伙利用，妥善应对各种可能出现的复杂情况，有效维护我国国家利益及金融机构良好声誉。《金融机构客户身份识别和客户身份资料及交易记录保存管理办法》要求金融机构与境外金融机构建立代理行或者类似业务关系时，应当充分收集有关境外金融机构业务、声誉、内部控制、接受监管等方面的信息，评估境外金融机构接受反洗钱监管的情况和反洗钱、反恐怖融资措施的健全性和有效性，以书面方式明确本金融机构与境外金融机构在客户身份识别、客户身份资料和交易记录保存方面的职责。金融机构与境外金融机构建立代理行或者类似业务关系应当经董事会或者其他高级管理层的批准。

2012年《中国人民银行关于金融机构在跨境业务合作中加强反洗钱工作的通知》（银发〔2012〕201号）对金融机构在跨境业务合作过程中加强反洗钱工作提出了明确要求。

（一）金融机构在与境外金融机构建立代理行或者类似业务关系时[①]，应当严格按照《金融机构客户身份识别和客户身份资料及交易记录保存管理办法》（中国人民银行 中国银行业监督管理委员会 中国证券监督管理委员会 中国保险监督管理委员会令〔2007〕第2号）第六条的规定，充分收集有关境外金融机构业务、声誉、内部控制、接受监管等方面的信息，评估境外金融机构接受反洗钱监管的情况及其反洗钱和反恐怖融资措施的健全性和有效性，以决定是否与境外金融机构建立代理行关系或开展其他形式的业务合作。对于在注册地无实质性经营管理活动、没有受到良好监管的外国金融机构，金融机构不得为其开立代理行账户或与其发展可能危及自身声誉的其他业务关系。

（二）金融机构应按照《金融机构客户身份识别和客户身份资料及交易记录保存管理办法》第十八条的规定，对与本金融机构存在业务合作关系的境外金融机构逐一确定风险等级，采取与其风险状况相当的风险控制措施。对于风险等级较高的境外金融机构，金融机构不仅要按照《金融机构客户身份识别和客户身份资料及交

[①] 新建立代理行业务关系或者重新签订或者修订代理行协议的均视为新增客户。

易记录保存管理办法》第六条的规定以书面方式明确本金融机构与境外金融机构在客户身份识别、客户身份资料和交易记录保存方面的职责，而且应当明确约定本金融机构出于执行我国反洗钱法律规定、遵循国际反洗钱监管惯例、自主控制洗钱以及恐怖融资风险等方面的需要，可对境外金融机构采取必要的洗钱风险控制措施。

（三）对于与本金融机构同属一个母公司或一家控股股东的境外金融机构，金融机构在公司（集团）框架下与其进行业务合作时，应从地域、业务、客户等角度全面评估洗钱风险，并根据风险状况采取切实可行的风险控制措施，预防风险传导至境内。

（四）对于经营下列业务的境外非金融机构，金融机构应当充分收集有关该境外机构业务、声誉、内部控制、接受监管等方面的信息，评估该境外机构的洗钱风险状况，报经高级管理层同意后再决定是否为其提供金融服务或与其开展业务合作：①提供货币兑换、跨境汇款等资金（价值）转移服务。②经营网络支付、手机支付、预付卡、信用卡收单等非金融支付业务。金融机构如果决定为上述境外机构提供服务或与其开展业务合作的，原则上应将其列入高风险客户，并采取有针对性的强化风险控制措施。金融机构应以书面方式明确该境外机构的反洗钱职责和该境外机构配合本金融机构开展反洗钱工作的相关要求，并约定本金融机构因反洗钱工作需要，可对境外非金融机构采取的包括关闭账户、冻结涉恐资金、限制交易等在内的必要的洗钱风险控制措施。

（五）金融机构应在公司（集团）层面建立统一的洗钱风险管理政策。如果金融机构境外分支机构驻在国家（地区）反洗钱监管标准要求比我国更为严格的，金融机构在我国各项法律规定及自身反洗钱资源允许的情况下，应尽可能选择更为严格的监管标准作为本公司（集团）制定洗钱风险管理政策的依据，以更有效防控处于不同国家（地区）的境外分支机构之间开展业务合作过程中可能出现的合规风险。

（六）金融机构应在高级管理层中明确专人负责管理境外分支机构反洗钱工作，并在业务条线之外指定专门部门具体承担对境外分支机构的洗钱合规管理职责。金融机构应建立适当的机制，确保业务条线及时关注并评估本金融机构因与境外金融机构之间开展业务合作而可能出现的洗钱风险，确保高级管理层及反洗钱合规管理部门及时获得业务条线风险评估信息，以便采取有效措施处置风险。金融机构应定期对境外分支机构反洗钱工作情况进行审计，发现问题要及时纠正。

（七）金融机构发现与自己存在业务联系的境外金融机构出现洗钱问题时，应及时向高级管理层报告，并采取妥善措施予以应对。如果金融机构或其境外分支机构出现重大洗钱风险、涉及国际重要媒体有关洗钱事件的报道时，金融机构应当及时向董事会（或下设专业委员会）、高级管理层和人民银行及其分支机构报告，并采取有效的风险防范措施，防止事态恶化。

《中国人民银行关于加强反洗钱客户身份识别有关工作的通知》（银发〔2017〕235号）规定：银行业金融机构应当遵守《金融机构客户尽职调查和客户身份资料及交易记录保存管理办法》等规章制度，同时参照金融行动特别工作组、沃尔夫斯堡集团①关于代理行业务的相关要求，严格履行代理行业务的身份识别义务。

《中国人民银行　国家外汇管理局关于印发〈银行跨境业务反洗钱和反恐怖融资工作指引（试行）〉的通知》（银发〔2021〕16号）按照风险为本的方法，本着真实性和商业逻辑合理性的审查原则，对银行业金融机构跨境业务客户尽职调查提出了更具体的要求。

（2022年《金融机构客户尽职调查和客户身份资料及交易记录保存管理办法》第三十四条规定：金融机构与境外金融机构建立代理行或者类似业务关系，或者接受委托为境外经纪机构或其客户提供境内证券期货交易时，应当了解境外机构所在国家或地区洗钱和恐怖融资风险状况，充分收集境外机构代理业务性质、声誉、内部控制、接受监管和调查等方面的信息，评估境外机构接受反洗钱和反恐怖融资监管和调查的情况，以及反洗钱和反恐怖融资措施的健全性和有效性，明确本机构与境外机构在客户尽职调查、客户身份资料及交易记录保存方面的职责。金融机构与境外金融机构建立代理行或者类似业务关系，或者接受委托为境外经纪机构或其客户提供境内证券期货交易时，应当获得董事会或者向董事会负责的高级管理层的批准。金融机构不得与空壳银行建立代理行或者类似业务关系，同时应当确保代理行不提供账户供空壳银行使用。金融机构应当持续关注并审查境外机构接受反洗钱和反恐怖融资监管情况，以及境外机构所在国家或地区洗钱和恐怖融资风险状况，评定境外机构风险等级，并实施动态管理。）

5.7.2　代理国际汇款业务客户尽职调查

为防范代理国际汇款业务的洗钱风险和恐怖融资风险，2008年6月，中国人民银行印发《关于加强代理国际汇款业务反洗钱工作的通知》（银发〔2008〕170号）。要求金融机构应充分评估代理国际汇款业务存在的洗钱风险和恐怖融资风险，明确代理双方法律责任。代理机构应全面评估代理国际汇款业务各个环节的潜在洗钱风险和恐怖融资风险，充分了解被代理机构反洗钱内控体系的构成与运作情况，

---

①　www.wolfsberg-principles.com/publications/wolfsberg-standards.

明确代理双方在履行反洗钱义务方面的法律责任和工作程序，依照国内反洗钱法律法规对双方现有代理协议进行补充和完善。代理机构应按照《金融机构客户身份识别和客户身份资料及交易记录保存管理办法》（中国人民银行 中国银行业监督管理委员会 中国证券监督管理委员会 中国保险监督管理委员会令〔2007〕第2号）的规定，收集和保存代理国际汇款业务客户身份的真实、完整信息，通过联网核查公民身份信息系统核实汇款人和收款人的有效身份证件。代理机构还应将此类客户身份资料纳入本机构客户信息数据库统一管理，单独标识，并按照客户特征进行风险等级划分，对于高风险客户采取强化的身份识别措施。代理机构还应提高对代理国际汇款业务交易监测的有效性，确保能够实时监测和记录单一客户在本机构不同代理网点发生的多笔交易，能够及时发现已被监管机构和司法机关通报人员的交易。对于符合《金融机构大额交易和可疑交易报告管理办法》（中国人民银行令〔2006〕第2号）和《金融机构报告涉嫌恐怖融资的可疑交易管理办法》（中国人民银行令〔2007〕第1号）①所列特征的交易或其他经分析认为涉嫌洗钱和恐怖主义活动的交易，代理机构要在"银行业金融机构可疑交易报告要素内容列表"的"可疑交易特征描述"中明确标注代理国际汇款业务，按规定程序进行报告。

5.7.3 汇款业务客户尽职调查

FATF《打击洗钱、恐怖融资与扩散融资的国际标准建议》建议16要求金融机构在办理电汇和处理相关信息时，按规定准确填写汇款人及受益人信息，并确保支付链条的每一个环节都保留这些信息。金融机构应当对电汇进行监控，对电汇交易中缺乏汇款人和受益人信息的情形，采取适当的措施。金融机构在处理电汇过程中，按照联合国安理会第1267（1999）号决议及其后续决议②和第1373（2001）号决议③中有关防范、打击恐怖主义和恐怖融资的规定，采取冻结措施，禁止与列名个人和实体进行交易。

---

① 《金融机构大额交易和可疑交易报告管理办法》（中国人民银行令〔2016〕第3号）发布后，中国人民银行令〔2006〕第2号和中国人民银行令〔2007〕第1号同时废止，有关报告按《金融机构大额交易和可疑交易报告管理办法》（中国人民银行令〔2016〕第3号）的规定执行。

② 《联合国安理会第1267号决议》是1999年10月15日安全理事会第4051次会议通过的一项决议。根据1999年10月15日安全理事会第1267（1999）号决议成立的安全理事会委员会也称"制裁基地组织和塔利班委员会"。随后的决议，包括第1333（2000）号、第1390（2002）号、第1455（2003）号、第1526（2004）号、第1617（2005）号、第1735（2006）号决议、第1822（2008）号决议和第1904（2009）号决议，对制裁制度作了调整并予以加强。

③ 《联合国安理会第1377号决议》是2001年11月12日安全理事会第4413次会议通过的一项决议，呼吁所有国家加紧努力消除国际恐怖主义的祸害。

一、汇出汇款

对于汇出汇款的客户尽职调查，《金融机构客户身份识别和客户身份资料及交易记录保存管理办法》和《汇款业务反洗钱和反恐怖融资工作指引》① 作出了明确的规定。

《金融机构客户身份识别和客户身份资料及交易记录保存管理办法》要求政策性银行、商业银行、农村合作银行、城市信用合作社、农村信用合作社等金融机构和从事汇兑业务的机构为客户向境外汇出资金时，应当登记汇款人的姓名或者名称、账号、住所和收款人的姓名、住所等信息，在汇兑凭证或者相关信息系统中留存上述信息，并向接收汇款的境外机构提供汇款人的姓名或者名称、账号、住所等信息。汇款人没有在本金融机构开户，金融机构无法登记汇款人账号的，可登记并向接收汇款的境外机构提供其他相关信息，确保该笔交易的可跟踪稽核。境外收款人住所不明确的，金融机构可登记接收汇款的境外机构所在地名称。

《中国人民银行关于加强跨境汇款业务反洗钱工作的通知》（银发〔2012〕199号）要求加强对跨境汇款业务全流程的反洗钱风险管理。当客户向境外汇出资金金额达到单笔人民币 1 万元或者外币等值 1000 美元以上时，金融机构应完整地登记相关汇款交易信息。对于所登记的汇款人信息，金融机构应通过核对或者查看已留存的客户有效身份证件或者其他身份证明文件等合理途径进行核实，确保信息的准确性。如发现客户有意隐瞒汇款人或收款人的信息等异常情况时，金融机构应对汇款人采取必要的尽职调查措施，怀疑其涉嫌洗钱、恐怖融资等违法犯罪活动的应按照规定提交可疑交易报告。金融机构应在自身能力范围内确保汇款基本信息在汇款交易链条的每一个环节完整传递或保存，不得通过隐瞒汇款人或收款人信息的方式规避国内外监管。

《中国人民银行办公厅关于进一步加强反洗钱和反恐怖融资工作的通知》（银办发〔2018〕130 号）规定：办理跨境汇出汇款时，义务机构应当获取和登记汇款人姓名或名称、账号、住所，以及收款人的姓名或名称、账号。汇款人没有在本机构开户的或本机构无法登记收款人账号的，义务机构应当将唯一交易识别码作为汇款人或收款人账号进行登记，确保该笔交易可跟踪稽核。其中，唯一交易识别码是指由字母、数字或符号组成的号码，与用于汇款的支付清算系统或报文系统协议相一致。对于单笔人民币 1 万元或外币等值 1000 美元以上的跨境汇出汇款，义务机构还应当登记汇款人的有效身份证件或其他身份证明文件的号码，并通过核对或查看已

---

① 境内汇款义务按照相关规定及《汇款业务反洗钱和反恐怖融资工作指引》（银发〔2021〕102 号）要求执行。

留存的客户有效身份证件、其他身份证明文件等措施核实汇款人信息，确保信息的准确性。如怀疑客户涉嫌洗钱、恐怖融资等违法犯罪活动的，无论交易金额大小，义务机构应当核实汇款人信息。义务机构应当将汇款人和收款人的姓名或名称、账号或唯一交易识别码完整传递给接收汇款的机构。

《汇款业务反洗钱和反恐怖融资工作指引》（银发〔2021〕102号）明确提出，在办理汇款汇出业务时：

（1）银行业金融机构为客户办理汇款汇出业务时，应当登记汇款人的姓名或者名称、账号、住所和收款人的姓名或者名称、账号等信息，在汇兑凭证或者相关信息系统中留存并向接收汇款的机构提供上述信息。汇款人没有在本机构开户，银行业金融机构无法登记汇款人账号信息的，可登记并向接收汇款的机构提供其他相关信息，确保可对该笔交易跟踪稽核。

（2）银行业金融机构为客户办理汇款汇出业务时，对于单笔交易金额为人民币5000元①或外币等值1000美元以上的汇款，还应当登记汇款人的有效身份证件号码或者其他身份证明文件的号码，并通过核对或者查看已留存的客户有效身份证件、其他身份证明文件等措施核实汇款人信息，确保汇款人信息的准确性。如怀疑客户涉嫌洗钱、恐怖融资等违法犯罪活动，无论交易金额大小，银行业金融机构应当核实汇款人信息。

（3）办理境内汇款汇出业务时，若银行业金融机构无法将上述所有汇款人信息提供给接收汇款的机构时，应当至少将汇款人账号或者其他能够确保可对该笔交易跟踪稽核的信息提供给接收汇款的机构，并在接收汇款的机构或者相关主管部门需要时向其提供汇款人其他信息。

（4）银行业金融机构不能按照上述要求办理汇款汇出业务的，不得为客户办理汇款汇出业务。

（2022年《金融机构客户尽职调查和客户身份资料及交易记录保存管理办法》

---

① FATF《打击洗钱、恐怖融资与扩散融资的国际标准建议》建议16要求所有限额以上（1000美元/欧元）的电汇应包括以下信息：汇款人姓名；汇款人账号；汇款人地址，或者居民身份证号码或者客户识别码（客户识别码是指汇行识别汇款人的唯一号码，与唯一交易识别码不同。客户识别码必须是汇款行所保存的信息记录，其至少包括下列信息中的一项：客户地址、居民身份证号码，或出生日期和地址）。2018年7月23日发布的《中国人民银行办公厅关于进一步加强反洗钱和反恐怖融资工作的通知》（银办发〔2018〕130号）规定：对于单笔人民币1万元或外币等值1000美元以上的跨境汇出汇款，义务机构应当登记汇款人的有效身份证件或其他身份证明文件的号码，并通过核对或查看已留存的客户有效身份证件、其他身份证明文件等措施核实汇款人信息，确保信息的准确性。

2021年4月15日《汇款业务反洗钱和反恐怖融资工作指引》（银发〔2021〕102号）规定：金融机构和从事汇兑业务的机构为客户向境外汇出和汇入资金金额达到人民币5000元或者外币等值1000美元以上的，应当核实汇款人信息。相比原来的规定，需要登记核实的单笔跨境汇款的金额从1万元降为5000元，充分体现与国际标准接轨，核对要求提高。

第三十六条：金融机构和从事汇兑业务的机构为客户向境外汇出资金时，应当登记汇款人的姓名或者名称、账号、住所和收款人的姓名或者名称、账号等信息，在汇兑凭证或者相关信息系统中留存上述信息，并向接收汇款的境外机构提供汇款人的姓名或者名称、账号、住所等信息。汇款人未在本机构开户，金融机构无法登记汇款人账号的，可以登记并向接收汇款的境外机构提供其他相关信息，确保该笔交易可跟踪稽核。金融机构和从事汇兑业务的机构为客户向境外汇出资金金额为单笔人民币5000元或者外币等值1000美元以上的，应当核实汇款人身份，确保汇款人信息的准确性。发现客户涉嫌洗钱或者恐怖融资的，无论汇出资金金额大小，金融机构都应当采取合理措施核实汇款人身份。）

二、中间业务

《中国人民银行办公厅关于进一步加强反洗钱和反恐怖融资工作的通知》（银办发〔2018〕130号）规定：义务机构作为跨境汇款业务的中间机构①时，应当完整传递汇款人和收款人的所有信息，采取合理措施识别是否缺少汇款人和收款人必要信息，并依据风险为本的政策和程序，明确执行、拒绝或暂停上述汇款业务的适用情形及相应的后续处理措施。

《中国人民银行关于印发〈汇款业务反洗钱和反恐怖融资工作指引〉的通知》（银发〔2021〕102号）要求金融机构办理汇款中间业务时：

（1）银行业金融机构作为汇款业务中间机构时，应当完整传递、保存汇款人和收款人的所有信息，采取合理措施识别是否缺少汇款人或收款人必要信息，并依据风险状况，明确执行、拒绝或暂停办理相关汇款业务的情形及相应的后续处理措施。

（2）对于跨境汇款，若缺少汇款人或收款人必要信息，作为汇款业务中间机构的银行业金融机构应当在合理可行的范围内，尽快从向其发出汇款指令的机构获取缺少的必要信息。如未能获取缺少的必要信息，银行业金融机构应当考虑限制或结束与该机构的业务关系，或者采取其他合理措施，防控相关洗钱和恐怖融资风险。

（2022年《金融机构客户尽职调查和客户身份资料及交易记录保存管理办法》第三十六条：金融机构作为跨境汇款业务的中间机构时，应当完整传递汇款业务所附的汇款人和收款人信息，采取合理措施识别是否缺少汇款人和收款人必要信息，并根据风险状况，明确执行、拒绝或暂停上述汇款业务的适用情形及相应的后续处理措施。）

三、汇入汇款

《金融机构客户身份识别和客户身份资料及交易记录保存管理办法》要求接收

---

① 按照FATF解释，中间行（Intermediary Financial Institution）是指在单电文或双电文汇款中代表汇款行和收款行或者其他中间行接收和传送电汇的金融机构。

境外汇入款的金融机构，发现汇款人姓名或者名称、汇款人账号和汇款人住所三项信息中任何一项缺失的，应要求境外机构补充。如汇款人没有在办理汇出业务的境外机构开立账户，接收汇款的境内金融机构无法登记汇款人账号的，可登记其他相关信息，确保该笔交易的可跟踪稽核。境外汇款人住所不明确的，境内金融机构可登记资金汇出地名称。

《中国人民银行关于加强跨境汇款业务反洗钱工作的通知》（银发〔2012〕199号）要求金融机构在处理境外汇入款时，应在自身能力所及范围内采取合理措施审查汇款人、收款人的信息是否完整。在交易处理过程中发现问题的，金融机构应及时采取要求境外机构补充信息、查询相关数据系统等合理措施。当收款人接收的境外汇入款金额达到单笔人民币1万元或者外币等值1000美元以上时，金融机构应通过核对或者查看已留存的客户有效身份证件或者其他身份证明文件等合理途径核实收款人身份，并根据风险状况采取其他客户尽职调查措施，怀疑其涉嫌洗钱、恐怖融资等违法犯罪活动的，应按照规定提交可疑交易报告。

《中国人民银行办公厅关于进一步加强反洗钱和反恐怖融资工作的通知》（银办发〔2018〕130号）规定：办理跨境汇入汇款时，义务机构应当获取收款人姓名或名称、账号或唯一交易识别码等信息，采取实时监测或事后监测等合理措施，识别是否缺少汇款人或收款人必要信息，并依据风险为本的政策和程序，明确执行、拒绝或暂停上述跨境汇款业务的适用情形及相应的后续处理措施。对于单笔人民币1万元或外币等值1000美元以上的跨境汇入汇款，义务机构应当通过核对或查看已留存的客户有效身份证件或其他身份证明文件等措施核实收款人身份，并根据风险状况采取相应的其他客户身份识别措施。

《中国人民银行关于印发〈汇款业务反洗钱和反恐怖融资工作指引〉的通知》（银发〔2021〕102号）要求：

（1）银行业金融机构为客户办理汇款汇入业务时，应当采取合理措施识别是否缺少汇款人或收款人必要信息，并依据风险状况，明确执行、拒绝或暂停办理相关汇款汇入业务的情形及相应的后续处理措施。若缺少汇款人或收款人必要信息，银行业金融机构应当在合理可行的范围内，尽快从向其发出汇款指令的机构获取缺少的必要信息。如未能获取缺少的必要信息，银行业金融机构应当考虑限制或结束与该机构的业务关系，或采取其他合理措施，防控相关洗钱和恐怖融资风险。

（2）对于单笔交易金额人民币5000元或外币等值1000美元以上的境外汇入汇款，如汇出汇款的机构未对收款人信息进行核实，接收汇款的银行业金融机构应当通过核对或者查看已留存的客户有效身份证件、其他身份证明文件等措施核实收款人信息，确保收款人信息的准确性。如怀疑客户涉嫌洗钱、恐怖融资等违法犯罪活动的，无论交易金额大小，银行业金融机构应当核实收款人信息。

（2022年《金融机构客户尽职调查和客户身份资料及交易记录保存管理办法》第三十六条：接收境外汇入款的金融机构，发现汇款人姓名或者名称、账号、住所等信息缺失的，应当要求境外机构补充。如汇款人未在办理汇出业务的境外机构开立账户，接收汇款的境内金融机构无法登记汇款人账号的，可以登记其他相关信息，确保该笔交易可跟踪稽核。）

四、其他要求

《中国人民银行关于加强跨境汇款业务反洗钱工作的通知》（银发〔2012〕199号）要求强化对跨境汇款交易的反洗钱监测：一是金融机构应按照我国有关部门要求，及时做好反洗钱监控名单更新工作。二是金融机构应切实采取有效的技术手段，不断提高对跨境汇款业务交易监测的时效性。三是如果客户、客户的实际控制人、交易的实际受益人以及办理跨境汇款交易的对方金融机构来自反洗钱、反恐怖融资监管薄弱，洗钱、毒品或腐败等犯罪高发国家（地区），金融机构应尽可能采取强化的客户尽职调查措施，审查交易目的、交易性质和交易背景情况，发现疑点的，应按照规定提交可疑交易报告。四是金融机构应对照《中国人民银行关于进一步加强金融机构反洗钱工作的通知》（银发〔2008〕391号）及该通知等反洗钱监管要求，审查本机构的反洗钱监测分析流程及相关信息系统，发现问题的，应及时改正。

《中国人民银行办公厅关于进一步加强反洗钱和反恐怖融资工作的通知》（银办发〔2018〕130号）办理跨境汇入汇款的风险防控和管理要求。对于办理上述跨境汇款业务中获取的汇款人、收款人等相关信息，义务机构应当至少保存5年。义务机构在处理跨境汇款业务过程中，应当严格执行联合国安理会有关防范和打击恐怖主义和恐怖融资的相关决议（如联合国安理会第1267号决议和第1373号决议及其后续决议），禁止与决议所列的个人或实体进行交易，并按照规定采取限制交易、冻结等控制措施。对于掌握汇款人和收款人双方信息的义务机构，在跨境汇款业务处理过程中，应当审核汇款人和收款人双方的信息，发现可疑情形的，按照规定提交可疑交易报告。办理跨境汇出汇款的义务机构，如不能遵从上述要求的，则不得为客户办理汇款业务。

《中国人民银行关于印发〈汇款业务反洗钱和反恐怖融资工作指引〉的通知》（银发〔2021〕102号）提出：对于办理上述汇款业务中获取的汇款人、收款人等相关信息，银行业金融机构应当至少保存5年。银行业金融机构通过代理机构（包括境外代理机构）开展汇款业务的，应当将代理机构纳入自身反洗钱和反恐怖融资框架，并建议代理机构参照执行该指引相关规定。银行业金融机构在办理汇款业务过程中，应当按照规定严格执行联合国安全理事会防范和打击恐怖主义和恐怖融资相关决议（如联合国安全理事会第 1267 号决议和第 1373 号决议及其后续决议），禁止与联合国安全理事会决议中所列的个人或实体进行交易，并按照规定采取限制交易、冻结资金等控制措施。

5.8 持续开展客户尽职调查和重新识别客户身份

5.8.1 持续开展客户尽职调查

客户尽职调查是覆盖客户关系全生命周期的一项系统性、持续性工作。除了在初次建立业务关系时开展准入尽职调查外，金融机构应在与客户业务关系存续期间，对客户采取持续的尽职调查措施，审查客户整体状况及其交易情况，以确认为客户提供的各类服务和交易符合金融机构对客户身份背景、业务需求、风险状况以及对其资金来源和用途等方面的认识。持续尽职调查必须遵循"风险为本"的工作原则，及时了解客户的洗钱和恐怖融资风险。金融机构应结合反洗钱工作实际，细化持续尽职调查的各种场景，并基于对各场景下风险水平的理解，确定尽职调查措施的强度和频率。其中，对于洗钱风险较高情形，应采取强化的尽职调查措施，以管理和降低承担的洗钱和恐怖融资风险；对于洗钱风险较低情形，可在有效控制风险的基础上，采取简化的尽职调查措施。对此，2007 年《金融机构客户身份识别和客户身份资料及交易记录保存管理办法》第十九条规定：在与客户的业务关系存续期间，金融机构应当采取持续的客户身份识别措施，关注客户及其日常经营活动、金融交易情况，及时提示客户更新资料信息。对于高风险客户或者高风险账户持有人，金融机构应当了解其资金来源、资金用途、经济状况或者经营状况等信息，加强对其金融交易活动的监测分析。客户为外国政要的，金融机构应采取合理措施了解其资金来源和用途。客户先前提交的身份证件或者身份证明文件已过有效期的，客户没有在合理期限内更新且没有提出合理理由的，金融机构应中止为客户办理业务①。

《中国人民银行办公厅关于进一步加强反洗钱和反恐怖融资工作的通知》强调：义务机构应当采取持续的客户身份识别措施，详细审查保存的客户资料和业务关系存续期间发生的交易，及时更新客户身份证明文件、数据信息和资料，确保当前进行的交易符合义务机构对客户及其业务、风险状况、资金来源等方面的认识。对于高风险客户，义务机构应当提高审查的频率和强度。如果义务机构无法进行客户身

---

① 中止办理业务是暂停为客户办理业务以及暂停与客户建立新业务关系，包括柜面业务和非柜面业务，不是终止与客户的业务关系。

份识别工作，或经评估超过本机构风险管理能力的，不得与客户建立或维持业务关系，并应当考虑提交可疑交易报告①。

为提高义务机构反洗钱工作有效性，弥补长期以来持续尽职调查与要求客户更新身份证件、可疑交易监测等做法混淆的缺陷，中国人民银行反洗钱局起草了《持续尽职调查工作指引》(征求意见稿)②，重点关注金融机构应何时开展持续尽职调查相关工作，以及不同场景、不同环节、不同风险状况所采取的对应措施。主要内容包括开展持续尽职调查的时机、针对风险不同情形可采取的强化或简化尽职调查措施、可采取的风险控制措施等，展示优秀实践案例，并明确对义务机构的工作要求。同时，列举当前法规或规范性文件提及的"持续尽职调查"相关要求，并明确持续尽职调查与其他反洗钱履职工作概念之间的关联关系，提出部分异常情形参考指标。

（2022 年《金融机构客户尽职调查和客户身份资料及交易记录保存管理办法》要求金融机构与客户业务存续期间，应当持续关注并审查客户身份状况及交易情况，发生以下情形时，金融机构应当审核本机构保存的客户身份信息，及时更新或者补充客户身份证件或者其他身份证明文件、身份信息或者其他资料，以确认为客户提供的各类服务和交易符合金融机构对客户身份背景、业务需求、风险状况以及对客户资金来源和用途等方面的认识：

（1）客户有关行为或者交易出现异常，或者客户风险状况发生变化的；

（2）金融机构怀疑先前获得的客户身份资料的真实性、有效性、完整性的；

（3）客户要求变更姓名或者名称、身份证件或者其他身份证明文件种类、身份证件号码、经营范围、法定代表人或者受益所有人的；

（4）客户申请变更保险合同投保人、被保险人或者受益人的；

（5）客户先前提交的身份证件或者其他身份证明文件已过有效期的；

（6）其他需要关注并审查客户身份状况及交易情况的。

客户先前提交的身份证件或者其他身份证明文件已过有效期，金融机构在履行必要的告知程序后，客户未在合理期限内更新且未提出合理理由的，金融机构应当

---

① 《关于证券基金期货业反洗钱工作有关事项的通知》（银反洗发〔2019〕20 号）进一步明确，对于身份证件或身份证明文件已过有效期的存量客户，证券基金期货经营机构应当及时提示客户并限定其在合理期限内更新身份信息。对于未在合理期限内更新且没有提出合理理由的客户，证券公司应当采取限制为其办理新业务、限制撤销指定交易、限制转托管及限制其资金转出等措施；基金管理公司应当采取限制为其办理认购、申购及限制基金份额转换等措施；期货公司应当采取限制为其办理新业务、限制其资金转出等措施。证券基金期货经营机构应勤勉尽责开展客户身份持续识别，按照风险为本和实质重于形式的原则，关注客户身份信息变化及其日常经营活动和金融交易情况，加强交易监测，并按规定留存相关工作记录。

② 关于就《持续尽职调查工作指引（征求意见稿）》征求意见的函（银反洗函〔2023〕708 号）。

中止为客户办理业务。）

5.8.2　重新识别客户身份①

《金融机构客户身份识别和客户身份资料及交易记录保存管理办法》第二十二条明确规定：出现以下情况时，金融机构应当重新识别客户：

（1）客户要求变更姓名或者名称、身份证件或者身份证明文件种类、身份证件号码、注册资本、经营范围、法定代表人或者负责人的。

（2）客户行为或者交易情况出现异常的。

（3）客户姓名或者名称与国务院有关部门、机构和司法机关依法要求金融机构协查或者关注的犯罪嫌疑人、洗钱和恐怖融资分子的姓名或者名称相同的。

（4）客户有洗钱、恐怖融资活动嫌疑的。

（5）金融机构获得的客户信息与先前已经掌握的相关信息存在不一致或者相互矛盾的。

（6）先前获得的客户身份资料的真实性、有效性、完整性存在疑点的。

（7）金融机构认为应重新识别客户身份的其他情形。

5.9　客户尽职调查措施

5.9.1　客户尽职调查基本措施

《金融机构客户身份识别和客户身份资料及交易记录保存管理办法》第二十三条规定：金融机构除核对有效身份证件或者其他身份证明文件外，可以采取要求客户补充其他身份资料或者身份证明文件，回访客户，实地查访，向公安、工商行政管理等部门核实以及其他可依法采取的措施识别或者重新识别客户身份。同时，通过查询有权部门的各类数据库②、上门核实或咨询有权部门，有利于查验客户信息资料的真实性、准确性和有效性。银行机构履行客户尽职调查义务时，按照法律、行政法规、部门规章的规定需核实相关自然人的第二代居民身份证的，应当通过联网核查公民身份信息系统进行核查。其他金融机构可以通过联网核查公民身份信息

---

① 2022年《金融机构客户尽职调查和客户身份资料及交易记录保存管理办法》已经将重新识别客户身份的内容融合到持续客户尽职调查的要求里面，从其工作性质看，重新识别客户身份本身属于持续开展尽职调查的工作事项。

② 随着《国务院关于加强数字政府建设的指导意见》的有效实施，政府有关部门应将其政务信息数据库向社会开放，特别是应按照FATF的规定为金融机构和支付机构开展客户尽职调查提供方便。

系统或者其他合法、可靠渠道核实自然人的公民身份信息。

金融机构在进行客户身份识别时，可以采取一种或几种身份识别措施，以合理确信知道客户的真实身份，以及真实的交易性质和目的，而非仅仅局限于《金融机构客户身份识别和客户身份资料及交易记录保存管理办法》所列举的措施。比如，与客户面谈了解客户交易的真实意图，实际观察对方的外在表现，可以获得对客户的直接感性认识，可以获得一些敏感性的信息；定期或不定期回访客户，动态了解客户风险状况，起到持续识别的效果；委托中介机构或同业了解客户，提升工作效率；购买商用数据库查询①；可以要求客户完整填写业务合同、单据或者凭证，寄送商业信函或发送电子邮件，电话联系，关注和分析客户的资金交易情况，以及与已知的犯罪分子或恐怖组织、个人名单进行比对等可依法采取的措施。

（2022年《金融机构客户尽职调查和客户身份资料及交易记录保存管理办法》第七条：金融机构在与客户建立业务关系、办理规定金额以上一次性交易和业务关系存续期间，怀疑客户及其交易涉嫌洗钱或恐怖融资的，或者对先前获得的客户身份资料的真实性、有效性或完整性存疑的，应当开展客户尽职调查，采取以下尽职调查措施：

（1）识别客户身份，并通过来源可靠、独立的证明材料②、数据或者信息核实客户身份；

（2）了解客户建立业务关系和交易的目的和性质，并根据风险状况获取相关信息；

（3）对于洗钱或者恐怖融资风险较高的情形，了解客户的资金来源和用途，并根据风险状况采取强化的尽职调查措施；

（4）在业务关系存续期间，对客户采取持续的尽职调查措施，审查客户状况及其交易情况，以确认为客户提供的各类服务和交易符合金融机构对客户身份背景、业务需求、风险状况以及对其资金来源和用途等方面的认识；

（5）对于客户为法人或者非法人组织的，识别并采取合理措施核实客户的受益所有人。

---

① 特别是在办理跨境业务时，金融机构和支付机构借助商用数据库查询外国政要、制裁名单有一定的必要性。反洗钱是国家职责，也是国际义务，我国有《中华人民共和国反外国制裁法》的规定，但FATF《打击洗钱、恐怖融资与扩散融资的国际标准建议》有明确的定向制裁措施、美国《爱国者法案》等金融制裁的规定，金融机构和支付机构要审慎经营，避免受到定向金融制裁。

② 金融机构和支付机构核实客户身份证件必须是原件，不是复印件。在一些特殊情况下，可以要求客户提供居民户口簿、护照、机动车驾驶证等佐证居民身份。

南通银保监分局行政处罚信息公开表（通银保监罚决字〔2021〕21号）显示，因某银行信用卡中心南通分中心存在未严格审核信用卡申请人身份证原件的主要违法违规事实，2021年10月27日，南通监管分局依据《中华人民共和国银行业监督管理法》第四十六条第（五）项，决定对其罚款人民币30万元。

金融机构应当根据风险状况差异化确定客户尽职调查措施的程度和具体方式，不应采取与风险状况明显不符的尽职调查措施，把握好防范风险与优化服务的平衡。

第二十四条：金融机构应当通过来源可靠、独立的证明材料、数据或者信息核实客户身份，包括以下一种或者几种方式：①通过公安、市场监督管理、民政、税务、移民管理等部门或者其他政府公开渠道获取的信息核实客户身份；②通过外国政府机构、国际组织等官方认证的信息核实客户身份；③客户补充其他身份资料或者证明材料；④中国人民银行认可的其他信息来源。）

5.9.2 高风险客户强化尽职调查措施

《金融机构客户身份识别和客户身份资料及交易记录保存管理办法》第十九条规定：对于高风险客户或者高风险账户持有人，金融机构应当了解其资金来源、资金用途、经济状况或者经营状况等信息，加强对其金融交易活动的监测分析。客户为外国政要的，金融机构应采取合理措施了解其资金来源和用途。

按照《金融机构洗钱和恐怖融资风险评估及客户分类管理指引》的规定，金融机构应对高风险客户采取强化的客户尽职调查及其他风险控制措施，有效预防风险。可酌情采取的措施包括但不限于：（1）进一步调查客户及其实际控制人、实际受益人情况。（2）进一步深入了解客户经营活动状况和财产来源。（3）适度提高客户及其实际控制人、实际受益人信息的收集或更新频率。（4）对交易及其背景情况做更为深入的调查，询问客户交易目的，核实客户交易动机。（5）适度提高交易监测的频率及强度。（6）经高级管理层批准或授权后，再为客户办理业务或建立新的业务关系。（7）按照法律规定或与客户的事先约定，对客户的交易方式、交易规模、交易频率等实施合理限制。（8）合理限制客户通过非面对面方式办理业务的金额、次数和业务类型。（9）对其交易对手及经办业务的金融机构采取尽职调查措施。

《关于进一步加强反洗钱和反恐怖融资工作的通知》（银办发〔2018〕130号）规定：对于高风险客户，义务机构应当提高审查的频率和强度。在洗钱和恐怖融资风险较高的领域，义务机构应当采取与风险相称的客户身份识别和交易监测措施，包括但不限于：

（1）进一步获取客户及其受益所有人身份信息，适度提高客户及其受益所有人信息的收集或更新频率。

（2）进一步获取业务关系目的和性质的相关信息，深入了解客户经营活动状况、财产或资金来源。

（3）进一步调查客户交易及其背景情况，询问交易目的，核实交易动机。

（4）适度提高交易监测的频率及强度。

（5）按照法律规定或与客户的事先约定，对客户的交易方式、交易规模、交易频率等实施合理限制。

（6）合理限制客户通过非面对面方式办理业务的金额、次数和业务类型。

（7）与客户建立、维持业务关系，或为客户办理业务，需经高级管理层批准或授权。

（2022年《金融机构客户尽职调查和客户身份资料及交易记录保存管理办法》第三十条：金融机构与客户建立业务关系时或者业务存续期间，综合考虑客户特征、业务关系、交易目的、交易性质、资金来源和用途等因素，对于存在较高洗钱或者恐怖融资风险情形的，或者客户为国家司法、执法和监察机关调查、发布的涉嫌洗钱或者恐怖融资及相关犯罪人员的，应当根据风险状况采取强化尽职调查措施。对于洗钱或者恐怖融资风险较高的情形以及高风险客户，金融机构应当根据风险情形采取相匹配的以下一种或者多种强化尽职调查措施：

（1）获取业务关系、交易目的和性质、资金来源和用途的相关信息，必要时，要求客户提供证明材料并予以核实；

（2）通过实地查访等方式了解客户的经济状况或者经营状况；

（3）加强对客户及其交易的监测分析；

（4）提高对客户及其受益所有人信息审查和更新的频率；

（5）与客户建立、维持业务关系，或者为客户办理业务，需要获得高级管理层的批准。

金融机构采取强化尽职调查措施后，认为需要对客户的洗钱或者恐怖融资风险进行风险管理的，应当对客户的交易方式、交易规模、交易频率等实施合理限制，认为客户的洗钱或者恐怖融资风险超出金融机构风险管理能力的，应当拒绝交易或者终止已经建立的业务关系。）

5.9.3　加强开户管理及可疑交易报告后续控制措施

（一）加强开户管理，防范非法开立、买卖银行账户及支付账户行为[①]

一是切实履行客户身份识别义务，杜绝假名、冒名开户。各银行业金融机构和支付机构应遵循"了解你的客户"的原则，认真落实账户管理及客户身份识别相关制度规定，区别客户风险程度，有选择地采取联网核查身份证件、人员问询、客户

---

① 为防止不法分子非法开立、买卖银行账户（含银行卡）和支付账户实施电信诈骗、非法集资、逃税骗税、贪污受贿、洗钱等违法犯罪活动案件，2017年5月《中国人民银行关于加强开户管理及可疑交易报告后续控制措施的通知》（银发〔2017〕117号）要求金融机构和支付机构加强开户管理及可疑交易报告后续控制。

回访、实地查访、公用事业账单（如电费、水费、取暖费、煤气费等缴费凭证）验证、网络信息查验等查验方式，识别、核对客户及其代理人真实身份，杜绝不法分子使用假名或冒用他人身份开立账户。二是严格审查异常开户情形，必要时应当拒绝开户。对于不配合客户尽职调查、有组织同时或分批开户、开户理由不合理、开立业务与客户身份不相符、有明显理由怀疑客户开立账户存在开卡倒卖或从事违法犯罪活动等情形，各银行业金融机构和支付机构有权拒绝开户。根据客户及其申请业务的风险状况，可采取延长开户审查期限、加大客户尽职调查力度等措施，必要时应当拒绝开户。

（二）加强可疑交易报告后续控制措施，切实提高洗钱风险防控能力和水平

1. 注重人工分析、识别，合理确认可疑交易。对于通过可疑监测标准筛选出的异常交易，各金融机构和支付机构应当注重挖掘客户身份资料和交易记录价值，发挥客户尽职调查的重要作用，采取有效措施进行人工分析、识别。这些措施包括但不限于：①重新识别、调查客户身份，包括客户的职业、年龄、收入等信息。②采取合理措施核实客户实际控制人或交易实际受益人，了解法人客户的股权或控制权结构。③调查分析客户交易背景、交易目的及其合理性，包括客户经营状况和收入来源、关联客户基本信息和交易情况、开户或交易动机等。④整体分析与客户的业务关系，对客户全部开户及交易情况进行详细审查，判断客户交易与客户及其业务、风险状况、资金来源等是否相符。⑤涉嫌利用他人账户实施犯罪活动的，与账户所有人核实交易情况。

2. 区分情形，采取适当后续控制措施。各金融机构和支付机构应当遵循风险为本和审慎均衡原则，合理评估可疑交易的可疑程度和风险状况，审慎处理账户（或资金）管控与金融消费者权益保护之间的关系，在报送可疑交易报告后，对可疑交易报告所涉客户、账户（或资金）和金融业务及时采取适当的后续控制措施，充分减轻本机构被洗钱、恐怖融资及其他违法犯罪活动利用的风险。这些后续控制措施包括但不限于：①对可疑交易报告所涉客户及交易开展持续监控，若可疑交易活动持续发生，则定期（如每3个月）或额外提交报告。②提升客户风险等级，并根据《金融机构洗钱和恐怖融资风险评估及客户分类管理指引》（银发〔2013〕2号）及相关内控制度规定采取相应的控制措施。③经机构高层审批后采取措施限制客户或账户的交易方式、规模、频率等，特别是客户通过非柜面方式办理业务的金额、次数和业务类型。④经机构高层审批后拒绝提供金融服务乃至终止业务关系。⑤向相关金融监管部门报告。⑥向相关侦查机关报案。

3. 建立健全可疑交易报告后续控制的内控制度及操作流程。各金融机构和支付机构应当建立健全可疑交易报告后续控制的内控制度及操作流程，明确不同情形可

疑交易报告应当采取的后续控制措施，并将其有机纳入可疑交易报告制度体系，构建一套事前、事中和事后全流程的可疑交易报告内控制度及操作流程，切实提高可疑交易报告工作的有效性。

5.9.4　特定业务关系的客户尽职调查措施

义务机构应当根据产品、业务的风险评估结果，结合业务关系特点开展客户尽职调查，将客户尽职调查工作作为有效防范洗钱和恐怖融资风险的基础。

（一）对于寿险和具有投资功能的财产险业务，义务机构应当充分考虑保单受益人的风险状况，决定是否对保单受益人开展强化的客户身份识别。当保单受益人为非自然人且具有较高风险时，义务机构应当采取强化的客户身份识别措施，至少在给付保险金时，通过合理手段识别和核实其受益所有人。如保单受益人或者其受益所有人为反洗钱制度规定的特定自然人，且义务机构认定其属于高风险等级的，义务机构应当在偿付相关资金前获得高级管理层批准，并对整个保险业务关系进行强化审查。如果义务机构无法完成上述措施，则应当在合理怀疑的基础上提交可疑交易报告。

（二）出于反洗钱和反恐怖融资需要，集团（公司）应当建立内部信息共享制度和程序，明确信息安全和保密要求。集团（公司）合规、审计和反洗钱部门可以依法要求分支机构和附属机构提供客户、账户、交易信息及其他相关信息。

5.9.5　无法完成客户尽职调查的后续措施

《中国人民银行关于加强反洗钱客户身份识别有关工作的通知》（银发〔2017〕235 号）规定：义务机构采取有效措施仍无法进行客户身份识别的，或者经过评估超过本机构风险管理能力的，不得与客户建立业务关系或者进行交易；已建立业务关系的，应当中止交易并考虑提交可疑交易报告，必要时可终止业务关系。义务机构怀疑交易与洗钱或者恐怖融资有关，但重新或者持续识别客户身份将无法避免泄密时，可以终止身份识别措施，并提交可疑交易报告。

《中国人民银行办公厅关于进一步加强反洗钱和反恐怖融资工作的通知》（银办发〔2018〕130 号）规定：如果义务机构无法进行客户身份识别工作，或经评估超过本机构风险管理能力的，不得与客户建立或维持业务关系，并应当考虑提交可疑交易报告。

《中国人民银行关于进一步做好受益所有人身份识别工作有关问题的通知》（银发〔2018〕164 号）规定：非自然人客户的股权或者控制权结构异常复杂，存在多层嵌套、交叉持股、关联交易、循环出资、家族控制等复杂关系的，受益所有人来自洗钱和恐怖融资高风险国家或者地区等情形，或者受益所有人信息不完整或无法完成核实的，义务机构应当综合考虑成本收益、合规控制、风险管理、国别制裁等因素，决定是否与其建立或者维持业务关系。决定与上述非自然人客户建立或者维持业务关系的，义务机构应当采取调高客户风险等级、加强资金交易监测分析、获取高级管理层批准等严格的风险管理措施。无法进行受益所有人身份识别工作，或者经评估超过本机构风险管理能力的，不得与其建立或者维持业务关系，并应当考虑提交可疑交易报告。

（2022年《金融机构客户尽职调查和客户身份资料及交易记录保存管理办法》规定：金融机构无法完成规定的客户尽职调查措施的，应当拒绝建立业务关系，采取必要的限制措施或者拒绝交易，或者终止已经建立的业务关系，并根据风险情形提交可疑交易报告。如果怀疑客户涉嫌洗钱或者恐怖融资，并且开展客户尽职调查会导致发生泄密事件的，金融机构可以不开展客户尽职调查，但应当提交可疑交易报告。）

5.10 客户洗钱风险评估及分类管理

风险为本是客户尽职调查制度的基本方法。FATF《打击洗钱、恐怖融资与扩散融资的国际标准建议》明确要求各成员国采取风险为本的反洗钱和反恐怖融资方法。《金融机构客户身份识别和客户身份资料及交易记录保存管理办法》第十八条规定：金融机构应按照客户的特点或者账户的属性，并考虑地域、业务、行业、客户是否为外国政要等因素，划分风险等级，并在持续关注的基础上，适时调整风险等级。在同等条件下，来自反洗钱、反恐怖融资监管薄弱国家（地区）客户的风险等级应高于来自其他国家（地区）的客户。金融机构应当根据客户或者账户的风险等级，定期审核本金融机构保存的客户基本信息，对风险等级较高客户或者账户的审核应严于对风险等级较低客户或者账户的审核。对本金融机构风险等级最高的客户或者账户，至少每半年进行一次审核。金融机构的风险划分标准应报送中国人民银行。随后，中国人民银行陆续发布《金融机构洗钱和恐怖融资风险评估及客户分类管理指引》《法人金融机构洗钱和恐怖融资风险管理指引（试行）》等指导金融机构开展洗钱风险评估、等级划分和管理工作。

5.10.1 客户洗钱和恐怖融资风险分类的原则

（一）风险相当的原则。金融机构应依据风险评估结果科学配置反洗钱资源。在洗钱、恐怖融资风险较高的领域采取强化的反洗钱和反恐怖融资措施，在洗钱风险较低的领域采取简化的反洗钱和反恐怖融资措施。

（二）全面性原则。金融机构应全面评估客户及地域、业务、行业（职业）等方面的风险状况，科学地为每一名客户确定风险等级。

（三）统一性原则。金融机构应建立健全洗钱、恐怖融资风险评估及客户等级划分流程，赋予同一客户在本金融机构唯一的风险等级，但同一客户可以被同一集团内的不同金融机构赋予不同的风险等级。

（四）动态管理原则。金融机构应根据客户风险管理的变化，及时调整其风险等级及所对应的风险控制措施。

（五）自主管理原则。金融机构经评估论证后认定，自行确定的风险评估标准或风险控制措施的实施效果不低于中国人民银行规定的要求。

（六）保密原则。金融机构不得向客户或其他与反洗钱和反恐怖融资工作无关的第三方泄露客户风险等级信息。

5.10.2 客户洗钱和恐怖融资风险评估的指标体系

洗钱、恐怖融资风险评估指标体系包括客户特性、地域、业务（金融产品和服务）、行业（职业）四类基本要素。金融机构应结合行业特点、业务类型、经营规模、客户范围等实际情况，分解出各基本要素所蕴含的风险子项。

(一) 客户特性风险子项

金融机构应综合考虑客户背景、社会经济活动特点、声誉、权威媒体披露信息及非自然人客户的组织架构等各方面的情况，衡量本机构对其开展客户尽职调查工作的难度，评估洗钱和恐怖融资风险。

（1）客户信息的公开程度。客户信息公开程度越高，金融机构客户尽职调查成本越低，风险越可控。

（2）金融机构与客户建立或维持业务关系的渠道。渠道对金融机构客户尽职调查的便利性、可靠性和准确性产生影响。一般情况下，与客户直接见面优于间接渠道，通过关联公司优于中介公司。

（3）客户所持身份证件或身份证明文件的种类。身份证件或身份证明文件越难以查验，客户身份越难以核实，风险程度越高。

（4）反洗钱和反恐怖融资交易监测记录。金融机构对可疑交易报告进行回溯性审查，有助于了解客户的风险状况。在成本允许的情况下，金融机构还可对客户的大额交易进行回溯性审查。

（5）非自然人客户的股权或控制权结构。股权或控制权关系的复杂程度及可辨识度，直接影响金融机构客户尽职调查的有效性。一般情况下，个人独资企业、家族企业、合伙企业、存在隐名股东或匿名股东公司的尽职调查难度通常高于一般公司。

（6）涉及客户的风险提示信息或权威媒体报道信息。客户曾被监管机构、执法机关或金融交易所提示予以关注，客户存在犯罪、金融违规、金融欺诈等方面的历史记录或者客户涉及权威媒体的重要负面新闻报道评论的，可适当调高其风险评级。

（7）自然人客户年龄。年龄与民事行为能力有直接关联，与客户的财富状况、社会经济活动范围、风险偏好等有较高关联度。

（8）非自然人客户的存续时间。客户存续时间越长，关于其社会活动的记录可能越完整，越便于金融机构开展客户尽职调查。

（二）地域风险子项

金融机构应衡量客户及其实际受益人、实际控制人的国籍、注册地、住所、经营所在地与洗钱及其他犯罪活动的关联度，并适当考虑客户主要交易对手及境外参与交易金融机构的地域传导问题。

（1）某国（地区）受反洗钱和反恐怖融资制裁或监控的情况。金融机构既要考虑我国的反洗钱和反恐怖融资监控要求，又要考虑其他国家（地区）和国际组织推行且得到我国承认的反洗钱和反恐怖融资监控或制裁要求。经营国际业务的金融机构还要考虑对该业务有管辖权的国家（地区）的反洗钱和反恐怖融资监控或制裁要求。

（2）对某国（地区）进行反洗钱和反恐怖融资风险提示的情况。金融机构应遵循中国人民银行和其他有关部门的风险提示，参考金融行动特别工作组（FATF）、亚太反洗钱组织（APG）、欧亚反洗钱和反恐怖融资组织（EAG）等权威组织对各国（地区）执行 FATF 反洗钱和反恐怖融资标准的互评估结果。

（3）国家（地区）的上游犯罪情况。金融机构可参考我国有关部门以及 FATF 等国际权威组织发布的信息，重点关注存在较严重恐怖活动、大规模杀伤性武器扩散、毒品、走私、跨境有组织犯罪、腐败、金融诈骗、人口贩运、海盗等犯罪活动的国家（地区），以及支持恐怖主义活动等严重犯罪的国家（地区）。对于我国境内或外国局部地区存在的严重犯罪，金融机构应参考有权部门的要求或风险提示，酌情提高涉及该区域的客户风险评级。

（4）特殊的金融监管风险。对于其住所、注册地、经营所在地与本金融机构经营所在地相距很远的客户，金融机构应考虑酌情提高其风险评级。

（三）业务（含金融产品、金融服务）风险子项

金融机构应对各项金融业务的洗钱风险进行评估，制定高风险业务列表，并对该列表进行定期评估、动态调整。金融机构风险评级时，不仅要考虑金融业务的固有风险，而且应结合当前市场的具体运行状况，进行综合分析。

（1）与现金关联的程度。现金业务容易割裂交易链条，难以核实资金真实来源、去向及用途，因此现金交易或易于让客户取得现金的金融业务具有较高风险。

（2）非面对面交易。非面对面交易方式使客户无须与工作人员直接接触即可办理业务，增加了金融机构开展客户尽职调查的难度，洗钱风险上升。应重点审查：①由同一人或少数人操作不同客户的金融账户进行网上交易；②网上金融交易频繁且IP地址分布在非开户地或境外；③使用同一IP地址进行多笔不同客户账户的网银交易；④金额特别巨大的网上金融交易；⑤公司账户与自然人账户之间的频繁和大额交易；⑥关联企业之间的大额异常交易。

（3）跨境交易。跨境开展客户尽职调查难度大，不同国家的监管差异又可能直接导致反洗钱监管漏洞产生。金融机构可重点结合地域风险，关注客户是否在单位时间内多次涉及跨境异常交易报告等情况。

（4）代理交易。由他人代办业务可能导致金融机构难以直接与客户接触，尽职调查有效性受到限制。鉴于代理交易在现实中的合理性，金融机构可将关注点集中于风险较高的特定情形。①客户的账户是由经常代理他人开户人员或经常代理他人转账人员代为开立的；②客户由他人代办的业务多次涉及可疑交易报告；③同一代理人同时或多次代理多个账户开立；④客户信息显示紧急联系人为同一人或者多个客户预留电话为同一号码等异常情况。

（5）特殊业务类型的交易频率。对于频繁进行异常交易的客户，金融机构应考虑提高风险评级①。

（四）行业（职业）风险子项

金融机构应评估行业、身份与洗钱、职务犯罪等的关联性，合理预测某些行业客户的经济状况、金融交易需求，酌情考虑某些职业技能被不法分子用于洗钱的可能性。

（1）公认具有较高风险的职业（行业）。原则上，按照我国反洗钱监管制度及FATF建议等反洗钱和反恐怖融资国际标准应纳入反洗钱监管范围的行业（职业），其洗钱风险程度通常较高。

（2）与特定洗钱风险的关联度。例如，客户或其实际受益人、实际控制人、亲属、关联密切人等属于外国政要。

---

① 目前在反洗钱法律制度中，对于一年或一个月、一日内多少次是"频繁进行异常交易"，并没有统一的规定。在反洗钱执法检查案例中，执法部门将一年3次以上视作"频繁进行异常交易"。

（3）行业现金密集程度。客户从事废品收购、旅游、餐饮、零售、艺术品收藏、拍卖、娱乐场所、博彩、影视娱乐等现金密集程度高的行业。

5.10.3　客户风险评估的计算方法

金融机构运用权重法，以定性和定量分析相结合的方式来计量风险、评估等级，自主研发的风险计量工具或方法应能全面覆盖所有指标子项。

（一）对每一基本要素及其风险子项进行权重赋值，各项权重均大于 0，总和100。对于风险控制效果影响力越大的基本要素及其风险子项，赋值相应越高。对于经评估后决定不采纳的风险子项，金融机构无须赋值。同一基本要素或风险子项所概括的风险事件，在不同的细分金融领域内可能导致不同的危害性后果发生。即使是处于同一细分金融领域内的不同金融机构，也可能因为客户来源、销售渠道、经营规模、合规文化等方面的原因而面临不同的风险状况，从而对同一风险事件的风险程度作出不同的判断。因此，每个金融机构需结合自身情况，合理确定个性化的权重赋值。

（二）对每个风险子项进行评估。金融机构采用五级分类法时，最高风险评分为 5，较高风险评分为 4，一般风险评分为 3，较低风险评分为 2，低风险评分为 1。金融机构应根据风险子项评分及权重赋值计算客户风险等级总分。计算公式为：

$$\sum_{i=1}^{n} \frac{a_i p_i}{m} \tag{5-1}$$

其中，a 代表风险子项评分，p 代表权重，m 代表金融机构所代表的风险分级数，n 代表风险子项数量。客户风险等级最高分为 100 分。

（三）应建立客户风险等级总分与风险等级之间的映射规则，以确定每个客户具体的风险评级，引导资源配置。金融机构确定的风险评级不得少于三级。从有利于运用评级结果配置反洗钱资源角度考虑，金融机构可设置较多的风险评级等次，以增强反洗钱资源配置的灵活性。

5.10.4　客户风险评估及客户等级划分操作流程

（一）时间要求

对于新建立业务关系的客户，金融机构应在建立业务关系后的 10 日内划分其风险等级。对于已确定过风险等级的客户，金融机构应根据其风险程度设置相应的重新审核权限，实现对风险的动态追踪。原则上，风险等级最高的客户的审核期限不得超过半年①，低一等级的审核期限不得超出上一级客户审核期限时长的两倍。对于首次建立业务关系的客户，无论其风险等级高低，金融机构在初次确定风险等级后的三年内至少应进行一次复核。当客户变更重要身份信息、司法机关调查金融机构客户、客户涉及权威媒体的案件报道等可能导致风险状况发生实质性变化的事件发生时，金融机构应考虑重新评定客户风险评级②。

（二）操作步骤

1. 收集信息。金融机构应根据洗钱风险评估需求，确定各类信息的来源及其采集方法。信息来源的渠道通常有：①与客户建立业务关系时，客户披露的信息；②客户经理或柜面人员工作记录；③保存的交易记录；④委托其他金融机构或中介机构对客户进行尽职调查工作所获信息；⑤利用商业数据库查询信息；⑥利用互联网等公共信息平台搜索信息。金融机构在风险评估过程中要遵循勤勉尽责的原则，依据所掌握的事实材料，对部分难以直接取得或取得成本过高的风险要素信息进行合理评估。为统一风险评估尺度，金融机构应事先确定本机构可预估信息列表及其预估原则，并定期审查和调整。

2. 筛选分析信息。评估人员应认真对照风险评估基本要素及其子项，对所收集的信息进行分类，逐项评分。如果同一基本要素或风险子项对应有多项相互重复或交叉的关联性信息存在时，评估人员应进行甄别或合并。如果同一基本要素或风险子项对应有多项相互矛盾或抵触的关联性信息存在时，评估人员应在调查核实的基础上，删除不适用的信息，并加以注释。金融机构整理完基础信息后，应当整体性梳理各项评估要素及其子项。如发现要素项下有内容空缺或信息内容不充分时，可在兼顾风险评估需求与成本控制要求的前提下，确定是否需要进一步收集补充信息。金融机构可将筛选分析信息的工作流程嵌入相应的业务流程中，以减少执行成本。

3. 初评和复评。金融机构应逐一分析每个风险评估要素项及其子项所对应的信息，确定出相应的得分。对于资料不全或可靠性存疑的要素信息，评估人员应在相应的要素项下进行标注，并合理确定相应分值。在综合分析要素信息的基础上，金融机构工作人员累计计算客户评分结果，相应确定其初步评级。金融机构可利用计

---

① 《金融机构客户尽职调查和客户身份资料及交易记录保存管理办法》（中国人民银行　中国银行保险监督管理委员会　中国证券监督管理委员会令〔2022〕第 1 号）第二十七条规定"对洗钱或者恐怖融资风险等级最高的客户，金融机构应当至少每年进行 1 次审核"，审核期限从半年延长到一年。

② 《支付机构反洗钱和反恐怖融资管理办法》（银发〔2012〕54 号）规定：支付机构应按照客户特点和交易特征，综合考虑地域、业务、行业、客户是否为外国政要等因素，制定客户风险等级划分标准，评定客户风险等级。客户风险等级标准应报总部所在地中国人民银行分支机构备案。首次客户风险等级评定应在与客户建立业务关系后 60 天内完成。支付机构应对客户持续关注，适时调整客户风险等级。支付机构应当根据客户的风险等级，定期审核本机构保存的客户基本信息。对本机构风险等级最高的客户，支付机构应当至少每半年进行一次审核，了解其资金来源、资金用途和经营状况等信息，加强对其交易活动的监测分析。

算机系统等技术手段辅助完成部分初评工作。一些特殊的情形，可直接定为低风险或高风险。

对于风险程度显著较低且预估能够有效控制其风险的客户，金融机构可直接定级为低风险，但具有以下情形的客户除外：①在同一金融机构的金融资产净值超过一定限额（原则上，自然人客户限额 20 万元人民币，非自然人客户限额 50 万元），或寿险保单年缴保费超过 1 万元人民币或外币等值超过 1000 美元，以及非现金趸交保费超过 20 万元人民币或等值外币超过 2 万美元；②与金融机构建立了或开展了代理行、信托等高风险业务关系；③客户为非居民，或者使用了境外发放的身份证件或身份证明文件；④涉及可疑交易报告；⑤由非职业性中介机构或无亲属关系的自然人代理客户与金融机构建立业务关系；⑥拒绝配合金融机构客户尽职调查工作①。

对于下列情形的客户，金融机构可直接将其风险等级确定为最高：①客户被列入我国发布或承认的应实施反洗钱和反恐怖融资监控措施的名单，客户为外国政要或亲属、关系密切人，客户实际控制人或实际受益人属于以上人员；②客户多次涉及可疑交易报告；③客户拒绝金融机构依法开展客户尽职调查工作；④金融机构自定的其他可认定为高风险客户的标准。

初评结果均由初评人以外的其他人员进行复评确认。初评结果和复评结果不一致的，可由反洗钱合规部门决定最终评级结果。

5.10.5 客户风险控制措施

（一）客户风险控制措施

金融机构应在客户风险等级划分的基础上，采取相应的客户尽职调查及其他风险控制措施。

1. 对风险较高客户的控制措施。金融机构应对高风险客户采取强化的客户尽职调查及其他风险控制措施，有效预防风险。

（1）进一步调查客户及其实际控制人、实际受益人的情况。

---

① 《保险机构洗钱和恐怖融资风险评估及客户分类管理指引》（保监发〔2014〕110 号）第二十六条规定：对具有下列情形（包括但不限于）之一的客户，保险机构可直接将其定级为最高风险：（一）客户被列入我国发布或承认的反洗钱监控名单及类似监控名单。（二）客户利用虚假证件办理业务或在代理他人办理业务时使用虚假证件。（三）客户为政治公众人物或其亲属及关系密切人员。（四）发现客户存在犯罪、金融违规、金融欺诈等方面的历史记录，或者曾被监管机构、执法机关或金融交易所提示予以关注，或者涉及权威媒体与洗钱相关的重要负面新闻报道或评论的。（五）投保人、被保险人以及受益人，或者法定代表人、股东的国籍、注册地、住所、经常居住地、经营所在地涉及中国人民银行和国家相关部门的反洗钱监控要求或风险提示，或是其他国家（地区）和国际组织推行且得到我国承认的反洗钱监控要求。（六）客户实际控制人或实际受益人属前五项所述人员。（七）客户多次涉及可疑交易报告。（八）客户拒绝保险机构或保险中介机构开展尽职调查工作。（九）其他直接或经调查后认定的高风险客户。

（2）进一步深入了解客户经营活动状况和财产来源。

（3）适度提高客户及实际控制人、实际受益人信息的收集或更新频率。

（4）对交易及其背景情况做更为深入的调查，询问客户交易目的，核实客户交易动机。

（5）适度提高交易监测的频率和强度。

（6）经高级管理层批准或授权后再为客户办理业务或建立新的业务关系。

（7）按照法律规定或与客户的事先约定，对客户的交易方式、交易规模、交易频率等实施合理限制。

（8）合理限制客户通过非面对面方式办理业务的金额、次数和业务类型。

（9）对其交易对手及经办业务的金融机构采取尽职调查措施。①

2018 年中国人民银行发布《关于进一步加强反洗钱和反恐怖融资工作的通知》（银办发〔2018〕130 号），进一步提出强化高风险领域的客户尽职调查和交易监测要求：在洗钱和恐怖融资风险较高的领域，义务机构应当采取与风险相称的客户尽职调查和交易监测措施，包括但不限于：①进一步获取客户及其受益所有人身份信息，适度提高客户及其受益所有人信息的收集或更新频率。②进一步获取业务关系目的和性质的相关信息，深入了解客户经营活动状况、财产或资金来源。③进一步调查客户交易及其背景情况，询问交易目的，核实交易动机。④适度提高交易监测的频率及强度。⑤按照法律规定或与客户的事先约定，对客户的交易方式、交易规模、交易频率等实施合理限制。⑥合理限制客户通过非面对面方式办理业务的金额、

---

① 《保险机构洗钱和恐怖融资风险评估及客户分类管理指引》（保监发〔2014〕110 号）第二十八条规定：保险机构应在洗钱风险评估和客户风险等级划分的基础上，酌情采取相应的风险控制措施。对风险水平较高的产品和风险较高的客户应采取强化的风险控制措施，包括但不限于：（一）强化的和持续性的客户尽职调查。①进一步调查客户及其实际控制人、实际受益人情况；②进一步了解客户投保目的、收入状况及保险费资金来源；③进一步分析客户的交易行为，审核投保人保险费支付能力是否与其经济状况相符合，要求客户提供财务证明文件；④适度提高客户及其实际控制人、实际受益人信息的收集或更新频率。（二）异常资金流向监测。保险机构应当在业务、财务系统中设定和完善资金流向异常预警指标，对于大额交易、支票给付、资金流向异常交易，保险机构应当留存完整的资金收付信息，包括但不限于账户名称、账号、开户行、支票背书等，对于系统无法自动留存的收付信息，保险机构应当采取人工录入措施，以实现对资金收付异常行为的过程监控。（三）关键流程节点管控。保险机构应当根据高风险客户特征，酌情在承保、保全、理赔等环节采取强化的控制措施。①承保环节可采取的控制措施有：经相关负责人授权后，再为客户办理业务；对客户的投保金额、投保方式等实施合理限制。②保全环节可采取的控制措施有：完善保全管控制度，严格退保和给付资金支付对象管控；定期开展退保风险数据排查工作。③理赔环节可采取的控制措施有：强化调查与洗钱相混同的保险欺诈行为，如利用犯罪资金购买标的投保后实施的欺诈行为。（四）可疑交易报告。保险机构应当设立可疑交易指标体系，明确人工识别可疑交易对象和流程，并通过持续性、强化的客户尽职调查手段予以识别分析。对客户采取尽职调查后，保险机构有合理理由怀疑资金为犯罪收益或与恐怖融资有关的，应按照法律规定，向中国反洗钱监测分析中心报送可疑交易报告。（五）恐怖活动资产冻结。保险机构一旦发现客户为被公安部列入恐怖活动组织、恐怖活动人员名单或者保险资金为恐怖活动资产的，应按照法律规定立即对相关资产采取冻结措施，并报告当地公安机关、国家安全机关、人民银行和保险监管部门。

次数和业务类型。⑦与客户建立、维持业务关系，或为客户办理业务，需经高级管理层批准或授权。

（2022年《金融机构客户尽职调查和客户身份资料及交易记录保存管理办法》第三十条：对于洗钱或者恐怖融资风险较高的情形以及高风险客户，金融机构应当根据风险情形采取相匹配的以下一种或者多种强化尽职调查措施：

（1）获取业务关系、交易目的和性质、资金来源和用途的相关信息，必要时，要求客户提供证明材料并予以核实；

（2）通过实地查访等方式了解客户的经济状况或者经营状况；

（3）加强对客户及其交易的监测分析；

（4）提高对客户及其受益所有人信息审查和更新的频率；

（5）与客户建立、维持业务关系，或者为客户办理业务，需要获得高级管理层的批准。

金融机构采取强化尽职调查措施后，认为需要对客户的洗钱或者恐怖融资风险进行风险管理的，应当对客户的交易方式、交易规模、交易频率等实施合理限制，认为客户的洗钱或者恐怖融资风险超出金融机构风险管理能力的，应当拒绝交易或者终止已经建立的业务关系。本条是2022年新办法新增的内容。）

2. 对风险低客户的控制措施。金融机构可对低风险客户采取简化的客户尽职调查及其他风险控制措施。

（1）在建立业务关系后再核实客户实际受益人或实际控制人的身份。

（2）适当延长客户身份资料的更新周期。

（3）在合理的交易规模内，适当降低采用持续的客户身份识别措施的频率或强度。

（4）在风险可控的情况下，允许金融机构工作人员推测交易目的和交易性质，而无须收集相关证据资料。

3. 不得简化客户身份识别措施。义务机构怀疑客户涉嫌洗钱、恐怖融资等违法犯罪活动的，无论其交易金额大小，不得采取简化的客户身份识别措施，并应采取与其风险状况相称的管理措施。

（二）管理与保障措施

1. 风险管理措施。金融机构应在总部或集团层建立统一的洗钱风险管理基本政策，并在各分支机构、各业务条线执行。客户风险管理政策应经金融机构董事会或其授权的组织审核通过，并由高级管理层中的指定专人负责实施。金融机构总部、集团可针对分支机构所在地区的反洗钱和反恐怖融资状况，设定局部地区的风险系数，或授权分支机构根据所在地区情况，合理调整风险子项或评级标准。金融机构对自身金融业务及其营销渠道，特别是在推出新金融业务、采用新营销渠道、运用新技术前，进行系统全面的洗钱风险评估，按照风险可控原则建立相应的风险管理措施。

2. 组织管理措施。金融机构应完善风险评估流程，指定适当的条线（部门）及人员整体负责风险评估工作流程的设置与监控工作，组织各相关条线（部门）充分参与风险评估工作。金融机构应确保客户风险评估工作流程具有可稽核性和可追溯性。

3. 技术保障措施。金融机构应具备洗钱风险管理工作所需的必要技术条件，积极运用计算机信息系统提升工作有效性。系统设计应着眼于运用客户风险等级管理工作成果，为各级分支机构查询使用信息提供方便。

4. 代理业务管理。金融机构委托其他机构开展客户风险等级划分等洗钱风险管理工作时，应与受托机构签订书面协议，并由高级管理层批准。受托机构应当积极协助委托机构开展洗钱风险管理。由委托机构对受托机构进行的洗钱风险管理工作承担最终法律责任。金融机构应建立专门机制，审核受托机构确定的客户风险等级。

5.11　客户身份资料和交易记录保存

洗钱犯罪分子通过金融机构和支付机构洗钱，其目的是掩饰、隐瞒犯罪所得的性质和来源。因此，还原犯罪所得的性质和来源是成功制裁洗钱犯罪分子的关键。国内外打击洗钱犯罪的成功案例表明：金融机构和支付机构留存的客户身份资料和交易记录对成功发现、追踪并最终制裁洗钱犯罪分子具有不可替代的重要作用。

5.11.1　客户身份资料与交易记录保存制度概述

客户身份资料和交易记录保存是指反洗钱义务主体依照法律规定采取一切必要措施将有关客户身份资料和交易记录存放一定期限的行为。FATF《打击洗钱、恐怖融资与扩散融资的国际标准建议》建议 11 要求：各国应当要求金融机构将所有必要的国内和国际交易记录至少保存五年，以便金融机构能迅速提供主管部门所要求的信息。这些信息必须足以重现每一笔交易的实际情况（包括所涉金额和货币类型），以便在必要时提供起诉犯罪活动的证据。各国应当要求金融机构在业务关系终止后，或者一次性交易之日起至少五年内，继续保留通过客户尽职调查措施获得的所有记录（如护照、身份证、驾驶执照等官方身份证明文件或类似文件的副本或记录），账户档案和业务往来信函以及所有分析结论（如关于复杂的异常大额交易的背景和目的的调查情况）。法律应当要求金融机构保存交易记录和通过客户尽职调查措施获取的信息。经过适当授权，本国主管部门应当可以查阅交易记录和通过客户尽职调查措施获取的信息。客户身份资料和交易记录保存制度具有以下特征。

一、主体的特定性

客户身份资料和交易记录保存制度的主体是指反洗钱和反恐怖融资法律法规和行政规章所规定的反洗钱义务主体，通常包括金融机构、支付机构和特定非金融机构。虽然金融情报机构、行政监管机构、公安、检察部门和审判部门对客户身份资料和交易记录在分析识别、调查确认、审理认定后也要对其予以保存归档，但这种保存不同于客户身份资料和交易记录保存制度中所规定的保存。

二、手段的法定性

为保证客户身份资料和交易记录得到较好的保存，有关反洗钱义务主体应根据法律法规所规定的保存手段或方式予以保存，避免随意性。

三、保存的功效性

保存客户身份资料和交易记录的目的：一是给情报监测分析部门报告可疑交易资料，在监管机关或情报机关进一步核查时提供依据；二是在侦查机关、检察机关调查或起诉洗钱犯罪时以及审判机关在审判洗钱犯罪时，作为证据提供，以便有力地揭示和惩罚犯罪；三是可以作为金融机构履行客户尽职调查和交易监测报告义务的记录和证明；四是保存客户身份资料和交易记录也是我国加入有关国际反洗钱和反恐怖融资组织、履行国际义务的要求。

5.11.2 我国客户身份资料与交易记录保存制度

我国《反洗钱法》第三十四条规定，金融机构应当按照规定建立客户身份资料和交易记录保存制度。在业务关系存续期间，客户身份信息发生变更的，应当及时更新。客户身份资料在业务关系结束后、客户交易信息在交易结束后，应当至少保存十年。金融机构解散、被撤销或者被宣告破产时，应当将客户身份资料和客户交易信息移交国务院有关部门指定的机构。客户身份资料和交易记录作为打击洗钱犯罪的有效证据，使其得到较好保存具有重要意义。

一、保存范围

我国《金融机构反洗钱规定》要求金融机构应当在规定的期限内，妥善保存客户身份资料和能够反映每笔交易的数据信息、业务凭证、账簿等相关资料。

《金融机构客户身份识别和客户身份资料及交易记录保存管理办法》要求金融机构应当保存的客户身份资料包括记载客户身份信息、资料以及反映金融机构开展客户身份识别工作情况的各种记录和资料。金融机构应当保存的交易记录包括关于每笔交易的数据信息、业务凭证、账簿及有关规定要求的反映交易真实情况的合同、业务凭证、单据、业务函件和其他资料。

（2022 年《金融机构客户尽职调查和客户身份资料及交易记录保存管理办法》第四十四条规定：金融机构应当保存的客户身份资料包括记载客户身份信息以及反映金融机构开展客户尽职调查工作情况的各种记录和资料。金融机构应当保存的交易记录包括关于每笔交易的数据信息、业务凭证、账簿以及有关规定要求的反映交易真实情况的合同、业务凭证、单据、业务函件和其他资料。）

二、保存方式

《金融机构客户身份识别和客户身份资料及交易记录保存管理办法》要求金融机构应采取必要管理措施和技术措施，防止客户身份资料和交易记录的缺失、损毁，防止泄露客户身份信息和交易信息。金融机构应采取切实可行的措施保存客户身份资料和交易记录，便于反洗钱调查和监督管理。

（2022 年《金融机构客户尽职调查和客户身份资料及交易记录保存管理办法》第四十五条规定：金融机构应当采取必要的管理措施和技术措施，逐步实现以电子化方式①完整、准确保存客户身份资料及交易信息，依法保护商业秘密和个人信息，防止客户身份资料及交易记录缺失、损毁，防止泄露客户身份信息及交易信息。金融机构客户身份资料及交易记录的保存方式和管理机制，应当确保足以重现和追溯每笔交易，便于金融机构反洗钱工作开展，以及反洗钱调查和监督管理。）

三、保存时限

按照我国 2024 年新修订的《反洗钱法》规定，客户身份资料在业务关系结束后、客户交易信息在交易结束后，应当至少保存十年。自 2025 年 1 月 1 日开始，有关反洗钱规章制度与 2024 年《反洗钱法》冲突的，都要按照新修订的《反洗钱法》规定执行。

《金融机构客户身份识别和客户身份资料及交易记录保存管理办法》要求金融机构应当按照下列期限保存客户身份资料和交易记录：①客户身份资料，自业务关系结束当年或者一次性交易记账当年起至少保存 5 年。②交易记录，自交易记账当年起至少保存 5 年。如客户身份资料和交易记录涉及正在被反洗钱调查的可疑交易活动，且反洗钱调查工作在前款规定的最低保存期届满时仍未结束的，金融机构应将其保存至反洗钱调查工作结束。同一介质上存有不同保存期限客户身份资料或者交易记录的，应当按最长期限保存。同一客户身份资料或者交易记录采用不同介质保存的，至少应当按照上述期限要求保存一种介质的客户身份资料或者交易记录。

---

① 随着信息技术在反洗钱工作中的广泛应用和无纸化办公的推广，越来越多的金融机构和支付机构以影像等电子化形式保存客户身份资料及交易信息，从反洗钱要求看，以电子或纸质形式保存客户身份资料及交易信息都符合要求；如果通过两种形式保存的，要确保一致。

法律、行政法规和其他规章对客户身份资料和交易记录有更长保存期限要求的，遵守其规定。

《金融机构大额交易和可疑交易报告管理办法》（中国人民银行令〔2016〕第3号）第二十二条规定，金融机构应当按照完整准确、安全保密的原则，将大额交易和可疑交易报告、反映交易分析和内部处理情况的工作记录等资料自生成之日起至少保存5年。保存的信息资料涉及正在被反洗钱调查的可疑交易活动，且反洗钱调查工作在规定的最低保存期届满时仍未结束的，金融机构应将其保存至反洗钱调查工作结束。

（2022年《金融机构客户尽职调查和客户身份资料及交易记录保存管理办法》第四十六条规定：金融机构应当按照下列期限保存客户身份资料及交易记录：

（1）客户身份资料自业务关系结束后或者一次性交易结束后至少保存5年；

（2）交易记录自交易结束后至少保存5年。

如客户身份资料及交易记录涉及正在被反洗钱调查的可疑交易活动，且反洗钱调查工作在前款规定的最低保存期限届满时仍未结束的，金融机构应当将相关客户身份资料及交易记录保存至反洗钱调查工作结束。同一介质上存有不同保存期限客户身份资料或者交易记录的，应当按最长保存期限保存。同一客户身份资料或者交易记录采用不同介质保存的，应当按照上述期限要求至少保存一种介质的客户身份资料或者交易记录。法律、行政法规对客户身份资料及交易记录有更长保存期限要求的，从其规定。

金融机构破产或者解散时，应当将客户身份资料、交易记录以及包含客户身份资料、交易记录的介质移交给中国人民银行、中国银行保险监督管理委员会或者中国证券监督管理委员会指定的机构。）

6 洗钱和恐怖融资风险评估

本章主要介绍风险为本是反洗钱方法的基本要求，洗钱风险评估的基础知识、相关内容和基本方法；对国家、行业洗钱风险评估及金融机构洗钱风险自评估的要求、方法等进行详细阐述。

6.1 风险为本是反洗钱的基础措施

一、风险为本是反洗钱的基础措施

洗钱是获取大额犯罪收益的贪利性犯罪的衍生犯罪。犯罪分子通过违法犯罪活动获取巨额黑钱，如果不加掩饰隐藏，这些巨额黑钱的存储、转移和使用容易被执法部门发现，以此为线索，执法部门可非常容易地追溯犯罪分子的原罪。犯罪分子为规避执法部门追查，掩饰隐藏其违法犯罪获取的巨额收益的来源、性质、地点或流向，需要用各种手段和方法将违法犯罪收益多次转换、流动和清洗，使其犯罪收益在形式上合法，通过"清洗"使黑钱、赃钱等违法犯罪收益合法化。金融机构和支付机构是社会资金流动的主要载体和媒介，其在国家支付体系中的独特作用和所提供的产品服务的特点决定了金融机构、支付机构具有被犯罪分子利用洗钱和恐怖融资的潜在风险。另外，金融机构、支付机构为客户办理业务，能够在第一时间接触洗钱犯罪分子及其清洗的犯罪收益，具有发现洗钱犯罪活动的便利条件。如果金融机构、支付机构与客户建立初始业务关系时就开展客户尽职调查，严密监控其大额和异常资金流动，及时向有关部门报告大额交易和可疑交易，保存好客户身份资料和交易记录，按照有关法律法规的要求及时冻结犯罪分子的资金，可有效遏制和打击洗钱和恐怖融资犯罪活动。为此，联合国等国际组织、各国政府、专业反洗钱机构出台的反洗钱国际公约、国际规则和法律法规都赋予金融机构法定反洗钱义务，要求金融机构监测客户的可疑金融交易行为，监测分析报告可疑金融交易。但从各国反洗钱工作实践看，在反洗钱起步阶段，由于反洗钱工作以合规为本，在很多国家和地区，可疑金融交易报告防御性报送严重，可疑金融交易报告的质量不断下降，有价值的可疑交易报告信息被稀释，反洗钱工作有效性降低；更有甚者，一些国家和地区按照 FATF 要求，建立了比较完善的反洗钱法律制度体系，但没有真正贯彻实施。通过 FATF 第三轮反洗钱和反恐怖融资互评估，FATF 逐渐认识到该问题的严重性。从 2005 年开始，FATF 着手风险为本反洗钱方法的研究，力求通过风险为本反洗钱方法的推广，合理分配反洗钱资源，改善金融机构可疑交易防御性报送的问题，提升反洗钱有效性。2007 年 6 月，FATF 在总结各成员国及有关国际组织成功经验的基础上，公布了《风险为本的反洗钱方法指引：高级原则和程序》①，要求各成员国贯彻风险为本反洗钱方法，全面评估洗钱和恐怖融资风险，确保采取的防控洗钱和恐怖融资风险的措施与被识别出的洗钱风险水平相适应，从而保证反洗钱资源得到最佳配置。2012 年 2 月，FATF《打击洗钱、恐怖融资与扩散融资的国际标准建议》明确要求各成员国将以风险为本反洗钱方法作为反洗钱的基本措施。此后，FATF 陆续发布银行业、寿险业、证券期货业、特定非金融机构等不同行业的风险为本反洗钱方法的具体指引。FATF 在其第四轮反洗钱和反恐怖融资互评估中将风险为本反洗钱方法的实施作为评估的核心内容。风险为本的反洗钱方法已经成为各成员国提升反洗钱有效性的基本措施，成为反洗钱工作的基本方法。反洗钱监管也逐渐从规则为本向风险为本转变，2021 年 3 月 4 日 FATF 发布了《风险为本反洗钱和反恐怖融资监管指引》②，用于指导各成员国风险为本反洗钱监管工作。

二、洗钱和恐怖融资风险评估是贯彻风险为本反洗钱方法的前提

为落实风险为本的反洗钱方法，无论是监管部门还是金融机构首先要做的是对潜在的洗钱和恐怖融资风险进行评估，只有评估、了解面临的洗钱和恐怖融资风险，有效识别风险，才能在风险评估的基础上，采取风险为本的方法以确保防范和降低洗钱与恐怖融资风险的措施与已识别的风险相匹配。因此，风险评估是风险为本反洗钱方法实施的基础。FATF 要求各国在 FATF 风险为本的原则框架下，采取更加灵活的措施，有效地分配资源、实施与风险相称的预防措施，最大限度地提高反洗钱有效性。

风险评估一般包括风险识别、风险分析和风险评价三个步骤：

（1）风险识别从列出洗钱和恐怖融资风险或风险指标③开始，这些指标来自已知或所怀疑的威胁或缺陷，风险识别的方法主要采用风险事件识别法，即对特定的洗钱和恐怖融资案例从宏观层面和微观层面进行识别，也可从宏观分析入手，以关注国内环境，且识别程序应该是全面和动态的，以便随时列入新出现的或前期未预

---

① FATF. FATF Guidance on the Risk-Based Approach to Combating Money Laundering and Terrorist Financing-High Level Principles and Procedures [EB/OL]. (2007-06-22) [2021-01-01]. https://www.fatf-gafi.org/media/fatf/documents/reports/High%20Level%20Principles%20and%20Procedures.pdf.

② FATF. Guidance for applying a Risk-Based Approach to AML/CFT Supervision [EB/OL]. (2021-03-04) [2021-03-05]. https://www.fatf-gafi.org/media/fatf/documents/Risk-Based-Approach-Supervisors.pdf.

③ 风险指标是指造成洗钱及恐怖融资的原因、来源、动机方面的特定威胁或漏洞。

测到的风险。

（2）风险分析是洗钱和恐怖融资风险评估的核心步骤。对已识别出的风险或风险指标类型、来源、可能性和后果的分析。其最终目的是获得对每一种风险的全面理解，以便确定它们的相关价值和重要性。

（3）风险评价。根据前期确定的评估目标，综合考虑风险分析阶段发现的风险，确定解决风险的优先顺序，风险优先次序有助于风险减缓战略的确定。

6.2　国家和行业洗钱风险评估

6.2.1　国家洗钱和恐怖融资风险评估

FATF《打击洗钱、恐怖融资与扩散融资的国际标准建议》将开展国家洗钱和恐怖融资风险评估（简称国家洗钱风险评估）列为成员国反洗钱的首要任务。FATF 认为，国家洗钱风险评估是一国开展反洗钱和反恐怖融资工作的重要基础，通过在国家层面开展全面合理的洗钱风险评估，并定期予以更新，政府部门能够及时、充分地了解国家所面临的洗钱和恐怖融资威胁情况，掌握自身反洗钱和反恐怖融资体系存在的薄弱环节，为制定有效的风险防控措施提供指导。同时，国家洗钱风险评估也是反洗钱义务机构在机构层面开展洗钱风险评估和采取相应洗钱风险控制措施的重要依据。

一、国家洗钱和恐怖融资风险评估的程序、内容和方法

FATF《打击洗钱、恐怖融资与扩散融资的国际标准建议》明确规定，各国应当识别、评估和了解本国的洗钱与恐怖融资风险，并采取相应措施，包括指定某一部门或建立相关机制协调行动以评估洗钱风险，配置资源，确保有效降低洗钱风险。在风险评估基础上，各国应采用风险为本的方法，确保防范或降低洗钱和恐怖融资风险的措施与已识别出的洗钱风险相适应。该方法应当作为各成员国在反洗钱体制内有效配置资源，实施 FATF 建议要求的风险为本措施的必要基础。如发现风险较高，各国应确保其反洗钱体系能充分解决这些风险。如发现洗钱风险较低，各国可以决定在特定情况下，允许对某些 FATF 建议采取简化的措施。各国应当要求金融机构和特定非金融机构，识别、评估并采取有效措施降低洗钱与恐怖融资风险。为有效指导各成员的国家洗钱和恐怖融资风险评估工作，FATF 于 2013 年 2 月发布了《国家洗钱和恐怖融资风险评估指引》[①]。2019 年 7 月，FATF 在总结 35 个国家和地

---

① FATF. Fatf Guidance National Money Laundering and Terrorist Financing Risk Assessment [S]. Paris, 2013.

区反恐怖融资工作经验的基础上，发布了《国家恐怖融资风险评估指引》。[①]

（一）国家洗钱和恐怖融资风险评估相关的概念

洗钱和恐怖融资风险一般包含三项因素：威胁、缺陷（漏洞）和后果。洗钱和恐怖融资风险评估是尝试识别、分析和了解洗钱和恐怖融资风险，并用作解决这些风险的第一步的一种结果或过程，风险评估应当对威胁、缺陷和后果作出判断。

1. 威胁（Threat）。威胁是指一个或一群人、事物、行为会对某个对象如国家、社会、经济等造成危害的可能性。在洗钱和恐怖融资背景下，威胁主要包括犯罪、恐怖主义团伙及其支持者在过去、现在和未来正在或可能实施的洗钱和恐怖融资活动。威胁是洗钱和恐怖融资风险的重要相关因素，通常作为了解或推断洗钱和恐怖融资风险时的重要起点。因此，了解上游犯罪的发生环境及根据犯罪收益识别其性质、数量和规模对实施风险评估尤为重要，在特殊情况下，特定类型的威胁评估可能被当作洗钱和恐怖融资风险评估的先决条件。

2. 缺陷或漏洞（Vulnerabilities）。风险评估中的缺陷是指那些被威胁利用或将支持或促进这些威胁的事物。在洗钱和恐怖融资风险评估背景下，寻找不同于威胁的缺陷（漏洞）意味着要关注那些反洗钱和反恐怖融资系统或措施，甚至一个国家的某些特性等所表现出来的弱点，还要关注某个行业、某种金融产品或服务表现出来的能令洗钱和恐怖主义融资感兴趣的特征。

3. 后果（Consequence）。后果是指洗钱和恐怖融资活动产生的影响或危害，包括潜在的犯罪或恐怖活动对金融系统和金融机构的影响，以及对经济和社会的影响。洗钱和恐怖融资的后果可能是短期的，也可能是长期的，同时可能关系到人口、特定团体、商业环境、国家或国际利益，以及一个国家金融部门的声誉或吸引力。风险评估包括对威胁、缺陷（漏洞）和后果的判断。鉴于在确定或评估洗钱和恐怖融资带来的后果方面所面临的挑战，将后果纳入风险评估可能不涉及特别复杂的方法，FATF 建议各国要集中精力全面了解它们面临的威胁和缺陷（漏洞），要注意风险评估应尝试区分不同程度的风险，然后采取优先缓和措施。

（二）国家洗钱和恐怖融资风险评估的一般性原则

1. 目标一致原则。在开始洗钱和恐怖融资评估前，所有涉及方（包括评估者乃至最后的使用者）都应该在评估目的和评估范围上达成一致意见，同时应建立期望值，包括评估结果如何与大家对国家级风险的理解相衔接。考虑到潜在使用者的多样性和分散预期，有必要在一开始就明确为何进行风险评估、该评估要解答的问题、

---

① FATF. Terrorist Financing Risk Assessment Guidance ［S］. Paris，2019. www.fatf-gafi.org/publications//methodsandtrends/documents/Terrorist-Financing-Risk-AssessmentGuidance.html.

解答这些问题的标准和该评估可能提供的决策。国家洗钱风险评估可能与战略规划及具体的行动和决策相联系，使用者的需求不同，评估的目的会有所变化。

2. 确定范围。要确定洗钱和恐怖融资风险评估是单独评估还是联合评估，恐怖融资相关的因素与洗钱相关的因素大相径庭，恐怖融资可能来自犯罪活动，也可能来自合法渠道；确定风险评估是国家级、超国家级还是次国家级洗钱风险评估，国家洗钱和恐怖融资评估由不同种类、不同级别的评估共同组成一个国家级的风险等级体系。不同国家常常根据本国反洗钱和反恐怖融资协调与合作框架来确定所采取的方法，国家洗钱风险评估应着重关注宏观层面的风险对反洗钱和反恐怖融资机制的影响，但无论采取什么方法，各国都须确保对本国洗钱和恐怖融资风险作出全面评估，从而为打击洗钱和恐怖主义融资活动提供一个整体的架构。

3. 洗钱和恐怖融资风险评估工作的高级别承诺。在洗钱和恐怖融资评估前，政府高级官员要作出政治承诺，承认洗钱高风险会损害国家声誉或者对国内投资产生负面影响，这样可以预防在评估过程中少受特定环境、立法改革、机构议程、投资注入和特殊利益相关者等影响。

（三）国家洗钱风险评估的组织和信息

1. 国家洗钱和恐怖融资风险评估的规划和组织。在进行洗钱和恐怖融资风险评估过程中，要建立正式的内部机构工作组去控制相关的风险评估过程。还有的形式是召开圆桌会议讨论、成立专家工作组、有关机构和团体组成的特别工作组，理想情况下，要明确负责牵头和协调的特定机构、组织或特别工作组。特定的评估目的和范围将很可能决定风险评估团队的组成。与国家洗钱和风险评估相关的会议、访谈、数据收集和分析可能是一个漫长的过程，特别是在主管部门对威胁和漏洞存在分歧的情况下。通过多种方法了解在特定情况下和整体上面临的风险，包括自上而下和自下而上的方法。

2. 信息来源。国家层面的洗钱和恐怖融资风险评估应包括一系列的政府部门、政府和组织。可为国家洗钱和恐怖融资风险评估提供信息来源的公共主体包括政策制定机构、执法和检察机关、情报或安保机构、金融情报机构、监督管理部门、外交部等其他部门。私营部门包括金融机构和特定非金融机构、行业协会和自律组织、研究者、犯罪专家、行业协会、私营部门专家，有时罪犯也是一项有价值的信息来源，尤其在一些辖区，刑事司法系统通过坦白从宽和其他措施，激励罪犯悔改来分享信息；罪犯可以揭示选择某行业或产品、交易、作案手法的原因。在评估过程中，确定数据来源、信息类型和将要用到的分析工具非常必要，信息包括定量信息和定性信息。

（四）国家洗钱和恐怖融资风险评估的步骤

国家风险评估也包括风险识别、风险分析和风险评价三个步骤（见图6-1）。

1. 国家洗钱风险识别。风险评估的第一个步骤是识别风险以进行分析。洗钱风险是威胁、漏洞和后果的结合体。风险识别的重要步骤就是开始编制已知或怀疑的威胁和漏洞目录，威胁和漏洞来自所使用的方法和支付系统、所研究的部门威胁和漏洞，以及辖区和恐怖分子没有被逮捕或没收财产的原因等。风险识别从列出洗钱和恐怖融资风险或风险指标开始，风险识别的方法主要是风险事件识别法，即对特定的洗钱和恐怖融资案例从宏观层面和微观层面进行识别，也可从宏观分析入手，以关注国内环境，且识别程序应该是全面和动态的。

2. 国家风险分析是洗钱和恐怖融资风险评估的核心步骤。通过风险分析，使国家能够从单纯地描述一国面临的洗钱和恐怖融资风险深入到理解洗钱和恐怖融资风险的性质、内容及可能产生的影响。风险分析的目的就是分析已识别出的风险，了解它们的性质、来源、可能性和后果，风险分析要考虑已识别出的风险或风险指标类型、来源、可能性和后果，以确定每种风险的相关价值和重要性分析。其最终目的是获得对每一种风险的全面理解，以便确定它们的相关价值和重要性。国家风险分析要考虑涉及风险指标的广义的环境因素，包括一国的总体环境（如政治、经济、地理和社会因素），以及影响反洗钱和反恐怖融资措施实施的其他具体的结构性因素，对这些因素的分析，能够帮助确定何种环境因素与洗钱和恐怖融资有关，实际上，其中很多因素已经被确定为国家面临的一些漏洞。在洗钱和恐怖融资风险分析过程中，了解洗钱和恐怖融资发生的原因非常重要，洗钱和恐怖融资行为的本质是获取巨额收益和资助恐怖主义。获取巨额收益是绝大多数犯罪分子的根本目标，因此犯罪分子会努力转移、隐瞒或掩饰这些非法获取的资金和其他资产的真实性质和来源。恐怖分子需要收集、接收和转移资金以保持运作，攻击或控制基础设施作为对组织的支持。理解洗钱和恐怖融资的相关后果也非常重要，其会对国家和区域、地方和个人产生影响。从国家层面看，洗钱和恐怖融资的一个重要后果是对国家透明度、良好的国家治理及公共组织和私营机构责任造成消极影响。洗钱和恐怖融资活动对一国的安全、声誉造成损害，对国家经济也有直接和间接的影响。非常具有挑战性的是，洗钱和恐怖融资风险有时难以描述和量化或数值化，尤其是当使用正式的技术分析时。

3. 国家风险评价。风险评价是根据前期确定的评估目的以及风险分析结果，确定解决风险的优先顺序，优先顺序有助于风险减缓战略的制定。根据风险的来源，解决（控制）风险的方法可以有很多，包括预防（避免）、缓解（或减少）、接受或应急计划。按照风险为本的原则，最重要的方法是预防（禁止推广某些产品、提供某种服务、开展某种活动）和风险缓释法（或风险降低法）。对风险水平的评价有助于制定解决风险的战略，对较高风险应该采取强化措施以减少损害，对较低风险应采取简化措施；高水平风险可能是系统性的难以消除的，所以需要长期采取强化措施。洗钱和恐怖融资风险的排序有助于稀缺资源在反洗钱和反恐怖融资项目和公共政策制定、公共安全能力方面的分配，各国应采取必要的措施并适当地分配资源以减少已识别洗钱风险的危害。

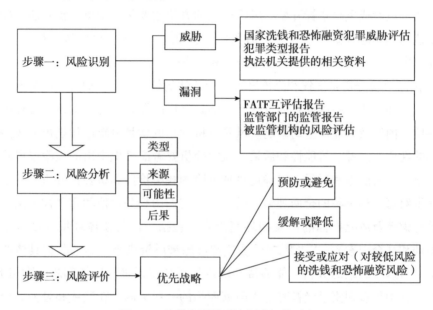

图 6-1　洗钱和恐怖融资风险评估过程

（五）风险评估的结果

风险评估结果可以通过不同的方式呈现，作为评估结果最终使用者的主管当局，往往希望能够通过某种形式的书面报告产生。不管评估结果以何种形式展示，它最终能够帮助当局根据风险等级和优先次序来作出正确的判断，从而降低风险。一国的风险评估结果能够为国家反洗钱和反恐怖融资政策制定及行动计划提供有价值的信息，这些政策最终会影响相关部门如何履行它们的职责。风险评估一旦完成，当局都要考虑如何在最大范围内将评估结果传递给各利益相关者（包括所有主管当局、自律组织、金融机构和特定非金融机构）。一些洗钱和恐怖融资报告可能含有太多敏感信息，向公众披露可能吸引过多的对一国反洗钱和反恐怖融资缺陷的关注，此外评估过程的一些信息可能有保密的要求，但不管怎样，评估信息还是应该适当地提供给金融机构和特定非金融机构，协助它们解决当前洗钱和恐怖融资风险及新出现的威胁。即使因信息敏感性而不允许广泛传播国家洗钱风险评估报告的全部结果，但至少可考虑提供脱密后的信息和结论，或至少提供风险评估所使用的方法、主要发现和结论。洗钱和恐怖融资风险评估的另一个特定目的是为公众提供政府反洗钱和反恐怖融资行动的信息，以促进公众对政府相关行动的理解，可以为公众提供非机密版本的评估结果。

国家洗钱和恐怖融资风险评估的形式、范围和性质最终应满足用户的需求，典型的风险评估用户可能包括：政策制定者及其他权威机构；办事机构，包括执法部门、其他调查当局、金融情报单位和有关边境机构；管理者、监管者和自律监管机构；金融机构和特定非金融机构；非营利组织；反洗钱和反恐怖融资的评估者和评估主体及其利益相关者；一般公众、学术界和特定个体等。

（六）其他需要考虑的因素

1. 国家洗钱风险评估的频率。风险评估的频率由各国根据洗钱风险变化速度、显著程度等各项具体因素决定，特别是新型洗钱和恐怖融资活动造成重大危害或者情报学、类型学取得了新进展，产品和服务发生重大变化；一般在首次评估后 3 至 5 年内进行下一次风险评估。指定的主管部门或机制要负责记录国家洗钱和恐怖融资风险评估所使用的方法和过程的全部信息，要确保所有评估数据、信息、分析和结论记录被安全保存。国内外一系列重大事件的发展变化也会提高洗钱风险评估的要求，如 FATF 国际标准和指引的变化，国家政治、经济和法律体系的变化，其他国家体制的变化，私营部门提出的问题，洗钱和恐怖融资新动向，公开信息资源或公开报道，国内洗钱类型研究，互评估和自评估周期等。

2. 记录评估使用的方法和流程。为了确保评估过程中所有参与者都意识到它们的义务和责任，并向其他利益相关者展示如何进行的风险评估，指定的主管部门要负责记录国家洗钱和恐怖融资风险评估所使用方法和过程的全部信息，并确保所有的数据、信息、分析及结论的记录被安全保存。

3. 超主权国家的风险评估。超主权国家的评估对国家层面的风险评估具有一定的价值。在开展国家层面风险评估中，超主权国家的风险评估可以作为信息来源的补充，并能协助识别风险、漏洞和可能产生的后果，也可为后续国家风险评估的结论判定提供基准，当然，超国家主权的评估本身也可以从国家风险评估结果中获取资料。

4. 与全球洗钱和恐怖融资风险评估的联系。FATF 会定期对全球洗钱和恐怖融资风险进行评估，并提供已评估出的洗钱和恐怖融资风险及这些风险可能造成的危害。因此，FATF 的全球洗钱和恐怖融资风险评估以及一些像欧盟等区域洗钱和恐怖融资风险评估、其他国家的洗钱风险评估可为正在开展的国家洗钱风险评估提供重要参考。

二、我国国家洗钱和恐怖融资风险评估

为配合 FATF 对我国的第四轮互评估，中国人民银行从 2014 年就开始着手国家洗钱和恐怖融资风险评估工作，在这期间邀请了世界银行、国际货币基金组织和有关国家的风险评估机构对参与评估的人员就风险评估的主要内容和方法进行培训。参照 FATF 发布的国家洗钱风险评估指引，探索研究了我国国家洗钱风险评估的基本理论结构。2017 年，根据国务院反洗钱工作部际联席会议部署，中国国家洗钱和恐怖融资风险评估工作全面启动，人民银行和各相关部门、行业协会、金融机构共同研究确定了风险评估框架，并利用世界银行第二代国家洗钱风险评估工具开展量化评估①。世界银行国家洗钱风险评估工具（NRA Tools）依据贝叶斯网络模型，利用概率方法分析风险来源和原因，比较各种行业、产品、服务的缺陷，判断全国的整体风险。主要分为以下三方面内容：洗钱威胁评估、反洗钱缺陷评估和恐怖融资风险评估。在评估过程中，工作组广泛收集整理风险评估所需数据资料，收集了2013 年至 2015 年已公开的中国洗钱犯罪及主要上游犯罪的全部判决书 68 万份，通过抽样统计分析等方式研究洗钱和恐怖融资威胁，与相关行业主管部门、协会和机构代表共同分析了金融行业各子行业数十类主要业务和特定非金融机构的固有风险和控制措施，考察了国家层面反洗钱执法机制的有效性和存在的薄弱环节，综合评判各领域洗钱和恐怖融资风险，并提出了相应的建议和行动计划，最终形成了《中国洗钱和恐怖融资风险评估报告（2017 年）》②。为更新对近年来国家洗钱和恐怖融资风险的认识，2021 年，中国人民银行启动第二次国家洗钱和恐怖融资风险评估。在评估方法上，沿用世界银行（WB）更新的国家洗钱风险评估工具，评估国家整体洗钱威胁水平、金融行业和特定非金融行业反洗钱缺陷水平，得出我国总体洗钱风险情况。在评估内容上，增加了扩散融资风险评估、法人洗钱风险评估，完善了特定非金融行业风险评估。在评估过程中，根据工作方案，广泛收集风险评估所需数据资料，主要包括 2017 年至 2020 年公开的洗钱犯罪及其上游犯罪判决书、2021 年反洗钱义务机构上报的重点可疑交易报告以及公检法机关 2021 年底在侦在诉的洗钱犯罪案件，向金融机构和特定非金融机构发放调查问卷，与相关行业主管部门、协会和机构代表沟通等，并广泛收集世界银行、国际货币基金组织（IMF）、金融行动特别工作组（FATF）、埃格蒙特集团（EG）、欧亚反洗钱和反恐怖融资组织（EAG）、亚太反洗钱组织（APG）等国际组织和各国风险研究报告。结合定量

---

① The World Bank. National Risk Assessment Tool Guidance Manual：Module 1 - Money Laundering Threat Assessment［EB/OL］.（2015 - 06 - 01）［2021 - 01 - 13］. http://documents1. worldbank. org/curated/en/ 753831593423608028/pdf/National-Risk-Assessment-Tool-Guidance-Manual-Module-1-.

② 国务院反洗钱工作部际联席会议. 中国洗钱和恐怖融资风险评估报告［R］. 2017.

和定性方法，综合评判中国各领域洗钱、恐怖融资风险，并提出了相应的行动计划，最终形成《中国洗钱和恐怖融资风险评估报告（2022 年）》①。

（一）采用的风险评估方法

中国第二次国家洗钱和恐怖融资风险评估借鉴世界银行国家洗钱风险评估工具，主要从威胁、缺陷两个方面评估全国的洗钱、恐怖融资整体风险。

1. 洗钱威胁的评估方法

在威胁评估部分，该报告收集了 2017 年至 2020 年全国各级法院公开发布的洗钱上游犯罪案件判决书 347 万余份，2021 年反洗钱义务机构上报的重点可疑交易报告 16196 份，2021 年底全国各级公安机关在侦洗钱案件 1222 起以及各级检察院在诉洗钱案件 1212 起，2020 年以来世界银行、国际货币基金组织、FATF、埃格蒙特集团、EAG 和 APG 等国际组织和各国风险研究报告 50 余份，以及公检法部门公开披露的上游犯罪数据、案例和国内研究机构报告等，作为洗钱威胁评估的基础。

《中国洗钱和恐怖融资风险评估报告（2022 年）》从三个层次分析这些案例和报告。一是整体分析。通过信息技术进行数据抓取，统计上游犯罪和洗钱犯罪案件的类型、分布地区、判决时间、判决刑期、涉案金额等核心要素，分析中国整体洗钱威胁状况。二是类型分析。通过整体分析确定重点上游犯罪类型，形成包含 758989 份判决书的案例库，对特定犯罪类型和特征导致的洗钱威胁开展针对性评估。此外，报告结合我国义务机构提交的可疑交易报告以及公检法部门在侦在诉的洗钱案件，对目前面临的洗钱威胁进行分析。三是预测研判。通过收集境内外洗钱案例、分析当前国内社会经济现状，评估了境外输入的洗钱威胁和中国面临的潜在洗钱威胁。

2. 反洗钱缺陷评估方法

在缺陷评估部分，根据世界银行评估工具，对银行业、证券业（含期货业和基金业）、保险业、信托业等金融行业、非银行支付业、网络借贷行业以及房地产、贵金属和宝石、会计师、律师、公证、企业登记代理等特定非金融行业的反洗钱缺陷进行了分析，在评估过程中向金融机构和特定非金融机构发放了调查问卷，作为行业缺陷评估的基础。综合考虑固有风险与控制措施，得出各行业剩余缺陷水平和主要风险点。同时，报告还评估了现金、跨境资金流动、虚拟货币、法律安排、数字人民币等特定领域的洗钱风险。

3. 恐怖融资风险评估方法

利用世界银行工具，通过收集联合国安理会相关决议通报和分析资料、制裁监

---

① 关于印发《中国洗钱和恐怖融资风险评估报告（2022 年）》的通知（银反洗钱函〔2023〕794 号）。

测组的报告、经济与和平研究所发布的全球恐怖主义指数、我国公安部新闻发布会通报等资料，识别我国恐怖主义威胁；此外，通过分析 2017 年至 2021 年我国涉恐怖融资可疑交易、我国涉恐怖融资调查协查以及恐怖融资案例，识别恐怖融资的来源和不同渠道，评估中国面临的恐怖融资威胁。从中国反恐怖融资的组织架构与监管执法工作入手，分析中国打击恐怖融资的制度和体系安排，评估潜在的缺陷，最后根据威胁和缺陷的评估结果，以风险矩阵形式综合展现我国的恐怖融资风险评估结果。

（二）《中国洗钱和恐怖融资风险评估报告（2022 年）》的主要内容①

第一章"中国情况概述"。包括中国社会经济概况、中国政府对打击犯罪的政治态度、中国打击犯罪的整体能力等。

第二章"中国反洗钱和反恐怖融资体系"。包括中国反洗钱和反恐怖融资法律制度、反洗钱工作组织架构、中国反洗钱监督管理、金融情报的获取和使用、打击洗钱及上游犯罪成效、国际司法执法合作等。

第三章"中国面临的洗钱威胁"。包括上游犯罪总体形势、重点洗钱上游犯罪类型、洗钱犯罪的形势与特征、境外输入洗钱威胁、潜在洗钱威胁等。

综合来看，中国社会治安状况良好，刑事案件发案率处于较低水平，且持续向好趋势明显，人民群众安全感较高。当前，以获取非法利益为主要目的的经济犯罪仍是我国犯罪的主要形式，并呈现新的变化趋势和特点，洗钱威胁类型也随之发生变化。

一是从主要上游犯罪类型来看，诈骗犯罪是我国面临的最大的洗钱威胁，非法集资、腐败犯罪、赌博犯罪带来的洗钱威胁也相对较高。从洗钱威胁变化趋势看，诈骗罪、赌博犯罪、黑社会性质组织犯罪的洗钱威胁呈上升趋势，非法集资、传销犯罪、侵犯知识产权犯罪的洗钱威胁呈下降趋势。

二是从地域洗钱威胁分布来看，主要集中在东部沿海及中部部分地区，其中广东、浙江、江苏、河南、山东、河北面临的洗钱威胁最大，四川、湖南、湖北、广西、福建面临的洗钱威胁也相对较高。洗钱威胁与经济发展、人口规模呈现明显相关性，并表现出从沿海经济发达地区向内陆地区扩散蔓延的态势。

三是在跨境洗钱威胁方面，我国面临来自境外的洗钱威胁相对较小，但国内犯罪收益向境外转移的威胁仍然较大，主要流向目的地为我国港澳台地区以及东南亚、东亚、北美、欧洲等国家和地区，跨境洗钱手段主要是通过地下钱庄等方式。

---

① 2023 年 12 月，中国人民银行已经将《中国洗钱和恐怖融资风险评估报告（2022 年）》印发国家有关机关、反洗钱监管部门和金融机构、支付机构，在此仅列出有关章节的主要结论，详细内容请参考报告。

四是从行业洗钱威胁来看，银行业和非银行支付业作为主要的资金流转渠道，面临的洗钱威胁最高。从洗钱威胁变化趋势来看，受信息网络技术发展的深度影响，非银行支付业的洗钱威胁上升趋势最为显著，证券业的洗钱威胁呈小幅下降趋势。洗钱活动主要涉及本币现金、银行存款、支付账户和房产等渠道，洗钱方式主要仍为提供资金账户。与2017年国家洗钱风险评估结论比较，在犯罪类型方面，诈骗犯罪威胁有所上升，非法集资罪及腐败犯罪威胁有所下降；洗钱威胁地区分布基本一致，主要在东部沿海及中部部分地区；在洗钱威胁行业分布上，非银行支付业面临的洗钱威胁有所上升；在洗钱手法上，移动支付等新兴金融业务洗钱威胁有所上升。

第四章"金融业反洗钱缺陷评估"。包括中国金融业概况、金融行业反洗钱监督管理、银行业反洗钱缺陷、证券业反洗钱缺陷、保险业反洗钱缺陷、信托业反洗钱缺陷、七类非银行金融机构反洗钱缺陷、非银行支付业反洗钱缺陷、网络借贷行业反洗钱缺陷等。

经评估银行业是金融业的核心和枢纽，为全社会资金运行提供支付结算服务，产品、服务种类繁多，使用广泛，业务创新不断加快，同时，我国银行业资产规模占金融业资产规模比重最大。银行业中个人账户、境内汇款、跨境汇款、代理行等业务的固有风险为高风险，贸易融资、私人银行、互联网贷款的固有风险为中高水平。银行业总体的固有风险为中高水平。2017年以来，中国银行业机构的风险管理意识和能力不断提升，反洗钱风险防控机制更加健全，不断强化客户尽职调查，加强对高风险客户及业务的风险防控，建立健全大额交易和可疑交易监测与报告及名单监控体系，为打击洗钱和上游犯罪提供了重要情报来源；从业人员对洗钱风险和危害的理解不断深入，工作履职不断细化，各项反洗钱控制措施能够较为有效地防范洗钱风险。近年来，银行业总体的洗钱风险识别和防范能力得到较大程度的提升，资源配备也得到进一步增强，随着互联网金融等业务占比的持续提升，银行机构不断面临新的挑战，在采取反洗钱控制措施后，洗钱风险能够得到有效控制，但整体而言，由于产品和业务的固有风险较高，银行业反洗钱剩余缺陷仍处于"中高"水平。

经评估，中国证券期货市场交易规模巨大且流动性高，增长速度较快，存在被洗钱活动利用的潜在风险。根据对证券业6类主要业务或服务的固有风险分析，证券和期货经纪业务具有中高的固有风险，行业总体的固有风险为中等。中国证券业机构数量较少，证券期货市场采取客户保证金第三方银行存管和统一账户管理，全面实现了电子化集中交易。证券交易所、期货交易所和期货市场监控中心对市场异常交易实施全天候监控，行业主管部门和自律组织的风险管理能力较强，对证券期货基金公司涉及违规开户和交易行为的风险进行有效防范，全行业合规经营状况良好。经过采取反洗钱控制措施，证券业产品和服务的洗钱风险得到进一步控制，反洗钱剩余缺陷水平为"中等"。

经评估，人身保险行业固有风险处于中高水平，财产保险行业的固有风险为中低水平。保险机构普遍建立了较为完善的反洗钱内部控制制度体系，构建了较为完整的反洗钱组织架构，能够落实客户身份识别、客户身份资料和交易记录保存、可疑交易报告等反洗钱要求。此次评估期内，原银保监会发布多项规定，要求保险公司在销售产品过程中全面实行"双录"（录音录像），并将视听资料按规定保存，加强了保险销售行为的可回溯管理。同时要求保险公司针对部分风险较高险种采取特定的控制措施，有效缓释了保险产品的固有风险。此外，保险产品在收费、给付、理赔等环节基本实现实名交费制管理，资金可监测性与可追溯性极大提升。经过采取反洗钱控制措施，保险业产品/业务风险得到进一步控制。考虑到保险行业的特殊性，人身保险与财产保险等公司的业务差异较大，该报告将保险行业进行拆分，人身保险行业反洗钱剩余缺陷为"中"等水平，财产保险等行业反洗钱剩余缺陷为"中低"水平。

经评估，信托行业的主要业务中，集合资金信托和管理财产信托具有中低风险，单一资金信托具有低风险。信托行业整体固有风险为中低水平。行业主管部门采取有力措施从准入端控制了风险，反洗钱监管部门持续完善监管制度，信托公司不断健全反洗钱内控制度，开展受益所有人识别等工作，进一步提高了透明度，在一定程度上防控了洗钱风险。基于对我国信托行业的固有风险和控制措施有效性的分析，我国信托行业剩余缺陷为"中低"水平。

经评估，七类机构业务范围单一，客户群体有限，基本不具有匿名性，资金转移路径清晰。其中，金融资产管理、金融租赁机构、理财公司洗钱固有风险中低，其余产品和服务固有风险均为低。七类机构市场准入受原银保监会监管，且已纳入反洗钱监管范畴，与上一轮评估周期相比，反洗钱资源投入有所增加，风险控制意识和水平进一步提升。综上所述，七类机构反洗钱整体剩余缺陷为"低"水平。

经评估，通过线上渠道进行交易是支付行业的主要特点之一，预付卡业务和收单业务都有与网络支付融合的趋势，这使相关业务风险被放大。总体而言，收单业务和网络支付业务固有风险为中高，全行业固有风险为中高。目前，中国人民银行已建立支付行业反洗钱监管政策和机制，并指导支付机构不断完善洗钱风险内控机制。但支付机构对于洗钱风险的管理存在较大差异，相对中小型支付机构，大型支付机构投入资源较为丰富，在机制建设、技术系统支持、风控措施的制定和执行方面有效性较高。经过采取反洗钱控制措施，支付行业洗钱风险得到一定控制，但全行业反洗钱剩余缺陷水平仍为"中高"。

经评估，随着网络小额贷款行业反洗钱相关规章制度的陆续出台，网络小额贷款行业反洗钱监管机制逐步完善，网络小额贷款公司以完善内控制度、开展风险自评估、加强反洗钱审计等为抓手，发挥技术优势开展客户身份识别和交易监测，风险水平得到进一步缓释。基于对我国网络借贷行业的固有风险和控制措施有效性的分析，我国网络借贷行业剩余缺陷总体水平为"低"。

第五章"特定非金融行业及专业服务机构反洗钱缺陷评估"。包括特定非金融行业概况、房地产行业反洗钱缺陷、贵金属和宝石行业反洗钱缺陷、会计师行业反洗钱缺陷、律师行业反洗钱缺陷、公证行业反洗钱缺陷、企业登记代理行业反洗钱缺陷等。经评估，特定非金融行业中房地产行业、贵金属和宝石行业的反洗钱缺陷水平为"中等"，会计师行业、律师行业、公证行业和企业登记代理行业的反洗钱缺陷水平为"低"。

第六章"特定领域洗钱风险分析"。包括现金支付、跨境资金流动、虚拟货币、法律安排、数字人民币试点等。

经评估，我国存在一定规模的大额现金交易，特别是个人、企业之间不通过金融机构收取、支付现金的行为未予以规范、监管和监测，被犯罪分子用于洗钱等犯罪活动的风险较大，现行现金管理法规和监测机制有待进一步更新完善。

经评估，经常项下跨境收支业务，通过构造虚假贸易背景实现跨境资金非法转移问题仍旧存在；个人项下跨境收支业务，通过控制多个个人账户实施分拆转移情况仍旧需要改进；资本项下跨境收支业务，主要缺陷体现在通过虚构交易目的和企业经营事项；跨境支付结算方面，汇款公司和非银行支付公司对客户的资金来源和交易目的审核程度参差不齐；涉及离岸公司和离岸账户的跨境收支业务存在一定风险；存在虚假申报或不申报跨境携带大额现金转移的风险隐患。

经评估，虚拟货币交易具有匿名性、去中心化、不受地域限制等风险特征，具有一定的洗钱固有风险，近年来我国也出现了一些利用虚拟货币洗钱的案例。我国自 2017 年起对虚拟货币交易采取了禁止性措施，并通过专项整治、行政和刑事打击、禁止"挖矿"行为、进行常态化监管等措施，有效识别和打击虚拟货币非法交易平台和非法交易活动，虚拟货币洗钱风险得到有效控制。另外，我国也在持续追踪虚拟货币新的发展趋势，认为目前 NFT 等新型数字产品的洗钱风险在可控范围内，并将继续关注其风险变化。

经评估，我国民事信托不具有存在的法律基础，经调研存在极少的类民事信托业务，主要为意定监护和遗嘱信托，但其业务风险小，有反洗钱措施的覆盖，从其规模和发展阶段来看，国内民事信托活动领域存在的潜在洗钱风险非常有限。境外信托方面，经调研了解，境外信托在国内直接运营非常少见，缺少基础设施和配套制度，且受到外汇、境内投资等方面的监管，风险也非常有限。

经评估，我国数字人民币业务已经建立了有效的风险防控机制，指定运营机构采取了客户尽职调查、客户身份资料和交易记录保存、大额交易和可疑交易监测、名单筛查等反洗钱措施，整体风险可控。匿名钱包通过严格交易限制、监管部门的联合防控机制等方式，大大降低了洗钱风险。

第七章"恐怖融资风险评估"。包括恐怖融资威胁、恐怖融资渠道、反恐怖融资立法与监管、跨部门协调合作与金融情报、反恐怖融资国际合作等。

综合考虑恐怖融资威胁和控制措施有效性，我国整体恐怖融资风险水平为"中低"，与 2017 年评估结果相比较，我国面临的恐怖主义融资威胁和整体风险水平都进一步降低。一是在我国保持对恐怖势力的高度警惕和严打高压态势下，国内自发性暴恐团伙的威胁大幅降低；二是涉恐资金由境外向境内流动的比例下降，境外资金少量回流的威胁也有所降低；三是银行卡境外取现的风险在中国人民银行及国家外汇管理局的针对性预防措施下得到有效控制；四是因新冠疫情影响人员跨境流动，现金跨境运送的风险随之降低；五是我国持续完善反恐怖融资监管机制，加强国际合作并发挥金融情报作用，堵塞金融系统恐怖融资漏洞，降低了整体层面的恐怖融资脆弱性。同时，相比上一次评估我国也面临一些新的风险趋势，包括恐怖分子滥用信息网络和新兴技术等更隐蔽的方式谋求不法目的，资金跨境流动的风险加大，利用非银行支付转移资金的比例上升等。

第八章"评估结论与行动计划"。包括评估结论和行动计划两部分。

根据对各行业洗钱威胁和反洗钱缺陷的评估，综合形成各行业洗钱风险矩阵，其中纵轴体现各行业面临的洗钱威胁程度，横轴体现各行业反洗钱缺陷水平，洗钱风险从左下至右上逐步升高。银行业洗钱风险最高，非银行支付业也具有较高洗钱风险。

中国国家洗钱风险水平为"中等"。具体来看，中国刑事犯罪总体形势稳定，洗钱犯罪未形成明显的规模化、组织化团伙，国家洗钱威胁处于中等水平。中国反洗钱体系不断健全，金融行业和部分特定非金融行业被纳入反洗钱监管框架，建立了反洗钱内控机制，客户尽职调查、客户身份资料和交易记录保存、可疑交易报告、定向金融管制等义务得到有效落实，个别未纳入反洗钱监管的特定非金融行业风险较低，且实质上履行了客户尽职调查和异常行为监测等义务。国家总体反洗钱缺陷处于中等水平。

根据评估，中国国家恐怖融资风险水平为"中低"。近五年中国境内未发生恐怖活动，中国目前面临的恐怖主义威胁处于低水平，恐怖融资威胁也较低。近年来全球恐怖主义格局正在发生演变，国际社会在打击"伊斯兰国""基地组织"方面取得了胜利，但总体而言，国际恐怖主义威胁还在加剧，中国需对此保持警惕。当前中国面临的恐怖融资风险依然来自东突厥斯坦伊斯兰运动及其附属或分支组织，存在一定的恐怖资金跨境流动的风险。针对恐怖融资形势特征，我国从制度建设、金融监管、可疑交易监测分析、国内外合作等方面采取了一系列反恐怖融资措施，坚持"一手抓打击，一手抓预防"，在很大程度上控制了中国面临的恐怖融资威胁，反恐怖融资缺陷处于中低水平。

6.2.2 行业洗钱和恐怖融资风险评估

一、行业洗钱和恐怖融资风险评估的主要内容和方法

行业洗钱和恐怖融资风险评估是专门针对某一行业的洗钱和恐怖融资风险进行评估，这也是对某一行业风险为本反洗钱方法实施的基础。对行业的洗钱和恐怖融资风险评估在国家洗钱评估中都有涉及。在我国国家洗钱和恐怖融资风险评估中，分中国金融业和特定非金融行业及专业服务机构两大类分别进行了评估。其中，中国金融业又分银行业、证券期货业、基金业、保险业概况、信托业概况、非银行支付业概况、五类非银行金融机构、互联网金融行业（网络借贷）进行了评估；特定非金融行业及专业服务机构则主要对房地产中介行业、贵金属销售行业（交易商）、律师专业服务机构、公证行业、会计师专业服务机构进行了洗钱和恐怖融资风险评估。

为全面贯彻 FATF《以风险为本的反洗钱方法指引：高级原则和程序》《打击洗钱、恐怖融资与扩散融资的国际标准建议》。FATF 相继发布了《风险为本的反洗钱和反恐怖融资方法指引：适用于会计师的高级原则和程序》《风险为本的反洗钱和反恐怖融资方法指引：适用于房地产中介机构的高级原则和程序》《风险为本的反洗钱和反恐怖融资方法指引：适用于信托和公司服务提供商的高级原则和程序》《风险为本的反洗钱和反恐怖融资方法指引：适用于贵金属经销商和宝石经销商的高级原则和程序》《法律职业风险为本方法指引》《货币服务业风险为本方法指引》《关于预付卡、移动支付和网络支付服务的风险为本方法指引》《银行业风险为本方法指引》《证券行业风险为本方法指引》《寿险行业风险为本方法指引》《资金或价值转移服务行业风险为本方法指引》《虚拟货币的风险为本方法指引》等与反洗钱和反恐怖融资相关的金融机构及特定非金融行业和职业的风险为本反洗钱方法指引，对各行业的风险评估提出了具体的要求。

行业洗钱和恐怖融资风险评估与国家洗钱和恐怖融资风险评估的程序、内容、方法和步骤基本相同。对金融业的洗钱和恐怖融资风险评估，将在后面的有关章节中做详细的介绍。本节着重介绍特定非金融机构、社会组织、互联网从业机构洗钱和恐怖融资风险评估需要注意的事项。

二、特定非金融机构洗钱和恐怖融资风险评估

按照 FATF 的解释，特定非金融机构是指以下行业和企业：（1）赌场：客户进行的交易等于或超过了 3000 美元/欧元时。（2）不动产中介：为其客户从事不动产买卖交易。（3）贵金属交易商和珠宝商与客户进行的现金交易等于或超过了 15000 美元/欧元时。（4）律师、公证人和其他独立法律人士及会计师，在为其客户准备或实施与下列活动有关的交易时：①买卖房地产；②管理客户资金、证券或储蓄账户；③为公司的设立、运营或管理组织筹款；④法人或法律实体的设立、运营或管理，经营性实体买卖。（5）信托和企业服务提供商在为其客户准备或实施下列活动相关的交易：①担任法人的设立代理；②担任一家公司的董事或秘书、合伙制企业的合伙人或其他实体中的类似职位；③向公司、合伙制企业和其他法人或法律协议提供注册点、办公地址、通信方式或行政地址；④担任书面信托的受托人；⑤为他人担任名义股东。

按照《中华人民共和国反洗钱法》第六十四条规定，在境内设立的下列机构，履行本法规定的特定非金融机构反洗钱义务：（1）提供房屋销售、房屋买卖经纪服务的房地产开发企业或者房地产中介机构；（2）接受委托为客户办理买卖不动产，代管资金、证券或者其他资产，代管银行账户、证券账户，为成立、运营企业筹措资金以及代理买卖经营性实体业务的会计师事务所、律师事务所、公证机构；（3）从事规定金额以上贵金属、宝石现货交易的交易商；（4）国务院反洗钱行政主管部门会同国务院有关部门根据洗钱风险状况确定的其他需要履行反洗钱义务的机构。在我国赌博属违法犯罪行为，禁止设立赌场；信托和企业服务提供商中的金融信托业务属于金融机构经营范围，企业服务提供商在我国数量极少，尚未形成有影响力的产业。我国目前出台的关于特定非金融机构反洗钱制度主要涉及房地产、贵金属、会计师事务所。在国家层面已经出台的有关特定非金融机构的主要文件有《中国人民银行关于加强贵金属交易场所反洗钱和反恐怖融资工作的通知》（银发〔2017〕218 号）、《住房和城乡建设部 人民银行 银监会关于规范购房融资和加强反洗钱工作的通知》（建房〔2017〕215 号）、《财政部关于加强注册会计师行业监管有关事项的通知》（财会〔2018〕8 号）。按照这些文件的要求，特定非金融机构应当遵守反洗钱法律法规，开展反洗钱和反恐怖融资工作。如有对特定非金融机构开展反洗钱和反恐怖融资工作更为具体或者严格的规范性文件，特定非金融机构应遵从其规定；如没有更为具体或者严格规定的，特定非金融机构应参照适用金融机构的反洗钱和反恐怖融资规定执行。对于未按照有关规定开展反洗钱和反恐怖融资工作的特定非金融机构，中国人民银行及其分支机构或特定非金融机构的行业主管部门应依法对其采取监管措施或实施行政处罚。有关法律法规有处罚规定的，依照规定给

予处罚；有关法律法规未作处罚规定的，由中国人民银行及其分支机构按照《中国人民银行法》第四十六条进行处罚。

2020 年，中国人民银行反洗钱局会同财政部会计司、司法部律师局与公共法律服务局、住建部房地产市场监管司等部门，以及中国注册会计师协会（以下简称中注协）、中华全国律师协会（以下简称全国律协）、中国公证协会、中国房地产估价师与房地产经纪人学会（以下简称中房学）、上海黄金交易所（以下简称上金所）等行业自律组织，共同开展我国新一轮特定非金融行业和职业洗钱风险评估，以期加深对中国特定非金融行业和职业高风险业务与洗钱风险的认识，为按照风险为本原则确定特定非金融行业监管范围与具体要求提供参考。从 2020 年 5 月起，经过讨论确定评估框架、收集案例与法规制度、与行业机构座谈或问卷调查、起草初稿、与行业主管部门和协会讨论修改等阶段，最终于 2021 年 2 月初步形成对房地产、贵金属和宝石、会计师、律师、公证、企业代理等级等行业和职业的洗钱和恐怖融资风险评估报告。从评估情况看：

1. 我国房地产行业洗钱和恐怖融资风险状况。一是我国新房销售业务面临的外部威胁为"中"，剩余缺陷为"中高"，整体洗钱风险为"次高"。二是存量房经纪业务面临的外部威胁为"中低"，剩余缺陷为"中"，整体洗钱风险为"中低"。三是房地产估价业务面临的外部威胁为"低"，剩余缺陷为"低"，整体洗钱风险为"极低"。

2. 我国贵金属和宝石行业和恐怖融资风险状况。

（1）黄金回收。黄金回收以大量黄金零售企业和第三方回收企业为主。由于黄金天然具有的特性，黄金回收极易被洗钱活动利用，实际案例也显示这一领域面临的威胁。但回收企业没有法定反洗钱职责，大多未采取客户身份识别措施或其他反洗钱控制措施，洗钱风险为"高"。

（2）黄金零售。零售环节面临着中高水平的洗钱威胁，一般企业销售黄金首饰固有风险也较高，且缺乏反洗钱控制措施，综合洗钱风险为"次高"。

（3）黄金冶炼、钻石加工及中间交易。国内从事这一领域的企业数量众多，行业门槛较低，对黄金和毛坯钻石需求量大，可能成为非法黄金和钻石销售的渠道，其中黄金冶炼和中间交易风险相对较高。但因上海黄金交易所的特殊税收优惠政策，黄金冶炼和中间加工的黄金有较大比例为通过上金所交易的标准金，受到上金所监管，最终黄金冶炼和钻石加工及中间交易均处于中等风险水平。

（4）钻石、玉石零售与回收。钻石和玉石零售面临的威胁为"中低"，受到钻石、玉石产品特性的影响，其价值中包含较多品牌、工艺和主观成分，难以重新加工利用，二手市场规模小，折价率较高，被利用于洗钱的风险为"中低"。

（5）玉石加工和中间交易。尽管玉石加工和中间交易环节市场外部威胁主体分散、现金交易比例较高，但玉石产品价值衡量存在较大主观性，保值、投资属性和流动性较差，且相关产业集中在我国境内，规模明显小于黄金、钻石产品，因此洗钱风险为"低"。

（6）黄金、钻石、玉石开采与进出口。开采环节国内以黄金为主，市场主体集中度较高，以国有企业占比较大，与下游冶炼企业高度一体化或有十分固定的业务合作关系。钻石、玉石均以进口为主。由于黄金和钻石进口须通过上海黄金交易所和上海钻石交易所，接受交易所及海关等部门严格监管，风险可控。玉石进口则以原料为主，虽然主要来源地缅甸是 FATF 呼吁各成员和其他司法管辖区对其采取与所产生风险相匹配的强化尽调措施的司法管辖区，但玉石原料价值具有高度不确定性，并不适合被用于洗钱。最终，黄金、钻石、玉石开采与进出口环节洗钱风险均为"极低"。

3. 我国会计师行业洗钱和恐怖融资风险状况。我国会计师行业洗钱威胁处于中低水平，以及会计师事务所、代理记账机构反洗钱脆弱性均处于中低水平的判断，综合判断我国会计师事务所和代理记账行业洗钱风险为"次低"。

4. 我国律师行业洗钱和恐怖融资风险状况。一是我国律师行业面临的洗钱威胁程度为"中低"。现有可疑报告和典型案例表明，律师行业存在被犯罪分子利用清洗或转移资金的现实，专业的法律服务，特别是公司运营融资、投资管理等非诉讼法律服务容易被犯罪分子利用。从整体上看，与律师行业相关的可疑线索或案例数量较少。由于我国未正式启动律师行业可疑交易报告制度，必然存在一些洗钱活动未被披露的情形，洗钱威胁水平有从"中低"向"中"发展的可能。二是我国律师行业的反洗钱脆弱性水平为"中等"。FATF 建议的 10 项非诉讼法律服务在我国的执业规模较小，较为普遍的是为公司运营提供融资、投资管理等法律服务，固有风险水平为"中等"，且当前律师行业普遍未建立反洗钱内控制度，缺乏对洗钱风险的识别和应对机制，控制措施不充分，反洗钱脆弱性水平为"中等"。基于对我国律师行业面临的洗钱威胁和反洗钱脆弱性的分析，我国律师行业洗钱风险总体水平为"中低"。

5. 我国公证行业洗钱和恐怖融资风险状况。我国公证行业存在的洗钱固有风险为"低"，反洗钱控制措施有效性为"中等"，因此，经控制后的剩余风险，即公证行业反洗钱脆弱性仍为低水平。再结合公证行业面临中低水平洗钱威胁的判断，可得出综合洗钱风险为低水平的结论。

6. 中国企业登记代理行业洗钱和恐怖融资风险状况。一是我国企业登记代理行业面临中低洗钱威胁。我国企业登记代理行业经营门槛低，竞争强度大，企业登记代理机构在一定程度上具有直接参与犯罪的动机，但目前尚未发现企业登记代理机构被利用于洗钱的实际案例，涉及上游犯罪的案件也非常有限，执法部门认为企业登记代理机构涉案风险较低。在检索到的有关空壳公司、隐名股东或董事的案件中，企业登记代理机构被利用的情形也极少，绝大部分为犯罪分子自行设立空壳公司、安排相关人员。二是我国企业登记代理行业具有低水平的剩余风险。（1）企业登记代理业务的洗钱风险敞口有效收缩为中低水平。企业登记代理机构基本不在境外设立分支机构，少数从业机构存在境外客户或其业务涉及境外避税离岸中心，线上人脸识别措施对非实名或者冒名登记企业风险形成有力管控，注册资本认缴制改革基本遏制了企业登记代理机构为客户垫付注册资本金的业务，企业登记代理机构在经营活动中遇到的异常情形不多，客户被列入异常经营名录、吊销或注销营业执照的比例小。（2）企业登记代理机构通常不直接向客户提供地址用于企业登记，不提供担任或安排人员担任企业名义股东、名义公司秘书、名义董事、名义合伙人等业务。其协助地方政府为客户办理集中登记地入驻手续的业务风险敞口可控。（3）企业登记代理机构欠缺反洗钱自觉意识，相关措施旨在满足业务办理要求。但是，市场监督管理部门近年来不断加强企业登记注册环节的实名核验措施，推广人脸识别等管控技术，推动建立失信联合惩戒机制，发挥了较强的反洗钱管控作用。综合企业登记代理行业面临的洗钱威胁和存在的反洗钱脆弱性分析，可判断我国企业登记代理行业具有低水平的洗钱风险。

6.3　反洗钱监管部门对金融机构洗钱和恐怖融资风险评估

风险为本反洗钱方法实施的前提是评估洗钱和恐怖融资风险，一般包括国家洗钱和恐怖融资风险评估、反洗钱监管部门对金融机构洗钱和恐怖融资风险评估、金融机构对自身客户、业务和产品的洗钱和恐怖融资风险自评估三个层次。在前几年的反洗钱工作实践中，我国反洗钱监管部门也开展了对金融机构的洗钱和恐怖融资风险评估，但从其内容看，主要还是对金融机构反洗钱工作有效性的评估（评价），对此，2018 年 FATF 对我国第四轮互评估时也指出了其中的不足。2018 年底，中国人民银行反洗钱局印发了《法人金融机构洗钱和恐怖融资风险评估管理办法（试行）》（银反洗发〔2018〕21 号）、2019 年初印发《法人金融机构洗钱和恐怖融资风险评估指标（2019 年版）》（银反洗发〔2019〕1 号）。从 2019 年开始，人民银行开始启动对法人金融机构洗钱和恐怖融资风险评估。虽然对法人金融机构评估工作已经开始，但其评估的准确性和有效性，特别是评估的机制以及各类指标的选择、权重的确定都是需要不断完善和长期探索的过程。

一、反洗钱监管部门对金融机构洗钱和恐怖融资风险评估的原则

中国人民银行及其分支机构对法人金融机构的洗钱和恐怖融资风险进行评估，以及时、准确掌握法人金融机构洗钱和恐怖融资风险，为开展行业、地区、国家等层面的洗钱和恐怖融资风险评估及优化配置反洗钱监管资源提供支持。中国人民银行及其分支机构根据辖内法人金融机构数量、规模、风险分布等因素，合理确定洗钱和恐怖融资风险的评估对象和评估周期，确保及时、准确掌握不同行业、不同类型机构的洗钱和恐怖融资风险特征及变化情况。中国人民银行及其分支机构根据风险为本监管需要，可以开展特定业务（含产品、服务）、新技术等领域的洗钱和恐怖融资风险评估。中国人民银行及其分支机构应当采取合理措施，持续关注法人金融机构洗钱和恐怖融资风险变化情况，保持监管连续性。法人金融机构的管理运营出现重大事件或面临的洗钱和恐怖融资风险发生显著变化时，中国人民银行及其分支机构应当及时对其开展风险评估。中国人民银行及其分支机构根据风险评估结果，确定对法人金融机构实施反洗钱监管的措施及其强度和频率。风险评估发现洗钱和恐怖融资风险隐患较为突出、集中或普遍的，中国人民银行及其分支机构根据具体情况，单独或会同有关金融监督管理机构及其派出机构发布相关风险提示，并采取相应的监管措施。中国人民银行及其分支机构对开展洗钱和恐怖融资风险评估获得或知悉的客户身份资料和交易信息，应当予以保密；非经法律规定，不得向任何单位和个人提供。洗钱和恐怖融资风险评估应当遵循以下原则：

（1）一致性原则。洗钱和恐怖融资风险评估应当考虑法人金融机构总体风险控制环境与经营策略，关注其洗钱和恐怖融资风险管理政策和程序是否与全面风险管理策略相适应。

（2）全面性原则。洗钱和恐怖融资风险评估应当覆盖法人金融机构各项业务活动和管理流程；覆盖所有境内外分支机构及相关附属机构，以及相关部门、岗位和人员；贯穿决策、执行和监督全部管理环节。

（3）有效性原则。洗钱和恐怖融资风险评估结果应当充分揭示洗钱和恐怖融资风险特征及分布，为有效实施反洗钱监管提供支持，推动法人金融机构建立与其自身风险状况相适应的洗钱和恐怖融资风险管理策略、政策和程序。

（4）动态管理原则。洗钱和恐怖融资风险评估方法和指标应当根据国家、地区或行业的洗钱和恐怖融资风险变化情况及时调整，以满足法人金融机构风险评估的实际需要。

二、洗钱和恐怖融资风险评估方法

法人金融机构洗钱和恐怖融资风险评估包括固有风险评估和控制措施有效性评估两项内容。固有风险评估反映在不考虑控制措施情况下，法人金融机构被利用进行洗钱、恐怖融资的可能性。控制措施有效性评估反映法人金融机构所采取的控制措施对管理和缓释固有风险的有效程度。中国人民银行从经营规模、国家/地域、客户（含职业、行业）、业务（含产品、服务及交付渠道）等维度综合考虑，确定风险因素，制定固有风险评估指标。中国人民银行从风险管理策略和架构、风险识别机制、风险控制措施、反洗钱和反恐怖融资工作机制等维度综合考虑，确定评估因素，制定控制措施有效性评估指标。中国人民银行及副省级以上分支机构根据不同行业固有风险和控制措施的差异性，合理确定评估指标的评分标准、阈值和权重，并结合洗钱及恐怖融资风险变化、反洗钱和反恐怖融资监管政策和标准调整、金融业务发展特征等，适时进行调整。中国人民银行及其分支机构通过现场或非现场途径，获取法人金融机构风险指标数据、相关风险信息、反洗钱和反恐怖融资合规管理信息资料，包括但不限于：

（1）所属行业风险状况，主要包括中国人民银行及其分支机构、行业监管部门掌握的风险信息；

（2）法人金融机构洗钱和恐怖融资风险自评估方法、结论及所依据的信息资料；

（3）反洗钱和反恐怖融资系统和业务系统操作手册；

（4）高风险客户、高风险业务（含产品、服务）、客户风险等级分类、异常交易预警、可疑交易报告等方面的信息资料；

（5）其他能够反映法人金融机构开展反洗钱和反恐怖融资工作的信息资料。

固有风险各风险因素评估分为五级，最高风险为5分、较高风险为4分、中风险为3分、较低风险为2分、低风险为1分。根据各风险因素评分及权重赋值，加权计算固有风险总分，分五档确定固有风险等级：高、较高、中、较低、低。

控制措施有效性各评估因素评估分为五级，有效为5分，大致有效为4分，部分有效为3分，低效为2分，基本无效为1分。根据各评估因素评分及权重赋值，加权计算控制措施有效性总分，分五档确定控制措施的有效程度：强健、满意、一般、不充分、重大缺陷。控制措施强健，表明控制措施能够有效管控、缓释固有风险；控制措施满意，表明控制措施能够管控、缓释固有风险，虽仍存在少数问题，但预计能够得到充分解决；控制措施一般，表明控制措施能在一定程度上管控、缓释固有风险，但仍存在较多问题需要解决；控制措施不充分，表明控制措施亟待改进以有效管控、缓释固有风险；控制措施重大缺陷，表明控制措施存在较大程度缺失，或控制措施无法缓释固有风险。

中国人民银行及其分支机构综合固有风险和控制措施有效性评定结果，对照《风险评估结果计量矩阵》（见表6-1）得出法人金融机构洗钱和恐怖融资风险的评估结果。评估结果按照风险程度由低到高分为 A 级（低风险）、B 级（较低风险）、C 级（中风险）、D 级（较高风险）、E 级（高风险）五个等级。中国人民银行及其分支机构采取定性与定量分析相结合、同业比较、趋势分析等方法，灵活运用询问谈话、问卷调查、系统查看、穿行测试、数据分析等辅助手段，客观评估法人金融机构的风险状况。中国人民银行及其分支机构应当督导法人金融机构加强洗钱和恐怖融资风险管理，建立和完善相关工作机制，定期或不定期开展全系统或特定领域的洗钱和恐怖融资风险自评估，采取针对性的风险控制措施。中国人民银行及其分支机构开展洗钱和恐怖融资风险评估，可以参考法人金融机构洗钱和恐怖融资风险自评估的方法、结论及相关证明材料；如对自评估结论及相关证明材料有疑问的，要求其进行解释说明或提供补充材料。中国人民银行及其分支机构应当充分考虑反洗钱和反恐怖融资分类评级与风险评估的衔接。在评估控制措施有效性时，适当援引或参考反洗钱和反恐怖融资分类评级对法人金融机构反洗钱和反恐怖融资工作合规性和有效性的评价结论。

表 6-1　风险评估等级对照表

固有风险＼控制措施有效性	强健	满意	一般	不充分	重大缺陷
高	C	D	D	E	E
较高	C	C	D	D	E
中	B	C	C	D	D
较低	B	B	C	C	C
低	A	B	B	C	C

三、洗钱和恐怖融资风险评估流程

中国人民银行及其分支机构应当至少考虑下列一项因素，合理确定洗钱和恐怖融资风险评估对象：①是否涵盖主要金融行业及机构类型；②是否代表某类金融行业的风险特征；③是否反映新技术、新业务（含产品、服务）的发展趋势；④因风险评估需要考虑的其他因素。中国人民银行及其分支机构原则上于每年第一季度确定本年度风险评估对象。中国人民银行及其分支机构开展洗钱和恐怖融资风险评估，应当按照规定程序填制"反洗钱监管审批表"，经本行（部）行长（主任）或主管副行长（副主任）批准后，至少提前 5 个工作日将《反洗钱监管通知书》送达被评估的法人金融机构。可以要求被评估的法人金融机构提供必要的信息资料，也可以现场采集满足评估所需的必要信息。通过现场方式实施评估，中国人民银行及其分支机构的反洗钱工作人员不得少于 2 人，并出示《反洗钱监管通知书》及合法证件。应当以适当方式要求评估对象对所提供信息资料的真实性、准确性和完整性进行承诺和负责。中国人民银行及其分支机构应当在充分了解情况的基础上，客观评判法人金融机构的风险状况，得出评估结论，针对存在问题，提出指导性整改意见，形成《反洗钱监管意见书》。《反洗钱监管意见书》的内容包括但不限于：

（1）固有风险状况；

（2）控制措施有效程度；

（3）风险评估结论及监管意见。

四、洗钱和恐怖融资风险评估指标

为指导全国的洗钱和恐怖融资风险评估工作，中国人民银行反洗钱局《关于印发法人金融机构洗钱和恐怖融资风险评估指标（2019 年版）的通知》（银反洗发〔2019〕1 号），洗钱和恐怖融资固有风险的评估分银行、证券、期货、基金、保险、非银行支付机构等给出了评估指标，同时也给出了洗钱和恐怖融资风险控制措施有效性的评估指标。

（一）金融机构和支付机构洗钱和恐怖融资固有风险评估指标。对金融机构和支付机构洗钱和恐怖融资固有风险的评估指标主要有四级。其中一级指标包括经营环境与规模、客户特性风险、业务（包括产品、服务以及交付的渠道）风险三个指标。具体指标见《关于印发法人金融机构洗钱和恐怖融资风险评估指标（2019 年版）的通知》（银反洗发〔2019〕1 号）。

（二）金融机构和支付机构洗钱和恐怖融资风险控制措施有效性评估指标。控制措施有效性评估指标也是分四级，主要参考了对金融机构洗钱和恐怖融资风险管理的要求以及前些年对金融机构反洗钱工作有效性评估的指标。其中一级指标是风险管理策略和架构、风险识别机制、风险控制和内部控制机制。具体指标见《关于印发法人金融机构洗钱和恐怖融资风险评估指标（2019 年版）的通知》（银反洗发〔2019〕1 号）。

五、洗钱和恐怖融资风险评估结果运用

中国人民银行及其分支机构根据法人金融机构洗钱和恐怖融资风险评估结果，采取质询、约见谈话、监管走访、现场检查等针对性监管措施。原则上对风险较高机构实施监管措施的频率和强度应当高于风险较低机构。①质询。A 级、B 级机构可以采取电话或书面质询方式，C 级及以下机构应当采取书面质询方式。②约见谈话。A 级、B 级机构可以仅约谈法人金融机构反洗钱部门负责人，C 级及以下机构应当约谈法人金融机构主要负责人或主管反洗钱和反恐怖融资工作高级管理人员。③监管走访。C 级及以下机构通过监管走访方式督促或核实监管意见的落实。④现场检查。风险较高机构被随机抽查的比例应当高于风险较低机构。在风险评估中发现法人金融机构涉嫌违反反洗钱和反恐怖融资规定且情节严重的，中国人民银行及其分支机构应当及时开展现场检查。

中国人民银行及其分支机构应当根据风险评估结果合理设定洗钱和恐怖融资风险的评估周期。原则上风险较高机构的评估周期应当短于风险较低机构。中国人民银行及其分支机构应当将法人金融机构洗钱和恐怖融资风险评估结果和整改落实情况记入反洗钱监管档案，作为后续风险评估的参考，确保监管的连续性和严肃性。中国人民银行及其分支机构对法人金融机构洗钱和恐怖融资风险评估结论与其风险自评估结论存在较大差异的，应当根据具体情况，及时调整、完善风险评估方法和指标等，或提示法人金融机构审视自评估方法、指标和流程，修正对风险的认知和风险控制措施等。法人金融机构洗钱和恐怖融资风险评估结论仅限中国人民银行及其分支机构监管使用，不对外披露或用于其他目的，法律法规另有规定的除外，严禁法人金融机构将评估结论对外披露或用于广告、宣传、营销等商业目的。

6.4　金融机构洗钱和恐怖融资风险自评估

为落实风险为本的反洗钱方法，中国人民银行从 2015 年开始要求金融机构开展洗钱和恐怖融资风险自评估。《金融机构反洗钱监督管理办法（试行）》（银发〔2014〕344 号）第三十七条规定："法人金融机构应当建立风险自评估制度，按照风险为本原则，定期对本机构内外部洗钱风险进行分析研判，评估本机构风险防控机制的有效性，查找风险漏洞和薄弱环节，采取有针对性的风险应对措施。"《中国人民银行办公厅关于落实〈金融机构反洗钱监督管理办法（试行）〉有关事项的通知》（银办发〔2014〕263 号）第四款明确要求："法人金融机构应立足本机构的实际情况，制定或修改本机构洗钱风险自评估制度，在 2015 年开展一次全系统的洗钱风险自评估。"

《金融机构反洗钱和反恐怖融资监督管理办法》（中国人民银行令〔2021〕第 3号）第七条规定：金融机构应当在总部层面建立洗钱和恐怖融资风险自评估制度，定期或不定期评估洗钱和恐怖融资风险，经董事会或者高级管理层审定之日起 10 个工作日内，将自评估情况报送中国人民银行或者所在地中国人民银行分支机构。金融机构洗钱和恐怖融资风险自评估应当与本机构经营规模和业务特征相适应，充分考虑客户、地域、业务、交易渠道等方面的风险要素类型及其变化情况，并吸收运用国家洗钱和恐怖融资风险评估报告、监管部门及自律组织的指引等。金融机构在采用新技术、开办新业务或者提供新产品、新服务前，或者其面临的洗钱或者恐怖融资风险发生显著变化时，应当进行洗钱和恐怖融资风险评估。金融机构应当定期审查和不断优化洗钱和恐怖融资风险评估工作流程和指标体系。

从前些年各金融机构开展洗钱和恐怖融资风险自评估工作的实践看，评估的内容多是反洗钱工作的自评估。《法人金融机构洗钱和恐怖融资风险评估管理办法（试行）》（银反洗发〔2018〕21号）和《法人金融机构洗钱和恐怖融资风险评估指标（2019年版）》（银反洗发〔2019〕1号）颁布后，金融机构洗钱和恐怖融资风险自评估多借鉴以上两个文件的内容和方法完善了自身的洗钱和恐怖融资风险自评估制度。

为指导法人金融机构落实有关洗钱和恐怖融资风险自评估工作要求，加快反洗钱工作向风险为本转型，提升金融体系反洗钱工作有效性，中国人民银行反洗钱局制定了《法人金融机构洗钱和恐怖融资风险自评估指引》。由于各家机构客户、地域、产品服务和渠道各不相同，要求法人金融机构于2021年12月31日前依照《法人金融机构洗钱和恐怖融资风险自评估指引》，制定和完善自身的洗钱和恐怖融资风险自评估制度，并于2022年12月31日前完成基于新制度的首次自评估。

6.4.1　金融机构洗钱和恐怖融资风险自评估总体要求

法人金融机构开展洗钱风险自评估应当遵循以下原则：

（一）全面性原则。覆盖本机构所有经营地域、客户群体、产品业务（含服务）、交易或交付渠道；覆盖境内外所有与洗钱风险管理相关的分支机构及总部有关部门；充分考虑各方面风险因素，贯穿决策、执行和监督的全部管理环节。

（二）客观性原则。以客观公正的态度收集有关数据和资料，以充分完整的事实为依据，力求全面准确地揭示本机构面临的洗钱风险和管理漏洞。

（三）匹配性原则。洗钱风险自评估的性质与程度应当与法人金融机构自身经营的性质和规模相匹配，国家洗钱风险评估或中国人民银行认可的行业风险评估报告中认定为中等以下风险水平的行业机构，或经营规模较小、业务种类简单、客户数量较少的机构可适当简化评估流程与内容。

（四）灵活性原则。机构应根据经营管理、外部环境、监管法规、洗钱风险状况等因素的变化，及时调整自评估指标和方法。对于风险较高的领域，应当缩短自评估周期，提高自评估频率。

法人金融机构要在《法人金融机构洗钱和恐怖融资风险自评估指引》的基础上制定具体的洗钱风险自评估制度。《法人金融机构洗钱和恐怖融资风险自评估指引》所述部分内容不适用的，法人金融机构可以在充分考虑各项风险因素及本机构实际情况的基础上进行调整，并向对法人金融机构具有管辖权的人民银行总行或分支机构报告。有关调整及相应论证应有必要的书面记录。洗钱风险自评估目的是为机构洗钱风险管理工作提供必要基础和依据，法人金融机构应充分运用风险自评估结果，确保反洗钱资源配置、洗钱风险管理策略、政策和程序与评估所识别的风险相适应。

6.4.2　洗钱和恐怖融资风险自评估内容

法人金融机构洗钱风险自评估包括固有风险评估、控制措施有效性评估、剩余风险评估。固有风险评估反映在不考虑控制措施的情况下，法人金融机构被利用于洗钱和恐怖融资的可能性。控制措施有效性评估反映法人金融机构所采取的控制措施对管理和缓释固有风险的有效程度，进而对尚未得到有效管理和缓释的剩余风险进行评估。法人金融机构应当建立与本机构经营规模与复杂程度相匹配的洗钱风险自评估指标和模型，确保有效识别风险管理漏洞，提高自评估结论的准确性和针对性。法人金融机构固有风险评估应当考虑地域环境、客户群体、产品业务（含服务）、渠道（含交易或交付渠道）四个方面。

法人金融机构应当设计科学、合理的固有风险指标，确保充分考虑各类风险因素。法人金融机构在评估地域环境的固有风险时，应当全面考虑经营场所覆盖地域，分别评估境内各地区和境外各司法管辖区地域风险，境内地区划分原则上按经营地域范围内的下一级行政区划划分，如全国性机构按省划分，或按总部对分支机构管理结构划分。对于地理位置相近、经营情况类似的地域可合并评估。

（一）地域风险。对各地域的固有风险评估可考虑以下因素：

1. 当地洗钱、恐怖融资与（广义）上游犯罪形势，是否毗邻洗钱、恐怖融资或上游犯罪、恐怖主义活动活跃的境外国家和地区，或是否属于较高风险国家和地区（至少包括金融行动特别工作组呼吁采取行动的高风险国家、地区和应加强监控的国家、地区，也可参考国际组织有关避税天堂名单等，简称较高风险和地区）；

2. 接受司法机关刑事查询、冻结、扣划和监察机关、公安机关查询、冻结、扣划（以下简称刑事查冻扣）中涉及该地区的客户数量、交易金额、资产规模等；

3. 本机构上报的涉及当地的一般可疑交易和重点可疑交易报告数量及客户数量、交易金额；

4. 本机构在当地网点数量、客户数量、客户资产规模、交易金额及市场占有率水平。

（二）客户群体风险分类。法人金融机构在评估客户群体的固有风险时，应当全面考虑本机构服务客户群体范围和结构，分别评估各主要客户群体固有风险。客户群体划分可结合本机构对客户管理的分类，如个人客户、公司客户、机构客户等，有条件的机构可按照行业（职业）或主要办理业务、建立业务关系方式等角度进一步聚焦洗钱风险突出的群体。同时，也应对具有高风险特征的客户群体进行评估，如政治公众人物客户、非居民客户。对各客户群体的固有风险评估可考虑以下因素：

1. 客户数量、资产规模、交易金额及相应占比；

2. 客户被有权机关刑事查冻扣、涉人民银行调查的数量与比例；

3. 客户身份信息完整、丰富程度和对客户交易背景、目的的了解程度；

4. 识别客户身份不同方式的分布，如当面核实身份或采取可靠的技术手段核实身份、通过第三方机构识别身份的比例；

5. 客户风险等级划分的分布结构；

6. 非自然人客户的股权或控制权结构，存在同一控制人风险的情况；

7. 客户来自较高风险国家或地区的情况；

8. 客户办理高风险业务（如现金、跨境、高额价值转移等）的种类和相应的规模；

9. 客户涉可疑交易报告的数量及不同管控措施的比例；

10. 客户属于高风险行业或职业的数量、比例；

11. 该类型客户是否属于洗钱或上游犯罪高风险群体；

12. 客户群体涉联合国定向金融制裁名单及其他人民银行要求关注的反洗钱和反恐怖融资监控名单，或其交易对手涉以上名单的比例。

（三）产品和服务风险。法人金融机构在评估产品业务的固有风险时，应当全面考虑本机构向客户提供的各类产品业务（或服务）。产品业务划分原则上应在本机构产品业务管理结构的基础上进一步细化，如私人银行业务、国际金融业务、个人银行卡、理财产品等。业务模式、性质相同且洗钱风险因素不存在重大差异的，可作为同一类产品业务进行评估。对各类产品业务的固有风险评估可考虑以下因素：

1. 产品业务规模，如账户数量、管理资产总额，年度交易量等；

2. 是否属于已知存在洗钱案例、洗钱类型手法的产品业务；

3. 产品业务面向的主要客户群体，以及高风险客户数量和相应资产规模、交易金额和比例；

4. 产品业务销售、办理渠道及相应渠道的风险程度，是否允许他人代办或难以识别是否本人办理；

5. 产品业务记录跟踪资金来源、去向的程度，与现金的关联程度，现金交易金额和比例；

6. 产品业务是否可向他人转移价值，包括资产（合约）所有权、受益权转移，以及转移的便利程度，是否有额度限制，是否可跨境转移；

7. 产品业务是否可作为客户的资产（如储蓄存款、理财产品等），是否有额度限制，保值程度和流动性如何，是否可便利、快速转换为现金或活期存款；

8. 产品业务是否可作为收付款工具（如结算账户），使用范围、额度、便利性如何，是否可跨境使用；

9. 产品业务是否可作为其他业务的办理通道或身份认证手段，身份识别措施是否比原有通道和手段更为简化，是否有额度限制或使用范围限制；

10. 产品业务是否应用可能影响客户尽职调查和资金交易追踪的新技术。

（四）渠道风险。法人金融机构在评估渠道的固有风险时，应当全面考虑本机构自有或通过第三方与客户建立关系、提供服务的渠道。渠道可划分为机构自有实体经营场所、自有互联网渠道、自助设备与终端、第三方实体经营场所、第三方互联网渠道，银行业机构还应考虑代理行渠道。对各类渠道的固有风险评估可考虑以下因素：

1. 渠道覆盖范围（线下网点数量与分布区域，线上可及地域范围）及相应地区（包括境外国家和地区）的风险程度；

2. 通过该渠道建立业务关系的客户数量和风险水平分布；

3. 通过该渠道办理业务的客户数量、交易笔数与金额，办理业务的主要类型和风险水平。

法人金融机构应在分别评估不同地域、不同客户群体、不同产品业务、不同渠道固有风险的基础上，汇总得出机构地域、客户、产品业务、渠道四个维度的固有风险评估结果，最终得出对机构整体固有风险的判断。各层次评估应当包括对主要风险点的分析和总体风险的评价，并给出相应的风险评级，以便进行地域、客户群体、产品业务、渠道之间的横向对比和不同年度评估结果的纵向对比。

（五）反洗钱内部控制基础与环境。法人金融机构在评估控制措施有效性时，既要从整体上评估机构反洗钱内部控制的基础与环境、洗钱风险管理机制有效性，也要按照固有风险评估环节的分类方法，分别对与各类地域、客户群体、产品业务、渠道相应的特殊控制措施进行评价。对反洗钱内部控制基础与环境的评价可以考虑以下因素：

1. 董事会与高级管理层对洗钱风险管理的重视程度，包括决策、监督跨部门反洗钱工作事项的情况；

2. 反洗钱管理层级与架构，管理机制运转情况；

3. 反洗钱管理部门的权限和资源，反洗钱工作主要负责人和工作团队的能力与经验；

4. 机构信息系统建设和数据整合情况，特别是获取、整合客户和交易信息的能力，以及对信息安全的保护措施；

5. 机构总部监督各部门、条线和各分支机构落实反洗钱政策的机制与力度，特别是是否将反洗钱纳入内部审计和检查工作范围、发现问题并提出整改意见；

6. 对董事会、高级管理层、总部和分支机构业务条线人员的培训机制。

（六）整体洗钱风险管理机制。对法人金融机构整体洗钱风险管理机制有效性的评价，可以考虑以下因素：

1. 高级管理层、反洗钱管理部门和主要业务部门、分支机构了解机构洗钱风险（包括地域、客户、产品业务、渠道）和经营范围内国家或地区受洗钱威胁的情况；

2. 机构洗钱风险管理政策制定情况，以及政策与所识别风险的匹配程度，如机构拓展业务范围，包括地域范围、业务范围、客户范围、渠道范围是否考虑相应的洗钱风险，并经过董事会、高级管理层或适当层级的审议决策；

3. 机构反洗钱内控制度与监管要求的匹配程度，是否得到及时更新，各条线业务操作规程和系统中内嵌洗钱风险管理措施的情况；

4. 集团层面洗钱风险管理的统一性及集团内信息共享情况（仅集团性机构、跨国机构适用）；

5. 反洗钱管理部门与业务部门、客户管理部门、渠道部门和各分支机构沟通机制和信息交流情况；

6. 客户尽职调查与客户风险等级划分和调整工作的覆盖面、及时性和质量，客户身份资料获取、保存和更新的完整性、准确性、及时性，客户风险等级划分指标的合理性（包括考虑地域、产品业务、渠道风险的情况），对风险较高客户采取强化尽职调查和其他管控措施的机制；

7. 大额和可疑交易监测分析与上报机制、流程的合理性，监测分析系统功能与对信息的获取，监测分析指标和模型设计合理性、修订及时性，监测分析中考虑地域、客户、产品业务、渠道风险的情况；

8. 交易记录保存完整性和查询、调阅便利性；

9. 名单筛查工作机制健全性，覆盖业务与客户范围的全面性，以及系统预警和回溯性筛查功能。

（七）特殊控制措施。对不同地域、客户群体、产品业务、渠道有特殊控制措施的，可以在评估时分别考虑以下因素：

1. 针对地域风险

（1）当地分支机构反洗钱合规管理部门设置与人员配备；

（2）当地分支机构执行总部反洗钱政策情况，内审和检查发现问题及整改情况；

（3）所在国家或地区反洗钱监管要求与我国是否存在重要差异，是否有未满足当地监管要求或我国监管要求的情形；

（4）当地分支机构接受反洗钱监管检查、走访情况和后续整改工作；

（5）对当地线上客户、业务的管控措施；

（6）是否因洗钱风险而控制客户、业务规模，减缓或减少经营网点、限制或停止线上服务等。

2. 针对客户风险

对该客户群在建立业务管理、持续监测和退出环节的特殊管理措施，包括强化身份识别，交易额度、频次与渠道限制，提高审批层级等。

3. 针对产品业务风险

（1）在建立业务关系和后续使用过程中识别、核验客户身份的手段措施，可获取的客户身份（包括代办人）信息，了解客户交易性质、目的的程度；

（2）产品业务交易信息保存的全面性和透明度，可否便捷查询使用；

（3）是否纳入可疑交易监测和名单监测范围，或有强化监测情形；

（4）是否针对特定情形采取限制客户范围或交易金额、频率、渠道等措施。

4. 针对渠道风险

（1）渠道识别与核验客户身份的手段措施及准确性；

（2）渠道获取、保存和查询客户与交易信息的能力；

（3）与第三方机构、代理行之间客户尽职调查和反洗钱相关工作职责划分与监督情况；

（4）是否针对特定情形采取限制客户范围、产品业务种类、交易金额或频率等措施。

在评估过程中，可采取映射方式反映同一控制措施与不同固有风险之间的对应关系，实现对不同维度控制措施有效性和剩余风险的差别化评估。

法人金融机构应在综合考虑反洗钱内部控制基础与环境、洗钱风险管理机制有效性和特殊控制措施基础上，得出对不同地域、客户群体、产品业务、渠道的风险控制措施有效性评级，再汇总得出地域、客户、产品业务、渠道四个维度的风险控制措施有效性评价和评级，最终得出对机构整体控制措施有效性的判断。

法人金融机构应在整体固有风险评级基础上，考虑整体控制措施有效性，得出经反洗钱控制后的机构整体剩余风险评级。同时，对于地域、客户群体、产品业务、渠道维度及细分类别，也应在考虑固有风险与包括特殊控制措施在内的整体控制措施有效性的基础上，得出相应类别的剩余风险评级。法人金融机构应当合理划分固有风险、控制措施有效性以及剩余风险的等级。风险等级原则上应分为五级或更高。机构规模较小、业务类型单一的机构可简化至不少于三级。规模越大、结构越复杂的机构，其设定的风险等级应当越详细。法人金融机构可以通过固有风险与控制措施有效性二维矩阵方式（见表6-2，以固有风险和控制措施有效性均分为五级为例）

对照计量机构整体及不同维度的剩余风险等级，或根据自身的实际情况确定依据固有风险和控制措施有效性情况计量剩余风险的方法。

表6-2　矩阵对照计量剩余风险方法

控制措施有效性 固有风险	非常有效	较有效	一般有效	低效	无效
高风险	中风险	中高风险	中高风险	高风险	高风险
较高风险	中风险	中风险	中高风险	中高风险	高风险
中风险	中低风险	中风险	中风险	中高风险	中高风险
较低风险	中低风险	中低风险	中风险	中风险	中高风险
低风险	低风险	中低风险	中低风险	中风险	中风险

6.4.3　洗钱和恐怖融资风险评估流程和方法

法人金融机构应当指定一名高级管理人员全面负责洗钱风险自评估工作，建立包括反洗钱牵头部门和业务部门、稽核与内审部门等在内的领导小组。领导小组应当组织协调自评估整体工作，指导相关业务条线、部门、分支机构按照评估方案承担本部门、本机构自评估职责，确保自评估的客观性与相对独立性。各条线、部门、分支机构应充分梳理和反映自身面临的洗钱风险和反洗钱工作存在的困难与脆弱性，提供自评估工作所必需的数据、信息和支持。法人金融机构可聘请第三方专业机构协助进行评估方案、指标与方法的起草和内外部信息收集整理等辅助性工作，但评估过程中对各类固有风险、控制措施有效性及剩余风险的讨论、分析和判断应由领导小组、反洗钱牵头部门及各条线、部门、分支机构主导完成。不得将自评估工作完全委托或外包至第三方专业机构完成。法人金融机构开展全面洗钱风险自评估，一般包括准备阶段、实施阶段和报告阶段。

法人金融机构应当结合本机构实际情况，充分做好自评估前的准备工作，包括成立评估工作组，配备相关评估人员和资源，制订评估工作方案，研究确定或更新评估指标和方法，认真梳理本机构经营地域、客户群体、产品业务、渠道种类，广泛收集自评估所需的各类信息等。由于金融产品和业务种类繁多复杂，法人金融机构应当按照科学、合理的分类标准，认真梳理现有产品业务和渠道的种类。法人金融机构收集自评估所需的各类信息，应当充分考虑内外部各方面来源，例如：

（一）金融行动特别工作组（FATF）、亚太反洗钱组织（APG）、欧亚反洗钱与反恐怖融资组织（EAG）发布的呼吁采取行动的高风险国家和应加强监控的国家名单、洗钱类型分析报告和相关行业指引，以及巴塞尔银行监管委员会（BCBS）、国际证券监管委员会组织（IOSCO）、国际保险监督官协会（IAIS）等国际组织发布的洗钱风险研究成果；

（二）国家相关部门通报的上游犯罪形势、破获的洗钱案例、洗钱类型分析报告，以及机构境外经营所在国家或地区洗钱风险评估报告或其他洗钱威胁情况；

（三）中国人民银行、银保监会、证监会、外汇局等金融管理部门发布的洗钱风险提示和业务风险提示，以及机构境外经营所在国家或地区监管部门风险提示、指引等；

（四）本机构的客户群体规模信息、特征分析数据，各类金融产品业务和渠道的发展规模状况、结构分析数据，客户洗钱和恐怖融资风险等级划分以及产品业务洗钱风险评估结果等；

（五）本机构反洗钱和相关业务制度、工作机制，信息系统建设、运行情况，内部审计情况，必要时查找和了解具体客户、业务、交易或反洗钱工作信息作为例证；

（六）反洗钱系统记录的各类异常交易排查分析资料，可疑交易报告信息，内部管理或业务操作中发现的各类风险事件信息；

（七）本机构依托开展客户尽职调查或有其他业务、客户合作的第三方机构在客户尽职调查、客户身份资料和交易记录保存方面的情况，以及双方信息传递权利义务划分与执行情况。

法人金融机构实施风险评估应当选取科学合理的评估方法，通过恰当的书面问卷、现场座谈、抽样调查等形式，定性或定量开展评估。法人金融机构应当形成书面的自评估报告，经高级管理层审定后上报董事会或董事会下设的专业委员会审阅，并书面报告对法人机构具有管辖权的人民银行总行或分支机构。自评估报告应当记录自评估的方法、流程等情况，重点反映自评估发现的固有风险点、控制措施的薄弱环节和风险隐患，作出明确评估结论，指明应当予以重点关注的风险领域和拟采取的管控措施，提出有针对性的风险管理建议。同时，法人金融机构应当做好自评估的指标、方法和相关数据的记录和保存。

6.4.4　结果运用和管理

（一）强化风险管理措施

法人金融机构应当以自评估报告和结论为基础，制定或持续调整、完善经高级管理层批准的洗钱风险管理政策、控制措施和程序，并关注控制措施的执行情况。针对自评估发现的高风险或较高风险情形，或原有控制措施有效性存在不足时，应当采取以下一项或多项强化风险管理措施：

1. 根据洗钱风险自评估结论，确定反洗钱工作所需的资源配置和优先顺序，必要时调整经营策略，确保与风险管理相适应；

2. 根据评估发现的控制措施薄弱环节，加强内控制度建设、工作流程优化，完善工作机制，严格内部检查和审计；

3. 针对评估发现的高风险客户类型进行优先处理，采取从严的客户接纳政策或强化的尽职调查，提高对其信息更新的频率，或加强对其的交易监测和限制；

4. 针对评估发现的高风险业务类型采取强化控制措施，在业务准入、交易频率、交易金额等方面设置限制；

5. 调整和优化交易监测指标与名单监控，对评估发现的高风险业务活动，进行更频繁深入的审查；

6. 针对评估发现的问题，进行风险提示；

7. 强化信息系统功能建设，支持洗钱风险管理的需要；

8. 其他能够有效控制风险的措施。

法人金融机构制定的改进措施不改变当次洗钱风险自评估结论，其执行效果应在后续评估中予以考虑。法人金融机构应当建立洗钱风险自评估成果共享机制，明确共享的内容、对象和方式，以及信息保密要求，确保相关条线、部门、分支机构知晓、理解与之相关的洗钱风险特征及程度，以推动洗钱风险管理措施在全系统的落地执行。法人金融机构应当动态、持续关注风险变化情况，及时更新完善本机构的自评估指标及方法，特别是在机构可疑交易监测分析结果或接受外部协查情况与评估结果出现明显偏差时，应及时分析原因并调整风险评估方法或改进可疑交易监测模型等措施。

（二）自评估周期

法人金融机构应当定期开展本机构洗钱风险自评估，原则上自评估的周期应不超过 36 个月，机构固有风险或剩余风险处于较高及以上等级的，自评估周期应不超过 24 个月。法人金融机构出现以下情形时应及时开展自评估工作：

1. 经济金融和反洗钱法律制度、监管政策作出重大调整，使机构经营环境或应当履行的反洗钱义务发生重大变化；

2. 公司实际控制人、受益所有人发生变化或公司治理结构发生重大调整；

3. 经营发展策略有重大调整；

4. 内外部风险状况发生显著变化，如出现重大洗钱风险事件；

5. 其他认为有必要评估风险的情形。

（三）专项自评估

在两次自评估期间，法人金融机构应在拟作出以下调整或变化时，参照《法人金融机构洗钱和恐怖融资风险自评估指引》相关内容，对相应的地域、客户群体、产品业务、渠道或控制措施开展专项评估，并考虑其对机构整体风险的影响：

1. 在新的境外国家或地区开设分支机构或附属机构；

2. 面向新的客户群体提供产品业务或服务；

3. 开发新的产品业务类型，或在产品业务（包括已有产品业务和新产品新业务）中应用可能对洗钱风险产生重大影响的新技术；

4. 采用新的渠道类型与客户建立业务关系或提供服务；

5. 对洗钱风险管理的流程、方式、内部控制制度或信息系统等作出重要变更。

专项评估应由负责管理相应变化因素的部门与反洗钱工作牵头部门共同开展，于调整或变化前完成评估，并根据结果完善或强化洗钱风险控制措施，确保剩余风险水平处于机构洗钱风险接纳或管理能力范围内。法人金融机构应对调整后可能的客户、业务、交易等情况作出合理估计，并在评估后持续监测以上调整或变化实际发生后的风险状况，在 6 至 12 个月的期间根据最新的客户、业务、交易等情况更新专项评估结果。

法人金融机构对新产品、新业务和产品业务中应用新技术有更详细、更严格评估机制的，可直接将该评估结果引用或映射至对新产品业务类型的专项评估当中。

法人金融机构应当积极加强自评估相关系统建设，建立并定期维护产品业务种类清单和客户类型清单，逐步实现通过系统准确提取自评估所需的各类数据信息，提高自评估工作效能。在法人金融机构洗钱风险自评估及相关工作符合《法人金融机构洗钱和恐怖融资风险自评估指引》要求的情况下，对于评估发现的低风险情形，可以采取适当的简化措施。但发现涉嫌洗钱和恐怖融资活动时，不得采取简化措施。境外金融机构在中国境内依法设立的最高层级分支机构（或被指定为境内报告行的分支机构），应参照《法人金融机构洗钱和恐怖融资风险自评估指引》开展评估。若境外金融机构的洗钱风险自评估已覆盖在我国境内分公司，且已充分考虑《法人金融机构洗钱和恐怖融资风险自评估指引》要求的各项因素，特别是中国境内与跨境洗钱犯罪威胁形势和手法、中国境内分支机构客户群体与产品业务、渠道特色，能够实现对中国境内地域、客户群体、产品业务、渠道的洗钱风险评估和管理要求，境外金融机构在我国境内的分支机构可直接援引其总公司或集团的洗钱风险自评估结论。具有关联关系的农村信用社、农村商业银行及农村信用联社可根据本机构实际情况，在确定的层级范围内开展统一的联合风险评估。银行卡清算机构、资金清算中心等从事支付清算业务的机构，从事汇兑业务、基金销售业务、保险专业代理和保险经纪业务的机构，以及网络小额贷款公司等其他从事互联网金融业务的非金融机构开展洗钱风险自评估可参照《法人金融机构洗钱和恐怖融资风险自评估指引》。

7 大额交易和可疑交易报告

2003 年 1 月 3 日中国人民银行发布《人民币大额和可疑支付交易报告管理办法》和《金融机构大额和可疑外汇资金交易报告管理办法》，我国商业银行开始履行大额交易和可疑交易监测分析报告义务。2006 年《反洗钱法》颁布后，中国人民银行于 2006 年 11 月 14 日发布《金融机构大额交易和可疑交易报告管理办法》（中国人民银行令〔2006〕第 2 号），公布了大额交易及 48 条可疑交易报告标准，证券期货和保险业金融机构也开始履行大额交易和可疑交易监测分析报告义务。为贯彻风险为本的反洗钱方法，进一步提升可疑交易监测分析报告机制的有效性，2016 年 12 月 28 日中国人民银行发布中国人民银行令 2016 年第 3 号，对《金融机构大额交易和可疑交易报告管理办法》（中国人民银行令〔2006〕第 2 号）进行了修订。新《办法》自 2017 年 7 月 1 日起施行，中国人民银行 2006 年 11 月 14 日发布的《金融机构大额交易和可疑交易报告管理办法》、2007 年 6 月 11 日发布的《金融机构报告涉嫌恐怖融资的可疑交易管理办法》（中国人民银行令〔2007〕第 1 号）同时废止。

7.1 可疑交易监测分析理论、技巧和方法

7.1.1 金融交易信息层次结构

随着信息技术在金融行业的深度应用，金融机构通过核心业务核算系统存储的金融交易信息完整、可靠、集中，并且具有较高的质量，方便了系统化的大数据分析和数据挖掘。这是大数据挖掘技术在可疑交易监测分析得以实施的基本保证。要选择科学合理的可疑金融交易监测方法，离不开对金融领域背景知识的深刻理解与准确把握。对金融交易信息进行深入分析是可疑交易监测分析识别研究的逻辑起点。通过对大量金融交易信息的分析，运用金融领域知识，结合金融业务实际，可将金融交易信息分为三个层次：交易层、账户层、客户层。

金融交易本质是"交易人—交易人"的关系。如果将"交易人"统称为"客户"，比作人体，金融交易就是"人—人"的关系。"客户"拥有若干"账户"，如人体系统由多个器官组成；"账户"包含相关"交易"，如各个器官由众多细胞组

成。由此可见，金融交易从交易对象（交易人）角度分析，是一种典型的树形结构，树干是"客户"，树枝是"账户"，树叶是每笔"交易"记录。"交易层"信息是整个交易信息的基础，交易层的每笔交易记录包含交易主体、账户、时间、交易性质等丰富信息，这些信息是交易资金转移情况的真实记录。以交易账户为主体，将交易层信息进行归并，构成"账户层"。各账户包含的交易层信息没有交集，且每个账户交易信息按交易发生时间顺序排列。如一个客户开有多个账户，则将这些账户信息归并到该客户名下，连通其他单一客户账户构成"客户层"。客户内部是一棵树，所有客户层的客户信息构成树林，所有客户信息加上相互之间的交易关系构成整个交易信息整体，形成一片森林。金融交易层级机构理论奠定了以客户为核心的可疑交易监测分析基础。

7.1.2　可疑交易行为特征与异常模式分析

以金融交易信息层次理论为基础，运用反洗钱知识，借鉴反洗钱实践经验，深入剖析不同信息层次上的可疑交易行为特征，归纳总结出金融交易信息的各个层次所对应的金融交易异常模式，为大数据挖掘方法及其属性选取、挖掘结果的解释提供指导和参考。

一、可疑交易行为特征分析

金融交易是否可疑取决于具体的交易情形，并涉及多个因素。金融作为国家经济的命脉，与人们的生活、工作密切相关。洗钱者利用金融机构的交易往来混淆黑钱的来历和性质，一方面他们会尽力将这种交易以接近正常交易的方式来处理，另一方面这种交易是建立在虚假的仅以混淆来源为目的之上，因此这种交易表现出与正常交易表象所不同的异常和可疑。正常交易以人们的生活、工作为基础，存在着稳定性、经常性和有序性的特点，而被用于洗钱的金融交易则无交易基础，表现为突发性、频繁性和无序性，这一切均因其没有正当的交易基础。不同的交易目的和交易心理，导致可疑金融交易在交易金额、频率、流向、用途、性质等方面与正常金融交易相比就存在异常和可疑的地方。

从可疑交易监测分析实践来看，可疑交易行为经常表现为以下几类特征。

（一）金融交易频率和金额的异常。一般来说，洗钱交易与正常交易相比，由于缺乏真实交易背景，往往没有周期性的交易规律或交易习惯。作为洗钱犯罪，洗钱者首先所面临的问题是将非法所得的大量资金改变成便于携带和隐瞒的形式，犯罪分子为了逃避打击，往往采取快进快出的操作手法，必然在交易频率和金额上与正常交易有所不同，表现为与背景资料不符的大额频繁交易。洗钱交易初期资金流动的明显特征就是入账资金数量巨大，进而资金总量不再发生剧烈变动，而是明显地表现出资金流动的频繁性，资金从一个账户频繁地流入流出，且流向极其复杂。例如，短期内频繁发生资金收付，与客户身份、财务状况、经营业务明显不符；长期闲置的账户原因不明地突然启用或者平常资金流量小的账户突然有大额异常资金流入，且短期内出现大量资金收付，及时提现等；当洗钱交易完成后，犯罪分子经常采取销户的方式逃避监管，这也是交易金额和频率异常的一种表现。

（二）金融交易流向或交易来源异常。洗钱交易具有不同于正常交易的目的，在将资金由黑洗白的过程中，交易资金往往与洗钱热点地区关系密切。例如，与来自贩毒、走私、恐怖活动、赌博严重地区或者避税型离岸金融中心客户之间的资金往来活动在短期内明显增多，或者频繁发生大量资金收付；多个境内居民接受一个离岸账户汇款，其资金的划转和结汇均由一人或者少数人操作等。

（三）金融交易用途或交易性质异常。交易用途或性质异常是指不具备合理的交易动机或与客户背景资料不相符。背景信息包括交易主体的机构性质、经营范围、注册资金大小、交易目的和交易对象等。例如，没有正常原因的多头开户、销户，且销户前发生大量资金收付；证券经营机构通过银行划出与证券交易、清算无关的资金，与其实际经营情况不符；保险机构通过银行频繁大量对同一家投保人发生赔付或者办理退保；客户资金支付不符合其收入或财务状况等。如果一家注册资金不大的来料加工企业有着与大型进出口企业相当的年外汇交易金额，就值得重点关注。

二、金融交易异常模式分析

为了运用大数据挖掘方法有效识别可疑交易，对可疑交易特征进行归纳整理，提炼出金融交易异常模式，使可疑交易监测分析建立在科学性和规范化的基础之上。通过对我国洗钱活动特点的研究，总结出可疑交易特征在金融交易信息的三个层次对应的异常模式：可疑交易特征在交易层表现为"交易资金转移异常"，包括资金量、资金性质或资金流向等异常情形；由于账户层信息相对于交易层具有明显的交易时序，在可疑金融交易特征的表现上，不仅可以体现为交易金额的异常，还可以体现为交易频率的异常，这两者在交易时序上均表现为"交易波动异常"；客户层是以交易主体进行信息归约，相对于交易层和账户层体现出交易主体间的多元交易关系，可疑金融交易特征在"客户层"既可以是交易金额、频率异常，也可以表现为交易流向、来源或性质异常，所有这些异常表现可归结为"交易关系异常"。基于金融交易信息层次结构，针对可疑交易特征，建立起金融交易异常模式，建立计算机识别模型，通过金融交易异常模式监测分析可疑交易。这种方法为可疑交易监测分析提供了新的思路。

7.1.3 金融交易数据结构分析①

可疑金融交易监测分析的出发点是根据洗钱的特征，建立以交易对象为主体的金融交易层次结构，并以此为基础，深入分析可疑交易在不同交易层次上的异常特征。这种对领域知识的深入剖析，为利用人工智能技术进行可疑交易的有效识别奠定了基础。但是，要成功地应用人工智能技术必须借助从具体问题抽象出来的数学模型，即数据结构。数据结构是为问题求解服务的，没有哪一种数据结构可以适用于所有的用途和目的，因而，了解各种数据结构的优势和局限性相当重要。选择一种好的可疑交易识别方法很大程度上取决于描述金融交易信息所采用的数据结构。金融交易数据结构是金融交易信息的抽象描述，适合可疑对象分析的金融交易信息层次结构对应的抽象描述就是交易数据泛化。

一、交易数据泛化

金融交易数据是金融交易信息的抽象记录。为发现洗钱犯罪行为，反洗钱监测人员往往需要查询多层次的金融交易数据，以便了解监测对象各级别的金融交易信息，从中寻找可疑线索。反洗钱监测分析人员可从不同的粒度和不同的角度描述数据集②，从而了解交易数据的全貌，对交易关系复杂的机构做全局视角的知识发现，这就是交易数据泛化分析。数据泛化是一个过程，它将数据库中任务相关的大型数据集从相对较低的概念层抽象成较高的概念层。用户希望方便、灵活地在不同的粒度级、从不同的角度，以简洁的形式汇总大型数据集。这种数据描述有助于提供数据的整体视图。

从数据分析的角度，数据泛化是一种形式的描述性数据挖掘，它以简洁和汇总的方式描述数据，并提供数据有趣的一般特征描述。概念描述就是对某类对象的内涵进行描述，并概括这类对象的有关特征。概念描述分为特征性描述和区别性描述，前者描述某类对象的共同特征，后者描述不同类对象之间的区别。

正常交易和客户的正常资金往来需要相互联系，而与洗钱犯罪活动相关的交易则更多地以转移资金掩饰隐瞒其来源为目的。从已破获的洗钱案例来看，相对于金融系统中的大量正常交易而言，洗钱犯罪行为通常会使客户的资金流呈现异常状态。因此，监测人员可以采用概念描述技术对存储在交易数据库中的数据实施数据挖掘，通过使用数据泛化技术将详细的交易数据在较高层次上表达出来，以得到正常交易

---

① 因篇幅有限，关于可疑交易监测分析技术的具体内容在此不做过多陈述，要想了解更多内容，请参考张成虎．反洗钱可疑交易监测分析理论与实务［M］．北京：中国金融出版社，2019．

② 粒度是指数据仓库中数据的细化和综合程度。根据数据粒度细化标准：细化程度越高，粒度越小；细化程度越低，粒度越大。

和洗钱交易的不同属性特征描述，如交易频率、资金流向、交易波动、频繁子图等，从而为反洗钱监测人员判断可疑金融交易提供依据。

在交易数据库的原始概念层，数据和对象往往包含很详细的信息。如果基于交易主体属性将收集的数据进行总结概括，并将其在更高的概念层次上呈现出来，实现面向属性的归纳（Attribute-oriented Induction，AOI），就可以得到交易信息层次结构的抽象描述。数据泛化从本质上讲是一种多尺度分析，它不但可以把握数据的一般特征，展现交易数据全景视图，而且减少了搜索空间，提高了挖掘效率。

二、金融交易数据结构类型

依据金融交易信息层次，对应的数据结构主要分以下几类。

（一）集合。集合是指数据元素之间除了"同属一个集合"的关系外，无其他关系。集合结构适于描述交易层信息，所有单笔金融交易信息是相互独立的交易记录，对应于集合中的数据元素，统属金融交易信息集合。单笔金融交易记录是金融交易信息的基本组成，数据元素是信息集合的基本单位。

（二）序列结构。序列结构是指该结构中的节点之间存在一对一的关系。其特点是开始节点和终端节点都是唯一的，除了开始点和终端点外，其余节点都有且仅有一个前驱，有且仅有一个后继。序列结构适合描述账户层信息，体现账户信息的时序关系。序列是由具有同一主属性的数据元素组成，这一主属性在金融交易序列中为交易账号。

（三）图形结构。图形结构是一种比集合、序列更一般的数据结构。图形结构中节点之间存在多对多的关系。其特点是每个节点的前驱和后继的个数都是可以任意的。图形结构适合描述客户间的复杂交易关系，体现"对象—对象"的多元联系。交易网络图中的节点为交易主体即客户，边表示两客户间存在交易关系，入度和出度表示资金流向，边的权重表示交易密切程度。

7.1.4　面对面业务可疑行为分析方法

我国《金融机构客户身份识别和客户身份资料及交易记录保存管理办法》明确规定，金融机构在履行客户身份识别义务时，应当向中国反洗钱监测分析中心和中国人民银行当地分支机构报告以下可疑行为：一是客户拒绝提供有效身份证件或者其他身份证明文件的。二是对向境内汇入资金的境外机构提出要求后，仍无法完整获得汇款人姓名或者名称、汇款人账号和汇款人住所及其他相关替代性信息的。三是客户无正当理由拒绝更新客户基本信息的。四是采取必要措施后，仍怀疑先前获得的客户身份资料的真实性、有效性、完整性的。五是履行客户身份识别义务时发现的其他可疑行为。

除了以上规定的情形外，要注意搜索与客户办理业务时面对面交易的有价值信息。

（1）发挥一线业务人员的职业敏感。反洗钱和反恐怖融资工作是金融机构的全员义务，一定要提升一线业务人员的反洗钱和反恐怖融资意识和职业敏感度。客户身份识别要求一定要融入日常业务办理中。一般情况下，客户的正常行为不会给一线业务人员留下太深的印象，异常的交易行为往往容易引起柜员注意，留下的印象比较深刻，一线业务人员要留意客户的异常行为。大堂经理主要负责维持网点客户区的秩序，给客户解答问题，不办理具体业务，由于其岗位特殊，比一般柜员有更广阔的视野，能够发现很多群体性的可疑特征，对于识别非法集资、传销等相关的洗钱及上游犯罪具有重要价值。

（2）注意查看客户交易时的监控录像。监控录像能够比较客观地再现交易时的情景，有效弥补柜员记忆的不足。现在金融机构大都使用了客户交易的影像系统，便于获取和存储客户的影像信息。分析人员可以据此仔细分析交易人的行为细节，作出比较准确的判断。

（3）做好联网核查。公民身份信息系统是中国人民银行和公安部为落实账户实名制为商业银行搭建的对个人居民身份证进行联网核查的应用系统。该系统于2007年6月在全国各银行业金融机构推广运行。通过该系统，银行可以核查客户的姓名、公民身份证号码、照片和签发机关与居民身份证所记载的信息是否完全相符，从而判断客户身份信息真伪。

（4）综合利用后台审核部门的信息。后台审核部门包括很多业务条线，反洗钱和反恐怖融资也是后台审核应关注的内容，与前台不同，后台审核部门可以比前台接触、获取更多的信息，要在各种信息匹配中找到可疑点。基本的识别分析方法就是汇总比对，要把相关的信息放在一起比对分析。同时，后台审核部门要深入做好客户尽职调查工作。虽然，在建立业务关系时已经进行了客户身份识别。但开户时信息有限，有时不能及时发现异常情况，所以客户身份识别的结论也是初步判断。此后，如果发现异常交易情况，应当进一步开展尽职调查，了解客户真实情况。

7.1.5　可疑交易后台监测分析方法

（一）反洗钱和反恐怖融资计算机系统。金融机构每天发生海量交易信息，仅靠人工分析难以胜任。所以，需要通过反洗钱和反恐怖融资计算机系统辅助监测涉嫌洗钱的可疑交易活动，结合人工分析识别，提高工作效率。

（二）高风险名单实时监控。随着我国反洗钱和反恐怖融资工作的不断深入，对金融机构高风险名单的监控提出更高的要求，特别是涉恐名单，必须实时监控。

从目前情况看，金融机构一般建立了包括联合国制裁名单、公安部公布的涉恐名单、警方调查的嫌疑人名单、反洗钱和反恐怖融资部门调查、可疑交易客户名单的黑名单数据库，规模较大的金融机构还购买了一些国际公司开发的黑名单数据库①。

（三）分析自然人开户资料。开户资料是账户持有人在金融机构留下的第一份资料，是金融机构分析人员了解客户本身情况的最基本、最重要的信息。

1. 姓名+住址。如果发现几个账户的户名姓氏相同，住址一致，则证明可能存在亲属关系。在分析亲属洗钱交易时很重要，如腐败洗钱犯罪、毒品洗钱犯罪等。

2. 身份证号。通过"银行联网核查公民身份信息系统"可以核对身份证号和其他信息是否一致，从而验证身份证的真伪；同时，通过身份证号可以上网查出发证地，一般情况下就是开户人的出生地，有助于结合洗钱犯罪类型进行地域分析；另外，如果多个异地身份证同时开户，则可能涉嫌团伙犯罪，或者犯罪分子收购他人身份证开户，或者直接收购账户用作洗钱账户。

3. 地址。可以分析出是本地开户还是异地开户；分析该地址是否属于某种犯罪的重点地区（如毒品犯罪、走私犯罪、电信诈骗等具有一定地域性的犯罪）；如果多个开户人住址一致，则可能涉嫌团伙犯罪。

4. 联系方式。如果多个开户人所留联系方式一致，则可能涉嫌团伙犯罪；通过上网可以查询手机号的地址，如果与前面所留地址、家庭住址等不一致，则存在异地开户的可能。一般情况下，异地开户风险比本地开户要高。

5. 代理人信息。如果多个账户开户资料的代理人一致，那么可能涉嫌团伙犯罪，或者涉嫌被犯罪分子用做洗钱账户。此外，代理人信息还可能出现在交易凭证上，如果多个账户的交易凭证上频繁出现代理人，且代理人往往固定为一人或几个人，则可能涉嫌地下钱庄或洗钱活动。

（四）分析非自然人的开户资料。

1. 注册资本。将企业注册资本与其账户交易规模进行比较，如果企业注册资本很少，而账户交易规模很大，则证明其资金交易与企业规模不符，很可能被用作洗钱账户。

2. 经营范围。分析企业经营范围，结合一般常识判断其资金交易方式和规模，并与实际交易方式和规模相比较。例如，一个经营范围为日常用品的个体工商户，如果频繁出现大额交易，可能存在洗钱活动。

3. 地址。上网查询或实地探访，如果地址不存在或该地址并没有这家开户企

---

① 从目前的情况看，多数大中型商业银行购买了一些公司开发的黑名单数据库，主要为办理国际业务反洗钱和反恐怖融资服务。

业，则证明是一家"空壳公司"；如果该企业已经人去楼空，但账户交易仍在持续，则可能涉嫌洗钱活动。如多个企业的注册地址一致，则显然是"空壳公司"。多个公司的法定代表人一致，则证明这些公司之间存在联系；如果发现法定代表人与特定职务人员有关，应予关注。

（五）分析交易记录。

1. 交易记录分析重点。（1）交易笔数和金额。某一段时间内，可疑账户发生了多少笔交易，进出金额是多少，有助于把握可疑交易的总体情况。（2）资金来源和去向。可疑资金流转过程中的上下游账户，有助于把握可疑交易的流程。有时需要延伸分析，直到资金转出本金融机构或出现现金交易为止。（3）重点账户之间的关系。整个可疑交易活动中的核心账户往往交易量大、频繁使用、可疑特征明显；如果有多个重点账户，要分析出它们之间的关系，有助于把握可疑交易的重点。（4）交易行为特点。例如，是否存在特殊金额，特别是略小于某些规定限额的金额，如频繁以4.9万元，199万元、49.9万元分拆转账，这就明显在规避大额可疑交易报告标准。再如，多个账户之间交替使用，有意规避银行监测。这些都有助于把握交易人的心理特点和行为习惯。

2. 利用其他信息资源。（1）媒体报道。各电视台新闻调查类的节目非常多，特别是焦点访谈、新闻调查、面对面等节目，媒体记者调查案例非常深入，详细报道了犯罪过程、洗钱手法、利用的金融产品和服务、可疑特征、犯罪趋势等，这些报道对可疑交易分析有很好的借鉴作用，也包括媒体披露的高风险客户[①]。（2）互联网。互联网迅速发展为我们提供了越来越多获取信息的手段，可以借助互联网获取有效的信息。例如，支付宝公司在分析可疑交易时，全面利用了大数据分析工具，将客户用支付宝结算的购物、出行、住宿、饮食、娱乐等一系列信息综合利用，大大提高了可疑交易监测分析质量。

（六）注重与其他工作的紧密配合。

1. 要与各业务部门紧密配合。可疑交易往往涉及金融机构内部的业务、产品及业务环节和岗位，不同的部门和岗位有着各自特有的优势，并且个人金融、公司金融、电子银行、信用卡、运营、安保、一线网点等都有反洗钱和反恐怖融资责任，各部门都要支持反洗钱和反恐怖融资部门；反洗钱和反恐怖融资部门也要把发现的风险及时通报给相关业务部门，有利于业务部门控制洗钱风险。

[①] 2018年8月21日，中央电视台焦点访谈栏目报道的跨国跨境涉黄网络直播聚合平台"桃花岛宝盒"及"12·15"跨境特大网络传播淫秽物品牟利案，对犯罪团伙通过第三方支付平台将犯罪收益多次流转，汇聚到专业洗钱公司的账户，然后由线下到银行提取现金，实现资金分流，然后再转给受益人的洗钱过程进行了详细的报道。

2. 可疑交易监测要以客户为中心。客户尽职调查不只是反洗钱和反恐怖融资的基本义务之一，更是可疑交易识别的基础。

3. 计算机系统筛选和人工分析相结合。金融机构的数据是海量数据，需要依靠数据系统进行分析。但可疑交易识别分析不能光靠计算机系统，识别分析工作需要主观分析判断。

4. 内外部资源结合。首先整合内部信息，充分利用金融机构内部的信息资源，同时注意关注外部信息，如政府部门的风险提示、调查通知、媒体报道等，这些能够直接反映机构面临的外部洗钱威胁，对可疑交易识别具有重要的指导作用。

5. 及时总结，积累经验。反洗钱和反恐怖融资本身是一项实践性很强的工作，可疑交易识别需要多年的实践经验积累，要及时总结经验，找到适合本机构的识别分析方法，不断完善。

6. 反洗钱和反恐怖融资工作与案件风险防控相结合。可疑交易识别分析不仅是反洗钱和反恐怖融资工作中的核心组成部分，更是金融机构防控案件风险的重要措施。通过可疑交易识别，金融机构在案件还没有发生的时候就提前预警，采取风险防控措施，降低甚至消除特定风险。

7.2　可疑交易监测分析识别要点

按照我国反洗钱和反恐怖融资法律法规的有关规定，金融机构和支付机构应该按照风险为本的方法，基于自身业务特点，自主设计有针对性的监测标准。金融机构、支付机构可疑交易监测的主要对象为客户和交易。在我国十多年的反洗钱和反恐怖融资工作实践中，总结出了一些实用的分析识别要点，虽然这些识别要点仅表明或预示可疑交易活动发生的可能性，不代表有直接关系，但对于日常的可疑交易监测分析具有一定的借鉴意义。

7.2.1　基于客户类指标的可疑交易监测分析识别要点

客户类指标包括客户身份、客户行为，以及依附于客户产生的账户等交易载体。

（一）客户的身份。结合客户的洗钱风险等级，着重关注客户的归属地风险状况，身份信息的真实性、完整性、有效性是否存在异常，是否存在负面的社会报道等。

1. 客户归属地或行业异常。如客户属于国内外制裁名单；客户来自恐怖活动、毒品、走私、跨境有组织犯罪、腐败、金融诈骗等严重犯罪高发的地区；客户职业或所属行业为高风险或敏感性领域。

2. 客户单个身份信息要素存在异常，真实性存在疑点。如同一客户在不同网点建立业务关系时留存的联系电话不一致，留存的电话号码无效、空号、已停机或无法接通，住所地信息虚构；客户所持证件非本人或经联网核查存在伪造、变造嫌疑。

3. 综合单一客户多个身份信息要素分析存在异常。如个人客户职业信息、财务状况与其银行资产规模、资金交易量不匹配；企业注册资本与公司实际经营规模或交易量不匹配；特约商户留存的身份证明资料与实际不符，实地经营场所照片与商户无关联，疑似套用他人经营场所照片；客户归属地与业务办理地不同且无合理解释。

4. 多个客户身份信息综合分析存在异常。如超出合理数量的个人客户手机号码相同、住所地址相近；多个企业之间留存的对账地址、联系电话相同，法定代表人、公司会计或授权经办人为同一人，或者有明显的亲属关系；多个特约商户法定代表人相同；不同特约商户营业执照完全相同。

5. 客户在新闻媒体、当地舆论上存在负面报道；曾被监管机构、执法机关或金融交易所提示关注，或被公安、纪委监委、检察、税务等部门调查、冻结，法院扣划资产。如证券期货业交易所、股转系统预警关注的机构户与个人户频繁大额交易、关联账户大额交易、客户违规持仓行为等。

（二）客户的行为举止。着重关注客户的交易需求、行为是否存在异常之处等。

1. 不愿配合身份识别。如客户不愿留下详细资料，无正当理由拒绝更新身份信息；频繁要求变更联系电话、通信地址、代理人等信息；客户对自己声称的职业或经营活动并不了解或总是宣读预先备妥的稿件内容，而不能回答任何其他提问；客户对询问持防范态度或者过度证明其交易正当；客户经常以签署授权书或通过代理方式办理业务，避免和柜面人员直接接触；客户拒绝配合金融机构电话回访、实地查看等重新识别方式。

2. 交易时刻意掩饰。如使用头盔、帽子、雨伞、口罩、墨镜等，掩饰或躲避监控探头；拒绝或不愿意提供所需要的信息，明显隐藏了与交易有关的重要信息；疑似服务于某幕后发指令的人，而幕后人的身份不详，且客户不愿意提供幕后人物的情况；拒绝提供其个人业务活动的情况或没有足够证据证明其业务性质。

3. 与正常的交易需求和目的不符。如频繁向柜面人员询问与信息披露、报告要求、阈值设定或记录保存相关问题；客户试图贿赂工作人员以达到为其交易保密等目的；客户不计成本，执意要办理明显不受益或亏损的交易；放弃便捷无手续费的交易方式，频繁选择高成本烦琐的交易方式；要求办理的交易与客户声称的目的不一致；拒绝接受金融机构提供更好的交易环境和更优待的服务。又如，银行业客户在同一网点频繁更换柜台，或在柜台与自助机具间频繁交替办理业务；一人持多人身份证或指导多人办理开户、汇兑、汇款业务等异常的代办业务或集体办理业务行为；客户在 ATM 等自助终端办理业务时，持续接听电话并按照通话指示进行操作；证券业客户在短期内由同一个人办理多笔相似的业务或履行多个相似的合同；保险业客户异常关注保险公司的审计、核保、理赔、给付、退保规定，而不关注保险产品的保障功能和投资收益。

4. 金融机构从业人员异常行为。如从业人员帮助客户开立虚假账户、帮助客户转移非法资金；内部员工日常行为变化大，开始奢侈生活、工作业绩显著变化、使用员工的工作地址传递客户文件资料等异常情形。

（三）客户名下的账户。主要涉及银行结算账户、证券期货资金账户、网络支付账户等。着重关注账户的数量、多客户多账户间的关联性、账户的实际控制人或受益人。

1. 单个客户开立大量账户，数量异常。

2. 异常的集中开户、批量开户、代理开户。如大批量账户集中在某个时间段内开户，开户后交易特征类似；多个不同户主姓名的账户代理人为同一人，疑似账户为他人控制。

3. 多账户异常关联。如银行业多个账户频繁收取境外汇入款后集中转往同一账户；具有特殊特征的人群集体开户、转账。银行业、证券期货业客户年龄过大或过小的客户以本人名义开立账户后，由他人控制账户；频繁办理账户挂失、解挂，频繁出现密码错误登录。支付机构多个特约商户绑定同一个银行结算账户。

7.2.2　基于交易类指标的可疑交易监测分析识别要点

金融机构可以着重从资金划转的时间、地点、频度、金额、性质、交易对手等多个角度入手，关注资金交易是否存在疑点。

（一）交易时间异常。关注是否与正常的金融服务需求不符。如银行业单位账户总在其正常营业时间之外发生交易；通过 ATM 等自助机具在夜间存取款交易量比重过高，与客户身份不符等。

（二）交易频度异常。如总是发生快进快出、不留余额地过渡交易；频繁发生资金划转，交易频度过高，超出正常预期值；账户休眠后突然启动，账户启动前先小金额测试，随后发生大额交易；交易频率与客户的职业、收入和年龄不符。又如：证券期货业客户频繁发生第三方存管银行账户与证券资金账户（结算账户）、多个资金账户间的资金划转，而不进行证券期货交易，交易目的异常或无法合理解释；客户在一定期限内将大额资金以单次较小金额多次购买保险，或将大额保单以单次较小金额进行拆单退保，或反复进行投保、退保操作，或多次保单贷款，且不能合理解释。

（三）交易金额异常。如交易金额均为某固定数额的整数倍，疑似从事某些特殊性质的交易（非法集资、毒品、赌博等）；交易金额总是接近但低于法定监控值，与正常经营特征不符。又如，银行业、支付机构的银行卡收单商户交易额巨大，与其正常经营规模不符；证券账户发生大额申报、密集申报，与客户身份或经营规模不符；保险业投保人购买万能险、分红险、投连险、投资型财产险等累计保费金额大、单次缴费金额高、投资收益性高的产品，缴纳保费与其职业、年龄等对应的经济状况不符；信托业个人客户多次或单次购买信托计划金额过高，与其身份、年龄、职业、财务状况不匹配；企业客户购买信托计划金额超出其注册资本合理倍数。

（四）交易地点异常。例如：银行业客户通过境内银行卡在境外取现转移资金；伪卡在境外取现；特约商户移动式交易机具在异地发生交易；本地开户后主要在异地发生大量交易；交易地点多发生在高风险或敏感性地区。证券期货业客户使用互联网进行交易的 IP 地址、MAC 地址经常变更，难以查验，或多发生在高风险、监管宽松的地区。保险业客户异地投保，投保人、被保险人不在承保保险机构营业区域范围内学习、工作、居住、经营，或保险标的不在营业区域范围内，且没有合理解释；货运险中的货物始发地、目的地与洗钱高风险国家和地区有关联。

（五）交易摘要异常。应重点关注捐赠、还款、援助、投资等内容，以及存在典型记账性质的摘要，并结合交易模式进行分析。

（六）交易对手异常。着重关注交易对方的身份、账户数量、所属地域、资金来源和去向等是否异常。（1）交易对手异常分散。如交易对手众多、交易分散且频繁，或涉及多个跨省市的客户；交易呈现一对多，或多对一特征。（2）交易对手异常集中。如账户交易对手集中为第三方支付机构，通过第三方支付平台频繁转移资金；交易对手主要集中于某些特定账户，疑似套现、伪卡交易。（3）资金来源或去向性质异常。例如：银行业公对私之间的资金划转，资金最终转往多名个人账户或提现；频繁发生小金额的资金汇往境外。证券期货业关联账户之间的大宗交易、对倒交易，交易后立即将资金转移。信托业客户由第三人交付信托财产；无合理理由坚持要求将信托资金转入非缴存账户。保险业客户由第三人支付保费，或要求将保险资金转入第三方或非缴费账户，且无合理解释。（4）交易对手身份异常。如交易对手涉及国内外制裁名单、高风险国家或地区、金融保密或避税天堂。（5）多账户交易对手相关联。如多个不相关的客户与同一或固定若干个交易对手频繁发生交易，且无合理解释。

7.2.3 基于金融产品和业务指标的可疑交易监测分析识别要点

金融机构应当认真分析产品服务的天然特性，针对产品的全流程运作特点，评估可能面临的洗钱威胁，并将风险点列入监测标准体系。

一、银行业

（一）现金存取汇兑业务（含一次性业务）。应关注现金交易的频度、办理人、交易金额、交易目的、账户关联性等是否异常。例如，无合理解释地频繁存取现金；账户所有人经常陪同他人办理大额现金缴款业务；多个账户频繁收到同一人存入现金，而无合理理由；将现金存取款拆分成金额较小的交易，避免触发报告临界值；不在本机构开户，但偏好于办理一次性现金业务。

（二）网银交易、手机银行等自助终端服务。着重从能够追踪识别交易唯一性的标识码入手进行监测，如 IP、MAC 地址、IMEI（国际移动设备识别码，International Mobile Equipment Identity）、自助设备终端号等，关注交易的实际控制人、受益人等是否出现异常。如多人网银交易的 IP、MAC 地址、IMEI 相同，疑似同一人控制多个账户；一个客户在相近时间内发生多笔交易但 IP、MAC 地址不同，账户可能被多人控制。

（三）票据业务。关注票据业务申请人的身份、增值税发票、交易合同、预留印鉴等资料的真实性，以及贸易背景、债权债务关系存在异常点。如客户大量申请开具现金支票、汇票或旅行支票；开票后或收到转让背书的承兑汇票后短时间内申请贴现；提供疑似虚假的增值税发票或交易合同；申请将票据贴现给其他企业或个人；同一家中介公司频繁为不同客户申请办理票据贴现等。

（四）贷款业务。关注贷款人、担保人关系，还款资金来源等是否异常。如客户突然提出提前还款，而无法解释资金来源，或与银行了解到的客户财务状况不符，或有第三人代为还款等；用与借款人无关联的第三方拥有的资产为贷款提供担保等。

（五）保管箱业务。关注开箱频度、保管箱实际使用人、受益人等是否异常。如客户频繁开立保管箱业务，经常与第三人交替使用；同一客户开立多个保管箱，但经常授权不同自然人办理保管箱业务，情形异常；开设保管箱后，频繁更换代理人进行保管箱代理业务；保管箱存放物价值与客户身份、财务状况明显不符等。

（六）贷记功能的银行卡。关注非法目的套取信用额度等异常情形，其交易与特约商户密切相关。例如，交易金额与特约商户经营范围、性质不符；特约商户交易对手过于集中于固定的若干信用卡账户；超额度预授权后立即还款并透支取现。

（七）理财业务。主要是关注大额资产、资金的来源，是否与客户身份相匹配。如客户购买大额理财产品时，从非本人的账户转入资金，理财产品到期后提取现金或转入本人个人银行账户；客户大额资产来源不明，与其身份、职业、收入状况不符等。

（八）跨境汇款业务。关注汇款的性质，汇款资金来源、去向，交易对手所属国家（地区）是否异常。如客户收到跨境大额外汇汇款后要求支取外币现钞，且无合理理由；多个不同客户从若干账户向境外同一收款人汇款，实现资金分散转出境外等。

（九）银行卡收单业务。主要关注特约商户收单资金是否有真实的贸易服务为背景，刷卡交易金额、规模是否与商户经营范围、性质相匹配等。如经营食杂零售的特约商户交易金额均为千元的倍数，不涉及"角""分"的交易，与经营性质不符；经营服装零售的商户总是在凌晨发生大量交易，真实贸易背景存疑；境内商户POS机具频繁发生境外银行卡刷卡交易，占总交易的比重过高，疑似伪卡或移机；要求将收单账户绑定为非同名单位账户，资金去向和交易的实际受益人异常等。

二、信托业

（一）信托发行设立。着重关注信托财产（资金）的来源、实际控制人、受益人与委托人的关联关系是否异常。如信托委托人与实际财产交付人不同；认购信托产品的账户名称与资金信托合同的签署名称不一致；信托资金由第三人或多人账户归集后以委托人名义办理，实现非法所得表面合法化转移；坚持以现金形式交付信托财产；设立空壳公司并建立信托合同，指定个人为受益人，非法所得转入空壳公司账户后，以受益人身份收取"信托收益"，实现非法所得合法化；客户不愿或无法提供对资金来源的解释，或解释前后矛盾。

（二）信托产品运行。关注财产的运作过程、受益权转让是否异常。如信托关系成立后即申请受益权转让于第三人；无合理理由频繁变更受益账户；频繁变更受益人或频繁认购受益权，且无合理解释；单一信托委托人与融资人存在异常关联关系或存在同一控制人，财产未按合同约定方式运作，将非法所得混入其中以信托融资增值收入的方式转移；受益权转让价格异常高于或低于信托产品认购金额，超出合理幅度；追加保证金账户名称与实际追加方名称不一致。

（三）信托到期交付。关注信托到期财产及收益交付、资金去向是否异常。如在信托产品即将到期时变更受益账户或受益人；融资人早于信托产品到期日提前还款，提前时限明显不合理；到期后信托资金交付转往不相关多人账户或委托人非缴费账户。

三、证券期货业

（一）经纪业务

对于普通经纪业务，应关注交易的频度、目的是否存在异常，是否存在同一人控制多人证券账户的关联性交易，交易极不活跃品种的异常交易。如客户开户后即频繁进行大量交易，不关注频繁交易产生的损失，销户后转出证券交易保证金；委托交易的IP地址、MAC地址、手机号码相同；经纪人名下客户较少，一段时间内，客户通过大额频繁交易，产生大量的交易佣金，居间代理人经纪人提取高额的交易佣金。

证券业客户频繁进行高买低卖，或者信用账户和普通账户之间低价融券卖出，高价买入；与关联账户间频繁进行大额对倒交易，不关注交易所产生的损失；交易方向与证券行情走势契合度较高且盈利金额较大；通过控制多个证券账户进行合谋"对敲""高买低卖"，隐蔽地转移账户之间的资金和收益；交易的相关债券品种换手率较低，交易各方可能采取约定时间和价格实现定向成交，开户后大量买卖证券，然后迅速销户。

期货业客户频繁以同一种期货合约为标的，在以一价位开仓的同时在大致相同价位、等量反向开仓后平仓出局，通过第三方存管账户转出保证金；通过控制多个期货账户进行合谋"对敲""高买低卖"，隐蔽地转移账户之间的资金和收益。如在期货、期权合约上以不合理价格下达委托指令并成交；在不活跃合约上以市价指令下达大量委托并成交扰动市场价格；在深度虚值期权合约（无实际交易价值）上大量成交；单位客户在商品期货交割期间，出现非善意期转现、蓄意违约、严重偏离实际价格的征购或竞卖与其实际生产类型和需求不相吻合，存在较大差异的异常交割；客户作为期货交易的卖方以进口货物进行交割时，不能提供完整的报关单证、完税凭证，或者提供伪造、变造的报关单证、完税凭证。

对于大宗交易业务，应着重关注是否存在利益输送异常情形。如交易活跃品种价格偏离度较大；存在异常关联关系对手互为买卖方、多次进行大宗交易。

（二）新三板市场业务，着重关注协议转让方式。如交易双方以大幅偏离股票正常价值的价格进行交易的，疑似逃避税收、转移资产。

（三）融资融券等信用交易业务，应关注资金杠杆效应下的大额资金流动。如客户普通账户与信用账户进行日内反向交易；同一客户的普通账户与信用账户对同一证券连续买入或卖出，且成交量较大。约定购回式证券交易频繁申请交易展期，且资金去向存在疑点的。

（四）代销金融产品业务，应关注办理金融产品的非交易过户、赎回、售出、到期收益等交易环节的异常特征。如基金赎回期间变更指定银行；信托认购账户与受益账户不一致，且受益人与认购人无亲属关系。

（五）投资银行业务，应关注发行股票或债券过程中涉及的资金性质是否异常。如发行人及发行人控股子公司股本形成过程和资金来源异常；发行人日常经营中与关联方关联交易，以及日常交易活动所涉及的现金、资产来源、交易行为与客户身份、财务状况、经营目的不符或异常。

（六）资产管理业务。在定向资产管理业务中，产生大额资金和金融资产所有权在事前约定客户之间的转移，应关注投资双方当事人交易涉嫌非法资金交易；投向非标资产的资产管理业务中，存在客户以明显过高或过低的价格交易；长期闲置不用的客户证券账户突然要求转化为专用证券账户，且客户在办理定向资产管理业务后频繁进行委托资金的追加与提取。

（七）转托管、指定交易、第三方存管业务。关注频繁办理或变更且无合理理由等情形。如期货公司为客户提供给基金代销业务后，客户频繁办理基金转托管，且无合理理由。公募基金客户使用多个账户赎回基金以及申请转托管业务，多个账户赎回混淆资金来源性质。

（八）风险管理业务。关注客户偿还仓单抵押资金的来源、性质是否异常。

四、基金业

（一）公募基金业务。关注基金交易方式、申购赎回价格，持有期限，资金来源是否异常。如短期对同一只基金多次进行反向交易；基金买卖不计成本，持有期短暂，使用基金账户进行一次性交易；使用多个账户赎回基金以及频繁申请转托管业务；基金份额非交易过户且无合理理由。关注场内基金买卖等业务是否存在利益输送异常情形，如交易价格明显偏离基金的公允价值等。

（二）特定客户资产管理业务。特定资产管理业务的客户进入门槛高，个人客户多为高净值人群，应关注其资产资金性质、来源是否异常；投资顾问与客户之间是否存在异常的关联关系，疑似内幕交易。

五、保险业

（一）承保业务。关注投保的频度、资金来源、缴费方式、金额等是否异常。如频繁投保，将大额资金以单次较小金额进行多次购买保险；通过第三方支付保险费；坚持现金缴纳保费；要求以他人名义开具发票；缴纳远高于合同约定保费，并要求返还多支付保费；虚构保险标的或夸大保险标的价值进行投保。保险中介机构要求保险公司支付明显超过行业一般水平的佣金比例，再将部分资金转往客户或第三方账户；客户通过同一保险代理公司或经纪公司在多家保险公司异常投保，超出正常保障需要。

（二）变更保险合同主体业务。关注当事主体之间的关联关系是否异常。如投保人缴纳保费后，频繁变更投保人并退保，实现资金的转移。

（三）退保（含犹豫期退保、减保）、领取账户价值（含部分领取）业务。关注退保的频度、资金去向、退保目的等是否异常。如频繁退保；大额保单多次拆分退保；要求将退保资金转入第三方账户，且不能合理解释；不关注退保可能带来的较大金钱损失而坚决要求退保；同一保险标的在不同财产保险机构分别投保后退保。

（四）保单贷款业务。关注贷款的频次、贷款资金去向、用途、还款资金来源、性质等是否异常。如投保后频繁办理保单贷款，或以保险单为抵押品向其他机构借款，无合理的资金用途；从第三方账户归还保单贷款而无合理解释；客户坚持现金领取或要求将贷款资金转往第三方。

（五）追加保费业务。关注可追加保费的目的、资金来源等是否异常。如通过保单生效后追加保额，规避承保环节相对严格的客户身份识别；追加大额保费时，要求改变原来银行转账的方式，改用大额现金或支票追加大额保费，不能合理解释。

（六）理赔或给付业务。关注资金性质、去向等是否异常。如要求现金理赔或给付而没有合理理由；将赔偿金、保险金转入第三方。

（七）保险资产管理业务。关注客户资金来源及性质等是否异常。

六、网络支付业务

（一）线上收单。着重关注网络特约商户经营背景的真实性、收单规模与正常经营性质、资金流与物流是否相匹配等。如网络特约商户的经营网址无效；特约商户销售的商品单价与收单交易金额不匹配；产品单一且金额固定，疑似销售违禁产品；特约商户交易金额巨大，超出其销售网页所介绍的商品销售量。

（二）支付账户交易。关注充值金额和频次是否异常。如充值时间与体育彩票开奖时间、境外主要博彩机构开奖时间、重大体育赛事确定结果时间等具有高度关联性；个人客户频繁收到多家单位转账，存在归集账户的特征；客户短期内交易量巨大，与其经营规模、财务状况、职业及所属行业不匹配；大量单笔交易金额为某固定数额及其整数倍；交易时间存在明显的周期性，如每隔固定的一段时间进行转账等；无正常业务关联的单位客户之间频繁发生资金划转。

（三）代收代付业务。关注签约人之间的关联关系、代收代付交易背景、资金用途等是否异常。如交易背景存疑，代收协议非经扣款银行账户户主本人同意；代付业务用途与付款银行账户户主经营规模、经营范围、财务状况等明显不符；定期向特定众多自然人代付资金，或从多人账户代扣资金，无正常的交易背景。

七、银行卡收单

关注交易规模是否明显超出正常经营规模，疑似信用卡套现、虚构交易、跨地移机、模糊资金链条等异常情形。如小规模特约商户收单量巨大，与其经营范围、正常营业额明显不符；特约商户总是在非正常营业时间内发生大量刷卡交易；网络接入模式下，同一时期内存在多个IP地址的刷卡交易，与入网签约时核定的使用区域不符；在SIM卡接入模式下，发生大量异地使用记录；异地（跨境、跨省、跨市）银行卡POS刷卡交易比重过高；贷记卡交易占比过高；同一张贷记卡在同一商户刷卡频次异常。

八、预付卡

关注购卡资金来源、频度、办理人身份、预付卡资金用途等是否异常。如客户购买不记名预付卡金额有意低于监控阈值以规避识别措施；故意化整为零、拆分大额资金购买预付卡；短期内频繁购买记名预付卡或代理多人大量购买记名预付卡；频繁办理预付卡赎回业务，赎回金额大、频率高；支付账户充值资金来源为预付卡，经常性发生且累计金额较大。

7.3　大额交易报告

我国《金融机构大额交易和可疑交易报告管理办法》（中国人民银行令〔2016〕第 3 号，下同）第二条规定，本办法适用于在中华人民共和国境内依法设立的下列金融机构：①政策性银行、商业银行、农村合作银行、农村信用社、村镇银行。②证券公司、期货公司、基金管理公司。③保险公司、保险资产管理公司、保险专业代理公司、保险经纪公司。④信托公司、金融资产管理公司、企业集团财务公司、金融租赁公司、汽车金融公司、消费金融公司、货币经纪公司、贷款公司。⑤中国人民银行确定并公布的应当履行反洗钱义务的从事金融业务的其他机构。该办法第二十五条规定，非银行支付机构、从事汇兑业务和基金销售业务的机构报告大额交易和可疑交易适用该办法。

7.3.1　大额交易报告标准

大额交易报告标准的设计既要有利于收集足够的信息，也要充分考虑金融机构的承受能力和金融情报中心处理信息的能力。从反洗钱的角度出发，收集的交易信息越完整，就越有利于发现洗钱的线索。但从另一个角度讲，如果收集所有的交易信息，将会大大增加金融机构的信息报送成本和金融情报中心处理信息的成本。因此，规范大额交易的报告，关键是要确定一个合理的起点金额标准。标准过高，报告的交易信息太少，可能会漏掉许多有用的信息；标准过低，报告的交易信息太多，反而降低了信息报告、加工和分析的效率，使信息失去了应有的价值。

一、大额交易报告标准

大额资金交易是指规定金额以上的资金交易。实行大额资金交易报告制度，可以避免可疑资金交易报告人为干预、可能存在主观臆断的缺点，而且，把各地分散的大额资金交易报告汇总起来分析，有利于发现可疑资金交易的线索。另外，我国反洗钱工作正处于不断发展完善之中，金融机构工作人员经验不足，如果只报送可疑资金交易报告，可能会漏掉许多有价值的信息。根据《金融机构大额交易和可疑交易报告管理办法》的规定，大额资金交易的具体报告标准如下：

（1）当日单笔或者累计交易人民币 5 万元以上（含 5 万元）、外币等值 1 万美元以上（含 1 万美元）的现金缴存、现金支取、现金结售汇、现钞兑换、现金汇款、现金票据解付及其他形式的现金收支。

（2）非自然人客户银行账户与其他的银行账户发生当日单笔或者累计交易人民币 200 万元以上（含 200 万元）、外币等值 20 万美元以上（含 20 万美元）的款项划转。

（3）自然人客户银行账户与其他的银行账户发生当日单笔或者累计交易人民币 50 万元以上（含 50 万元）、外币等值 10 万美元以上（含 10 万美元）的境内款项划转。

（4）自然人客户银行账户与其他的银行账户发生当日单笔或者累计交易人民币 20 万元以上（含 20 万元）、外币等值 1 万美元以上（含 1 万美元）的跨境款项划转。

累计交易金额以客户为单位，按资金收入或者支出单边累计计算并报告。中国人民银行另有规定的除外。

二、大额交易免予报告标准

很多资金交易虽然符合大额交易报告标准，但其明显属于正常交易，如果将这些交易也涵盖在大额交易报送范围之内，势必增加金融机构的信息报送负担，为了避免这类交易的干扰，减少金融机构的信息报送量，《金融机构大额交易和可疑交易报告管理办法》规定对符合下列条件之一的大额交易，如未发现交易或行为可疑，金融机构可以不予报告：

（1）定期存款到期后，不直接提取或者划转，而是将本金或者本金加全部或者部分利息续存入在同一金融机构开立的同一户名下的另一账户。活期存款的本金或者本金加全部或者部分利息转为在同一金融机构开立的同一户名下的另一账户内的定期存款。定期存款的本金或者本金加全部或者部分利息转为在同一金融机构开立的同一户名下的另一账户内的活期存款。

（2）自然人实盘外汇买卖交易过程中不同外币币种间的转换。

（3）交易一方为各级党的机关、国家权力机关、行政机关、司法机关、军事机关、人民政协机关和人民解放军、武警部队，但不包含其下属的各类企事业单位。

（4）金融机构同业拆借、在银行间债券市场进行的债券交易。

（5）金融机构在黄金交易所进行的黄金交易。

（6）金融机构内部调拨资金。

（7）国际金融组织和外国政府贷款转贷业务项下的交易。

（8）国际金融组织和外国政府贷款项下的债务掉期交易。

（9）政策性银行、商业银行、农村合作银行、农村信用社、村镇银行办理的税收、错账冲正、利息支付。

（10）中国人民银行确定的其他情形。

7.3.2　大额交易报告要求

一、大额交易报告应注意的问题

在对上述大额标准的交易进行报送时，应注意和掌握以下问题：

（1）对交易金额进行累计计算时，累计交易金额以客户为单位，按资金收入或者支出单边累计计算并报告。中国人民银行另有规定的除外。

（2）对于客户与证券公司、期货公司、基金管理公司、保险公司、保险资产管理公司、保险专业代理公司、保险经纪公司、信托公司、金融资产管理公司、企业集团财务公司、金融租赁公司、汽车金融公司、消费金融公司、货币经纪公司、贷款公司等进行金融交易，通过银行账户划转款项的，由商业银行、城市信用合作社、农村信用合作社、邮政储汇机构、政策性银行按照大额交易报告标准的规定向中国反洗钱监测分析中心提交大额交易报告。

（3）义务机构应当根据业务实质重于形式的原则，以客户为交易监测单位，按照《金融机构大额交易和可疑交易报告管理办法》及时、准确提交大额交易报告。①客户当日发生的交易同时涉及人民币和外币，且人民币交易和外币交易单边累计金额均未达到大额交易报告标准的，义务机构应当分别以人民币和美元折算，单边累计计算本外币交易金额，按照本外币交易报告标准"就低原则"，合并提交大额交易报告。客户当日发生的交易同时涉及人民币和外币，且人民币交易或外币交易任一单边累计金额达到大额交易报告标准的，义务机构应当合并提交大额交易报告。②自然人客户银行账户与其他的银行账户发生款项划转，涉及非居民在境内开立的银行账户，义务机构应当按照《金融机构大额交易和可疑交易报告管理办法》第五条第四款规定的跨境款项划转标准①，提交大额交易报告。③《金融机构大额交易和可疑交易报告管理办法》第五条规定的"其他的银行账户"包括本行或他行的其他客户的银行账户；同一客户在本行境外机构和他行的银行账户。④《金融机构大额交易和可疑交易报告管理办法》第七条第四款规定的"同业拆借"包括金融机构同业拆借、同业存款、同业借款、买入返售（卖出回购）等同业业务。⑤对单客户多银行主辅账户划转、B股非银证转账外币资金进出，如未发现交易或行为异常的，

---

① 自然人客户银行账户与其他的银行账户发生当日单笔或者累计交易人民币 20 万元以上（含 20 万元）、外币等值 1 万美元以上（含 1 万美元）的跨境款项划转。

证券公司可以不提交大额交易报告。

（4）交易同时符合两项以上大额交易标准的，金融机构应当分别提交大额交易报告。对既属于大额交易又属于可疑交易的交易，金融机构应当分别提交大额交易报告和可疑交易报告。

（5）从近年执法检查发现的问题看，由于义务机构与执法部门对《金融机构大额交易和可疑交易报告管理办法》规定的大额资金交易的具体报告标准理解不一致，造成内部账户交易的漏报问题，定性为内部账户切断了交易信息链条，影响交易监测的完整性和准确性。主要表现在：银行机构对于通过内部账户进行资金往来核算的交易，未还原为真实交易信息，交易监测的数据基础不完备。例如，LF 商业银行的大额交易监测基于客户账户发生额计算大额交易，对于未在本行开立结算账户的客户及业务，如通过他行结算账户办理的个人代付业务、将贷款资金直接划至借款人约定的交易对手、使用他行银行卡通过 POS 机刷卡购买贵金属、使用他行结算账户进行收单结算的特约商户类交易；贸易融资信用证下进口押汇业务客户未按期付款，商业银行用自有资金代客偿付等，该行以内部账户实现资金结算，但是未将内部账户处理的交易还原为真实交易并纳入交易监测范围，导致大额交易监测范围不完整。又如，FG 商业银行有各类内部账户 8639 户，对内部户的开立、使用、注销缺乏有效管理。由于上游系统数据来源不精确，反洗钱系统中登记的交易对手为内部账户，未能准确还原真实交易对手。并且，由于内部账户模糊了真实交易场景，削弱了交易监测和甄别分析的有效性，该行交易监测规则将涉及内部账户的交易予以剔除，导致大额交易监测范围实际不完整。

（6）随着经济形势和管理要求的改变，中国人民银行可以对大额资金交易报告标准做相应调整。

二、支付机构大额交易报告的要求

为落实《金融机构大额交易和可疑交易报告管理办法》（中国人民银行令〔2016〕第 3 号）有关规定，进一步健全大额交易和可疑交易报告工作机制，提高资金监测有效性，《中国人民银行关于非银行支付机构开展大额交易报告工作有关要求的通知》（银发〔2018〕163 号）就非银行支付机构执行大额交易报告制度的有关要求做了明确规定，要求自 2019 年 1 月 1 日起非银行支付机构按照规定，提交大额交易报告。

（1）非银行支付机构应当切实履行大额交易报告义务。按照《中华人民共和国反洗钱法》《金融机构大额交易和可疑交易报告管理办法》等有关法律法规的规定，非银行支付机构应强化董事会和高级管理层反洗钱履职责任，在总部或集团层面推动落实大额交易报告制度、流程、系统建设等工作要求，切实保障相关人员、信息和技术等资源需求。非银行支付机构与银行机构应当加强信息传递，为对方履行大额交易报告义务提供完整、准确、及时的客户身份信息和交易信息，持续完善资金上下游链条信息。

（2）非银行支付机构应当以客户为单位，按资金收入或者支出单边累计计算并报告下列大额交易：

①当日单笔或者累计交易额人民币 5 万元以上（含 5 万元）、外币等值 1 万美元以上（含 1 万美元）的现金收支。

②非自然人客户支付账户与其他账户发生当日单笔或者累计交易额人民币 200 万元以上（含 200 万元）、外币等值 20 万美元以上（含 20 万美元）的款项划转。

③自然人客户支付账户与其他账户发生当日单笔或者累计交易额人民币 50 万元以上（含 50 万元）、外币等值 10 万美元以上（含 10 万美元）的境内款项划转。

④自然人客户支付账户与其他的银行账户发生当日单笔或者累计交易额人民币 20 万元以上（含 20 万元）、外币等值 1 万美元以上（含 1 万美元）的跨境款项划转。

中国人民银行根据需要可以调整大额交易报告标准。

（3）客户通过非银行支付机构发生的银行账户与银行账户之间的款项划转，非银行支付机构应当参照以上标准提交大额交易报告。

（4）客户通过非银行支付机构发生的预付卡与银行账户之间的款项划转，预付卡发卡机构应当参照以上标准提交大额交易报告。

（5）对于跨境收单业务，非银行支付机构应当以客户支付的人民币交易金额计算并提交大额交易报告；客户通过绑定境外银行卡进行支付的，非银行支付机构应当以收单机构与其结算的人民币交易金额计算并提交大额交易报告。

（6）对符合下列条件之一的大额交易，如未发现交易或行为可疑的，非银行支付机构可以不报告：

①交易一方为各级党的机关、国家权力机关、行政机关、司法机关、军事机关、人民政府机关和人民解放军、武警部队，但不包含其下属的各类企事业单位。②非银行支付机构为客户办理相关业务收取的手续费用。③交易背景为缴纳水费、电费、燃气费等公共事业费。④中国人民银行确定的其他情形。中国人民银行根据需要可以调整大额交易免报范围。

（7）大额交易完成以款项实际划转到支付账户或者银行账户为准。

三、大额交易报告时间和程序

《金融机构大额交易和可疑交易报告管理办法》和《中国人民银行关于非银行支付机构开展大额交易报告工作有关要求的通知》规定，金融机构和支付机构应当在大额交易发生后的 5 个工作日内，通过其总部或者由总部指定的一个机构，及时以电子方式向中国反洗钱监测分析中心报送大额交易报告。客户通过在境内金融机构开立的账户或者境内银行卡所发生的大额交易，由开立账户的金融机构或者发卡银行报告；客户通过境外银行卡所发生的大额交易，由收单机构报告；客户不通过账户或者银行卡发生的大额交易，由办理业务的金融机构报告。

7.4 可疑交易监测分析报告

7.4.1 可疑交易报告规定

根据交易行为的异常特征设定可疑交易标准，目的是指导金融机构在业务经营过程中能够及时发现可疑交易或行为并报告监管部门，以便对非法交易行为进行打击，维护正常金融秩序。

（一）原《金融机构大额交易和可疑交易报告管理办法》（中国人民银行令〔2006〕第 2 号）确定的可疑交易标准①

1. 银行业可疑交易报告标准。该标准总结了我国可疑资金交易报告方面的经验，并借鉴了有关国际组织和有关国家的成熟经验和做法，分析了已发现的洗钱犯罪活动在资金交易方面的特点，确定了几类特征较为明显的资金交易，作为规定的银行业可疑交易：（1）短期内资金分散转入、集中转出或者集中转入、分散转出，但与客户身份、财务状况、经营业务明显不符；（2）短期内相同收付款人之间频繁发生资金收付，且交易金额接近大额交易标准；（3）法人、其他组织和个体工商户短期内频繁收取与其经营业务明显无关的汇款，或者自然人客户短期内频繁收取法人、其他组织的汇款；（4）长期闲置的账户原因不明地突然启用或者平常资金流量小的账户突然有异常资金流入，且短期内出现大量资金收付；（5）与来自贩毒、走私、恐怖活动、赌博严重地区或者避税型离岸金融中心的客户之间的资金往来活动在短期内明显增多，或者频繁发生大量资金收付；（6）没有正常原因的多头开户、销户，且销户前发生大量资金收付；（7）提前偿还贷款，与其财务状况明显不符；（8）客户用于境外投资的购汇人民币资金大部分为现金或者从非同名银行账户转入；（9）客户要求进行本外币间的掉期业务，而其资金的来源和用途可疑；（10）客户经

---

① 按照《金融机构大额交易和可疑交易报告管理办法》（中国人民银行令〔2016〕第 3 号）的规定，原办法中的 48 条标准已经取消，但从我国反洗钱工作实践看，这 48 条标准的很多特征是多年反洗钱经验的总结，多数比较经典，对当前的可疑交易监测工作仍有很高的参考价值。目前，很多金融机构的可疑交易监测模型仍在使用这些标准，本书将这些标准列出作为参考。

常存入境外开立的旅行支票或者外币汇票存款，与其经营状况不符；（11）外商投资企业以外币现金方式进行投资或者在收到投资款后，在短期内将资金迅速转到境外，与其生产经营支付需求不符；（12）外商投资企业外方投入资本金数额超过批准金额或者借入的直接外债，从无关联企业的第三国汇入；（13）证券经营机构指令银行划出与证券交易、清算无关的资金，与其实际经营情况不符；（14）证券经营机构通过银行频繁大量拆借外汇资金；（15）保险机构通过银行频繁大量对同一家投保人发生赔付或者办理退保；（16）自然人银行账户频繁进行现金收付且情形可疑，或者一次性大额存取现金且情形可疑；（17）居民自然人频繁收到境外汇入的外汇后，要求银行开具旅行支票、汇票或者非居民自然人频繁存入外币现钞并要求银行开具旅行支票、汇票带出或者频繁订购、兑现大量旅行支票、汇票；（18）多个境内居民接受一个离岸账户汇款，其资金的划转和结汇均由一人或者少数人操作。

2. 证券（期货）业可疑交易报告标准。证券公司、期货经纪公司、基金管理公司应当将下列交易或者行为，作为可疑交易进行报告：（1）客户资金账户原因不明地频繁出现接近于大额现金交易标准的现金收付，明显逃避大额现金交易监测；（2）没有交易或者交易量较小的客户，要求将大量资金划转到他人账户，且没有明显的交易目的或者用途；（3）客户的证券账户长期闲置不用，而资金账户却频繁发生大额资金收付；（4）长期闲置的账户原因不明地突然启用，并在短期内发生大量证券交易；（5）与洗钱高风险国家和地区有业务联系；（6）开户后短期内大量买卖证券，然后迅速销户；（7）客户长期不进行或者少量进行期货交易，其资金账户却发生大量的资金收付；（8）长期不进行期货交易的客户突然在短期内原因不明地频繁进行期货交易，而且资金量巨大；（9）客户频繁地以同一种期货合约为标的，在以一价位开仓的同时在相同或者大致相同价位、等量或者接近等量反向开仓后平仓出局，支取资金；（10）客户作为期货交易的卖方以进口货物进行交割时，不能提供完整的报关单证、完税凭证，或者提供伪造、变造的报关单证、完税凭证；（11）客户要求基金份额非交易过户且不能提供合法证明文件；（12）客户频繁办理基金份额的转托管且无合理理由；（13）客户要求变更其信息资料但提供的相关文件资料有伪造、变造嫌疑。

3. 保险业可疑交易报告标准。保险公司应当将下列交易或者行为，作为可疑交易进行报告：（1）短期内分散投保、集中退保或者集中投保、分散退保且不能合理解释；（2）频繁投保、退保、变换险种或者保险金额；（3）对保险公司的审计、核保、理赔、给付、退保规定异常关注，而不关注保险产品的保障功能和投资收益；（4）犹豫期退保时称大额发票丢失的，或者同一投保人短期内多次退保遗失发票总额达到大额的；（5）发现所获得的有关投保人、被保险人和受益人的姓名、名称、住所、联系方式或者财务状况等信息不真实的；（6）购买的保险产品与其所表述的需求明显不符，经金融机构及其工作人员解释后，仍坚持购买的；（7）以趸缴方式购买大额保单，与其经济状况不符的；（8）大额保费保单犹豫期退保、保险合同生效日后短期内退保或者提取现金价值，并要求退保金转入第三方账户或者非缴费账户的；（9）不关注退保可能带来的较大金钱损失，而坚决要求退保，且不能合理解释退保原因的；（10）明显超额支付当期应缴保险费并随即要求返还超出部分；保险经纪人代付保费，但无法说明资金来源；（11）法人、其他组织坚持要求以现金或者转入非缴费账户方式退还保费，且不能合理解释原因的；（12）法人、其他组织首期保费或者趸缴保费从非本单位账户支付或者从境外银行账户支付；（13）通过第三人支付自然人保险费，而不能合理解释第三人与投保人、被保险人和受益人关系的；（14）与洗钱高风险国家和地区有业务联系的；（15）没有合理的原因，投保人坚持要求用现金投保、赔偿、给付保险金、退还保险费和保单现金价值以及支付其他资金数额较大的；（16）保险公司支付赔偿金、给付保险金时，客户要求将资金汇往被保险人、受益人以外的第三人；（17）或者客户要求将退还的保险费和保单现金价值汇往投保人以外的其他人。

（二）2016年《金融机构大额交易和可疑交易报告管理办法》的规定

《金融机构大额交易和可疑交易报告管理办法》（中国人民银行令〔2016〕第3号）明确以合理怀疑为基础的可疑交易报告要求，新增建立和完善交易监测标准、交易分析与识别、涉恐名单监测、监测系统建立和记录保存等要求。

金融机构发现或者有合理理由怀疑客户、客户的资金或者其他资产、客户的交易或者试图进行的交易与洗钱、恐怖融资等犯罪活动相关的，不论所涉资金金额或者资产价值大小，应当提交可疑交易报告。金融机构应当制定本机构的交易监测标准，并对其有效性负责。交易监测标准包括但不限于客户的身份、行为，交易的资金来源、金额、频率、流向、性质等存在异常的情形，并应当参考以下因素：①中国人民银行及其分支机构发布的反洗钱、反恐怖融资规定及指引、风险提示、洗钱类型分析报告和风险评估报告。②公安机关、司法机关发布的犯罪形势分析、风险提示、犯罪类型报告和工作报告。③本机构的资产规模、地域分布、业务特点、客户群体、交易特征，洗钱和恐怖融资风险评估结论。④中国人民银行及其分支机构出具的反洗钱监管意见。⑤中国人民银行要求关注的其他因素。

金融机构应当定期对交易监测标准进行评估，并根据评估结果完善交易监测标准。如发生突发情况或者应当关注的情况的，金融机构应当及时评估和完善交易监测标准。

（三）对恐怖融资的可疑交易监测要求

金融机构应当对下列恐怖活动组织及恐怖活动人员名单开展实时监测，有合理理由怀疑客户或者其交易对手、资金或者其他资产与名单相关的，应当在立即向中国反洗钱监测分析中心提交可疑交易报告的同时，以电子形式或书面形式向所在地中国人民银行或者其分支机构报告，并按照相关主管部门的要求依法采取措施。①中国政府发布的或者要求执行的恐怖活动组织及恐怖活动人员名单。②联合国安理会决议中所列的恐怖活动组织及恐怖活动人员名单。③中国人民银行要求关注的其他涉嫌恐怖活动的组织及人员名单。恐怖活动组织及恐怖活动人员名单调整的，金融机构应当立即开展回溯性调查，并按前款规定提交可疑交易报告。法律、行政法规、规章对上述名单的监控另有规定的，从其规定。

7.4.2　可疑交易监测分析与报告

一、可疑交易报告的程序

（一）一般报告程序

金融机构应当对通过交易监测标准筛选出的交易进行人工分析、识别，并记录分析过程；不作为可疑交易报告的，应当记录分析排除的合理理由；确认为可疑交易的，应当在可疑交易报告理由中完整记录对客户身份特征、交易特征或行为特征的分析过程。金融机构应当在按本机构可疑交易报告内部操作规程确认为可疑交易后，及时以电子方式提交可疑交易报告，最迟不超过5个工作日。2018年7月26日，中国人民银行令〔2018〕第2号，将该内容修改为"金融机构应当在按本机构可疑交易报告内部操作规程确认为可疑交易后，及时以电子方式提交可疑交易报告"。按照中国人民银行反洗钱局《关于印发〈反洗钱执法检查问题答疑（第1期）〉的通知》（银反洗发〔2021〕2号）的解释，参考国际标准，"及时"的标准限定为2个工作日内，即义务机构自审定次日起到提交可疑交易报告最多不得超过2个工作日（即"T+2"）。对于自定义严于该标准的机构，迟报时间如未超过T+2的，认定为未有效执行内控制度，不作为违规问题；如超过T+2的，则认定为违法违规问题。金融机构应关注可疑交易初审到审定整个流程时限的合理性，其中涉及每个环节的具体时限由金融机构自定。如金融机构自定时限过长（如超过30个工作日），应完善内控机制。对于实际操作中部分机构在审定后再进行信息要素验证和补录的情况，可将相关技术环节前置于审定环节，如将流程修改为"初审→复核→再审（三审）→内部校验规则→补正→审定→上报"，以避免技术原因导致迟报。

（二）重要可疑交易的报告程序

金融机构确认的可疑交易符合下列情形之一的，金融机构应当在向中国反洗钱监测分析中心提交可疑交易报告的同时，以电子形式或书面形式向所在地中国人民银行或者其分支机构报告，并配合反洗钱调查：（1）明显涉嫌洗钱、恐怖融资等犯罪活动的；（2）严重危害国家安全或者影响社会稳定的；（3）其他情节严重或者情况紧急的情形。

（三）可疑交易报告应注意的问题

（1）金融机构应当根据《金融机构大额交易和可疑交易报告管理办法》制定可疑交易报告内部管理制度和操作规程，对本机构的大额交易和可疑交易报告工作作出统一要求，并对分支机构、附属机构可疑交易报告制度的执行情况进行监督管理。金融机构应当将可疑交易报告制度向中国人民银行或其总部所在地的中国人民银行分支机构报备。金融机构应当设立专职的反洗钱岗位，配备专职人员负责大额交易和可疑交易报告工作，并提供必要的资源保障和信息支持。金融机构应当建立健全大额交易和可疑交易监测系统，以客户为基本单位开展资金交易的监测分析，全面、完整、准确地采集各业务系统的客户身份信息和交易信息，保障大额交易和可疑交易监测分析的数据需求。金融机构应当按照完整准确、安全保密的原则，将大额交易和可疑交易报告、反映交易分析和内部处理情况的工作记录等资料自生成之日起至少保存5年。保存的信息资料涉及正在被反洗钱调查的可疑交易活动，且反洗钱调查工作在规定的最低保存期届满时仍未结束的，金融机构应将其保存至反洗钱调查工作结束。

（2）义务机构应当根据本机构内外部洗钱和恐怖融资风险变动情况，持续动态优化本机构的交易监测标准，强化异常交易人工分析的流程控制，依照"重质量、讲实效"原则，审慎提交可疑交易报告，并适时采取合理的后续控制措施。①义务机构应当按年度对交易监测标准进行定期评估，并根据评估结果完善交易监测标准。在推出新产品或新业务之前，义务机构应当完成相关交易监测标准的评估、完善和上线运行工作。《金融机构大额交易和可疑交易报告管理办法》第十二条规定的相关因素发生变化时，义务机构应当在发生变化之日起3个月内，完成相关交易监测标准的评估、完善和上线运行工作。义务机构对交易监测标准的评估、完善等相关工作记录至少应当完整保存5年。义务机构总部制定交易监测标准，或者对交易监测标准作出重大调整的，应当按照规定向人民银行或其分支机构报备。②义务机构对原《金融机构大额交易和可疑交易报告管理办法》（中国人民银行令〔2006〕第2号）规定的异常交易标准进行评估后，认为符合本机构业务实际和可疑交易报告工作需要的，仍可纳入本机构的交易监测标准范围，但应当加强对其实际运行效果的评估并及时完善相关交易监测标准。③义务机构应当不断完善可疑交易报告操作流程。对异常交易的分析，义务机构应当至少设置初审和复核两个岗位；复核岗位应当逐份复核初审后拟上报的交易，并按合理比例对初审后排除的交易进行复核。拟提交可疑交易报告前，可疑交易报告应当经过义务机构总部的专门机构或总部指定的内部专门机构审定；完成审定的时间为提交可疑交易报告的起算时间。义务机构应当在合理时限内完成相关交易的分析和审定，及时处理交易监测系统预警或人工发现的异常交易或行为。④银行卡清算机构、资金清算中心等从事清算业务的机构与直接参与者应当积极合作，加强信息沟通，按照相关规定及时开展交易监测、预警、分析、反馈等工作。⑤义务机构应当勤勉尽责，合理采取内部尽职调查、回访、实地查访，向公安部门、工商行政管理部门、税务部门核实，向居委会、街道办、村委会了解等措施，进一步审核客户的身份、资金、资产和交易等相关信息，结合客户身份特征、交易特征或行为特征开展交易监测分析，准确采集、规范填写可疑交易报告要素，并按照规定留存交易监测分析工作记录，确保可疑交易报告工作履职情况的可追溯性。⑥义务机构提交可疑交易报告后，应当对相关客户、账户及交易进行持续监测，仍不能排除洗钱、恐怖融资或其他犯罪活动嫌疑，且经分析认为可疑特征没有发生显著变化的，应当自上一次提交可疑交易报告之日起每3个月提交一次接续报告。接续报告应当涵盖3个月监测期内的新增可疑交易，并注明首次提交可疑交易报告号、报告紧急程度和追加次数。经分析认为可疑特征发生显著变化的，义务机构应当按照规定提交新的可疑交易报告。⑦对于可疑交易报告涉及的客户或账户，义务机构应当适时采取合理的后续控制措施，包括但不限于调高客户洗钱和恐怖融资风险等级，以客户为单位限制账户功能、调低交易限额等。

（3）义务机构对恐怖活动组织及恐怖活动人员名单开展实时监测，应当覆盖义务机构的所有业务条线和业务环节。对《金融机构大额交易和可疑交易报告管理办法》第十八条规定的涉及恐怖活动组织及恐怖活动人员的可疑交易报告，义务机构应当立即提交，最迟不得超过业务发生后的24小时。恐怖活动组织及恐怖活动人员名单调整的，义务机构应当立即针对本机构的所有客户以及上溯三年内的交易启动回溯性调查，并按照规定提交可疑交易报告。对跨境交易和一次性交易等较高风险业务的回溯性调查应当在知道或者应当知道恐怖活动组织及恐怖活动人员名单之日起5个工作日内完成。义务机构开展回溯性调查的相关工作记录至少应当完整保存5年。公安、外交等部门要求对有关组织、实体或个人采取监控措施的，义务机构参照《管理办法》的相关规定执行。

（4）义务机构应当强化董事会和高级管理层反洗钱履职责任，在总部或集团层面推动落实大额交易和可疑交易报告的制度、流程、系统建设等工作要求，切实保障相关人员、信息和技术等资源需求。①义务机构总部应当加强对分支机构、附属机构的监督管理，定期开展内部检查或稽核审计，完善内部问责机制，加大问责力度，将大额交易和可疑交易报告履职情况纳入对分支机构、附属机构及反洗钱相关人员的考核和责任追究范围，对违规行为严格追究负责人、高级管理层、反洗钱主管部门、相关业务条线和具体经办人员的相应责任。②义务机构应当根据交易监测分析工作机制、操作流程、工作量等因素科学配备反洗钱岗位人员，满足监测分析人员充足性、专业性和稳定性等要求。义务机构总部或可疑交易集中处理中心应当配备专职的反洗钱岗位人员；分支机构应当根据业务实际和内部操作规程，配备专职或兼职反洗钱岗位人员。专职反洗钱岗位人员应至少具有三年金融从业经历。③义务机构应当建立大额交易和可疑交易监测系统，并对系统功能进行持续优化。义务机构总部证明能够通过人工等主要手段开展大额交易和可疑交易监测分析工作的，经人民银行或其分支机构同意后，义务机构总部可暂不建立大额交易和可疑交易监测系统。④金融控股集团公司应当在集团层面建立统一的大额交易和可疑交易报告管理制度，结合各专业公司的业务特点、产品特点，探索以客户为单位，建立适用于集团层面的可疑交易监测体系，以有效识别和应对跨市场、跨行业和跨机构的洗钱和恐怖融资风险，防范洗钱和恐怖融资风险在不同专业公司间的传递。

二、报告要素及释义

《金融机构大额交易和可疑交易报告管理办法》以 5 个附表的形式规定了大额和可疑报告的要素内容。《中国人民银行关于大额交易和可疑交易报告要素及释义的通知》（银发〔2017〕98 号）对要素进行了释义，中国反洗钱监测分析中心通过中国反洗钱监测分析系统数据接收平台发布《金融机构大额交易和可疑交易报告数据报送业务要求和接口规范（2017）》，报告机构应根据该文件要求和相关工作安排，全面、完整、准确地采集各业务系统的客户身份信息和交易信息，保障大额交易和可疑交易监测分析的数据需求，不断提高报送数据质量。

三、明显涉嫌洗钱与恐怖融资的可疑交易报告

关于可疑交易报告的格式、要素和释义等，《金融机构大额交易和可疑交易报告管理办法》有明确的规定，按照《办法》要求报送即可。对于明显涉嫌洗钱和恐怖融资的可疑交易报告（为方便与一般可疑交易报告的区分，有的称为重点可疑交易报告），我国法律法规没有明确的规定，没有固定的格式。本章对明显涉嫌洗钱与恐怖融资的可疑交易报告撰写进行说明。

（一）明显涉嫌洗钱与恐怖融资可疑交易概念

明显涉嫌洗钱和恐怖融资的可疑交易是指金融机构在履行反洗钱义务过程中，发现的洗钱特征明显、证据确凿的可疑交易。主要包括：

（1）金融机构在履行反洗钱义务过程中，发现涉嫌犯罪的，应当及时以书面形式向中国人民银行当地分支机构和当地公安机关报告的可疑交易（《金融机构反洗钱规定》第十三条）。

（2）金融机构应当在向中国反洗钱监测分析中心提交可疑交易报告的同时，以电子形式或书面形式向所在地中国人民银行或者其分支机构报告以下可疑交易，并配合反洗钱调查：①明显涉嫌洗钱、恐怖融资等犯罪活动的。②严重危害国家安全或者影响社会稳定的。③其他情节严重或者情况紧急的情形（《金融机构大额交易和可疑交易报告管理办法》第十七条）。

（3）金融机构应当对下列恐怖活动组织及恐怖活动人员名单开展实时监测，有合理理由怀疑客户或者其交易对手、资金或者其他资产与名单相关的，应当在立即向中国反洗钱监测分析中心提交可疑交易报告的同时，以电子形式或书面形式向所在地中国人民银行或者其分支机构报告以下可疑交易，并按照相关主管部门的要求依法采取措施。①中国政府发布的或者要求执行的恐怖活动组织及恐怖活动人员名单。②联合国安理会决议中所列的恐怖活动组织及恐怖活动人员名单。③中国人民银行要求关注的其他涉嫌恐怖活动的组织及人员名单（《金融机构大额交易和可疑交易报告管理办法》第十八条）。

（4）金融机构在履行客户身份识别义务时，应当向中国反洗钱监测分析中心和中国人民银行当地分支机构报告的下列可疑行为中明显涉嫌洗钱和恐怖融资的行为：客户拒绝提供有效身份证件或者其他身份证明文件的；对向境内汇入资金的境外机构提出要求后，仍无法完整获得汇款人姓名或者名称、汇款人账号和汇款人住所及其他相关替代性信息的；客户无正当理由拒绝更新客户基本信息的；采取必要措施后，仍怀疑先前获得的客户身份资料的真实性、有效性、完整性的；履行客户身份识别义务时发现的其他可疑行为（《金融机构客户身份识别和客户身份资料及交易记录保存管理办法》第二十六条）。

（5）司法和执法部门办案过程中涉及金融机构客户的可疑交易和金融机构自身涉案的与洗钱和恐怖融资相关的案件。

（6）其他涉嫌犯罪的重要可疑交易。

（二）明显涉嫌洗钱和恐怖融资可疑交易分析报告程序[①]

1. 金融机构

（1）金融机构应当建立健全重点可疑交易报告工作内部控制制度，制定明显涉嫌洗钱和恐怖融资可疑交易报告内部控制措施，确保及时发现并报送明显涉嫌洗钱和恐怖融资的可疑交易和可疑行为。内控制度框架应当包括以下内容：

---

① 当前由于人员不足等，个别地方反洗钱部门出现拒收金融机构同级报送的重点可疑交易报告的现象，金融机构首先应该通过总对总渠道向中国反洗钱监测分析中心报送重点可疑交易，同时要按照勤勉尽责的原则记录留痕反洗钱部门答复及处理意见，以备日后检查或调查。

①金融机构应当建立明显涉嫌洗钱和恐怖融资可疑交易识别过滤机制。一是强化营业网点一线人员对可疑交易和行为的敏感性，结合客户办理业务的性质、种类、频率、往来对象等情况，识别出异常交易和行为；二是制定系统数据分析过滤措施，对报送中国反洗钱监测分析中心的大额和可疑交易数据，按时安排专人负责进行全面分析筛选，明确分析筛选程序、岗位责任等内容；三是建立可疑交易识别的定期分析复核制度，特别加强对非柜面交易、账户开销户及高风险业务和领域的交易进行定期识别过滤，确保及时发现明显涉嫌洗钱和恐怖融资可疑交易。

②金融机构应当建立明显涉嫌洗钱和恐怖融资可疑交易集体审核分析机制，由反洗钱部门牵头组织有关业务部门对明显涉嫌洗钱和恐怖融资可疑交易进行综合分析和判断。

③金融机构应当建立对明显涉嫌洗钱和恐怖融资可疑交易报告工作情况的内部审计稽核机制，对识别、分析、报送工作进行内部审计和监督，确保及时发现并补报漏报的明显涉嫌洗钱和恐怖融资可疑交易。

④金融机构应明确重点可疑交易的主报告人，对明显涉嫌洗钱和恐怖融资可疑交易识别分析报告的全面性、准确性、完整性、及时性负责。原则上金融机构反洗钱部门负责人为明显涉嫌洗钱和恐怖融资可疑交易的主报告人。金融机构应当设立报告员岗专门负责明显涉嫌洗钱和恐怖融资可疑交易的日常报送和联系工作。报告员和主报告人名单应报人民银行当地分支机构备案，报告员和主报告人发生变更的，应当在变更后及时将更新情况报人民银行当地分支机构。

⑤金融机构应当将明显涉嫌洗钱和恐怖融资可疑交易报告工作纳入绩效考核，落实岗位责任，确保牵头部门的政策执行力，各相关职能部门应积极配合牵头部门的工作。

⑥金融机构应当制定详细的明显涉嫌洗钱和恐怖融资可疑交易报告内部控制制度，并及时报人民银行当地分支机构备案。

(2) 对于发现的明显涉嫌洗钱和恐怖融资的可疑交易和可疑行为，金融机构应当启动以下工作程序：

①追溯可疑交易主体历史交易情况，分析总结其交易模式和特点。历史交易期间的选择由金融机构根据实际情况确定，以能分析交易特点并对可疑交易的性质作出有效判断为准。

②金融机构报告机构对管辖范围内能掌握的可疑交易主体所有交易情况进行全面清查。

③对报告主体身份进一步识别，包括客户身份、职业、收入、主营业务、经营规模、法定代表人、主要股东、企业会计或业务经办人等有助于形成分析结论的背

景信息。

④组织各相关部门召开明显涉嫌洗钱和恐怖融资可疑交易审核分析会，充分利用机构内各种资源对报告主体交易的可疑程度作出明确的判断，并提出针对性的工作措施。会商分析结果形成《金融机构涉嫌洗钱和恐怖融资可疑交易会商纪要》。

⑤对于较为复杂的可疑交易，金融机构应当绘制资金交易流程图进行辅助分析，追索上游资金来源和下游资金去向，结合客户身份识别对资金交易的合法性、合理性作出判断。

⑥金融机构应当保存明显涉嫌洗钱和恐怖融资可疑交易分析识别工作中的所有凭证和记录等资料，确保能够再现处理流程。

⑦金融机构应当在明显涉嫌洗钱和恐怖融资可疑交易发现后，及时填写"金融机构涉嫌洗钱和恐怖融资可疑交易分析报告书"（分为银行业、证券期货业、保险业三类），经主报告人和分管领导签字并加盖单位行政公章后报送人民银行当地分支机构。电子版刻成光盘一同报送。

⑧司法和执法部门办案过程中涉及的金融机构客户的可疑交易及金融机构自身涉案的与洗钱和恐怖融资相关的案件，应填写"金融机构报告涉嫌洗钱和恐怖融资可疑交易基本情况表"，报送时间、路径及要求等同涉嫌洗钱和恐怖融资可疑交易报告的处理。

2. 中国人民银行反洗钱部门①②

（1）人民银行各分支机构对金融机构报送的明显涉嫌洗钱和恐怖融资可疑交易报告应进行初步审核，通过审核的可疑交易报告由接收人在《金融机构涉嫌洗钱和恐怖融资可疑交易分析报告书》首页签字。

（2）人民银行各分支机构应当对接收的明显涉嫌洗钱和恐怖融资可疑交易报告进行进一步审查，对于报送材料不完备的可疑交易报告应当要求金融机构进行补充；对于报送材料不准确、分析结论不恰当的可疑交易报告予以退还，退还次数纳入对金融机构的监管档案；对于在分析中需要金融机构提供其他相关信息的，向金融机构出具"人民银行可疑交易信息核查通知书"。

（3）人民银行各分支机构应当充分利用行内信息资源、互联网等信息对重点可疑交易进行深入分析，形成分析结论并根据其风险程度分为两种情况进行处理。

---

① 2022年，人民银行各分支机构共接收重点可疑交易线索1.3万余份；筛选后共对需进一步深查透的610余份线索开展反洗钱调查6100余次；向侦查、监察机关移送线索6400余条。协助侦查、监察机关对2500余起案件开展反洗钱调查共2.6万余次；协助破获涉嫌洗钱等案件共1000余起。

② 有关内容可参考《中国人民银行办公厅关于规范分支机构上报辖区重点可疑交易研判线索工作的通知》（银办发〔2012〕140号）。

①能够及时排除涉嫌犯罪的可疑交易进行存档备查；需要金融机构继续关注的，且市地分行能够自行处理的可疑交易由市地分行直接组织实施。

②不能排除涉嫌犯罪、需要申请省分行协查、需要省分行关注及需要向有关部门报案的可疑交易提出明确处理建议后上报省分行。

③人民银行市地分行应当在收到"金融机构涉嫌洗钱和恐怖融资可疑交易分析报告书"的 5 个工作日内完成对可疑交易报告的处理工作。不能排除涉嫌洗钱和恐怖融资的可疑交易报告，填写"人民银行涉嫌洗钱和恐怖融资可疑交易分析报告书"，经反洗钱部门负责人和分管行领导（部主任）签字后，连同金融机构报送的"金融机构涉嫌洗钱和恐怖融资可疑交易报告书"通过机要函件上报省分行。

④人民银行市地分行应当对接收的"金融机构报告涉嫌洗钱和恐怖融资可疑交易基本情况表"进行处理，包括到金融机构查询相关交易情况、与公安等部门进行会商等，有价值的案件线索及时以正式文件上报省分行。

⑤人民银行市地分行应在月后 5 个工作日内向省分行报告接收可疑交易报告情况、线索移交情况和公安等机关立案情况，填制"人民银行涉嫌洗钱和恐怖融资可疑交易报告工作情况统计表"。

⑥省分行对收到的金融机构和人民银行市地分行报送的明显涉嫌洗钱和恐怖融资可疑交易报告应进行审核，不符合要求的退回相关单位。

⑦中国人民银行省分行设立专岗负责对接收的明显涉嫌洗钱和恐怖融资可疑交易及其他可疑交易线索进行处理。重大情况召开案情审核分析会进行专题会商讨论。

7.4.3　可疑交易监测分析标准建设与持续优化

随着 IT 技术的迅速发展与应用，人类社会进入数字化、信息化时代，社会各领域均被云计算、大数据、人工智能、区块链等技术渗透或影响，洗钱犯罪的智能化程度也"水涨船高"。为此，FATF 于 2021 年 10 月 27 日发布《金融情报和执法机构反洗钱数字化转型报告》，2022 年 6 月 8 日发布《执法当局反洗钱和反恐怖融资数字化战略》，倡导通过数字化转型提升可疑活动监测和金融情报分析的效率。2023 年 7 月 6 日至 7 日，埃格蒙特集团第 29 次年度全会主题是"运用先进的 IT 技术加强金融情报机构运营"，旨在支持《埃格蒙特集团 2022—2027 年度战略计划》的愿景和愿望，即确保埃格蒙特集团及其成员能够响应并接受由技术驱动的信息共享新形式，以及新的工作方式，专题讨论共三个环节：一是运用隐私增强技术，提高金融情报机构的情报产出和参与度；二是运用人工智能，加强金融情报机构的运营、创新协作模式，以及战略有效性；三是运用区块链技术，加强金融情报机构的运营。从我国目前反洗钱工作实践看，各义务机构绝大部分反洗钱工作任务需要计算机系统完成，科学有效的反洗钱可疑交易监测分析系统已经成为反洗钱工作的基础，甚至直接决定一家机构反洗钱工作的成效。在近几年的反洗钱监管中，人民银行一直将金融机构和支付机构的反洗钱计算机系统建设作为监督管理的重要内容和检查重点，甚至将金融机构和支付机构反洗钱计算机系统作为检查内容进行专项检查，反映出反洗钱计算机系统在金融机构和支付机构反洗钱工作中的重要性。

为深入实践风险为本的反洗钱工作原则，指导义务机构建立健全交易监测标准，切实提高大额交易和可疑交易报告工作有效性，根据《中国人民银行法》《反洗钱法》《反恐怖主义法》和《金融机构大额交易和可疑交易报告管理办法》等法律规章，2017 年 5 月中国人民银行制定了《义务机构反洗钱交易监测标准建设工作指引》（银发〔2017〕108 号）。《义务机构反洗钱交易监测标准建设工作指引》从设计、开发、测试、评估和完善等方面较为系统性地对义务机构大额交易和可疑交易监测标准建设进行了梳理和提炼，具有一定的示范性和创新性。金融机构和支付机构应该认真研究有关内容，在交易监测标准建设工作中贯彻执行。

一、总体要求

（一）基本原则

（1）风险为本原则。义务机构建立的监测标准应当与其面临的洗钱和恐怖融资风险相匹配。

（2）全面性原则。义务机构开展交易监测应当覆盖全部客户和业务领域，贯穿业务办理的各个环节。义务机构开展交易分析应当全面结合客户的身份特征、交易特征或行为特征。

（3）适用性原则。义务机构建设监测标准应当立足于本行业、本机构反洗钱工作实践和真实数据，重点参考本行业发生的洗钱案件及风险信息，并对其有效性负责。

（4）动态管理原则。义务机构应当对已建成的监测标准及时开展有效性评估，并根据本机构客户、产品或业务和洗钱风险变化情况及时调整监测标准。

（5）保密原则。义务机构应当对本机构的监测标准及监测措施严格保密，建立相应制度或要求规范监测标准的知悉和使用范围。

（二）功能

《义务机构反洗钱交易监测标准建设工作指引》所确定的工作流程是义务机构合理整合内外部信息技术资源，开展监测标准建设的主要参考，有助于指导义务机构科学、规范地建立符合所在行业和自身业务特点的监测标准体系。中国人民银行视情况发布义务机构设计监测标准需要关注或参考的要点。

（三）适用范围

《义务机构反洗钱交易监测标准建设工作指引》适用于金融机构依据《金融机

构大额交易和可疑交易报告管理办法》等法律规章,自主设计、开发、测试、评估和完善本机构的监测标准。非银行支付机构、从事汇兑业务和基金销售业务的机构、银行卡清算机构、资金清算中心及其他应当履行反洗钱义务的特定非金融机构及有关行业自律组织,可参照该指引开展相关工作。

二、监测分析标准设计

监测标准设计,是指义务机构依据法律法规、行业指引和风险提示等,对本行业案例特征化、特征指标化和指标模型化的建设过程。对于大额交易及其他依据法律法规和行业惯例可直接制定的监测标准,义务机构可采取相对简化的流程。

(一) 案例特征化

案例特征化是指义务机构通过收集所在行业普遍性、具有典型特征以及具有本机构个性化特点的案例,对案例进行分析、对洗钱类型进行归纳、对洗钱特征进行总结的过程。

(1) 案例收集。案例应当来自本行业、本机构发生或发现的洗钱案例,风险信息应当与当前洗钱风险及其发展变化相吻合,并具有一定的前瞻性。相关案例应当至少体现该洗钱类型的主要特征,具有较强的代表性、规律性和普遍性。满足以上要求的案例,来源包括但不限于:①本行业、本区域、本机构发生的洗钱及其上游犯罪案例。②结合本机构资产规模、地域分布、业务特点、客户群体、交易特征等,对本行业、本机构及跨市场、交叉性产品和业务开展洗钱风险评估的结论。③中国人民银行及其分支机构发布的反洗钱、反恐怖融资规定及指引、风险提示、洗钱类型分析报告和风险评估报告,要求关注的案例。④公安机关、司法机关发布的犯罪形势分析、风险提示、犯罪类型报告、工作报告以及洗钱案件。⑤有关国际组织的建议或指引、境内外同业实践经验。

(2) 特征分析。义务机构对所收集的案例,应当以客户为监测单位,从客户的身份、行为,及其交易的资金来源、金额、频率、流向、性质等方面,抽象出案例中具有典型代表性、规律性或普遍适用性的可识别异常特征,分析维度包括但不限于:①客户身份。具有典型可识别的特征包括所处地域、年龄、职业、联系方式、收入(财富)主要来源、监控名单匹配、实际控制客户的自然人和交易的实际受益人等。②客户行为。具有典型可识别的特征包括客户对特定业务和产品的偏好、对交易渠道的偏好、某些金融服务使用的偏好、故意掩饰和隐瞒等行为特征。③交易特征。具有典型可识别的特征包括资金来源、交易时间、交易流量、交易频率、交易流向,以及跨市场、跨机构的交叉性交易等特征。

(二) 特征指标化

特征指标化,是指义务机构将所收集案例中可识别的特征抽取和量化的过程,设计出可识别、可衡量或可反映案例中异常特征的指标，包括但不限于指标代码、指标名称、指标规则、指标阈值等形式要件。

（1）指标要素。义务机构可将依法履行反洗钱职责获得的客户身份资料和交易信息，以及在为客户办理业务过程中生成的各种会计业务信息等，用于设计本机构的监测指标。其中：①客户身份指标要素，来源包括但不限于义务机构依据《金融机构客户身份识别和客户身份资料及交易记录保存管理办法》登记收集的客户身份基本信息。②客户行为指标要素，来源包括但不限于依据《金融机构客户身份识别和客户身份资料及交易记录保存管理办法》，在履行客户身份识别等义务时可识别和可获取的客户异常行为。③交易指标要素，来源包括但不限于《金融机构大额交易和可疑交易报告管理办法》规定的大额交易和可疑交易报告要素，以及对相关交易要素加工处理，所形成的交易流量①、流速②、流向③、频率、累计金额、余额、交易对手类型等信息。

（2）指标设计。义务机构应当将基础性、单元性的指标要素组合设计成为识别、衡量或反映相关案例异常特征的指标，通过指标规则设置、指标阈值调整和指标组合使用，可指向某些异常的客户或交易特征。例如：①自然人客户特征：姓名、证件号码、性别、国籍等要素，可组合指向于涉恐名单监控。证件号码、身份证件住址、实际居住地址、联系电话等要素，可组合指向于客户所处地域。证件种类、证件有效期、职业、年龄和工作单位等要素，可组合指向于客户身份背景和收入（财富）主要来源、交易偏好等。代理人信息、联系方式等要素，可组合指向于客户身份及交易背景、控制客户的自然人和交易的实际受益人。②法人、其他组织和个体工商户客户特征：名称、证件号码等要素，可组合指向于涉恐名单监控。证件种类、证件有效期、注册资金、经营范围等要素，可组合指向于客户身份背景和收入（财富）主要来源。控股股东、法人代表、负责人和授权办理人员等指标要素，可组合指向于控制客户的自然人和交易的实际受益人。③客户行为特征：与客户"面对面"接触时，客户行为及其交易环境等主观指标要素，对某些客户试图故意掩饰和隐瞒的行为特征具有较强指向性。一定时间段内，客户使用金融服务的次数和类型、使用金融服务的地点、IP 地址和 MAC 地址所在、单次金融服务交易金额、一定时间区间累计交易金额等指标要素，可组合指向于客户对某些业务和产品、对

---

① 交易流量是指一定时间段内客户账户的资金（资产）交易量，某段时间内客户账户的交易流量为该账户收付资金（资产）总额，计算公式为：交易流量＝收方发生额＋付方发生额。

② 交易流速是指单位时间内客户账户的资金（资产）交易量，为一段时间内客户账户资金（资产）平均交易量，计算公式为：交易流速＝（收方总金额＋付方总金额）/指定时间段。

③ 交易流向是指客户账户的资金（资产）流向，包含客户账户的资金（资产）来源和去向。

某些交易渠道和金融服务使用的偏好等。④交易特征：账户名称、账号等指标要素，可组合指向于涉恐名单监控。交易对手、IP地址、MAC地址等指标要素，可组合指向于资金网络中的群体性特征。交易用途、渠道等指标要素，可组合指向于客户交易偏好。交易对手、发生地等指标要素，可组合指向于判断资金来源和去向。对金额、日期、时间等指标设置区间要素，可组合指向于交易流量、流速、频率。代理人信息等指标，可指向于客户交易背景。

（三）指标模型化

指标模型化是指义务机构通过将能反映特定洗钱及相关犯罪类型的不同指标排列组合形成模型，进而实现对特定洗钱类型具有指向性的监测。指标和模型共生构成监测标准，可独立或组合运用。模型可运用于监测涉及面宽、相对复杂隐蔽、客户及其交易可疑特征较为典型的洗钱活动。义务机构可参考中国人民银行已经发布的洗钱犯罪类型和可疑交易识别点等提示和指引性文件，结合本机构防控洗钱风险的需要建立模型。义务机构应当遵循以下设计原则实现指标模型化，包括但不限于：

（1）体现组合指标的位阶①。对于组成模型的不同指标，应当将其中能反映犯罪类型主要特征的指标赋予更高的位阶，在模型构建中赋予较大权重；可通过分值配比和预警阈值设置等方式提高监测敏感度。

（2）具有一定的灵活度。对于各个位阶的指标，应当给予一定的容错区间，区间内发生的指标值均应当被捕获，以避免过度局限性的指标阈值造成较大的监测漏洞。

（3）具备一定的时效性。针对特定洗钱犯罪类型的监测模型，应当跟进该类洗钱类型的特征变化，适时调整。

三、监测分析系统开发

义务机构可选择自主开发、共享开发或市场采购等方式建设大额交易和可疑交易监测系统（以下简称监测系统）②，但无论采取何种开发方式，开发前应当在监测标准设计等方面提出适合本机构的监测系统建设需求，开发完成后监测系统能有效满足监测标准运行的数据需求。如存在部分业务或产品无法通过系统进行监测，或部分监测标准无法通过系统运行，义务机构应当进行充分论证，采取必要的人工监

---

①　指标的位阶指模型构成指标重要性的等级排序，即通过分值配比和预警阈值设置等方式，对其中反映犯罪类型主要特征的指标赋予较高等级，并在监测预警中处于较高层级。

②　义务机构通过评估，证明通过人工等主要手段能够完全开展交易监测分析和报告工作的，经高级管理层同意并获得中国人民银行或总部（总行、总公司，下同）所在地中国人民银行分支机构批准，可暂不进行系统开发。

测等辅助手段开展可疑交易报告工作，并保留相关工作记录。

1. 数据支持。义务机构开发建设监测系统，应当以客户为基本单位，全面、完整、准确地采集各业务系统的客户身份信息和交易信息，保障监测标准运行的数据需求。反洗钱数据接口规范应当成为各业务系统信息采集和数据传输的基础标准之一，数据完整性和逻辑验证应当成为各业务系统信息采集、反洗钱数据传输流程中的基础环节。反洗钱数据传输流程应当包括数据规则计算、数据分析、数据审批、数据补录补正、数据报送和回执处理等。

2. 结果反馈。对于系统中客户身份及其交易信息等数据的监测，义务机构可采取实时和定期的方式进行结果反馈。其中，涉恐名单监控应当实现实时反馈，以自动化干预为基础。其他监测标准原则上应当实现系统运行后"T+1"日内反馈，以自动化干预为主，人工干预为辅。

3. 功能建设。监测系统应当至少具有交易筛选、甄别分析和人工增补报送三类功能模块。交易筛选模块应当充分满足监测标准的运行需求。甄别分析模块应当至少包括初审、复核、审定意见填写等功能。人工增补报送模块应当满足对系统监测以外其他渠道发现的异常交易进行填报、复核和审定等功能。监测系统应当具有可追溯性，确保足以完整、准确地重现交易筛选、分析及报送过程。监测系统应当与核心业务系统、监控名单库等对接或实现信息交互，确保在分析异常交易时，能及时、便利、完整地获取相关客户尽职调查、风险等级划分、涉恐名单、有关部门调查可疑交易活动和查处洗钱案件等相关信息。

4. 用户权限。监测系统的用户层级应当覆盖义务机构内部相关部门或分支机构，能支持不同作业模式下用户权限的配置，能支持对业务端的信息查询，并具备必要的保密和稽核（审计）功能。

四、监测分析标准测试评估

义务机构在监测系统上线运行前，应当对所设计的监测标准及其系统开发、支持和运行情况进行全方位测试和评估，经测试评估合格的监测标准和监测系统方可投入生产。

1. 测试要求。义务机构应当建立监测系统与各业务系统运行的模拟环境，通过数据输入、输出等方式对系统运行及各项监测标准运行情况进行测试。测试工作中应当重点关注的问题和环节包括但不限于：①数据准备。义务机构应当尽量以本机构的真实客户和交易数据为基础进行测试，且数据来源全面覆盖所有业务系统。对于真实数据不能满足或无法实现对相关监测标准测试需求的，可通过模拟数据进行。②功能测试。功能测试应当以监测标准运行、流程配套和用户体验为核心内容，包括所设计监测指标运行和实现情况，系统运行与人工干预流程互动，以及各个层级用户的功能体验。例如，对于系统维护用户，应当测试监测标准设计、参数配置和管理、名单维护管理等功能。对于系统管理用户，应当测试系统的查询、统计、录入、保存、回退、审批、报送、督办以及相关用户互动等功能。对于系统使用客户，应当测试数据输出、分析、向业务系统推送信息并取得反馈、定向提示等功能。③性能测试。在功能测试的同时，应当对系统进行必要的负载测试和压力测试等，确保在功能实现的基础上不影响系统性能稳定，监测系统运行不影响业务系统正常运行。

2. 评估要求。义务机构应当依据测试结果，对监测标准设计和系统功能实际运行效果进行统计分析，实施效能评价和效益评估，对于评价和评估中发现的缺陷和不足，应当及时进行优化、改进和完善。评估内容包括且不限于：

（1）全面性评估。是指对监测标准的系统功能实现进行评估，内容包括但不限于：①监测范围的全面性。监测系统能否实现对本机构的客户全覆盖、产品线全覆盖、业务数据全覆盖、管理流程全覆盖等要求。②监测结果的全面性。监测标准能否通过系统运行得以实现，反馈过程及结果能否满足监测标准运行及其时限等设计要求，无法或不能完全通过系统实现的替代方式和路径等。

（2）准确性评估。是指以系统反馈输出为评估对象，验证本机构所设计的监测标准及其适用的准确性，内容包括但不限于：①系统反馈的准确性。能否较为准确地实现监测标准中对有关指标和模型的设计要求。②标准指向的准确性。能否较为准确地指向对应类型的案例，或案例中可能涉及的客户和交易。③灵活性评估。是指对监测标准系统实现的拓展性和弹性评估，能否灵活跟进洗钱风险发展而变化，内容包括但不限于：一是动态调整的灵活性。法律法规修订和发生突发情况或者应当关注的情况后，能否及时设计、开发出有针对性的监测标准，并通过系统反馈输出预期结果等。二是及时回溯的灵活性。监测标准设计变化后，能否按照有关风险管理要求对前期客户及其交易进行回溯审查，反馈是否及时等。

五、监测分析标准动态优化

1. 优化要求。义务机构应当至少每年对监测标准及其运行效果进行一次全面评估，并根据评估结果完善监测标准。如发生法律法规修订、突发情况或者应当关注的情况，义务机构应当及时评估和完善监测标准，有关情况包括但不限于：

（1）义务机构推出新产品或新业务。

（2）接收到中国人民银行及其分支机构发布的反洗钱、反恐怖融资规定及指引、风险提示、洗钱类型分析报告和风险评估报告。

（3）接收到公安机关、司法机关发布的犯罪形势分析、风险提示、犯罪类型报告和工作报告。

（4）接收到中国人民银行及其分支机构出具的反洗钱监管意见。

（5）本行业或本机构发生或发现的洗钱案件，但本机构系统未能提示或预警相关风险。

义务机构在推出新产品或新业务之前，应当完成相关监测标准的评估、完善和上线运行工作。在上述其他情况发生之日起3个月内，义务机构应当完成相关监测标准的评估、完善和上线运行工作。

2. 评估指标。义务机构至少可用以下指标评估自身监测标准的指标规则、参数阈值、模型结构，乃至整个可疑交易报告机制运行等是否科学、合理、有效。

（1）预警率：监测预警的交易量/全部交易量。该指标主要反映义务机构监测标准设置的敏感度。若该比率过高，表示监测标准设置较为宽泛，缺乏针对性，预警交易中正常交易占比较大。过低，则反映监测标准设置较为严苛，可能存在监测漏洞，会错失对某些异常交易的监测和预警。出现以下情形之一的，义务机构可参考监测标准阈值是否有效、监测标准设置是否合理等因素进行调整：①某些监测标准一年内未被触发。②某些监测标准触发过于集中。③某些监测标准触发交易后的排除量过高。

（2）报告率：可疑交易报告数/监测预警报告数。该指标主要反映义务机构监测标准有效性以及可疑交易报告风险偏好度。若该比率较高，可能表示义务机构监测标准较为有效，预警交易为可疑交易报告提供较大贡献，也可能表示义务机构可疑交易报告风险偏好度较低，甚至将某些未经确认为可疑交易的进行了报告。对于某些监测标准预警交易后的排除量过高的，义务机构可考虑标准设置是否合理。对于某些监测标准预警后上报量过高的，义务机构则可考虑对交易的人工分析、识别是否到位，是否存在防御性报告等，是否需要完善和强化对监测预警的人工处理。

（3）成案率：被移交或立案的可疑交易报告数/可疑交易报告数。该指标主要反映义务机构监测标准的有效性以及可疑交易报告质量，该比率越高，表示义务机构的监测标准越有效，可疑交易报告质量及其情报价值越高。义务机构应当结合自身资产规模、地域分布、业务特点、客户群体、交易特征等，特别关注成案率长期为零的情况。必要时，应当对包括监测标准在内的反洗钱制度和管理体系进行全面评估，并根据评估结果对监测指标进行动态优化。此外，义务机构还可通过同行业交流、分支机构实践反馈等多种途径，不断优化、更新和完善监测标准及其指标规则和参数阈值等。

六、管理与保障

1. 管理政策。义务机构应当在总部或集团层面统筹监测标准建设工作，并在各分支机构、各条线（部门）执行。同时，可针对分支机构所在地区的反洗钱状况，设定局部地区的监测标准，或授权分支机构根据所在地区情况，合理调整监测标准规则和参数阈值等。义务机构基于监测标准预警结果，对于经分析有合理理由怀疑客户交易与洗钱行为相关的，在履行可疑交易报告义务的同时，可在机构内部进行风险预警，并采取有效措施控制或化解风险。

2. 组织实施。义务机构应当建立并完善反洗钱监测工作流程，指定专门的条线（部门）及人员负责监测标准的建设、运行和维护等工作，并至少应当组织科技、相关业务条线专业人员和开发团队技术人员等负责监测标准建设和运行工作。义务机构应当确保交易监测工作流程具有可稽核性、可追溯性。

3. 作业模式。义务机构可根据自身资产规模、业务特点、客户群体、交易特征等及运营管理模式和人员配置等情况，确定对通过监测标准筛选出的交易人工分析、识别作业模式，主要分为集中作业和分散作业两种模式。

（1）集中作业模式。义务机构在总部（集团）或一定层级以上分支机构设置反洗钱集中作业中心，对监测系统的预警案例进行集中分析、识别和报送，分支机构和各业务条线对案例分析和识别提供客户尽职调查等工作支持。实施集中作业，有利于提升交易监测的专业性、系统性和资源整合度。集中作业应当注重发挥分支机构和各业务条线具有的贴近业务、了解客户等优势。

（2）分散作业模式。义务机构将监测系统的预警案例，以客户为基本单位由相关分支机构和业务条线进行分析识别，然后按照逐级审核、审批等流程排除或上报可疑交易，有利于发挥分支机构和相关业务条线贴近业务、了解客户等优势。分散作业应当采取必要措施确保分析人员的专业性和独立性，并能以客户为基本单位获取客户所有的身份和交易等信息。

4. 保障措施

（1）技术保障。义务机构应当确保监测标准设计、管理、运行、维护的必要技术条件，系统设计应当着眼于运用交易监测工作成果，为可疑交易分析、识别和报告提供高效、科学和具有较强指向性的信息和线索参考。

（2）资源保障。义务机构应当设立专职的反洗钱岗位，配备专职人员负责大额交易和可疑交易报告工作，并提供必要的资源保障和信息支持。监测标准建设作为大额交易和可疑交易报告的基础性、专业性和技术性工作环节，义务机构要在资源保障和信息支持方面重点保障，确保组织、制度、人员和系统配备到位，提供专项经费用于监测指标建设和系统开发、运营维护等工作，给予反洗钱部门必要的考核管理、数据查询、客户调查等权限。

7.4.4 可疑交易报告撰写

金融机构识别和分析可疑交易后，需要将识别和分析的成果转化为正式的可疑交易报告。

一、可疑交易报告的基本结构

（1）概要。简洁明了地叙述可疑交易的基本情况，突出可疑交易的情报价值，字数尽量不超过 1500 字；简易的后续报告不超过 500 字。

（2）渊源。营业网点发现的可疑交易要详细说明客户在现场的可疑行为；后台监控中发现的要说明发现可疑交易的触发点。

（3）客户尽职调查情况。开户资料信息反映客户的基本情况，要注明账户是在使用或已销户等账户状态；通过查看监控录像、查询公开信息、实地走访、调取其他部门相关客户信息等获取客户其他信息的情况。

（4）可疑交易信息。发生的时间段、涉及的笔数和金额等可疑交易的总体情况，资金来源和去向的分析以及可疑交易流程。

（5）可疑点分析。对可疑行为、可疑交易与客户尽职调查进行整合，逐条列举身份背景和交易行为的可疑特点，确定其中洗钱关键主体、关键账户和关键交易，并说明理由。

（6）绘制资金交易链图。详细绘制资金交易链图，包括可疑交易涉及的主体账户和关联账户，资金来源和去向，尽可能通过有向图呈现关联客户的关系、关联账户的层级结构、关联账户的资金来源和流向等，清晰、直观反映资金来源与运用。

（7）分析结论。综合数据分析和各方面的信息，根据可疑特征推断该可疑交易涉嫌的违法犯罪，判断可能涉嫌的洗钱及上游犯罪类型。

（8）金融机构采取的后续控制情况。按照反洗钱法律制度规定，对上报的可疑交易涉及的客户和账户采取的后续控制措施。

（9）附件。将可疑交易涉及的客户身份资料和交易记录作为附件。

二、可疑交易报告的基本要求

（1）简练。言简意赅，不说空话、套话。

（2）信息完整、理由充分。要利用一切可利用的资源和手段获取充分的信息。可从客户尽职调查、内部信息共享机制、公安、市场监督及互联网等多渠道获取信息；在本系统内的交易对手的资金链条尽可能延伸拉长，为判断资金性质提供依据。对客户异常行为和异常资金交易的分析要有理有据，避免主观臆断或盲目猜测。

（3）注重非数据因素的运用。要特别注意各种犯罪类型的洗钱特点、柜员反映、监控录像、当地习惯、以往经验等非数据性因素的收集，有效弥补交易数据自身的有限性。

（4）定性准确。在总结分析可疑点时，应明确表述经过综合分析和判断后得出的可疑点，能够反映犯罪类型特点、监测重点、风险因素或已掌握的相关洗钱犯罪案件等信息，同时还要有明确的调查指向性，提出需进一步开展反洗钱调查的建议，列举调查的重点主体和账户，突出可疑点。

（5）数据的完整性、时效性。可疑交易报告的附件（账户开户资料、交易记录等电子数据），身份信息、账户信息、交易信息等要素字段要完整、准确，提供的账户资金交易应处于活跃状态，以便反洗钱部门进一步分析和调查。

（6）尽量绘制资金交易链图。资金交易链图形象直观呈现可疑交易的资金来源去向、人物关系，反映关键可疑主体、关键账户和关键交易，以及监测分析的意图和导向。

7.5　名单监控及特别预防措施

7.5.1　名单监控

一、相关规定

我国《反洗钱法》第四十条规定，任何单位和个人应当按照国家有关机关要求对下列名单所列对象采取反洗钱特别预防措施：（一）国家反恐怖主义工作领导机构认定并由其办事机构公告的恐怖活动组织和人员名单；（二）外交部发布的执行联合国安理会决议通知中涉及定向金融制裁的组织和人员名单；（三）国务院反洗钱行政主管部门认定或者会同国家有关机关认定的，具有重大洗钱风险、不采取措施可能造成严重后果的组织和人员名单。反洗钱特别预防措施包括立即停止向名单所列对象及其代理人、受其指使的组织和人员、其直接或者间接控制的组织提供金融等服务或者资金、资产，立即限制相关资金、资产转移等。第四十一条规定，金融机构应当识别、评估相关风险并制定相应的制度，及时获取第四十条规定的名单，对客户及其交易对象进行核查，采取相应措施，并向反洗钱行政主管部门报告。《金融机构大额交易和可疑交易报告管理办法》第十八条规定：金融机构应当对下列恐怖活动组织及恐怖活动人员名单开展实时监测，有合理理由怀疑客户或者其交易对手、资金或者其他资产与名单相关的，应当在立即向中国反洗钱监测分析中心提交可疑交易报告的同时，以电子形式或书面形式向所在地中国人民银行或者其分支机构报告，并按照相关主管部门的要求依法采取措施。

（1）中国政府发布的或者要求执行的恐怖活动组织及恐怖活动人员名单①。

（2）联合国安理会决议中所列的恐怖活动组织及恐怖活动人员名单。

（3）中国人民银行要求关注的其他涉嫌恐怖活动的组织及人员名单。

恐怖活动组织及恐怖活动人员名单调整的，金融机构应当立即开展回溯性调查，并按前款规定提交可疑交易报告。法律、行政法规、规章对上述名单的监控另有规定的，从其规定。

《中国人民银行关于〈金融机构大额交易和可疑交易报告管理办法〉有关执行要求的通知》的规定：义务机构对恐怖活动组织及恐怖活动人员名单开展实时监测，应当覆盖义务机构的所有业务条线和业务环节。对《金融机构大额交易和可疑交易报告管理办法》第十八条规定的可疑交易报告，义务机构应当立即提交，最迟不得超过业务发生后的 24 小时。恐怖活动组织及恐怖活动人员名单调整的，义务机构应当立即针对本机构的所有客户以及上溯三年内的交易启动回溯性调查，并按照规定提交可疑交易报告。对跨境交易和一次性交易等较高风险业务的回溯性调查应当在知道或者应当知道恐怖活动组织及恐怖活动人员名单之日起 5 个工作日内完成。义务机构开展回溯性调查的相关工作记录至少应当完整保存 5 年。公安、外交等部门要求对有关组织、实体或个人采取监控措施的，义务机构参照《金融机构大额交易和可疑交易报告管理办法》及该通知的相关规定执行。

《中国人民银行关于落实执行联合国安理会相关决议的通知》明确规定：为落实外交部关于执行联合国安理会根据《联合国宪章》第 7 章第 41 条通过的制裁决议的通知要求，金融机构和特定非金融机构收到转发外交部关于执行联合国安理会相关决议的通知后，应当立即将决议名单所列个人、实体信息要素输入相关业务系统，开展回溯性审查。客户属于名单范围的，金融机构和特定非金融机构应当立即按照通知要求采取相应措施并于当日将有关情况报告中国人民银行和其他相关部门。

---

① 公安部公布的恐怖组织和恐怖分子名单：

2003 年 12 月 15 日，公安部公布第一批认定的"东突"恐怖组织名单包括以下四个组织：东突厥斯坦伊斯兰运动、东突厥斯坦解放组织、世界维吾尔青年代表大会、东突厥斯坦新闻信息中心。公布的"东突"恐怖分子名单包括以下 11 名个人：艾山·买合苏木、买买提明·艾孜来提、多里坤·艾沙、阿不都吉力力·卡拉卡西、阿不都卡德尔、亚甫泉、阿不都米吉提、买买提克里木、阿不都拉·卡日阿吉、阿不力米提·吐尔逊、胡达拜尔地·阿西尔白克、亚生·买买提、阿塔汗·阿不都艾尼。

2008 年 10 月 21 日，公安部公布了第二批认定的"东突"恐怖分子名单以及其主要犯罪活动。名单包括以下 8 名个人：买买提明·买买提、艾买提·亚库甫、买买提吐尔逊·依明、买买提吐尔逊、阿布杜哈力克、夏米斯丁艾合麦提·阿布都米吉提、艾可米来·吾买尔江、牙库甫·买买提、吐尔孙·托合提。

2012 年 4 月 5 日，公安部根据全国人民代表大会常务委员会《关于加强反恐怖工作有关问题的决定》的规定，公布了第三批认定的"东突"恐怖分子和联合国认定的"东伊运"恐怖分子名单以及其主要犯罪活动。名单包括以下 6 名个人：努尔麦麦提·麦麦提敏、阿布都克尤木·库尔班、帕如哈·吐尔逊、吐送江·艾比布拉、努尔麦麦提·热西提、麦麦提依明、努尔麦麦提。

金融机构和特定非金融机构应当采取必要和合理的措施保证及时准确地执行联合国安理会决议，防止出现差错。经核实客户不属于名单范围的，或者由于客户被解除制裁不再属于名单范围的，金融机构和特定非金融机构应当立即终止所采取措施并向中国人民银行和其他相关部门报告。金融机构和特定非金融机构对客户是否属于名单范围存在疑问的，应当向中国人民银行或者其他相关部门申请协助核实。客户认为不符合制裁条件不应被列入制裁名单的，金融机构和特定非金融机构应当告知客户可以根据联合国安理会相关规定提出解除制裁申请。申请经批准后，金融机构和特定非金融机构应当终止所采取措施并向中国人民银行和其他相关部门报告。上述申请经批准之前，金融机构和特定非金融机构不得擅自解除所采取措施。金融机构和特定非金融机构采取措施后，认为相关主体可能涉嫌犯罪的，应当向当地公安机关等有关机构报案，依法配合立案侦查，协助公安机关、人民检察院和人民法院等有权机关依法采取查询、扣押、冻结等措施。金融机构和特定非金融机构收到境外有关部门与执行联合国安理会决议有关的冻结资产或者提供客户信息等要求时，应当告知对方通过外交途径、司法协助途径或者金融监管合作途径等提出请求，不得擅自采取行动。

（2002 年《金融机构客户尽职调查和客户身份资料及交易记录保存管理办法》要求金融机构建立健全工作机制，及时获取涉嫌恐怖活动的组织和人员名单以及中国人民银行要求关注的其他涉嫌洗钱及相关犯罪人员名单。有合理理由怀疑客户或其交易对手，以及客户或其交易对手的资金或者其他资产与名单相关的，应当采取相应的尽职调查和风险管理措施。法律、行政法规、规章另有规定的，从其规定。金融机构应当建立健全工作机制，及时获取国际反洗钱组织和我国有关部门发布的高风险国家或地区以及强化监控国家或地区名单。对于来自高风险国家或地区的客户或交易，金融机构应当结合业务关系和交易的风险状况采取强化尽职调查措施和必要的风险管理措施。对于来自强化监控国家或地区的客户，金融机构在开展客户尽职调查及划分客户风险等级时，应当关注客户所在国家或地区的风险状况。）

二、名单管理

金融机构应建立和维护反洗钱和反恐怖融资监控名单库，建立健全名单库管理制度和操作规程，指定专人负责名单库维护工作，对监控名单开展动态管理，及时维护名单内容，如果名单管理涉及多个部门，应该明确各部门的职责分工。当名单新增时，应立即将所涉个人、实体信息要素输入名单库并开展回溯性调查。对于通过公告、文件等有效形式从上述名单除名的，应及时进行名单更新，如"百名红通人员"名单已有部分人员解除名单监控措施。银行机构外购名单库的，应当通过名单信息和记录查验等方式确认名单调整的及时性和有效性。金融机构应当建立有效工作机制及时获取需要进行监控的名单，主要类别及获取渠道如下：

（1）中国政府发布的或者要求执行的恐怖活动组织及恐怖活动人员名单。主要从公安部等有关部门公告公布的恐怖活动人员名单获取相关信息。

（2）联合国安理会决议中所列并获得我国承认的恐怖活动组织及恐怖活动人员名单。可以通过登录联合国安理会中文版网站，在"制裁委员会"栏目中"伊斯兰国（达伊沙）和基地组织制裁委员会"和"1988 制裁委员会"项下"制裁名单资料"栏目获取恐怖活动组织及恐怖活动人员名单资料。

（3）其他国际组织、其他国家和地区发布的且得到中国承认的反洗钱和反恐怖融资监控名单。可以通过外交部等有关部门的通知文件获取相关信息。

（4）中国人民银行要求关注的其他反洗钱和反恐怖融资监控名单。如中国人民银行在洗钱风险提示中要求监控的涉恐人员和机构名单、"百名红通人员"名单等，其中"百名红通人员"名单可以从国际刑警组织中国国家中心局公布的"红色通缉令"中获取。①

三、实时监测

金融机构要采取必要的技术手段建设和维护监控名单、对客户及交易进行全面筛查，实时监测和回溯性调查。金融机构要根据工作实际，建立名单监控系统或者在业务系统中嵌入名单监控模块，确保相关系统功能能够满足监控到位、处理及时、记录完整的要求。建设名单监控系统或模块时应当导入完整准确的名单库内容，并且能够对名单来源进行区分；系统应当设置相关功能模块，便于定期和不定期对名单进行维护管理，实现名单的增添和删减，并能对历次全量名单进行追溯。金融机构外购名单库的，应当能够及时从数据服务商处获取历次名单完整记录。如果外购名单库仅提供查询确认服务，银行机构需要采取合理措施评估该名单库数据的完整性和更新情况。金融机构的系统应该具备全面的名单监控功能以支持相关工作有效开展。主要包括：①监控名单需触及金融机构的全部业务，名单监控系统或模块应当有效嵌入或勾连金融机构所有业务系统，确保实时监测全部交易，监测范围覆盖所有业务条线和业务环节。②金融机构在名单更新后立即开展全量客户和交易的回

---

① 工作实践中，有些金融机构自行建立了名单监控体系对名单进行分类或分级，但应审视名单设置是否符合相关规定。其中，百名红通人员名单并不属于采取资产冻结措施的范畴，但仍应当对其建立有效的风险控制措施，要结合客户背景、交易情况等因素进行具体分析和后续处理。个别机构设立了免报名单，主要是频繁被监控预警但经尽职调查后核实为"非命中"的名单或依据客户的特性，将部分风险极低的客户划定为无须审核的客户，如各级党的机关、国家权力机关、司法机关、军事机关等，机构要确保其列名、除名机制的合理性，将风险控制在机构自身管理能力范围内，避免对其他名单监控工作造成影响。有的设立了高风险名单，是金融机构根据洗钱和恐怖融资风险管理需要而建立的集中管理名单，主要针对其他需要加强关注并采取强化尽职调查等风险控制措施的客户，对经评估风险较高的客户进行特殊管理，如提高业务审批层级，此类名单不应与监控名单的要求予以混淆，但要关注名单分类的合理性。

溯性调查，包括对跨境交易和一次性交易等较高风险业务的回溯性调查。③应当具备预警信息后续处理的强制性管控功能，原则上应在预警信息处理完毕后继续办理业务。同时，系统应当妥善保存名单监控预警信息及后续处理和审批工作记录、回溯性调查工作记录等，并且方便随时调阅。名单监控系统或模块建设时应当按照筛查目标，明确定义监控名单和客户或交易的匹配规则。名单匹配规则应合理设置匹配标准，金融机构可以根据名单内容选择与不同的客户身份信息要素进行组合匹配，通常姓名、身份证件号码等身份关键信息应作为必要的匹配要素，对于无具体身份证明文件信息的名单人员应确保能够实现有效预警，在技术层面还应尽可能地提升对近似姓名及拼写错误的适应匹配能力。此外，应当结合预警名单识别情况，如真实命中比例（真实命中次数/总命中次数）等，对名单匹配规则进行评估，如果误中名单次数过多，则需要考量匹配规则的有效性。

对于触发名单预警的客户或交易，金融机构应当按照内部流程进行及时有效的识别分析和后续控制。客户与监控名单匹配的，应当根据不同名单类型分类采取措施；有合理理由怀疑客户或其交易对手、资金或其他资产与监控名单相关的，应当按照规定立即提交可疑交易报告，并于当日将有关情况报告中国人民银行和其他相关部门；暂时无法准确判断客户与监控名单是否相匹配的，金融机构应当按照风险管理原则，采取相应的风险控制措施并进行持续交易监测。工作制度和管理机制（流程）应注重机制合理性和职责明确性，避免出现机制缺失和风险漏洞。

在上述过程中，应当合理运用信息系统监控与人工分析相结合的方式。例如，通过信息系统实现监控名单精准匹配的自动识别工作，或先通过信息系统实现监控名单模糊匹配的初步筛查，再通过人工分析完成监控名单模糊匹配的最终识别工作。名单更新后，可以采取信息系统实时筛查与后台数据库检索查询相结合的方式及时开展名单监控工作。

金融机构应当对名单管理、名单监控等工作设置清晰的工作流程，并且充分融入各业务条线的操作流程或细则。应重点明确名单的范围及具体管理方法、管理频率和操作要求，对名单监控预警信息的后续处理或审批作出明确规定，应当有清晰指引以确认预警名单是否真实命中，相关审批层级应当设置为高级管理层。

7.5.2　特别预防措施

金融机构应当审慎核验和确认资产是否为恐怖活动组织或恐怖活动人员拥有或控制，确认后立即采取冻结措施。具体措施包括但不限于停止金融账户的开立、变更、撤销和使用，暂停金融交易，拒绝转移、转换金融资产，停止提供出口信贷、担保、保险等金融服务，依法冻结账户资产。（1）对恐怖活动组织及恐怖活动人员与他人共同拥有或者控制的资产采取冻结措施，但该资产在采取冻结措施时无法分割或者确定份额的，金融机构应当一并采取冻结措施。（2）涉及恐怖活动的资产被采取冻结措施期间，被采取冻结措施的资产产生的孳息以及其他收益、受偿债权等款项或者受让的资产，金融机构也应当采取冻结措施。（3）因基本生活支出以及其他特殊原因需要使用被采取冻结措施的资产的，资产所有人、控制人或者管理人向资产所在地县级公安机关提出申请，公安部门审查核准的，银行机构应当按照公安部门指定用途、金额、方式等处理有关资产。在申请批准之前，银行机构不得擅自解除所采取的措施。金融机构应加强客户身份识别工作，在与客户建立业务关系或者为其提供一次性金融服务时，应与公安部发布的恐怖活动组织及恐怖活动人员名单进行核实。发现属于涉恐名单范围的，应当立即冻结其资产，拒绝为其提供一切金融和支付服务，并立即向当地公安机关和国家安全机关报告。

金融机构采取冻结措施后，应于当日通过书面形式进行报告。报告内容包括资产数额、权属、位置、交易信息等；报告对象包括资产所在地县级公安机关和市、县国家安全机关，以及资产所在地人民银行分支机构。金融机构应当依法协助、配合有权机关的调查、侦查，及时提供与恐怖活动组织及恐怖活动人员有关的信息、数据以及相关资产情况。如果上报冻结报告后又获取了额外信息，可以通过重点可疑交易报告等形式进行上报。

金融机构采取冻结措施后，除人民银行及其分支机构、公安机关、国家安全机关另有要求外，应当履行告知义务，向客户说明采取冻结措施的依据和理由。

金融机构不得擅自解除冻结措施，但在符合特定情形的情况下，应当立即解除冻结措施并履行报告义务。特定情形包括：（1）公安部公布的恐怖活动组织及恐怖活动人员名单有调整，不再需要采取冻结措施的；（2）公安部或者国家安全部发现金融机构、特定非金融机构采取冻结措施有错误并书面通知的；（3）公安机关或者国家安全机关依法调查、侦查恐怖活动，对有关资产的处理另有要求并书面通知的；（4）人民法院作出的生效裁决对有关资产的处理有明确要求的；（5）法律、行政法规规定的其他情形。

《反恐怖主义法》规定：金融机构和特定非金融机构对国家反恐怖主义工作领导机构的办事机构公告的恐怖活动组织和人员的资金或者其他资产，应当立即予以冻结，并按照规定及时向国务院公安部门、国家安全部门和反洗钱行政主管部门报告，对国家反恐怖主义工作领导机构的办事机构公告的恐怖活动组织及恐怖活动人员的资金或者其他资产，未立即予以冻结的，由公安机关处二十万元以上五十万元以下罚款，并对直接负责的董事、高级管理人员和其他直接责任人员处十万元以下罚款；情节严重的，处五十万元以上罚款，并对直接负责的董事、高级管理人员和其他直接责任人员，处十万元以上五十万元以下罚款，可以并处五日以上十五日以下拘留。国务院反洗钱行政主管部门、国务院有关部门、机构依法对金融机构和特定非金融机构履行反恐怖主义融资义务的情况进行监督管理，发现涉嫌恐怖主义融资的，可以依法进行调查，采取临时冻结措施。公安机关调查恐怖活动嫌疑，经县级以上公安机关负责人批准，可以查询嫌疑人员的存款、汇款、债券、股票、基金份额等财产，可以采取查封、扣押、冻结措施。查封、扣押、冻结的期限不得超过两个月，情况复杂的，可以经上一级公安机关负责人批准延长一个月。

8 跨境洗钱风险及其防控

习近平总书记在中国共产党第二十次全国代表大会上指出："国家安全是民族复兴的根基，社会稳定是国家强盛的前提。"跨境洗钱风险是关系我国国家安全和金融稳定的重要风险，必须采取有效措施予以防范和化解。本章对跨境洗钱风险控制进行专题阐述，主要是因为跨境洗钱造成国民财富的直接流失，而且跨境反洗钱遇到的困难更多，多数超出了我国反洗钱监管部门的职责范围，需要有关国家协作配合。跨境反洗钱与第9章银行外汇展业管理存在密切的关系，外汇展业管理是统筹便利化和防风险的重大变革，其中防风险主要是防控非法跨境资金流动的风险，非法跨境资金流动与跨境洗钱相互交织，且大部分非法跨境资金流动本身就是跨境洗钱和恐怖融资。从反洗钱工作实践看，由于跨境业务的复杂性，多数反洗钱从业人员对跨境反洗钱工作较为生疏，因此有必要专设一章进行介绍。本章分析了银行外汇业务、跨境人民币业务以及 NRA、OSA 和 FT 账户蕴藏的洗钱风险，对地下钱庄和虚拟货币等非正规跨境洗钱渠道进行了梳理；对我国跨境洗钱风险防控工作进行了总结，分析存在的问题，提出了加强跨境洗钱风险防控的措施建议。

8.1 跨境洗钱风险是关系国家安全和利益的重要风险

随着我国对外开放力度不断加大和涉外经济的快速增长，跨境资金流动规模持续扩大。反映在外汇收支方面，2023 年我国经常项目收入 37887 亿美元，支出 35357 亿美元，其中，货物和服务贸易进出口总额 66364 亿美元；资本和金融账户收入 136 亿美元，支出 2287 亿美元[①]；反映在跨境人民币业务方面，2022 年，人民币跨境收付金额合计为 42.1 万亿元。其中，实收 20.5 万亿元，实付 21.6 万亿元。2023 年 1—9 月，人民币跨境收付金额为 38.9 万亿元。

2023 年 12 月，国务院反洗钱部际联席会议发布的《中国洗钱和恐怖融资风险评估报告（2022 年）》显示，我国 2017 年至 2020 年公开发布的一审判决案件涉及

---

① 国家外汇管理局.2023 年中国国际收支报告［EB/OL］.（2024-03-29）［2024-04-09］. http://www.safe.gov.cn/safe/2024/0329/24186.html.

跨境活动的案件占比为 0.2%，与 2017 年评估数据（0.17%）相比略有上升；2021 年底在侦与在诉洗钱案件涉及犯罪所得由境外流向境内的案件共有 102 起，占比为 4.19%，其中上游犯罪主要包括电信网络诈骗、网络赌博、毒品犯罪、走私犯罪等。涉案的境外活动涉及 100 多个国家和地区，其中 38.5% 的跨境活动地为东南亚国家，17.8% 为我国港澳台地区，10.7% 为韩国、日本等东亚国家。从跨境业务看，经常项下跨境收支业务通过构造虚假贸易背景实现跨境资金非法转移问题仍旧存在；个人项下跨境收支业务通过控制多个个人账户实施分拆转移情况仍需关注；资本项下跨境收支业务的主要缺陷是通过虚构交易目的和企业经营事项；跨境支付结算的问题是汇款公司和非银行支付公司对客户的资金来源和交易目的审核程度参差不齐；在涉及离岸公司和离岸账户的跨境收支业务上存在一定洗钱风险；虚假申报或不申报跨境携带大额现金转移的风险隐患仍然存在。

加快金融业双向开放是我国在新时代作出的重大战略选择。金融业扩大开放有利于统筹利用国内外两个市场和资源，优化资金配置效率，更好地满足不同经济实体对金融服务的差异化需求。但金融业双向开放也为违法犯罪分子滥用金融机构、金融市场和产品从事跨境洗钱活动提供了便利条件，对跨境洗钱风险防控提出了更高要求。所以，扩大金融业双向开放必须建立健全相应的跨境洗钱风险管控机制，及时发现和有效管理跨境洗钱和恐怖融资风险。在我国参与全球治理和对外开放进程中，所有经济活动都伴随外汇和跨境人民币收支，加强跨境反洗钱和反恐怖融资工作，筑牢跨境业务反洗钱防线，在当前的国际背景下，已经成为服务全球治理和对外开放大局的重要任务，是响应国家总体决策部署，落实《反洗钱法》《国务院办公厅关于完善反洗钱、反恐怖融资和反逃税监管体制机制的意见》的必要措施，是维护我国国家安全和金融稳定的重要任务。从 2015 年起，人民银行等五部门联合连续开展打击利用地下钱庄和离岸公司转移赃款专项行动，打击跨境洗钱犯罪活动。但从当前洗钱犯罪的形势看，受国内反洗钱力度加大的挤压效应和金融双向开放的影响，犯罪分子利用外汇业务、跨境人民币交易、地下钱庄、虚拟货币等跨境洗钱趋势越来越明显，跨境洗钱风险已经成为影响我国国家安全的重要风险，亟须摸清跨境洗钱的渠道和特点，强化跨境洗钱监管，有效防范和控制跨境洗钱风险的蔓延，维护我国金融安全和国家利益。

一、防控跨境洗钱风险是保障我国金融高水平开放和参与全球治理的需要

党的二十大提出，中国坚持对外开放的基本国策，坚定奉行互利共赢的开放战略，不断以中国新发展为世界提供新机遇，推动建设开放型世界经济，更好惠及各国人民。中国坚持经济全球化正确方向，推动贸易和投资自由化便利化，推进双边、区域和多边合作，促进国际宏观经济政策协调，共同营造有利于发展的国际环境，共同培育全球发展新动能。金融业进一步扩大双向开放是党中央、国务院在新时代作出的重大战略决策。扩大金融业双向开放，对反洗钱监管能力提出了更高要求，也对金融机构有效防范和控制跨境洗钱和恐怖融资风险，妥善应对定向金融制裁问题提出了更高要求。在金融业走出去的战略实施过程中，涉外金融业务必须遵守国际反洗钱和反恐怖融资规则，有效规避美国长臂管辖的制裁，特别是"一带一路"共建国家，洗钱和恐怖融资风险普遍较高，与这些国家的业务往来更应防范洗钱和金融制裁风险。做好跨境洗钱风险的控制，加强反洗钱国际合作，积极参与国际反洗钱规则的制定，在推动构建人类命运共同体过程中贡献中国反洗钱智慧。

二、洗钱和恐怖融资的国际化特征决定了跨境洗钱风险控制是反洗钱的重要任务

随着科技进步和世界经济的迅速发展，世界经济文化全球化趋势明显，世界各国商品和资金流动、人员往来、信息传递、服务提供日益国际化。国际化在促进全球经济发展的同时，也被以追逐非法经济利益为目的的跨国犯罪分子所利用，使洗钱犯罪活动日益严重，原来在本土范围内的洗钱犯罪活动逐步发展为跨越国境的国际洗钱活动，由于各国政治经济法律制度及对洗钱犯罪容忍度的差异，给洗钱犯罪分子提供了很大利用空间，洗钱国际化特征格外突出。打击洗钱、恐怖和扩散融资已经成为全球共同面对的问题，反洗钱已经超越了国家层面，洗钱国际化的问题需要制定有效的反洗钱国际协同机制予以打击。面对复杂的跨境洗钱形势，联合国、FATF等国际组织在总结全球跨境洗钱监管经验的基础上，提出了防范国际贸易洗钱、跨境运送实物现金洗钱等跨境洗钱的国际标准和指引。国际反洗钱规则是国际管理法律的典型代表，随着各国反洗钱形势的变化，有关国际组织也在总结世界反洗钱实践经验的基础上，不断对反洗钱国际标准和要求进行修订和完善。2018年FATF对我国开展了反洗钱和反恐怖融资互评估，拟于2025年11月至2027年2月对我国的第五轮反洗钱和反恐怖融资互评估，于2026年对我国开展反洗钱和反恐怖融资现场评估。FATF互评估和定向金融制裁是国际反洗钱和反恐怖融资的重要运行机制，对于从事跨境金融服务的金融机构，定向金融制裁成为日常经营必须应对的重要课题。主动与国际标准接轨，完善相关反洗钱法律制度，构建高标准反洗钱制度体系，避免我国对外金融活动遭受可能的歧视性待遇，扩大金融高水平开放。从理论上讲，跨境洗钱直接造成国民财富的流失，做好跨境洗钱风险的控制是应对洗钱国际化问题的重要任务。

三、建立跨境领域反洗钱工作体系是维护我国主权利益的需要

我国是经济金融全球化的受益国，近期贸易保护主义抬头，逆全球化思潮暗流涌动，我国在各种国际场合一直倡导贸易自由化和多边主义，我国的外汇管理也将顺应对外开放的形势变化，进行不断的改革。按照国际货币基金组织有关标准，我国已经实现经常项目自由兑换，资本项目已具有较高的可兑换程度，下一步，资本项目开放将着力推动少数不可兑换项目的开放，提高可汇兑项目的便利化程度，提高交易环节对外开放程度，构建高水平的开放型经济。国际金融市场的高波动性是当今全球金融市场的一个突出特征，防范跨境资本流动及外汇市场高强度波动和冲击，提升在开放条件下的管理能力和风险防控能力，是外汇管理部门面临的一个挑战。在市场经济环境下，我国的主权利益必须得到维护，而反洗钱已经成为世界各国的共识，是我国可利用的有效工具。对于一些热钱的流入流出及异常资金的快进快出，可以从打击洗钱犯罪的角度去管理，既符合国际惯例，也是很多发达国家的通常做法，因此，做好跨境洗钱风险的控制，避免外汇和跨境人民币业务渠道被犯罪分子利用，是维护我国主权利益的重要举措。

四、有利于提升金融机构反洗钱有效性

近年来，随着欧美发达国家反洗钱工作处罚力度的加大，反洗钱严厉监管对金融机构经营影响深远，金融机构跨国经营风险进一步加大，洗钱、恐怖融资和扩散融资风险成为金融机构日常经营的重要法律风险。2014 年美国对巴黎银行 89.7 亿美元罚款，创下对金融机构反洗钱处罚的纪录。这些反洗钱监管案例的共同特征是：以经济制裁为重心、处罚力度显著加大、对金融机构协助或共谋违法交易予以严惩、对技术性规避手段追究责任、通过刑事调查加大施压力度，以及延长调查追溯周期等。2015 年以来，西方发达国家反洗钱监管部门相继加大了对我国金融机构境外分支机构的反洗钱监管力度，接连受到当地反洗钱监管部门的处罚。随着全球经济一体化进程的加快，对于布局全球的大型跨国金融机构而言，国际结算、跨境投融资等国际资金和金融服务的需求迅猛增长，而越来越严格的国际反洗钱规则以及严厉的反洗钱监管使涉外业务和跨境经营的外部环境越来越复杂，金融机构跨国经营风险进一步加大，金融机构在国外需要遵守的反洗钱、反恐怖融资和国际制裁的规定也越来越多，稍有不慎就有可能碰触所在国的监管红线，金融机构面临的监管压力进一步加大。从金融机构反映的情况看，我国金融机构，特别是国有大行在防范跨境洗钱和恐怖融资及定向制裁压力非常大，反映出跨境洗钱风险控制任务的艰巨性，做好跨境洗钱风险的防控将极大提升反洗钱有效性。

8.2 主要跨境洗钱渠道风险分析

从我国洗钱及相关犯罪跨境洗钱案例看，跨境洗钱渠道众多、业务较为复杂，总体上看，主要是利用外汇业务、跨境人民币业务洗钱，通过地下钱庄洗钱。近年来，利用虚拟货币跨境洗钱成为重要渠道，并且虚拟货币也是地下钱庄洗钱的常用工具。本节主要介绍外汇业务、跨境人民币、地下钱庄和虚拟货币的跨境洗钱风险。

8.2.1 外汇业务洗钱风险分析

一、我国外汇业务的主要类型及潜在的洗钱风险

目前我国外汇业务主要类型有跨境贸易、跨境投资和个人非经营性收支。

（一）跨境贸易是居民与非居民之间的货物和服务贸易交易。由于商业银行在办理此类业务时难以全面掌握企业实际运营情况，货物贸易业务的洗钱风险主要表现为虚构跨境交易实现资金跨境转移；服务贸易本身没有相应的货物单据和海关的核验数据进行核对，商业银行仅凭服务贸易合同和发票等单证，很难对交易标的合理价值作出准确判断，服务贸易的洗钱风险明显高于货物贸易，主要表现为伪造跨境服务交易合同、虚构交易价格等实现资金跨境转移。

（二）跨境投资主要包括跨境证券投资和跨境直接投资。跨境证券投资〔包括合格境外机构投资者（QFII/RQFII）、合格境内机构投资者（QDII）、沪伦通、深港通、沪港通以及基金互认等〕的开放度较低，资金封闭运作并受到严格管控，跨境洗钱风险相对低于跨境直接投资。目前我国资本项目尚未实现完全可兑换，跨境直接投资分为外资企业投资中国和中国企业境外投资。目前，两种渠道均由商业银行直接办理相关外汇登记，然后可办理账户开立、资金汇兑等业务。其中，外资企业投资中国的外汇资本金由外资企业意愿结汇，根据实际经营的需要，在银行办理外汇资本金结汇手续。由于外资企业投资中国的资金使用逐步放开，洗钱风险表现为虚构交易目的和企业经营事项实现跨境资金转移。中国企业投资境外资金汇出额度累计不得超过外汇局资本项目信息系统登记的可汇出资金额度，企业利润汇回，由商业银行审核，汇回资金可直接结汇，由于银行在办理相关业务时难以核实资金的实际来源情况，因此其洗钱风险表现为假借投资或投资收益名义来实现跨境洗钱。

（三）个人非经营性收支。外汇局对个人结汇和境内个人购汇实行年度便利化额度管理，每人每年额度为等值 5 万美元。自 2016 年 1 月 1 日起，银行通过个人外汇业务监测系统办理个人结汇、购汇等个人外汇业务。尽管个人非经营性外汇收支受年度便利化额度管理，但可通过多人分拆等方式逃避限额监管进行跨境洗钱。

二、通过外汇业务跨境洗钱的常用渠道和特点

从已破获的跨境洗钱案例来看，通过贸易、投资洗钱是跨境洗钱的重要渠道，同时现金走私也是常用渠道，而多数跨境洗钱犯罪活动与地下钱庄交易有着密切的关联。

（一）跨境投资洗钱

1. 利用境外直接投资洗钱。设立境外投资公司是跨国洗钱的常见方式，通过设立公司，洗钱者可名正言顺地将违法犯罪所得从境内转移到境外。我国现行外汇管理政策允许境内企业进行境外直接投资，但不允许境内自然人境外直接投资。而境内企业境外直接投资外汇登记的要件是由商务部门出具的"企业境外投资证书"。为进一步扩大对外开放，我国鼓励境内企业对外投资，商务部门对境外直接投资业务管理较为宽松，由企业提供"境外投资备案表"，对外投资总额由境内企业根据情况自由决定，企业有较大的自主权。企业的资金汇出境外后是否按照备案及声明的用途使用资金，有关部门缺乏有效的监测手段。目前我国市场监督部门基本放开了企业注册管理，犯罪分子通过注册成立空壳公司，以对外投资的方式汇出境内资金，达到将赃款洗白的目的。在这种情况下，境内洗钱的空壳公司往往母小子大，且成立后短期内快速完成境外投资的商务、外汇备案登记手续，将投资资金汇出境外；除办理境外直接投资业务外，并无其他的实际经营活动，并且境内资金的来源隐蔽。上溯资金来源会发现交易对手众多，账户资金快进快出并经多次划转，很多来源于犯罪收益所得。

2. 利用境内直接投资洗钱。境内直接投资的外汇登记由银行直接审核办理，对于汇入境内的资金，个别银行在外汇登记环节尽职审查的意识不强，对资料的审核仅限于表面真实性，对外国投资者的身份、股权转让对价等基本不做延伸调查，境外来源不明的资金容易通过该渠道流入国内。洗钱犯罪分子利用跨境并购交易快速转换身份，完成非法资金快速流动，或者低买高卖、虚假构建并购交易等方式将赃款洗白。犯罪分子常用的方式是企业短期内频繁股权转让实现境外不明资金流入。

（二）利用贸易洗钱

贸易洗钱是犯罪分子利用贸易活动来掩饰犯罪收益和转移价值使其非法来源合法化的过程。利用贸易进行洗钱活动的基本手法：高估或低估商品及服务的价格、对商品和服务进行多重定价、增加或减少商品和服务的装运数量、对商品和服务进行虚假描述。

2021 年 3 月 11 日，金融行动特别工作组（FATF）与埃格蒙特集团联合发布报告《贸易洗钱风险指标》①，旨在帮助监管部门和金融机构识别国际贸易中的可疑活动。报告主要包括四类风险指标：业务结构、贸易行为、贸易文件和商品、账户和交易活动。

1. 业务结构风险指标：一是企业结构异常复杂且不合逻辑，如涉及空壳公司或

---

① 2024 年 3 月 30 日，中国人民银行发布《洗钱风险提示》（2024 年第 2 期　总第 60 期）向银行业金融机构、非银行支付机构提示贸易洗钱的主要手法及可疑交易特征。

在高风险司法管辖区注册的公司。二是企业在反洗钱和反恐怖融资合规管理较弱的司法管辖区注册或设有办事处。三是企业使用被多家企业用于登记的地址注册，如高密度的住宅楼宇、邮箱地址、商业楼宇或工业园区。四是企业登记地址与实际经营业务不匹配，例如，企业登记使用住宅物业，但没有实际经营商业或工业的空间，并缺乏合理解释。五是企业缺乏在线公开信息，或在线信息显示的经营业务与注册的业务不一致，如企业网站信息是从其他网站复制的内容，或网站信息显示对所经营涉及的产品及行业缺乏了解。六是企业显著缺乏与经营相关的业务活动，例如，缺少与雇员数量相符的定期支付工资记录、与日常运营相关的经营性费用、缴纳税款等。七是企业所有者或高级管理人员仅是挂名，隐藏真实受益所有人，如挂名的管理者缺乏经营管理经验或对经营细节不了解，或者同时管理多家公司。八是企业及其所有者或高管人员出现在负面新闻中，如以前参与过洗钱、欺诈、逃税和其他犯罪活动，或者正在或曾经被调查或定罪。九是企业只保留最低数量工作人员，且与其经营的贸易量不符。十是企业名称刻意模仿其他知名公司的名称，或者与之非常相似，试图让人误以为是知名公司的分公司。十一是企业存在无正当原因歇业的情况。十二是企业不遵守常规商业义务，如不提交增值税申报表。

2. 贸易行为风险指标：一是贸易活动与企业的业务范围不符，如汽车经销商出口服装，贵金属经销商做进口海鲜生意。二是企业出现复杂交易行为，涉及大量第三方中介机构且与日常业务不相关。三是企业开展业务的方法或制定运输路线与常规商业惯例不一致。四是企业使用非常规的金融产品或使用过于复杂的金融产品。例如，在没有合理解释的情况下，长期使用信用证或频繁的延长期限，将不同类型贸易融资产品混合使用于不同贸易交易中。五是企业总是在贸易中表现出不合理的低利润率。例如，商品进口批发价等于或大于零售价，或以等于、低于成本价格转售商品。六是企业表面使用自己的账户购买商品，但所购物品明显超过其资金实力，例如，购买物品使用的款项是突然流入的现金存款，或由第三方转移到该企业账户的资金。七是新成立或近期才重新营业的企业，从事数量巨大且金额较高的贸易活动，如一个不知名的企业突然出现在市场准入壁垒高的行业，并开展贸易活动。

3. 贸易文件和商品风险指标：一是合同、发票或其他贸易单据之间不一致，如出口企业名称与收款企业名称不一致，发票和基础合同的金额不一致，实际商品的数量、质量、体积、价值与其说明书不一致。二是合同、发票或其他贸易单据显示费用或价格不符合正常商业活动，与市场价值不符，或与以前类似交易相比有显著波动。三是合同、发票或其他贸易单据对交易的商品描述模糊，如合同的主题只是常规的或不具体的描述。四是贸易中重要交易合同或海关文件缺失或伪造文件，包括使用虚假或误导性信息和重复提交以前被拒绝的文件。五是支持复杂或正常贸易交易的合同异常简单，如合同使用互联网上可以找到的"合同样本"。六是企业公示的进口额与给外国银行汇入的金额严重不符。反之，已登记的出口额与外国银行转账收入金额严重不符。七是通过正规渠道且在符合进口规章制度要求下进口的商品，随后以伪造证件出口。八是在没有经济或商业理由的情况下，通过多个司法管辖区运输商品。

4. 账户和交易活动风险指标：一是企业在贸易活动进展的后期对付款安排作出临时修改。例如，企业在最后一刻将付款方变为从未参与交易的第三方，或企业无故要求更改约定的付款日期或付款金额。二是账户显示异常高的交易数量或交易金额，与其公示的商业活动不一致。三是企业账户看起来是一个纯"支付"或"过境"账户。在没有合理理由的情况下，企业账户每天有大额交易量，但是日终资金转移后余额非常少。包括：①账户显示经常使用现金存款，随后转移到自由贸易区或离岸司法辖区内与账户持有人没有业务关系的账户内；②贸易相关账户汇入资金后，进行资金拆分并汇出到与贸易活动不太相关的多个账户中。四是在无合理理由情况下，企业进口商品时付给出口方的款项由第三方支付。例如，由未参与贸易的空壳公司或挂名公司支付。五是企业现金存款或其他交易金额始终低于监管需要申报的门槛。六是在无合理理由情况下，企业的贸易量或金额迅速且大量增加，然后在短时间内停止贸易进入歇业状态。七是企业贸易中出现行业中罕见、异常的大额支付情况。八是企业循环付款，即资金从 A 国转出，经过其他数个国家后又转入 A 国。

在贸易洗钱风险中尤其要重视服务贸易和转口贸易的洗钱风险。

1. 通过转口贸易洗钱。转口贸易的特点是"两头在外"，物流和资金流分离，监管部门对交易对手身份、物权单证流转路径、贸易背景真实性等识别难度高，监管难度大，容易被洗钱犯罪分子利用。洗钱犯罪分子通过设立多家关联企业，使用假单、借用真单等方式构造虚假转口贸易，模糊资金真实来源及去向，将非法收入融入多流程、多环节的转口贸易交易中，掩盖其实际交易动机。较为常用的方式是通过变造提单虚构转口贸易实现跨境洗钱，例如，2019 年 1 月 22 日，国内 QY 公司分别与上下游客户签订离岸转手买卖合同，1 月 26 日收汇，5 月 3 日付汇。经查，提单是借用真提单变造而来，提单货物与到港货物不符，收付汇的目的都是借助转口贸易渠道帮助犯罪分子跨境洗钱。

2. 利用服务贸易洗钱。与货物贸易相比，服务贸易没有匹配的物流，缺少海关的核查环节，单证单一、权利转让复杂，贸易背景的真实性更难核实，是外汇管理的薄弱环节，容易被犯罪分子利用洗钱。比较典型的洗钱方式是以虚假的服务贸易合同付汇跨境洗钱，从 2009 年开始，我国服务贸易差额一直出现净流出的状态，监管部门对服务贸易的监管困难较多，犯罪分子通过与境外公司构造关联服务交易实现跨境洗钱目的。另一种利用服务贸易洗钱的方式是境内企业将来源不明的资金以职工报酬名义分拆收汇。例如，辖内个人李某等 76 名境内个人于 2019 年 1 月 9 日至 2020 年 10 月 23 日以工资报酬的名义从香港 Z 公司获得 330 笔、760 万美元的外汇收入，每人收汇金额控制在 5 万美元以内，规避个人年度总额意图明显，一般在收汇后 1 至 3 日结汇。经查实，李某同为境内企业 SZ 公司和香港 Z 公司的高管，其余人员为 SZ 公司的员工，上述结汇资金是 Z 公司来源不明资金通过薪酬的形式汇入境内。

（三）利用外币现金交易洗钱

随着第三方支付的迅速发展和我国现代化支付体系的不断完善，社会公众对现金的需求度和使用率降低，但在洗钱犯罪活动中，不法分子仍具有较强的现金偏好。利用现金交易痕迹少、流向难以追踪等特点，通过藏匿、投资、跨境运输等方式转移、清洗犯罪所得。外币现金交易主要涉及存钞、提钞、携带现钞出入境、现钞汇出等。我国对外币现金交易采取限额管理方式，对限额以下的外币现金交易不再监管，超限额的需进行审核。《个人外汇管理办法》规定个人现钞存入单日累计等值 5000 美元、现钞提取和现钞汇出单日累计等值 10000 美元；《国家外汇管理局关于规范银行卡境外大额提取现金交易的通知》规定银行卡境外提现限额为每人每日 1 万元、年度 10 万元人民币；《携带外币现钞出入境管理暂行办法》规定的个人出入境携带现金限额为 2 万元人民币或等值 5000 美元；同时，《金融机构大额交易和可疑交易报告管理办法》要求金融机构当日单笔或者累计交易人民币 5 万元以上（含 5 万元）、外币等值 1 万美元以上（含 1 万美元）的现金缴存、现金支取、现金结售汇、现钞兑换、现金汇款、现金票据解付及其他形式的现金收支要报告大额交易。为逃避外币现金交易限额管理和规避大额交易报告制度，洗钱犯罪分子采取化整为零的方式，利用大量账户在限额下进行高频率外汇现金交易，将大额外币现金分散存入银行，规避反洗钱监管部门的监测调查。此类项下常见的方式是境内个人分拆存钞洗白不明来源现钞赃款。

（四）利用内保外贷通道洗钱

内保外贷业务"一头在内、两头在外"，担保人在境内、被担保人（资金的使用人）和受益人（资金的提供人）在境外。目前，内保外贷业务主要发生在关联企业之间，且内保外贷履约不需要监管部门的审批，资金流出的时间由企业自行控制，监管部门对被担保人如何使用担保项下融入的资金也缺乏有效的监管手段，犯罪分子借口境外企业经营不善、无力偿还贷款，虚假制造内保外贷履约条件，让境内资金披着"合法"外衣转移境外。比较典型的方式是境内企业通过内保外贷向境外转移赃款。

8.2.2 NRA、OSA 和 FT 账户的跨境洗钱风险分析

随着我国对外开放力度不断加大和涉外经济的快速增长，跨境资金流动的规模持续扩大。银行账户是跨境资金流动基础载体和基本工具，为促进跨境贸易和投资便利化，我国允许非居民在境内开立境外机构境内账户 NRA（Non-Resident Account）、离岸账户 OSA（Offshore Account）和自由贸易账户 FT（Free Trade Account）三类账户。从我国反洗钱工作实践看，我国对三类非居民账户的监管相对宽松，在方便非居民跨境资金交易的同时，也逐渐被跨境洗钱犯罪分子所青睐，成为跨境洗钱的重要通道。

一、我国 NRA、OSA 和 FT 等非居民账户的基本状况

目前，我国境内非居民账户有境外机构境内账户 NRA、OSA、FT 三类。

（一）NRA 账户。国家外汇管理局、中国人民银行分别于 2009 年和 2010 年印发《国家外汇管理局关于境外机构境内外汇账户管理有关问题的通知》《境外机构人民币银行结算账户管理办法》，明确境外机构可以在具有办理国内外结算业务经营资格的国内中资和外资银行开立外汇账户和人民币结算账户，即 NRA 账户，并要求填报机构在开立境外机构结算账户时，在账号号码前统一标志 NRA，即用 NRA+账户号码来标识境外机构在境内银行开立的 NRA 账户。在 NRA 账户管理方面，人民币 NRA 账户规则由中国人民银行制定，外汇 NRA 账户规则由国家外汇管理局制定。由于 NRA 账户的资金性质视同境外资金，因此 NRA 账户之间以及与境外账户之间的资金划转可凭开户主体的指令直接办理。此外，NRA 账户与境内账户办理资金划转时也比较灵活，真实交易背景下可以办理本外币的资金划转，并且没有币种的限制。从开户的实际需求看，如果 NRA 账户以接收境内分红款项或者 A 股减持款为目的，通常开立人民币 NRA 账户，但为了与境外机构境内外汇账户区分，境外机构境内人民币账户称 "RMB NRA" 账户；如果 NRA 账户是以跨境结算等为目的，则通常开立外币 NRA 账户。NRA 账户本质属于在岸账户，虽然人民币 NRA 账户与外汇 NRA 账户分别开立，但其资金与在岸资金并不隔离，利率和汇率均使用在岸价格，且 NRA 账户具有全国银行适用的普适性，因此利用 NRA 账户跨境洗钱的规模要高于 OSA 和 FT 账户。

（二）OSA 账户。OSA 账户为在境外（含港澳台地区）的自然人、法人（含在境外注册的中国境外投资企业）、政府机构、国际组织及其他经济组织，包括中资金融机构的海外支持机构，但不包括境内机构的境外代表机构和办事机构，按规定在依法取得离岸银行业务经营资格的境内银行离岸业务部开立的账户。相比 NRA 账户，我国对离岸账户的管理相对宽松。OSA 账户属于离岸账户，按照境外账户进行

管理。一是客户的离岸账户等同于在境外银行开立的账户，客户可以从离岸账户自由调拨资金，不受国内外汇管理制度约束；二是存款利率、品种不受境内监管政策限制，比境外银行同类存款利率优惠、存取灵活，特别是大额存款，可根据客户需要，在利率、期限等方面自主调整；三是我国对离岸账户存款取得利息免征存款利息税，离岸账户存款实际净收益更高；四是可以充分利用银行在岸业务和离岸业务综合服务，加快境内外资金周转，提高运营资金使用效率，降低财务成本。目前在境内，中资银行只有交通银行、平安银行、浦发银行、招商银行四家银行具备离岸银行业务资格，在银行专设离岸业务部，将离岸资金与在岸资金进行分账管理。

（三）FT 账户。FT 账户即自由贸易账户，属于本外币一体化、账户内可自由兑换的银行账户体系。FT 账户实行分账核算，是中国人民银行和国家外汇管理局探索资本项目可兑换、扩大金融开放和防范化解金融风险的一项重要制度安排。此前，FT 为上海自贸区独有的账户体系，并向其他省市自贸区复制推广，是上海市金融机构按照"标识分设、分账核算、独立出表、专项报告、自求平衡"的要求开展试验区分账核算业务，为自贸区企业开立账户。2014 年，中国人民银行上海总部印发《中国（上海）自由贸易试验区分账核算业务实施细则（试行）》和《中国（上海）自由贸易试验区分账核算业务风险审慎管理原则（试行）》，对 FT 账户的开户要求、流程等进行了明确的要求。FT 账户遵循"一线放开，二线管住，有限渗透"的主要原则，"一线放开"即 FT 账户与境外基本是打通的状态，无币种限制，为自贸区内的企业涉足海外市场、满足实体经济所需的贸易结算和跨境投融资汇兑提供便利；对境内的要求则是"有限渗透"，指 FT 账户与境内账户之间只能以人民币的形式划转，要求较为严格。FT 账户的便利性在于它是本外币合一的多币种账户，开立 FT 账户的涉外企业可以实现多币种的自由转换。金融机构根据客户需要在自贸区分账核算单元开立规则统一的本外币账户，按开户主体区分，FT 账户可分为以下五类：一是区内机构自由贸易账户 FTE（Free Trade Enterprise），适用于在自贸区内依法成立的企业（包括企业法人和非法人）、境外机构驻自贸区内机构及符合条件的科创企业。二是境外机构自由贸易账户 FTN（Free Trade Non-resident），适用于在境外（含港澳台地区）注册成立的法人和其他组织。三是同业机构自由贸易账户 FTU（Free Trade Accounting Unit），适用于其他金融机构在自贸区内的分账核算单元和境外金融机构。四是区内个人自由贸易账户 FTI（Free Trade Individual），适用于在自贸区内工作，并由其区内工作单位向中国税务机关代扣代缴一年以上所得税的中国公民。五是境外个人自由贸易账户 FTF（Free Trade Foreigners），适用于持有境外身份证、在自贸区内工作一年以上、持有中国境内就业许可证的境外（含港澳台地区）的自然人。虽然 FT 账户不都是非居民账户，鉴于国家对自贸区的特殊的管理政策，从性质上 FT 账户具备非居民账户的特点。三类非居民账户的特点见表 8-1。

表 8-1　NRA、OSA 和 FT 账户比较分析

名称	NRA	OSA	FT
账户属性	境内	境外	自由贸易
开户主体对象	境外机构	境外机构和个人	自由贸易区企业和个人
开户银行	具备外汇资质，几乎所有银行都可	交通银行、平安银行、浦发银行、招商银行四家银行具备离岸银行业务资格的银行	自贸区内通过验收的银行
分类	外币 NRA、RMB、NRA		FTE、FTN、FTU、FTI、FTF
存款准备金、利息所得税	需要	豁免	需要
占用外债指标	外币 NRA 占用	不占用	跨境交易时占用
跨境资本流动	涉及	不涉及	有限涉及
币种	外币、人民币	可自由兑换货币	本外币合一的多币种
监管部门	国家外汇管理局、中国人民银行	国家外汇管理局	中国人民银行和上海自贸区
特点	账户资金视同在境外，与境外账户之间划转比较方便；与境内账户可办理本外币的划转，无币种限制，与境内的资金往来按照跨境交易管理	等同于在境外开立的账户；不支持人民币业务；业务办理流程、品种相对比较灵活，受境内监管限制较少	账户资金视同境外，账户内的币种可自由兑换，常见的是先开立一个人民币的主体账户，有其他币种需求可开立外币的子账户；使用离岸汇率，客户开立账户时在办理业务时可选对自己有利的汇率；与境内的资金往来按照跨境交易管理；需要分账核算、与境内账户只能办理人民币的划转

二、NRA、OSA 和 FT 等非居民账户的跨境洗钱风险分析

从国内外反洗钱实践看，洗钱犯罪分子总是选择便于洗钱及监管薄弱的业务和环节清洗犯罪资金。从以上三类账户的特点看，在国内 OSA 账户仅可在四家具有离岸账户经营资格的商业银行开立，FT 账户仅限于自贸区内企业和个人，相比之下，NRA 账户开立使用最为普遍。从近年发生的跨境洗钱案件看，三类账户的跨境便利性特点逐渐被犯罪分子青睐并从事跨境洗钱活动，其中，涉及利用 NRA 账户较多，少量涉及 OSA 账户和 FT 账户。

（一）非居民账户的跨境贸易和投资便利化特点逐渐被跨境洗钱犯罪分子所青睐。由于 NRA、OSA 等非居民账户持有实体的注册地与账户开立地点跨境分离，某些机构可以在境外登记注册多个公司，特别是通过中国香港、开曼群岛等地注册多

家空壳公司，这些注册地公司注册手续简便、成本低、税收优惠，在吸引合法投资者的同时，也让跨境洗钱犯罪分子有了可乘之机。犯罪分子在境外设立空壳公司，然后用这些空壳公司在境内开立 NRA 账户、OSA 账户或收购其他公司闲置账户；或者在自贸区内设立企业开立 FT 账户，利用这些账户政策优惠、监管宽松的特点，构造虚假交易实现跨境资金划转，进行跨境洗钱犯罪活动。

（二）非居民账户所提供金融服务的特殊性容易滋生跨境洗钱风险。非居民账户资金一般被认为是境外资金，参照国际惯例，我国非居民账户资金与境外或其他非居民账户资金划转一般无须审核更多资料，洗钱犯罪分子可利用其特殊性汇划犯罪资金，比较常见的地下钱庄使用此类账户洗钱。在侦破的虚构贸易跨境犯罪的案件中，犯罪分子将境外空壳公司充当虚构交易的境外交易对手，为这些境外空壳公司在境内开立 NRA 账户和 OSA 账户，便于跨境清洗犯罪资金。

（三）投融资政策便利化为犯罪分子利用非居民账户跨境洗钱提供了可乘之机。随着境内外本外币各项投融资便利化政策陆续出台，跨境资本流动进一步增长。一方面是本外币境内外直接投资、证券投资逐步放开，各项本外币融资政策降低了主体资格要求、扩大了限额，增加和拓宽了境内外资金出入渠道；另一方面是沪港通、深港通、沪伦通等境内外市场互通，国外投资者可以通过香港、伦敦证券机构直接参与国内证券交易，其交易产品繁多、结构复杂，标准化程度高、变现快，并且与其他市场联系紧密，容易被洗钱犯罪分子利用，通过多重代持和复杂交易设计，快速进出境内外市场，而非居民账户为跨境投融资提供了便利，跨境洗钱风险进一步增大。

（四）跨境洗钱的国际化特点增大了非居民账户跨境洗钱资金追查难度。跨境洗钱的国际化一直是困扰反洗钱的重要难题。账户是犯罪分子跨境洗钱的重要载体，但跨境洗钱涉及不同的国家和地区，由于世界各国政治法律制度的差异，其对跨境洗钱犯罪的容忍度不同，跨国和跨地区的信息不对称以及客户信息保密制度的差异容易掩饰账户实际控制人身份，致使洗钱关联交易和相关实体的洗钱交易更难被监测。一国对特殊账户的监管及遏制跨境洗钱犯罪的措施难以向境外延伸，虽然打击跨境洗钱的国际合作机制在发挥作用，但跨境洗钱的国际化使洗钱犯罪资金交易更为复杂，并且各类账户使用者的经济体归属不同，居民与非居民之间的交易形成了事实上的跨境洗钱，增大了打击跨境洗钱的难度。

三、对 NRA、OSA 和 FT 等非居民账户洗钱风险控制存在的问题

（一）非居民客户身份特殊性增大了客户尽职调查难度。按照我国反洗钱客户尽职调查制度的要求，银行需要通过可靠且独立的外部信息核实境外机构提供的身份证明材料，结合资金交易进行客户洗钱风险等级划分，并持续开展客户尽职调查和重新识别客户身份。当发现客户交易存在较高的洗钱风险时，要采取强化反洗钱尽职调查措施，判断是否涉嫌洗钱和恐怖融资犯罪。对高风险交易开展强化尽职调查需要核对或核实报关单、物流单据及商品价格等方面，合规人员常常需要核对大量的资料判断商业逻辑是否合理，需要登录多个不同的平台核实信息是否真实，并结合境外机构的经营历史和业务范围进行综合判断，反洗钱工作量繁重。与境内企业的客户尽职调查相比，境外企业客户尽职调查需要的身份佐证信息获取的途径、渠道和方式受到国境的限制，甚至个别国家和地区的法律制度安排本身就限制其他经济体获取其注册机构信息，即使通过其官方网站查询，也只能获取境外机构的工商和股权信息等简单信息。另外，我国自贸区先行先试开放政策对 FT 账户的开立相对宽松，相关部门仅要求其提供少量的法人信息，不需要实际的办公地址，出资起点也相对较低，对设立人没有国籍和地区的限制，甚至允许匿名股东的存在，这些公司开立 FT 账户给反洗钱客户尽职调查制度落实带来挑战。

（二）可疑交易监测分析受到一定的制约。金融机构可疑交易监测分析报告是打击洗钱及相关犯罪的重要情报线索来源，是反洗钱机制运行的核心环节。我国反洗钱法律制度要求金融机构建立以合理怀疑为基础的可疑交易报告机制，改进可疑交易监测分析甄别的方法，实时开展黑名单监测，优化可疑交易监测分析计算机系统，妥善留存可疑交易监测分析的数据及其工作轨迹相关资料，全面提升反洗钱可疑交易监测分析水平。可疑交易监测分析是以客户为核心的监测分析机制，必须结合客户尽职调查信息资料进行综合判断。银行在对非居民账户开展可疑交易开展监测分析时，由于缺乏境外机构详细的客户身份信息，并且无法延伸了解完整的客户跨境资金的流向，进行跨境交易监测分析的难度增大。仅靠商业银行掌握本单位识别信息及交易信息进行可疑交易监测分析，工作效率和准确度难以保证。例如，NRA 账户从境内外收付汇之间的资金划转，与其他离岸账户之间的资金划转，开户银行可以根据客户指令直接办理，不需要提供相关交易的真实性证明材料，有关部门进行可疑交易监测分析的难度显著增大。

（三）随着外汇体制改革的不断推进，非居民账户的洗钱风险控制的职责逐渐向银行转移。扩大优质企业贸易外汇收支便利化政策覆盖面、支持贸易新业态创新发展和规范发展是深化外汇领域改革开放促进高质量发展的重要举措。外汇收支便利化的主要措施就是国家外汇管理部门取消或简化对外汇市场的管制，实现境内外外汇管理政策的统一。随着我国外汇管理体制改革的不断深化，原来由国家外汇管理部门承担的审核工作放权由银行办理，要求银行坚持"了解你的客户""了解你的业务""尽职审查"的展业原则，原来由外汇管理部门承担的洗钱风险控制职能交由银行机构承担，对银行反洗钱客户尽职调查和可疑交易监测工作提出了更高的要求。另外，我国对 OSA 账户和 NRA 账户的管理主要依据 1998 年发布的《离岸银行业务管理办法实施细则》及 2009 年《国家外汇管理局关于境外机构境内外汇账户管理有关问题的通知》，两项制度要求银行在开立 OSA 账户和 NRA 账户时审核客户境外合法注册成立的证明文件等资料，但未明确要求银行按照反洗钱展业原则的要求开展穿透式审核，难以满足当前跨境反洗钱的相关要求，特别是近年来，金融行动特别工作组（Financial Action Task Force on Money Laundering, FATF）要求各成员国强化非自然人客户的客户尽职调查要求，对受益人的客户尽职调查提出了更高的标准，对非居民账户的银行跨境洗钱风险控制的任务越来越重。

8.2.3　跨境人民币业务洗钱风险分析

2008 年 12 月，我国开始跨境贸易人民币结算试点，启动人民币国际化。经过多年的发展，人民币跨境使用已经拓展到跨境融资、直接投资、货物贸易、服务贸易、金融交易等各类经济活动，基本实现了资本项目和经常项目的跨境投融资使用，本外币在跨境交易中逐渐出现相互影响、相互替代的良性运行现象。随着跨境人民币业务范围和规模的不断扩大，洗钱风险进一步加大。

一、人民币跨境使用情况

2022 年，人民币跨境收付金额合计为 42.1 万亿元。其中，实收 20.5 万亿元，实付 21.6 万亿元。2023 年 1—9 月，人民币跨境收付金额为 38.9 万亿元。环球银行金融电信协会（SWIFT）数据显示，2022 年 12 月，人民币在全球支付中占比为 2.15%，2023 年 2 月以来，人民币在全球支付中占比逐月上升，2023 年 9 月升至 3.71%，排名保持第五位[①]。根据国际货币基金组织（IMF）数据，截至 2022 年末，全球央行持有的人民币储备规模为 2984 亿美元，占比 2.69%，较 2016 年人民币刚加入 SDR 时提升 1.62 个百分点，在主要储备货币中排名第五位。据不完全统计，至少有 80 多个境外央行或货币当局将人民币纳入外汇储备。中国香港、中国澳门、中国台湾、新加坡等地人民币业务清算行跨境调运现钞金额总计 46.2 亿元。周边国家人民币业务参加行跨境调运人民币现钞金额总计 1.5 亿元。2022 年，人民币跨境支付系统（CIPS）共处理跨境人民币业务 440 万笔，金额 96.7 万亿元；日均处理业务 17671 笔，金额 3883.5 亿元。截至 2022 年末，共有境内外 1360 家机构通过直接或间接方式接入 CIPS，其中直参 77 家，间参 1283 家。

---

① 中国人民银行.2023 年人民币国际化报告［EB/OL］.（2023-10-27）［2023-11-6］. http://www.pbc.gov.cn/goutongjiaoliu/113456/113469/5114765/index.html.

表 8-2 2022 年分地区人民币跨境收付情况　　　单位：亿元,%

序号	地区	经常	资本	合计	占比
1	上海	22638.4	172703.9	195342.3	46.4
2	北京	13674.0	76611.3	90285.3	21.4
3	深圳	10967.9	21787.8	32755.7	7.8
4	广东	13282.1	13009.7	26291.8	6.2
5	江苏	9226.6	6338.9	15565.5	3.7
6	浙江	7490.7	4596.0	12086.7	2.9
7	福建	1420.9	4576.0	5996.9	1.4
8	山东	3160.5	1683.7	4844.2	1.1
9	天津	1902.5	1516.6	3419.1	0.8
10	重庆	2769.9	490.3	3260.2	0.8
11	其他	18638.4	12974.0	31612.4	7.5
合计		105171.9	316288.2	421460.1	100.0

数据来源：中国人民银行。

2022 年，中国内地与中国香港的人民币跨境收付金额占同期人民币跨境收付总额的 50.3%，占比最高；排名第二至第四位的分别是新加坡（10.3%）、英国（5.9%）和中国澳门（4.0%）。排名前十位的国家和地区收付总额占全部跨境人民币收付总额的比例由 2021 年的 77.8% 上升至 82.5%。2022 年，中国与"一带一路"共建国家人民币跨境收付金额为 7.1 万亿元，占同期人民币跨境收付总额的 16.9%。

（一）经常项目。2022 年，经常项目人民币跨境收付金额合计为 10.5 万亿元，其中收入 5.5 万亿元，支出 5 万亿元。2022 年，经常项目人民币跨境收付占同期经常项目本外币跨境收付的比例为 20.7%。2023 年 1—9 月，经常项目人民币跨境收付金额合计为 10.2 万亿元。

（1）货物贸易。2022 年，货物贸易人民币跨境收付金额合计为 7.9 万亿元，占同期本外币跨境收付的比例为 18.2%。其中，一般贸易人民币跨境收付金额合计为 5 万亿元，进料加工人民币跨境收付金额合计为 1.5 万亿元。2023 年 1—9 月，货物贸易人民币跨境收付金额合计 7.7 万亿元，占同期货物贸易本外币跨境收付比例为 24.4%。

（2）服务贸易。2022 年，服务贸易人民币跨境收付金额合计为 1.2 万亿元，占同期服务贸易本外币跨境收付比例为 25.7%。2023 年 1—9 月，服务贸易人民币跨境收付金额合计为 1.1 万亿元，占同期服务贸易本外币跨境收付比例为 31.6%。

（3）收益和经常转移。2022 年，收益项下人民币跨境收付金额合计为 1.3 万亿元，经常转移项下人民币跨境收付金额合计为 902 亿元。收益及经常转移人民币跨境收付占该项目同期本外币跨境收付比例为 56.8%。2023 年 1—9 月，收益与经常转移项下人民币跨境收付金额合计为 1.3 万亿元，占该项目同期本外币跨境收付比例为 65.1%。

（二）资本项目。2022 年，资本项目人民币跨境收付金额合计为 31.7 万亿元，收入 15 万亿元，支出 16.7 万亿元，直接投资、证券投资、跨境融资收付金额分别占资本项目收付金额的 20.4%、74.5%和 3.1%。2023 年 1—9 月，资本项目人民币跨境收付金额合计为 28.8 万亿元。

（1）直接投资。2022 年，直接投资人民币跨境收付金额合计为 6.5 万亿元，对外直接投资人民币跨境收付金额合计为 1.9 万亿元，外商直接投资人民币跨境收付金额合计为 4.5 万亿元。2023 年 1—9 月，直接投资人民币跨境收付金额合计为 5.6 万亿元。

（2）跨境人民币资金池。截至 2022 年末，全国共设立跨境人民币资金池 3512 个。2022 年，跨境人民币资金池跨境收付金额合计为 4.6 万亿元。2023 年 1—8 月，跨境人民币资金池跨境收付金额合计为 3.5 万亿元。

（3）"熊猫债"。截至 2022 年末，"熊猫债"发行主体已涵盖政府类机构、国际开发机构、金融机构和非金融企业等，累计发行规模 6308 亿元。2022 年，银行间债券市场和交易所市场发行"熊猫债"52 只，发行规模合计 850.7 亿元。2023 年 1—8 月，银行间债券市场和交易所市场发行"熊猫债"58 只，发行规模合计 1060 亿元。

（4）证券投资。2022 年，证券投资人民币跨境收付金额合计为 23.6 万亿元。2023 年 1—9 月，证券投资人民币跨境收付金额合计为 21.6 万亿元。

债券投资。截至 2022 年末，共有 1071 家境外机构进入银行间债券市场，其中，直接入市 526 家，通过"债券通"入市 784 家，有 239 家同时通过两种渠道入市。全年债券投资业务人民币跨境收付金额合计为 17.7 万亿元。2023 年 1—9 月，债券投资业务人民币跨境收付金额合计为 16.7 万亿元。

股票投资。2022 年，"沪深港通"业务人民币跨境收付金额合计为 1.6 万亿元。2023 年 1—9 月，"沪深港通"业务人民币跨境收付金额合计为 1.4 万亿元。

合格境外机构投资者/人民币合格境外机构投资者（QFII/RQFII）。2022 年，QFII/RQFII 业务人民币跨境收付合计为 3.6 万亿元。2023 年 1—9 月，QFII/RQFII 业务人民币跨境收付合计为 2.9 万亿元。

"跨境理财通"。截至 2022 年末，参与"跨境理财通"试点的大湾区居民超过 4 万人次，参与试点银行共 64 家，"跨境理财通"收付金额合计为 22.2 亿元。"北向通"累计净汇入额 2.9 亿元，"南向通"累计净汇出额 3.9 亿元。2023 年 1—9 月，

"跨境理财通"收付金额合计为 51.6 亿元。2023 年 9 月，中国人民银行、国家金融监督管理总局、中国证券监督管理委员会、国家外汇管理局、香港金融管理局、香港证券及期货事务监察委员会、澳门金融管理局决定进一步优化粤港澳大湾区"跨境理财通"业务试点。

（5）其他投资。2022 年，跨境融资、境外贷款等其他投资人民币跨境收付金额合计为 1.6 万亿元。2023 年 1—9 月，其他投资人民币跨境收付金额合计为 1.6 万亿元。

二、跨境人民币业务洗钱风险

相对于外汇业务，跨境人民币业务类型相似，但币种相对比较单一，资金通过人民币跨境支付系统（CIPS）处理，也容易监控。特别是 2021 年 12 月，RCPMIS 二代顺利投产上线试运行，可满足临时性、个性化的监测需求，对风险的管控能力较强。人民币国际化进程一方面不断推进着上海等地逐步成为国际金融中心，另一方面也促使和推动着人民币国际离岸金融中心发展。在金融开放大背景下，随着境内外金融市场互联互通程度加深，跨境交易业务从经常项目、直接投资更多向金融交易发展，跨境资金流动量增多，人民币境外放款和对外担保等跨境人民币业务不断丰富和拓展，新型投融资工具、新型跨境结算方式涌现，给以洗钱为目的的跨境资本流动提供更多的选择渠道，不法分子可通过多重代持、复杂交易设计、制造虚假合同、设立虚假关联公司等方式跨境转移不法资金。在中越、中缅、中老等边境地区，人民币广泛使用，边境小额贸易、边民互市贸易、旅游业、零售业、餐饮业等现金结算场景蓬勃发展，极大地放大了人民币现金成为洗钱载体的风险。

目前跨境人民币业务类型、渠道与外汇业务基本一致，但外汇业务有国家外汇管理局专业监督管理，8.2.1 节所述外汇业务类型的洗钱风险在跨境人民币业务中都会存在，相对外汇管理，对跨境人民币管理相对宽松，在稳慎扎实推进人民币国际化过程中，跨境人民币蕴含的洗钱风险应予高度重视。

人民币国际化是我国的国家战略。跨境人民币管理以推进人民币国际化为核心目标，监管尚处于探索完善阶段，相对于外汇管理比较成熟的管理体制，还存在着"监管过于宽松、罚则相对缺失"等问题，近年来日渐成为不法分子借道规避外汇监管的渠道。

一是监管方面存在诸多薄弱环节。监管政策方面，在贸易、资金池等业务管理上，与外汇管理存在较大差异，缺乏明确的管理规则和手段，真实性审核薄弱。比如，相对于外汇管理明确的非现场监测和现场核查制度，跨境人民币仅对监测核查作原则性要求，缺乏管理措施；资金池业务对境内外资金来源和境外用途均无明确规定和限制，仅对境内用途列明简要负面清单，对银行真实性审核也无细化的硬性要求，业务后续监管措施匮乏。监管对象方面，人民银行跨境办在实际监管中仅对银行、支付机构等金融机构开展日常监管及合规性监测，没有涵盖企业和个人，存在一定的监管盲区。

二是缺乏罚则，导致违法违规刑事打击和行政处罚难。跨境人民币在资金跨境收付、划转等方面发挥与外汇同等作用，但目前《中国人民银行法》和《外汇管理条例》均未就跨境人民币是否视为外汇管理进行明确，也无相关罚则依据，本外币一体化管理没有有效法律支撑，违规认定缺乏依据，对行刑联合打击及行政处罚产生较大阻碍。实践中，公安部门难以从非法买卖外汇角度对跨境人民币违法活动定性，使得众多案件被迫停留在研判阶段。

8.2.4　地下钱庄跨境洗钱风险分析

近年来，随着金融机构反洗钱工作深入开展，反洗钱有效性明显提升，金融机构对洗钱犯罪的资金监测力度越来越大，对洗钱犯罪分子已形成强大震慑。但从国内外形势看，走私、毒品、贪污贿赂、破坏金融管理秩序等洗钱上游犯罪仍呈增长态势，洗钱和恐怖融资国际化趋势明显，从事非法资金支付结算业务和跨境资金交易的地下钱庄则成为违法犯罪分子洗钱的主要替代通道。地下钱庄是社会上对从事非法地下金融组织的俗称，违法犯罪分子以非法获利为目的，未经有关部门批准，擅自从事资金支付结算、买卖外汇、跨境汇款等业务的违法犯罪活动。地下钱庄游离于正规金融体系之外，利用或者部分利用金融机构和支付机构的支付结算网络非法从事资金清算、买卖外汇等金融活动，为犯罪分子从事违法犯罪活动提供资金结算通道。近年来，我国加大了对地下钱庄的打击力度，初步遏制了地下钱庄猖獗的态势，但总体形势仍不乐观，地下钱庄庄主跨地域勾结加剧，庄庄相套，交易和业务办理的信息化水平越来越高，手法翻新、隐蔽性增强，与非法集资、金融诈骗、网络赌博、电信网络诈骗、涉税涉黑、贪污腐败、恐怖融资等严重违法犯罪活动相互交织和关联，致使大量性质不明的资金游离于国家金融监管体系之外，形成巨大非法资金流动黑洞，严重扰乱国家经济金融管理秩序，危害国家安全和金融秩序，必须动员全社会力量，进行综合整治和严惩。

一、地下钱庄的本质是借助现代支付体系从事非法国内外支付结算业务

（一）从我国金融制度变迁看，地下钱庄的概念是由古时的钱庄形态因金融管制从地上转入地下形成的。我国的钱庄作为信用机构源于宋代，具有现代银行功能的钱庄则出现于乾隆、嘉庆年间。道光年间，因鸦片战争赔款，需要大量白银支付对外赔款，促进了钱庄向现代银行的转化。新中国成立后，我国采取高度统一的计划经济体制，对钱庄等私有制金融机构进行了社会主义改造，此后很长一段时期，公有制是金融机构唯一合法的存在形式，钱庄这种古老的金融业态不复存在。改革开放初期，钱庄开始在民营经济发达的东南沿海地区恢复，出现了乐成钱庄、钱库钱庄、肥槽信用钱庄、金乡钱庄等在当地工商部门注册、公开挂牌经营金融业务的钱庄，成为当地民营经济资金融通的补充渠道。1986 年 1 月国务院颁布《中华人民共和国银行管理暂行条例》，不允许个人设立银行或其他机构经营金融业务，开始对浙江、福建、广东等东南沿海地区萌发的私人钱庄进行取缔。为了生存，有些私人钱庄开始由地上转入地下经营，"地下钱庄"的俗称开始出现。由此可见，从我国金融制度的变迁看，地下钱庄是古时的钱庄因为金融管制由地上转入地下形成的非法经营金融业务的组织。

（二）两高的司法解释和整治地下钱庄的实践表明，我国目前存在的地下钱庄本质是借助现代支付体系从事非法国内外支付结算和汇兑业务。针对目前打击地下钱庄中存在的一些问题，2019 年 2 月，最高人民法院、最高人民检察院发布《关于办理非法从事资金支付结算业务、非法买卖外汇刑事案件适用法律若干问题的解释》就办理非法从事资金支付结算业务、非法买卖外汇刑事案件适用法律的若干问题进行了解释。由于地下钱庄是民间的俗称，在刑法中没有适用此概念，但《解释》对《刑法》第二百二十五条第三项规定的"非法从事资金支付结算业务"和适用第四项的"实施倒买倒卖外汇或者变相买卖外汇等非法买卖外汇行为"的地下钱庄经营行为进行了明确的释义。从我国打击地下钱庄的实践看，以吸收公众存款、借贷、高利转贷以及典当、私募基金等非法金融活动的存贷型地下钱庄已经不是当前打击地下钱庄的主要类型，所以从《解释》看出，目前，地下钱庄主要是借助现代支付体系从事非法国内外支付结算和汇兑业务。另外，近年来国家外汇管理局打击的"实施倒买倒卖外汇或者变相买卖外汇等非法买卖外汇行为"的地下钱庄，其业务实质也是从事涉及外汇交易的支付结算活动。虽然，我国地下钱庄有多种类型，但还没有哪一家地下钱庄能够建立自己的地下汇兑和支付体系，经营地下钱庄的犯罪分子的所有交易必须全部或大部分依赖正规的现代化支付体系或第三方支付体系完成。因此，不管是"非法从事资金支付结算业务"的结算型地下钱庄还是"实施倒买倒卖外汇或者变相买卖外汇等非法买卖外汇行为"的汇兑型地下钱庄，其业务本质都是借助现代支付体系和第三方支付体系从事非法国内外支付结算和汇兑业务，地下钱庄的治理属于支付结算及外汇管理的范畴。

二、我国地下钱庄洗钱的主要运行模式和特点

（一）地下钱庄的运行模式。地下钱庄运行模式的划分有多种方法，由于我国目前打击地下钱庄的主要力量是国家外汇管理局和公安部门，而国家外汇管理局主要任务是外汇管理和跨境资金流动管理，所以普遍按照资金是否发生跨境交易来划分地下钱庄类型。按照资金是否发生跨境交易来分，地下钱庄的运作式大致可以分为跨境汇兑型、非法买卖外汇型和支付结算型三类。根据自2015年以来我国已破获的地下钱庄案件统计数据，三种类型的地下钱庄的涉案案件数大约分别占比为53%、39%、8%，涉及金额分别占比83%、9%和8%。跨境汇兑型地下钱庄是我国地下钱庄的主要模式，案件数和涉案金额占比分别为53%和83%，是当前我国打击地下钱庄的重点。跨境汇兑型地下钱庄普遍采用跨境对敲的方式，境外交易外币资金，境内交易人民币，形成单笔资金交易并不跨境的"两头对敲"方式，通过境内和境外的资金闭环交割和资金差额的定期轧差清算实质上实现资金跨境汇兑和转移。非法买卖外汇型主要是通过境内银行卡在境外ATM提现、境内POS机具非法移机境外刷卡形成自给自足的资金闭环交易，2015年以来此类案件数和涉案金额占比分别是39%和9%。支付结算型地下钱庄是以虚假欺骗性的手段和构造合法交易形式，掩饰非法交易目的，实现非法资金转移，主要目的是公转私，服务对象多是转移资金、逃税和洗钱，2015年以来共破获此类案件数量和涉案金额大概占比都是8%。

（二）良好的信誉是地下钱庄维系运营的基础。信誉是履行诺言而取得的信任，良好信誉是长时间积累的结果。地下钱庄作为非法的职业化金融组织，能够长期生存主要是依靠其良好的信誉，地下钱庄的内部分工和组织结构比较严密，其客户群和资金来源相对稳定，长期守信的地下经营使其市场信誉不断提升，形成了较好的口碑和信誉度。以信誉和互相信任为基础，地下钱庄的交易很少采取一手交钱、一手交货的交易方式，多通过电话或微信等通信方式敲定交易数量后，先将资金汇到地下钱庄的账户；对于一些长期稳定的客户，地下钱庄可以先为客户垫付汇款，然后再收取资金。

（三）家族经营是地下钱庄经营的主要组织形式。由于时刻面临执法部门的打击，地下钱庄从事非法经营活动，对保密要求非常高。为防止违法犯罪活动暴露，除采取越来越隐秘的交易方式外，靠血缘维系的家族亲属共同经营就成为犯罪分子的最佳选择。这种现象在洗钱犯罪中表现得特别突出。从2015年以来地下钱庄案统计看，地下钱庄的经营组织形式大体分为家族式、公司式和卫星式三种组织结构，家族式地下钱庄案件数大概占比69%，金额占76%；公司式地下钱庄案件数占比23%、金额占比22%；卫星式地下钱庄案件数占比8%、金额占比1%。

（四）涉外经济发达、跨境交易活跃、资金流动需求旺盛的地区是地下钱庄案件的高发区域。从2015年以来地下钱庄案统计看，已破获的地下钱庄案件集中在广东（大概占比86.45%）、浙江（占比17%）、福建（占比8%）、深圳（占比7%）、江苏（占比2%）等沿海经济发达地区以及新疆（占比5%）、广西（占比3%）等口岸边贸地区。从地下钱庄的境内外分布和资金流向情况看，境内交易对手占

93%，涉案金额占 79%，其中广东占比 14%、金额占比 10%，浙江占比 13%、金额占比 32%，湖北占比 6%、金额占比 2%；境外交易对手占比 7%，金额占比 21%，其中，中国港澳台地区占比 51%、金额占比 16.7%，中东国家占比 11%、金额占比 19.2%，阿富汗占比 2.7%、金额占比 18%。地下钱庄交易对手的资金流向近 30 个国家和地区，资金流向最多的是中国香港（75%）、东南亚国家（12%）、中国澳门（8%），其他依次为尼泊尔、澳大利亚、韩国、西亚国家、欧美国家、中亚国家。流向中国香港的资金主要用于购房、贸易、投资、移民或者借道中国香港向其他国家和地区转移。

（五）空壳公司和新型账户成为犯罪分子从事非法交易的主要工具。随着放管服工作的不断推进，我国对工商企业登记和管理相对宽松，地下钱庄犯罪分子设立大量的空壳公司隐蔽其不法交易，我国已破获的地下钱庄都成立了大量空壳公司，并勾结其他地区的钱庄，控制成千上万的账户，通过网上银行进行复杂多变的资金划转，掩盖其违法交易行为。另外，随着大数据技术的应用和互联网金融的迅速发展，以支付宝为代表的新型金融业态为地下钱庄洗钱活动提供了更多可供选择的便利途径，使地下钱庄的活动方式发生了很大变化。以第三方支付为交易平台的电子商务具有高效便捷、非面对面、不易监测等特点，正好迎合了非法资金交易的需求，已经成为地下钱庄最为热衷的交易形式。例如，在洛阳"9·29"非法经营汇兑型地下钱庄案中，犯罪分子利用支付宝构造虚假交易，非法从事韩元汇兑交易，从中收取兑换额 0.2%~0.5% 的中介费，并借助第三方支付平台关联的电子商务网站，使用第三方支付平台的虚拟账户完成涉案资金的收付、归集和汇兑，该案成为我国破获的首例主要利用支付宝非法经营汇兑型地下钱庄的案件。

三、地下钱庄的洗钱风险分析

虽然地下钱庄是洗钱的重要渠道，但从交易对手看，对地下钱庄的需求五花八门，不同钱庄客户群选择地下钱庄从事非法交易的动机各异。但是，大多数地下钱庄非法交易都伴随着上下游犯罪活动。通过对 2015 年以来破获的地下钱庄案件的交易对手分析，大约 40% 的客户是贪图地下钱庄便利快捷，20% 的客户是因为文化水平不高，受人诱导或不了解外汇政策而参与了地下钱庄交易，这两部分客户数量较大，但单笔交易额相对不大；还有 20% 是为规避外汇管理去境外购房投资和套利；其他 20% 则完全是为避税、境外赌博、恐怖融资、走私、转移赃款、骗取出口退税及政府奖励等违法犯罪活动而进行的洗钱交易，虽然该部分客户群只占交易笔数的四分之一，但单笔交易额普遍较大，能占地下钱庄资金交易总额的一半以上。

（一）交易对手选择地下钱庄的主要原因是其交易方便、速度快、灵活度高。随着我国外汇管理改革的不断推进，目前我国基本实现经常项目可兑换、资本项目大部分可兑换，但是客户通过银行办理外汇业务，商业银行按照反洗钱和展业三原则的规定，需要开展客户尽职调查，对业务的真实性和合规性进行全面审核并留存相关的业务资料，办理时限较长。完全靠个人信誉维系的地下钱庄则交易方便、速度快、灵活度高，无须审核材料、资金实时到账，为此很多人选择地下钱庄完成资金交易。另外，当个人客户超过年度限额在商业银行办理外汇业务时，商业银行要求客户提供证明其用途的各种相关材料，手续更为烦琐，并且通过地下钱庄办理外汇交易，其手续费率比通过商业银行办理更便宜，这是地下钱庄吸引客户的主要原因。另外，一些客户选择地下钱庄交易也是出于安全的考虑，如在德州"7·12"地下钱庄案中，很多客户选择地下钱庄向国内汇款以规避俄罗斯的治安风险。据当事人反映，俄罗斯商贸市场治安环境较差，销售货款容易被当地犯罪分子抢劫，去银行存放现金的路上经常受到犯罪分子威胁，当地因此滋生了专门从事资金汇兑结算的地下钱庄，中国商户向俄罗斯客户出口货物后，俄罗斯商户将货款以卢布或美元支付给当地市场上专门从事汇兑结算的地下钱庄，中国商户就能通过本人中国境内账户从地下钱庄控制的境内账户收取人民币跨境贸易货款，比自己收取货款后通过银行汇入国内安全可靠。还有很多客户对我国的外汇管理政策不了解，认为自己收入合法，其通过专门的服务机构汇回国内并非违法行为。

（二）规避外汇管理政策和套利。随着我国经济的快速健康发展，居民可支配收入不断增加，有些居民就有了境外投资保值增值和套利的需要。而从我国现行外汇管理政策上看，境内个人海外买房、境外投资办厂、购买投资性返还分红类保险等受到资本项目管理制约，无法通过商业银行等正常渠道汇出，为达到自己的目的，很多客户就选择地下钱庄这种非法、快捷、没有监督的地下途径实现资金跨境转移。

（三）从事境外赌博、恐怖融资、走私、转移赃款等洗钱犯罪活动。我国现行的外汇政策允许境内居民获得的合法收入通过移民财产转移的方式汇至国外，通过地下钱庄进行跨境汇款的多数是境内非法所得和从事违法犯罪活动。随着经济发展和居民收入提高以及赴港澳地区通行便捷化，境内个别居民、企业高管和政府官员热衷于境外赌博，受境外汇款和个人携带外币现钞金额限制，参与赌博人员往往选择地下钱庄将大额赌资汇往境外或汇回境内，如山东"5·5"地下钱庄案的主要交易对手是参与境外网络赌博的人员。随着境内外反洗钱工作的不断深入，对跨境洗钱的监测力度越来越大，恐怖融资、走私和转移赃款等洗钱犯罪自觉地避开正规金融体系的监控，即使支付较高数额的手续费，犯罪分子也会选择地下钱庄向境外汇款；从理论上讲，只要是各种经济犯罪的规模不减，金融系统的反洗钱工作有效性越高，一些犯罪分子对地下钱庄的需求就越旺盛，地下钱庄就更为猖獗。

（四）偷逃税款和骗取出口退税及政府奖励也是当事人通过地下钱庄进行非法

交易的重要原因。偷逃税款和骗取出口退税及政府奖励常与地下钱庄关联在一起，通过变造海运提单、海关出口货物报关单等退税单证，为外贸企业虚开增值税专用发票，通过地下钱庄虚假结汇，实现骗取出口退税的目的。近期侦破的山东某地下钱庄案的交易对手从地下钱庄非法购买外汇来骗取出口退税和政府奖励的案件，犯罪嫌疑人先后从企业购买增值税专用发票获取"票据流"，从货运代理公司等购买货物出口数据获取"货物流"、在地下钱庄非法购买外汇获取"资金流"，然后通过这些伪造的外贸交易骗取国家出口退税以及地方政府的出口创汇奖励，获得非法收益。

8.2.5 虚拟货币跨境洗钱风险分析

近年来，随着互联网、区块链等信息技术的快速发展，虚拟货币发行、交易范围和规模日益扩大。由于虚拟货币具有匿名性、交易快速便捷、国际化等特点，逐渐被洗钱犯罪分子所青睐。众多洗钱案件涉及虚拟货币，虚拟货币已经成为犯罪分子洗钱的重要工具。对于虚拟货币洗钱风险日益严重的问题，国际组织和各国金融监管部门基本达成共识，倡议采取反洗钱措施对其进行控制。2019 年 10 月，二十国集团要求 FATF 研究虚拟货币的洗钱和恐怖融资风险控制问题。2020 年 2 月，FATF 成员国与埃格蒙特集团秘书处的高级官员和专家在巴黎召开会议，研究虚拟货币商业模式及其洗钱和恐怖融资风险防范措施。2020 年 6 月，FATF 第 31 届第 3 次全会发布战略性倡议：虚拟货币的大规模应用，滋生洗钱和恐怖融资风险，各国应采取反洗钱措施缓解和防范。在充分酝酿和征求意见的基础上，2021 年 3 月，FATF 发布《针对虚拟资产及服务提供者的风险为本指南》，对如何开展虚拟资产洗钱风险评估、风险为本反洗钱方法的应用、洗钱风险防范化解等提出了明确的意见。2023 年 6 月 27 日，FATF 发布《虚拟资产和虚拟资产服务提供商标准实施情况的针对性更新报告》，介绍了各国遵守 FATF 建议 15 及其释义包括旅行规则的最新情况，以及新出现的风险和市场发展的最新情况，包括去中心化金融（DeFi）、点对点交易（P2P）、非同质化通证（NFT）、非托管钱包和稳定币。世界各发达经济体积极响应 FATF 的倡议，强化虚拟货币洗钱风险防范工作。2020 年 12 月，美国金融犯罪执法网（The Financial Crimes Enforcement Network，Fin CEN）制定了虚拟货币或具有法币地位的数字资产特定交易的反洗钱监管规则，并在美国财政部网站公布；美国总统金融市场工作组也发布声明称，虚拟货币推向市场之前必须满足所有的反洗钱和反恐怖融资要求。2022 年 9 月 16 日，美国白宫发布《关于首个数字资产负责任发展全面框架的简报》，提出美国在将反洗钱和反恐怖融资框架应用于数字资产生态系统方面一直处于领先地位。2022 年 10 月 3 日，美国金融稳定监督委员会发布《数字资产金融稳定风险与监管报告》，审查了各类数字资产造成的具体金融稳定风险和监管空白，并提出了应对这些风险的建议。2023 年 4 月 6 日，美国财政部发布的《2023 年 DeFi 非法金融活动风险评估报告》指出，朝鲜、网络犯罪分子、勒索软件攻击者、窃贼和骗子等行为主体正在使用 DeFi① 服务转移和清洗他们的非法收益。2021 年 3 月，日本金融服务局发布关于稳定币的反洗钱规则，进一步强化对虚拟货币洗钱风险的控制。2021 年 3 月 19 日，最高人民检察院与中国人民银行通报了我国洗钱典型案例，指出利用虚拟货币洗钱已经成为犯罪分子洗钱的新手段，必须加强对虚拟货币洗钱风险的控制②。

一、虚拟货币与数字货币的概念

由于数字货币种类众多且差异明显，目前学术界对其具体定义和内涵暂时还没有达成共识。虽然很多虚拟货币的发行方基于推广的需要，将发行的虚拟货币称为数字货币，致使在很多场合，虚拟货币和数字货币的概念混用；但虚拟货币非货币当局发行，不具备强制性与法偿性的货币属性。虚拟货币的典型代表是比特币，其特点是匿名化和去中心化。按照赋值方式和币值稳定性的差异，可将虚拟货币分为两类。一是基于区块链技术产生和使用的虚拟货币，也称加密货币，其代表是比特币。以比特币为代表的第一代虚拟货币的发行主要基于算法，既无内在价值又无官方信用支撑，存在币值不稳定、支付应用环境受限等弊端。二是稳定币，是虚拟货币的第二代产物。稳定币试图克服第一代虚拟货币的缺陷，提出以美元、日元、欧元等主要发达经济体的法定货币作为储备资产，按照与储备资产的固定比例发行稳定币，可能会在一定程度上保证币值的稳定。2015 年，美国泰达公司推出首个稳定币——泰达币（USDT），首次尝试解决虚拟货币币值不稳定的问题。泰达币是最典型的稳定币，按照一比一的比例锚定美元来维持其币值稳定。泰达公司的做法是将一定量的美元资产抵押到存管机构，对外发行同等价值的泰达币。因泰达币与美元价值绑定，其币值稳定的优势满足了虚拟货币投资者对避险资产的需求，也成为犯罪分子洗钱的首选。据交易平台统计，超过 70% 的泰达币购买群体来自中国。另外，Facebook 发行的 Libra（天秤币）也属于稳定币。

法定数字货币也称主权数字货币，是以国家信用为基础发行的数字货币。为了优化中央银行法定货币的支付结算功能，巩固法定货币的地位，大多数国家的中央

---

① 尽管目前还没有普遍接受的 DeFi 定义，但该术语广义上指虚拟资产协议和服务，这些协议和服务声称允许某种形式的自动点对点交易，这些交易通常是通过使用基于区块链技术的被称为"智能合约"的自动执行代码来进行的。该术语经常被私营部门宽泛地使用，通常指那些没有在功能上去中心化的服务。

② 2023 年在山东青岛破获的一起涉及全国 17 个省及直辖市、涉案金额高达 158 亿元人民币的特大地下钱庄案中，犯罪分子通过与虚拟货币业务承兑商合作，通过虚拟货币交易非法跨境转移资金。

银行开展了数字货币研究。比较典型的项目包括瑞典中央银行的电子克朗、欧洲中央银行联合日本银行开发的 Stella 项目、英格兰银行的 RSCion、加拿大的 Jasper 项目、荷兰的 DNBcoin 及新加坡的 Ubin 项目。中国人民银行数字货币项目始于 2014 年，该项目性质为数字货币和电子支付工具（Digital Currencyand Electronic Payment，DC/EP）。2019 年，我国先行在深圳、苏州、河北雄安新区、成都及 2022 年北京冬奥会场景开展数字人民币内部封闭试点测试。目前，数字人民币全面深化试点地区为北京、天津、上海、重庆（涪陵区等 21 个市辖区）、海南、大连、厦门、青岛、深圳、石家庄、长春、哈尔滨、南京、杭州、合肥、济南、武汉、广州、成都、贵阳、昆明、西安、乌鲁木齐、苏州、威海和河北雄安新区、贵州贵安新区、陕西西咸新区等 28 个省市（区域）。2023 年 9 月，中国人民银行印发《数字人民币反洗钱和反恐怖融资工作指引》（银发〔2023〕169 号），规范数字人民币反洗钱和反恐怖融资工作①。综上所述，目前在全球范围内，由中央银行官方发行的法定数字货币尚处于研究和封闭测试阶段，并没有在社会上大范围实际交易使用。目前，虚拟货币洗钱风险和社会上暴露的洗钱案件涉及的基本都是虚拟货币。

二、交易快捷方便、匿名性和国际化是虚拟货币洗钱风险生成的内在天然属性

1. 虚拟货币匿名性易于掩饰隐藏洗钱犯罪收益。虚拟货币运行体系是依托加密算法和区块链技术的点对点支付系统。每个账户是区块链上的网络节点，不包含使用者的任何信息，仅提供促成交易的数字地址，虚拟货币的交易是在匿名用户的两个数字地址间进行转移。虚拟货币具有的去中心化、加密和匿名等特点，导致难以确认虚拟货币交易参与方的身份，便于犯罪分子掩饰和隐藏犯罪收益。犯罪分子通过虚拟货币进行无纸化交易和匿名交易，交易结果和记录存储在不同交易平台及第三方支付平台，完整的证据链较难获取，监管部门难以进行有效的监控。

2. 虚拟货币交易快捷方便有利于犯罪分子迅速转移犯罪收益。虚拟货币交易具有快速便捷的特点，便于犯罪资金快速洗白，执法部门想达到及时有效追查洗钱犯罪交易数据的效果很难实现。目前，虚拟货币依托互联网交易平台 24 小时不间断交易，参与者遍布世界各地，可以随时实现虚拟货币资产在不同国家间、不同交易主体间的任意流动。从已破获的虚拟货币洗钱案涉及的某虚拟货币交易记录看，虚拟货币交易非常便捷、迅速，几分钟甚至几十秒就可完成犯罪收益的清洗，有关部门发现线索再去追查，犯罪收益早已清洗完毕。

3. 虚拟货币交易的国际化增加了跨境追查洗钱犯罪收益的难度。洗钱的国际化一直是困扰各国反洗钱监管当局的重要难题。一国对虚拟货币的监管及遏制洗钱犯

---

① 《2023 年金融统计数据报告》显示，2022 年 12 月末流通中数字人民币余额为 136.1 亿元。

罪的措施很难延伸到境外，虽然存在反洗钱国际合作机制，但洗钱的国际化使洗钱犯罪活动日益复杂，原来在本土范围内的洗钱犯罪活动逐步发展为跨越国境的国际洗钱活动。虽然虚拟货币本身没有国别概念，但持有者有经济体归属，居民与非居民之间的虚拟货币交易形成了事实上的跨境赃款清洗。洗钱犯罪分子一般会选择对虚拟货币监管薄弱的国家和地区进行洗钱犯罪，也会在不同的监管区域之间进行虚拟货币交易，转移赃款，给虚拟货币洗钱的监管及案件追查带来困难。

三、监管"空隙"为虚拟货币洗钱提供了外部生存空间

从全球反洗钱工作实践看，当政府主管部门针对某些领域采取反洗钱行动时，犯罪分子自然会寻找监管薄弱的领域洗钱。随着金融系统反洗钱工作的深入开展，犯罪分子通过传统的金融业务掩盖非法活动正变得越来越困难。与传统的金融市场监管相比，在全球范围内对新兴金融科技领域的监管缺乏经验，尚未建立一套应对新技术的全新金融产品监管措施，也正是因为对虚拟货币产生的新的显性和潜在风险难以把握，很多国家监管当局在开始时采取了观察和任其发展的态度。甚至虚拟货币的反洗钱监管制度在很多国家还没有实施，通过虚拟货币洗钱就成为监管的"空隙"。

1. 虚拟货币发行的自发性使其洗钱风险在源头生成。除中国等少数国家外，多数国家政府监管部门对虚拟货币的发行融资等没有限制。在世界范围内，基于各种类型的技术创新产生的虚拟货币种类在急剧增长，全球首次代币发行和虚拟货币交易所的数量也在快速攀升。虚拟货币有廉价、快速和直接的国际资金转移的独特优势，区块链技术的应用让众多用户自愿参与，用共识的理念解决了发行虚拟货币的技术难题。各国在监管协同上由于地域限制存在客观的制度"空隙"，对于私营虚拟货币的持有和使用者而言，可以轻易地绕过严格监管的地域，到监管宽松的国家和地区开展交易，从而在过去几年间促进了全球虚拟货币的快速发展，交易量不断攀升。与传统洗钱活动实施途径相比，犯罪分子选择虚拟货币洗钱就更为隐蔽和安全。

2. 虚拟货币交易平台反洗钱措施缺失使虚拟货币交易失去外部监督。虚拟货币发行后，虽可实现点对点交易，但仍需通过交易平台来完成虚拟货币和现金的兑换。这使交易平台集中了大量交易数据，虚拟货币交易平台等中介服务机构就有了监测虚拟货币洗钱的便利条件。但由于虚拟货币交易平台准入门槛低，多数虚拟货币交易平台注册国监管部门对虚拟货币交易平台监管不到位，信息披露不规范，虚拟货币交易平台反洗钱措施的缺失使虚拟货币的交易失去外部监督，甚至有些虚拟货币交易平台和代理商与洗钱犯罪分子合谋洗钱。虚拟货币洗钱监管空白与方便洗钱的天然属性互相叠加，使虚拟货币的洗钱风险放大。所以，虚拟货币交易的隐匿性、

快捷方便和不易受反洗钱监管的特点正好满足了犯罪分子的洗钱需求，成为犯罪分子选择虚拟货币洗钱的主要原因。

四、我国虚拟货币的监管政策

比特币等虚拟货币诞生初期，仅在小范围内交易，我国居民的参与度较低，没有引起相关部门的关注。随着比特币在全球迅速传播及其价值的不断攀升，投机者大量涌入，比特币价格大幅波动。2013 年 12 月，中国人民银行等五部门联合印发《关于防范比特币风险的通知》，主要向社会公众提示风险。此后，相关部门逐渐认识到，虚拟货币的投机和欺诈风险逐步升高，特别是比特币价格被人为操纵，泡沫巨大。为保护投资者的合法权益，避免其对我国金融体系和法定货币的冲击，防范化解金融风险，2017 年 9 月，中国人民银行等七部门联合印发《关于防范代币发行融资风险的公告》（以下简称《公告》），规定："任何组织和个人不得非法从事代币发行融资活动。本公告发布之日起，各类代币发行融资活动应当立即停止。""任何所谓的代币融资交易平台不得从事法定货币与代币、'虚拟货币'相互之间的兑换业务，不得买卖或作为中央对手方买卖代币或'虚拟货币'，不得为代币或'虚拟货币'提供定价、信息中介等服务。"《公告》发布实施后，比特币中国、火币网、OKCoin 等国内虚拟货币交易平台纷纷转移到境外经营。2021 年 5 月，中国互联网金融协会、中国支付清算协会、中国银行业协会联合发布《关于防范虚拟货币交易炒作风险的公告》，禁止金融机构、支付机构等会员单位参与任何与"虚拟货币"有关的交易或者为此类交易提供服务。2021 年 9 月，人民银行等十部门联合发布《关于进一步防范和处置虚拟货币交易炒作风险的通知》，明确虚拟货币不具有法定货币地位，禁止金融机构开展和参与虚拟货币相关业务，清理取缔境内虚拟货币交易和代币发行融资平台，持续开展风险提示和金融消费者教育。2022 年 2 月 24 日，最高人民法院发布《关于修改〈最高人民法院关于审理非法集资刑事案件具体应用法律若干问题的解释〉的决定》，增加网络借贷、虚拟币交易、融资租赁等新型非法吸收资金的行为方式，为依法惩治 P2P、虚拟币交易等非法集资犯罪提供依据。从以上监管部门及自律组织发布的文件看，我国境内禁止虚拟货币的投融资和交易活动。

虽然我国境内不允许进行虚拟货币投融资活动及虚拟货币交易，但并不能保证我国就处于避风港中，免受虚拟货币洗钱风险的危害。从我国虚拟货币监管的实际情况看，由于技术和政策协调等客观原因，对境内主体参与境外虚拟货币交易平台的虚拟货币交易难以进行有效监管。境外的虚拟货币交易平台并不限制我国境内主体在平台注册并参与虚拟货币交易，我国境内主体仍可通过互联网在境外的虚拟货币交易商网站注册进行虚拟货币买卖交易；同时，境外的虚拟货币交易平台在我国境内设立了大批的代理商，为境内居民参与虚拟货币交易提供服务。虚拟货币的发行和交易都是基于其底层的区块链技术，因此，金融机构反洗钱工作人员要充分运用人工智能、区块链、机器学习、云计算、大数据等信息技术，对虚拟货币交易主体、流向、流速等进行自动化监控，全面提升对虚拟货币洗钱犯罪的监测水平。金融机构和支付机构要发挥主观能动性，监测报告有关虚拟货币的可疑交易活动，金融机构要建立黑名单和灰名单数据库，全面收集境外虚拟货币交易平台的收款账户信息，通过跨境交易筛查，有效堵截虚拟货币的兑换通道。要结合虚拟货币洗钱的案例及 FATF 有关虚拟货币洗钱风险防范指南，探索建立虚拟货币监测模型，加强对虚拟货币可疑交易的监测分析，为打击虚拟货币洗钱犯罪提供有价值的情报线索。

8.3 我国跨境洗钱风险防控现状

8.3.1 总体控制措施

2021 年，中国人民银行联合国家外汇管理局制定出台了《银行跨境业务反洗钱和反恐怖融资工作指引（试行）》，进一步强调银行机构应当按照风险为本的原则根据客户的风险状况合理确定洗钱和恐怖融资风险等级，对各类业务客户尽职调查、业务风险识别和尽职审查明确了具体要求。

8.3.2 业务控制措施

1. 货物贸易跨境收支业务。依托监测系统，动态监测企业货物贸易项下收支及进出口货物流的完整信息，并以企业主体为单位，对其资金流和货物流进行非现场总量核查。

2. 服务贸易跨境收支业务。对于单笔等值 5 万美元以下（含）资金性质不明确或单笔等值 5 万美元以上的服务贸易外汇收支业务，银行按展业原则审核，并规定境内机构和个人在金融机构办理服务贸易外汇收支业务后，无论金额大小，均需留存每笔服务贸易外汇收支相关单证凭据五年，以备事后核查。

3. 跨境投资收支业务。直接投资领域，取消企业后续开户、资金汇兑等审批事项，加强对外直接投资跨境交易真实性的审核。证券投资领域，实施人民币合格境外机构投资者（ROFI）制度，允许符合条件的境外机构投资者使用跨境人民币在境内进行证券投资。

4. 跨境信贷收支业务。目前外汇局对跨境担保中内保外贷和外保内贷实行登记管理，其他形式担保无须登记，但须按照跨境担保外汇管理规定进行办理。按照合理商业标准和相关法律判断担保人解释明显不成立的，可以决定不接受登记申请。

5. 个人结售汇和外汇收支业务。对个人结汇和境内个人购汇实行年度便利化额度管理。

个人经常项目外汇业务按照《经常项目外汇业务指引（2020 年版）》办理，均应满足真实性管理要求。对于个人开展对外贸易产生的经营性外汇收支，一般视同机构按照货物贸易有关原则进行管理。在个人资本项目领域，与机构业务相同，管控措施也类似。

6. 国际汇款公司。《关于加强跨境汇款业务反洗钱工作的通知》《关于金融机构在跨境业务合作中加强反洗钱工作的通知》等文件进一步强调了要求从事跨境业务的反洗钱义务机构进一步强化跨境业务客户尽职调查、风险评估、监测和风险管理等措施。

7. 境内银行卡境外交易。《国家外汇管理局关于规范银行卡境外大额提取现金交易的通知》等文件，进一步规范境内银行卡境外交易活动。规定个人持境内银行卡在境外提取现金的，合计每人每个自然年度不得超过等值 10 万元人民币。超过年度额度的，本年及次年将被暂停持境内银行卡在境外提取现金。

8. 离岸业务。《离岸银行业务管理办法》《离岸银行业务管理办法实施细则》等文件对开展离岸业务的银行机构资质、风险防范和业务管理能力提出要求。

9. 跨境现金管理业务。按照现行规定，人民币进出境携带金额限制为 20000元。个人未按规定向海关申报的，海关依据有关规定处理。

8.3.3　跨境洗钱风险控制存在的不足

1. 跨境洗钱是我国反洗钱监管相对薄弱环节。外汇及跨境人民币业务相对比较复杂，通过资本项目、经常项目等形式上合法的外汇业务渠道洗钱，洗钱犯罪分子利用真实的交易或构造虚假的交易，多次划转资金，将黑钱与正常的资金流动混杂在一起来实现跨境洗钱，交易错综复杂，洗钱手段较为隐蔽多样，掩盖了资金的真实性来源和流向，监测难度加大。同时，利用虚假贸易及投资等方式跨境转移资金进行洗钱由境内外的关联方共同完成，涉及境外机构，受国界的限制，监管难度加大。2003 年 1 月 3 日中国人民银行发布《金融机构大额和可疑外汇资金交易报告管理办法》，国家外汇管理局开发上线了外汇反洗钱监测分析报告系统，并独立承担外汇领域反洗钱监管职责，建立了较为完善的跨境反洗钱监管体系。2007 年反洗钱职能调整，本外币反洗钱监管统一由中国人民银行承担，国家外汇管理部门外汇反洗钱监管工作并入反洗钱部门。由于人民银行反洗钱部门监管金融机构、支付机构和特定非金融机构等庞大的义务主体，受有限监管资源的制约，只是要求金融机构在办理跨境汇款业务时履行相应的客户身份识别义务，对于如何防范跨境洗钱风险，相关研究不足，跨境洗钱监管相对薄弱。目前我国已经建立了比较完善的反洗钱法律制度体系，我国反洗钱工作也取得了明显成效。但是跨境洗钱不同于国内其他洗钱犯罪，涉及境内外两个市场，资金交易线索和有关资料的获取、取证都非常困难。同时，涉及外汇和跨境人民币业务的洗钱活动，其业务比较复杂，专业性较强。为此，2021 年，《中国人民银行 国家外汇管理局关于印发〈银行跨境业务反洗钱和反恐怖融资工作指引（试行）〉的通知》（银发〔2021〕16 号），强化跨境反洗钱监管工作。在外汇管理方面需要进一步制定针对跨境洗钱的相应的政策法规，特别是需要出台非居民外汇收支的反洗钱政策，强化对非居民跨境洗钱行为的监管。

2. 跨境洗钱监管合力还没有充分发挥出来。按照国务院反洗钱部际联席会议分工，国务院有关部门对跨境业务的不同领域进行反洗钱监管。跨境资金洗钱监管涉及中国人民银行、国家外汇管理局、公安、海关、商务等部门。充分发挥反洗钱工作部际联席会议作用，加强各监管部门之间的协调，健全监管合作机制是《反洗钱法》《国务院办公厅关于完善反洗钱、反恐怖融资、反逃税监管体制机制的意见》对反洗钱工作的总体要求。但在跨境洗钱监管方面，仍然存在一些不足和问题，主要是协同监管制度尚不健全、协调合作机制仍不顺畅、跨部门数据信息共享程度不高、履行跨境洗钱监管义务的机构履职能力不足。2022 年人民银行、国家外汇管理局等 11 个部门联合印发的《打击治理洗钱违法犯罪三年行动计划（2022—2024年）》明确国家外汇管理局等有关部门在打击洗钱犯罪工作中对金融机构外汇反洗钱的管理职责，但各部门跨境洗钱监管的职能优势没有完全发挥出来。

3. 金融机构履行跨境反洗钱义务的有效性不高。鉴于跨境洗钱的严峻形势，我国有关部门高度重视跨境洗钱监管工作并赋予金融机构法定跨境反洗钱义务。但个别金融机构对跨境反洗钱工作重视程度仍然不够，对跨境反洗钱缺乏正确认识，工作流于形式，重视往往停留在口头上，没有进一步内化为制度、组织、流程、系统、审计、考核和队伍建设等实际工作。个别金融机构反洗钱合规意识缺失、跨境洗钱风险意识淡薄，认为跨境反洗钱是件"成本高、麻烦多"的事，跨境反洗钱工作的出发点主要是应付反洗钱监管和执法检查，落脚点是防范反洗钱行政处罚。没有将跨境洗钱风险纳入全面风险管理，内控机制不完善，高级管理层未切实承担起相应的跨境洗钱职责，相应的工作绩效考核制度和问责制度缺失，内部监督和内部审计流于形式，跨境反洗钱工作与业务脱节，跨境反洗钱领域专业人员普遍匮乏，除按照国际上反洗钱的有关规定对一些敏感国家或受制裁国家的资金往来进行限制管理外，对其他跨境收支业务没有主动从反洗钱角度进行审核管理；更有甚者，极个别金融机构为了业务发展，甚至为跨境洗钱犯罪提供便利。

8.4　加强跨境洗钱风险防控的措施

（一）进一步加强跨境洗钱监管制度建设。一是借助《反洗钱法》《外汇管理条例》修订的契机，进一步明确国家外汇管理部门的跨境反洗钱监管职责，充分发挥外汇管理部门在跨境洗钱监管方面的优势。二是全面梳理现有外汇和反洗钱制度，充分借鉴国际反洗钱通行做法，将跨境洗钱监管与外汇管理有机融合，借助商业银行外汇展业管理的契机，从客户尽职调查、客户风险分类、事中差别化管理、真实性合规性审核、异常情况尽职审查、可疑交易控制与处置、审查资料留存、内控建设等方面，发布跨境领域反洗钱监管办法，进一步强化商业银行在跨境业务执行展业三原则的内在自觉性和外在强制性，实现跨境业务真实性、合规性审核和反洗钱工作审核标准的统一，促进跨境交易反洗钱工作的落地实施和有效开展。

（二）强化部门间的协作，发挥跨境洗钱监管合力。2024 年 1 月 16 日，习近平总书记在省部级主要领导干部推动金融高质量发展专题研讨班开班式上发表的重要讲话指出，金融监管要"长牙带刺"、有棱有角，关键在于金融监管部门和行业主管部门要明确责任，加强协作配合。在市场准入、审慎监管、行为监管等各个环节，都要严格执法，实现金融监管横向到边、纵向到底。反洗钱和反恐融资是国家战略，从 FATF 对我国第四轮评估的情况看，凸显了部门之间相互合作的重要性。借鉴发达国家在部门协调方面的做法和经验，充分发挥反洗钱工作部际联席会议作用，进一步加强人民银行、外汇局与其他金融监管部门、特定非金融行业主管部门及执法部门协调配合，加强监管机构之间的工作交流和信息沟通，协调监管中遇到的问题，推进监管规则一致性和推广最佳实践经验，构建国内多部门联动监管体系，提升外汇管理、商务、海关、公安、反洗钱职能机构间的协作成效。在跨境交易领域，特别需要加强外汇局与反洗钱行政主管部门之间的合作，全面梳理和确定双方合作框架、合作领域、合作机制和合作措施，以双方联合通知或签署合作备忘录的形式从制度上加以明确和固定，确保合作的制度化、规范化和常态化，并自上而下向分支机构传导和贯彻，全面建立两部门全国范围内的合作机制，共同提升外汇管理与反洗钱工作效能，以数据协查和线索移交为主要切入点，探索建立信息共享、数据协查、联合分析、联合检查、线索移交与协同处置机制，完成从个案合作到项目合作、再到常态化合作机制建设的转变。

（三）加强信息资源整合，构建跨境洗钱监管的大数据平台。首先要求金融机构对外汇和跨境人民币结算账户、信用、反洗钱等信息进行整合，建立征信系统、反洗钱监测系统、银行结算账户管理系统融合平台，全面系统地反映评估企业和个人的对外经济活动，一旦账户发生跨境资金交易异常，平台可快速、准确地进行预警和评价。在此基础上，打破部门间的信息壁垒，建立部门之间的数据共享机制，综合金融机构账户交易数据和公安、海关、税务、市场监督、商务、人民银行、外汇管理局等机构数据资源，建立共享互联的跨境交易反洗钱监管大数据平台，信息互换由数据协查共享向数据真正融合共享发展转变，将跨境资金流动数据库与中国反洗钱监测分析中心数据库进行有机结合，通过建立数据传输平台，实现数据互联与共享，并通过数据整合匹配，建立和完善相关分析模型和分析指标体系，充分借助人工智能、云计算、区块链技术等信息技术，实现系统自动监测预警和按需查询、分析研判，借助反洗钱大数据分析基础平台，实现跨境洗钱统一分析筛查。

（四）加强与境外反洗钱执法监管部门的交流和协作，为金融机构防范洗钱风险和规避定向金融制裁提供服务。跨境洗钱涉及境内和境外的机构，反洗钱跨境监管协作非常重要。中国人民银行和国家外汇管理局要加强与FATF等国际组织、其他国家和地区反洗钱监管部门协作，为打击跨境洗钱犯罪营造良好的外部环境。同时，通过跨境反洗钱协作为金融机构规避定向金融制裁提供服务，金融机构在办理跨境业务的过程中，不但承受跨境洗钱风险，也面临着定向金融制裁风险。定向金融制裁风险已经成为金融机构国际化进程的重要风险。为进一步规避定向金融制裁，中国人民银行和外汇管理部门应积极参与有关的反洗钱国际活动，进一步参与跨境洗钱监管国际标准研究、制定，加强跨境洗钱双边交流与合作，推进中美反洗钱和反恐怖融资监管合作，配合"一带一路"倡议，做好与周边国家（地区）的反洗钱交流与合作，指导金融机构做好跨境业务，防范洗钱和定向金融制裁风险。

（五）银行业金融机构和支付机构要认真履行好跨境业务反洗钱职责。办理跨境业务的银行业金融机构和支付机构要进一步提高对跨境反洗钱工作重要性的认识，树立牢固的洗钱风险防范意识。银行业金融机构和支付机构是跨境资金流动的主要载体和媒介，其在跨境支付体系中的独特作用和所提供的外汇和跨境人民币产品服务的特点决定了银行业金融机构和支付机构具有被犯罪分子利用洗钱的潜在风险。另外，银行业金融机构和支付机构为客户办理外汇和跨境人民币业务，能够在直接接触洗钱犯罪分子及其跨境清洗的犯罪收益，具有发现跨境洗钱犯罪活动的便利条件。如果银行业金融机构和支付机构与企业和个人建立业务关系时就开展客户尽职调查，严密监控其大额和异常跨境资金流动，及时向有关部门报告大额和可疑跨境交易，保存客户身份资料和跨境交易记录，可有效防范和打击跨境洗钱犯罪活动。银行业金融机构和支付机构要充分发挥自己的主动性，真正发挥防范跨境洗钱的第一道防线作用。强化对客户的尽职调查，掌握客户跨境业务的真实背景，关注资金的真实来源和去向，对货物贸易，要求商户提供货物物流的生产、报关、仓储、运输凭证或信息；对服务贸易，要求客户提供发票合同等信息，在此基础上进一步确认每笔交易的真实性，切实防范利用虚假交易进行洗钱的风险。在核心业务系统及反洗钱信息系统内建立和完善对跨境交易进行监测的模型，以企业和个人的跨境资金账户为依托，采集电汇、结汇、购汇等数据，对各时间段数据进行分析和对比，实现客户跨境资金总量规模监测、流向监测和用途监测，在此基础上发现和生成可疑交易报告信息。加强跨境新业务、新产品、新服务和新技术的风险评估，及时采取相应的风险控制措施，有效化解新型跨境洗钱风险。

9 银行外汇展业管理

为进一步提升银行外汇展业能力，促进跨境贸易与投融资便利化，防范跨境资金流动风险，2023 年 12 月 29 日，国家外汇管理局根据《中华人民共和国外汇管理条例》及相关法律法规制定了《银行外汇展业管理办法（试行）》，以国家外汇管理局公告 2023 年第 1 号发布。《管理办法》要求展业银行为境内企业、事业单位、社会团体等机构办理外汇账户、外汇资金收付、结售汇等外汇业务时，应依法实施客户尽职调查，确定客户外汇合规风险等级，实施差异化措施办理外汇业务，及时监测处置外汇合规风险。从《管理办法》的内容看，商业银行外汇展业的具体做法与前几章介绍的反洗钱内容相近，反洗钱工作对外汇展业有一定的借鉴意义。虽然银行外汇展业与反洗钱工作的渊源都是国际通用的金融规则，但两项工作的目标任务略有不同：反洗钱的目标是预防和遏制洗钱以及相关犯罪活动，维护国家安全、社会公共利益和金融秩序；银行外汇展业是在有效防范非法资金跨境流动风险的基础上，促进跨境贸易与投融资便利化，为经济社会发展提供高质量外汇服务。

本章介绍银行外汇展业的渊源、目标、实质和总体框架，并对银行外汇展业的主要工作内容进行详细的阐述。由于银行外汇展业的渊源是国际反洗钱规则，外汇展业客户尽职调查工作与支付结算、反洗钱等有些工作内容存在交叉，银行已经采集和保存了相应的信息资料，外汇展业可以依法共享现有信息资源，避免重复劳动。特别是在外汇展业及运营一线，银行应将外汇管理、支付结算、反洗钱和跨境人民币等相关要求进行有机融合，减轻一线人员的工作负担。

9.1 银行外汇展业管理概述

9.1.1 银行外汇展业管理的目标

银行外汇展业的目标是推动银行外汇业务流程再造，营造与高水平开放相适应的制度环境，实现跨境贸易、投融资便利化与防范跨境资金流动风险的双赢。

党的二十大提出，中国坚持对外开放的基本国策，坚定奉行互利共赢的开放战略，不断以中国新发展为世界提供新机遇，推动建设开放型世界经济，更好惠及各国人民。中国坚持经济全球化正确方向，推动贸易和投资自由化便利化，推进双边、区域和多边合作，促进国际宏观经济政策协调，共同营造有利于发展的国际环境，共同培育全球发展新动能。中央金融工作会议强调，要稳步扩大金融领域制度型开放，提升跨境投融资便利化；全面加强金融监管，有效防范化解金融风险，完善外汇领域监管体制，更好统筹跨境金融服务和跨境风险防控。2024 年 1 月 16 日，习近平总书记在省部级主要领导干部推动金融高质量发展专题研讨班开班式上强调，要通过扩大对外开放，提高我国金融资源配置效率和能力，增强国际竞争力和规则影响力，稳慎把握好节奏和力度。要以制度型开放为重点推进金融高水平对外开放，落实准入前国民待遇和负面清单管理制度，对标国际高标准经贸协议中金融领域相关规则，精简限制性措施，增强开放政策的透明度、稳定性和可预期性，规范境外投融资行为，完善对共建"一带一路"的金融支持。要加强境内外金融市场互联互通，提升跨境投融资便利化水平，积极参与国际金融监管改革。要守住开放条件下的金融安全底线。按照党中央、国务院的决策部署，我国外汇管理部门加快推进外汇管理体制改革和职能转变，正处于新旧体制转换更迭的关键时期。在管理框架上，正在从传统的以行为监管与合规监管为主的微观监管框架，转向构建"宏观审慎+微观监管"两位一体管理框架，更加注重开放条件下跨境资金流动管理；在管理方式上，正在从传统重事前审批等行政化管理方式，转向重监测分析预警和事中、事后监管的法治化市场化管理方式，更加注重推进金融供给侧结构性改革和"放管服"改革；在管理要求上，正在从传统的单证表面真实性审核及其与外汇收支一致性的形式合规，转向以"了解客户、了解业务、尽职审查"为核心的实质合规，更加注重贯彻行为监管和穿透监管理念，引导金融服务实体经济；在管理手段上，正在从传统的以外汇局审核、登记、备案、检查为主的现场管理模式，转向以银行展业审核为主、外汇局侧重日常监管和可疑交易筛查的非现场监管手段，更加注重提升贸易投资自由化便利化水平，增强监管有效性和精准性。当前，我国跨境资本规模持续扩大，短期资本冲击的广度、深度和力度在不断增强；与此同时，外汇管理抓手在不断减少，原有的管制规则、方式、手段逐步趋于弱化，而新的监管规则和架构体系尚待在探索和实践中建立完善。

在新旧体制转换更迭过程中，易出现衔接不够、前后脱节、管理手段缺位等问题隐患，为外汇管理带来严峻挑战。一是制约"放得开"。突出表现为：事前管理逐步弱化，但事中事后监管尚未健全，风险监测和防控能力不足，难以放手推进投资贸易便利化和更大程度上的可兑换；银行单证审核及柜台审核逐步弱化，而银行客户尽职调查、尽职展业规则尚未建立健全，难以兼顾平衡便利化与防风险的要求。

二是难以"管得住"。突出表现为：宏观审慎政策工具有待健全完善，逆周期调控跨境资金的力度和能力尚待增强；银行展业体系不完善，实践中银行仍未真正有效识别和防范客户交易风险；原有管制和交易干预手段弱化，而新的市场化手段尚不健全，仍依赖于传统管制措施和窗口指导。三是影响监管效率提升。突出表现为：监管要求日趋严格，但监管资源的有限性难以适应防风险的"刚需"；对外汇业务及主体不区分风险高低，均适用统一的审查标准，监管资源配置不合理；银行及时监控、发现和阻断可疑交易的作用未充分发挥；外汇管理与国际高标准金融监管没有完全接轨，难以站在道义制高点，被市场主体特别是境外主体（包括境外监管机构）所认可和接受。

从欧美等西方国家的金融监管实践看，跨境资金监管主要集中于反洗钱领域。体现了资本项目可兑换进程下外汇管理发展趋势，同时作为国际通行监管惯例，反洗钱实际上已成为参与全球治理、扩大金融市场双向开放、防范金融风险的重要手段，为我国构建完善外汇市场微观监管体系提供了重要参考和借鉴。外汇管理借鉴运用反洗钱监管理念方法具有现实性、互补性及可操作性。一是监管理念相似。虽然二者监管目标不尽相同，反洗钱更关注资金来源和性质，着重打击严重犯罪行为及犯罪收益，遏制犯罪分子掩饰隐瞒犯罪收益，外汇市场微观监管更关注资金去向，保持跨境资金汇兑和流动可控，维护外汇市场竞争秩序，但二者均以风险监管为核心，坚持穿透交易表象看行为实质，要求交易真实合理，以虚假欺骗性交易作为监管重点和打击内容。二是监管手段互补。二者均强调金融机构通过"了解客户、了解业务、尽职审查"落实风险防范要求，在风险识别基础上实行分类管理，金融机构对风险高的主体强化业务审核，对风险低的主体简化审核，降低遵纪守法、信用良好市场主体的交易成本。三是监管重点相通。两者都是以资金作为追踪监管对象，金融机构作为资金流通的关键载体，均被两者作为监管重点，监管中将金融机构数据采集和监测分析作为切入点。四是监管效应叠加。外汇管理有利于打击遏制跨境洗钱活动，而反洗钱监管防止洗钱活动造成资金无合理交易背景的流动，有利于防范跨境资金异常流动风险，两者功效叠加实现倍增。在当前外汇管理新旧体制转换的关键时期，充分对标和运用国际通行的反洗钱理念与规则，改进外汇管理方式方法，加快构建完善外汇市场微观监管体系，有序实现外汇管理新旧体制的"先立后破"，真正做到"放得开、管得住"，切实为改革开放保驾护航。

近年来，通过先试点后推广等方式，国家外汇管理局大力推动跨境贸易和投融资便利化改革，允许银行通过落实"了解客户""了解业务""尽职审查"展业三原则，改进以审核单证为主的真实性管理模式，为优质守法客户创造高效便利的外汇业务办理环境。在这个过程中，银行展业做法千差万别，不少银行因没有真正落实"了解客户""了解业务"，以及对虚假欺骗性交易没有尽职审查而受到行政处罚。银行也存在便利化业务"不会办、不敢办"的顾虑，对明确落实"展业三原则"的外汇管理具体标准有强烈诉求。为打消银行顾虑，回应银行诉求，国家外汇管理局与银行共同全面梳理银行开展外汇业务所需组织架构、内控制度、信息系统等要求，形成包含制度建设和系统支撑的顶层设计，并按照"成熟一家、启动一家"审慎推进。区别于传统区域试点自下而上的做法，银行外汇展业改革试点以银行总行为抓手，形成制度化、系统化安排，自上而下贯彻。银行总行"抓总"，便于分支机构低成本复制、快速有效地传导落实展业要求。

9.1.2 银行外汇展业管理的实质

银行外汇展业管理的实质是对标国际高标准经贸规则，借鉴国际通用反洗钱理念方法，构建完善外汇市场微观监管体系的总体思路与框架，在银行端构建系统化、制度化、便利化与防风险的制度安排。总体思路是着眼金融市场双向开放趋势及人民币可兑换远景，在外汇市场"宏观审慎+微观监管"两位一体总体框架下，统筹兼顾便利化与防风险要求，坚持风险为本、银行先导、接轨国际、补齐短板，借鉴运用国际通行的反洗钱理念、方法和手段，构建以银行外汇展业为核心的预防体系、以可疑交易报告制度与行政监管互补支撑的监管体系、以资本流动管理措施与跨境反洗钱调控处置机制并举的调控体系，从而形成与更高水平开放经济相适应的外汇市场微观监管体系，实现开放条件下对跨境资金流动风险和跨境洗钱风险的有效防范与化解，切实服务国家改革开放大局。

一、改进完善外汇监督管理

一是统筹兼顾便利化与防风险。开放带来进步，封闭导致落后。对一个国家而言，开放如同破茧成蝶，虽会经历一时阵痛，但将换来新生。中国的发展离不开世界，世界的繁荣也需要中国。不断扩大高水平对外开放是推进中国式现代化的必然要求，必须顺应金融市场双向开放趋势，在开放的环境中适应开放，在开放的环境中赢得发展，不重走行政管制的老路，而是更多运用市场化法治化手段，构建完善开放条件下的外汇市场微观监管体系，在促进便利化同时，更好地防范跨境资本冲击，为改革开放保驾护航。

二是充分与国际接轨。开放条件下，外汇市场微观监管必须体现大国担当，以践行全人类共同价值为普遍遵循，坚持与国际监管体系接轨，更多借鉴运用反洗钱等国际通行且为国际社会普遍认可接受的监管规则来改进完善外汇监管，将外汇管理落脚于国际通行规则，占据国际道义制高点，防范化解风险、打击跨境金融违法犯罪。

三是发挥银行第一道防线作用。银行作为直面客户的跨境资金流动中枢，是外汇监管有效实施的关键主体。应借鉴国际监管经验，充分发挥银行专业资源和能力优势，将银行作为外汇市场监管的第一道防线和风险防控的主力军，压实银行风险防控责任，构筑完善外汇市场微观监管体系。

四是以问题为导向。针对当前外汇管理的主要问题和风险，坚持突出重点，充分借鉴反洗钱先进的监管理念、方法和手段，服务于外汇微观监管体系的改进和完善，解决外汇新旧体制转换中监管手段弱化和缺失问题。

二、推进外汇监管理念转变

一是从合规为本向风险为本转变。即从过去无视风险差异，对不同主体、不同产品、不同业务实施统一趋同的合规要求，转向以风险评估为前提、以风险管理为核心，按照跨境资金流动风险和可疑交易风险程度实施有差别的分类监管，合理分配监管资源，进一步提升监管有效性，为优秀市场主体贸易和投资便利化提供便利条件。

二是从单纯的外汇管理向跨境资金监管与打击跨境洗钱及相关犯罪并重转变。在金融市场双向开放不断扩大以及国际反洗钱反恐融资要求趋严形势下，外汇管理应履职尽责，切实发挥跨境资金监管的职能优势，在维护人民币可兑换管理格局、促进国际收支平衡的同时，更多关注打击和遏制地下钱庄、走私、逃税等跨境虚假欺骗性交易及非法金融活动，促进我国外汇市场微观监管与跨境反洗钱监管水平的共同提升。

三是从过程导向向结果导向转变。从过去将监管重点放在规范银行审核材料、措施、程序等以过程为主的导向模式，转向明确监管目标和结果要求、由银行自行决定风险管理最佳方式与措施、监管部门更加关注银行执行结果并据此判断是否符合监管要求的结果导向模式，突出监管目标与要求，优化监管框架，充分调动被监管者的主观能动性，提升监管框架的稳定性和应变能力。

四是从逐笔审查向客户全生命周期持续监控转变。事前，从交易真实性审核向前端客户尽职调查与准入延伸，树立客户风险识别、开户准入与分类管理理念；事中，从关注交易单据的表面合规，转向关注客户商业合理性与逻辑合理性的实质合规；事后，从逐笔交易的事前审查，转向对客户身份及其系列资金交易行为的持续监控与分析，在有效识别风险的同时，更加便利中低风险优质客户办理业务。指导银行强化内控合规管理体系和"三道防线"① 建设，定期全面稽核评估外汇内控合规情况，及时纠偏整改，确保合规履职的内在一贯性和整体有效性。

三、借鉴通行国际规则，构建全过程的外汇市场微观监管体系与框架

一是以完善展业规则为重点，构建以银行外汇业务展业为核心的跨境资金风险预防体系。落实银行展业应"贯穿整个客户存续关系的事前、事中及事后全流程"的总体要求，以银行及时识别、发现乃至拒绝办理可疑跨境交易，从而预防跨境违法犯罪为目标，健全完善银行外汇展业规则，构建以客户尽职调查与开户管理为基础，以风险分类审查和系统自动监控预警为支撑，以持续监控和回溯分析为重点，贯穿业务全流程的银行外汇展业体系，在有效提升展业审查效率、防范跨境资金风险的同时，简化优质客户的柜台审核流程，为实现更高水平贸易投资自由化便利化奠定坚实基础。

二是以健全可疑交易报告制度为重点，构建银行可疑交易报告与行政监管互为补充和支撑的监管体系。充分发挥银行作为跨境资金流动主渠道，机构布局广、业务触角深、直面市场主体、更加了解客户业务情况和风险特征、更能精准有效识别和发现跨境风险的专业优势，通过自主建立风险交易报告机制，建立健全银行外汇风险交易报告制度，对可疑跨境交易信息进行采集、汇总和分析，与行政监管相互补充、相互支撑，实现对整个外汇市场持续、全面、深入、有效的事中、事后监管，更好地提升监管效率。

三是以建立跨境资金调控与风险处置机制为重点，构建形成资本流动管理措施和跨境反洗钱机制互补并举的控制体系。借鉴运用反洗钱监管措施，从跨境资金流动调控、可疑交易资金处置等角度入手，构建与国际监管规则相接轨的跨境资金流

---

① 2020 年 7 月，国际内部审计协会（IIA）更新了其富有影响力的三道防线模型（Three Lines of Defense，通常缩写为"3LOD"）。原三道防线的模型发布于 2013 年 1 月，新版的三道防线理论更新变换了说法，将三道防线模型改为"三道线"模型（Three Lines Model，或译为"三线"模型），新模型增加了治理层，授权管理层履行职责并提供资源，以实现组织的目标，同时确保满足法律、法规和道德遵从要求；并建立和审查独立、客观和胜任的内部审计职能，使得在实现目标的过程中更加透明并增强信心。治理结构与风险管理相辅相成、相互影响，治理层为风险管理提供清晰的目标以及足够的资源支持，管理层与治理层协同一致并优先考虑利益相关者的利益。管理层履行第一线和第二线的职责，负责实现组织目标。第一线职责主要包括向组织的客户交付产品或服务，以及相关的支持性职能。第二线职责包括协助开展风险管理。内部审计履行第三线的职责，针对治理和风险管理的适当性和有效性，开展独立客观的确认和咨询业务。但从我国风险防控实践看，仍在用三道防线的概念。例如，2023 年 12 月 27 日，国家金融监督管理总局公布的《银行保险机构操作风险管理办法》（国家金融监督管理总局令 2023 年第 5 号）第十条：银行保险机构应当建立操作风险管理的三道防线，三道防线之间及各防线内部应当建立完善风险数据和信息共享机制。第一道防线包括各级业务和管理部门，是操作风险的直接承担者和管理者，负责各自领域内的操作风险管理工作。第二道防线包括各级负责操作风险管理和计量的牵头部门，指导、监督第一道防线的操作风险管理工作。第三道防线包括各级内部审计部门，对第一、二道防线履职情况及有效性进行监督评价。

动调控与风险处置机制，即根据跨境风险情况和特征，通过相关监管措施，实现对跨境风险积聚的特定主体、特定行业、特定业务、特定渠道或特定流向的逆周期调节，实施对非法跨境交易的即时拦截和处置，从而与资本流动管理措施互补并举，构建形成措施完善、调控有力的跨境资金流动的事后控制体系。

9.1.3 银行外汇展业管理的渊源及我国的前期实践

银行展业三原则："了解你的客户"（Know Your Customer, KYC）、"了解你的业务"（Know Your Business, KYB）"和"尽职审查"（Customer Due Diligence, CDD）源于反洗钱领域，是巴塞尔委员会和反洗钱金融行动特别工作组（FATF）分别从银行风险管理和反洗钱角度提出的银行展业原则，之后延伸到银行风险管理、授信管理、跨境管理等多个领域。以"展业三原则"为基础的展业规范在我国外汇管理领域已经提出了多年。

一、银行外汇展业的渊源

源于国际反洗钱的"展业三原则"是国际上对银行展业的通行要求。1988 年，巴塞尔委员会在《防止银行体系成为洗钱利用的犯罪工具》中指出，银行必须采取适当的措施确定所有要求该机构提供服务的客户的真实身份，拒绝与未能提供身份证明的客户进行重大业务交易，这是国际监管机构对银行提出 KYC 要求的最初体现。1990 年，FATF 在《40 项建议》中对银行如何了解客户进行了概述，并要求金融机构了解客户和受益人的真实身份，建立足够的记录保存系统，并承担识别异常资金交易的勤勉义务，制定和实行可行的反洗钱内部控制制度。至此，展业原则在银行反洗钱领域得到了全面推广。伴随各类金融风险的凸显，展业原则要求被逐步贯穿至银行审慎监管的各个环节。1997 年，巴塞尔银行监管委员会在《有效银行监管的核心原则》中，要求监管者必须确定银行具有完善的政策、做法和程序，包括严格的 KYC 政策，以促进金融部门形成较高的职业道德与专业标准，并防止银行有意或无意地被罪犯所利用。2001 年，巴塞尔银行监管委员会在《银行对客户的尽职调查》的咨询文件中，提出要把对新客户和现有客户的充分尽职调查作为实施 KYC 政策的关键。2004 年，巴塞尔银行监管委员会发布《KYC 一体化风险管理》，明确了各国监管者和银行设立 KYC 标准时应遵循的重要原则，成为全球银行国际监管的新规范。

在国内银行监管实践中，展业原则同样是由反洗钱领域逐步拓展至银行信贷及操作风险控制管理领域。2004 年，银监会在《商业银行授信工作尽职指引》中提出了我国商业银行授信工作的尽职调查和真实案例研究。在《中国银行业监督管理委员会关于加大防范操作风险工作力度的通知》（银监发〔2005〕17 号）中明确银行要严格遵循"了解你的客户"（KYC）和"了解你的客户业务"（KYB）的原则，洞察和了解该客户的一切主要情况，了解其业务及财务管理的基本情况和变化；2006年，《中华人民共和国反洗钱法》首次以法律形式明确了KYC原则在反洗钱领域中的应用，要求金融机构按规定进行客户尽职调查，展业三原则在我国金融业全面实施。

二、"展业三原则"提出及我国外汇管理政策要求

2013年5月，国家外汇管理局发布《关于加强外汇资金流入管理有关问题的通知》（汇发〔2013〕20号），首次在外汇管理中提出"了解你的客户"原则，提出"应遵循'了解你的客户'原则，加强对虚构贸易背景等行为的甄别，主动报告可疑交易并积极采取措施防止异常跨境资金流入"。同年，增加了"了解你的业务"及"尽职审查"两项工作要求，并陆续出现在外汇管理各项政策法规中。2013年以后出台的外汇管理重要文件，如《银行办理结售汇业务管理办法》（中国人民银行令〔2014〕第2号）、国家外汇管理局关于印发《银行办理结售汇业务管理办法实施细则》（汇发〔2014〕53号）的通知、《国家外汇管理局关于改革外商投资企业外汇资本金结汇管理方式的通知》（汇发〔2015〕19号）、《经常项目外汇业务指引》（2020年版）、《资本项目外汇业务指引》（2020年版，2024年更新）等明确提出银行要遵循"展业三原则"，并将展业原则贯穿到真实性审核、业务受理以及监管检查等各个领域，使外汇业务的开展具有有效的制度保障。随着外汇管理改革的推进，在银行执行层面，展业三原则的要求更加清晰。"了解客户"是指银行在与客户建立外汇业务关系或为其办理外汇业务时，使用可靠的、独立来源的文件、数据或信息对客户身份进行识别与核实，对客户背景开展尽职调查，通过风险评估对客户进行风险分类；"了解业务"是指银行从客户或者第三方取得相关业务的交易性质、目的等信息，必要时获取主要交易对手方、交易环节以及资金来源及去向等方面的信息，以判断交易的真实性和合规性；"尽职审查"是指银行在与客户建立初始业务关系及在业务关系存续中，采取措施对客户办理的所有交易进行审查并形成整体判断，以确保交易的真实性与合规性。

目前我国外汇管理和展业中，涉及"展业原则"的主要有以下内容。

1. 政策法规类

（1）《国家外汇管理局关于进一步深化改革　促进跨境贸易投资便利化的通知》（汇发〔2023〕28号）。为了推进贸易外汇收支便利化：（一）优化市场采购贸易外汇管理，提到"识别客户身份，审核交易背景的真实性"。（二）放宽加工贸易收支轧差净额结算，提到"银行应按照展业原则审核业务真实性和合理性"。（三）完善委托代理项下跨境贸易资金收付，提到"银行可按照展业原则"。（四）便利境内机构经营性租赁业务外汇资金结算，提到"银行应遵循展业原则"。

（2）《国家外汇管理局关于进一步促进外汇市场服务实体经济有关措施的通知》（汇发〔2022〕15号）。第一条"（二）坚持实需原则，按照'了解客户''了解业务'和'尽职审查'原则灵活展业。在与客户达成合约前，根据客户拟叙做人民币对外汇衍生品的基础交易实际情况，有针对性地灵活运用客户身份识别、客户适合度评估、交易背景调查、业务单据审核、客户声明或确认函等一种或多种方法确认所办业务是否符合实需原则"。

（3）《中国人民银行　国家外汇管理局关于支持新型离岸国际贸易发展有关问题的通知》（银发〔2021〕329号）。要求银行办理新型离岸国际贸易跨境资金结算业务时，应按照"实质重于形式"的要求，根据"了解客户""了解业务""尽职审查"的展业原则，按规定自主决定审核交易单证的种类。

（4）《国家外汇管理局综合司关于印发〈资本项目外汇业务指引（2020年版）〉的通知》（汇综发〔2020〕89号）。第三部分指出，本指引中规定收取或审核的相关材料，仅限于外汇局要求的部分，申请人办理业务时仍须按照其他管理部门规定和银行展业原则（了解客户、了解业务、尽职审查）及自身制度要求提交其他相关材料。

（5）《国家外汇管理局关于印发〈经常项目外汇业务指引（2020年版）〉的通知》（汇发〔2020〕14号）。要求企业办理货物贸易外汇收支业务时，银行应通过货贸系统查询企业名录信息与分类信息，按照"了解客户""了解业务""尽职审查"的展业原则（以下简称展业原则）和本指引规定进行审核，确认收支的真实性、合理性和逻辑性。

（6）《国家外汇管理局关于支持贸易新业态发展的通知》（汇发〔2020〕11号）。要求为贸易新业态提供服务的银行和支付机构，按照展业原则，应完善贸易新业态客户身份识别和管理制度，加强客户信用分类管理，持续开展客户身份识别与交易抽查验证，健全客户合规约束和分类标识机制，审慎办理重点名单内市场主体的外汇业务，指导客户合规办理外汇收支。

（7）《国家外汇管理局关于优化外汇管理　支持涉外业务发展的通知》（汇发〔2020〕8号）。要求为优化外汇业务管理，全国推广资本项目收入支付便利化改革。在确保资金使用真实合规并符合现行资本项目收入使用管理规定的前提下，允许符合条件的企业将资本金、外债和境外上市等资本项目收入用于境内支付时，无须事前向银行逐笔提供真实性证明材料。经办银行应遵循审慎展业原则管控相关业务风险，并按有关要求对所办理的资本项目收入支付便利化业务进行事后抽查。所在地外汇局应加强监测分析和事中事后监管。同时，放宽具有出口背景的国内外汇贷款购汇偿还。出口押汇等国内外汇贷款按规定进入经常项目外汇结算账户并办理结汇的，企业原则上应以自有外汇或货物贸易出口收汇资金偿还。在企业出口确实无法按期收汇且没有其他外汇资金可用于偿还上述国内外汇贷款时，贷款银行可按照审慎展业原则，为企业办理购汇偿还手续，并于每月初 5 个工作日内向所在地外汇局报备有关情况。

(8)《国家外汇管理局关于进一步促进跨境贸易投资便利化的通知》（汇发〔2019〕28 号）。决定实施服务贸易外汇收支便利化试点。符合条件审慎合规的银行为信用良好的境内机构办理服务贸易外汇收支时，可根据"了解客户、了解业务、尽职审查"的展业原则办理。推进服务贸易付汇税务备案电子化工作，以信息共享方式实现银行电子化审核。试点银行应遵循展业原则管控试点业务风险。

(9)《国家外汇管理局关于进一步促进保险公司资本金结汇便利化的通知》（汇发〔2019〕17 号）。要求金融机构应当履行"了解客户""了解业务""尽职审查"等展业原则，对结汇的真实性进行审核。

(10)《国家外汇管理局关于印发〈支付机构外汇业务管理办法〉的通知》（汇发〔2019〕13 号）。第三条要求，支付机构依据本办法办理贸易外汇收支企业名录登记（以下简称名录登记）后方可开展外汇业务。支付机构应遵循"了解客户""了解业务"及"尽职审查"原则，在登记的业务范围内开展经营活动。

(11)《国家外汇管理局关于印发〈跨国公司跨境资金集中运营管理规定〉的通知》（汇发〔2019〕7 号）。决定实行资本项目外汇收入结汇支付便利化。跨国公司主办企业在办理国内资金主账户内资本项目外汇收入支付使用时，无须事前向合作银行逐笔提供真实性证明材料；合作银行应按照展业原则进行真实合规性审核。第三十一条规定，国内资金主账户与境外经常项目收付以及结售汇，包括集中收付和轧差净额结算等，由经办银行按照"了解客户""了解业务""尽职审查"等展业原则办理相关手续。第三十三条规定，主办企业在办理国内资金主账户内资本项目外汇收入（含外汇和结汇所得人民币资金）支付使用时，可在承诺相关交易真实合规的前提下，凭资本项目账户资金支付命令函直接在合作银行办理，无须事前向合作银行逐笔提供真实性证明材料；经办银行应按照"了解客户""了解业务""尽职审查"等展业原则进行真实合规性审核。

(12)《国家外汇管理局关于进一步推进外汇管理改革完善真实合规性审核的通知》（汇发〔2017〕3 号）。要求加强境外直接投资真实性、合规性审核。境内机构办理境外直接投资登记和资金汇出手续时，除应按规定提交相关审核材料外，还应向银行说明投资资金来源与资金用途（使用计划）情况，提供董事会决议（或合伙人决议）、合同或其他真实性证明材料。银行按照展业原则加强真实性、合规性审核。

（13）《国家外汇管理局关于改革和规范资本项目结汇管理政策的通知》（汇发〔2016〕16号）。要求规范资本项目收入及其结汇资金的支付管理，银行应履行"了解客户""了解业务""尽职审查"等展业原则，在为境内机构办理资本项目收入结汇和支付时承担真实性审核责任。

（14）《国家外汇管理局关于改革外商投资企业外汇资本金结汇管理方式的通知》（汇发〔2015〕19号）。要求进一步规范结汇资金的支付管理，银行应履行"了解客户""了解业务""尽职审查"等展业原则，在为外商投资企业办理资本金对外支付及结汇所得人民币资金支付时承担真实性审核责任。在办理每一笔资金支付时，均应审核前一笔支付证明材料的真实性与合规性。银行应留存外商投资企业外汇资本金结汇及使用的相关证明材料5年备查。

2. 银行自律机制相关的内容

全国外汇市场自律机制关于发布《银行外汇业务展业原则》相关规范性文件的公告（汇律发〔2018〕9号，全国外汇市场自律机制第四次工作会议于2017年9月8日召开，会议讨论并通过了《银行外汇业务展业原则》下11项规范性文件，于2018年1月31日发布）附件。

（1）银行外汇业务展业原则之个人外汇业务展业规范

（2）银行外汇业务展业原则之境内企业境外放款外汇业务展业规范

（3）银行外汇业务展业原则之境内直接投资外汇业务展业规范

（4）银行外汇业务展业原则之跨境担保外汇业务展业规范

（5）银行外汇业务展业原则之人民币与外汇衍生产品业务展业规范

（6）银行外汇业务展业原则之外债业务展业规范

（7）银行外汇业务展业原则之银行境外贷款外汇业务展业规范

（8）银行外汇业务展业原则之货物贸易外汇业务展业规范

（9）银行外汇业务展业原则之服务贸易外汇业务展业规范

（10）银行外汇业务展业原则之国际贸易融资类外汇业务展业规范

（11）银行外汇业务展业原则之境外直接投资外汇业务展业规范

三、银行展业三原则在实际执行中存在的问题及难点

（一）当前银行展业存在的问题

1. 多数银行内控制度对展业要求有待完善。银行在外汇内控制度中未明确客户尽职审查、展业原则等具体的实施内容，仅在内控制度中说明业务审核的总体原则及方向，或仅对业务的受理及审批流程等操作性内容进行明确规定，对业务真实性审核及注意事项等实质性内容没有详细说明。

2. 银行对展业三原则重视不够。通过外汇检查和日常走访调研了解到，银行在日常的业务授权、日常业务培训和对新入职人员培训等未对"展业三原则"和可能涉及的业务风险等内容进行重点培训和明确指导，银行人员在办理外汇业务时只是就业务做业务。

3. 同业竞争和有关干预使展业管理流于形式。在当前招商引资考核压力不断加大的情况下，有些地方甚至为完成招商引资任务而成立空壳企业。在实际操作中，如果银行要求其提供政策规定范围以外的资料进一步了解企业和业务的真实情况，企业有的更换银行办理业务，有的寻求商务部门予以干预，甚至分管招商的地方领导亲自过问，在多重压力下，有些银行就放弃了"展业原则"的审核要求。

（二）银行展业实际操作存在困难

1. 银行真实性审核缺乏标准化指引。虽然有关文件规定银行有真实性审核责任，但只是要求按"展业原则"由银行自行掌握，没有给出真实性的具体审核标准，各银行对此的理解和执行力度差异较大，银行在审核实践中往往根据自身判断要求企业提供材料，存在要求企业提供材料繁多导致企业不配合的情况。另外，银行对涉外主体的展业有时面临对主体行为怀疑但无法拒绝受理的情况，过度展业则不利于创造良好的营商环境。

2. 银行真实性审核手段受限。企业将相关材料提交银行后，银行没有可信的第三方渠道来证实材料真伪，如无法查询他行业务回款流水及对账单真实性、对部分高科技商品的价值公允性及合理性无法判断、对货物流缺少监控手段等，展业手段的局限影响了银行事后跟踪。

3. 没有足够的法律制度支撑，展业工作落实起来困难重重。银行展业时常会发现：合同的签订与企业注册成立时间间隔较短；多家企业的高管监事为同一人；无人员工资、水电等正常经营性支出、资本金入账结汇后立即支付大额货款、无厂房先购买设备等不符合逻辑的情况。从法律层面来看，缺少认定上述问题的法律法规及相关文件。从现有外汇管理的相关制度规定中，仅有"展业三原则"原则性规定，没有具体落实的配套细则，在展业过程中主观性太强，无法通过强有力的证据或法条拒绝受理业务。

从实际情况来看，十多年来，尽管"了解客户，了解业务，尽职审查"已成为外汇法规中广泛使用的高频词汇，但各家银行对展业标准理解参差不齐，"未尽职审核"和"过度审核"同时存在。一方面制约便利化政策落地，另一方面影响风险防范效果。深究其因，关键还在于展业的原则性监管要求停留于基本的概念，没有细化的义务界定和操作标准指导，银行难以准确把握和执行。《银行外汇展业管理办法（试行）》的实施，以立法形式强化了银行外汇业务的原则性管理责任，将从根本上解决以前外汇展业三原则实际执行存在的困难和问题。

9.1.4 银行外汇展业管理的总体框架

一、建立健全银行外汇业务内控合规管理体系

建立健全合规内控体系是银行落实法律政策要求、建立合规长效机制的重要制度保障。欧美等发达经济体金融监管非常注重银行的合规管理能力建设，并以银行内控机制为抓手，将监管环节从事中、事后进一步向事前预防转变，对银行内部制度缺陷处罚严厉，以确保金融机构合规履职的内在一贯性和整体有效性。而目前外汇管理在此方面基本处于空白：一是缺乏系统性规定和要求，只有部分法规原则上要求银行制定业务操作规程和内控制度，并对银行内控制度执行开展事后核查和检查。二是管理要求片面，仅限于内控制度制定与执行，而对于合规管理整体架构、合规岗位设置、员工培训、内控监督、信息系统、考核问责等其他重要的内控要素缺乏系统性规定和要求。三是对银行内控合规体系及其运行状况缺乏持续监管，对于内控问题及其风险缺乏处罚依据。内控要求及其监管缺失，使银行难以真正形成合规经营的内在机制，造成银行违规问题多发频发。对此，应充分借鉴通行监管规则，重视银行外汇内控合规体系建设，督促银行从组织架构、三道防线协同、人员队伍、制度流程、IT系统支持等多维度检视，构建横向到边（覆盖三道防线）、纵向到底（覆盖各级机构和子公司）的外汇内控合规管理体系。

二、建立健全客户尽职调查制度

客户尽职调查是掌握客户真实身份、重现客户交易全过程、发现和监测分析可疑主体和可疑交易，调查、侦查洗钱案件的重要依据，是银行整个外汇展业体系有效运行的重要基础，也是银行提升合规管理质量和效率的根本手段。但在此方面外汇管理仍存在明显的短板。一是客户尽职调查仅停留在"了解客户"的字面要求，服务贸易、贸易融资、资本金结汇等外汇管理办法均提出银行须"了解客户"，但对于如何识别客户身份和开户管理、识别哪些信息要素、如何运用等，缺乏全面系统的规定及可实施监督的罚则，缺乏强制性和可操作性。二是对于客户尽职调查与后续开户、分类管理、展业审核的衔接与联动缺乏明确规定和要求，客户识别结果未与后续分类管理措施相挂钩，造成客户尽职调查缺乏执行落地的机制和措施保障。对此，应充分借鉴反洗钱理念和措施，建立健全外汇领域客户尽职调查和开户管理制度，夯实银行展业和合规管理基础。

三、建立健全客户风险分类审查机制与持续监控机制

客户风险分类管理和持续监控机制是贯彻风险为本监管理念的重要措施，是根据不同的客户风险程度，采取差异化的客户尽职调查措施，有效配置监管资源，提高监管有效性的重要手段。而当前外汇管理在此方面仍处于空白。一是除了货物贸易分类管理、资本项目管控名单以及部分试点业务外，外汇管理还没有银行客户分类管理的系统性规定，银行对所有客户（无论是高风险还是低风险）都执行统一的审查标准，造成对高风险客户审查不足、对低风险客户又过度审查，既制约便利化程度提升，又不利于银行合理配置管理资源。二是目前仅有的分类管理也是按外汇业务种类条块分割、各自为政，缺乏风险分类的整体性和系统性，银行难以对企业个人实施全业务、全流程、穿透式的风险分类审查。三是外汇领域尽职审查、持续监控要求分散于部分业务管理办法中，仍停留在字面上，对于如何落实缺乏系统性规定，造成实践中银行难落实、缺乏持续监控机制安排。对此，应充分借鉴国际通行监管做法，对银行明确外汇业务客户风险分类和持续监控要求，提升外汇市场微观监管效能。

四、构建完善外汇领域可疑交易报告制度

可疑交易信息的采集、分析和报告是打击违法犯罪活动的一项重要基础性工作。银行在国家支付体系及金融资产托收和转移过程中处于中枢地位，又直接面向客户提供金融服务，具有识别发现各种违法外汇交易最为有利的条件。从国际反洗钱监管实践看，金融机构处于反洗钱第一线，承担主力军的作用。充分发挥金融机构的专业资源优势，通过可疑交易监测分析机制，为打击犯罪提供情报线索。在外汇管理上，银行在监测异常可疑跨境交易方面的支柱性作用尚未有效发挥。一是外汇管理法规缺乏对银行报送可疑交易报告的系统性规定，没有相应相关配套制度，对于可疑交易报告标准、报告内容、向谁报告、方式和渠道报告等没有明确规定，缺乏执行的强制性和可操作性。二是各级外汇局也没有接收、汇总和分析银行可疑交易报告的制度规定，对接收部门、流程等都没有明确。三是缺乏组织保障和系统配套。与中国反洗钱监测分析中心设置相比，外汇局不仅在部门及职能设置上缺乏相应的组织保障，同时也缺乏报告报送、接收和汇总处理的电子化系统支持。为此，应认真借鉴国内外监管经验，充分利用和发挥银行在外汇业务方面的专业能力、数据资源、业务经验及遍布全国的网点优势，建立健全银行可疑交易监测分析报告制度，补齐监管短板、压实银行责任，构筑完善外汇市场微观监管网，为外汇管理部门打击非法跨境资金交易提供情报支持。从实现路径上，初期可参考反洗钱可疑交易报告制度，开展银行跨境资金风险识别分析和报告试点，逐渐明确并形成系统性异常跨境资金交易的风险识别分析及报告制度。

五、构建跨境资金异常流动处置机制

一是根据跨境资金流动宏观审慎及调控需要，从防范跨境洗钱风险入手，通过适当的监管措施和方式。按照《反洗钱工作部际联席会议制度》的分工，指导金融机构做好与外汇业务相关的反洗钱工作，在外汇管理规章以及规范性文件中增加相应的反洗钱要求；督促银行业金融机构落实《银行跨境业务反洗钱和反恐怖融资工作指引（试行）》（银发〔2021〕16号）的各项规定。适时发布有关高风险主体和重点业务的风险提示，定期发布可疑跨境资金交易分析报告或跨境洗钱风险评估报告，并向银行和支付机构通报。二是对于高风险客户或需重点关注调控的重点业务，提高交易审查频率和强度，适用强化审查措施，要求更多使用直接证明材料而非间接材料对交易真实性合规性予以证明，并按照法律规定或与客户的事先约定，对客户的交易方式、交易规模、交易频率等实施合理限制，同时限制客户通过非面对面方式办理业务的金额、次数和业务类型。建立跨境风险"黑名单"和"灰名单"制度，定期或不定期将名单推送至银行，要求对于名单主体及其业务予以强化审查或重点关注并审慎办理，实现对名单内重点主体跨境业务的持续监控和管理，在一定程度上调控和影响跨境资金流向流速，有效防范跨境资金流动风险。三是加大对违规跨境资金的处罚力度。加快修订《外汇管理条例》，补充对银行内控机制建设等预防性措施的要求与罚则，对银行内控不健全和执行不到位等问题实施处罚。明确银行单位负责人对跨境业务的合规责任，并制定详细可操作的针对单位和个人的处罚规定，加大处罚力度。四是健全外汇管理监管合作机制。同公安、税务、海关、市场监督、商务、金融监督管理、证监等部门建立密切联系，通过签订合作备忘录、建立日常协商制度等方式，确保合作的制度化、规范化和常态化，探索建立双边或多边有关走私、涉税、涉恐、贪腐、涉赌等事项的信息共享和监管合作，探索建立信息共享、数据协查、联合分析、联合检查、线索移交与协同处置机制，形成打击合力。

六、尝试建立尽职免责机制

近年来，国家外汇管理局积极推动跨境贸易和投融资便利化，银行身处跨境资金业务办理一线，其政策执行程度直接决定了跨境贸易和投融资便利化政策红利能否真正惠及市场主体。《展业办法》首次以立法形式明确客户在银行开展的外汇业务涉嫌违反外汇管理规定，银行能够证明已勤勉尽责采取外汇展业措施的，不追究相关法律责任，破除"唯结果论"，打消银行落实外汇便利化政策顾虑，更好地激励银行"能干、愿干、敢干"，提升合规客户跨境业务便利化感受，让外汇便利化政策红利更好惠及经营主体。在政策设计上，国家外汇管理局在办案流程中试行新增尽职免责申述评议环节。银行可在案审会前就涉嫌外汇违规事项向外汇管理部门提交申述意见，外汇管理部门将银行的申述意见交由外汇市场自律机制组织第三方专家评议，评议结果供案审会决策参考。目前，国家外汇管理局已经结合实践和银行建议梳理了部分银行尽职免责情形，供外汇市场自律机制专家评议参考。

9.1.5　银行外汇展业保障措施

2024 年 1 月 1 日，《银行外汇展业管理办法（试行）》正式施行，商业银行外汇业务流程再造进入实施阶段。不同于以往个别业务环节的便利化政策试点，本次改革形成了对银行外汇展业的基础性、框架性要求，推动银行重整内部资源、重塑外汇业务流程，在银行端形成统筹便利化与防风险的制度性、系统性安排。改革以商业银行总行为抓手自上而下推进，任务落地在银行内部也具有全局性和系统性。从前期试点银行经验看，既需要国际业务专家团队制度设计，又涉及数据整合、系统开发等技术条线支撑，还包括业务流程岗位、人员分布等诸多保障性内容。前期试点过程中，4 家试点银行积极探索，形成了各有特色的改革路径。

一、改革需高位组织协调，多部门多层级联动

商业银行外汇业务流程再造涉及外汇业务客户的尽职调查、客户分类、业务审查、风险监测四大核心环节，是银行一道防线和二道防线在各职能条线的再分配，需要下决心重整内部资源，形成行领导统一部署、外汇业务部门统筹推进、总行相关部门协同配合、分行和经营机构联动管理的组织架构，以适配外汇微观监管框架变革下的外汇展业新流程。

（一）推动外汇业务流程再造应上升到行级决策

外汇业务流程再造既涉及机制建设，又涉及系统开发；既涉及客群管理，又关系产品营销；既涉及一道防线业务审查，又关系二道防线风险监控。这不仅仅是银行外汇业务部门一个部门的工作，须上升到行领导层面进行统筹部署，方能推动银行外汇展业改革走深走实、破除阻力。首批试点行均搭建高级别组织架构，由总行行领导担任外汇展业工作组组长，推动全行外汇业务流程再造。试点银行行领导层面，充分认识到展业改革是银行外汇业务发展的颠覆性改革，同时契合银行业务健康发展的内生动力，越早适应改革要求，越有助于释放管理效能、提升外汇服务质量。

（二）推动外汇业务流程再造应总行多部门协同

以往外汇便利化改革划片试点，银行分支机构主导落实试点政策，一地一套办法。本次改革通过"抓总"出银行总行做好内控机制的顶层设计，建立起一套全行统一的事前、事中、事后全流程展业内控机制，并辅以系统支持，需总行推动落实。从首批试点行的实践看，总行层面需要外汇业务部门牵头，内控合规部门、信息科技部门、零售金融部门、运营管理部门、信用卡条线、人力资源部门及对公客群部门共同参与、各司其职、协同推进。

（三）推动外汇业务流程再造应总分行同频共振

分支机构是政策执行一线，充分落实总行改革方案离不开分支机构"最后一公里"落地。分行层面应对照总行组织架构，同步设立分行行领导参与、分行外汇业务部门牵头、覆盖相关职能部门和经营机构的外汇展业工作小组，明确部门职责和岗位职能，确保外汇展业全流程要求在银行一线"一丝不苟"落地实施。事前尽职调查和客户分类环节，需要支行和客群部门在现行客户尽职调查要求的基础上，进一步深入调查客户外汇展业尽调信息；事中审查环节，需要外汇业务柜员、分行外汇业务部门、分行运营部门等按照职责分工进行差异化管理；事后监测报告和风险处置环节，既需要对公、对私条线分工协作，也需要与内部职能部门（如反洗钱管理部门）共享管理信息，还需要业务部门、账户管理部门、支行客户经理等联动实施风险处置措施。银行分行在政策执行层面，需要在总行组织架构、内控机制、系统功能等支撑下，结合分行实际实现多部门清晰分工、有效联动，磨合出本行有效实施路径。

二、改革不是零基础工程，需充分整合复用行内资源

（一）借鉴反洗钱管理思路和方法

外汇展业改革是新要求，但其方法论不是新事物。各家银行在反洗钱领域已经推行客户身份识别、客户及业务分类管理、大额和可疑交易报告的全流程管理模式多年。银行设计外汇展业方案时可深度借鉴本行反洗钱管理思路，如中国民生银行参考本行客户洗钱风险等级评估方法，制定了客户外汇合规风险等级评价的系统评估方法和人工评价流程；中国银行外汇展业专项工作组引入内控合规条线人员，参与设计外汇风险交易监测标准。

（二）复用行内数据资源

银行展业过程中基于各类监管要求、业务拓展需求、授信管理需求及银企合作情况，掌握了诸多客户主体信息和交易信息。银行设计外汇展业运行方案应先了解内部"有什么"再去决定"要什么"，尤其是外汇展业尽调方案应在整合全行数据、复用已有信息的基础上，以行内数据共享、外部公共数据查询或采购为主，新增客户问询为辅。中国银行外汇展业尽调信息均由系统采集行内外数据后自动生成，客户层面"无感"。中信银行和民生银行新增少量尽调信息通过问询客户方式获取，"基于客户自愿原则"最大限度降低尽职调查对客户的打扰。

（三）整合调配既有人力资源

银行外汇展业改革通过事中分类管理实现资源优化配置，将更多便利化资源精准提供给优质客户，更多外汇合规管理资源集中在风险中等偏上的客户。银行可相应调整内部展业资源，把事中审核人员向事前及事后环节调配。试点阶段，参与改革的分支机构较少，4家银行均暂未新增人员编制，而是通过新设客户尽调及分类评估岗、外汇风险交易监测与报告岗，或调整分工重新配置人力资源，新设岗位人员配置由银行内部调剂，在控制人员保障成本的前提下，有效强化业务真实性审核力量。其中，中信银行青岛分行结合实际，有效调整组织架构，在分行国际业务部增设二级室"展业监测室"，进一步优化人员分工、操作流程，将事中人员向事前和事后岗位倾斜，将部分单证操作人员调整到"展业监测室"，负责展业试点业务事前分类评估、事后风险交易报告等工作，通过合理分配展业资源，提高优质客户业务直通率，提升风险防控有效性。

三、改革没有统一模板，可充分探索适应本行的方案

银行间存在客群基础、电子化程度、风险偏好、展业成本等客观差异，因此，应该考虑银行特点，允许银行提出个性化实施方案，强调实现全流程合规展业的结果，不限制具体实施方式，给予银行一定灵活性和自由度。

(一) 数据资源差异影响各行尽调方案

不同银行拥有的数据来源、数据结构不同，"有什么"在很大程度上决定"怎么干"，数据差异在很大程度上影响银行客户尽调内容和分类体系方案设计。近年来，银行无论是出于提升客户体验的获客驱动，还是核实尽调信息真实性的合规驱动，都在不断拓展客户信息获取渠道，如内部信息综合利用、外部数据采购等。结合实践，目前我国银行使用各类客户信息获取渠道包括：公共信息查询，如工商信息公示、监管信息公示、负面新闻抓取等；外部信息采购，如通过天眼查、企查查等平台获取企业关联关系和实控人信息；委托第三方付费尽调，如京东尽调专访服务，通过京东小哥跑腿掌握的信息核实企业情况等；银行内部已有信息复用，银行现在均有自己的数据库，含有行内各类系统所记录的信息，如客户基础信息、交易信息、记录市场人员客户营销、尽职调查行为营销数据等。但各行综合利用上述渠道情况、数据积累和整合情况、科技水平存在客观差异，形成的展业方案也各不相同。有的银行数据整合基础较好，全部客户尽职调查要素均可复用行内已有信息，不必额外打扰客户获取；有的银行需要补充了解客户信息，但均可安排随客户经理定期拜访完成；有的银行依托科技手段细分客户信息维度，数据颗粒度较细，可形成客户大数据画像；有的银行设计了分层次尽调内容，随客户适用外汇产品复杂程度深化尽调要求。

(二) 技术路径影响分类方案

建立全行统一的客户外汇合规风险评估指标体系是落实客户分类管理要求的关键，银行应该结合客群条件和管理需要等，自主确定本行客户等级数量、分类比例、指标要素、赋值权重及评估流程，不断寻找适合本行的分类评价指标体系。实践中，银行形成了各具特色的分类体系。在建模路径上，有的银行利用大数据采用"AI评分卡"模型，有的银行采用"专家经验"模型。在评分方法上，有的银行采用确定基准分数线后调整得分，有的银行采用加法累计得分。在人工确认方面，有的银行先人工确认后系统直评，有的银行先系统计算得分后人工确认结果。在政策衔接方面，有的银行采取将分类结果应用于现行便利化试点客户选择的必要条件，一类客户分数线作为便利化业务的指导线，是所有具有便利化性质产品和服务选择客户的基准；有的银行客户分类管理与现行便利化政策并行实施，若现有便利化客户评为一类客户，享受原经常和资本便利化政策的同时按一类客户管理（正面业务清单内凭指令），如评为二类客户，则仍继续适用已有便利化措施。

（三）电子化基础影响系统设计方案

为适应外汇业务管理需要，商业银行应该对银行端进行信息系统改造，实现全流程信息化管理。信息系统建设方案取决于银行现有展业体系电子化水平，可单独搭建信息系统，也可在现有系统基础上拓展新功能。一是搭建一套独立的外汇展业系统，优势是可以更加适配外汇展业内控管理流程，劣势是成本投入大、建设工期长。中国民生银行开发上线外汇展业系统，涵盖客户尽调、客户分类、事后监测功能，实现展业全流程"系统化"控制，开发7个月上线运行。二是利用已有系统架构资源，嫁接新的功能模块，实现外汇展业信息在现有系统中进行运算、流转和展示，优势是破除内部阻力、尽量降低成本，劣势是原有系统架构可能会束缚新模块的功能实现。中信银行在其新一代外汇业务申报管理系统基础上开发增加外汇展业功能模块，复用授信业务的信用评分卡模型技术生成客户分类指标体系，开发周期4个月。

9.2 银行外汇展业内部控制

银行外汇展业内部控制制度是指银行根据外汇管理有关法律制度规定，结合本机构的外汇展业特点和经营情况，制定的适用于本机构内部管理和业务流程中有效的外汇展业内部规定。

（一）建立科学有效、职责明确的外汇合规管理组织架构

银行应当建立组织健全、结构完整、职责明确的外汇展业管理架构，规范内部相关部门在外汇展业管理中的职责分工，建立层次清晰、相互协调、有效配合的展业运行机制。《展业办法》第六条规定，银行应当按照本办法及相关外汇管理法律法规，建立科学有效、职责明确的外汇合规管理组织架构：（1）指定内设部门或管理机构牵头负责全行外汇合规管理工作；（2）构建包括外汇业务管理、风险控制、

内部审计的风险管理框架；（3）明确相关部门及岗位人员的外汇展业职责分工；（4）将本办法执行情况纳入内部检查、审计及绩效考核，定期开展监督检查工作，建立健全责任追究机制。

为确保合规管理力度，首先，银行应在总行及分支机构高级管理层中设立专岗或指定专人全面负责外汇合规管理工作，并就发现的问题及时组织整改并督促落实。其次，应指定专门部门全面负责统筹外汇合规内控管理工作，审查外汇合规监控的实施情况和有效性，同时明确外汇业务相关部门之间合规职责分工及岗位责任，各司其职、各负其责。再次，构建完善外汇合规管理的"三道防线"。业务办理部门作为第一道防线，对外汇业务过程实施实时控制；内控合规、法律、产品、风险管理等各职能部门作为第二道防线，对一线部门及其业务过程进行设计、管理、检查和监督；内部审计、稽核、监察部门作为第三道防线，对业务一线及二线进行监督检查和督促整改，并按制度追责问责。最后，建立职责明晰的外汇合规责任制。将外汇合规责任落实到相关部门所有工作人员，并确保专人负责。

（二）建立健全展业内控制度

银行应按照内控体系设计监督、操作执行、防范评价的流程，制定并完善银行外汇业务内控制度，及时识别、评估、监测、管理外汇业务风险，防范内部人员参与违法犯罪活动。《展业办法》第七条规定，银行应当遵循以下原则建立健全并有效执行外汇展业内控制度：（1）全面性。银行外汇展业内控制度应当全面覆盖已开办外汇业务操作与管理的全流程，包括但不限于部门职责分工、内部监督检查，以及事前、事中、事后外汇展业操作流程等。（2）有效性。银行外汇展业内控制度应当与本机构业务实际相适应，并确保内控制度能够有效执行。（3）一致性。外部监管政策或银行风险管理策略发生变化时，银行应当及时更新外汇展业内控制度。

（三）开发外汇展业管理的计算机信息系统

面对大量的外汇业务和繁杂的合规要求，银行仅仅依靠人工操作，不仅难度大、成本高，且操作风险在所难免。银行应当按照外汇合规风险管理需要，建立、优化相关业务系统和信息管理系统，确保客户身份信息、交易信息等外汇展业信息的准确完整和可追溯，并根据风险与合规管理需求及时优化升级。（1）获取和存储客户调查详细信息、与其相关联的所有账户信息的平台；（2）将客户在本行交易活动整合在一起的平台；（3）评估和调整客户风险等级的平台；（4）自动监控识别可疑交易并产生警报的平台；（5）审查可疑交易、方便调查验证和报告的平台；（6）独立评估合规系统有效性和风险性的平台。此外，上述系统还需要通过可靠的基础设施建设来实现整合，使合规管理系统高效运转，避免各自为政等问题。

（四）妥善保存客户身份资料和交易记录

银行应当建立外汇展业档案，以纸质或电子等形式依法完整妥善保存客户身份资料、交易记录、风险分析及处理记录，确保资料和记录的完整性、一致性、可追溯和不可篡改。客户身份资料是指包括记载客户身份信息及反映银行开展客户尽职调查与风险分类等工作情况的资料和记录；交易记录是指包括体现每笔交易信息及反映交易真实情况的业务凭证等资料和记录；风险分析及处理记录，是指包括反映银行开展风险交易分析识别的来源、过程、结论及内部审核与处置情况的工作记录。相关资料和记录应当按照现行法律法规规定的要求及期限留存备查。

（五）严格执行保密制度

银行及其工作人员对履行外汇展业规定获得的客户身份资料、交易记录、风险分析与处理记录等，应当依法予以保密。

（六）健全外汇合规培训和内控监督检查体系

银行合规培训体系的健全程度直接决定了银行外汇从业人员的合规能力与素养及跨境可疑交易的监测识别水平。银行应建立健全外汇合规培训体系，让各级外汇业务经营与合规管理人员熟悉外汇法律法规，明确银行及从业人员应承担的法律职责，了解掌握可疑资金交易规律和识别技巧，并建立严谨的评估队伍、训练可疑交易调查人员。银行应建立健全内控监督检查机制，将检查和审计纳入常态化管理，定期全面检查外汇业务内控制度建设和执行情况，评估其全面性、有效性、一致性，纠正存在的问题和不足，明确责任认定和相应的问责措施。

9.3 客户尽职调查与外汇合规风险等级分类

9.3.1 客户尽职调查

一、客户尽职调查要素

银行与客户建立外汇业务关系及外汇业务关系存续期间，应当开展客户尽职调查，客户尽职调查由"基础尽调"和"外汇业务专项尽调"组成，有关内容见表9-1。

表 9-1　外汇展业客户尽职调查要素的基础配置

指标分类	序号	尽调要素	字段解释	尽调要素被选取的原因：1. 最小必要；2. 事后监测；3. 办法要求	尽调要素获取方式：1. 行内信息复用；2. 人工查询；3. 客户询问；4. 监管提供
客户信息	1	客户名称	客户名称	1、2	1
	2	注册地址	注册地址	1、2	1
	3	国别地区	国别地区	1	1
	4	统一社会信用代码	统一社会信用代码	1、2	1
	5	行业属性/行业类型	国民经济行业分类代码	1、2	1
	6	经营范围	主要营业范围（营业执照经营范围）	1	1
	7	成立日期	企业成立日期	2	1
	8	注册资本	注册资本	2	1
	9	实收资本	实收资本	1、2	1
	10	办公地址	实际办公地址	2	1
	11	业务联系人信息	授权办理业务人员/财务负责人信息，至少包括姓名、身份证件或者身份证明文件的种类、号码、有效期限，电话等联系方式（电话可与国际收支统计申报"组织机构基本情况表"中"机构联系电话"保持一致）	2	1
	12	法人/单位负责人信息	参照反洗钱要求留存相关信息，控股股东为机构的，至少包括机构名称、统一社会信用代码、经营期限等信息，实际控制人自然人至少包括姓名、身份证件或者身份证明文件的种类、号码、有效期限等	2	1
	13	受益所有人信息	1. 按照反洗钱标准判定受益所有人 2. 参照反洗钱要求留存相关信息，至少包括姓名、地址、身份证件或者其他身份证明文件的种类、号码和有效期限	2	1
	14	员工情况	能够佐证企业真实存在、正常经营的员工情况，如社保参保人数，代发工资人数，可根据行内掌握的数据进行个性化定义	2	1

指标分类	序号	尽调要素	字段解释	尽调要素被选取的原因： 1. 最小必要； 2. 事后监测； 3. 办法要求	尽调要素获取方式： 1. 行内信息复用； 2. 人工查询； 3. 客户询问； 4. 监管提供
	15	企业内部管理情况	至少是内部管理系统情况，包括但不限于交易留痕、记录和管理情况，企业具备留存交易记录的能力，能够应对事后监测的需要 对应《办法》第十六条"对于同时符合下列条件且不存在本办法第十七条所列情形的客户，银行可以将其外汇合规风险等级确定为一类：（五）内部管理实现交易留痕、准确记录和管理"	3	1、3
	16	客户是否正常运营	例如，生产型企业是否存在企业有生产厂房但无设备，未开展实际生产经营的情况/是否为疑似空壳公司；是否存在企业结算资金超出营业执照经营范围情况 对应《办法》第十七条"客户存在下列情形之一的，银行应当将其外汇合规风险等级确定为三类：（三）客户注册信息存在疑问、背景不明的，或者无法获取足够信息对客户背景进行评估的，如无正式固定办公经营场所、无准确联系方式等"	3	1
	17	主要关联企业	存在直接或间接控制关系或重大影响关系的企业，主要包括母子公司关系、直接或间接同为第三方控制或同时控制第三方、一方对另一方财务或经营决策过程具有参与权利并可施加一定影响等（考虑到境外信息公开程度不一，境外信息尽调到银行能够掌握的程度即可） 对应《办法》第十一条"银行出于风险分类管理目的，在按照相关规定开展客户尽职调查的基础上，可以基于客户自愿原则进一步识别客户经营状况、建立外汇业务关系的意图和性质、主要关联企业和跨境交易对手、外汇资金来源和用途等外汇展业信息"	2、3	1、3

指标分类	序号	尽调要素	字段解释	尽调要素被选取的原因：1. 最小必要；2. 事后监测；3. 办法要求	尽调要素获取方式：1. 行内信息复用；2. 人工查询；3. 客户询问；4. 监管提供
业务信息	18	主要跨境交易信息	主要跨境交易对手、交易国家、结算方式等信息，至少为本行主要跨境交易对手信息。对应《办法》第十一条"银行出于风险分类管理目的，在按照相关规定开展客户尽职调查的基础上，可以基于客户自愿原则进一步识别客户经营状况、建立外汇业务关系的意图和性质、主要关联企业和跨境交易对手、外汇资金来源和用途等外汇展业信息"	1、2、3	1
	19	首次办理外汇业务的时间	客户首次办理外汇业务（外汇收支、结售汇等）时间（非本行）对应《办法》第十六条"对于同时符合下列条件且不存在本办法第十七条所列情形的客户，银行可以将其外汇合规风险等级确定为一类：（一）合法注册，原则上持续办理跨境业务两年以上，具备真实外汇业务需求"	3	3
	20	外汇业务合作时间	客户与本行外汇业务合作时间	1	1
	21	跨境收支业务量	至少上一年度在本行办理的跨境收支业务量 国际收支口径 合作不满一年的统计累计业务量	1	1
	22	跨境业务量波动情况	跨境收支是否符合生产经营实际，是否无异常大幅波动 对应《办法》第十六条"对于同时符合下列条件且不存在本办法第十七条所列情形的客户，银行可以将其外汇合规风险等级确定为一类：（四）跨境收支符合生产经营实际，无异常大幅波动"	3	1
	23	主要经营规模	至少为营业收入	2	1、3

指标分类	序号	尽调要素	字段解释	尽调要素被选取的原因： 1. 最小必要； 2. 事后监测； 3. 办法要求	尽调要素获取方式： 1. 行内信息复用； 2. 人工查询； 3. 客户询问； 4. 监管提供
业务信息	24	主要外汇产品/服务需求	银行提供的主要外汇产品、服务或客户需求 对应《办法》第十一条"银行出于风险分类管理目的，在按照相关规定开展客户尽职调查的基础上，可以基于客户自愿原则进一步识别客户经营状况、建立外汇业务关系的意图和性质、主要关联企业和跨境交易对手、外汇资金来源和用途等外汇展业信息"	2、3	1、3
	25	异地办理业务的原因	异地：注册地与开户地不一致、或经营地与开户地不一致，异地以跨省为限	2	3
	26	外汇资金来源和用途	围绕主营业务相关的外汇资金来源和使用用途 对应《办法》第十一条"银行出于风险分类管理目的，在按照相关规定开展客户尽职调查的基础上，可以基于客户自愿原则进一步识别客户经营状况、建立外汇业务关系的意图和性质、主要关联企业和跨境交易对手、外汇资金来源和用途等外汇展业信息"	3	1、3
信用信息	27	洗钱风险等级	洗钱风险等级	1	1
	28	授信信息	银行自主确定，可以是授信户标签也可以是评级信息	1	1
监管信息	29	货物贸易企业名录信息	货物贸易企业名录分类结果	1、3	4
	30	跨境人民币业务重点监管名单	跨境人民币业务重点监管名单信息	1、3	4
	31	资本项目业务管控信息	资本项目业务管控状态	1、3	4
	32	近一年内被人民银行、外汇局或相关监管部门行政监管处罚信息	相关监管部门包括：海关、税务	1、3	1、2、4

"基础尽调"主要是复用银行既有尽调信息，包括但不限于：客户名称、注册地址、国别地区、统一社会信用代码、行业属性/行业类型、经营范围、成立日期、注册资本、实收资本、办公地址、业务联系人信息、法人/单位负责人信息、受益所有人信息、员工情况、企业内部管理情况、洗钱风险等级、授信信息、货物贸易企业名录信息、跨境人民币重点监管名单、资本项目业务管控信息、近一年内被人民银行、外汇局或相关监管部门行政处罚信息等。

"专项尽调"是指对客户外汇业务特征进行的尽调，银行出于风险分类管理目的，在按照相关规定开展客户尽职调查的基础上，可以基于客户自愿原则进一步识别客户的相关要素信息，包括但不限于：客户是否正常运营、主要跨境交易信息、主要关联企业、首次办理外汇业务的时间、外汇业务合作时间、跨境收支业务量、跨境业务量波动情况、主要经营规模、主要外汇产品/服务需求、异地办理业务的原因、外汇资金来源和用途等。

客户在完成"基础尽调"，并自愿参与完成"专项尽调"的情况下，参与银行外汇合规风险等级分类。按照我国支付结算及反洗钱等有关规定，银行已经收集了客户的核心信息，所以在外汇展业工作中，应该按照最小必要的原则开展客户尽职调查。当然，由于外汇展业的客户尽职调查是为施行事中差别化管理服务，与反洗钱客户尽职调查预防和遏制洗钱的目的有一定的差别，直接关系业务办理所采取的必要措施，收集与展业有关的其他信息也是必要的。

二、客户尽职调查措施

与客户建立外汇业务关系和外汇业务关系存续期间，银行应当开展客户尽职调查，采取但不限于以下尽职调查措施。

（一）识别客户身份，并通过来源可靠、独立的证明材料、数据或者信息核实客户身份

银行应当采取以下一种或者几种方式来核实客户身份：

（1）通过市场监督、公安、海关、商务、税务等部门或者其他政府公开渠道获取的信息核实客户身份；

（2）通过外国政府机构、国际组织等官方认证的信息核实客户身份；

（3）客户补充其他身份资料或者证明材料；

（4）中国人民银行、国家外汇管理局等部门认可的其他信息来源。

（二）了解客户建立业务关系和交易的目的和性质

收集客户洗钱和恐怖融资风险等级、贸易企业名录分类、跨境人民币业务重点监管名单、资本项目管控状态、外汇局及相关监管部门行政处罚记录等信息。

（三）在业务关系存续期间，采取持续的客户尽职调查措施

对客户身份背景、业务需求、风险状况、交易情况及资金来源和用途等方面进行审查，确保为客户提供的各类外汇服务和交易满足银行要求；银行应根据外汇业务存续期间的客户身份状况和客户风险状况，确定周期式持续尽职调查的频次，原则上至少每两年进行一次重检。银行与客户关系存续期间，应当持续关注并审查客户身份、交易以及风险状况，发生以下情形时，银行应当审核本机构保存的客户身份信息，及时更新或者补充客户身份证件或者其他身份证明文件、能够证明身份信息的其他资料：

（1）开户或建立外汇业务关系理由不合理；

（2）所办理外汇业务与客户身份及经营行为不相符；

（3）客户有关行为或者交易出现异常，或者客户风险状况发生变化的；

（4）对客户身份资料的真实性、有效性、完整性存在疑问的；

（5）客户要求变更姓名或者名称、身份证件或者其他身份证明文件种类、身份证件号码、经营范围、法定代表人或者受益所有人的；

（6）客户先前提交的身份证件或者其他身份证明文件已过有效期的；

（7）其他可疑行为。

（四）对于客户为法人或者非法人组织的，识别并采取合理措施核实客户的受益所有人

银行应当根据风险状况差异化确定客户尽职调查措施的程度和具体方式，不应采取与风险状况明显不符的尽职调查措施，平衡好防范风险与优化服务的关系。

（五）拒绝情形

客户存在下列情形之一的，银行应当拒绝建立外汇业务关系或受理外汇业务申请，并向客户做好解释说明工作：

（1）拒绝提供机构有效营业执照等证件；

（2）拒绝依照规定提供相关人员的有效身份证件或其他身份证明文件；

（3）提供虚假身份证明资料、经营资料或业务背景资料；

（4）依据规定重新识别后仍无法证实客户身份及交易真实。

（六）监测报告

银行在开展客户尽职调查时，银行应当对客户交易开展外汇风险交易监测、分析，对于发现的涉嫌涉及虚假贸易、虚假投融资、地下钱庄、跨境赌博、骗取出口退税、虚拟货币等非法跨境金融活动，以及其他违法违规跨境资金流动行为的信息，及时形成外汇风险交易报告报送国家外汇管理局。

（七）资料保存原则

银行应当按照安全、准确、完整、保密的原则，采取必要的管理措施和技术措施，对客户尽职调查过程中产生的信息妥善保存，依法保护商业秘密和个人信息，防止客户尽职调查信息的缺失、损毁及泄露，确保信息的完整性、一致性、可追溯性和不可篡改。

9.3.2 客户外汇合规风险等级分类

客户外汇合规风险等级分类是银行事中实行差别化审核的基础。银行应以客户尽职调查信息及外汇业务特征为基础，以有关规定为依据，结合自身情况，按照全面、审慎、风险相当原则，合理设置全行统一的分类评估体系。银行应建立标准化的客户分类评估系统，明确系统操作流程，严格限制系统指标及评级结果调整权限，并制定相应的内控制度为分类标准有效性及评级结果负责。从反洗钱实践看，按照风险为本的反洗钱方法，金融机构需对客户进行洗钱和恐怖融资风险评估，一般是将客户从高风险到低风险分为三类或五类。客户洗钱风险分类的目的主要是对洗钱和恐怖融资风险的控制，虽然金融机构对洗钱高风险客户在非柜面业务办理等方面有一些限制措施，但完全将风险分类结果用于业务办理的条线较少，但在外汇展业工作中，外汇合规风险分类的结果直接关系事中外汇业务的审核，是风险为本理念在我国银行业务中的最佳实践，关系商业银行外汇业务流程再造，所以，外汇合规风险等级分类是银行外汇展业的一项非常重要的基础性工作。

一、风险评估分类的指标体系

客户外汇合规风险评估指标体系包括客户特征、业务特征、评级信息和监管信息四类基本要素。

（一）客户特征。客户特征主要包括客户基本情况。客户基本情况可主要考察企业成立年限、所属行业、注册地址、实际缴纳资本等情况。可参考指标：成立日期、注册资本、实收资本、行业属性、注册地址或办公地址、主要股东、受益所有人信息、实际控制人自身的信用情况等。

（二）业务特征。业务特征包括跨境业务办理情况、跨境业务需求真实性和企业内部管理情况。

（1）跨境业务办理情况。跨境业务办理情况可主要考察本行为企业办理跨境交易的规模、结构和变动情况，企业办理跨境业务持续的时间等。可参考指标：跨境收支业务量、外汇业务合作时间、首次办理外汇业务的时间、跨境业务量波动情况、在本行办理跨境交易的业务结构等。

（2）跨境业务需求真实性。跨境业务需求真实性可主要考察跨境收支规模、频率、结算方式、外汇资金来源和用途是否符合其生产经营实际。可参考指标：经营范围、员工情况、主营业务规模、主要跨境交易信息、外汇资金来源和用途等。

（3）企业内部管理情况。企业内部管理情况可主要考察企业内控管理机制能否实现跨境交易留痕管理和准确记录。可参考指标：跨境交易留痕、记录情况等。

（三）评级信息。评级信息包括内部评价信息和外部评级信息。

（1）内部评价信息。内部评价信息可主要考察本行对客户授信等级评价、客户洗钱风险等级评价，是否为本行战略客户，以及本行对客户外汇风险交易监测及报告的情况等。可参考指标：授信信息、客户洗钱和恐怖融资风险等级、是否为本行战略客户等。

（2）外部评级信息。外部评级信息可充分参考具有权威性的外部部门或第三方机构出具的客户评级。可参考指标：海关高级认证企业，纳税信用等级情况等。

（四）监管信息。监管信息包括行政处罚信息和监管分类信息。

（1）行政处罚信息。银行应充分了解客户近一年内被中国人民银行及其分支机构（以下简称人民银行）、外汇局、海关、税务等监管部门实施过行政处罚的情况。

（2）监管分类信息。银行应充分了解客户被人民银行、外汇局分类管理的情况，包括但不限于：贸易企业名录分类、跨境人民币业务重点监管名单信息、资本项目管控状态信息、外汇局发布的风险提示等。

银行应对照上述评价要素解析设置相应的评级指标，在全面覆盖本指引所列基本要素的基础上，选用权重法、赋分法等，结合自身情况合理确定个性化的权重赋值，以定性分析与定量分析相结合的方式形成本行全国统一的分类评估标准。鼓励银行应用大数据探索研发其他风险计量工具或方法。

二、客户风险分类

银行确定的客户外汇合规等级不得少于三级，银行自主确定等级名称，其中一类情形对应低风险等级客户，三类情形对应高风险等级客户，其他等级客户归为二类，银行可根据需要增设风险评级等次。

（一）一类情形。对于同时符合下列条件且不存在第三类情形的客户，银行可以将其外汇合规风险等级确定为一类。

（1）合法注册，原则上持续办理跨境业务两年以上，具备真实外汇业务需求；

（2）近一年未被人民银行、外汇局或相关监管部门行政处罚；

（3）如为贸易外汇收支企业名录内企业，货物贸易登记分类为 A 类；

（4）跨境收支符合生产经营实际，无异常大幅波动；

（5）内部管理实现交易留痕、准确记录和管理；

（6）银行风险管理规定的其他条件。

（二）三类情形。客户存在下列情形之一的，银行应当将其外汇合规风险等级确定为三类：

（1）被人民银行、外汇局或其他监管部门采取相关监管措施的，如贸易企业名录分类为 B、C 类，处于资本项目业务管控状态，列入跨境人民币业务重点监管名单，被发布风险提示等；

（2）近一年被人民银行、外汇局或相关监管部门行政处罚；

（3）客户注册信息存在疑问、背景不明的，或者无法获取足够信息对客户背景进行评估的，如无正式固定办公经营场所、无准确联系方式等；

（4）交易产品、规模、频率与客户日常经营状况、资本实力、历史交易习惯等明显不符且无合理理由，交易不具有商业合理性，或跨境资金往来存在明显异常等；

（5）银行认为合规风险较高的其他情形。

（三）二类情形。不属于以上一类和三类的客户，银行可以将其外汇合规风险等级确定为二类。

同一客户在同一家银行的外汇合规风险等级是唯一的。为推动银行构建统一的外汇客户分类标准，银行外汇展业评定的一类客户可应用于外汇局各类便利化试点对于优质客户的选择。

三、重新定级

银行应结合持续尽职调查结果及风险事件，动态评定和及时调整客户外汇合规风险等级。

（一）银行应制定合理的定级周期，原则上最长不得超过两年，三类客户应至少每半年进行一次。

（二）银行应在内控制度中明确触发重新定级的风险事件或场景，包括但不限于监管信息变化、报送风险交易报告等，客户如触发风险事件，银行应组织对其进行重评。

（三）银行应在完成尽职调查重检后及时变更定级结果。因触发三类情形的客户，应立即调整并执行三类客户审核措施；因其他原因导致重检或重评的客户，在新的定级结果确认前，按原定级结果执行审核措施。

银行应采取系统与人工相结合的方式确定客户外汇合规风险等级。银行应通过逐级审批确认客户外汇合规风险等级定级结果，其中对一类客户的定级须有授权，银行应内部明确授权人员资格。对于确有充分理由调整客户风险等级的，银行应在内控制度中明确审批流程，其中从风险较高的级别调整至一类客户的，需详细阐述理由，提升授权人审批层级，并在系统中留痕。

9.4 事中外汇业务审查

银行外汇展业完全贯彻风险为本的工作理念，根据客户风险分类的结果，采取差别化的外汇业务审查措施。银行外汇展业应当识别客户申请办理的外汇业务的交易背景与目的、交易环节与性质、交易合理性与逻辑性等，审查交易的真实性、合规性及其与外汇收支的一致性。银行为客户办理视频、电话、网络等非柜台渠道外汇业务，应依据外汇管理法规要求，实行与办理柜台业务相当的展业审核标准，确保外汇业务的真实性、合规性，以及数据报送的准确性。银行应当根据客户外汇合规风险等级及业务风险整体判断，采取差异化审查措施。对依法需履行核准、登记、备案等手续的外汇业务，银行与客户应当按照相关外汇管理法律法规办理上述手续。

一、一类客户

对于一类客户，银行可凭客户提交的纸质或电子形式的指令为其办理外汇资金收付及结售汇业务。客户提交的指令应当满足国际收支申报等外汇管理要求。

在展业试点实践中，有的银行列举了一类客户可享受的便利化业务类型，便于外汇业务人员操作。

二、二类客户

对于二类客户，银行应当了解以下情况：进行外汇业务审查时，应当根据外汇业务的种类，坚持"风险为本"和"实质重于形式"的原则，自主决定审查措施，确认资金性质。

（一）客户外汇业务需求、资金来源或用途、款项划转频率、性质、路径与客户生产经营范围、财务状况是否相符；外汇业务资金规模与客户实际经营规模、资本实力是否相符；外汇业务需求与行业特点、客户过往交易习惯或经营特征是否相符；

（二）客户提供的交易材料是否相互印证、逻辑合理；外汇业务性质、金额、币种、期限等与相应的基础交易背景是否匹配。

经审查发现存在异常可疑情况的，银行应当按照规定采取强化审查措施。

三、三类客户

对于三类客户，银行除按照规定进行审查外，还应当根据风险状况，采取以下部分或全部强化审查措施：

（一）主动收集更多来源可靠、独立的直接证明材料、数据或信息，进一步了解和佐证客户业务关系、交易真实意图以及资金来源和用途等；

（二）通过公安、市场监管、民政、税务、移民管理、征信等公开渠道，以及海外联行、代理银行、外汇业务关联方银行或机构协查认证等方式，核实客户及法定代表人、受益所有人等相关关联人背景信息；

（三）实地查访客户注册地址、实际办公地址或实际生产经营地址；

（四）通过银行内部共享信息、外部数据库查询、第三方查证等方法，查证客户提供的证明材料是否真实、是否系伪造变造或重复使用；

（五）银行认为需采取的其他强化审查措施。

四、例外情形

（一）新业务、新技术。银行推出和运用与外汇业务相关的新业务、新技术前，应当进行系统全面的外汇合规风险评估，采取与风险相称的展业管理措施。

（二）拒绝情形。银行进行外汇业务审查，发现客户拟办外汇业务不符合外汇管理法律法规的，应当拒绝办理；发现交易背景存疑等异常情况的，应当要求客户补充提供足以证明交易真实合法的相关证明材料，仍无法排除交易疑点或客户不配合或提供虚假交易资料的，应当拒绝办理并酌情调整客户外汇合规风险等级。银行拒绝办理的，应当向客户做好解释说明工作。

9.5　外汇合规风险监测与处置

《展业管理办法》第二十八条规定：银行应当对客户交易开展外汇风险交易监测、分析，对于尽职调查、事中审查、事后监测发现的涉嫌虚假贸易、虚假投融资、地下钱庄、跨境赌博、骗取出口退税、虚拟货币非法跨境金融活动，以及其他涉嫌违法违规跨境资金流动行为的信息，及时形成外汇风险交易报告报送国家外汇管理局。为指导银行外汇合规风险监测工作，国家外汇管理局起草了《银行外汇风险交易监测体系建设指引（试行）》，展业银行可参考建设指引，建立外汇合规风险监测和报告机制。

一、监测标准

监测标准是指银行自主设计的、可用于监测和筛查本行外汇风险交易的指标、模型及算法的总称。银行应制定监测标准，自动筛选外汇风险交易信息，推送至人工识别环节。银行制定的监测标准，应覆盖外汇局发布的风险提示、外汇风险交易特征等参考信息所指向的，且本行外汇业务、产品、客户可能涉及的所有外汇风险交易类型。银行应基于本行外汇业务规模、客群、产品特点、合规风险情况及收集的案例信息，并参考中国人民银行及其分行、国家外汇管理局及其分局（以下简称外汇局）发布的法律法规、风险提示和外汇风险交易特征等，自主制定监测标准。

（一）银行应充分利用内外部数据信息作为监测标准的制定基础。包括但不限于：

（1）在外汇展业全流程中留存的客户身份资料、行为信息和交易记录。

（2）与外汇业务直接或间接相关的境内交易、跨境交易的交易主体身份信息和交易信息。

（3）公开信息、商业信息服务等外部信息。

（4）监管部门提供的监管信息。

（二）银行可采用案例特征化、特征指标化和指标模型化的设计思路或其他科学方法，制定监测标准，并保障监测标准具备一定的灵活度和时效性

1. 案例特征化。通过分析收集到的外汇风险交易案例信息，从中抽象出具有典型代表性、规律性或普遍适用性的异常特征。银行收集外汇风险交易案例的来源，包括但不限于：

（1）本行业、本区域、本银行发生或发现的外汇风险交易及相关案件。

（2）外汇局发布的外汇风险交易特征和风险提示。目前，国家外汇管理局定期发布外汇风险交易案例信息，银行应该注意收集和分析其异常特征。

（3）公安机关、司法机关等发布的与跨境业务相关的犯罪形势分析、风险提示、犯罪类型报告和工作报告。

2. 特征指标化。通过对异常特征进行识别、抽取与量化，设计出可识别、可衡量或可反映案例中异常特征的指标，包括但不限于指标代码、指标名称、指标规则、指标阈值等形式要件。

3. 指标模型化。通过将能够反映特定外汇风险交易类型的不同监测指标进行排列组合，并根据指标的重要性程度不同赋予相应权重形成监测模型，实现对特定外汇风险交易类型更具指向性的监测。

银行应综合考虑自身外汇业务发生频率、外汇风险交易的特征等因素，科学设置监测标准自动运行的时间周期，原则上不低于一周，保证外汇风险交易监测的及时性和有效性。银行应定期检查并记录监测标准运行情况，及时发现监测标准运行中的异常或缺陷，以便进行动态完善。监测标准自动筛选出的外汇风险交易信息应指向明确的外汇风险交易类型。银行应在一个工作日内将监测标准自动筛选出的外汇风险交易信息推送到人工识别流程。

目前国家外汇管理局已经总结了疑似非法汇兑型地下钱庄、疑似跨境赌博、疑似骗取出口退税、疑似非法虚拟货币交易、疑似虚假预付货款、疑似保税区企业虚假进口付汇、疑似虚假 FDI、虚假境外直接投资汇出 ODI、疑似虚假股权转让（外转中）、疑似虚假利润汇出、疑似虚假个人购付汇、疑似虚假银行卡境外交易 12 类常见的非法跨境交易的监测模型及外汇风险交易报告模板[①]，为银行监测标准的制

---

① 参加外汇展业的银行可从国家外汇管理局获取《12 类外汇风险交易特征汇总》及报告模板。

定提供指导和参考。

二、人工识别

银行应对监测标准自动筛选出的外汇风险交易信息进行人工分析、甄别，确认确实属外汇风险交易信息的，应按规定报送外汇风险交易报告，并对所涉交易主体酌情采取处置措施（以下简称人工识别作业）。银行可根据本行外汇业务规模、业务特点、客户群体、交易特征及运营管理模式和人员配置等情况，参考集中作业模式或分散作业模式自主建立相适应的人工识别作业模式。

（一）集中作业模式。指在银行总部或一定层级以上分支机构设置外汇风险交易识别集中作业中心，对监测标准筛选或其他渠道发现的外汇风险交易信息进行集中分析、甄别，并经一定审核、审批流程后排除或上报确认的外汇风险交易信息；分支机构和各业务条线提供协查工作支持，落实处置措施等。

（二）分散作业模式。指对监测标准筛选或其他渠道发现的外汇风险交易信息，以客户为基本单位由相关分支机构和业务条线进行分析、甄别，然后按照逐级审核、审批的流程排除或上报确认的外汇风险交易信息，并落实相应处置措施。

银行可参考"初审、复核、审定"三级流程建立人工识别作业流程，或设置其他至少由双人负责并包含合理分歧解决机制的人工识别作业流程。银行应保障开展人工分析、甄别所需的信息权限，允许分析人员查阅与外汇风险交易信息直接或间接相关的数据信息。银行应建立相关机制，确保相关业务条线或分支机构及时响应人工分析、甄别人员根据工作需要提出的协查请求，及时反馈协查结果和落实相应处置措施。

三、监测系统

银行应建设支持监测标准运行和人工识别作业的外汇风险交易监测系统（以下简称监测系统）。监测系统应具备支持监测标准自动、高效运行所需的存储能力和运算性能，提供与人工识别工作流程相匹配的功能。监测系统应具备保障监测标准运行的数据基础和人工识别所需的信息权限，并与相关业务系统建立安全便捷的信息交互通道，全面、完整、准确地采集各业务系统的交易主体身份信息和交易信息，支持拓展引入外部信息。存在业务和产品无法通过监测系统进行监测，或部分监测标准无法通过监测系统运行的，如银行为客户办理业务过程中采集的某些信息尚不能通过系统进行量化运算等，银行应当充分论证，采取必要的人工监测辅助手段开展风险交易监测和报告外汇风险交易信息，并保留相关工作记录。

监测系统应保障银行基于外汇局发布的数据采集规范，向外汇局报送外汇风险交易报告、接收外汇局的报告补正请求及其他反馈信息；支持银行按照规定的流程，报送监测标准自动运行以外发现并确认的外汇风险交易报告。监测系统应能自动生成并存储电子化记录，完整反映监测标准筛查和人工识别的对象、过程和结论，并至少保存 5 年；支持银行调阅对特定主体开展外汇风险交易监测的历史记录。监测系统应具备完善的用户管理、权限配置功能，保障数据安全运用；采取必要的防控措施，在不影响监测标准和人工识别流程有效运行的前提下，保护客户信息。

银行可建设独立的监测系统，也可在本行现有管理系统中开发一个独立的模块。银行可采用独立开发、合作开发或商业采购等方式建设监测系统。无论采取何种方式，外汇风险交易监测相关责任和义务仍完全由银行自身而非系统供应方承担。在监测系统开发前，银行应提出适合本银行外汇风险交易监测工作的建设需求。在开发完成后，银行应对监测系统进行评估验收。监测系统上线前，银行应对其进行科学性、完整性、准确性和有效性的测试。

四、动态评估

银行应每年定期对监测体系运行情况进行评估，定期评估需覆盖监测标准、人工识别和监测系统三方面，以及监测体系中各部分互相配合衔接的整体效能。

（一）异常评估。监测体系运行存在以下异常情形时，银行应及时开展针对性评估：

（1）监测标准运行异常，风险预警情况与本行面临外汇风险状况明显不匹配的，如某些监测标准长期未被触发，或触发较为集中，以及监测标准触发后人工排除量过高等。

（2）人工识别作业异常，出现非临时性大量预警交易信息积压的，即监测标准触发量适中，但一段时间后累计大量预警交易没有完成人工识别。

（3）银行认为需要进行针对性评估的其他异常情况。

（二）风险评估。银行面临的外汇合规风险发生变化，应及时对监测体系开展风险覆盖评估，具体情形包括：

（1）银行推出或运用与外汇业务相关的新业务或新产品。

（2）接收到外汇局新发布的外汇风险交易特征或风险提示。

（3）接收到外汇局出具的监管整改意见。

（4）接收到公安机关、司法机关等新发布的跨境业务相关的犯罪形势分析、风险提示、犯罪类型报告等。

（5）银行认为外汇合规风险发生变化的其他情况。

（三）评估时限。银行对监测体系开展年度定期评估，原则应在 2 个月内完成；其他评估原则应在 1 个月内完成。银行应在推出或运用与外汇业务相关的新业务或新产品前，完成对监测体系风险覆盖的评估和完善。评估结论认为需要对监测体系进行完善的，原则上应在 3 个月内完成。

参考文献

［1］张成虎．金融机构反洗钱理论与政策［M］．北京：中国金融出版社，2020．

［2］巢克俭．走中国特色金融发展之路　大力提高反洗钱工作质量［J］．反洗钱研究，2023（1）：2-11．

［3］王春英．统筹金融开放与安全　推动商业银行外汇业务流程再造［J］．中国外汇，2023（23）：1-2．

［4］荣蓉，韩英彤．推动商业银行外汇业务流程再造　更好统筹外汇服务优化与风险防控［J］．中国外汇，2024（2）：7-9．

［5］国家外汇管理局管理检查司．商业银行外汇展业改革试点经验［J］．中国外汇，2024（2）：10-13．

［6］王晓．创新流程再造外汇展业改革初见成效［J］．中国外汇，2024（2）：13-15．

［7］张琳．攻坚流程优化银行外汇展业新起航［J］．中国外汇，2024（2）：16-18．

［8］徐峰．打造全流程外汇展业改革"样板间"［J］．中国外汇，2024（2）：19-21．

［9］国家外汇管理局管检司课题组．推动商业银行外汇业务流程再造完善外汇管理微观监管框架［R］．2023．

［10］曹元芳．受益所有人制度国际实践的比较研究［J］．反洗钱研究，2023（1）：14-21．

［11］蔡宁伟．实际控制人、最终实控人和受益所有人、最终受益人辨析——基于反洗钱管理的视角［J］．反洗钱研究，2023（4）：40-49．

［12］冯怡．虚拟货币洗钱风险及其控制研究［J］．金融理论与实践，2021（8）：79-87．

［13］冯怡．跨境洗钱风险及其监管措施建议［J］．国际金融，2021（2）：69-75．

［14］王晓君．非居民账户跨境洗钱风险及其控制研究［J］．反洗钱研究，

2023（3）：36-46.

[15] 冯怡 . 基于支付视角的地下钱庄洗钱综合治理研究 [J]. 金融发展研究，2020（11）：67-72.

[16] 冯怡 . 中美贸易争端背景下定向金融制裁的应对策略研究 [J]. 海南金融，2022（3）：48-55.

[17] 国务院反洗钱工作部际联席会议 . 中国洗钱和恐怖融资风险评估报告（2022 年）[R]. 2023.

[18] 李晓 . 美元体系的金融逻辑与权力——中美贸易争端的货币金融背景及其思考 [J]. 国际经济评论，2018（6）：52-71.